Seb. Zehetmayr

Comparativum

Seb. Zehetmayr

Comparativum

ISBN/EAN: 9783741143489

Manufactured in Europe, USA, Canada, Australia, Japa

Cover: Foto ©Thomas Meinert / pixelio.de

Manufactured and distributed by brebook publishing software (www.brebook.com)

Seb. Zehetmayr

Comparativum

Lexicon etymologicum

Latino etc.-sanscritum

COMPARATIVUM

quo eodem sententia verbi analogice explicatur.

Construxit

Seb. Zehetmayr,

Gymn. professor,

Vindobonæ, 1873.

Prostat apud Alfredum Hölder,

bibliopolam Universitatis.

Introductio.

I. Compendia scribendi.

A. = Aufrecht.
An. = Autenrith „die Conjunction quom".
B. = Bopp „Vergleich. Grammatik".
Bf. = Benfey Wurzel-Lexicon.
Bf. Gr. = Benfey ‚vollständige Grammatik der Sanskritsprache.'
BR. = Böhtlingk et Roth.
Bud. = Budens, „das Suffix -κός".
Bzb. = Bezzenberger „Untersuchungen über die goth. Adverbien."
C. = Georg Curtius.
Cf. de s. = confer de sententia, h. e. analogia.
Corn. = Corssen.
D. = Delbrück.
Dfb. G. = Diefenbach „goth. Sprache."
Dfb. C. = „ Celtica.
Dz. = Diez.; Dz. Gr. = Diez Grammatik der roman. Sprachen.
Eb. = Ebel, „Grammatica Celtica Casparis Zeuss, editio altera.
F. = Förstemann.
Fk. = Fick „vergleichendes Wörterbuch . . ." Fk. III = Fick „die ehemalige Spracheinheit der Indogermanen Europa's."
Fl. = Fleckeisen.
Gl. = Glück „Keltische Namen". Gl. R. = Glück Renos".
Gr. = Grimm deutsches Wörterbuch. — Gr. Gr. = Grimm Grammatik. — Gr. M. = Grimm Mythologie. — Gr. Gesch. = Geschichte der deutschen Sprache.
H. = Heyne.
Hpt. = Haupt.
J. S. = Johannes Schmidt. I. „indogerman. Vocalismus". II. „von der Wurzel ‚ak'. III. J. S. „V. V." = Verwandtschaftsverhältniss der . ."
K. = Kuhn „Zeitschrift".
Kch. = Koch „hist. Grammatik der englischen Sprache."
L. M. = Leo Meier.
M. = Müllenhoff.
P. = Petersburger Sanskrit-Wörterbuch.
Pict. = Pictet.

prpr. = proprie.
Ptt. = Pott.
R. = Roth.
Schl. = Schleicher.
De s., v. Cf.
Schm. = Schmeller.
Schoem. = Schoemann.
Schw. Sidl. = Schweizer-Sidler.
Wackn. = Wackernagel.
W. = Westergaard „Radices".
Z. = Zeuss.
zd. = zendavesta.

II. Literae quaedam vulgo parum notae explicantur.

I. ṭ h. e. ta; ḍ h. e. da.
II. ç h. e. scha, (ex k?, v. C. p. 27). Hoc ç respondet graeco κ ut: skr. çêtê = κεῖται, germ. h ut: skr. çardha = die Herd-e. V. reliqua C. pag. 120. 121. ed 2ᵈᵃ.
III. č h. e. tscha, (apud Kuhnium c).
  čh h. e. tschha, (apud Kuhnium ch).
  ǧ h. e. dsch, (apud Kuhnium j).
  ǧh h. e. dschha (apud Kuhnium jh).

III. Corrigenda.

Pag. 10 lege Sphinx. — p. 47 lege čad- pr. čad-. — p. 55 lin. 19 leg. čay-. — p. 75 lin. 16 lege εἴκοσι pr. εἴκοσαι. — p. 90 lin. 25 lege ἐκ φόβου. — p. 92. lege fĕnestra pr. fēnestra. — p. 139. lege hêlas. — p. 152 lin. 11 lege dyuti pr. dhyuti. — p. 152 lin. 11 lege ‚pretium'. — p. 158 lin. 11 lege perturbatus. — p. 163 lin. 1 lege annuale. — p. 165 lin. 33 lege tubhyam. — p. 166 lin. 20 lege campos pr. ‚compos'. — p. 174 lin. paenult. lege Estrich. — p. 103 lin. 12. lege nimis pr. ninis. — p. 106 lin. 34 lege πόρνη pr. τόρνη. — p. 189 lin. 10 lege ‚skr'. pr. ‚goth'. — p. 199 lege Τισιφόνη; ibidem lege Prôserpina. — p. 213 lin. 37 lege kriḍâmi. — p. 218 lege pitrikritya n., non femin. — p. 228 lin. 36 lege die Angesessenen. — p. 241 lin. 32 lege Shakespeare. — 241 lin. 32 lege čahant. — p. 242 lin. 30 lege ‚Confer' pr. ‚Cohaeret'. — p. 251 lin. 7 lege ‚sumptus pr. ‚sumtus'. — p. 251 lin. 1 lege tarala; ibidem sthâgâmi pr. sthâgâmi. — p. 274 lin. 25 lege ,novis + timus, pr. novistimi. Ibidem lin. 30 lege ,conjungi potest, pr. conjung; potest. — p. 277 lin. 18 lege ,prpr.' pr. pr.pr. — p. 278 lin. 32 lege ,uta (= et . . .). — p. 283 lin. 11 lege ,v. olium.' — p. 297 lin. 9 lege sic: wiçâmi (= ἱκνοῦμαι?). — p. 299 lin. 20 lege Furchenwacherin. — p. 300 lin. 7 lege: zür-nen (=dol-ere), quo . .' — p. 317 lege to speak pr. speack. — Ibidem lin. 1 lege: ὁ πίνεσθαι ἱεμένος. — p. 318 lin. 28 lege: ,bandvô, cf. sê-tu = pone, prpr. die Verbindung — p. 30 lege âvis pr. âvis.

IV. Delenda.

Pag. 18 lin. 24 ,Ut' deleatur. — p. 160 lin. 11 αἰ-νίω del. — pag. 161 lin. 4 del. — p. 200 lin. 33 del. ,cum.' — p. 225 lin. 23 lege sic: ,Illud -ουρος est skr. waru = οὐρά.

A.

â. Delbrückius („Ablat." p. 22) quidem ait sic: Ich halte â für ein anderes Wort als ab, da ich es lautlich mit ab nicht zu vereinigen vermag und stelle es zum altind. â = von-her, von-aus, von-weg. Skr. â mûlât vel â mûlatas von der Wurzel, (mûlât Abl.) Adde hoc â in compos. âçiras = vom Kopf an, âçirahpadam „a" capite usque ad pedem. Suffigitur etiam verbo et suffixum significat casum instrum., ut wać-â vocĕ, brid-â cord-ĕ, gawâ bovĕ. Hoc â autem ipsum positum est in instr., pertinet enim ad pron. „ă", v. ab. II. § 158. Ita hoc â tamen cohaeret cum ab. — V. ē.

ăb. = ἀπό, skr. apă, germ. vet. aba = ab, goth. af, angl. of, angl. a = ab in the abaty le combat, adde to assoil = absolvere. Cum goth. af cohaeret nostrum von = of, ex af-on; goth. afara, compar., vel aftara, cf. ἀπωτέρω; af-ta superl., cgn. iftuma ultimus. V. opacus. Constat autem hoc apa ex pron. ă, (v. ā), + pa = -po in nem-pe; -pa aut neutr. plur., v. quiă et Bf. II 220; aut -pă correptum est ex -pâ instr., Bf. Gr. p. 236, ubi ait sic: -pa mutil. ex apâ, vetus instrum. correptus. V. saepe, apud. De ă ex â instr. cf. -nĕ in si-nĕ, ex -nâ in wi-nâ = sine; skr. — tră in a-tră hîc.. ex atrâ instr., — dha suffix. ex -dhâ = gesetzt; Bf. Gr. p. 235. 237. Adde ἵνᾰ ex ἵνᾱ = damit, διά ex διᾱ, τάχᾰ ex ταχᾱ.

abs, ex ab-s, ab in gall. aveugle = absque oculis; cgn. ἄψ, ex apas, ut ex = ec-s, sus pr. subs in suscito. Est autem hoc -s illud s Genit. Abl., ut aiunt, quod habet δε-σ-πότης ex δεμ-σ-π··· = skr. dampatis pater familias, prpr. dominus potens. Adde skr. muhu s. muhu-s subito; v. intu-s, cra-s et cf. ἀμφί s. ἀμφί-ς, χωρί-ς, ἐξ. Adde skr. awa von, weg, (v. aufugio), unde awa-s = goth. us, aus quasi ex awa. Cf. B. § 1000. Et hoc s Genit. Abl. nos quoque habemus in ags. ealles, germ. vet. alles, allerding-s, unde nealles keine-s-weg-s; ags. sônes, goth. sun-s = angl. soon; ags. þaes sic, â-hwaes omnino, durchgehend-s. Ad „us" ex awas referendum est ags. or- in or-sorge ausser Sorge, or-sâwe absque anima; der Ur-sprung; ags. or-leg fatum, prpr. Ur-satz, Ur-lage. Adjunge ad „abs" cum s Genit. etiam illud ags. bētwih-s bētwēch-s = angl. betwixt = zwischen.

abăcus 2 m. Ἄβαξ tabula, ἀβάκιον. Videtur pertinere ad skr. wañć-, unde wank-ya flexibilis, flexus, h. e. fractus. Eadem sententia est in the bench, die Bank = tabula, cohaer. cum skr. bhañg- frango, flecto, ich biege, i. q. wañć-. De duplici sensu cf. ἀγή der Bug, flexura c. ἄγ-νυμι frango, ut Il. IV 214: πάλιν ἄγεν ὄγκοι = sie bogen sich rückwärts. Ἀστυάγης est qui flectit vel frangit oppida.

abbas 3 m = der Ab-t, (cum affixo t ut papas der Paps-t); chald. abi pater. Hinc nom. propr. Abubekr pater virginis, Abul feda pater expiationis, Abulfaradsh pater voluptatis, (Pott).

abdomen 3 n. V. opimus.

abiĕgnus, a, um. Ex abietignus. V. benignus.

abies 3 f. Ex ab-jet = die aufstrebende, procera; ex abhi- = ad, + yat = iens., yâ-mi eo. Confer aries; K. I 305. Sed. Fk. 425 habet sic: ἀβι-ν = ἐλάτην, πεύκην, pertin. ad ‚ab' — ‚af' tumescere. V. abundo, ‚aph'rodisia.

abŏleo 2. Cgn. adoleo = aduro, aboleo = comburo, urendo deleo; cgn. ὄλλυμι ex ὄλνυμι, skr. ṛṇômi laedo; K. XX 313. XXI 80. Si tamen hoc ‚oleo' cohaeret cum illo oleo = ὄζω, lubet conferre germ. vet. waz der wâss odor, wâzen olere, verwâzen exolere, partic. verwaxen = exolet, impotens; Schm. IV 170.

abolla 1 f. Ex ἀναβολά. De ‚a' = ἀνα in ‚a'bolla cf. ἀ-ερύω = ἀνα- ziehe in die Höhe, (Döderl).

abôminabilis, e. Cohaeret cum ‚omen' pr. osmen, cgn. ὄσσομαι ich schaue, (Df. I 228. L. M.) De s. cf. nostrum scheu, abscheulich = abominabilis, nam vox ‚scheu' cohaeret cum schauen = ὄσσεσθαι, to eschew fugere; germ. vet. schiech = abscheulich. Dfb. G. II 244. Sed v. os.

abrotonum 2 n. Ἀβρότονον, unde per assim. Eberraute. Huc. gall. l'aurone die Stabwurz, ejecto ‚ta', ex abroanum, ut soucier ex sollici-ta-re. Dz. Gr. I 227. Fk. 157 trahit vocem abrotani ad skr. mrâtana cyperus. De b pr. m cf. βροτός c. mortalis. De ‚a' in abrotonum cf. skr. nara = ἀ-νήρ.

abscondo 3 = ich thue auf die Seite; cgn. da-dhâ-mi ich thu-e, τί-θη-μι. Corss; confer skr. tirô dadhâmi = abscondo, (tirô ex tiras ultra, trans).

absens 3. Ex ab-sent-s, ab-esent.. = ἀπ-ιών ex ἀπ-ἰσοντ.

absinthium 2 n. ἀψίνθιον der Wermuth. Pertin. ad ὀπτάω accendo. De s. cf. the woormwood, prpr. die erwärmende Wurzel. De — ‚inthium' v. hyacinthus.

absis 3 f = apsis, pertin. ad skr. akas oculus, cohaeret cum ὄψις, cgn. ὀπή = lit. akas foramen.

absque. V. ab.

abstēmius 2 m = abstinens temeto.

abstractus, a, um. Hinc it. stratto überspannt.

absurdus, a, um. Ex ab-sur-idus, ut tardus ex tar-i-dus; cgn. su-sur-o. De s. cf. skr. wigita absurdus, prpr. male canorus.

abundo 1. Ex ab-undo, cgn. unda. De a. cf. goth. ufjô abundantia, pertin. ad skr. apya undans, skr. samplawa m abundantia, cgn. super-fluentia. — Propr. abundo notat ich fliesse ab, fliesse weg sc. propter copiam. Sic ad in adimo pr. abimo, = ich nehme zu mir.

abusivus, a, um. Pr. abustivus. V. comesus.

abyssus 2 m. L' abîme quasi a superl. Cgn. *βυσσός* die Tiefe = *βυθός*, unde *ἄ-βυσσος* unergründlich. *Βυσσός* pr. *γυσσος*, ut *βάλανος* = glans, ut *βαλ-* = galâmi decido, ut *βαρύς* cohaeret cum skr. gar-iman gravitas, *βία* vis gyâ violatio. V. agolum atque Curt. p. 419. *Βυθός*, *βυσσός* igitur pertinet ad skr. gudh-, guh = mergo, abscondo, cgn. gâdh-, unde gâdhà n vastum, die Furt. Hoc â autem in gâdh- oritur ex an, ut skr. tâwara n *ταῦρον* pr. tauwara, ut ghrâd- cohaeret cum grando, çâs cum censeo, mâs cum mensis, bhrâg = fulgeo c. blinken, lâbor cum lamb-, *γηθέω* cum *γανάω*. Ita os der Mund ex ans, v. os, quae forma conferri potest cum ags. ôs deus = goth. ans, unde ôsmund = ansgard. Hinc fit, ut habeamus gâdhà = *βινθ-ος*, (pr. *γανθ-ος*), *βῆσσα*, ut *κηφήν* pr. *σκηφήν*, cohaeret cum lit. scamb-èti sonare-; ut *μήδεα φωτός* pertinet ad slv. vet. mando testiculus. J. S. 34. 118. Adde *λήθω* = *λανθάνω*, *στῆ-θος* = skr. stan-a m die Brust; *ἄκνηστις* ex *ἀ-κναντ-*, v. spina. *Κῆπος* = campus, *κῆπος* der Affe = skr. kapi simia, pertin. ad kampra velox. V. tango, plango, Thebae, thesaurus, offendix. Forma *βινθ-* = *βῆσσ-* evadit *βυσσ-*, *βυθ-*ya ut *τυφλός*, cgn. goth. dumbs, pertinet ad skr. dambh-, perf. da-dambha = laesi. Adde *κυφός*, *κῦφος*, *κύπτω*, lit. kupra gibbus, cgn. kamp-, (v. Cambodunum), cohaer. c. lit. kampas angulus; J. S. 102. Sic sax. vet. hrôtan strepere = skr. krand-âmi; cf. skr. ubhau = ambo. V. pugnus, temere. Neque satis est, nam forma primaria gandh-, h. e. *βενθ-* potuit abjicare nasalem, unde *βάθος* = *βένθος*, *βυθός*, ut *πάθος* cohaeret cum *πένθος*, *δασύς* c. densus, *πάτος* c. *πόντος*. *Βένθος* die Tiefe igitur pertinet ad skr. gâdhê mergor, qua de vi verbi cf. the nor-th der Nor-den, cgn. lit. ner-ti mergere, nar-as mergus. Adde Ner-thus = skr. awani f terra, prpr. die tiefe, infera, cgn. *ἔ-νερ-οι* die in der Tiefe, immersi. C. 278. Fk. 583. 131.

ac. Ex â-que, at-que. Hoc ‚at' ipsum constat ex a + ti, skr. ati = *ἔτι*, v. et = ac.

acacia i f. Redupl. ex *ἀκ-ακ-*, cgn. ac-ulus. Huc trahit I. S. 75 nostrum Hag, germ. vet. hagan dumetum pr. agan, ut germ. vet. hahsala = ahsala, habih = abuh asper, Herda = Erda. Hoc

,ac-' cohaeret cum ἄκανος spina = ἄκανθος, ut ψάμμος = ψάμαθος, ὅρμος = ὅρμαθος, γῦρος = γύργαθος.

acanthus 2 m. V. acacia.

Acca i. f. skr. akkâ f mater. Hinc Acca Larentia die Larenmutter. 'Ακκώ n. pr. nutricis Cereris. De a. dupl. cf. skr. ambâ f = akkâ c. die Amme et ambe = nutrix.

accendo 3. Unde bav. zins-eln, skr. čand-âmi s. čandayâmi accendo.

accerso 3. Cogn. umbr. cars = vocare, ut: cars-itu vocato, accars-ito, i. q. umbr. kar-itu. Cogn. cal-o.

accipiter 3 m. Cgn. Hab-icht, nam hab-en, goth. hafjan pertin. ad cap-io. Huc igitur trahi debet ags. haf-oc = the hawk, bav. der Hacht = Habicht Confer Gr. IV 91. K. VIII 50. Adde the haggard ex hawk-ard; ags. spear-hafuc der Sperber; v. Kch. III. p. 97. Neque accipio sententiam Pottii et Boppii, qui interpretantur âçupatwan = ὠκύπτερος. Hic quidem sensus est in skr. wâǵipatin m accipiter, prpr. pennas habens veloces; prâǵipatin m, prpr. peragiles pennas habens, pattrin m, (πτερόεις). Accipiter denique est acceptor, i. q. it. astore, andal. azor, gall. l'autour, ex acceptorem; Dz. I 37. Sed v. J. S. de ,ak' p. 41.

accommodo 1. Skr. sam-mâ-ti accom-mo-dat, sammi-mî-tê macht ange-me-ssen.

I **ăcer** 3 n. Hinc adj. acernus, unde nostrum der Ahorn, lit. sorn-as. Pertin. ad skr. aç-, v. ac-ies.

II **ăcer, ris, e.** Cgn. acerbus, skr. âç-u = ὠκ-ύς, v. ocior. De a. dupl. cf. nostrum herb acerbus, germ. vet. haru, (unde harewent = exasperant), cum har-en acuere, goth. hairus acies. Schm. II 235. V. sq.. The eager die Springfluth, cgn. ags. êgor mare. Confer Oceanus = ὠκ-ύς. V. aqua.

ăcerbus, a, um. Cgn. skr. açri acies, + bus; cohaer. cum ăcer, quo in loco cf. ăcer et ăcer c. mŏlestus et mōles. De -bus v. superbus. Cum th. ,acer' cohaeret ἀκρι-βής prpr. in acri iens, genau, scharf vorgehend.

acervus 2 m. De ,acer' v. acerbus, = aciem formans. De -,vus' v. alvus.

acētum 2 n. Vetus partic. alicujus acēre, acescere. Hinc goth. ak-eits, germ. vet. ezich der Essich (mendose Essig, nam Essich ut Eppich, Lattich), the vineger vinum acre.

achates 1 m. 'Αχάτης, cgn. aç-man lapis. De hoc χ = ç cf. acus c. ἄχυρον.

Acheron 3 m. Cgn. χερ- capax, excipiens; skr. har-âmi rapio, âharaṇa auferens. 'Α-χέρων igitur significat χρόνον, tempus auferens omnia, praecipue vitam. Cgn. skr. harimân m tempus, ,χρόvor. B. § 945. V. Charon. Poëtis quidem placuit illud ἀ- in Ἀ-χέρων usurpare negative ita ut eis ἀχέρων fere eandem vim habeat ac δυσ-χερ-ής male laetus, Unhold.

acidus, a, um. Pr. acĕdus; cgn. ὀξ-άλιον unde l' oseille lapathus.

acies 5 f = skr. aç-ris f, cgn. ἀκ-ίς the edge, die Eck-e; adde αἰχμή ex ἀκμή. Huc potest trahi ἄχρις ex ἄκ-ρις = an die Spitze. Adde la becace die Schnepfe, a rostro ac-ulo.

acinaces 3 m.; ἀκινάκης. Fort. pertinet ad zd. añhi m ensis; Bf. I 219.

acinus, a, um; cgn. ἄκ-ινος.

acipenser 3 m, acutas pennas habens; cf. aquifolia. Idem fere sensus in nostro Hecht lucius, cohaer. cum germ. vet. hecchian pungere, unde die Hechel, = svec. gädda der Hecht, cgn. the gad stimulus; deinde le brochet lucius, cgn. la broche acies.

aclis 3 f. Ex demin. ἀκ-ίλις, cgn. αἴκ-λοι h. e. ἄκ-ι-λοι αἱ γωνίαι τοῦ βέλους. V. cuneus.

aconitum 2 n; ἀκόνιτον cgn. ἀκόνη, ab acri sapore sic dictum.

acnua 1 f. Ex aliquo ac-na-vâ = ἄκ-αινα, cgn. acies.

acor 3 m, i. q. acror, unde l' aigreur.

acrimonia 1 f. Skr. açri f. — De -‚monia' v. parsimonia.

Actium 2 n = Eck, Eck-stätt, cgn. Ὄσσα ex Ὄκγα = germ. vet. ekka, ἀκρίς. Adde Τριν-άκ-ρια. Alii trahunt ad ἄγ-νυμι, = Ῥήγιον = Spalt, Kinsling.

actus 4 m. V. centum.

actutum = augenblicklich, ex ‚ac' v. oc-ulus, cf. bav. einacks·t; — ‚tutum' pertinet ad tueor, in-tueor ich blicke.

acûleus 2 m. Demin., v. acus.

acumen 3 n. Cgn. goth. ah-an mens, prpr. acumen mentis; quo cum ah-an cohaeret germ. md. ach-me spiritus, deriv. ah-men, nach-ah-men, ah-tôn = achten. J. S. 69. 35.

acuo 3. Propr. ich mache zur Nadel. V. tribuo. Skr. çyâmi, ex ac-, v. sum; desiderat. ‚çiç'-âmsâmi = germ. vet. ‚hecch'-an pungere, v. acipenser. De çiç- = hech- cf. ĝâg-armi = vig-ilo.

I. Acus 4 m. Zd. aku acies, cgn. ὄκ-εας, ἄκ-ιστρα. Huc l'aiguile, prov. agulha ex acucula. V. agolum.

II. Acus, eris 3 n = ἄχυρον, goth. ahana = ἄχνυ die Agen, nord. vet. agn, cohaer. c. nom. prpr. Agnar ăcer. Adde goth. ah-s die Eg-el arista, germ. vet. agaleia.

Acutus, a, um. Ex acu-, ut cornutus. Cum ‚ac' cohaer. ăc-er et ăk in τανα-ηκ-ής, ἀμφ-ηκ-ής; bav. ag, aks, v. Schm. I 353.

Ad. Cohaer. c. skr. adhi h. e. a-dhi Loc. = oben, super, Abl.

a-dhas = desuper. De d in ad pr. dh cf. ador = adhas. Constat igitur hoc ‚ad' primum ex pron. ‚a', quod est in a-ti = ἔ-τι = a-dhi, (v. etiam); deinde ex -dhi = -θι in αὖ-θι, ὅ-θι, πό-θι, οὐρανό-θι, πρό-θι, quod -dhi = -bhi in a-bhi = a-dhi, (v. ob), ut abhikrama = adhikrama = adgressus. Ad = goth. at, pron. neutr., ags. at s. aet, quod aet potest esse in nostro ‚jetzt', ex je + aet; Schm. I 133. Angl. at first zuerst, ags. ôð = in; to twit reprehendere, ex aet-witan; ôð- witan punire. Celt. ad in Atrebates pr. Ad-trebates = incolae, possessores, (cy. celt. treb- habitaculum, vicus); Ad-minius percomis; Gl. 39. 99. — Huc it. a ut Castell-a-mare = castellum ad mare; gall. à ut le fils-à-putain spurius. De forma cf. ags. of dûne von dem Hügel herab, unde âdûne, angl. adown s. down; adde o-purpose ex of-purpose; Kch. III § 125. — Adde à illud Infinit., ut à écrire = zu schreiben, to write et v. ‚de' ex ‚dhâ' h. e. a-dhâ = goth. du = angl. to, quod ‚to' format tertium casum ut: to the muse = musae. Hoc ‚ae' autem in mus-ae est Dat. ut — αι in φάν-αι = to speak, ἄχθεσθ-αι to moan, διδόναι Dat. fem. alicujus διδόνη Nom., διδον-αι ex διδον-ᾱι h. e. διδονᾱ- + ι Locat., unde fit ut διδόνᾱ-ι sit: zu geben, to give, ut Rômâ-i est zu Rom, rur-i s. rur-e zu Land. K. XIV 371. XVII 48. (De σ in ἀρκ-σ-θαι v. se). Ags. tôganne pr. tô gan-e = to go, (‚e' in gan-e est signum Dat.) Quorsum haec? Quia ut goth. du = to cohaeret cum dha vocabuli a-dha cgn. adhi = ad, sic -ai Dativi et -αι Infinitivi pertinet ad abhi = αι, ex ai ahi; v. Bf. Gr. § 727 VI ann. V. Ae-olus. Confer mî mihi ex mibhi, skr. mê. Adde quod similiter ejecto bh casus instrum., qui cadit in â, formatur; nam hoc â oritur ex abhâ ahâ aâ, ut plur. açwâis = ἵπποις ex açwâbhis, açwâis; lat. quis = quibus. Atque Kch. § 97 ait sic: Der Instrumentalis auf â erinnert zwar an die Praepos. â = an, bis an, allein der Instr. Dual. auf bhyâm, pl. bhis machen es wahrscheinlich, dass die Praepos. abhi zu Grunde liegt, daher die Uebereinstimmung mit dem Dativ. Cf. B. § 221 p. 443 an 1. Et Schroeder (K. XIV 371), adnotat hoc: Wenn die ved. Infinit. auf -e und âi (fem.) als Dative die Praepos. abhi wirklich enthalten, so haben wir eine dem modernen Infin. mit zu, to vollstaendig adaequate Form. Cum hoc âi cohaeret tw-âi (Dat. fem. thematis ‚tu', v. -tum II), boruss. vet. -twei (Infin.) = lit. -tē, -ti, ut vèz-ti = ves-ti, veher-e, zu fahren. Schleicher ‚Beitr.' p. 20. Hoc idem âi occurrit in ‚arier' (Infin. pass.), ut amarier ex amasi-ae-se, amasi- = amari- + e = -ai Dat., + se reflex., (v. se); legier ex legi-ai-se, legi-e + s(e). V. B. § 855. Aliter res se habet in Inf. act., ubi hoc ‚ai' = abhi = adhi = to suffigitur substantivo abstracto in -as, ut skr. ǵiwas n das Leben, prpr. das Leben-Sein, (-as in ǵiw-as cohaer. c. as-mi, v. esse); Dat. ǵiwas-ê = vives-e,

h. e. vivesei viver-e. (È s. ai = gr. — αι in γράφσ-αι h. e. γράψαι, ut pos-se, es-se; ved.-ase; B. § 854. K. XII 342. 345. Schl. comp. 472. K. XVIII 104.) De forma ‚vivere' = vivesei cf. fiere = fierei, ex aliquo subst. ábstr. ‚fuius', (cf. gen-us = ǵan-as); K. XVII 154. De fieri = fiere cf. ruri = rure auf dem Lande. De nostro ‚auf' = abhi cf. skr. abhiǵnu ‚auf' den Knien, abhidyu zum Himmel hin‚auf', abhidhâyaka ‚auf'sagend, abhinishpatti f das Auftreten, i. q. adhi = auf, oben, über, ut abhidharma das Obergesetz, Metaphysik, adhipâ Oberherr. Suffixum -dha, quod est in gr. — θαι (Dat.), simili ratione est in ψεύδεσ-θαι prpr. Lügen-‚zu'-thun; K. XV 220. Hoc ‚ai' ae h. e. aĭ abhi = ad habemus in suffixo -bhi, -φι ut ἶ-φι, κρατερῆφι, βίηφι; in praefixo bi-, be- = abhi, ut abhi-ǵna = bekannt, abhi-drôha der Be-trug pr. bhi-drôha. Gr. I 1202. Bhi pr. abhi = goth. bi-, qua de mutilatione cf. skr. pi = api, ut pi-dhâna s. apidhâna a teges, cgn. ἐπιθήκη; gr. πίθηκος simia ex ἄπι-θηκος = kapi-.. der Affe. Gr. Bi = ad, abhi, ut goth. bi-aukan = adaugere, biqviman adoriri, bi-svaran = adiurare, bi-þragjan = adcurrere, bi-uhts adsuetus, (v. uxor). Adde ags. baeftan ex bē-aeftem pone, angl. abaft retro; biforan s. bēforn coram, angl. before god per Deum; bēhinden pone, angl. behind; b-ûfan = oben, auf, nostrum boben supra, angl. a-bove supra, über; bē-ûtan s. bûtan extra, praeter, angl. but, ut all b‚ut' one = ‚auss'er einen. Sic angl. betimes bei Zeiten; ags. bispel das Beispiel = bicwiðe; ags. bi-twâm = angl. between zwischen, prpr. bei Zweien. — Thema hujus suffixi -bhi = φι adhaeret pronomini σ-φισι, σ-φι-ν, ex sa + bhi; v. Fk. 402.

adagium 2 n. Ex adaghium, adahium, cgn. ind-ig-itamentum. V. aio.

adamantīnus, a, um. De hoc -īnus cf. λίθ-ινος, ξύλινος; zd. drvaêna hölzer-n = δρυ-ϊνός, slv. vel. drevinŭ, goth. triveinas; ags. braes-ēn aēneus, ehern; triw-ēn hölzern. V. haedinus; B. § 835.

adamas 3 m. Ἀδάμας = germ. vel. adamant, perdomans.

adaugeo 2. Unde Delius derivat it. arrògare = apponere. V. Dz. Gr. II 137.

adeps 3 f. Ex ad-ep-s, cgn. op-imus.

adfero 3 = ags. ôðbēran.

adipiscor 3. Skr. âp-n-ômi nanciscor, zd. âf s. âf, cgn. ap-io.

adjuvo 1. Hinc gall. aider, it. aĭtare ex ajutare; juv-o autem pertinet ad skr. yawâ-yâmi arceo, ich bewahre, qua de sententia cf. skr. abhipâlayâmi adjuvo, pertin. ad pâl = tueor.

adlevo 1. Hinc to allay minuere.

adminiculum 2 n. Cgn. manus.

adoleo 2 = comburo; Ovid. Metam. I 492. ags. âlan ardere, on-ǣl-an incendere, nord. vet. el-dr ignis. V. aboleo.

adolescens 3. Cgn. sub-ol-es, pr-ol-es. De s. cf. goth. magus adolescens, cgn. mag crescere, unde nord. Mög-thrasir prolis propagator; gäl. mac filius, unde scott. Mac-Donald.

ador 3 n. Cohaerere potest cum skr. ad-as cibus, malim tamen conjungere cum ἀϑ-άρα, skr. andh-as herba, ἄνϑ-ος. Die Commentatoren übersetzen andhas regelmässig mit Speise, BR. Cum adh-, andh-cohaeret Ἀϑ-ήνη, nord. Id-una. Adde goth. at-isk seges, germ. vet. ezisc, germ. md. ezzesch, esch; Schm. I 124.

adorior 4. Cgn. skr. apa-ṛi-ṇ-ômi laedo, cgn. âr-ta saucius, ex aarta; cohaer. c. or-ior.

adoro 1. Ex ad + os, h. e. osculum ab ore ad os simulacri mitto, fere i. q. nostrum buss-handeln; ad-‚or'o cohaeret etiam cum ‚or'-atio die Rede, die Sprache, quo de sensu cf. ϑαυ-μάζω ich huldige, adoro c. zd. du = sprechen.

adscisco 3. Cgn. con-sci-sco, schei-den, v. sci-o. Adscisco = assumo, prpr. schei-de für mich aus; adscisco accipio, ent-schei-de mich für . . . V. plebiscitum.

adsecla 1. f. Cgn. sec-utus, sequor. De s. cf. goth. sipônja assecla, pertin. ad ἑπ-ισϑαι sequi.

adsertor 3 m. Cgn. ser-ies.

adspernor 1. V. sperno; cohaer. c. germ. vet. spurnan, to spurn aspernari, the spurn der Stoss mit dem Fusse, zd. çpar calcare, quo pertin. germ. vet. spor die Spur, skr. wi-sphur-âmi resisto, recalcitro. Confer repudio.

adtingo 3. Huc to attache, to attack.

adulor. Ex ad-wal-or, skr. wâla, vet. wâra = οὐρ-ά, germ. vet. wâlâ der Wedel; unde adulari heranwedeln, heranschwänzeln. De s. cf. σαίνω adulor cum σαννίον wâra.

adulter 2 m. Videtur pertinere ad val = vol-uptas, cgn. skr. war-a amasius, procus, cgn. vir, vîr-i. Adulter = der Beimann, quo de s. cf. skr. upapatis m the paramour. Sonne trahendum putat ad skr. ǵâra adulter, goth. hôr-s der Hur-er, ex ad-guol-ter, ad-vol-ter, cohaer. c. ǵar-atê sich nähern, coëo. K. X 356. Cum hoc ǵâra conjungit Fk. germ. vet. Karl der Buhle, maritus, bav. der Kerl amasius.

adultus, a, um. Goth. althan altern. Huc ‚alt' in germ. vet. wër-alt the world, germ. md. wërlt, h. e. generatio virorum, das Männer-‚alt'-er; Fk. 877. V. alo.

advŏco 1. Hinc gall. avouer agnoscere, l'aveu agnitio, le desaveu reprobatio, rejectio. De forma cf. louer c. le lieu. Dz. II 214.

-ae. V. domi. ad.

ae-. V. Aeolus.

aedes 3 f. Cogn. αἴθ-ουσα, skr. êdh-as das Brennholz, αἴθαλος. Huc ir. celt. aid, aed ignis, unde Aedui fervidi; ags. âd, germ. vet. ait, eit ignis. V. Aedui. De a. cf. Ambiliati, cy. celt. Iliad fermentatio, = aestuosi; Gl. 21.

aedilis 3 m. Cgn. aed-i-tuus, quia aediles aeditui erant Cereris.

aedituus 2 m, aedem tuens; ut Palatua dea custos Palatini. Aliter Walter, qui dividit in aedi-t-uus, ut mor-t-uus; K. X 204.

Aedui 2 m. Cgn. aedes, = fervidi, vel clamosi: celt. cy. aedd heil, clamosus, tumultuosus; Gl. 15. De s. cf. Germani, celt. bret. garm, gadh. gairm clamare, unde gairmean βοὴν ἀγαθός, bellator, tumultuosus. Adde Tungri, cgn. the tongue, germ. vet. zungar linguosus, clamosus, i. q. gall. celt. gairmadair βοὴν ἀγαθός, der Germane. V. Gr. Gesch. p. 547, ubi adnotat hoc: Möglich dass Germani gerade Uebersetzung von Tungri war.

aeger, a, um. Curtius trahit ad skr. êg-âmi moveor, tremo, cgn. lett. ig-t animi aegrum esse, ig-net sich ek-eln. Fk.

aegre. De a. dupl. cf. aeger = germ. vet. chûm aegrotus c. kaum = aegre.

aegrotus, a, um. Quasi ex aliquo aegro-o.

aemidus, á, um = tumidus, pr. aed-midus, cgn. das Eit-er; v. Oedipus.

aemulor 1 = me parem facio, v. aemulus; pr. jaemulor. Pertinet ad skr. yama par, cgn. pratyud,yama' m aequilibrium. De forma cf. emo pr. jemo, imitor pr. jimitor, obex pr. objex. V. cinis, cunctus, amiculum, recens, mentula, cuneus, inquam, ero, uspiam. Similiter skr. ishta pr. yishta sacrificatus, pertin. ad yagâmi ἁγιάζω. Adde eminus pr. eminjus, is pr. jis = skr. yas; amant ex amaant ex amayanti; operant = skr. apasyanti; (osc. autem cum i, h. e. j, et habet opsa-i-ent = apasyanti. K. XI 101). Sic viverem ex vivesem, (,vives' = skr. giwas vita), + -em ex -iem = skr. -yâm, ita ut viverem sit pr. vivesjiem = ich gienge in's Leben, ich leben gienge; K. XII 345. Item fugere ex fugjere. V. genero. Cum vocabulo aemulor pr. jaemulor comparari potest etiam dor. πράν prius, ex πραγαν; ἦρι Loc. mane, unde ἠέριος pr. ἀγέριος, pertin. ad zd. ayare n dies, skr. yara das Jahr, tempus, cgn. ἄριστον das er-ste, das Frühmahl; Fk. Ῥηΐδιος pr. ῥηγίδιος, γείτων, h. e. γηΐτων ex γηγίτων. Illud -ηι in πολ-ῆι ex πολῆγι πολᾶγι; L. M. 689. Ἥδιστος pr. ἥδγαστος ex Compar. swâdyans = suavior; goth. hla-sôzan laetior ex hlasa-as-an hlasjasan. L. M. 259. 179. 450. 644. Adde goth. ina = ἵν ihn pr. yin skr. yam; L. M. 509. Goth. i-zvis pr. yi-zvis = ὑμῖν pr. yumin = skr. yushamat, (quo ab yushmât gr. ὕμμιν ex ὕσμιν ut goth. izai = ὑμεῖς ihr Nom. ex aliquo

Dat. skr. ishyâi pr. isyai = goth. izai). Goth. i-gqis = bav. e-nk h. e. euch pr. ji-gqis. Suffixum -ei ut sa-ei = qui (prpr. ὁ ὅς), et -ei ex -ya = ὅ-ς. Sic goth. nom. sg. liub-ais lieb ex liuba-jis h. e. liuba-jas = lieb-der, (nos: der liebe). Acc. sg. liub-ana ex liubjana, (-jana = skr. yam = ὅν) = lieb-den pr. den-lieb. Dat. sg. liubamma ex liuba-jamma, (-jamma = skr. yasmâi = ᾧ). Nom. fem. liuba ex liuba-jô h. e. liuba-jâ (skr. yâ = ἥ) = lieb-die pr. die-lieb'. Nom. pl. liub-ôs φίλαι, ex liuba-jôs, (-jôs = skr. -yâs = αἵ die). Gen. pl. liubaizô, ex liubajizô, (-jizô = skr. yâsâ-m = ἁων ὧν der). Nostrum euer = angl. your. Adnota hoc loco yas.. relat. non relative sed demontrative positum esse, ut nostrum der die das = ὅς atque οὗτος; cf. ἵνα = wo, aliquoties etiam da, ut Iliad. X 127.

aemulus 2 m. Cgn. αἱμύλος, cohaer. c. pratyud-yama das Gleichgewicht, et αἱμύλος liebkosend, gefällig, qua de sententia cf. nostrum gleich c. angl. likely = αἱμύλος, gefällig. Adde αἱμύλος callidus, schelmisch, verstellt, prpr. sich leicht angleichend. — De forma cf. στωμ-ύλος; skr. pañs-ula pulverulentus, i. q. pañs-ura; skr. wid-uras = εἴδ-υλος, harsh-u-la amasius, dorcas, prpr. gaudens, (cf. Hersilia). B. § 940.

aenigma 3 n. Αἴνιγμα Bf. pertinet ad wâni αἶν-ος, αἴν-η concentus, vox. Huc Αἰνείας = nord. vet. Höldr, (höla = αἰνεῖν).

Aeolus 2 m = Herr Blasius, (Ptt.), der Blaser, nam Αἴολος cohaeret cum ἄελλα h. e. αὔελλα, deriv. a skr. â-wâ ich blase, wehe. K. VI 334. Gr. M. 597. Lit. Wėjas der Windriese = skr. wâta m ventus, aër, die Luft, deus venti. De a. cf. nord. vet. Loptr. prpr. die Luf-t, cognom. deorum Oðinn et Loki; K. I 159. Sed quaeritur, quid sit istud αι in αἴολος. Malim igitur hoc αἴϝολος conjungere cum skr. êwa m cursus, meatus, cgn. aevum. De a. cf. skr. nityagati m deus ventorum, prpr. continuo means. Dividi autem potest etiam in αἴ-ϝολος, h. e. convolutor, cgn. εἰλεῖν. Cf. K. VI 334. Illud praefixum αἰ- in αἰ-ϝολος proficiscitur ex mutilata praepositione abhi ἀμ = zd. aiwi, (v. ad = abhi). Hoc idem αι est in αἰ-ζηός ex abhi-yâwa, v. juvenis. Adde αἰ-ο-ναίω = abhi-anâpayâmi; K. VII 298. Bf. II 53. Adde Αἴ-γυπτος, nomen Nili, = abhi-guptas, h. e. valde absconditus, i. q. Ammon, (am aegypt. = non, un = apertus; Ausland 1868 p. 972). Abhi autem est ἀμφί, gal. celt. ambi, ut Ambioris, Ambibarii valde iracundi, furiosi; Ambigätus persapiens; Gl. 20.

aequator 3 m. Skr. êkahartar m der Aequator, quae vox êka cohaeret cum aequ-us, eich-end, der Eich-er qui coaequat; bav. aich-en metiri. V. unus.

aequē. Unde it. ‚co'-sì = aeque, ex aequo ecu cu; it. co-tale ex aeque talis; Dz. I 142.

aequinoctium 2 n. De sensu eodem cf. skr. ardharâtrârdhadiwasa m, prpr. halb Nacht halb Tag; (ardha dimidius, râtra nox).

aēr 3 m = ἀήρ pr. ἀ-ήρ ϝα-ήρ metath. ἄ-ϝημι = skr. wâyâmi, goth. vaia, cgn. ve-ntus.

aeramen 3 n. Cgn. aes, l'airain, cohaer. c. the iron; hisp. alambre ex arambre; Dz. Gr. II 437.

aero 3 m = corbis. Possit pertinere ad ἤ-τριον vimen.

aerugo 3 f. Skr. ayôrasa m, cohaer. cum aer-, aes-, nam ayôrasa constat ex ayas = aes, goth. aiz aiz-is, germ. vet. êr, das Eisen. Illud ‚rasa' in ayô-rasa est liquor, succus, v. ros. De -ûgo cf. -υγ in πτερ-υγ-.

aerumna 1 f. Cgn. aeruscator, mendicus.

aes 3 n. V. aerugo. Huc it. era die Zeitrechnung sg. fem., die Aera, ex pl. neutr. = Rechenpfennige; hisp. = annus; Dz. I 162. Huc sax. vet. isern das Eisen the iron, qua de forma cf. ags. acorn, cgn. goth. akrana n fructus.

Aesculapius 2 m. 'Ασκληπιός, h. e. durus, perseverans in leniendo, quasi dicas Lindhart. 'Ασκλ- cohaeret cum ἀσκελ-ής, σκληρός, skr. khara durus; — ηπιος pertin. ad ηπ-, unde 'Ηπιόνη, uxor Aesculapii, ἠπιό-χειρ est cognomen Apollinis Paeanis; Ptt. K. VI 401.

aesculus 2 m. V. quercus.

Aesernia 1 f. Skr. aes-ar deus, h. e. imploratus, pertin. ad skr. êsh-â votum, umbr. aisos das Gebet, Bittopfer, αἶσα votum, ish- precari; Corss. De s. cf. Gott, the god c. skr. huta, h. e. ghu-ta sacrificiis imploratus. Confer θεσ- in θέσ-φατος, pertin. ad θέσσομαι precor, (v. festus). De -ar in aes-ar v. Caesar. Cum hoc ‚aes' fort. cohaeret Αἶσοι, goth. aus-es die Asen; Fk.

aestas 3 f. Ex aed-tas, cgn. αἴθ-ω h. e. ἀ-ἴθω, skr. idh-, indh- flagro, uro. De s. cf. skr. ushna aestas, ur-ens; gharma m aestas, borum. vel. gormè die Hitze, i. q. skr. tapas n ardor, aestas. V. tempus, aestus.

aestimo 1. Ab aliquo subst. ‚aestimo', cgn. goth. aistjan aestimare. Huc Aes in Aesernia; goth. aistan ehr-en, ut ait Gr. Hinc Aestii die Ge-ehr-ten, goth. Ais-teis. Cum hac voce cohaeret prov. esmar, gall. vet. esmer ex aestimare, unde to aime petere, germ. md. aemen, âmen = to aim. V. existimo.

aestivalis, e. Unde germ. md. stival, germ. vet. stiful der Stiefel, hisp. vet. estibal calceamentum aestivale; Dz. I 399.

aestus 4 m. Cgn. aestas.

aetas 3 f. Ex aev-i-tas. Hinc l'âge ex aetaticum. Huc

aeternus = skr. êwayâ ‚ew'ig gehend; v. aevum. De eodem sensu cf. skr. wayas n aetas, wayâmi eo.

aeternus a, um. Pr. aeviternus, cgn. αἰμί.

aether 3 m. Cgn. αἴθ-ριος, aedes, cgn. ags. idal, germ. vet. ital. pur, lauter, rein, eit-el; Fk. 21. Huc Αἴθρα, h. e. lux diei, quae filia est Πιτθίων, h. e. expansi caeli.

Aetna 1 f = αἴθ-ουσα; fort. etiam cohaer. cum Ἥφαιστος ex ἅπ-τ-ω incendo + αιστος αἶθτος. De Ἡφ- v. ebrius.

Aetoli 2 m. Cgn. αἶν-ος in ἴξ-αιν-ος, praes. αἴ-νυμαι, pertin. ad skr. inwati urget, violat. De forma cf. ἁμαρτωλός.

aevum 2 n. Cgn. αἰών ex αἰϝών, skr. êwa gressus, die Zeitläufte, goth. aivs die Ewigkeit, germ. vet. êwa, êa die Ehe, pertin. ad i = ire. Deriv. êwigen legitimare, ê-haft legitimus, die ê-strasse via quae ex more debet sterni et parari. Hoc de sensu cf. skr. êwa mos, êwais ex more, nostrum echt, vel. êht ex ê-haft, v. captus. Ad ‚êa' pertinet etiam illud germ. vet. eo in ni eô = nie, αἰέν οὐ h. e. αἰϝέν οὐ n-je'mals.

affabre. Cgn. θιβ-ρός, slv. dóbru bonus, bellus, goth. ga-dobs; K. XIX 261. De f. = θ v. affatim, faber.

affāniae 1 f. Der Bettel, die Kleinigkeit, cgn. φων-ή, nord. vet. boen h. e. bonja das Gebet, ags. bēn die Bitte, affaniae der Bettel; skr. bhan-âmi for, loquor. V. Fk. 618.

affatim. Ad fatim, cgn. φάτ-νη. De s. cf. κόρος, satias. Adfatim compositum est ex ad-fatim ut satis est in it. assai, h. e. ad-satis, gall. assez. Fickio autem hoc ‚fat' referendum videtur ad ‚dhat', quod est in τι-θή-νη, skr. dhayâmi sugo, θαι-ν-ῶμαι.

agāso 3 m. Skr. aǵa m. aǵana m, ἡγ-εμών.

age. ἄγε = geh! komm! Skr. aǵ-âmi I go. Confer skr. yâmi = aǵâmi c. goth. hir-ja-ts kommt beide hierher.

ager 2 m. Ἀγρός prpr. die Trift, cgn. ag-o ich treibe. De s. cf. finn. pelto das Feld, pertin. ad pello, über das getrieben wird, die Trift. Adde ex‚pell'ere aus dem ‚Feld'e treiben; Gr. III 1475. Cum voce Feld potest cohaerere πέλ-λα der Fels, (v. Gr. III 1500), quo de sensu cf. skr. agra n der Gipfel, prpr. das getriebene, cgn. ago. I. S. 4. De -‚er' = -‚ρός' v. sac-er.

agger 3 m. Pertin. ad ger-o, v. sug-ges-tus. De s. cf. skr. dharana m agger, cohaer. c. dhar- = gero. V. quod ait Fk. 344 de âgâra m domus, quia agger pr. âger.

agilis e. Skr. aǵira = ǵira. Huc trahitur germ. vet. egidēhsa die Eidechse, ag-ile animal, dēhs-an vibrare; Gr. — De ‚ilus' cf. skr. — ila in anila m ἄνεμος, h. e. flans; B. § 939.

agina 1 f. Cgn. ex-ig'-uus, amb-‚ig'uus, scapus rutinae; it. la gina agilitas. Cum hoc ‚ag' cohaeret ἄξιος, ἀντάξιο; C. 156.

agmen 3 n. Skr. ágman n, cgn. ágma m ὄγμος; ága m das Treiben, der Zug. Cum ὄγμος cf. l'andain et andare = ág.

agna 1 f. Ἄχνη, goth. ah-ano, cgn. ac-umen.

agnitio 3 f. Skr. abhigńâna n. pratyabhigńâ f.

āgnus 2 m. Ex awigńa ove genitus. De -gnus in ā-gnus cf. aprugnus, privignus. Fk[2] pertinet agnus ad skr. ágina n vellus.

ago 3. Ἄγω; v. age. De a. cf. yâmi = agâmi, quod quum suffigitur verbo, vim habet agendi, ut kawî-yâmi ago sapientem.

agŏlum 2 n. Pedum pastorale, cgn. ὄβολος s. ὀδιλός ex ὀγιλ-, cohaer. c. βιλ-ος. Confer skr. gal-âmi âcer sum. Sed v. obolus.

agrestis, e. Hoc ‚es' in agrestis cf. cum -ισ in ὀρ-ισ-τερος = 'ιν ὄρεσι διαιτῶν. V. pedester. Aut s euphonice insertum est ut lit. jaun'-y-stĕ juventus, slv. vet. dêvistvo virginitas pr. dêvi-tvo. B. § 831. 840.

Agrippa 1 m; ἄγριος ἵππος, qui in pedes processit nascens, quod contra naturam est et sinistri ominis.

ah! skr. ayê! âyê!

aha! skr. âha, ahô, ahaha.

Ahenobarbus = Isenbart.

ahenum 2 n. Ex ajesnum, skr. ayas = aes, umbr. ahesno = aheno-; K. XVII 265.

Ajax 3 m. Αἴας, cgn. αἰάζω, v. Sophocl. Aj. V. 430, ubi nomen ab omine haustum poetice est. De hoc a. cf. nord. Alsvidhr, svidh doleo. Sed est referendum hoc verbum ad êwant = αἰ[illegible] gradiens, μακρὰ βιβάσθων. Il. X 110 Αἴας ταχύς.

ājo 3. Ex āgio, ahio, agjo; āio et ăio; skr. âh h. e. agh, unde pendet goth. aik-an, v. ad-ag-ium. De j' in ajo = h cf. mejo, Majus; āh autem = āio = ἦ-μι ortum est ex āhmi, ex ā longa perf. 5[2]; K. XVII 277. ἦ = ajebat, ex ἦhτ; L. M. p. 8. Huc germ. vet. pi-jĕh-an confiteri, pijiht s. pi-gih-t = germ. md. biht die Beichte. Skr. prâh, h. e. pra-ah, unde ut Boppio quidem videtur, s-prech-en. Ajus = Locutius.

āla 1 f. Ex axla, v. tela, ἀγχός, axilla, cgn. axis. De forma cf. māla c. maxilla, talus c. taxillus, velum c. vexillum, seni ex sexni, v. temo. Huc germ. vet. ahsala die Achsel. V. ālea.

ālacer, is, e. Cgn. al-tus, al-mus + skr. kara = cre-ans: erhebend. De a. cf. skr. wridh s. wridhá alacer, pertin. ad wardh- alere, augere; wriddhi f alacritas, gehobene Stimmung. Confer alacer = frish, cgn. germ. al-t, goth. al-ths = priscus c. prisc-us cgn. frisch = alacer; v. Gr. IV 204. — De ‚cer' v. ludicrus.

alăpa 1 f. Pr. la-lapa, cgn. λαί-λαπ-ς, vehementer arripiens. Bf. II 139. De a. cf. die Fäche alapa, pertin. ad fâhen fangen. Nisi cohaeret ‚lap' c. skr. ráp-as n laesio, unde arapas incolumis.

alauda 1 f. Unde it. allodola, l'alouette, demin. ut maisonnette. Alauda constat ex celt. gall. ala-va crista, cgn. al-tus, ir. celt. al-aim = al-o. Deinde — ,da' in alau-,da' est term. celt., ut Acmo-dae die Steininseln, (celt. acmo = skr. açman lapis). Alauda igitur est cristata, die Schopflerche. De a. cf. *κόρυδος* die Haubenlerche, cgn. *κράδη* crista.

Albula. Ab albo colore dicta, *'Αλφειός*, die Weissach. De a. cf. die Windach, quod nomen potest pertinere ad cy. celt. guend, femin. guind = vind albus. Adde Albis die Elbe, cgn. *ἀλφός*, transpos. bohem. Labe, pol. Laba, unde die Polaben; alb-us, *ἀλφ-* osc. alfu-. Referendum videtur ad skr. rabh-asá âcer, von stechender Farbe; C. 264. Dubitat Lottner; K. VII 170. Huc etiam ags. elfet, germ. vet. albis olor.

alburnum 2 n. Cgn. albus, ex aliquo ,albus' n. Huc angl. auburn nussbraun.

albus, a, um. V. Albula.

alces 1 m. *"Αλκη*, germ. vet. elaho, the elk, das Elchthier, nord. vet. Elgr. Confer skr. riç-as m der Antilopenbock. V. K. VI 320.

alcedon 3 f. *'Αλκυών* Meereisvogel, quasi cohaereat cum *ἅλ-ς* das Meer, *παρὰ τὸ 'εν ἁλὶ κυεῖν*; C. 123. Confer. germ. vet. alac-ra mergus. De a. dupl. cf. ǵalamadgus m alcedo, mergus, (ǵala mare; v. mergo).

alea 1 f. Ex aclea, cgn. ac-uleus; Ptt. Nisi tamen trahi debet ad as-yâmi ich werfe, unde as-lea der Würfel; skr. prâsaka m alea, ex pra-as-aka.

alec 3 n s. halec der Salzfisch, germ. vet. hering, (mutato l in r), the herring.

alga 1 f das Seegras, *ἀλική*. Num vero ex *ἁλι-γα*, h. e. sari-gâ in mari nata?

algeo 2. Prpr. uro, cgn. arǵ-, riǹǵ- frigo, asso. Si cohaeret hoc algeo cum *ἀλγέω* = doleo, haec duplex sententia comparari potest cum lat. ardeo = arǵ-, pertin. ad skr. ard-âmi = *ἀλγέω*.

aliâs sc. vices. De casu quarto cf. *τὴν ταχίστην*.

alibi. Skr. anyatra; v. citra.

alicubi. Ali-,cu'bi = skr. ,ku'ćit; (v. ubiubi).

alicunde. V. unde skr. ku-tas.

alienus, a, um. Redupl. ex anyanyus aniênus; cgn. skr. anya-tra alibi. De redupl. cf. *ἀλλήλων*. Huc *ἀλλάσσω* ex aliquo *ἀλλάκγω*, pertin. ad skr. anyaká ein ,an'derer; C. 321. Confer peregrinus. Aut ali-en-us pr. ali-înus; H. § 830.

aliô. V. aliter.

aliorsum. Ex alivorsum, gall. d'ailleurs, ex de aliorsum, prov. alhora.

aliquandō. Skr. ,an'yadā ,ein'ige Mal; ,'ενί'οτε, nota: skr. ,an'yè = ,ἔν-ιοι, ,ein'ge. De suff. — ,dō' v. quando.

aliter. Adv., abjecto ,ō' Ablat., ex aliterō anderswohin, anderswoher; Corss.

alid. Ex aliud.

alius, a, ud. Ex aljus = ἄλλος; ir. celt. alie, alius, arm. celt. all ἄλλος, goth. alis, germ. vet. ali, eli, ut alilenti, elilente exilium, das El-end. Adde goth. aljakuns unnatürlich. Alius skr. anyas. De hac mutatione liquidarum n in l cf. ἤνθεν = ἦλθεν, dhēnu = θῆλυς, πνεύμων = πλεύμων. Adde anima = hisp. alma, Πάνορμος = Palermo, Romania = Rumelien, Barcinona = Barcelona, ὄργανον die Orgel; germ. md. Knobelouch s. Klobelouch der Knoblauch; antilopa ex ἀνθιν-ωπα, germ. vet. mittingart vel mittilgart, nord. vet. Heđinn = germ. md. Hetele, nord. vet. iarkna-steinn = ags. eorclan-stān Heiligenstein, (goth. airknis sanctus). V. promulgo, tulipa. — Fk. 343 conjungere conatur hanc vocem cum skr. ,ar'-ana ,al'ienus et addit hoc: Vielleicht steht europäisch ,alya' = alius zum arischen arya socius, wie k. alv. drugŭ = alius zum identischen drugŭ = lit. draugas der Genosse.

aleūta. Skr. anyathā.

allicio 3. Lock-en, cgn. lac-io, denom. lac-ero reisse, cgn. reize lacio. De a. cf. bav. vet. zanon lacerare reissen, zenen irritare, reizen; bav. zann-scheln ill,ec'ebrosum esse, cgn. zinseln liebkosen. Adde skr. ādāra m der Reiz, darāmi reisse. Huc gall. allécher ex allectare.

allium 2 n. V. ālum.

— allus. V. crystallus.

almus a, um. Cgn. al-o, eodem sensu quo al-vus; v. tarmes.

alnus 2 f. Germ. vet. elira, aller, ags. alor, the alder, nord. vet. ōln = alnus, die Else; l'aunay alnetum, unde nom. prpr. Launay. Potest pertinere ad ἐλάτη = al-ta.

I. ălo 3. Goth. alja alo, pasco, hib. celt. al-t the nursing, pertin. ad ,ar'- in skr. ar-dh = ἀλθ.

II. ālo 1 = hālo.

Alpes 3 f. Sab. alpus, umbr. alfus ἀλφός; v. Albula.

alter, a, um. Cgn. al-ius cum -ter comp. = τερος; skr. anyatara = ein anderer. V. uter.

altus, a, um. Part. verbi al-o; zd. areta, ereta = al-tus. Huc 'Αρταξέρξης, 'Αρταφέρνης, 'Αρτάβαζος = hochbeglückt; celt. art- in Art-o-bodunus valde acceptus.

alveare 3 n. Cgn. alvus, die Bauchung. Idem s. in skr. awani f alveus, adj. deorsum.

ālo 3 m. V. sq.

ālum 2 n. Ex anlum, (v. abyssus), cgn. an-elus duftend; v. animus. Cf. thymus c. θυμόν = animus. Hinc alo 3 m homo hesterno vino languens; Fk. 424.

alumen 3 n. Germ. vet. alûne der Alaun, das Erdsalz, ut derivatum a ἀλ-ς. Alumen, aluta, prpr. fermentum et Fk. addit: eigentlich ein Gähr- und Gerbstoff. Hac fort. nord. vet. öl cerevisia, Dat. ölv-i, the ale, adde the bridal nuptiae, prpr. Brautbier.

alumnus 2 m. Pr. alumenus = ἀλθαινόμενος = skr. ardhamânas. V. Vertumnus, columna. Cum ā ut ardhamânas offertur Ἰσμήνη desiderata, nam solet produci a ante n vel m. V. sermo. J. S. 39. Sic skr. dâsya-mâna = δωσό-μενος qui dabitur. De â in -mâna cf. gĕnu = ģânu; B. § 794. 791.

aluta 1 f. V. alumen.

alvus 2 m, h. e. alimoniam faciens, v. equus, acervus. De -vus cf. goth. sagg-vis m der Gesang, fairh-vus m mundus; ags. bealu n res adversa, unde goth. balvjan vexare. Confer goth. -vô f. = vâ in goth. uht-vô diluculum, cgn. ἀκτ-ίς = skr. akt-us radius, pertin. ad skr. añģ-, v. ungo. Adde band-vô signum.

— âm. V. rumpam.

— âm. V. coram.

Amalthea 1 f. Ἀμάλθεια die Mild-e, μαλθ-ακή, pertin. ad skr. mardh-ê obliviscor, vergesse. De s. dupl. cf. germ. vet. argezzan vergessen, cohaer. c. ergetzen einen eines Dinges, ergötzen, angenehm sein, cgn. to get nehmen; Schm. II 89.

amaracus 2 m. Ἀμάρακον, germ. md. der Meigram, der Majoran, la marjolaine. Confer skr. amla acidus, quo de sensu cf. skr. tiķņa m amaracus, adj. tiķņa âcer. Nisi cohaeret cum ἀμάρα cloaca, fossa, fris. vet. mar m fossa, cgn. ags. mör das Meer. Cf. Fk. 152.

amarantus 2 m. Cgn. μαρ-αίνω, l'im-mor-telle.

amarus, a, um. De forma cf. avarus, cgn. skr. am-la acidus. Hinc germ. vet. amphero der Sauerampfer, ex ‚ambla'. Fk. 12.

ambactus, 2 m. Caes. bell. Gall. VI 15. Celt. am, ambi = ἀμφί, germ. vet. umbi, cohaer. c. skr. abhi, (v. ‚ad'). Skr. bhakta deditus, addictus. Hinc lt. md. ambactia, deriv. it. ambasciata, l'ambassadeur. Pro amb- habet germ. vet. and- in and-bahts famulus, der Be-amb-te. Confer ancilla.

ambāges 3 f. Hoc āg- pertin. ad skr. âģi stadium, cgn. ago.

ambagio 3 f. Ex ambag-yâ cum suffix. -n = das Umschweifen, ut skr. wid-yâ das Wissen; goth. vrak-ja, gen. vrak-jôs, persecutio. Cum n affixo confer ambagio-n c. goth. rath-jô, gen. rath-jô-na, ratio. B. § 892.

ambarvalia 1 n. Quia suovetaurilia circum arva ducebantur; Pr. 371. Confer nostrum Eahreiten; Schm. I 123.

ambiguus, a, um. Cf. ex-ig-uus; v. agina.

ambio 4. V. ambactus.

I ambo 3 n. Ἀμβών ex ἀναβών = βῆμα; v. venio.

II ambo, ae, o. Ἄμφω, skr. ubhâu, dual., ex wabhâu ut urbs ex warfs..; wabhâu autem per mutilationem ortum est ex dwabhâu, cgn. dwa-duo. Non satis est, nam ubhau per aphaeresim amisit ‚u' init. ita ut reliquum esset bhâau.., unde habemus goth. bai, baj-ôths = bei-de, angl. both. De term. in -ôths cf. hoc baj-ôths cum goth. mân-ôths das Mon-at, (v. barbatus). De ‚wa' in wabhâu pr. dwabhan cf. viginti pr. dwig. Lit. a-bu = ambo, ἄμφω suam lit. init. ‚a' non communem habere videtur cum ‚u' skr., sed hoc ‚a' protheticum esse puto. Skr. ubhau = ambo conferri potest cum skr. dadhâu ex dadhâm; goth. bairau = φέροιμι ex barâm; conjunct. perf. bêrjau tulerim, ex babharjâm. J. S. 152. 169. Goth. -dau in vaurkja-dau ex -‚tâm'; B. § 426.

ambrices 3 f. Tegulae transversae; ambr = ἀμφίς, v. ad = abhi, quo cum ‚abh'-i cohaeret lat. ‚ob'-, ita ut amb-r-ices et ob-i-ces inter se cognata sint; v. K. XVII 434. Sed v. ‚ob'.

ambrosia 1 f. Ex ἀμροσία, ut γαμβρός pr. γαμρός, μεσημβρία pr. μεσημρία; skr. amrita n immort-ale; amritarasa m, (rasa = liquor, la liqueur). —

ambulo 1. Ex amb- + ul = ἐλ-θεῖν. De -‚amb' cf. amb-ustus.

amêm. Pers. I^a Conj., ex ama-i-m, v. sim. De forma cf. hoc ‚êm' primae personae cum ‚ês' skr. secundae.. personae, ut bhar-ês feras, φέροις; bharêt = ferat. B. § 680. Accent. Syst. p. 260. V. rumpam.

âmens 3. Skr. wi-manas.

âmentum 2 n. Amentum, cgn. ἅμμα laqueus.

Ameria 1 f. Liebheim, pertin. ad ămo. K. III 263.

âmes 3 m. Ex avimes. De -‚mes' v. trames.

amicio 4. Ex amb-icio, amb-jicio. De b amisso in ‚am'- cf. nostrum das Amt ex Ambt.

amicus 2 m. De forma cf. pud-icus, germ. vet. -inc in arminc armer Mann, edel-inc Edelmann. Am‚ic'us = germ. vet. liub-‚ing', slv. Mil-‚ik'. J. S. p. 83.

ămita 1 f. Mutilat. ex ăvimita, adj. avimus, cgn. ăvia; K. X 201. Hinc gall. vet. l'ante pr. amda, the aunt.

amnis 3 n. Ab am-âmi eo. De s. cf. Dravus c. skr. drawa currens, die Trau-n, (Dat., v. Schm. I 492). V. Oenus. Sarnus.

ămo 1. Ex amă-o. Pertin. ad skr. am-âmi colo. De s. dupl. cf. skr. ģush-ê amo, colo, cgn. der Kuss, küss-en φιλεῖν. Fk. Skr. am-isha voluptas, quo de s. cf. skr. rati f voluptas, amor, cgn. ἔ-ρο-ως, cohaer. c. ramiti m deus Amor, cgn. goth. rim-is quies, ἠ-ρέμ-α. Quiesco = es ist mir wohl. Hor. Sat. I 6, 22.

amoenus, a, um. Ex amonius, prpr. amaniyas amandus, ut dânîyas dandus, warênya optandus; L. M. p. 227.

amphora 1 f. 'Αμφορεύς, h. e. ἀμφιφορεύς. De s. cf. cum ‚φορεύ' nostrum ‚ber' in Einber der Eimer, germ. vet. einpar; der Zuber, Zuibar.

amplector 3. Cgn. πλέκ-ω, germ. vet. flëh-tan, skr. sam-prik-ta commistus, conjunctus; sam-prć commisceo. Adde germ. vet. ‚folk'-ên, nord. vet. fylg- ja se adjungere, folgen.

amplius. Compar., amplē posit. Amplus autem constat ex amb-plus, ut du-plus, cgn. πλέ-ως.

ampulla 1 f. Ex am- = amb; skr. purw = parw = palw impleo, unde pulla ex pulva, skr. parwi vas, modius. V. palv-is.

amsanctum 2 n, h. e. locus undique sanctus; cgn. ἀμφί, celt. cy. am- = ambi in ambigatus perspiciens.

ămuletum 2 n. Ut Pictetio videtur esse letum morbi; skr. amas m morbus. K. V 314.

ămylum 2 n. "Αμυλον, cgn. μύλη, mol-o.

amurca 1 f. 'Αμοργή, v. merga.

amussis 3 4. Ex am- = amb-, ut am-ictus; — ‚ussis' cohaer. c. assis, ut decussis ex decassis.

Ămycus 2 m. "Α-μυκος, nom. daemonis; skr. muč solvo, mitto; fem. a-muĉî dea infesta, h. e. non mittens.

amygdala 1 f. Die Knack-, Krachmandel, ἀμυγδάλη, pertin. ad ἀμύσσω knacke, krache.

an. Goth. an partic. interr., cgn. ἄν, ved. anâ quidem.

ănas 3 f. Gen. anătis, germ. vet. anut, lit. antis die Ente; pertin. ad skr. snanti natans, νῆσσα ex νητγα = natans. Anat-s igitur pr. σνατια per aphaer., qua de mutilatione cf. the duck pr. and-uk die Ente, the drake der Ent-erich pr. and-rake; Gr. III 509. De s. cf. le canard, cgn. le canot ratis; addo skr. tarad f. ratis, anas. Huc trahendum skr. âti, âti, nomen certae avis aquaticae, (v. abyssus). De s. compara etiam skr. plawa m rana, prpr. πλό-ων, natans.

ancile 3 n. Anc-ilis, h. e. arma cup-enc-orum. Cup-enc-us sacerdos. De forma cf. hastile. V. sq.

ancilla 1 f. Cgn. anc-ile, ancus; pertin. ad skr. añć colo; cgn. anc-us = ad- unc- am brachium habens.

ancora 2 f. Ἄγκυρα, cgn. ὄγκ-ος = skr. añka, ἀγκών.

andruo 1 = recurro. Skr. dru-wâmi curro, th. dru-. Huc trahit B. nom. propr. Dravus = Arnus; v. amnis.

anethum 2 n; ἄν-ηθον, aeol. ἄν-ητος, jon. ἄν-ησις, h. e. graveolens, cgn. ὀσφραίνομαι redoleo, ex ud + φρανγομαι, v. allium. Adde an-isum der Anis.

anfractus 4 m. Cf. anceps.

angelus 2 m. BR. I 55 sic: añgiras pl., ein Geschlecht höherer Wesen, das zwischen Göttern und Menschen steht. Ihr Name stimmt am nächsten mit ἄγγελος, vielleicht auch mit ἄγγαρος. V. eo añg. Hinc ἀγγέλλω ex ἀγγέλγω.

angina 1 f, die Be-eng-ung, cgn. ang-or. Hnc goth. halsaggan cervices, germ. vet. ancha, unde the haunch; germ. vet. anchala der Enkel, talus. — Angina = Sphinax, v. figo.

angor 3 m. Skr. añh-ûraṇa n die Eng-e.

anguilla 1 f. Cgn. anguis; germ. vet. âl ex ahl, ahal, ἔγχελυς.

anguis 3 m. Ut videtur BR. cohaer. cum. skr. añgi lubricus, cgn. unguo unde añg-asa lacerta domestica, lit. angis anguis, germ. vet. unc. De s. cf. slv. vet. smokŭ anguis, lit. smakas, cohaer. c. σμήχω, σμώχω, deriv. a σμάω, cgn. goth. smei-tan streichen, ungere. Idem fere sensus est in serpens, cohaer. c. skr. sarpis n geklärter Butter, glitschend, sax. vet. salbba die Salb-e. Fk. 106. Sed ceteri auctores conjungunt hanc vocem cum añh- be-eng-en, cgn. ἀγχ-όνη funis, skr. ah-is ang-uis, ἔχ-ις, ἔχ-ιδνα, h. e. constrictor, ἄγχων; cgn. skr. ahu ‚eng'. Hoc de s. cf. goth. nadra die Natter, pertin. ad germ. vet. nâ-an stringere, the adder ex naddre. Fk. 371. Kch. 117.

angulus 2 m. 'Ογκ-ος. Huc Anglii, h. e. anguli incolae.

angustia 1 f. Germ. vet. ang-ust, germ. md. angest die Angst; v. vulnus. Skr. añhas n, ἄχ-ος die Be-‚eng-'ung; goth. agis, germ. vet. ak-iso, ek-iso, eg-iso horror; goth. ogan timere, ex perf.; nord. vet. oegja terrori esse, unde Oegir horrendus. Skr. añh-iti f = germ. vet. egidi horror, unde gall. hideux, (v. Dz. II 345). Adde germ. md. eisen ex germ. vet. egisôn terrere, mir eiset timeo, freisig, fraisig = horribilis, potuit oriri ex fre- êise = egese, bav. fraisig sceleratus.

angustus, a, um. Skr. añhu, goth. aggvs, cgn. ἐγγύς. Angus- ex abstr. angh-as, goth. -is, ut germ. vet. dion-us-ta der Dienst, ern-us-ti der Ernst; B. § 934; goth. jugozi n fort. ex juk-as; Fk. — V. augustus.

anhēlitus 4 m. Skr. ana, prâna m, (ex pra-ana); v. hālitus. De ‚an' praef. in ‚an'-helo cf. ambolla ex ἀνα-, in ‚an'-quiro ich suche auf, an-tennae, antestor. Confer ἄμπωτις die Ebbe, ex ἀνάπωτις.

animal 3 n. Unde l'aumaille; skr. prâṇin m, ex pra + an-, cgn. anima.

animus 2 m. Cgn. ἄνεμος = skr. an-ila m ventus; an-ī-mi spiro, prâṇimi ex pra-animi, unde φρήν. V. aspîro.

Anio 3 m. Genit. Anienis pr. ani-inis, ut homo Genit. hominis; nerio Gen. neri-ēnis pr. neri-inis. Hinc postea Aniēnis.. Ebel.

anniversarium 2 n. Altera pars vocabuli, ut Sonne docet, cohaeret cum ἑορτή ex ϝε-ϝορτή sc. ἡμέρα, ‚vers'aria, pertin. ad skr. wara m circuitus, die Umkreisung. K. XIII 442. At Boppio vox ἑ-ϝορτή pertinet ad skr. wrata n opus sacrum, pietas, ex ἑ-ϝροτ-ή, aeol. ἔροτις ex ἑ-ϝροτις.

annona 1 f = cibaria. Skr. anna n cibus, ex ad-na, part. pass; v. ĕd-o. Bf. I 247. Sed annona videtur pertinere ad ‚annus', quae vox significat etiam annonam; (v. Tac. Germ. Cp. XIV. Agric. Cp. 31). Goth. annô stipendium annuum.

annulus 2 m. Cgn. anus. Corssenio videtur constare ex amb-, v. ambitus, der Umkreis. Hoc de sensu cf. ûrmikâ f annulus, pertin. ad war- voluto, volvo.

annus 2 m. Ex am-nus, ut B[e]. videtur, pertin. ad am-âmi eo, unde skr. am-ati f tempus. Hoc ‚am' in soll-‚em'nis. De a. cf. zd. jâ-re das Jahr, pertin. ad jâmi = amâmi, (v. hiems). Idem sensus est in voce anni, si Fickium sequimur, qui ‚annus' trahit ad skr. atana currens, unde atnas m sol. Idem vir doctissimus hanc vocem asserit posse constare ex acnus, praesertim quum lingua umbrica habeat per-aknem = perennem, sev-akuim = sollennem, pertin. ad skr. aṅć ire, vertor, unde umbr. ak-la curvus; cf. ancus. Fk. 338. 418. Hoc aṅć = iens est i. q. sara in skr. wat-sara m annus, v. vetustus.

ansa 1 f = lit. asà. BR. I 6 trahunt hoc vocabulum ad skr. aṅsa m umerus = goth. amsa. Varro ait: ansa cognatum est cum asa ara, quia ansae ab iis qui sacrificabant, tangebantur. Gr. Gesch. p. 114.

anser 3 m. Cgn. anas, h. e. natans, quo de sensu cf. skr. pâriplawya m anser, prpr. περιπλέων. Adde skr. ǵâlapad m anser, prpr. in aqua pedem habens; wârća m, ut aiunt, ex wâri ćarati, h. e. in aquam currit. Fk[e]. 444 ans-er pr. hans-er = χήν pr. χηνς-.

— ant. V. — unt.

ante. Ex ante-d, antea; cgn. ἀντί, skr. anti = ἐν-αντ-ίον, goth. and- ut andangi das Antlitz, celt. ande ut Andecavi foederati, prpr. entgegengebundene, (cawiau ligare); 'Ανδιβρόγγιος = ἀντί-χθων; Gl. 24. 27. Huc gall. devant ex de-ab-ante; it. anziano = gall. ancien; gall. ainé ex ante- natus.

anteā = antidea, h. e. antĕd-ea, ut posid-ea. V. sed.

antenna 1 f. De an- v. an-helitus, antestor; cgn. τίννος ex τίνγος, v. ten-do.

antequam. ‚Quam' relat. respondet goth. -ei in faurtiz-ei = antequam. Do -ei v. aemulor.

antes 3 m. Cgn. goth. and- = längs, antes die längs hinziehenden; germ. vet. ‚ent'ilôstâ extremi ‚ant'es; germ. vet. andi, endi frons, cgn. antiae pili frontales. Confer Gr. III 458.

antiae 1 f. V. antes.

antestor 1. Ex an - testor, v. an - tennae.

antilopa 1 f. Corrupt. ex ἀνθινός = floridus, + οπ.; floridos oculos habens. De s. cf. dorcas.

antiquitus. Suffix. - ‚tus' = skr. - ‚tas', -τός, ut ex 'ἐν-τός = in-tus; v. abhino skr. i-tas, purâna-‚tas' = antiqui-‚tus'.

antiquus, a, um. Ant-icus ut am-icus, germ. vet. entisc, antrisc antiquus; v. Gr. M. 491.

antistes 3 m., 'ἐπιστάτης, skr. adhi-stâ-tar; goth. faurstasseja. L. M. p. 396.

antrum 2 n. "Αντρον, die Höhle, ex ἀνα-τρον, cgn. τορ-εύω höhle aus, cavo.

— ānum. V. tympanum.

I ānus 4 f. Germ. vet. anâ avia, germ. vet. ano, germ. md. en avus. Fk. 339 ait: ein Lallwort wie nanâ.

II — ānus. V. urbanus.

III. ānus 2 f. Das Gesäss, ex as-nus, skr. âs- sedeo; vel ex ac-nus = aversus, cgn. ānnus.

— ānus. V. oceanus.

anxius, a, um. Cgn. añh-, ah-u angustus; cum ahu cohaeret goth. ag-lus molestus, ags. acol ängstlich.

aorta 1 f; ἀορτή, cgn. ἀορτήρ, unde pulmones pendent.

apagĕ. V. age = ito. ut skr. yâhi! pr. yâ-‚dhi' = ἴ-‚θι'; de yâ- = ag- v. annus. Adde skr. gacča apage!, pertin. ad skr. gam-, imper. gacča = βάσκ-ε, βάσκ' ἴθι.

āper 2 m. Germ. vet. êpar, nom. propr. Eparnand = Iburnand audax ut aper. Aper cohaerere videtur cum κάπρος, ut the ape c. kapi. K. I 497. Nisi potius pertinet ad ăp-ere = capere, v. apium, cgn. ad-ip-iscor, skr. âp-nômi = potior, nanciscor. V.

aperio. Fk. trahit ad ‚apra' validus, cgn. ὀπ-ός, op-imus. Hoc c. sensu cf. skr. balin m aper, v. validus.

aperio 4. Skr. apár- ex apa + ar = wegschaffen, beseitigen, öffnen, F. Ap-ary est cgn. cum ἀρ-αρ-ίσκω. Confer op-er-io. Sensus congrueret cum οἴγ-νυμι, h. e. ϝίγ-, pertin. ad skr. wiǵ- = wić separare. Bf. I 346. V. Curtius p. 464. Quodsi hoc aper-i-o cohaereret cum illo apár- ich öffne, ‚aper' fere idem notat ac skr. âsyalâṅgala m aper. prpr. pro ore habens aratrum, aper-tor h. e. effossor terrae, aper, der Eber.

apex 3 m. Skr. api = ἐπί, auf. ‚ap' skr. api in apidhâna n die Bedeckung, zum auf,thu'en; -de ‚ex' in ap-ex v. ob-ex.

aphrodisiacum 2 n. Pertin. ad Ἀφροδίτη, h. e. ἐξ ἀφροῦ, (abhrât), ἀνιοῦσα. ‚ἀφροδ' ex abhrât Ablat. De τ = δ cf. νίποδες = nepotes. V. sed. Anceps sensus, nam ἀφ-ρός.. pertinet ad th. ‚ab' turgescere, unde skr. ab-raya lascivus. Fk. 425. V. abies.

apiastrum 2 n; -‚as'trum cgn. c. ‚'ισ'θίω, the ‚eat'-bee.

apio 3 s. apo 3 = ἅπ-τω, v. aper.

apis 3 f. It. la pecchia die Biene, ex ap-ecchia, germ. vet. bia ex abia. K. III 55. Gr. autem hoc ‚ap'-is conjungit cum ap-ere, die Bauende, ut ags. beo, germ. vet. pia die Bie-ne, cohaeret cum bhû, unde bau-en. Si recte, de s. cf. skr. -kara = creans in madhukara m apis, prpr. mel conficiens; ubi madhu = ‚mel' conferri debet cum μέλ-ισσα apis. Utut est, mihi lat. apis et germ. bis.. non eadem origine esse videntur, sed germ. vet. biâ, piâ, lit. bi-tí-s die Bie-ne recte a Fk. trahitur ad skr. bha m die Bie-ne, cgn. slv. vet. ba-jati = fa-bulari, φά-σκω; pertinet ad skr. bha-n sonare, quo de sensu cf. goth. drunjus sonitus c. skr. druṇa m apis, cgn. the drone. Sic skr. gátar m apis, prpr. cantor. Skr. dhwanamôdin m die Biene, prpr. sono gaudens. Skr. kalâlâpa m apis, prpr. leniter susurrans, (lâp = loquax, v. locusta).

ăpium 2 n. Ἄπιον, germ. vet. ebah, der Epf, hisp. apio, pertin. ad apio = capio. Huc gall. l'ache. De p = ch cf. la crèche ex kripea, die Krippe; Dz. Gr. 320. Huc ὁ ἴψος der Epheu, pertin. ad skr. îpsâ ad-ip-iscendi cupiditas, îpsu avidus, form. desid.

appluda 1 f, āpluda die Kleie, cgn. plaudo, ut nos: die Kleue abschlagen; K. XVIII 12.

aplustre 3 n, die Windseite, ἄφλαστον, ab afflatu et vehementi impetu, quo puppis pulsatur, cgn. fla-re. Vox ἄφλαστον tamen pertinere videtur ad skr. bhriṣh-ṭi acies, v. fastigium.

Apollo 3 m. Vet. etiam Ἀπέλλων depulsor malorum = ἑκάεργος, h. e. ὁ ἑκὰς εἴργων, procul adjuvans. Caesar bell. gall. VI 17 ait: De Apolline etiam Galli habent opinionem, eum morbos depellere. Ἀπόλλων cohaerere potest etiam c. ἀπ-όλλ-υμι, h. e.

eritium inimicorum. Alii monent vocis lacon. ἄπελλα, att. ἀλία, ex ἀϝελγα, ἀϝελλα = ἥλιος.

apparĕo 2. Zd. pâra m litus, die Seite, appareo ich stehe zur Seite; cgn. -πωρος in ταλαίπωρος, duspâra = δύσ-πορ-ος, übel ‚fahr'end. Appareo igitur est nostrum auf‚fahr'en, will ‚fahr'en = pâr-eo. Cohaeret etiam cum ‚por'-tus, op-por-tunus.

aprīcus, a, um. Cgn. aprilis, h. e. omnia aperiens.

apsis 3 f. V. absis.

aptus, a, um. Skr. âpta. prâpta. prpr. ad-‚ep'-tus erreicht, empfangen, desider.: îpsita angenehm, lieb. De s. cf. λαμβάνω ich nehme, empfange, skr. lambh- erlange, finde, cgn. ags. limp-an contingere, competere, unde alem. glimpf h. e. ge-limpf aptus, competens = îpsita. J. S. p. 110. Schm. II 460. Huc it. malato, gall. malade ex male aptus. Adde skr. paryâpta ex pari-âpta, unde pendet ‚eb-'en = apte, ut ἄρα = eben pertinet ad ἀρ-αρ-ίσκω = apio, apto; 'ἐξ-απ'-ίνης = ganz ‚eb'en, ags. efne, ἄφ-νω. Fk. 340.

apud. Cgn. âp-ere, quo de sensu cf. juxta c. skr. yukta aptus; goth. nehva = apud, juxta, cohaer. c. nec-to. Huc pertin. gall. avec ex apud hoc, Dz. I 27. Ebel hoc vocabulum conjungit cum skr. apa = auf, pertin. ad illud apa in ap-erio; K. VI 205. De forma apud cf. illud, aliud. — V. nanciscor.

aqua 1 f. Cohaeret cum ac-ies, ac-er, açwa = equus h. e. ac-er, ὠκ-ύς, frisch, keck. Igitur aqua, cgn. cum aquipenser, aquifolia, est die frische, schnelle, ὠκ-εία, (v. Oceanus); aut tropice: acuens, Schärfung, die Erfrischung, recreatio. V. Tethys. ‚Aqu'a pertinet etiam ad skr. añça humerus, prpr. validus. Aqua = die Erquickung, Stärkung, quae vis verbi duplex est etiam in skr. giwâ aqua, refectio; adde skr. yahas n aqua, robur; irâ f aqua, refectio, refrigeratio, Erquickung; ûrga m vita, aqua. Eadem ratione duplex sensus est in ‚ard', ut skr. ârdra madidus, udus, cgn. ἄρδ-ω, deinde etiam frigidus, frisch, succosus, vivus, lebendig, v. ardea; cohaer. cum rdu = mrdu, mild, erquickend, frisch, rdûpâ f apis, h. e. dulcedinem bibens, Labendes trinkend, cgn. cum wyarņa ex wyardna diffluens. Confer etiam Fk. 336 ubi ‚aqua' trahitur ad ‚aqui' in aquipenser et ad skr. añk-ura m aqua = añk-apa n sanguis, tumor ut skr. tôya n aqua cohaeret cum tu-mor. — Aqua goth. ahva, germ. vet. aha, germ. md. ahe; germ. vet. ouwa die Aue, au = insula = nord. vet. ey. De forma ‚au' = ahva cf. goth. maujôs puellae Gen. c. magith puella Nom. Huc Aviones = insulani. Huc skr. ap f, (cf. equus; C. 411), unde Apulia = insula; Messapia = Mesopotamia. Deinde Aachen ex Ahôm = Aquis, Abnoba, h. e. mons aquis cinctus, F. Skr. âpas n, quae forma potest constare ex â-pas, h. e. â-pat. part. aor., cohaer. cum pâ- potare, unde skr. pâ-tha m aqua, *πο-τόs*, cgn. *ποταμός*; pi-tha m = pâ-tha, cgn. *πί-νω*, = skr. payas n.

aquarius 2 m. Hinc the ever die Wasserkanne, l'évier, (l'eau ex eve).

aquaticus, a, um. De suffix. -ticus cf. skr. -tikas in dharmatikas probus, haimantikas algidus. Neutr. -ticum = -age ut l'usage ex usaticum, the stage ex staticum.

aquifolia 1 n. Stechpalme, cgn. ,aqu'ipenser der spitzflossige.

aquila 1 f. Der Schwarzadler, cgn. *ἄκ-αρος* = *τυφλός*, cgn. *ἄχ-λυς* die dunkle Wolke; v. aquilo. Sed J. S. 48 dividit in ac-vi-la, cohaer. c. *ὄκ-jιs*, = -oc-ulatus i. q. draco. De suffixo *-jιs* in ac-vi cf. çir-wis nocens, gâgr-wis rex, prpr. vigil.

aquilifer 2 m. Unde it. il alfiera.

aquilo 3 m. Cgn. aquila *ἀκ-ιρός ὁ βορρᾶs*, h. e. ac-er.

Aquitania 1 f. Unde hod. Guienne. De G = qu cf. l'aigle = aquila, regretter = requiritari.

ar = ad. De d = r cf. samn. Pompedius = umbr. Pomperio, Pompilius; osc. Akedunnio = umbr. Akerunio = aquilonia; Aufr., K. I 278. Priscianus habet lat. vet. arfari = adfari, arvenire = advenire, arvolare = advolare. Dz. Gr. II 420, ubi additur lat. md. armessarius = admissarius. Celt. cy. are = ad, ir. celt. air-, ar-, ut Arelate = in luto sita, Armorica ad mare sita (cgn. Morea, alv. more = mare); Arverni, ad alnos, hodie Auvergne, ex alvergne. V. arbiter, caduceus.

āra 1 f. Osc. asa = *ἵδρα δαιμόνων* ut apud Eurip. Heracl. 260; nam asa referri debet ad skr. âs-tê = *ἧσ-ται*, *ἡσ-υχάζεσθαι*. De s. cf. *θακεύει* = âstê, *θάκημα* assiduitas supplicum. Fk.: āra, āsa est suggestus, *βωμός*, cohaer. c. as-yâmi jacio, ich werfe, āra der Aufwurf. Huc nom. prpr. Aranjuez = ad aram Jovis. V. ansa. Huc As-culum.

ărānea 1 f. *Ἀράχνη* die Spinnerin, cgn. *ἠλακ-άτη* pr. *ἠρακ*-fusus; *ηρακ*- autem cohaeret cum *αρκ*- in *ἄρκ-υs* rete, *ἀρκ-υον*. De hoc sensu cf. skr. gâlika m aranea, pertin. ad gâla = *ἄρκυs*. Huc ags. rynge die Spinne = *ἀράχνιον*. Idem sensus est in skr. tantuwâya m, prpr. filorum textor = tantrawâya m; ,wâ'- ich spinne. Cf. die Spinne, the spider. Adde skr. ûrṇawâbhi m lanae textor, aranea, ,wâbh'- = *ὑφ-αίνων*.

aratrum 2 n; *ἄροτρον*, nord. vet. ardhr, cgn. skr. aritram remus. V. eo = ar-. De s. cf. la charrue aratrum, pertin. ad carrus, car- = ar.

arbiter 2 m. Qui venit ad judicium, v. ar; bito cogn. imbito = ineo, intro. De s. cf. skr. swa-gam arbitror, gam- = *βαίνω*, bito.

arbor 3 f. Arbos, unde arbus-tum. Hinc it. alberare, gall. arborer māli instar erigere. Arb-os pr. ardh-, (cf. ruber, ubera, urbs); ardh- = ἀλθ-αίνω cresco, ἀλφ-. Fk. 141 conjungit cum φῦμα das Gewächs, sax. vet. bôm der Baum, prpr. das Gewächs, φυ-τόν.

arbusculum 2 n. Demin. ex aliquo arbus-ca. Cum ‚ca' cohaeret skr. — ‚ka' in vṛiksa-kas das Bäumchen. De deminut. -ka v. Bf. Gr. § 550. Num hoc -ka = -ke, ut köp-ke Köpfchen?

arca 1 f. Cgn. arx, ags. ealh-stede locus munitus, templum, goth. alhi templum, quasi arx dei; pertin. ad skr. rak, unde parirak-ana n arc-a, slv. raka die Arche. Deriv. arcanus.

arceo 2. Skr. rak-âmi servo, cgn. ἀρκ-ῶ ich genüge, de qua duplicitate sensus cf. skr. alâmi et arceo et ἀρκεῖ.

arcesso 3. V. ar-biter; compos., ut incesso, ex ar-ced-so; forma desid., v. viso pr. vid-so.

arctos 2 m. Ἄρκτος, i. q. ἄρκος. V. ursus.

arcus 4 m. V. armus. Ar-cus der Bogen, cgn. ar-âla gebogen, v. ulna. De s. cf. skr. trinatâ f arcus, prpr. ter curvatus, v. natea. Cum ‚arc' cohaeret ags. earh telum, sagitta, goth. arhvazna, (ubi de forma cf. goth. hlaiv-azna fossor). Cum goth. arhvcohaeret the arrow. Deriv. l'arçon der Sattelbogen, it. arcione; it. arciere, l'archer sagittarius, Hartschier. De litera h in Hartschier cf. germ. vet. eiscôn = heischen. Ar-cus cohaer. c. skr. ‚ar'-âla curvatus, ar-i rota, ar-atni ulna. Hinc it. md. arcobalista, unde arbalest, l'arbalète, germ. vet. armbrust, nunc Armbrust.

ardea 1 f. Ἐρωδιός h. e. ῥωδιός, vivax, v. ardelio.

ardelio 3 m. Homo inquietus, importunus; skr. ard-ana unruhig, bedrängend, schüttelnd, ard-âmi eo, moveo, arda-yâmi in Unruhe versetzen; P. Si ardea cohaeret cum ard-, est inquieta. Hinc it. arlotto heluo, the harlot.

ardeo 2. Pr. asdeo, cgn. ἄζω pr. ἄσδω; Cf. Fk. 343. Fort. trahi potest ad skr. ard-ini m ignis.

arduus, a, um. Zd. eredhwa = arduus, skr. ardh- = ἀλθ-αίνω; celt. ardd altus, ir. celt. artu altitudo, unde Arduenna; Z. p. 70. De s. cf. cy. celt. breg altus, arduus, c. Breg-enz, ir. celt. brigh mons, collis, unde Brigantes monticolae. Artobriga Steinberg, Magetobriga collis amplus, (maget-o- = skr. mahat). Gl. 129.

ārea 1 f. Cohaeret cum skr. ârât e longinquo, aus der Ferne, lit. ora-s m das Freie; v. Fk. 20. Germ. vet. êro die Ähre, l'aire, ags. âre der Vorsaal, atrium.

arena 1 f. Ex harena, sabin. fasena contusum, contritum, skr. bhas-man cinis, das vom Feuer zerkaute, ut addit P. K. XVII 347.

argenteus, a, um. De -ĕus ex -ĕyus v. K. II 210. Cf. pleb-ejus.

argentum 2 n. Ex argent-, part. praes., affixo etiam -‚um'; ἄργυρος, skr. ragata n, prpr. ἀργ-όν; arguna n, cohaer. cum goth. airkns purus, sanctus; L. M. p. 10; arm. celt. argent-, ut Argentoratum die Silberburg, (ir. celt. rath arx). V. sq.

argilla 1 f. Cgn. arg-entum, ἀργ-όν, ἄργιλος. Cum them. ἀργ- cohaeret 'Αργ-ώ, h. e. splendida. Sonne ait sic: Die Argofahrt ist die Wolkenfahrt zur Gewinnung des Sonnenhorts; K. X 131.

Argos. Cgn. skr. ragas n terra culta, prpr. pulverulenta. Hinc illud πολυδίψιον Ἄργος, Argos pulverulentum; v. Fk. 163.

arguo 3. Cgn. ἀργο- = lucidus, clarus, unde argu-tus, cohaer. c. lit. reg-éti videre.

arha 1 f. Apud Hesych. ἄρχα, ἄρφα = ἀρραβών, pertin. ad hebr. ‚Arabôn' pignus. Hinc. bav. vet. die Arr das Handgeld.

ari-. V. armentum.

āridus, a, um. Cgn. arens, non quidem ex bhās-, sed ex bhās-, bhās-man = cinere factus.

aries 3 m. Confer slv. vet. j-ar-ina lana, cgn. ἔρι-φος, lit. eras agnus; Fk. At Cors. trahit ad ar- = or-ior, erectus, salax = petro. V. abies. Malim sequi Fickium et conferre skr. urana m aries, agnus, nam uranas oritur ex waranas, ἀρνειος, h. e. ϝαρνειός; C. 310.

ărista 1 f. L'arête; h. e. ar-ista; K. X 260. Fk. sic: Est forma superl., ex asista, pert. ad skr. -asishta am besten schiessend, (asyâmi jacio, mitto). De s. cf. στάχυς arista, cgn. στοχάζομαι ziele, schiesse.

— **ārius**, a, um. V. lignarius.

arma 2 n. Cgn. ἀρ-αρ-ίσκω, skr. ārya aptus.

armentum 2 n das Grossvieh, ait Fk. 342. Cgn. nord. vet. iörmungandr anguis maximus, iörmunrekr taurus maximus; Tac. Germ. ed. Schw. Sidl. 75. Goth. airman in airmanareiks = germ. md. Ermenrich; die Ermunduren die Grossthüringer, Irminsul die grosse Säule. Confer βούβρωστις s. βούλιμος der Heisshunger, βουγάϊος = μεγάλαυχος. Adde goth. aihva- equus in aihvatundi der grosse, der heilige Zunder; v. I. S. 46, ubi comparatur ἱπποσέλινον grosser Eppich, ἱππομάραθρον grosser Fenchel, ἱππόπορνος ein grosser Hurer. — Armentum prpr. Spannvieh, cgn. arma, ἅρμα, ἀραρίσκω. Gr. M. 106. Nescio quo pacto cum hoc eodem ἀραρ- arte cohaeret praef. ἀρι- = füglich, gut, recht, cgn. ἄρ-τι = skr. ar-am recht, apte ut ἀρίφρων = ἀρτίφρων, h. e. ἀρηρότως φρονῶν recht verständig, cgn. arya gut, gütig, lieb = ἄρ-ι-στος, sane optimus, sane inquam, nam sane est nostrum ganz = ἀρι-, cgn. germ. vet. ganzi sanitas, dan. gandske sanus, totus. Celt. ar s. er = ἀρι- s. ἐρι-, ut 'Αρ-κύνια ὄρη der Hercynische Wald i. q. ἐρ-κύνιος. Z. 109, 829; (cun = altus, cgn. κυν- = canis). Gl. 11. V. orno.

armilla 1 f. Cgn. arm-us, ἀρμός; v. ar-cus.

armo 1. V. arma; cgn. ἀρτίζω, ars, unde graec. med. aevi ἐξάρτιον, ἐξάρτιον das Schiffsgeräthe, unde it. la sartie; Dz. I 366.

armus 2 m. Zd. arema m der Arm, v. armilla. Skr. îrma m der Arm, (cf. skr. agnis = ignis), pertin. ad ir- = sich erheben, et BR. addunt: Vergl. mit ir das nahe verwandte ar- in ar-cus. Adde nord. vet. arma in die Arme nehmen, cohaer. c. erbarmen, h. e. bearmen; Gr. I 557.

aro 1. Ἀρόω, ex árayâmi russ. or-atj, germ. vet. arjôn, ἀρτίζειν = aptare, cgn. ἀρ-αρ-ίσκω; v. aratrum. Fk. 700 hic ponit goth. airtha, germ. vet. ërda die Erde, h. e. ἀροτή.

arrugia 1 f. Cgn. corrugus.

ars 3 f. Cgn. ἀρτύνω, skr. ṛiti f ratio die Art, pert. ad ar- = eo. De s. cf. isl. ment ars c. mentr comes. Adde skr. añga m ars, pertin. ad añg- = ar-âmi. Cum ἄρτ-ιος conjungit Schm. bav. ort, ortig impar, unde angl. odd ἀν-άρτ-ιος.

arsenicum 2 n. Ἀρσενικόν; zd. arshan mas, ὁ ἄρρην, skr. ṛisha-bhas taurus, ubi -bhas = -φος in ἀδελ-φός; pertin. ad arsh-âmi fluo; igitur ṛishabhas conspersor. Cgn. pers. Arsaces masculus, ut Nero = ἀ-νήρ. Ξέρξης ex pers. kayârha = κάρτα ἄρσην.

arteria 1 f. Cgn. a-orta, ἀρτηρία.

arthritis 3 f. Cgn. ἄρθρον, ar-âmi eo. De a. cf. skr. añgagraha m arthritis.

I. **artus** 4 m. Cgn. ar-cus, ar-mus.

II. **artus**, a, um. Eng, gefügt, gedrängt, cgn. ἀρ-ᾶρ-α bin fest, gefügt, unde ἀρ-ίσκω ich füge mich, ἄρ-μενος passend, eng anschliessend, lit. ar-ti nahe, ἐγγύς, ἄρ-τι, ἄρω anschliessen, ait Buttmann.

arvina 1 f. Ut videtur ex aru-inum, cgn. haru-, v. haruspex.

— **ārum**. V. os I.

aruncus 2 m. Barba caprae; v. ar-biter; uncus potest cohaerere c. skr. añk-ura m pilus, tumor, surculus.

arundo 3 f. Cgn. ar-mus, arcus. De ‚undo' cf. hirundo.

arvum 2 n = ἄρουρα, h. e. ἀροϝρα. Hesiod. „ἔργα" v. 22 ἀρώμενα pr. ἀροϝμενα. Cogn. nord. vet. iörvi arena, germ. vet. ëro, th. ërva die Erde.

arx 3 f. Skr. rakâ f; v. arc-eo.

I. — **ăs**. V. cujus. familias. foras.

II. **as** 3 n, assis genit., pr. astis, cgn. skr. asti-twa n essentia, Fk. 510. Huc sem-is ex semissis, bês ex bessi bessi.

ascesis 3 f. Ἀ-σκέω cohaer. c. ξέ-ω scabo, polio. ἀσκέω = λεαίνω, v. Il. IV 110. 111. Ξέ-ω autem cohaer. c. ac- = ac-uo; v. cos.

ascia 1 f. Ex acs-cia, cgn. axicia die Schere. De forma cf. misceo pr. migsceo, disco pr. dicsco. I. S. ‚ak' p. 79; cgn. ἀξ-ίνη prpr. ac-uta, goth. aq-izi.

asilus 2 m. V. asinus.

asinus 2 m. Potest cohaerere cum skr. as-âmi eo. Graff trahit ad goth. as-neis, ags. es-ne mensor; germ. vet. as-neri mercennarius, nord. vet. as-naz servire modo asinario. L. M. p. 166 vocem ‚as'neri pertinere putat ad skr. asi = ens-is, schneiden, secare. Alii trahunt ad skr. asita dunkelgrau, niger, ut il burro asinus, prpr. burrus, gall. la bourrique. Hinc lit. asilas, goth. asilus asellus, asinus, ὄνος ex ὄσνος, l'âne ex asne; nord. vet. asni.

asparagus 2 m. L'asperge, der Spargel, ἀσπάραγος, the sparrow-grass, v. Kch. III 1 p. 161. Pertin. ad σπαργάω tumeo, turgeo, lit. sprok-ti sprossen, lett. spirk-t frisch werden, σφριγάω strotze; Fk. 216, v. corruda.

asper, a, um. Stossend, abstossend, cgn. σπείρω werfe weg, aspernor stosse von mir; cohaer. c. skr. spar-i-tri hostis, der Feind.

asphaltus 2 m. Hebr. ‚shaphal' humilis, asphaltus der Bodenstein.

aspiro 1 = faveo. De s. cf. an-âmi spiro c. goth. an-sts favor, nord. vet. âst amor. V. aura.

asporto 1. Ex absporto, ut ostendo ex obstendo. V. oscillum.

asser 3 m. Cgn. ἄξων, ἄξονες tabulae. De ss = x cf. cosso = coxo, prossimus = proximus, Ulysses = Ulyxes.

assir 3 m. Skr. asra n sanguis, ἔαρ pr. ἴσαρ; assir pr. asir ut classis pr. clasis, ut legisse pr. legise.

asso 1. Ex ἄσδω, cgn. ἄζω. (?)

— **aster**. V. oleaster.

assula 1 f. V. asser.

ast. Ex at-set aist ast; -set -st suffigitur ut -met.

asteriscus 2 m. Ἀστερίσκος. Quod Bf. Gr. § 114 ait de -ίσκος, mihi non probatur. B. § 952 docet hoc s euphoniae causa insertum esse, ut lit. dêwi-sh-ka = divinus, borussi. deiw'i-s-kas; goth. thiudi-s-ka ἐθνικός; barni-s-ka puerilis, kindi-sch. L. M. autem refert hoc thiudis- ad aliquod thiudas- neutr., v. angustus. K. IV 9.

asthma 3 n. Pertin. ad ἀάζω, ἄω.

astrum 2 n, ἄστρον, constat ex pluribus stellis. V. stella.

astu 4 n, ἄστυ, ϝάστυ = skr. wastu domus, germ. vet. wist mansio, das An-wes-en.

astutus, a, um. Ex aliquo ‚astus' s. astu, cf. cornutus; pertin. ad skr. as-yâmi jacio, apâsyâmi destituo, ich prelle.

asylum 2 n; ἄσυλον, prpr. non spolians, cgn. συλάω.

at. Skr. atha = tum, et; ex a pronom. + tha; ἀτ-άρ =

autem, ‚at', (ex ἄτ-αρα, ut ἄρ = ἄρα, γάρ ex γε ἄρα. V. et). ‚Atque' = atha + ća.

atavus 2 m. Skr. ati ultra, zd. aiti, lit. ant = auf, ἔτι = noch dazu, inserto nasali; B. § 996.

āter, a, um. Cgn. zd. âtar ignis. 'Ατρεύς potest esse αἰθαλόεις.

athenae 1 f. A dea 'Αθάνα s. 'Ανθάνα, 'Ανθήλη. K. XX 44; cgn. ἄνθος. Athenae = Florentia, Blomfeld.

Athleta 1 m. Pertin. ad ἄϝεθλον, ἄθλον, skr. wadha m d αἰθ-ών.

atquī. Ablat.

atramentum 2 n. De s. cf. skr. ‚mal'inambu m μέλαν ὕδ-ωρ.

atrium 2 n, αἴθ-ουσα, v. aedes.

atrox 3. Cgn. trux, paratus ad truc-idandum.

atta 1 m. Ἄττα, goth. atta, bav. der Attʻan, celt. ir. aite pater nutricius. Confer skr. tâta paterculus.

attagen 3 m. 'Ατταγήν, cgn. acca.

— **ātus**, a, um. V. barbatus, sceleratus.

au-. V. aufugio.

avaritia 1 f. Cgn. aviditas. De s. cf. skr. lubdhatâ avaritia f c. lubido.

auctor 3 m. Hinc lt. md. auctoricare, unde gall. octroyer bewilligen; pertin. ad skr. ôǵ-as n die Stütze, aug-toritas, auc-toritas; skr. ug-ra m potens, magnus vir, ein Grosser; P.

audeo 2. Au-d-eo, cgn. au-ra, αὐ-λός, αὔ-ω. De s. cf. ψύχω c. ψυχαί = θάρσος.

audio 4. Au-d-io, cgn. ἀΐω h. e. ἀϝyω, unde ὄϝ-ος h. e. οὖς, ὀϝ-ατός = ὠτός. Cum ἀϝyω cohaeret dor. ἀΐ-ται ex ἄϝ-ται amatus, pertin. ad skr. awa = av-i-dus, âwâmi aveo, ut nobis ‚au'-d-io est: das hör' ich gerne, das lässt sich hören. Cum hoc ‚awi' = beachtend, cliens conjungi debet etiam ἀϝισ-θάνομαι, αἰσθάνομαι; Fk. 17. V. auris.

avēna 1 f. Ex avesna, lit. aviz der Hafer, skr. awas n satiatio, nutrimentum, aw-âmi = aveo. Fk. 943 addit slv. vet. ovĭsŭ m avena. Hinc skr. uahadhi f herba, ex awasa-dhi. V. ordeum.

aveo 2. Skr. aw-â-mi, v. au-d-io.

avernus, 2 m. Skr. awara = infernus, ut antara = internus.

āverrunco 1. Cgn. verro, ἀπό-ϝρσ-ε reisse, raffe fort, ϝέρσ-ε packe dich! Fk. 1077. Non igitur probatur, si huc adhibent skr. awara, v. avernus, et ruńć = vello; K. II 80.

aversus, a, um. Skr. apawrit.

Aufidus 2 m. Apul. oufens fertilis, hod. Ofanto, cgn. uber.

aufugio 3. Ex awa-bhugyàmi, ut aufero ex awabhar-; awa autem constat ex a + wa, (v. sive). Confer ab = a-pa.

augeo 2. Confer αὐξάνω, skr. wadayâmi ich mache wachsen; v. C. 63, = nord. vet. oexa h. e. vohsja, goth. caus. vohsjan, unde goth. vokra der Wucher, qui facit ut crescat. Adde goth. aukan, germ. vet. ouch-ôn addere, augere, unde goth. auk = auch, angl. eke cgn. to eke augere; auch = augē, ags. toe,âc'an praeter, v. autem. Pertinet autem hoc ‚aug'- ad lit. aug-ti crescere, skr. ug-ra magnus, ingens, cohaer. c. wag-âmi durus sum, unde wagayâmi firmo, aug-eo.

augur 3 m. Cgn. augustus; Gr. V 602 b. ‚Augus'- ex avi-gus der Vogel‚kies'er, cgn. gush- = kies-en, v. gusto.

augurium 2 n. Hinc la malaria ex malum augurium.

augustus, a, um; ἐρι-αυγ-ής, auc-toritate praeditus, cgn. αὐγ-ή splendor, skr. ôgas n Kraft, Glanz. Augustus, (cf. angustus), referri debet ad augas n, h. e. splendore, fortitudine, vigore praeditus.

avia 1 f. Goth. avô.

avilla 1 f. Skr. awi ovis.

ăvis 3 f. Skr. wi-s = a-vi-s; skr. wi f wayas n, unde οἰωνός ex ἀϝι-ωνος magna avis. Haec vox adhaeret verbo gall. l'autriche ex avis struthio; l'outarde, hisp. avutarda; l'oie ex avica; l'oiseau ex avicella. — De ‚ωνος' in οἰ-ωνός, v. patronus.

aula 1 f; αὐ-λή, ἀϝ-λή, lacon. ἀβ-ήρ der luftige Ort, cgn. au-ra.

aulaeum 2 n; αὐλαία sc. τάπις, der wehende, flatternde; cgn. aula. V. sq.

aura 1 f. Cgn. au-la. Hinc angl. to sear trocknen, cohaer. c. it. sorare, ex exaurare lüften, in der Luft trocknen. Aura popularis die Volksgunst cf. goth. an-st-s, die G-unst, bav. vet. Ab-on-st invidia, amissa gratia, g-ônn-en = vergönnen, pertin. ad skr. an-as = aura; v. aspiro.

aurīga 1 m. Ex awra-iga, ut quadriga ex quadrijuga, biga ex bijuga; skr. arwa equus h. e. ar-wa, v. ar-atrum, per metath. = aura + iga; K. V 391.

auris 3 f; lit. ausis, goth. auso, gr. οὐσ-ατ, οὐσ-ατ, οὖατ, οὖας n = οὖς; L. M. p. 425. V. aus-culto.

aurora 1 f. Skr. ushas f aurora, ex ushâsâ, ut ait B.; was- illucescere, v. ur-o, us-si; wyushti f. wyush f, ex wi-ush, ush f aurora.

aurum 2 n. Cgn. aur-ora, borruss. aus-in aur-um, Accus., ut goth. gul-th das Gold trahitur a B. ad gwalita flagrans. Idem sensus in skr. rukma n aurum, prpr. luc-idum; skr. ragata m aurum, cgn. argentum. Huc Aurunci = Aus-ones, h. e. splendidi. Huc the orfrais ex aurifrisium, h. e. aurum Phrygium

ausculto 1. Aus-, v. aur-is; — culto pertin. ad κλύ-ω = ἐπακουστέω. Hinc it. ascolta die Schildwache, unde gall. vet. ascouter = écouter.

auspex 3 m. Skr. wipaça; wimantrin m = οἰωνῶν μάντις.

auster 2 m. Cgn. nord. vet. austr, ags. eastor. Gr. M. 268, addit Ostara, cgn. aurora, Ausones.

austerus, a, um. Αὐστηρός siccus, cgn. αὐαλέος, cgn. ush-, ur-o; αὐ-χ-μηρός = αὐστηρός potest conjungi cum goth. uh-tvô diluculum.

aut. Pr. auti, osc. auti, umbr. ote, ex awat, quod ‚awat' habet formam compar. awatara, quo ex ‚awatara' nostrum ‚óder'. Cum aut.. aut cohaer. εὖτε... εὖτε, ut εὖνις = ūnas.

autem. Au-tem, cgn. αὖ, v. de = áwa; cgn. germ. vet. au-h = au-tem, enim, au-ch; Kch. IV § 436. De -‚tem' v. item. Hoc ‚te'm pertin. ad illud -‚te' in is-‚te'.

autumo 1. Cgn. au-tor, auc-tor. Ebel trahit ad ah- = ajo.

auctumnus 2 m, h. e augens. De forma cf. Pilumnus.

avus 2 m. Cohaer. cum av-eo, skr. awas favor, auxilium, unde ἐν-ηής h. e. ἐν-ηϝ-ής günstig; ἀοσσητήρ ex ἀϝοσϝητήρ = awas, auxilium. Hinc it. avolo, l'aieul. De s. cf. germ. vet. ano der Ahn, anâ avia, pertin. ad goth. an-sts die Gunst, awas, cgn. an-, (v. aspiro). Confer ano = uz-ana qui exspiravit; Gr. I 102.

auxilium 2 n. Ex auc-tilium, ut nox ex nocta-, ζεῦξις ex ζευγ-τις = skr. yuk-tis. De s. cf. lucor = I confort. Cf. utensilia. Cgn. aug-eo tollo, elevo, I confort; cohaer. cum skr. ug-ra gewaltig, wag-âmi durus sum, unde ôg-as n robur, virtus, ôgasâ fortiter.

— **ax.** V. sequax. loquax.

axamentum 2 n. Cgn. ind-ig-amenta, carmina Saliaris. Corss.

axicia 1 f. V. ascia.

axilla 1 f. Demin. ex axla, axula; v. pugillus. Germ. vet. ahsla die Achsel = germ. vet. uochisâ, bav. die Uechsen; cgn. axis.

axis 3 m. Skr. akas m, ἄξ-ων, cgn. ὀξ-ύς. Cf. Gr. Myth. 571. I. S. 32. V. Ixion.

axo, i. q. nomino, ex agh-σω, cgn. ajo; B. § 856. p. 278.

B.

I. b = m, v. clam. dubenus. subsulto. — II. b inseritur, v. meridies. — III b = f, v. bilis.

băca 1 f. Ut Paulio videtur, cohaer. c. skr. bâk-ura m tympanum, pertin. ad aliquod ‚bak' ferire, unde βάκ-ηλος castratus, βάκτρον baculus. V. badius. Baca igitur potest esse caerulea, die blaue, bläuliche; nam caerulea, caesia pertinet ad caedere = bak-, ut blau, bläulich cohaeret cum bleuen, goth. bliggvan . ., germ. vet. pliuvan braun und blau schlagen, cgn. angl. black.

bacar 3 n. Unde il bicchiere der Becher.

bacchor 1. Pertin. ad Βάκχος, Ἴακχος pr. ϝιϝαχ-, cgn. ἰάχω ich jauchze. Βάκχος igitur est deus ille verni temporis, cujus adventus cum tumultu ac fragore celebratur. Bacchus, unde bacchor, genius est omnis germinationis, de qua re cf. bav. wuetseln vegetare, pullulare, deriv. a deo Wuotan, (v. Nerine).

baculum 2 n. Cgn. βα-ί-νω; C. 60. V. baca. Huc. germ. vet. bakkeljau der Stockfisch, per metath. kabelja; Dz. II 242.

badius, a, um. Hinc le bayard der Braune; gall. baillet ex badioletlus; il bajocco, h. e. aes badium.

bajularius 2 m. Hinc der Bailer mercennarius; il bailo, le bail ex baj'lus. De s. cf. der Wezir prpr. der Lastträger, le baillif = the baily. Cum ‚bajulare' cohaeret la baia portus, quem veteres a bajulando vocabant baja; Dz. Gr. I 35.

bălaena 1 f. Nord. vet. hvalr der Wallfisch, cgn. φάλ-ος globulus. V. valgus.

balbus, a, um. Skr. ‚bar',bar'a = bal-butiens, P.

balbutio 4. Ex aliquo balbutus; skr. balbalâ karômi ich thue ‚bel'-,bel', ut skr. gadgadyâmi ich thue ‚gad'-,gad', ‚bad'-,bad', (βαττ-αρίζω).

balista 1 f. Unde der Bal-ester, der Böler; cgn. βάλλω = skr. gal-a-yâmi facio ut decidat, unde βάλλω ex βαλγω.

Ballio 3 m. Nomen parasitae, alludit ad illud χεῖρας ἰάλλων; v. Odyss. V 200. XIV 453.

balnĕum 2 n. Ex balineum = βαλανεῖον, (v. platĕa); balneum autem pertinet ad skr. bâd-ê ich bade.

bālo 1. Hue le belier aries, der Bel-in; nomen canis Bello, fem. Bella der Beller, cgn. the bull der Bolle, der büllende, der Rüler. (De a. dupl. cf. skr. raaâmi ich bülle, unde germ. vet. rēren et balare et mugire, to roar). Adde the bell, cohaer. c. lit. bil-ó-ti loqui. Balo = βλήχω ex βλή-σκω, v. blac-tero. Quamquam Leo hoc βληχ- refert ad skr. mlēćća balbutiens, der Wälsch-er, der Walch-e. K. II 254.

balsamum 2 n. Arab. balasan.

balteus 2 m. The belt, la balza. Confer walayâmi ich winde, cgn. βόλ-βιτον die Bollen, h. e. gewundenes.

— **bām**, -bās.. = θαν, -θας, -θην, -θης.. pr. -dhâm. (De b = dh v. familia). Velut pugnabam ex pugnādhâm kämpfen ,thue' ich. (De formatione cf. hoc pugn-âbam pugn-ādham cum ἰδυν-ήθην pr. ἰδυν-ἀθᾶν. Cum hoc eodem ,dhâm' dhâ, (ex aliquo substantivo dhaa unde dhaa-yâmi ich begehe ein Thun, v. eo), cohaeret goth. -da ut soki-da ich such-te. Similiter -bās = goth. -dês ut pone-bas = lagi-dês du legtest, (ex lagi-dēss h. e. lagidêst lagi,dêt' = -dhâ-dhta). Cum hoc dês ex dēss dêst.. cf. nostrum das Glas, the glass ex glast; germ. vet. muosa ex muossa muosta; K. XX 329. V. credo.

bambalio 3 m. Βαμβαλός onom., bal-bus. De redupl. cf. Τάνταλος pr. Τάλταλος.

baptizo 1. Βάπτω; skr. gabh-ira profundus. Cum gabh- cohaeret zd. gafya, gap abyssus, nord. vet. haf n altum (mare).

barathrum 2 n. Βάραθρον βέρεθρον pr. γάραθρον gurges; v. vorago.

barba 1 f. Celt. wal. barf, the beard, lit. darzda f der Bart, prpr. der barz-ende, cohaer. c. germ. vet. parzan rigere, bav. barzen hervorstechen, cgn. die Borste, skr. bhrish-ţi, (v. fastigium).

barbaria 1 f. V. balbus. Est abstractum denom. desinens in -,ia' die Schaar Barbaren, der Haufe.. ut ἡλικ-ία, κοιν-ία, = skr. -yâ ut gaw-yâ eine Menge Kühe, aṅgar-yâ der Kohlenhaufen = ἀνθρακ-ιά. B. § 804. C. 537.

barbatus, a, um = barbam habens. Hoc -,tus' = skr. -tas ut pal-i-ta fruchtbegabt, (pala fructus); ags. glôf-ed mit einem Handschuh versehen. Adde der Mon-at = mondversehen. Hinc lingua gall. formavit la bramée ein Armvoll, ex bracchiata; la bouchée.

barca 1 f. V. baris.

Barce. Virg. Aen. IV 632; cgn. Barc-as, pun. barqâs splendor, fulmen. De a. dupl. cf. germ. vet. blih fulmen, cgn. ags. blikan fulgere, unde Blictrudis = Barcine; cohaer. etiam Φλέγ-υες; Fl. 1860 p. 228.

barditus 4 m. Der Schildgesang; nord. vet. barði scutum.

bardus, a, um. Cgn. βάρδ-ιστος, βραδ-, skr. mṛdu tardus, mollis.

. **baris** 3 f. Βάρις. Confer the barge, barca; v. navicula.

baro 3 m. Skr. barbara stultus; v. balbus.

barrio 4. Skr. warh- a. barh- = barr-io, mugio.

basio 1. To buss, bav. buss-ln.

bassara 1 f. Βασσάρα vulpes, potest fieri ex βαγγαρα, cgn. βάγ-μα, skr. gañg-âmi sonum edo, gag-as elephas. V. câlo.

Batavi 2 m. Cgn. goth. bats bonus, faustus, tüchtig. De s. cf. 'Αρταῖοι = celsi, boni, nobiles. Tac. Germ. cp. 29 ed Schw. Sidl. Herod. VII 61. Goth. bats = skr. bhad-ra der beste.

batillum 2 n. Ex batinulum, cgn. βατάνιον, cgn. patena; v. bitumen.

batuo 3. Confer gall. battre serb. bat-a-ti, (quasi a bat-ere), nord. vet. bödh-, gen. bödhvar, pugna, unde Maro-boduus = 'Ιππόμαχος; K. VII 180.

baubor 1. Onom. βαΰζω, bauzen.

bdellium 2 n. Ex ‚βδάλχον', hebr. bdolah, pertin. ad bdal fluere; v. visio.

beatitudo 3 f. V. bene.

bellum 2 n. Lat. vet. duellum, ex duilium der Zwei-kampf, Zwi-st, cgn. skr. dwandwa n das Paar, pugna. V. proelium.

bellus a, um. Ex benulus. Huc la bellette mustella, germ. vet. bil-ih die Bilchmaus, i. q. bav. das Schöndinglein; Schm. IV 183.

bēlua 1 f s. bellua, la belva, ex belh-ua = skr. barh-apa vellens, rapiens. De forma cf. miluus, silua.

bĕnĕ. De -‚ne' v. ple-nus. Huc gall. bien = μάλα, μάλα cgn. c. melius = bav. woler, bav. wol gross = bien grand. V. bonus.

benna 1 f. Celt. gall. benna genus vehiculi, unde la banne.

— **ber.** V. September.

berbex 3 m s. vervex; skr. bharbh-âmi, bharwâmi ferio. De s. cf. bav. der Mötz vervex cgn. μότιλος; der Schöps cgn. bohem. skop-i-ti κόπτειν, slv. skopetz castratus. Sic Böhtling vervex, dan. beta castrare. Huc le brebis, le bercail ex vervecale, le berger ex berbecarius.

bēryllus 2 m. Βήρυλλος, unde die Brille; germ. vet. perala ex beryllus, the pearl; Gr. M. 1169. Hinc gall. briller.

-**bēs.** V. as.

bestia 1 f. Ex badtya prpr. zu bind-en, zu bänd-igen; cgn. zd. bashta gebunden; skr. bandh-, badh-nâmi I bind. Cum ‚bandh' cohaeret batav. ring-band das Halsband, unde the riband, the ribon, le ruban. Adde Bastarnae die mit Bastschilden kämpfenden, lind-vigende; Gr. Gesch. p. 542.

bēta 1 f. Pr. belta, cgn. βλίτον die Melde; ut invitus potuit formari ex in-vil-tus un-willig; Fk.

bēto 3. Cgn. βῆ-ναι, ἀμφισ-βητ-ίω; v. bīto.

betonica 1 f. Die Batenie. V. vettonica.

bētula 1 f. Unde le bouleau; hisp. abedul ex al = d, arab. + betula; Dz. II 437.

— bi. V. ibi.

biblus 2 m. Βύβλος, ex βύβλος, cujus succo Aegyptii pro atramento utebantur. Hinc die Bibel, bav. vet. die Wibel = βιβλίον. De mutato genere cf. lilium die Lilie, σχολιον die Scholie, folium die Folie, βιβλίον die Bibel.

bĭbo 3. To bib, ex pibo pipo = ved. pibâmi; skr. piba = bibens, piwâmi bibo, πί-νειν. Huc slv. pivo la bière; la boisse quasi ex bibitio. De p = b cf. Publicola = Boblicola, Πίσα = Βίσα; ἀμείβω ex ἀμαυγω, (pertin. ad skr. mâpayâmi moveo).

biceps 3. Skr. dwiçiras; v. cerebrum. Hoc ‚bi‘ in gall. binis pastus, ex bi-fax, (-fax cgn. facies; Dz. I 65). Sic dwidant bideus.

bifariam. Accus. ut perperam, ἄντην. Bifarius ex bifasius = διφάσιοι, h. e. δίφατος zweimal gesagt, gerechnet.

bīga 1 f. Ex bijuga; v. auriga.

— bilia. V. stabilis, plorabilia.

bīlis 3 f. Pr. billis, cgn. fel fell-is. De b = f cf. orbus = ὀρφανός, tibi = umbr. tefe, delibuo = ἀλείφω; K. VII 27.

bilix 3 f. Der Zwilich, Zwilch, ut der Drilich trilix, alem. der Ainlich; v. licium.

bīmus, a, um. Ex bi-himus, skr. hima hiema. De dupl. s. cf. goth. vintrus annus, der Winter; zd. zima annus, cgn. hiems hiems.

bīni, ae, a. Ex bisni, v. bis, vel ex bi-oeni, h. e. ‚zwei‘ in ‚ein‘em, zwei beisammen; nord. vet. tvennir = bini, germ. vet. zwêne = zwei, unde pendet ags. twentig, angl. twenty. Adde germ. vet. zwineline der Zwilling, to twin als Zwilling geboren werden. Goth. tveihnai bini ex tvei = zwei + h ephelc. ut thair-h = durch, + suffix. -na.

bipennis 3 f. Cgn. penna.

birōta 1 f, sc. reda. Hinc il biroccio, gall. la brouette, ex birouette; der Broz = birota, unde abprotzen démonter.

birrus 2 m. Vet. burrus = subrufus. Hinc le buret murex; la burella carcer obscurus; la bure, unde la berretta, prpr. das rothe Käppchen.

bis. Skr. dwis = δίς pr. δϝίς, goth. dis = lat. dis-, ut dis-hniupan = dis-crepare. Dwis est Locat. pl., amissa lit. u, pr. dwis-u. Bis = bav. vet. zwir, der Zwirtauffer der Wiedertäufer. Bis = barit., ut il barlume ex bislume, la berlue. Gall. bigler schielen, ex bi-igler, cgn. oculus.

biso 3 m. Sumtum a germ. vet. wisunt ursus, prpr. der Weisende.

bito 3. V. beto.

bitumen 3 n. Cgn. πίτυς, pituita. De b = p v. bibo. Sed Bugge trahit hoc vocabulum ad nord. vet. hvaða das Harz, pertin. ad skr. ǵatu n Gummi, unde bitu- ex gvitu; K. XIX 429.

blactero 1. V. balo = βλήχ-ω.

blaesus, a, um. Βλαισός.

blandior 4. Depon., h. e. blandum me facio. De r ex ,se' cf. se. Blandus cgn. aeol. ἀ-βλαδίως sanft, celt. gael. blad blandus, cgn. βλαδ-ύς ex μλαδύς, pertin. ad skr. mṛid-u mollis. De b = m v. Bf. I 509.

blasphemia 1 f. Ex βλαδ-φημία, βλαδ- ex μλαδ-, pertin. ad skr. mṛd- = contero, opprimo; mṛid-n-âmi autem est forma secundaria thematis mṛi, unde βλι-μάζω comprimo, attrecto, βλί-ω. De s. cf. goth. naiteins blasphemia c. germ. vet. neizzan atterere, affligere. V. flagitium.

blatero 1. Onom., i. q. blatio plappern, blattern, platzen, βλάζω, βίβλαδα; bav. blätlern = blöken, angl. bleating balans, bav. der Bläsch balans, canis.

blatta 1 f. Ex blā-ta, v. vitta; blā = βλā, mlā, cgn. blā-ndus, skr. mlāna flaccus, unde celt. blin- = flaccidus, Diablintres = impigri; mṛi = zer-mal-me, βλί-τον prpr. molle, βλάξ; adde lit. blakė cimex.

— bo. Ut amabo, v. fui.

bōlētus 2 m. Βωλίτης, ags. bulot, germ. vet. buliz der Pilz, cgn. βῶλ-ος gleba.

bombax. Βομβάξ = potz! βομβαλόβομβαξ!

bombito 1 = susurro. Onom., = bommen sonare, βομβαίνω. Hinc die Bombarde die Maultrommel; der Bombart crepitus ventris, die Bombe globus ignivomus crepitans; trop. der Bombast, ex bombacium.

bŏnus, a, um. Ex dvonus, duonus = honestus, cgn. skr. duwas n veneratio, unde duwasyâmi probo, agnosco; Fk. Cum hoc ,dvo', unde partic. pass. dvo-nus, adv. dve-ne = be-ne, cohaeret zd. dvi vereri, timere, cgn. ἔδδεισα ex ἐ-δϝει-σα. Adde δυ-νώς = bi-en.

boo 1. Unde reboare, cgn. βοάω; v. bos.

boreas 1 m. Βορέας, βορρᾶς ex βοργας, ut στιρρός ex στιργος; βορ- = vor-ans, beissend, scharf. Confer ac-vi-lo, h. e. aquilo c. ăcer.

bōs 3 m. f. *Boῦς* ex *βοϝ-ς*, v. bo-o. Thema: gav-a, slv. govedo jumentum, skr. gau-s m, gawala m bubalus; K. I 191. Huc les buffetiers ex the beef-eaters.

botellus 2 m. Cgn. *βύζω* stipo, *βυζόν* dick. Hinc gall. vet. buelle ex butellus, unde the bowels.

bovile 3 n. Skr. gôsthla m. n.

bovīnus, a, um. Skr. gômaya. Bovinus ex aliquo bovēre ut ruina ex ruĕre; K. I 190.

bravēum 2 n. Cgn. *βραβεῖον*.

brāca 1 f. *Βράκαι*, les bragues, the breeches, svec. bracka, germ. vet. pruoh, unde der Brüchler, venditor bracarum. Potest pertinere ad skr. wraçcâmi scindo. De s. cf. panus, lacinia.

brāchium 2 n. *Βραχίων*, h. e. brevior, ὅτι 'ἐστὶ τοῦ πήχεως βραχ-ύτερον; C. Huc the branch ramus, ut der Arm cohaerere potest per metath. cum ram-us; Gr. I 552.

bractea 1 f. Potest pertinere aut ad *βραχ-ύς*, v. brevis, aut ad skr. brah-á-yâmi fulgeo, ut nostrum Blech bractea cohaerere potest cum blihan splendere; Gr. II 65.

brassica 1 f. i. q. crambe, pertin. ad skr. bhraġġ = frigo. Huc la verza der Wirsing, bav. der Berschkohl; die Barschen brassica napus.

Brennus 2 m. Est appell., celt. wel. brenin a king. Confer Pharao, kopt. ovro rex, praefixo p a. ph = ó. Adde lucumones, etrusc. lauchme = principes; v. Liv. I ed. Web. p. 130.

brĕvis, c. Ex brehuis, bregvis = *βραχ-ύς*, cgn. brechen, skr. wi-barh-âmi vello, zer-brech-e.

— **bris**. V. funebris. cerebrum.

broccus 2 m = brŏcus der Raffzahn, cgn. *βρύγ-δην* mordicus, beisslings; cohaer. cum *βρύκ-ω* frendere, mordere; Fk. 470. Huc *βρυῦχ-ος*.

— **brum**. V. cerebrum.

brūma 1 f. Ex brehuma, superl. = brehvissima dies, cohaer. c. *βραχύς*. De s. cf. goth. gamaurgjan abbrevio, unde maurgeins der Morgen, the break of. day. Gr. M. 709.

brūtus, a, um. Cgn. *βαρύς*, pr. barutus, v. gravis. Huc it. brutto rudis.

bubalus 2 m. *Βούβαλος*, skr. gawala m the buff.

bubo 3 m = *βύζας*, onom., bo-ana. Adde *βύζα*, unde *Βυζάντιον* Uhlenhorst; C. Hinc the besant, moneta aliqua Byzantina.

bubulcus 2 m. Hinc il bifoleo = gôrakśa m, cgn. ule-iscor.

bucca 1 f. s. bucca, cgn. skr. bukkana n latratus, bukkâra m rugitus; K. XVIII 19. Huc la boche; la boucle annulus, le bouclier clypeus umbonibus praeditus; nam in umbone effingebatur ut plurimum vultus aut facies, bucca, vel viri vel animantis, cujus buccula seu os medium obtinebat.

b u c i n a 1 f. Unde gall. beugler mugire. Βυκάνη tuba, Blashorn, βύκτης der blasende Wind, bucca die Blase, Backe, goth. puggs die Blase, bav. das Bladerl = marsupium.

b u l b u s 2 m. Βολβός, cgn. follis, (ut bilis = fel).

b u l g a 1 f. Goth. balgs; pertin. ad germ. md. belgen tumere, to bulk, quo quidem de sensu cf. ‚ud' tumere, skr. udara m the belly; Fk. 24. Adde bulgae = sacculi scortei, cgn. the bulker scortum.

b u l l a 1 f. Die Bla-se, cgn. der Bollan globulus, adj. boll tumidus, rotundus. Hue il bollo, a forma dictum, unde le boulanger.

— b u n d u s. V. fremebundus.

b u r d o 3 m mulus. Hinc la bourrique, cgn. birrus.

b u r i s 3 f. Ex βου-ουρά = βοὸς οὐρά. De forma cf. βουφθαλμός = βοὸς ὀφθαλμός. V. sciurus.

b u r r u s, a, u m = πυῤῥός, pr. purs-, pertin. ad skr. prushurere; v. bustum.

b u r s a 1 f. Βύρσῃ, unde la bourse. Bursa autem illa Carthaginis pertinet ad punic. ‚bozrah' arx, septum, i. q. the town.

— b u s. Prpr. -bus ex-bous, ut longius apud Plautum pr. longions; J. S. p. 100.

b u s t u m 2 n. Pr. pustum, Fk. 466.

b u t e o 3 m. Βύζα, unde Βυζάντιον Eulenburg; C. The buzzard homo iners, quia buteo inutilis erat ad venationem falconum.

b u t i o 3 m. Le butor die Rohrdommel, ex bugitaurus, it. md. mugitaurus; the bittern, ex bit-tour = bugitaurus.

b u t y r u m 2 n = βούτυρον der Kuhkäse, die ‚Butter'. De a. cf. germ. vet. chuoamero butyrum, i. q. skr. âgyâ f butyrum, (añgschmieren, v. ungo), cgn. germ. vet. ancho butyrum, der Ank-e. Τυρός trahitur a Fk. ad germ. vet. dwëran versare, nord. vel thvara der Quirl.

b u x u m 2 n. Πύξος, cgn. πτύσσω. Hinc πυξίς, unde die Büchse, die Büste, la boite ex boiste.

C.

— ca. V. barca.

caballus 2 m. *Καβάλλης*, unde gall. chevaucher. Keh. III § 47 habet skr. kabâla m der Gaul? Pict. trahit ad skr. ćapala velox.

cacabus 2 m. *Κακκαβος* = *κάκκαβος*, cgn. coquo. —

cachinno 1; bav. chach/ezen cachinnari, cgn. chāch/ezen hüsteln; *καχλάζω* kachern, skr. kakâmi rideo. Huc to kink keuch-en, to cough, to houg, to hisk; Gr. V 437. IV 570. Adde *κιχλίζω* fremo, *κίχλη* turdus. Huc germ. vet. huoh irrisio, der Hoh-n.

căco 1. *Κακκάω* kacken, skr. çak-an stercus.

cacula 1 m. V. cālo II.

cacumen 3 n. Ex cacudmen, pertin. ad skr. kakudmant mons, kakunman celsus; kakud f vertex = kakubh f, P. Ved. kakubha caput, goth. haubith ex hahubith das Haupt.

Căcus 2 m. Ex ,canc'us, (v. abyssus), skr. kañk-ara *κακ-ός*, lit kenk-ti nocere, *κηκ-ίς* nocens, convicians, cgn. ćakkayâ-mi dolorem affero. .V. Fk.

cădāver 3 n. Cgn. cad-ucus, ut papāver. Conf. *πτῶμα* cadaver.

cadmia 1 f. Galmei, cobaltum, a Cadmo dictum, inventore artis cudendi aes. ,*Καδ'μος* = *κοσ-μῶν*, cgn. *καίνυμαι*.

cădo 3. Ir. celt. cad-aim I fall, pr. scad-o, pertin. ad skr. çad-âmi I go, çâda-yâmi ago, germ. vet. haz-jan, hetzen. Huc la chance ex cadentia die Schanze, die Senkung; adde der Schenzerlein diabolus; Gr. M. 958. Der Mummenschanz, the mum-chance; Schm. III 374.

cāduceus 2 m. Ex caruçeus = *κηρύκειον*; v. ar.

cadus 2 m. *Κάδος*, hebr. kâd.

caecilia 1 f. Cgn. caecus, die Blindschleiche = skr. andhâhi m caecilia, prpr. caecus anguis. Caecilia cgn. est cum *σκύ-μνος* catulus, prpr. caecus, *σκύ-λαξ*; caecus pr. sca-i-cus = *σκο-ι-κός*, *σκο-τεινός*.

caedo 3. Pr. scaedo, goth. skaida ich scheid-e, cgn. scind-o. De ,ae' ex ,i' cf. gaesum. Caedo cgn. c. caelo.

caelebs 3. ,Cae-' cohaeret cum ,*κοί'-τη*, *ἄ-κοι-τις* die Ge,hei'-rathete; — lebs pr. ledhs, (v. urbs) = fris. vet. leth-eg solutus,

led-ig, pr. redh- = skr. rahita h. e. radh-ita relictus. Eadem sententia est in χῆ-ρος, (= -lebs), nam skr. hâ- est relinquo, unde hi-na solutus, privatus. Adde goth. haista privatus, pertin. ad skr. çaishayâmi relinquo. V. Lethaeus, civis.

caelo 1. Ex caeslo, caesulo,cgn. ‚caedo', (v. olco) = gall. ciseler. De a. cf. it. abbozzare travailler en bosse, bossieren fingere, delineare, deriv. die Bossen facetiae, pertin. ad goth. bautan caedere, boss-en. Huc trahendum nostrum baus-en, durchbaus-en, ébaucher, durchzeichnen; Gr. II 261. — Huc la celata sc. cassis, cgn. the salad die Pickelhaube.

Caelius 2 m. Deus autumnus = Vertumnus et idem pater ‚Cae'culi. K. VIII 25.

caelum 2 n vel coelum = κοῖλον, h. e. κομλον, cgn. κοιλία das Gewölbe, ags. hol vacuitas. V. cav-o. De a. cf. ags. hebhan das Gewölbe c. the heaven caelum; skr. kha n caelum, prpr. τὸ κοῖλον. Adde skr. nâka m caelum, die Himmelsdecke, P. i. q. the sky, pertin. ad skr. sku = tegere; οὐρανός = skr. waruṇas tegens, cgn. skr. ambara n coelum, ex anuwara, P.

caementum 2 n. Ex caedimendum. Cf. saxum.

caepa 1 f. Ex capia = τὰ κάπια prpr. capita. De ‚ae' cf. Seminār ex seminari(um).

caeremonia 1 f. Zd. kaēsha mos, ritus, unde caer-. Fk. 46. De ‚monia' v. parsimonia.

caeruleus, a, um. Cgn. caesius; aut pr. caeluleus himmelblau, ut morulus maulbeerfarbig.

Caesar 3 m. Der Ausschindling. Hinc nostrum der ‚Kaiser'-schnitt; Schm. III 371. V. Aen. X ed. Ladewig p. 128 b. Gr. M. 36 ait sic: Aus dem Mutterleib geschnittene Kinder pflegen Helden zu werden. De -‚ar' v. aesar. Caesar pertin. ad caedo.

caesaries 5 f. Skr. kêça n pilus, kêçara n juba. Cum kêça cohaer. nostrum heis-er = heisch, prpr. haarig, horridus; Gr. IV 897.

caesim. Pr. caesim-e; v. enim.

caesius, a, um. V. baca. De s. cf. plāga c. nord. vet. flekkr macula. Cohaeret etiam cum skaid-, (v. caedo cgn. scindo), lit. skaid-rus clarus. Caeso Hellange; K. XXI 0.

caespes 3 m. Skr. çashpa m gramen recens.

cāja 1 f. Confer skr. çà-ya-kas m an arrow, telum, gladius. J. S. 44. Adde skr. kâyâmi laedo, bav. keien ex g'heien percutere.

Calabria 1 f. Καλαβός = βάρβαρος, ex καλάβαρος; v. K. VIII 123.

calamitas 3 f. Quasi a quodam calamis-, cohaer. c. germ. md. schalm-e pestis, der Schelm; Fk. Calamitosus pr. calamitatosus; v. inquietudo.

calamus 2 m. Skr. kalamas m genus oryzae, der Halm, *κάλαμος*; nord. vet. halmr; unde das Kalmar der Schreibzeug. — De ‚mus' cf. ags. har-m der Harm, ags. bôt-m der Bo-den, sax vet. bod-om, bosom der Busen, the bosom.

calantia 1 f. Cgn. caliendrum, *κάλυπτρον*.

calcar 3 n. Cgn. calx.

calceus 2 m. Simul. *κάλτιος*, germ. vet. kalizia, chelisà prpr. calcem vestiens. Hinc la calza tibiale, la chaussure.

calco 1. *κολ-ιτράω* cal-citro. Hinc la chaussée ex calciata sc. via.

calculus 2 m. Unde le caillou; ex carcurus, skr. çarkarâ f glarea.

calefacio 3. Cale- ut vacuefacio, purofacio. Huc gall. échauffer ex ex-calefacere.

calendae 1 f, h. e. calandae = proclamandae; cgn. classis. De russ. koljada v. Gr. M. 594.

caleo 2. Cgn. skr. kal-malikin flammans = ǵwal-ant; v. clibanum = the kil-n. Huc gall. échauder = it. scaldare ex excalidare.

caliendrum 2 n; cgn. calantia. Hinc la calandra die Haubenlerche, i. q. alauda.

caliga 1 f. Cgn. cling-o; Bf.

cālīgo 3 f. Skr. kâla m; adj. kâla *κελ-αινός*, *κηλ-ίς*, (pertin. ad kîr-na conspersus). — De ‚igo' cf. rubigo, fuligo, pr. calico, ut vorago pr. voraco; K. VI 203.

Callisto 3 f. *Καλλιστώ*, cujus ω = skr. â, gr. ά ut swâdishṭâ = *ἡδίστη*, goth. ô ut batistô die beste, *ἀριστώ*, juhistô die jüngste; B. § 143, 2.

calix 3 m. Skr. kalaça m der Kelch, ags. calh; cgn. *κύλ-ιξ* ‚Hohl'-gefäss. De a = υ cf. *σκάφος* = *σκύφος*, canis = *κυν-*, calandra = *κύλινδρος*; v. abyssus.

callidus, a, um = callos habens multos. De ‚idus' = plenus cf. floridus, turgidus. Cgn. gael. celt. calunn callus, cala durus, unde Caletes, Caledonia. Callus = *κάλλ-οψ*, cgn. collis elevatio, ex calnus; v. K. XX 355.

callis 3 m. Ex cal-nis der betretene, *κέλ-ευθος*, cgn. cel-er. De ‚nis' cf. seg-nis = skr. sakta affixus, lê-nis = *λεῖος*, (pertin. ad lî solvere; B. § 848).

callus 2 m. V. callidus. De a. cf. die Schwiele c. to swell.

I **cālo** 1 = *καλ-εῖν*, nord. vet. hjala loqui, germ. vet. hël = hell, missahel dissonus; germ. vet. kallôn clamare, cgn. nord. vet. skolli vulpes, prpr. latrator.

II **cālo** 3 m. Skr. ćâr-aka m, goth. skalk-s ex ćârak-as ćârikâ f famula, *κόρ-η*, prpr. currens. De hoc sensu cf. germ. vet.

drēgil = thrael famulus c. goth. thragjan τρέχ-ειν. Si cohaeret cālo cum ,cac'-ula, pertinet ad kaf-â f septum, ut οἰκέτης le domestique.

calor 3 m. V. caleo; skr. ǵwar-, unde γρου-νός = δαλός; alem. der Kil-t tempus caloris; qual-men = quiescere, fovere se, goth. ana-qal quies.

calpar 3 n = κάλπη dolium.

calva 1 f. Prpr. die Kahl-e, polon. glowa caput, Kolb. bohem. kolbe, (die Kolbe lausen). ,Calv'- ex scalv-, cgn. gael. celt. sgoll calva, the scull; germ. vet. sciulla. De s. cf. skr. muṇḍa m caput c. muṇḍa calvus.

calumnia 1 f. Cgn. calvo. Huc the challence provocatio, la chalonge. Calvo = κωλύω, v. C. 495; goth. holôn decipere, cgn. çar-, çri-ṇ-âmi κλάω; L. M. 38.

calvus, a, um. Skr. khalwâṭa calvus, germ. vet. chalavan capillo nudare, to callow. Huc der Skalde = senex, cgn. nord. vet. skalda calvum reddere. Adde skr. kulwa calvus, bohem. holeć, holomek nackter Bettler, pommer. holunc der Halunke; Gr. M. 57.

calx 3 f. V. calculus.

Calypso 3 f. Cgn. cel-o. De s. cf. Tangulfia, germ. vet. tangan secretus, καλ-υπτόμενον.

calyx 3 m. Cgn. καλ-ύπτω.

cambio 4. It. cambiare, cangiare, gall. changer = κάμπ-τω, apud Ennium camp-sare; celt. cy. camb curvus, camp circulus (Cambodunum; goth. hamfs mutilus, germ. vet. champ compes, unde hemm-en impedire. J. S. 162.

camelus 2 m. Hinc the camelot; hebr. ,gāmāl' bajulus, der Träger.

cămena 1 f. Ex casmena; skr. çaṅs-âmi dico, laudo, çasta celebratus, unde goth. haz-eins laus. De s. dupl. cf. skr. gâyâmi = çaṅsâmi, cgn. goth. qi-than dicere, nord. vet. kvae-dhi carmen.

camera 1 f. Καμάρα; v. caminus.

camillus 2 m. Pr. cadmillus, casmillus, cgn. κασ-ωρίς, osset. chath-in scortor, futuo; K. XIX 187.

căminus 2 m. Κάμινος, non a κάω, καίω, sed cohaeret cum çă- in ca-tus, cum slv. ka-men lapis = lit. ak-men = skr. aç-man lapis, unde skr. aç-manta n focus, ca-minus; J. S. 66. Bohem. ka-mna n. pl. = açmanta, goth. auh-ns = aç-manta, sven. ug-n, nord. vet. of-n the oven. De forma cf. germ. vet. slihhan = slifan, schleichen = schleifen, germ. vet. twerh = the dwarf, nord. vet. vargr = vulfs; ags. genôh = angl. enough. Hinc it. md. ca-minata, unde kemenaten, the kemenate, la cheminée, the chimney. Hoc açman autem cohaer. c. ac-utus, est cgn. cum skr. aç-nas m lapis, nubes. BR. I 516 addunt: Fortasse etiam coelum, ut sd.; cohaer.

cum ‚him'ins der Himmel, slv. kamy, prpr. das Steingewölbe, cohaer. c. Ἄκ-μων qui pater fuit Urani. Adde himilis coruscatio, fulgur, ex aliquo çi-min, v. in-ci-to, = aç-man fulgur, lapis. Germ. vet. ga-hi-milôt laqueatum, cgn. the gimal a vault, nord. vet. gi-mlir splendidissimus locus coeli; J. S. 65. Hoc quidem sensu forma alia exstat: açmara, per metath. çamara, unde pendet camer-a = laqueata, gewölbt, cgn. açmari f calculus vesicae, adj. açmara steinig, cgn. nord. vet. ha-mar der Hammer, prpr. Schleuderstein, h. e. fulgor, fulmen, ut mjölnir ille malleus Othini idem est fulmen, der Donnerkeil. Qua de re Grimmius ait sic: Mit dem Donnerkeil verbanden die Völker die Vorstellung eines Hammers, τύκος, einer spitzen scharfen Felsenzacke. Die ältesten Hämmer wurden aus Steinen bereitet. J. S. 68. Gr. Gesch. 400. Postremum açman der Schleuderstein comparari potest cum πέτ-ρος, πέτ-ρα, pertin. ad skr. pat-âmi πέτ-ομαι, unde pâtaniya jaculandus, zu schleudern, pâtayitar der Werfer; J. S. 63. — Illud ‚minus' in ca-minus referendum est ad -μιν in ὕσμιν, ῥηγ-μίν (ex aliquo yudhmana). V. K. VI 68.

camisia 1 f, sc. vestis. Ex aliquo ‚camis', angl. vet. the camis, unde adj. camisius, a, um. Cum ‚camis' cohaeret cy. celt. camse vestis longa. Huc la chemise, cgn. goth. anahamôn; Chamâvi tecti, pertin. ad himan tegere. Tac. Germ. ed. Schw. Sidl. p. 61.

cammarus 2 m. Κάμμαρος der ‚Hummer', per metath. κάλαμ-ϐος = σκάραϐος.

camphora 1 f. Καφουρά, skr. karpûra m; v. cancer.

campus 2 m. Lit. kampas angulus. Hinc der Kamp, ut Biscamp = Bismark, h. e. Bischofsfeld, = κῆπος; v. abyssus. Sed Hild. Gr. V 134 trahit ad κάπετος, pr. scampas, locus circumfossus, septus, cgn. slv. kop-a-ti fodere. Huc Campania, Capua, la Champagne, ut Navarra cohaeret cum hisp. nava campus; Polonia, slv. pole campus.

camurus, a, um. Pers. khem- = curvus, corn. celt. cam.

cāmus 2 m. Κημός, unde the hame, bav. der Kom-et der Kumm-et, germ. vet. kam lupatum, nord. vet. ham-la die Hemmkette.

canālis 3 m. Skr. khani f; the kennel, v. cuniculus.

cancelli 2 m = κιγ-κλί-ς, cgn. cil-ium. Hinc die Kanzlei. De forma cf. etiam cancer = κάρκινος, nam cancelli potest proficisci ex carceruli, (carceres die ‚Schrank'en).

cancer 3 = κάρκινος = skr. karka m, kark-aṭa, kark-aça; cohaer. c. adj. karkara s. karkaça durus. Wilson ait sic: karkara m the stone, h. e. durus, limestone founded in Bengal under the name of kankar, non karkar. Confer igitur karkara c. cancer.

candeo 2. Skr. ćand-âmi, ex çćand-, intens. ćani-çćad licht sein, cgn. nord. heið-r = heit-er, skr. puru-çćand-ra cand-idus.

canica 1 f. Cgn. κνά-ω, κνή-θω.

cănis 3 m = κυν-. V. calix. Κύων pertin. ad skr. çwan m der Hun-d, h. e. κυΐσκων, skr. çwa-y-âmi ich schwelle. Huc Ericyn-ia der ‚Haun'wald, altus saltus, unde praefix. ‚hun' = alte, valde, ut Humbert, Humbold. Ex çwan altera forma çwâ = zd. spâ, σπά-κα canis, Σπα-κώ Hyndla. De forma canis ex çwanis cf. κενός ex çwanyas = skr. çûnyas vacuus, inanis.

canistrum 2 n. Κάναστρον, κάνεον, hebr. ‚qanê' arundo, κανών. De s. dupl. cf. nord. vet. teinn arundo, goth. tainjô canistrum.

canna 1 f. Καννίον, unde potest pendere nostrum die Kanne; v. Gr. V 106.

cannabis 3 f. Hinc la chanvre der Hanf, the hemp; il canavaccio the canvas. Skr. çaṇa n κάνναβις.

căno 3. Cgn. καν-άζω, skr. kwan-âmi sono. Germ. vet. han-en clamare.

cantharis 3 f. Confer skr. çaṭh-âmi laedo.

cantharus 2 m = skr. kaṇḍâla m die Kanne; kaṇḍar m corbis, κανθ-ίς, κανθ-ήλιον; Fk. 31.

canthus 2 m. Hinc le cant, deriv. le canton; la cantine, cgn. il biscanto latebra.

cānus, a, um. Ex casnus, cgn. cascus, qua de forma cf. vanus c. vascus; nord. vet. hös-var h. e. hôss ex hasva = canus, senex. Hinc der Has-e, the hare, h. e. canus. Pertin. ad skr. kâç-ê luceo, unde nostrum has-e pulcher; K. VII 160. Huc gall. chancir canescere, schimmeln.

căper 2 m. Hinc le cheveron. ‚Cap' cohaer. c. skr. kapi m der Duft, ex cwap-, cgn. lit. kvapas vapor, der Duft, cap-er der düftelnde, vaporans; cf. κάπ-ρος; = crepi i. e. capri, nam vulgo dicebant non capri, ut dracumae non dacrumae.

capesso 3. Ex capesyo; v. patrisso.

capillus 2 m. Ex capillus, capitilus, ut skr. kâlâpa caput, kâlâpa capillus. Hinc il capello, le chapeau, cgn. le chapel corona, quia solebant habere coronam pro petaso; v. Gr. V 2048 b. De s. cf. skr. çirasija m capillus, prpr. in capite natus.

căpio 3, h. e. scapio, ex forma caus. ćap-ayâmi ich hebe, hebe auf, colligo; cgn. ćaya cumulus, collectio. De ‚p' in ćap v. opus. Cum ćap cohaeret lett. kamp-t cap-ere, hab-ere. De s. dupl. cf. skr. graha capiens, colligens.

capis 3 f. Umbr. kapir, καπίθη, ex scap- i. q. capula σκαφ-ίς, der Schopp-en, das Schaff; germ. vet. sciphi phialae, prpr. excavatae; bav. das Schiff-lein thuribulum.

capistrum 2 n. Ex capit-trum, quasi capit-ie vinculum, le

cabesson; vel. ex cap- cgn. capulum, κώπη, hab-ena. De forma v. monstrum.

capo 3 m. Der Kap-aun, Kap-hahn, cgn. goth. hanf-s castratus, kapp-en praecidere, gall. couper, le chop κόπ-τω, to chap, to cuff, goth. kaup-jan alapare; pertin. ad zd. paiti-,çcap'-ti f contusio.

cappa 1 f s. capa, a capiendo totum corpus, la chape. Huc it. scappare, it. échapper prpr. entrüsten, 'ἐκδύεσθαι.

capparis 3 f. Κάππαρις, die Kapper; arab. al-cabar, la câpre; Dz. I 111.

capra 1 f. Cgn. vaporans. Qua de sententia cf. ags. tikken das Zick-lein, bav. die Zeck-e capella, c. skr. tik-ta olens, bav. zick-end.

capsa 1 f. Κάψα, die Kebse, Kafsa das Reliquienkapsel. Per assim. la casse die Kiste, il casso pectus = the cheste. Adde the carcasse ex caro-capsus; Dz. I 113.

captivus, a, um. Hinc it. cattivo, angl. chetif. Hoc ,tivus' = skr -tawya ut açitawya cibus, prpr. edendus; — ex tawya deinde tivius tiivus tivus. Constat ,tawya' ex tu + ya ita ut tu solvatur in taw; Bf. Gr. § 585; ved. tva ex tu v. K. XIV 371. B. § 903.

capto 1. Κάπτω ich schnappe, unde catt-us die Katze, prpr. captans. Huc etiam gall. acheter = it. accattare, ex adcaptare. Adde gall. chasser ex captiare.

captus, a, um. Goth. haf-t-as be-haf-tet, in Haf-t. Huc nostrum echt legitimus, ex êhaht = êhaft, ehehaftig, (êwa lex). Gr. III 20. Adde germ. vet. êhti ex êhafti substantia.

capulus 2 m. Cgn. capistrum, la hampe. Huc le câble funis, il cappio die Schleife; Dz.

caput 3 n. Ex cap-wat, cap-want = capiens, der fassende, capsa, cf. der Kopf cupa. Nord. vet. höf-udh, ags. heaf-ud the head eiso f ut the woman = ags. wifmann, du hast = habes ags. haefst, angl. he had er hatte = ags. haefde. Huc eodem pertinet le cadet ex capitetum junger Kopf. Adde the handker,chief' = le couvrechef, prpr. das Hand-und-,Kopf'-(tuch), gall. chavirer ex cap-virare. Caput = goth. haub-ith potest comparari cum ὀπή afas et augô afas, lit. lapas m das Laub. Caput das Kapital est in the cattle, (ex capitale).

carabus 2 m. Κάραβος. Pertinere potest ad çar- κείρω. De ,abus' cf. 'Ελ-άφη. Skr. çarabhas m, cgn. çalabhas locusta.

caracalla 1 f. Celt. gall. der Mantel; pert. ad skr. çlâkh-âmi, (ex çlankh, v. abyssus), amplector, clingo; Fk. 48.

carbasus 2 m. Κάρπασος, skr. karpâsa m.

carbo 3 m. Cgn. κάρφω; ex aliquo skr. çrâp- coqui facio, çrâ = coquo, ved. crâ-ta coctus; lit. kur-ti calefacere, bav. die Hur fumarium, cgn. goth. haur-ja car-bo.

carcer 3 m. Skr. karâ f carcer, karâgara n, (âgara domus),

redupl. κάρ-καρον, goth. karkara. Confer skr. ćâra m δεσμόν. Fk. ponendum esse putat ‚skark', unde Schrank-e, Ver‚schrenk'ung.

c a r d a m u s 2 m. Die Kresse. Confer nomen certae plantae kardamas m s. kardamî f, prpr. limus.

c a r d o 3 m. Cgn. κραδ-άω ich schwinge, κράδ-η die Schwinge, cardo der Pol, der Umschwung; cgn. skr. kurdana n das Springen, Schwingen, quae eadem sententia est germ. vet. scërdo m der Angel, card-o ex scardo, germ. md. schërzen salire, sich schwingen; K. XX 164.

c a r d u u s 2 m. Ex casduus die Kratzdistel, cohaer. cum skr. kaṇḍa scabies ex kansdhu; Fk. Hic idem sensus est in germ. vet. zeisalâ carduus, germ. md. zeisan kratzen; deriv. Kardätschen. Hinc le garçon prpr. der Strunk, der Stengel, (cf. bav. der Stingel); la gar-ce.

I. c a r e o 2. Pr. scar-, skr. ćar-âmi gehe einer Sache verlustig, gleite ab, cum Abl.

II. c ā r e o 2. Skr. kâsh-a m frictio, unde κασαύρα τριβάς.

c ā r e x 3 m. Potest pertinere ad cāreo; hisp. carrizo die Schwertlilie. Confer la laiche carex c. la lisca scabies; adde bav. der Saich, der Sah-ar, the sedge die Segge, cgn. sica.

c ă r i e s 3 f. Cgn. κείρω, skr. çara m sagitta; v. sq.

c ă r i n a 1 f. J. S. 53 ait sic: ca-ri-na cohaeret cum skr. ça-rus the thunderbolt of Indra, an arrow; unde goth. hai-rus, Cherusci, Heresburg Eresburg. Adnotat et ait: Der Begriff der Schärfe, (ça-, v. ca-minus) passt vortrefflich zu der Gestalt des Kils.

c ă r i n o 1 = convicio-, cgn. κερ-τομέω.

c a r m e n 3 n. Ved. çasman laus; v. camena.

c ă r o 3 f. Bav. vet. das Kern; skr. krawis n caro cruda, unde κρέας, per transpos. carv-o, Genit. carnis pr. carĕnis carvĕnis; C. Adde skr. krawya n κρέαr, goth. hraiv = la charogne, nord. vet. hrǣ-, bav. vet. rē cadaver, unde rêtuld exequiae. Huc gall. acharner auf das Fleisch hetzen.

c a r p e n t u m 2 n. Cgn. carp- ut carpere viam. Confer skr. ćarp-ayâmi facio ut currat. Hinc le charpentier.

c a r p i n u s 2 m. Confer skr. karka durus; v. cancer.

c a r p o 3. Cgn. καρπόν, to crop; the harvest, der Herbst, tempus carpendi; prâkr. kalpayâmi = carp-o, disseco, skr. kalpana n das Schneiden, çalpa the cropper. De forma cf. Herbst c. Dien-st; v. augustus. Huc it. scarso, angl. scarce aegre, ex excarptus.

c a r r u c a 1 f. Germ. vet. karruh der Karch, la charrue; deriv. charger, la carucature die Ueberladung.

c a r r u s 2 m. Gael. celt. carr the cart, pertin. ad skr. ćarâmi eo.

c a r t h a m u s 2 m. Potest trahi ad skr. krath-âmi laedo; krath- autem = knath-âmi laedo, unde κνη-κόr = carthamus.

c a r t i l ā g o 3 f. Si ‚car' h. e. scar- referri debet ad skr. khara durus, har-t, unde aliquod cartil- = durinsculus, haec vis verbi comparari potest c. skr. kikasâ f cartilago, cohaer. c. kikasa = khara. Et quia proprium est cartilaginis esse et duram et mollem, cartilago skr. est etiam tarunas n cartilago, prpr. *τέρεν*.

cārus, a, um. Ex cam-rus amatus, skr. kânta, pertin. ad kam-âmi amo, diligo. De -‚rus' v. pu-rus. Confer skr. ćâru car-us, cohaer. c. ćan- = kan- amare, P.

căsa 1 f. Ex scasa, h. e. scad-ta, cgn. cassis. De forma cf. lusus ex ludtus, casus ex cadtus, fusus ex fudtus, tusus ex tudtus. Skr. ćad-âmi tego. Huc la casaque, the hos-e die Kamasche, das Hös-el, die Hos-e, prpr. tegens.

cascus, a, um. V. canus.

cāseus 2 m. Cgn. slv. kvas-ŭ der Gest, kvas-iti säuern; Fk.

casia 1 f. hebr. ‚qĕzjah' cassia, ‚qazáh' deglubere. De s. cf. cinnamomum der Zimmet c. *κίνναμον*, (skr. činnâ = scissa).

cassis 3 f = galea, scad-tis, v. casa. Hinc le casquet. Cassis = rete confer c. skr. ǵâla et galea et rete.

castellum 2 n. Unde le château. Hinc n. pr. Castilia.

castīgo 1. Ex cat-tus, cgn. cas-tus = *καϑ-αρός*, ut pu-nio = castigo cohaeret cum pu-rus *καϑαρός*.

castor 3 m. Cgn. *κιδ-άζω*, caed-o. De s. cf. textor.

castra 2 n. Cgn. casa, die Kaserne; cohaer. c. skr. ćatra pr. ćat-tra n umbella. Huc ags. ceaster, ut Hrofes-ceaster, hod. Rochester, h. e. Roffi civitas.

castus, a, um. V. castigo; russ. čis-to purus. Huc die Kaste, h. e. casta gens-; skr. çudh-, unde çuddha, pr. çudh-, = *καϑ-αρός*.

catax 3 stolperud. Skr. çâtayâmi facio ut cadat, caedo, stosse an, offendo.

catena 1 f. De term. ‚ena' cf. camena. Skr. kat-âmi cingo, unde kat-aka m annulus, cgn. goth. hinth-an capere, germ. vet. hunda praeda. Huc le cadeau, prpr. Angebinde. Huc cat-erva die Bande, ex aliquo ‚catâs', (v. acervus), ut sênâ f die Bande, exercitus, (si-nômi ick binde, unde ĭ-*μας*). Adde *δαμάω* ich bändige, unde *δῆμος* et germ. vet. zun-ft conventus.

cathedra 1 f. Unde la chaise pr. chaire, pro corrupta pronuntiatione Paris; v. compesco. Confer to flourisch = florir, to perish = perir. — De ‚ra' in cathed-ra, cgn. *ἕδ-ρα*, cf. goth. lig-rs m das Lager; B. § 938. V. purus.

catillus 2 m. Cgn. *κότυλος*, skr. ćatwâla jede Höhlung, unde ćat-âmi abscondo, goth. hêþjôn camera.

catinus 2 m. Hinc la caisse tympanum, the kettledrum die Kesselpauke, skr. kaṭhina n der Kochtopf = nord. vet. kati, unde la casserole. De Thorkel pr. Thorketil v. Gr. M. 56.

Cato 3 m. Cgn. cǎtus spitz; demin. Catullus, nisi Catullus pertinet ad celt. arm. cat = germ. vet. hathu, unde hadu pugna, proelium, deriv. Hadu, Hadwig. Idem sensus in brit. vet. coc-idius, cognomen. Martis, cgn. ir. celt. cog-am ex coc-aim bello, cohaer. c. nord. vet. högg-va caedere, nord. vet. hanan ex hahwan; Gl. ‚Rêno' p. 6. Confer insuper Orgetorix, camb. brt. orgiat qui caedit; Z. 74. i. q. Catullus, celt. catalawn bello gaudens i. q. Caturolcus.

catulus 2 m. Ex cantulus.

I. cātus, a, um. Ex sca-tus, pertin. ad care sca-re, unde cătus ut dătus; ca-tus autem cohaeret cum skr. çila pr. ça-ta acutus, ça-y-âmi acuo; nord. vet. hvatr äcer, cgn. wetzen acuere.

II. catus 2 m s. cattus der Katter, nord. köttr die Katze; v. Gr. ‚Katze'.

caucus 2 m. Die Kach-el, v. Gr. V 12. Skr. kôk-âmi, kukcapio, ut nostrum Hafen cohaeret cum capio, habeo. Hinc lt. md. cauculator, coclearius, der Gaukler, quia hoc cauco usi vaticinabantur; Gr. M. 990. V. joculator.

cauda 1 f. La coda, la queue. Cgn. goth. skauta der ‚Schooss', Fk., der vorschossende, vor‚schiess'ende, (skiutan schiessen). Cum ‚cauda' cohaeret gall. couard ignavus, der sich gerne hinten hält, il codardo. Dz. V. ceveo et caudex.

caudex 3 f. Der ‚Schooss,' der hervorschiessende; cgn. caud-a.

cavea 1 f. Cgn. caverna; germ. vet. cheria, agn. cäg = the key der Verschluss; it. la gabbia s. gaggia = le cage; hisp. gayola ex gabbiuola, la geôle cavea; gall. enjôler in caveam allicere; cajoler.

caveo 2. Ex scaveo, cgn. σκοϝ-εω ut Θυόσκοϝος, i. q. κόων ut Λαοκόων qui plebi cav-et. Cum σκοϝ- cohaeret etiam ἀκοϝ-η, ἀκούω. V. cautus.

caverna 1 f. Cgn. καίαρ pr. καϝαρ = cav-um; v. cavus.

cavillor 1. Zd. apa-kara litigiosus, καῦ-ρος, skr. kawa böse, arg. akawa non malus; kawâra arg, karg, akarwari comis, nicht keifend. De a. dupl. cf. germ. vet. arc avarus, karg, dan. arg malus, angl. arrant. Hoc ‚kaw' autem pertin. ad skr. ku- = male, ut kucâra von schlechtem Wandel.

caula 1 f, h. e. cav-la, cgn. cav-ea.

caulis 3 f. Καυλός prpr. κοῖλος, der Hohl-e, der Kohl, le chou; la choufleur der Karfiol, ex cauliflora. Adde ἡ κοιλία = νηδ-ύς, (cgn. skr. nâḍ-i f caulis).

caupo 3 m. Κάπ-ηλος, h. e. κϝαπ-, unde caup- pr. cavp-, lit. kupczus der Kauf-mann, russ. kûp-itj emere. Ut Bf. videtur, pertin. ad cup-io. Quo de sensu cf. der Fragner penestitas, cohaer. cum frag-en = πραγ-γω πράσσω ich handle, lit. pirk-ti emere, (constat ex praićě = eiac-ðn cupere; v. procus). Fk. 128.

caupulus 2 m. Pr. scaup-ulus, lt. md. gaupolus navigium, cgn. caupus, skr. kûpas lagena, puteus. De a. dupl. cf. orca; v. capis.

caurus 2 m. Pr. scaurus, cgn. goth. skûra der Schauer, lit. szziaury-s aquilo; cohaeret cum sku-, ob-scurus.

causa 1 f. Pr. scausa = res defensa, pertin. ad skr. sku- protegere, schützen, unde causa die Vorschützung, causia = der Hut, h. e. Schutz des Kopfes. Illud causâ = angl. because potest conferri cum it. cosa das Ding et ags. eowrum þingum vestrâ causâ. V. placeo.

cautēs 3 f. Cgn. cos. Huc gall. échouer h. e. ad cautem appelli. De ‚ēs' in cautēs v. vatēs.

cautus, a, um. Skr. kawitar prudens, kawi m vates, prpr. der Schau-er, goth. skau-s cau-tus.

căvus, a, um. Skr. çaw- in çu-çáwa perf. sg., açu-çaw-am Aor. sg. thematis çu-, unde κυΐσκω, (v. cauis), et çû-nya cav-us.

I. **cēdo** 3. Κέ-χηδ-α = cēd-o, κε-καδ-ον, cgn. cădo.

II. **cĕdŏ** = da gib! ex ‚cĕ' illo in ci-s, ci-tra; -dŏ = δό-ς, δό-(9ι).

cedrus 2 f. Pr. σκιδ-ρος a scisso suo cortice dicta. Confer etiam skr. khadara m mimosa, khadira m acacia.

celeber, is, e. Cgn. cla-rus.

celer, is, e. Cgn. κέλ-ης celox, κέλ-ευθος, v. callis; pertin. aut ad skr. ćar-âmi eo aut ad kal-ayâmi incito, pello. De ‚ris' in celer‚is' cf. ac-ris. ἴδ-ρις, skr. añh-ris m pes, prpr. iens; B. § 941.

cella 1 f. Ex cel-na, germ. vet. halla ex halna, cgn. καλιά das Gehäus = skr. kulâya n, cgn. cēl-o. De goth. hallus et halla v. Gr. IV p. 230. V. sq.

cēlo 1. Skr. ćêla m vestis, prpr. die Hülle, hib. cell. ceil-im I conceal. Huc der Hel-m; der Hel-d = der Be-hel-m-te; cgn. celt. cel-ydd = cel-la, a sheltered place, unde Cel-tae = cel-ati; Dfb. C. II 14. Eadem sententia est in Chatti die Hessen, cgn. nord. vet. hattr der Hut, Helm, the hat, pertin. ad skr. ćâd-, v. casa. Tac. Germ. ed. Schw. Sidl. p. 57. Adde ags. helm defensor, v. vir; nord. vet. hel = goth. halja die Hölle; K. XX 354.

celsus, a, um. Pr. cel-tus, lit. kel-ti erigi; cgn. cul-men.

cēna 1 f. Ex scesna, lat. vet. caesna, sab. scesna; cohaer. cum skr. khâd-ana n das Essen, khâd-âmi mando. Huc to dinner, it. desinare ex decenare. V. silicernium. De khâd- autem ex khand- = lit. kandu mordeo v. janitrices.

censeo 2. Skr. çañs-âmi indico, noto.

centaurus 2 m = κεντῶν αὖραι h. e. tempestuosus, impetuosus. Confer etiam skr. gandharwa. Gandharvi et ipsi habitant

in auris, feminabus insidiantes. Centauri igitur pr. Gentarvi ut παῦροι = parvi, ut νεῦρον = nervus. K. I 513. VII 88.

centesimus, a, um. Ex centetimus = skr. çatatama.

centrum 2 n. Κέντρον, pr. κέντ-τρον, κεντ-έω = skr. knathâmi laedo, nord. vet. hnjodh-a ferire, tundere, unde germ. vet. hand-eg acer, stechend. Fk. Huschkio cohaeret cum hoc κεντ-εῖν illud lat. cent-um et ait sic: Centum = κεντεῖν, osc. gentum stimulare, tundere. Das osc. gentum stammt daher, dass der Landmann beim Ackern in Einem Triebe seiner Ochsen, röm. actus, regelmässig 100 Fuss zurücklegte und dann umwandte. Daher osc. und umbr. versus, vorsus = actus. Das Treiben aber geschah durch Anstacheln des Viehes mit einer langen ἄκανθα Dorn, dann mit einer einem ἄκων ähnlichen ἄκαινα, spitzen Stange, so dass Ein Trieb bis zum Umwenden Ein hundert Fuss begreifendes κεντεῖν oder gentum war, und wiederum wird ein ordentlicher Landmann nur jedesmal nach 10 Fuss die ἄκανθα auf's neue angewandt haben, um das Vieh im ordentlichen Zug zu erhalten, woraus einerseits das gr. — ἄκοντα und lat. — aginta, andererseits unser — ‚zig', althd. — zug, goth. — tigjus = züg-e, doch wohl von tiuhan = zieh-en, nicht von taihun = zehn, denn taihun tritt erst von 70, 80, 90 an an das Zahlwort, daher sibuntêhund, ahtautehund = octo decades. Man kann hieraus schliessen, dass die Gothen Normalfurchen nicht von 100, sondern von nur 60 Fuss zogen. Zur Bestätigung dieser Herleitung dient, dass ἄκαινα, später ἄκενα, zugleich den Ochsentreiberstab und ein Ackermass von 10 Fuss bedeutete. In ähnlicher Weise hiess in Latium und Baetica das Landmass des actus auch acnua, zu ἄκενα, ἄκαινα, oder von agere. V. Fleckeisen, ‚Jahrb'. 1872 p. 905. — Cum κέντρον cohaer. celt. arm. kentr calcar, κέντρον, unde Centrônes = κεντροφόροι. Gl. 63. V. prehendo.

centum. Skr. çata = ἑ-κατ-όν pr. çanta, mutilatum ex daçanta. Schl. putat hoc ‚çanta' esse in goth.-sundjo, þu-sundjo = thou-send h. e. decies centum, nam þu- eidem mutilatum esse videtur ex daça. Hoc ‚canta' est decem, unde τρά-κοντα = tres decades; ἑ-κατόν prpr. ein hundert, nam ἑ- = ἁ- in ἅ-παξ, ex sa-, unde skr. sa-hasra mille, pr. sa-dhas-ra = ein Satz, (dhas = θετόν, skr. dha-na der Einsatz, cgn. ὑπο-θή-κη, pecunia, divitiae, proemium, der Ueberschuss, das Plus, eine positive Grösse); P. Hoc dhas in sa-dhas-ra est illud dhas in purô-dhas = purôhitas, (pr. purôdhitas), flamen, i. q. nostrum Propst, ex praepositus. Adde ἀθίσφατος = μυρίος, θέσφατος, (de φατος v. bifarius). ? Cum ‚çant' conjungi debet germ. vet. hunt = cent-um; ags. hund-red = hundert, constat ex hund- + red, cgn. goth. ga-raids be-reit, geordnet, gereihet; v. ordo, centrum.

centurio 3 m. Cgn. centûria ex centuviria; germ. vet. hunteri, sax. vel. hunno = goth. hundafaths. De -türia ex -tuviria cf. juben.

cēpi. Ex cĕcēpi.

— cer. V. ludicrus.

cēra 1 f. Κηρός pr. σκη-ρός, skr. târa brennend, târa n natrum; nisi tamen pertinet ad skr. kâra factum, ut germ. vet. wâpo cohaeret cum web-en, skr. wapus forma.

cĕrasus 2 f. Der Ker-n-Baum, cgn. cornus.

Cerberus 2 m. Κέρβερος, skr. çarwarî f nox; pertin. ad çarwâmi laedo, noceo. De s. cf. nox = noxia.

cerda 1 f. Pr. scerda, ut bucerda, cgn. σκώρ Gen. σκατός pr. σκαρ-τος; the scar-n bucerda, the scarnbee der Scharnbull; norw. scarn-tyde der Schier-ling, prpr. stercore natus. ‚Scar'- pertin. ad skr. apa-skara = ex-cre-menta.

cerdo 3 m. Κέρδων, skr. kara faciens; v. creo.

cerebrum 2 n. Ex cereurum, pertin. ad skr. çiras caput. De ‚brum'.. affert Fk. 417 consobrinus ex consuerinus, funebris ex funesris. ‚Cere' = çiras das Hir-n, aeol. ἴγ-κρο-ς 'εγκέφαλον. V. membrum.

Cerēs 3 f. Pertin. ad skr. çaras coquens, maturans; nam çaras ex çarad autumnus, cohaeret cum çrâ = coquo; v. carbo. De s. cf. ὀπώρα = çarád, cohaer. c. ὀπ-τός = çri-ta.

cerevisia 1 f. Unde la cervoise; gall. celt. car = κρῖ, κρι-θή; hib. celt. ceria das Gerstenbier, colia das Waizenbier; cret. κόρμι = ceria.

cerno 3. Κρίν-ω; κρί-νω = cer-no, cgn. skar = spargere, apaskar-a = ex-crē-mentum. Huc trahi potest skr. karna auris h. e. dis-cern-ens.

cernuus, a, um. Pr. ceruinus, cohaer. c. skr. çirahan n caput; Fk. 35. B*. constat cernuus ex cer-, v. cervix, + nuus.

cerritus, a, um. Ex cervitus, lit. skers-as quer, verrückt, κάρσ-ιος; lat. cerro 3 m der Quer-kopf.

cervix 3 f. V. cernuus; — ‚vices' ex vinces = vincula, (v. figo, fido). De s. cf. le chignon ex chaignon, cgn. catena, = das Kopfband. Cum κάρ-α = cer- cohaeret cara = vultus, unde la chere ut: il a la chere basée vultum promittit, adj. acariâtre cervice dura.

Cērus 2 m. Κρό-νος, skr. karanas perficus, kar-tar m cre-ator, cgn. in-cre-mentum.

cervus 2 m. Finn. hirwi, cgn. κεραF-ός cornutus, germ. vet. herus der Hirsch, the hart. Adde zd. çrvâ f = κέρας (ex κεραFας), adj. zd. çrva ex çarava = κεραFόν. De hoc affixo t cf. ags. gano-t, germ. vet. ganazo die Rothgans; ags. hyrne-t die Hornisse.

cestus 2 m. *Κεστός* gestochen; Fk. Cgn. *κέσ-τρον* subula; skr. ças-âmi ferio.

cēteri, ae, a. Forma compar. ut al-teri; cae-, cē- est illud kê- in skr. kê-ćit... kêćit = unus... alter. B. § 202 conjungit cum illo cē- in ,cē'-do.

cetra 1 f. Confer skr. ćatra n ex ćadtra = tegens, (v. castra); kat-âmi cingo, tego. An cohaeret cum ćitra pictus (= geschildert)?

cētus 2 m. *Κῆτος* pistrix, pertin. ad *κη-* in *κή-λη* tumor; Bf. II 106. Eadem fere sententia in *ἰχθύς* h. e. *ἰ-χυ-ς*, (cf. *χθες* pr. *χες*); *χυ-* pertin. ad ghu = hû *χαίνω*; Fk. 301. De *ἰ* prothet. cf. *ἰ-ωγμός*.

ceu. Ex queu, pertin. ad ka- in ka-tham quomodo, ut; ,u' illud in ce-u oritur ex -wâ = -ve in si-ve..-, in i-wa = ce-u, (pert. ad pron. i = i-s). Adde goth. hva-iva = wie, (ex hva- = lat. qui-s + iva = skr. i-wa); goth. þau oder, au, *ἤ*, (ex þa- = -το + u).

cēveo 2. Pr. sceveo, cgn. goth. skevjan ire, skr. ćyu-ta lapsus, ,schie'ssend, cyu-ti f das Hervorschie-ssen, bav. das Ueber-,schie'ssen = profluvium narium. Hinc skr. ćyôtna n *παρα-σκευ-ή*, ćyaw- + moliri, *παρα-σκευ-άζω*; bav. be-scho-ssen paratus, *'ε-σκευ-ασμένος*; v. Fk. Cf. cauda.

chalybs 3 m. Cgn. *χαλ-κός*, pertin. ad skr. ghar- in ǵi-ghar-mi splendeo. Huc possit trahi *'Α-χιλ-εύς* = persplendens. De s. cf. braht in Hadubraht.

chamaemēlon 2 n. Ex *χαμαί* + *μῆλον* mâlum; v. humus.

chăos 2 m. *Χάος*, skr. hayas, wihâyas m. n, cgn. hi-atus.

Charon 3 m. *Χάρων*, cgn. *χείρ*, der Hinnehmende, Fortreissende, skr. harâmi rapio; aut *χάρων*, cgn. *χαρ-ῆναι*, est *εὐ-χερ-ής* der Hinnehmende, Einnehmende, der Begrüssende.

charta 1 f; *χάρτης*, cgn. *χαρ-άσσω* ich grabe, *χάραξ* pâlus, *χαράδρα* fossa, cohaer. c. die Hark-e rastrum, la herque râteau de fer. Hinc it. scartare die Karten wegwerfen, mettre à l'écart in Skatt, (pr. Skart) legen. Trahi debet hoc *χάρ-* ad skr. khara stechend, scharf, acer.

chirurgus 2 m; *χειρ-* pr. *χερι*, pertin. ad skr. har-âmi rapio, capio; -*ουργός* = -wirk-end, goth. -vaurh-ts ut fravaurhts *κακ-οῦργ-ος*. Hinc the surgeon, le surgien, lt. md. scurgianus, cicurgianus.

cholera 1 f. Der Durchfall, pertin. ad skr. ǵar-âmi ruo, decido, fliesse, stürze herab. Quasi vox cholerae cohaereat cum *χολή*, hinc formatur la colère, the choler die Galle, der Koller die stille Wuth.

chorda 1 f. *Χορδή* prpr. der Drath, die Schnur, cgn. chor-ea,

chorēa 1 f; χορεία. Prpr. die Drehung, cgn. cohor-da. Cf. platēa = πλατεῖα.

chorus 2 m. Cgn. hor-tus locus septus, der Gar-ten; germ. vet. gar-t chorus, bav. vet. der Haim, = Raingarten = chorus. Adde the carol hymnus, ex choralus. V. chorea.

Chrēmes 3 m. Herr Brummer, cgn. χρόμος, zd. gram = grimmen, goth. gramjan.

chylus 2 m; χυ-λός, cgn. χυ-ῆναι.

cibōrium 2 m. Κιβώριον.

cībus 2 m. Pr. sc-i-bus, (cf. cā-tus), caminus. Pertin. ad skr. aç-n-ômi ĕdo, unde âça m cibus.

cicada 1 f. Onom., redupl. ut τέττιξ.

cicatrix 3 f. Die Narbe, cgn. skr. kać-a m die Narbe, cic-are vernarben, pertin. ad kać-âmi necto, quo de sensu cf. germ. narwa cicatrix c. germ. vet. narwo das Band, cgn. angl. narrow = nahe, (ut nahe, goth. nêhv cohaer. c. necto). J. S. 84.

ciccus 2 m. Κίκκος, unde le chicot, le chicaneur der Splitterrichter; pertin. ad zd. kaçwa parvus.

cicer 3 n. Die ‚Kicher'erbse, the chick-pea, κίγχρος κί-καρος, cgn. κάρ-υον. Confer skr. karkara der Erbsenstein; cancer.

cicindela 1 f. Redupl., cohaer. cum cand-eo, skr. ćani-çćad intens. = schimmern.

cīcōnia 1 f. Redupl. = can-ora. Confer skr. çakuni f avis.

cicuma 1 f. Κικυμίς, onom. Cf. cicada.

cicur 3. Ci-cur redupl., nord. vet. kyrr, goth. gairrus, kirre. Aut cic-ur heimlich, behaglich, cohaer. c. skr. kaxa septum, das Hag; adde κτίλος cohaer. c. ki- habitare, daheim sein.

cicuta 1 f. Redupl., ci-cū-ta, κώ-νειον, cgn. con.

'**cidaris** 3 f. Κίδαρις; hebr. kĕthĕr diadema.

cieo 2. Forma caus. verbi cio ex ciio cī-re, skr. çi-yê = κί-ω, unde κί-αθον aor., to hie; deriv. κῑ-ν-ίω in-ci-to; K. XI 48.

cilium 2 n. Cgn. κύλον die Höhl-ung.

cillo 1. V. motacilla.

cimex 3 m. Potuit proficisci ex skr. kilibhas m cimex, h. e. cili-mex.

cinaedus 2 m. Κίναιδος, ex κναιδ-, pertin. ad κνίζω scabo, cgn. κνήθω. De κ. cf. κάσσα ex κασya c. kash-âmi τρίβω, κάσ-αυρα scortum, τρύφημα. De i in cinaedus v. cinifes.

cinara 1 f. Κινάρα, (a Cinara insula).

Cincinnatus 2 m. De s. cf. Haddingr cincinnatus; κί-κιννος, ex κι-κιρν-ος, = capillus, cgn. cern-uus.

cingo 3. Cgn. çâkh-âmi amplector; lit. kink-yti cingere; v. figo.

cingulum 2 n. Pr. cinc-, v. singuli, cingo, unde goth.

hak-ul der Mantel. Confer skr. kañć-uka m lorica, die Jacke, unde káća m funis.

cinifes 2 m. Σκνῖπες, κνιποί, cgn. σκνίπαιος obscurus, κνέφ-α tenebrae; pertin. ad. zd. khshapan f nox = skr. ḱapâ f, cohaer. c. zd. çcap., unde paitiçcapti κόψις, skr. ḱipana n percussio, unde pendet σκνίπ-τ-ω kneip-en to nip, goth. hniup-an = κνάπ-τ-ειν; slv. vet. sknipa culex. Cf. nox c. noxa.

ciniflo 3 m. Haarkräusler; ex cin-cinnus + πολ-ίω; Död.

cinis 3 m. Ci-nis = skr. ći-ta tostus, gesengt, pertin. ad çyâ unde â-çyâ-yatê arescit. Hinc goth. hai-s fax, germ. md. hei = hei-ss, das Geheie die Hitze. De s. cf. nord. vet. eysa cinis, cgn. uro; τίφρα cgn. tepeo; germ. vet. falawisga cinis, cgn. slv. paliti urere, (v. sepulcrum).

cinnabaris 3 f. Κιννάβαρι, Zinnober.

cinnamomum 2 n. V. casia.

cinnus 2 m. Ex cicnus; v. cocetum.

cinxia 1 f. Juno cinxia comparari potest cum Gerðr, quae conjux fuit dei Freyr, cgn. Gürtel, cingulum.

cippus 2 m. Cipus, ex scipus, sccipus, cgn. σκίφος s. ξίφος, germ. vet. scibero der Schief-er; v. scipio.

circā. V. ultra. Hinc lat. md. circator = circitor, unde gall. chercher.

Circe. Κίρκη, cgn. κίρκος falco, ab unguibus dictus. Conferri potest cum Säkona, de qua ainnt sic: Säkona macht tausend Windungen, daher spinnt sie auch und dreht den Faden. Cohaer. c. circinus, il cercino, le cerne, unde cerner cingere. V. circus.

circiter. De ‚ter' v. aliter.

circuitus 4 m. De ‚itus' cf. subitus, ut skr. dur-‚itas' inaccessus; adde ἀμαξ-‚ιτός' sc. ὁδός,

circumspectus, a, um. Haec hujus verbi sententia est in the speight der Spech-t, prpr. der Späh-er. Gr. M. 638 ait sic: Der Specht ein Weissagevogel.

circus 4 m. V. Circe; skr. ća‚kra' rota, redupl. κρί-κος s. κίρ-κος.

cirrus 2 m. Ex cirs-us, cgn. skr. ciras caput; cf. capillus.

cis = ci-tra, cohaer. c. umbr. ece = 'ε-κεῖ, unde Ecetra; adde nostrum hi-e, hie-r, he-r; angl. hi-ther = hierher, cohaer. c. sax. vet. hē = is, er; Comp. hi-nter, unde hindern morari. Bav. vet. ‚he'rgessen = cis, hest und gest cis trans; dan. hi-net = 'ε-κεῖ. De ‚s' in ci-s cf. ul-s, εἰ-ς ex 'εν-σι.

cisium 2 n. Cgn. citus, bav. der Zeiselwagen. De c = z cf. die Zither, zünseln = incendere.

cissus 2 m. Κισσός, ex κί-τyος, cgn, κί-ων, pertin. ad κί-ω; Gr.

cista 1 f. Κίστη, the chest. Huc it. la cesta corbis, ubi de s. dupl. cf. goth. kas cista, der Kasten, unde kar-, sax. vet. bikar der Bienenkorb. Adde cisterna.

cistus 2 m. Κίσθος; zd. çizhdara aculeatus; Fk.

cithara 1 f; κιθάρα, unde la guitarre; cohaeret cum κίθαρος pectus, thorax; κίθαρος autem formatio est qualem habemus in κίναιδος pr. κιναιδ-; κίθαρος igitur ex κθαρος h. e. χθάρος, (cum θ inserto ut in χθίς); χθάρος, χαρος = dharos ut hita bonus ex dhita. Ergo κιθαρος κθάρος χθάρος χάρος = dharas, quae quidem vox dharas deducit ad skr. dhar-aṇa n ubera, prpr. fertile, cgn. θώρ-αξ der Kasten, prpr. Behälter, der Brustkasten, the chest; Bf. II 28.

cito. Unde potest descendere gall. tôt, bientôt, it. tosto, ex toto cito, totcito. V. tostus.

citrō. Abl. pr. citrāt = goth. — þrô ut þa-þrô inde; B. § 183 p. 355. L. M. 146. Confer οὕτω = οὕτως ex οὕτωτ.

citrum 2 n; κίτρον, skr. wṛihać-ćitta m citrus, der Citronenbaum, (bṛihant magnus, ćitta m intellectus).

cītus, a, um. Skr. çi-ta acer, zd. â-çita celer; cgn. catus.

cīvis 3 m. Osc. kevs civis pr. sciv-, pertin. ad skr. ći-, ćay-habito, unde goth. haiva domus, heivafrauja pater familias. Huc le citoyen ex civitatanus.

civitas 3 f. Ex civitat-s, civitati-s unde civitati-um. Cum hoc civ- cohaer. ags. gi-hîwjan hei-rathen, cgn. vet. hiwiski gens. Huc caelebs ex caevilebs.

clādes 3 f. Cgn. κλάδος; v. gladius.

clam. Adv. ut palam, perperam; cgn. κλέ-πτω = furtim. Cla-m pr. cla-b Loc. = in der Hehl, ut osc -n = -m, velut horti-n in horto, (ex horti-b, hortibi). De m = b adde lit. sunumus = skr. sûnubhyas; goth. þri-m = skr. tribhyas; lit. awimi instrum. pr. awi-bi; B. § 222. V. illim.

clāmo 1. Germ. vet. hlâmôn tumultuari, nord. vet. hlymr tumultus; cohaer. c. germ. vet. hluojan mugire = to low, leu-en, κλά-ω; (v. leo). Sed clâmo potuit fieri etiam ex cladmo, cgn. κέλαδ-ος, skr. klandâmi clamo, ululo, i. q. krandâmi strepo, unde goth. grêt-an; B. § 29.

clamor pugnantium = krandas n, cgn. ags. hrûtan strepere, germ. vet. rotta, franc. chrotta ein Saiteninstrument, ut germ. vet. harapha die Harfe pertin. ad harên clamare.

clandestinus, a, um. Ex aliquo candestus h. e. clan-destus ex clam + des ex djes = dies, (cf. δήν ex δjήν). Aut cf. modestus, tempestus.

clango 3; κλάζω, kling-en; skr. ghriṅg onom. = kling! ags. hlahtor der Klang, cgn. goth. hlahjan lachen.

clarus, a, um. Cf. mirus. Cohaeret c. nord. vet. hlôra radius, pertin. ad hlô-a glühen, skr. ghṛi to gleen. Adde sab. cla-stidium = cla-rissimum oppidum.

classicus, a, um. A classe prima, quae prae ceteris rogabatur sententiam et praerogativa dicebatur. Classis pr. clāsis = κλῆσις ut legisse pr. legise.

clathri 2 m. Cgn. κλῆθρον, κιγ-κλί-ς. Huc κλήθρη alnus, quia alni sepibus muniebant. De s. cf. κληΐς der Riegel c. Hartriegel, (cornus).

claudicus, a, um. Prpr. haerens, lit. kludyti haerescere, claudyti impedire, cgn. claud-o; K. XX 165. Skr. khôḍâmi ex khordâmi, metath. crod-, clôd- = Clodius, Claudius; Gloss. Adde gall. éclopé lt. md. claudipes.

claudo 3. Cgn. clavis, κλοιός pr. κλοϝός, σκλοϝ-, cohaer. cum aliquo ‚sklu' = skr. çli-sh-yâmi amplector, umschliesse, pr. çlu-. Hinc claustrum ex claudtrum.

clava 1 f. Die Kolb-e, the culb. V. percello.

clāvus 2 m. Cgn. clavis; v. claudo.

clēmens 3 = flexilis, flexus, geneigt, cohaer. c. κλῆ-μα circumflexum; v. recello. Aut pertin. ad skr. klâmyâmi languesco, lasse ruhen, wi-çrâm-a m quies. De hoc sensu cf. çânta clemens, pertin. ad çâmayâmi = goth. samja, besänftige, beruhige.

clepo 3. Goth. hlifan = κλέπτειν; cgn. borrus. vet. an-klip-te = oc-cul-tus, unde goth. hlif-tus κλέπ-της; C. 59.

clĕrus 2 m; κλῆρος, pertin. ad κλάω, cgn. çar divido, goth. hlau-ts das Loos, il lotto.

— **clea**. V. Hercules,

clibanus 2 m. Κρίβανος, cgn. skr. çri-ta coctus. Cum ‚clib' cohaer. goth. hlaifs, ags. hlâf panis, prpr. gebacken, unde hlâf-orde the lord. Altera pars hujus vocis pertin. ad isl. vördr portio cibi, cgn. germ. vet. wirtôn epulari, bav. die Örten die Zeche, vairdns der Wirth; Schm. IV 164.

cliens 3. Pr. cluiens, cgn. praecluis = κλυτός, berühmt. De forma cf. inciens pr. incuens = ἐγκύουσα; Corss. De s. cf. skr. awi = addictus, cliens, cohaer. c. au-dio = κλύω, skr. çru- = κλύειν, unde goth. hliu-ma auditus, çu-çrûshaka m cliens, der Hörige, russ. sly-gi famulus. — Hinc ved. çraw-as n = κλέϝ-ος, unde κλειτός, in Κλειτόμαχος, cgn. -κλέϝ-ης, (v. Hercules).

clingo 3 ich um-s,chling'-e, cgn. ags. hlenca catena, germ. vet. Hlancha = nord. vet. Hlöck, quo de sensu cf. Herfiötr = exercitum vinciens; Gr. M. 373.

clītella 1 f. Cgn. κλίνη; v. sq.

clivus 2 m. Κλί-τύς, germ. vet. hlita, ags. hliô collis. Bergabhang; cgn. pro-cli-vis, goth. hlaiv-asns tumulus; pertin. ad skr. â-çri propendo, sam-çri sich anlehnen. Idem sensus in germ. vet. puhil der Bühel clivus, pertin. ad goth. biugan biegen, κλίνειν, (qua de forma cf. germ. vet. Zuhil der Zügel, pertin. ad tiuhan ziehen); puh- autem cognationem habet cum der Buckel, cohaer. c. biegen, ut der Schmuck pertinet ad schmiegen. Confer etiam der Knock collis, der Nock, Nocken colliculus, cgn. vet. hnû-ker der Bergrücken; the kno-ll, the kna-p collis, gibbus, der Buckel. Idem sensus est in nomine montis Cebennae, pertin. ad celt. arm. kefn, cevn mons longe extensus, der Buckel; Bac-enis, cgn. the back, der Bache tergum. De ‚enna' in Cebenna cf. Vienna, Ravenna, Arduenna.

cloaca 1 f. Cgn. lat. vet. clu-ere, goth. hlu-trs lau-ter.

clūnis 3 f. Skr. çrôṇi f = nord. vet. hlaun, γλου-τός pr. κλου-τός; deriv. skr. çrôṇâmi coacervo, cohaer. c. goth. hlai-n collis, ut skr. taṭa m et collis et clunis. Cum çrôṇâmi = acervo cf. etiam skr. ârôba m nates mulieris, (v. elysium); adde der Steiss, germ. vet. stiuz, pertin. ad stautan in altum assurgere. Huc cluna 1 f simia, (clune praedita); cluniaculum 2 n das Seitenmesser, a clune pendens.

clupeus 2 m. Cgn. καλύβη, καλύπτω; v. clepo.

clyster 3 m. Cgn. κλύζω, κί-κλυ-κα. Cum ‚ter' cf. δο-τήρ = δό-της, γενέ-τηρ ex γενέ-της; adde μαρτυρ- ex μάρτυς, skr. warkas = goth. var-gs, nord. vet. ulf-r = goth. vulf-s.

cnēcus 2 m. Κνῆκ-ος, cgn. kâñć-anî f crocus, die Gelbwurz, kâñćaniyâ f pigmentum gilvum.

coacto 1. Unde it. quatto compressus, gall. cacher, (ut empêcher ex impactare).

coagulo 1. Unde gall. cailler; cgn. coacto.

coaxo 1. Onom. κοάξ quack-en.

cobalus 2 m. Κόβāλος, κώβαλος. Errare videtur Gr., cui nostrum ‚kobold' cohaeret cum hoc verbo; nam kobolde sunt fere idem quod penates. Cob-olt pertin. ad kob-, cgn. ags. kofa penetrale, unde cofgodus penates; -olt = waltend. V. Gr. M. 470. Hild. V 1551, 2. Cognatum est etiam der Kobalt, prpr. der Berggeist.

coccus 2 m. Κόκκος die Scharlachbeere; skr. ćôć-a m die Kokusnuss.

cŏcetum 2 n. Κυκ-εών, κυκ-άω, cgn. cochlear.

cochlea 1 f. Κόχ-λος, la coquille = conch-a.

cochlear 3 n. Prpr. rutabulum, der Rührlöffel, κοχλιάριον, unde prov. culhier = le cuiller, la cuillère. Cgn. coc-etum skr. khaǵ-a m, khaǵ-ikâ f, unde coc-leare, khaǵ-âmi verso, rühre um.

cocio 3 m. Der Mäkler; fort. pertin. ad skr. kôk-âmi sumo, h. e. su-emo = emo, ich handle. Sed malim conjungere cum coquus gall. le coquin.

coclaca 1 f. *Κάχ-ληξ*, cochleis similis.

cōcles 3. Ex co-ocles, ut côps ex co-ops; K. X 201. J. S. 56. Confer luscus.

Côcytus 2 m. *Κωκ-ύω*, onom., skr. kôka m lupus, prpr. latrator. De s. cf. Cerberus ille canis Tartareus.

coelum 2 n. Cgn. *κοῖ-λον*. Hinc *Κοῖος* pr. *κόμος* = Coelus h. e. coelum. Cocus est pater Latonae. V. caelum.

coemeterium 2 n. *Κοιμητήριον*; *κοι-μῶμαι*, *κεῖ-μαι* pertin. ad skr. çay- = qui-esco, unde anta-çayâ f das Todtenlager, çaya = *κοι-μητήριον*.

coenum 2 n. Ut videtur cohaeret cum *Κόνις*, pr. conium = coenum, cgn. *χνοῦς* der Schmutz, referendum ad *κνάω*; v. inquino.

coepi. Ex co-,ip', (cgn. ad-,ip'-iscor) = *συν-άπ-τω* ich fange, knüpfe an. De s. cf. skr. abhyârabh- = coepi, rabh- = fassen, i. q. âp-nômi in co-,ip'-i, coep-i.

cōgito 1. Ex co-agito, cgn. examen, = ich wäge ab. Idem sensus in skr. kalâyâmi agito, cogito.

cognatus, a, um. Skr. ǵnâs m cognatus.

cognitio 3 f. Skr. pariǵnâna n das Er-kenn-en, = sañ-ǵnâ f. Hinc the quaintness ex cognitio. Adde pariǵnâtar m cognitor.

cohibeo 2. Cgn. goth. ga-hôb-anei temperantia. De co- pr. con- in cohibeo cf. goth. huhrus pr. hunhrus, juhiza = jung, þeihan erstarken, cgn. ags. þingan schwer sein.

cŏhors 3 f. Skr. sañ-hâra m collectio, cgn. *χειρ-*. Cf. manus.

cohum 2 n. Confer germ. vet. hag die Einhegung, unde der Hain ex hag-en = coh-um; Fk. 717.

coitus 4 m. Skr. abhigama m, (gam- = eo).

cojus 2 m. Skr. kawayî f piscis cojus.

colaphus 2 m. *Κόλαφος*, cgn. *κολάπτω*, *κολάζω*, *κολ-ούω*; v. cul-ter. Hinc le coup.

cūles 3 f. *Κωλῆ*, ex çwa-la der schwellende. De s. cf. *ψω-λή* c. sphâyâmi = çwayâmi. Huc il coglione, le coyon h. e. eunuchus.

collēga 1 m. De s. cf. nord. vet. ,lag'smadhr, (lŏg *τὸ κεί-μενον*, v. lectus).

colligo 3. Unde gall. se recueillir.

collis 3 f. Ex colnis = *κολώνη*, russ. chol-m; bav. Halse collis, prpr. celsus; cgn. collum. De s. cf. *Κολ-ό-φων* c. nostro Langenhaug, (nord. vet. haugr collis).

colloco 1. Unde it. colcare = coucher, la couge.

collum 2 n. Cgn. collis, der Hals, goth. fri-hals, (cohaer. cum nord. vet. hal-r vir, herus, unde Navarnahali h. e. Nornahalir = qui dearum fatalium tutela gaudent); Gr. Gesch. p. 497. —Hoc ,m' in collu,m' videtur cohaerere cum skr. amu pron., unde amuka = der und der, amutas inde, amutra ibi, amuthâ sic; skr. ama = hic, dieser, unde amâ unâ. — De ‚hal'-r v. vir et celo.

I. cŏlo 1. Pr. scol-, skr. śalâmi s. śarâmi je coule, fluo, śalayâmi lavo. Hinc la coulisse die Schiebwand. V. colostrum.

II. cŏlo 3. Skr. pari-ćar-âmi = ἀμφιβέβηκα. Hinc εὔ-κολος umgänglich, δύσ-κολος = dur-ćara. Et gô-ćâraka = βουκόλος conferri potest cum -cola in agricola. Nisi colo cohaeret cum col-or, occulo, cgn. goth. hal-dan tueri. Adde κόλ-αξ.

colonus 2 m. Cohaeret cum sd. ćarâna campus. De ‚ŏnus' cf. corona, μελετ-ωνός, lit. -unas in beg-unas cursor, -onas in wald-onas der Walter; K. VII 46. V. edo II.

cŏlor 3 m. Cgn. oc-culo. De s. cf. skr. warṇa n color, pertin. ad war- = occulo.

colossus 2 m. Ex κολοσyος, colo-tyos, cgn. columna; v. gracilis.

colostrum 2 n. Cf. colo 1, cgn. skr. śira m lac pr. śâra, cohaer. c. śara aqua.

coluber 2 m. Cgn. columba natrix.

cōlum. V. culeus.

cŏlumba 1 f; κολυμβός mergus, ags. kulufre the dove, pertin. ad skr. kuḍâmi mergor. De s. dupl. cf. goth. dubo die Taube c. ags. deofan submergi, tauchen, taufen. Confer skr. kâdamba m anas.

columna 1 f. V. col-lis.

colus 2 m. Hinc it. md. conucula pr. colucula, unde la quenouille; germ. vet. kunola die Kunkel. ‚Col' metath. κλώ-θω, ut βι-βρώ-σκω = βορ-, θνή-σκω = θαν-.

cŏma 1 f. Κόμη, pr. κόσμη, russ. kosá der Zopf, slv. vet. kos-matŭ comatus.

cōmessatio 3 f. Cgn. κῶμος das Gelage, cohaer. c. κώμη die Lagerstätte.

comesus, a, um. Pr. comestus, commessus; v. abusivus.

cŏminus. V. eminus; ex co- + min, quod ‚min' cohaeret cum — ‚man' h. e. mna in skr. ni-mna nieder, humilis; K. X 200.

cōmis, e. Skr. kâmya amabilis, kâma m amor.

comitium 2 n. Ex com-i-tyum, v. initium.

commentatio 3 f. Unde gall. commencer invenire. De forma cf. la semence. De s. cf. μέλλω, ut ἄρα μέλλομεν γράφειν; nam μέλλω pertin. ad smar-âmi ich denke daran, hac mente sum.

communis, e. Lat. vet. commoinis, cgn. goth. ga-mains wechselnd, pertin. ad skr. mâ-p-ay = ἀ-μεί-βεσθαι, ἀμοιβή.

comoedia 1 f. Ex κώμοι Loc., ut οἴκοι, v. domi.

comparo 1. Unde hisp. crompare sich etwas anschaffen, der Gremp-ler, der Trödler, kramp xenia, die Kram.

compes 3 f; πέδ-η, nord vet. fet-il, the fetter.

compesco 3. Ex comperco, cf. cathedra; ‚perc-' cohaer. c. skr. parć- conjungo, πλέκ-ω, v. plecto.

competit = es gefällt, cgn. pat-âmi ich falle; skr. uppapattbyâ commode, gefällig.

compitum 2 n. Skr. ćârapatha m.

compleo 2. Cgn. πλέ-ως, skr. pri-n-âmi = πίμ-πλη-μι.

comprehendo 3 = comprendre, begreifen. De s. cf. skr. ṛbhu m faber, callidus, pertin. ad rabh. prehendere, λαβ-εῖν. Potest hinc evenire nord. vet. alf-r. Adde germ. vet. fazzôn = fassen, deriv. a nord. vet. fil ungula, die Kralle, unde angl. fit callidus, cohaer. c. nord vet. ô-fjöl the mistake, der Missgriff.

concerno 3 = commisceo, κερ-άννυμι, skr. sampra-‚kar' misceo, unde sampra-kîr-na ἄ-κρα-τος. V. cremor.

concha 1 f. Κόγχη, skr. çankha m κόγχ-ος. Hinc la coca die Schale, cgn. le coquet navicula; der Köcher = the quiver cgn. Kock-e navis; v. orca et cf. die Galee cymbium, vas potatorium, c. Galeere cymba.

concilium 2 n = σύγ-κλη-τος, 'εκ-κλη-σία.

concinnus, a, um. Ex con-cic-nus, cgn. cic-atrix = bündig, i. q. skr. yukta, (cgn. junc-tus).

conditio 3 f. Pr. condîcio; (de î in condîcio cf. verdîcus), = ὁμολογία die Verabredung.

condo 3 = zusammen‚thu'n = disposer; cgn. dhâman n domus con‚di'ta, unde pendet εὐ-θήμων bene compositus, εὐ-θη-νῶ floreo, vigeo, cgn. skr. hita bonus pr. dhi-ta h. e. dha-ta = θε-τός, con-di-tus. Cum dhâ-man cohaer. ags. dôm die Kraft etwas zu ‚thu'n, ut læche-dôm = the leechcraft; ags. câser-dôm dignitas imperatoria. V. Theseus. Hnc condio ex aliquo condi-a.

conduco 3. De s. cf. gelingen = conducere, cgn. ‚lang', cohaer. c. goth. dragan = ducere; v. Schm. II 463. V. longus.

conferva 1 f, confervere sich zusammenbrauen.

conflo 1. Unde gall. gonfler pr. confler, ut le gobelet ex capella, gras ex crassus.

confûto 1. Cgn. fûtis vas aquarium, pertin. ad fund-o. Confer lat. vet. exfûti = exfusi.

conger 2 m. Γόγγρος.

congius 2 m. Κόγχος; v. concha.

congruo 3 = concino, cgn. gru-s.

conîveo 2. Ex co-hniveo, cgn. goth. hneiva clino; perf.

conixi, cohaer. c. nick-en, nic-to; neig-en. De hoc nic = niv cf. bav. nachzen = naff-zen to napp. — V. connubium.

conjux 3 f. Eadem sententia in ὄαρ ex ὀ-σαρ cgn. sero = jungo, qua de forma cf. 'ιαίνω pr. 'ισαίνω 'ισανγω = skr. ishṇâmi belebe, ich fördere, P. th. ish-, undo 'ιάομαι pr 'ισάομαι.

cōnōpeum 2 n. Κωνωπεῖον, pertin. ad κωνωψ, cgn. κῶνος, skr. ni-ćâṇ-as: zugespitzt; κωνο-ωψ est culex oculos cuneo similes habens; J. S. 72.

cōnor 1. Ex covnor, cgn. can-tus, κοννέω ex κοΓνέω specto, I intend. De ‚nor' cf. opinor. V. Fk. 441.

conquinisco 3. Perf. conqnexi, ex conquicnisco, cgn. coxa; nord. vet. kik-na sich biegen, to kink; coxim hock-end.

considero 1 = ὑπ' αὐγὰς βλέπω; cgn. desidero.

consilium 2 n. (Cgn. exsilium), prpr. die Versammlung, trop. die Sammlung des Geistes. De s. cf. ags. lǽran lehren, causativum verbi goth. lisan sammeln, les-en; v. Kch. vol. II § 128.

consobrinus. Ex consosrinus, v. funebris. Hinc le cousin ex cusrin. De ‚brinus' v. membrum.

constans 3. Skr. sañ-stha = sthita, cgn. swastha selbständig; sthiti f constantia.

consternatio 3 f. Zd. ςtar-eta con-ster-natus, germ. vet. stornunga consternatio; v. ster-no.

consualia 1 f. Cgn. consus.

consuesco 3. Ex ‚su'-i, ‚si'-bi..; v. suus = swa.

consul 3 m. Cgn. praesul; v. sella = σίλ-μα.

consus 2 m. Ex conditus ut clausus ex clanditus. De s. cf. goth. Halmal, ein Ase = oc-cul-tus deus.

contemno 3. Cgn. tamino, ut to distain et contamino et contemno.

contemplor. Cohaeret cum templum = τέμενος, pertin. ad τέμνω = scindo, scindo autem cohaeret cum sci-o, sci-scitor = contemplor.

contentio 3 f. Σύνταοις. Contentio = lis, der Streit, potest comparari cum nostro der Krieg = tendicula, kriegen = contendere, ligitare, germ. vet. kreg per‚tin'acia, contentio; Gr. V 2214. Atque eadem sententia est in πόνος = contentio, cgn. spannen tendere; C. 214. Cgn. contentus, a, um = zusammengehalten, gezähmt et cf. hoc ‚gezähmt' c. germ. md. mih zimet = mihi placet, je suis content.

continuus, a, um. Skr. sañ-ta-ta, (ex tan-ta). V. tenor.

contio 3 f. Ex conventio; cf. nuntius.

contrā. Ablat. ut quā. Constat ex con- = cum + trā pr. terra, ut nostrum ‚wider' = contra habet ags. vet. with = con-, angl. with. Hinc to encountre begegnen, ut begegnen cohaeret cum gegen = contra. Adde la contrée ex contrata. Cum -trā in con-tra cohaeret goth. þra in wi-þra = wider. Confer Bf. Gr. § 608.

contubernium 2 n. Cgn. taberna. De u = a cf. aucupium, diluvium, depuvere.

contumax 3. Cgn. tumeo. De a. cf. nord. vet. thrôti tumor, cgn. thriotr vir obstinax, trotzig.

contumelia 1 f. Cgn. contemno, tem-erare, cohaer. c. skr. tamas n tenebrae; vel skr. tamâla m gladius, quo de sensu cf. nostrum Ehrabschneidung.

conturbo 1 ich wühle, unde gall. trouver nach etwas wühlen = to contrive.

conubium 2 n. Non connub., ut co-nictor, co-necto.

convenientia 1 f. De a. dupl. cf. siemen = être convenable, unde die Zum-pft conventus; adde ags. cwêman placere, cgn. goth. qiman kommen, unde bequem = conveniens.

convexus, a, um. Ex convectus, cgn. skr. wak-ra tortuosus; v. varus.

convicior 1. Cgn. skr. wâkya das Gerede, paripra-wać convicior, waćyatâ f convicium, (v. vox). De a. dupl. cf. nord. vet. hrôp convicium c. goth. hropjan rufen, vocare.

cōnus 2 m. Κῶνος, cgn. ços = çâna.

cophinus 2 n. Κόφινος, unde il cofano = le coffre. (De forma hac cf. le diacre, le pampre).

cōpia 1 f. Ex co-opia; cgn. copula, unde le couplet ex copulatum.

copres 1 f. Pr. scopres, cgn. σκώπτω, nord. vet. skupp irrisio, the scoffer der Schamp-er.

cŏquo 3. To cook. Huc the cake der Kuch-en, skr. paćâmi πέσσω ex πεκγω. Huc le coquin prpr. der Küchenbursche, der Kalfacter. V. cuc-uma.

cor 3 n. Ex cord- = καρδ-ία, cgn. κραδ-αίνω agito, ich schwinge, zucke; skr. hrid n = cord-. (De hoc h in hrid = c in cord- v. B. § 87, Fk. ait: hrid pr. khrd, skrd, skard = salire. Hinc κόρδ-αξ saltatio, cgn. nord. vet. hradr velox, germ. vet. hrado cito, angl. rather prius. De forma cor pr. cord- cf. the tine ags. tind die Zinke; the woodbine = ags. wudubind die Waldwinde.

cŏra 1 f. Κόρη, cgn. ćar-î f uxor, v. câlo.

coracias 1 m. Cgn. κόραξ; v. corvus.

coralium 2 n. Plinius ait sic: Margaritae tactu protinus lapiscunt, si vivunt; itaque occupantur acrique ferramento praeciduntur, qua de causa curalium vocitatum interpretantur a κείρω praecido; ed. Urlichs p. 140. Benfey autem a rubore appellari putat, et trahit ad skr. kuru- in kuriwinda rubinus, cinnabaris; cgn. kuruwilwa amarantus ruber, kurawa m Barleria rubra. Eadem sententia in skr. raktakanda m coralium, prpr. rubrum cepe.

cōram. Ex co-oram acc., cgn. ora f der Rand, qua de dupl. sententia cf. στόμα = os, ora. Skr. âsâ = coram, pertin. ad âs = os. Idem sensus in skr. abhimukham coram, (mu-kha = the mou-th, das Mau-l). Idem casus quartus est in ἄ[illegible]ην, 'ισόβδην ex ἀπίην; J. S. 45.

corbis 3 f. Bav. der Karb, isl. karfa, die Kürben crates; cohaer. c. lapp. karb virga ut goth. tainjo corbis cohaer. c. zein virga. Der ‚Korb' deducit ad ‚kerben' = to carve; v. Gr. V 1797. Adde skr. çûrpa m der ‚Korb', v. scirpus. Cum voce corbis, (pr. cordhis) cohaerere potest skr. karaṇḍa m der Korb, pr. karandha = κάλαθ-ος.

corchorus 2 m. Κόρχορος, redupl.

coriandrum 2 n. Κορίαννον, κόριον, ab odore cimicario; κόρις autem est skr. ćârakâ f linea, cimex, cgn. cora; v. pediculus.

corium 2 n. Nord. vet. hör-undr cor-ium pr. scorium, lit. skura cutis, corium, χόριον; skr. ćar-man n corium, scutum, ut it. md. coratium la cuirasse pertinet ad corium. Huc etiam la curée das Hantrecht, (ex coreala sc. jura). Hinc coriarius der Kürschner.

cornicen 3 m. Cgn. the hornet crabro, germ. vet. hornuz, bav. Horlitz.

cornix 3 f. Κορ-ώνη, cgn. κόρ-αξ; skr. kârawa m cornix, corvus; onom. La corneille ex cornicula.

cornu 4 n. Goth. haur-n, κορ-ώνη, κέρ-ας, cgn. cur-vus; K. VII 128, ubi ait Lottner: Alle diese Wörter begegnen sich im Begriffe der Krümmung, womit sich auch κάρατ-, çir-as caput sehr wohl vereinigt. Curtius autem sic: In κέρας und çiras ist überall die Bedeutung des Harten, (v. cornus). Skr. çriñga n cornu, (ex çiram- = auf den Kopf, -ga = going). V. cervus. Cum çriñga cohaeret n. pr. Crâgus das Horn.

cornus 2 f. Κράν-ος der Har-t-riegel, das Beinholz, v. cornu; skr. kar- in karkara durus, karkara m das Bein, das Hor-n. De s. cf. goth. bainabagms cornus.

corōna 1 f. Cgn. cor-nu, κορώνη. Hinc la corniche, ut στεφάνη, cgn. στέφανος, est cymatium, das Gesims. Eadem sententia in nostro der Kranz, pertin. ad skr. granth-, grath-nâmi sero, necto; Gr. V 2043 1 c; vel skr. kart-, kṛiṇatti = κλώθ-ει; J. S. 65. Adde goth. vaips corona, cgn. germ. vet. wifan nectere; russ. wênezj corona, cgn. skr. wêṇi plexus crinalis.

corpus 3 n. Skr. kṛp = cre-atio, der Wuchs, cgn. cre-sco; zd. kĕrĕf-s = corpus, Accus. kerp-em; adde boruss. kar-meus corpus, prpr. germinans; B. § 791. Huc germ. vet. hrëf corpus, uterus.

corrigia 1 f. Rig- pertin. ad skr. rag-yâmi ligo. Hinc la courroie lorum, deriv. la scoreggia scutica, the scourge.

corrûda 1 f. Confer skr. rûddha gewachsen, cgn. slv. vet. rod-iti generare; v. asparagus.

cors 3 f. Ex cohors, unde la cour, the court.

cortex 3 m. Skr. kṛit-ti f die Birkenrinde, pertin. ad kṛintâmi deseco, unde ags. hrind die Rind-e, ir. celt. cairt = cort-ex. Huc hisp. alcorque, the cork. De s. cf. λέπος c. λέπω, cgn. lit. lup-ti scind-ere; nord. vet. skinn cutis, cgn. skr. čind- = scind-ere, schind-en.

cortina 1 f die Rundung, cohaer. c. κυρτ-όω ich wölbe, cgn. nord. vet. hverr der Kessel.

cōrus 2 m. V. caurus.

cŏruscus, a, um sich schwingend, cgn. κορύσσω vibro, elevo, κορ-θ-ύνω; κύρ-β-εις Kipfel, Köpfchen, prpr. se elevantes. De s. cf. splendens = coruscus, splend- autem est cgn. c. goth plinsjan pr. splinsjan saltare, sich schwingen; L. M. 54. Adde goth. laiks saltatio, quo referri debet das Wetterleuchten pr. Wetterleichen.

corvus 2 m; ‚cor' ‚cor' machend; de -vus v. equus. Skr. kârawa m, (v. cornix).

Corydon 3 m. Κόρυδος galea. De s. cf. Wilhalmr, Halm.

corylus 2 m. Ex cosulus, germ. vet. hasal der Haselstrauch. Hinc le coudrier ex colrus.

coryphaeus 2 m. Cgn. κορυφή, κόρυμβος, cgn. coruscus; κορυφή die Spitze, ut goth. auh-uma = coryphaeus ex aliquo ‚uh' = ὄκ-ρις, cgn. ἀκ-μή = κορυφή; J. S. 62.

coryza 1 f. Κόρυζα ex κορυδya, lit. skrys-ti fluere pr. skryd-ti, cohaer. ut Fk. videtur, cum skr. karda palta, kardamâ sordes.

cōs 3 f. Ex cot-s, cot-is = çâ-na the hone, çâni f, prpr. acuta, die gespitzte. Die Heinberge = Schleifsteinberge; Gr. M. 500.

cossim. V. coxa, cgn. κοχ-ώνη.

cossis 3 m. Ex cos-tis cod-tis, pertin. ad skr. khâdâmi voro, aut ad čodâmi tero, (v. termes). ‚Cos'-tis potest cohaerere etiam cum κίσ-κιον tinea, pertin. ad kash-âmi scabo.

costa 1 f. Prpr. das Bein, cgn. slv. bohem. kost = os, ὀστέον. Hinc the coast die Küste, die Seite; deriv. la côtelette costula.

costus 2 m. Κόστος, skr. kushṭa m costus arabicus.

cothurnus 2 m. Κόθορνος ictus, cgn. κοθεῖ = βλαβή. De s. cf. cothurnus cum der Bose cothurnus, cgn. the boot, la botte, pertin. ad goth. bautan = κόθω, bossen; Gr. II 268, ubi annotat hoc: Der Boss, ein weiter Schuh, wurde angestossen, angeschoben.

cotula 1 f. Cgn. cotta, syrac. κοδδά calix, der Kopf = cupa; κόττα ex κοττα. Confer skr. kuntala m vas potatorium, κοτ-ύλη.

coturnix 3 f. Skr. ćâl-aka m cuculus melanoleucus; ‚urnix' = ὄρνις. Bf. dividit in co-turnix = quam cito iens; (skr. ku- + twarañga, v. turnus). Idem fere sensus est in skr. wartaka m ὄρτυξ h. e. ϝόρτυξ (versatilis).

coxa 1 f. Slov. kuk coxa, κοχ-ώνη, skr. kaća m die Achselgrube, i. q. skr. kaćapuța m le gousset. Huc la cuisse, germ. vet. hahs poples. Adde Don Quixote = Μηριόνης, cox-atus; K. IX 347.

coxendix 3 f. Hoc ‚dix' cohaeret cum ags. dheoh, the thigh, germ. vet. dioh das Diech. Hinc der Dichter, Diechler nepos, (ex femore natus). Der Enkel prpr. est ex talo natus.

coxim. V. Conquinisco.

crabro 3 m. Lo scalabrone, pr. crapero, cgn. crepo, κρίμβαλον.

cracca 1 f = grac-ilis, pertin. ad skr. karça cracens; K. XVIII 16.

crambe 1 f. Cgn. κράμβος, κάρφω. Confer skr. karambha m das Mus, die Grütze, i. q. karamba m, adj. = mixtus.

cranium 2 n. Κράνιον, cgn. κρά-ας = κάρ-α, zd. çara caput, skr. çâraka m cranium, cgn. karañka urceus, ex karanaka, unde goth. hvairns das Hirn. De s. dupl. cf. skr. karparas m cranium, testa, (la tête); ags. bolla vas, testa, germ. vet. hirnipolla cranium.

crāpula 1 f. Κραιπάλη, cgn. κραιπνός ex κράπινος. Fk. trahit hanc vocem ad skr. kripayâmi ich jammere, (crapula der Katzenjammer = κραιπάλη).

crās. Ex cra-, cgn. cre-sco, ut skr. çwas = cras pertinet ad çwayâmi = cresco; Fk. trahente hoc verbum ad skr. çwê-ta albus, (cgn. çô-na ignis ex çwa-na, cgn. καίω καϝω, unde καῦ-μα ex καϝμα).

crassus, a, um. Ex crat-tus, (v. crates), cgn. grossus, skr. grath-ita nodatus, adde skr. kaṭh-ina m ex kartina densi frutices.

crastinus, a, um. Ex cras-, ut skr. çwastana crastinus, ex çwas + tana. V. serotinus.

crater 3 m. Hinc fort. gall. vet. graal, greal der heilige Graal; Dz. II 326.

crātes 3 f. Cgn. κάρτ-αλος geflochtener Korb, the crate, goth. haurd-s die Hürde, the hurdle; skr. kaṭa m teges, das Geflecht, ex karta, pertin. ad kriṇatmi neo, umwinde. Potest autem trahi etiam ad skr. grath- = kart necto, sero, unde κύρτος, κύρτη. De s. dupl. cf. the fold die Hürde a. to fold flechten; atque goth. va-dd-jus τεῖχος, unde nostrum die Wa-nd, cgn. nord. vet. vö-ndr die Ruthe, = das Ruthengeflecht, (v. vimen).

creator 3 m. Skr. kartar m = cre-ator; ćakrus m = kartar, redupl.

crēber, a, um. Crē- cohaer. c. con-crē-tus dicht. De s. cf.

nostrum dicht = creber h. e. con-cre-tus, pertin. ad ags. tight, germ. md. dihte, dihan crescere, ge-deih-en. De -‚ber' v. jubar.

Crēdo 3. Perf. crēdidi; ex crĕd-do, cret-do; pertin. ad skr. çrat-dha fidem ponens, (çrat- indecl. fides unde ‚craddhadhâmi' = ‚crēdidi', crēdo). Huc the mescreant der Bösewicht, recreant ignavus, ex recredant. Hoc idem ‚dha' est in goth. i-ddja = i-vi, prpr. ich thäte gehen, ex i-dida; K. I 151. Adde slv. i-du eo, ich thue gehen. Porro adde goth. -da = -bam in sati-da ich setz-te, sati-dês du setztest. Cum ‚dida' in i-ddja ex idida cf. goth. -‚dêdum' in sati-dêdum wir setzten, ex aliquo didan = τιθέναι. Adde sati-dêduþ ihr setztet, sati-dêdun sie setzten. L. M. 190. 598. 603. J. S. 57. Cum illo ‚credo' iron. = οἶμαι, δήπου cf. skr. man- = credo, ich mein-e, mein' ich, ut: êhi manyê ôdanam bhoxyasê = ἴθι οἶμαι ὄρυζαν ἴδει h. e. age comedes credo oryzam, (sc. quae nulla est!) Bf. Gr. § 884. Hoc manyê = mein' ich comparari etiam potest cum germ. vet. halto = halte ich dafür; germ. md. man = manyê h. e. halt, wollt' ich meinen; Gr. IV 273. Schm. II 186.

crēmor 3 m. Ex crēmos, cgn. skr. kalmasha m s. karmasha m faeces, sordes; v. con-cer-no.

crēna 1 f. Ex cresna ut cena ex cesna, pertin. ad krit-, kart- incidere, forma secundaria thematis kar- = κείρω. Huc die Kär, Karre, die Karn = crena; adde le cran, bav. die Krinnen incisura, deriv. ankrinnen notare, quo de sensu cf. γράφω c. kerb-en, the score das Kerbholz, to score notieren, ankrinnen.

creo 1. Skr. kri- = κρ-αίνω, celt. hib. car-aim = kar-ômi.

crĕpida 1 f. Κρηπίς Bundschuh, cgn. le crampon die Klammer, cohaer. cum der Krampf spasmus; (v. abyssus).

crĕpo 1. Onom., cgn. κρί-κω, κρί-κε, goth. kri-ustan crepitare, to cra-sh, to creak, to crack. Crepo ich berste, breche, unde krepieren dissilire, platzen. De a. dupl. cf. germ. vet. prasten concrepitare c. the burst das Krachen; v. fragor. Huc die Harf-e = die rauschende, crepans. Adde lett. sprâgt dissilire, platzen, cgn. lett. sprĕgati knallen, cgn. ags. sprĕcan sprechen. Cum ‚crep' conjungit Fk. skr. krip-âmi ich jammere, schreie; v. clamor.

crepusculum 2 n. A crepando dictum. De a. cf. the peep of day der Pfiff des Tages, angl. vet. the skreck of day das Schrillen des Tages = crepusculum. Adde the break of day, the rust of day; praecipue gall. vet. l'aube crieve, prpr. alba aurora crepat, qua de sententia cf. hisp. el alva rompe, (= rumpit). Gr. M. 708.

cresco 3. Inchoat. verbi cre-o; v. germen. Huc le cresson die Kresse a celeriter crescendo.

crēta 1 f. Die Kreid-e, argilla Cretensis. Creta, cgn. Cirta,

Carth- in Carthago, pertin. ad ‚kirjath' oppidum; Movers. *Καρχηδών* ex kar-chadashé = *Νεάπολις*, Nowgorod, Nöla, Nursia.

cribrum 2 n. Ex cri-thrum, cgn. cri-s-thrum; v. cerno.

crimen 3 n = *κρινόμενον*, v. cerno. Max Müller hoc ‚crîmen' interpretatur ex çroeman; çroeman pertin. ad ved. çrômata der ‚Leu'-mund; germ. vet. hliumunt; (v. cliens) et cf. nostrum das Verhör.

crînis 3 m. Ex cir-nis, skr. çirasiġa m crinis, i. q. capillus. — De ‚nis' in cri-nis cf. pâ-nis, funis, segnis, lenis; skr. -nis in wṛish-nis aries, (conspergens); B. § 848.

— cris. V. ludicrus.

crispus, a, um. ‚Cris' = ‚kraus', germ. vet. hrëspan vellere, pertin. ad skr. kṛish- trahere, contrahere, zausen.

crista 1 f. Ex cerit-ta, crit-ta, cgn. *κεραν-*, (v. cornu).

crōcio 1. Skr. krôçâmi clamo, goth. hruk-ja *κρώζω*, to croak.

crocodilus 2 m. *Κροκόδειλος*. Confer skr. karkuṭa m cancer, unde *κροκον-*; ‚*ειλος*' pertin. ad *ἑλίσσω*, volvo; Bf. II 300. De δ pr. *ν* in *κροκόδειλος* cf. *Ἀφροδίτη* h. e. *ἀφρον-* (= *ἀφρῶν* Abl.)

crŏcus 2 m. *Κρόκος*, hebr. karkôs. Skr. kuṅkuma m ex kurkuma = cur-vans se.

crotalum 2 n. *Κρόταλον*, cgn. *κρότ-ος*, pertin. ad skr. kart- caedere, secare, wini-kart desecare, unde skr. kaṭa ex karta, kaṭa-kaṭalâ f onom. crepitus frendentium. Adde skr. kaṭa m ex karta = ‚*κρόταφοι ἐλέφαντος*.

crūdus, a, um. Ex cruidus, cgn. nord. hrâ-r = roh, ags. hreav.

cruentus, a, um. Zd. khrvaṅt greulich, khru der Greuel, cohaer. c. *κροταίνω* offendo, zd. khrûta laesus; v. crusta. Fk. 50.

— crum. V. sepulcrum.

crumena 1 f. Pr. scrumena, v. scrutillus.

crus 3 n. Pr. scru-s, scur-s, scuis, cgn. skr. ćaritra n crus, *σκέλ-ος*, (ex *σκάρ-ος* aliquo).

crusta 1 f. Cgn. crystallus.

crustum 2 n. Cru- cohaeret cum skr. çrâ- coquo, unde aliquod ‚çrush-' ut exstat çri-sh = çrâ-.

crux 3 f. Skr. kruńćâmi curvo, curvor; huc the crook uncus, la crosse der Krummstab.

crystallus 2 m. Cgn. cru-sta, *κρύ-ειν*, nord. hri-m pruina. Crystallus ex aliquo *κρύσταυλος* ut boeot. *ὄκταλλος* oculus ex *ὄκταυλος*, cgn. *ὀπταίνω*; J. S. 77.

cŭbo 1. Unde to covey brüten; aut ex cu-b-o, cgn. *κοι-* = quiesco; aut cohaer. cum *κυφ-ός* pronus. Huc cubitus, *κύβιτον*, unde le coude der Ellbogen.

cubus 2 m. *Κύβη*. Hinc Caaba illud in urbe Mecca.

cucubo 1. Onom. = ululo. Confer skr. kukkubha m phasianus; κουκούφας upupa.

cucullа 1 f. Germ. vet. cugulâ f die Kogel.

cucūlus 2 m. Der Kukuk, germ. vet. gauh = skr. kôka m der Gauch, ululo; adde kôkila m = cuculus.

cucuma 1 f. Das ‚Koch'geschirr.

cucumis 3 m. Redupl. cu-cumer, cgn. skr. kmar-âmi curvus sum.

cucurbita 1 f. Germ. vet. churpiz der Kürbiss, la courge, skr. ćarbhaṭa m. ćirbhaṭi f. cucumis, (cu-curb-ita).

cucurio 4. Skr. kur-âmi sonum edo.

cūdo 3. Cu-do, bohem. ku-j-ù cudo, slv. vet. kuj malleus, slv. kov-a-ti = germ. vet. houwan, sax. vet. hawan hauen, hacken, quo cum ‚hack' cohaeret die Hecke, das Hag, der Verschlag, unde the heifer juvenca, prpr. die Hagfarre. De -‚do' v. claudo, cf. skr. nu-dâmi tundo, unde nord. vet. nau-dh die No-th, cohaer. cum germ. vet. niuwan, nûan terere, tundere; v. Schm. II 666. Confer fleo.

cui. Vet. quoii, osc. pi-ei Loc., ut apud Plautum ‚ei' in die septim,ei' = die septimo; K. XIX 200.

cujās. Ex cujatis = ubi degens? cu- pertin. ad skr. ‚ku' in ku-tra ubi, ku-tas unde. De ‚ās' in cujas cf. Ardeas Ardeae degens.

I cujus, a, um. V. sq. Confer slv. vet. ći-j = cu-jus Nom. masc., cija = cuja Nom. fem., ći-je = cujum, Nom- neutr.; B. § 407. Sunt qui ponant cuijus h. e. cu-iyās, ut skr. madiyās meus, asmadiyās noster. K. I 232.

II cujus = quoius, skr. kayasya = τίνος, osc. pi-eis; K. XIX 200. B. § 389. K. VIII 233.

culcitra 1 f. Der Kolter. Huc le coussin, the cushion ex culcitinum; pertinere potest ad skr. kûrća m torus, der Wulst.

cūleus 2 m. Nord. vet. kyll saccus, uter, cgn. κολε-όν jon. κουλεόν, prpr. die Hülle, cgn. oc-cul-to.

culex 3 m. Unde le cousin ex colsin, die Gölse, cgn. cul-ter; aut cu-l-ex cgn. skr. ça-l-ya sagitta; v. cūtus.

culigna 1 f. Cgn. κύλιχνη, κύλ-ιξ, ex culicus, ags. cylle cadus, die Kaul-e, die Hohlkelle.

culīna 1 f. Cgn. caleo. Confer skr. kûlayâmi aduro.

culmen 3 n. Cgn. col-umna, nord. vet. hôlmr the holm.

culmus 2 m = κάλαμος, inserto a ut ʼίγματα = ala; v. pelagus.

culpa 1 f. Potest pertinere ad scalp-, sculpo, = laesio; cf. L. M. 38. Sed rectius conjungitur hoc culp- cum kalpâmi ich helf-e, unde kulpa = facinus, nam kṛ-p kalp- cohaeret cum kṛi- facere; Cf. Fk. 30.

cultellus 2 m. Unde le couteau, the culter = le coutelier. Skr. kart-trikâ f. krit-i culter; ,kart' autem est forma second. thematis ,kar' = κείρ-ω; v. in-col-umis.

— culum. V. poculum. piaculum. lodicrus.

— culus. V. vernaculus. paterculus. leunculus.

culus 2 m. Die Kaul-e, le cul, la culbute = svec. kullbytha; cûlus ex cuslus, cgn. cunnus.

cum. Ex scume çcume = secundum, in Folge, im Gefolge; nam cum = ξύν, cgn. ξυν-όν = κοιν-όν (ex κόνιοι), pertinet ad saċ-âmi sequ-or, unde sću h. e. çću = ξύ-ν. De ,cum' ex cume cf. tam ex tame; K. VII 126. Sed v. simul.

Cumae 1 f = κῶμαι, κύμαι, goth. hai-mis f = κώμη. De goth. ,mis' cf. skr. bhû-mis f terra, dalmis m Indri fulgur; B. § 948.

cuminum 2 n. Κύμινον, hebr. kamon der Kümmel.

cumulus 2 m. Cu-mulus, ut tu-mulus.., v. famulus; pertin. ad skr. çwayâmi = κύ-ειν, κῦ-μα = cu-mulus aquae.

cūnae 1 f. Ex coi-nae = κοί-τη; la culla ex cunula.

cunctor 1. Cgn. henk-en, goth. hah-an schweben, häng-en, κωχ-εύω mache dass hangen bleibt; adde der Hak-en zum Anhängen. Confer skr. kaċ-ê ligo, befestige, cgn. hib. celt. cach-t the fetters. Curtio autem et Boppio cohaeret hoc ,cunc' c. skr. çaṅk dubitare, timere, sich besinnen, bedenken; goth. hug-jan, (v. L. M. 31). Confer metuo. Adde Hug-in, Hugibert. V. lac.

cunctus, a, um. Ex cojunctus, counctus; cf. biga.

cūneus 2 m. Cu-neus, ex aliquo ça-na-yas, cgn. ca-minus, ca-tus; J. S. 72.

cuniculator 3 m. Skr. khanitar m. khanaka m. Huc κόνικλος, the cony das Kan-inchen.

cunila 1 f. Bav. das Könlkraut.

cunnus 2 m. Ex cundus = skr. kuṇḍa, unde kuṇḍâçin m leno, qui a vulva vivit; BR. II 322. Fk. conjungit c. skr. ćyuti f s. ćûti f = cunnus, podex, cgn. bav. das G'schoal, wo's hervor,schiess't, v. coturnium. Malim tamen sequi Aufrechtium, qui hoc cunnus trahit ad skr. çushi rima, foramen, unde çush-ira κοιλία, cgn. κυσ-τός culus; K. IX 232. Hoc de sensu cf. the leak, bav. die Laschen cunnus, pertin. ad isl. laska divellere, = skr. bhaga m feminal, pertin. ad bhaġ- dividere.

cūpa 1 f. Κύπη, 'αμφι-κύπ-ελλον; v. caupulus. Skr. kûpa m die Vertiefung, der Kopf = cupa. De s. dupl. cf. skr. ghaṭaka testa, ghaṭa la tête.

cupēdo 3 f. Quasi ab aliquo cupēre.

cupencus 2 m = bonus minister, sab. cup-rus bonus, prpr.

affabilis, redlich, v. nuncupo; + ‚enc' = anc in anc-illa; Corss. Cupra = bona dea, Prell. 249.

cupido 3 f. Quasi ab aliquo cupire, v. cupedo; cgn. skr. kup-aya cup-idus, wallend, unruhig. V. vapor.

cuprum 2 n. Aes Cyprium.

cur. Ex quor, quora, skr. ku-tra = quo, ubi? ‚quor'sum = ‚kutrawrit'; v. Bf. Gr. § 608. Sed v. quando.

cura 1 f. Lat. vet. coira, qua de forma cf. unus ex oinos; coiro autem ex covro, cgn. caveo. Hinc hisp. écurare, gall. écurer.

curculio 3 m. Redupl., cgn. cul-ter.

curcuma 1 f. Skr. karkaṭini f die Gurk-e.

cūria 1 f. Cgn. hus goth., das Haus, cohaer. c. skr. kôça m. n das Ge-hūus-e; Corss.

cūris 3 f. Pertin. ad skr. çûryâmi laedo, unde çûla m hasta; quir-ites = hastati. Hinc Quirinus, bav. Kirei".

curro 3. Skr. ćar-âmi eo. De forma curro pr. curo cf. susurrus pr. susurus; curulis, terra. Huc le corridor der Laufgang, huc n. pr. Cursor = Θόας, Balde = Ὀρόντης celer, robustus, balde, ex ad. aurvaft celer, robustus, pertin. ad skr. ara celer, unde celt. arr cervus = Ἐλ-α-φος pr. Ἰρ-α-φος. — Cursus 4 m = skr. ćâra m. V. far, gen. farris.

curtus, a, um = angl. short kurz. Huc der Schurz, nord. vet. skyrta das Hemd, the skirt das Hemd, der Zipfel; pertin. ad skr. kart-, kriṇatmi abscindo, (v. crena).

curulis, e. Cgn. cur-r-o.

curvus, a, um = curvationem faciens, κυρ-τός. V. alvus.

— cus. V. pudicus. Spartacus. intrinsecus. juvenis.

cuspis 3 f. Ex ‚cu' = çyâmi acuo; + spid = σπιθάνη, v. spissus. Idem sensus in αἰχμή ex ἀκμή acuta.

custodio 4. Ex cud-todio, cudh-t..; cohaeret cum skr. kuh-aka h. e. kudhaka celator, deceptor; cgn. κι-κυθ-, κεύθ- = skr. gudhyâmi. De g = k v. cuturnium. Huc goth. huzda der Hort; bav. der Koucht ex Kort h. e. G'hort die Getreidetruhe, cohaer. cum Hir-te = cus-tos; Schm. II 336. De forma cf. κέκασται pr. κεκαδται; nostrum der Bast ex badh-t = gebunden, geflochten; die Last pr. lad-t, cohaer. c. goth. laþ-ôn beladen; die Frist ex frith-t, goth. ga-friþon pacare, tueri; der Beist fermentum ex beit-ta, prpr. der scharfe, beissende, v. findo. V. nitidus. Adde ad. audi texere, cohaer. c. vadh = vestiri, (unde ἐσθ-ήνη).

cŭtis 3 f. Pr. scutis, cgn. ἐπι-σκύ-νιον die Stirn-‚haut'. Adde la cotte langes Oberkleid, la cotte der Unterrock, unde le cotillon; lat. cu-cut-ium 2 n. germ vet. chozze die Kotze.

cuturnium 2 n vel gutturnium, cgn. ģyut = stillare, hervor-schie'-ssen, unde pendet der ,Schö'ssling, der hervor-schiess-ende, der Schooss sinus. V. ceveo, gutta, cunnus.

cyathus 2 m. Κύαθος = κύ-λιξ, cgn. κύειν cavum esse.

Cyclops 3 m. Sunt qui aiunt: κύκλος der Mauerring, -οψ = op-era, (ut δρύοψ opifex, Πηνελ-όπεια panis operans), κύκλ-οπες die Bauer der cyclopischen Mauern; v. Hesiod. ed. Schoem. p. 103. Rectius hoc -ops conjungitur cum ὄψις, atas. J. S. 31 ait sic: Mythologisch wichtig ist skr. atagа m der Donnerkeil, eig. der aus dem Auge geborne. Das Auge ist die Sonne und dass auch das Auge des Cyclopen die Sonne sei, hat Grimm dargethan. Bedeutet ja noch im Althd. blich sowohl Blick, ὄψ, als Blitz, ataga.

cycnus 2 m. Κύκνος; cgn. skr. çuk-as psittacus.

Cydo 3 f. Hinc κυδώνιον mălum cydonium, die Quitt-e, postmodo etiam die Quetz-e, Quetsch-e.

cymba 1 f. Skr. kumbha m urna. De s. cf. concha, phaselus; Hinc cymbalum.

D.

d. V. genero. cor. — d = l, v. levir. — d eliditur, v. manduco, consuetudo. — d inseritur, v. Nerine. Phoebus. — d affigitur, v. nidus.

dactylus 2 m. V. digitus.

daedalus, a, um. Cgn. δαιδάλλω, ut παιφάσσω, ποιπάλλω, μαιμάω. Cum daedalus adj. cohaeret lit. dailus pulcher, (cgn. dolare), lit. daile ars. De s. cf. ags. vil, the wile ars, l'artifice, to wile überlisten, unde Wiel-and = Δαίδαλος. Aliter Fk. qui vocabulum ,daed'-trahit ad skr. didi splendor, (cgn. nord. vet. teit-r laetus, germ. vet. zeiz tener, ags. taet-an caresser). V. Gr. M. 351. Dido fortasse = splendida, ,zeiz.' V. Schm. IV 287. De ,ae' in Daedalus v. gaesum.

daemon 3 m. Skr. daiwman divinus.

dama 1 f. Le daim.

damnum 2 n. Huc le danger ex damnarium. Damnum ex dab-num, cgn. δάπ-τω, P., skr. dabh-n-ômi laedo, damno afficio, quo de sensu cf. skr. çath-âmi = dabhnômi, unde goth. skatjan schaden, nord. vet. skâ damnum. Adde skr. hinsâ f damnum, hinsâmi = dabhnômi.

dans 3. Skr. dâya. dad. suff. — da ut: ilanda refrigerium dans. V. filia.

Dānuvius 2 m. Ir. celt. dana fortis. De s. cf. Τύ-ρας der ‚Dnie'ster (ex Dan-istar, cf. ‚Dnie'per), pertin. ad ‚tu' valere, fortem esse, unde skr. tiwra vehemens. V. tueor. De s. cf. Drvtenpach, germ. vet. drati celer.

daps 3 f = δαπ-άνη; pertin. ad skr. dâpayâmi portionem facio, facio ut dividat, nam -p forma est caus. verbi dâ- = δαί-νυμι, unde skr. dâ-na n dapes sacrificalis, cohaer. c. nord. vet. tafn, germ. vet. zëpar sacrificium. Hinc das Unge-zief-er = profanum, non aptum ad sacrificandum. Ex dâ- evenit alia forma δα-τ-ίω = δαίνυμι, unde δατός divisus = skr. dâta, dîta divisus, dispartitus; germ. vet. zal-jan verzetteln, bav. zett-en zerstreut fallen lassen, zot-en defluere. Fk. 756 huc trahit goth. unga-tass pr. unga-tath-ts non bene dispositus; the ti-me die getheilte, die Zei-t; the tide.

dardanarius 2 m. Ex δέρω ich schinde, δάνος.., = ein Schinder von einem Wucherer.

dātura 1 f der Stechapfel; skr. dhattura m.

daucus 2 m = δαῦκος, cgn. δεῦκος dulcis, 'ευ-δυκ-έως comiter, benigne. Huc Πολυδεύκης, Δευκαλίων; pertin. ad skr. dâç- in dâçwañs bene colens, huldigend. (Daçwañs est part. aor., v. parens, -ntis).

dē. V. debeo. Huc gall. devant ex de-ab-ante, derrière ex deretro, it. dove ex de ubi.

dea 1 f. Skr. dêwi f.

dēbeo 2 = it. dovere pr. devere, ut piovano = plebējus. Debeo ex dehibeo ut praebeo ex praehibeo, nil ex nihil. ‚Dē' autem est skr. ‚dhâ' = θε-τόν, gelegt, gestellt, cgn. ἀπο-θή-κη, θή-κη; Bf. Gr. § 614 III. De s. cf. hoc dhâ = dē cum skr. uparishtât = dê, prpr. oben stehend, drüber gestellt. V. ex.

dēbĭlis, e. Cgn. skr. bala validus, unde a-bala vel durbala = debilis.

decas 3 f. Δεκάς = skr. daçat f. daçati f. V. centum.

decem. Skr. daçan, germ. vet. zehan. De m in decem et de n in daçan cf. septem, novem c. ashtan = octo. B. § 316 dividit in da-çan, (da- = dwa duo, -çan ei est illud ‚çan' in pañ-çan = quinque, ergo da-çan = duo-quinque, bisquinque). Cum δέκα.. cohaeret goth. tigu- = -zig, ut twaim-tigum zwanzigen, (Dat. pl.), dreissig pr. drei-zig. Sed v. centrum, dingua.

December. V. November.

dĕcet 2. Skr. daç-as n splendor, dec-us, celt. deah-air, δόξ-α. Πολυ-δεύκ-ης, cgn. Deuc-alion, = πολὺ δοκ-ῶν.

deceptus, a, um. Idem sensus in skr. pralabdha deceptus, cgn. ληπ-τός.

decimus, a, um. Skr. daçama.

declivis, e. Cgn. κλίνω; bav. schlei-n-ings adv. leniter declivis.

decuplus, a, um; ‚plu'-s = skr. para, pertin. ad pi-par-mi = περ-αίνω, cgn. πόρος = goth. sinþa, tvaim sinþam = bis. V. dubito.

decūria 1 f. V. centuria.

defrūtum 2 n. Apud Plautum defrūtum, ex defruo, cgn. φρί-αρ der Brunnen; the bru-th die Brüh-e; to brood brüten, the breed die Brut.

deinde = von-da-ab.

dēleo 2. Δηλέομαι; skr. dâlayâmi deleo, facio ut dirumpatur, cgn. dṛi-ṇ-âmi dissolvor, unde skr. dala = the deal; adde germ. vet. til-o s. tiligo ich vertilge. Tilly = Tilger?

delibero 1. Liberata, ait Festus, ponebant pro effata, locuta; delibero igitur notare possit idem quod συλλογίζομαι.

delībuo 3. Cgn. libo, λείβω, unde λιβάς liquor.

deliciae 1 f. Cgn. al-lic-io, die ‚Lock'speise.

delico 1 = dedico, cgn. linquo, goth. leihvan leihen, überlassen, ut delinquo unterlassen.

delirus, a, um = aus der Furche geratbend, v. lira, fere i. q. 'εκπλέω.

delphinus 2 m. Ex δερφ- = γερφ-, skr. garbha m proles, aeol. βελφίν; cgn. ἀ-δελφός; L. M. 63. Cum garbha cohaeret goth. kalbo juvencus, ubi de sensu dupl. cf. πόρταξ juvencus c. prithuka infans, prithukâ παρθ-ένος. Illud ‚inus' significat marem .., lit. ‚inas ut àng-inas ingens anguis, v. caminus. B. § 798. J. S. 78. Huc le dauphin ex dalfinus.

delubrum 2 n. Cgn. lubere, līber; ita enim dicebant fustem delibratum h. e. decorticatum, quem venerabantur pro deo.

— dem. V. pridem tandem.

dēmum. Superl. illius ‚dē', ut pri-mum.

dēni, ae, a. Ex dĕcĕni, ut pinus ex picnus. Cgn. denarium 2 n, unde la denrée.

denīcales feriae. Cgn. nex, nec-is.

denique. Ex dēne, (v. po-ne). Denique ex deneque ut undique ex undeque. Cgn. θή-ν = de-nique, (v. de).

dens 3 m. Skr. dant m. danta m der Zahn pr. Zant, ut die Zin-ne cohaeret c. nord. vet. tind-r dens. Hoc ‚dant' autem pertinet ad skr. dâ-, v. daps. Goth. tunþ-us ὀ-δούς, ut skr. dantu- in dantu-ra dentem prominentem habens; B. § 940. V. os. Huc angl. daintily lecker, (quasi cohaereat cum dignus). De nostro Zahn pr. Zant cf. skr. tundan = tundens, pr. tudants; Wuotan pr. wuotant = penetrans. Hue skr. dantya dentalis, dantawant dentatus, (v. mensis).

densor 1 = coagulor. Cf. lit. tankus densus, pertin. ad skr.

â-tanć-ana n lac densatum, unde ags. thingan proficere, ut nos ‚zusammengehen', cgn. das Ge-ding der Contract. J. S. 52.

densus, a, um. Pr. dent-us = ver-zahn-t, Fk., = δαϲ-ύς. De sensu fere eodem cf. portug. combro agger, die Verdichtung, der Verhau, cgn. der Kummer = Bauschutt, unde the combre prpr. das Verbauen, obstructio, l'encombre impedimentum, pertin. ad skr. ģambha m der Fangzahn, (unde the champ rota dentata, cgn. to champ mandere, kaf-eln). V. Gr. V 2598, 2, e.

depso 3. Δίψω, δέφω humecto, pr. γέφω; cgn. skr. gaph-ira profundus, tief. De s. cf. goth. diupjan vertiefen c. daupjan untertauchen.

descisco 3. Cgn. sci-scitor ich scheide mir.., descisco ich scheide, scheide aus, nehme Abschied.

desero 3. Cgn. series.

desidero 1. Cgn. sidus = glänzende Erscheinung, cohaeret cum sudus. De s. cf. skr. ćêtas n primum claritas, glänzende Erscheinung, deinde desiderium, votum; cgn. nord. vet. heit votum solemne, unde germ. vet. heiz votum, le sou-hait; adde le déhait die Verwünschung; goth. dulgahaitja der Schuldheiss; Schm. II 246.

despicio 3. Hinc the despit, the spite.

destino 1. Cgn. destina 1 f fulcrum, die Stü-tze, cgn. skr. sthâ-nu constans. Hinc le destin; cf. δύ-στην-ος pr. δύσ-στηνος. Sed v. obstinatus.

deterior 3. Ex aliquo ‚dê'-tra, ut ulterior ex ultra.

devoveo 2 ich verbitte. De s. cf. αἰσχύνομαι ex ά-ισχ, (cgn. içćâ f votum); gall. envoûter devoveo, prpr. einwünschen; Dz. II 288.

deus 2 m. Pr. dayus, diyus, cgn. skr. dêwa m coelestis, i. q. diwi,ćar'in m deus, prpr. coeli,col's = diwiçrit. V. Diespiter.

dexter, a, um. Skr. daxiņa = δεξιός pr. δέκτιος, goth. thaihvs-, germ. vet. zësawa dextera, bav. vet. zezauno dexter. Similiter desinit in -va umbr. ders-va = taihs-va; v. K. XXI 221. De sensu trop. cf. εὐχέρεια = dexteritas, cohaer. cum χείρ, εὐ-μα-ρής cohaer. cum ma-nus. De sensu cf. isl. höndugr dexter, sollers, handsam, cohaer. c. the hand manus. Schm. II 200.

diâcŏnus 2 m. Διάκονος, the deacon, cgn. ancilla, germ. vet. enko servus. De â in δι-άκονος ex an v. abyssus et Bf. II 22. Fk. 31 dividit in διά-κονος, cgn. 'εγ-κον-εῖν, κονητής famulus, pertin. ad skr. çan-ais aegre, mit Mühe, v. C. 587. V. sperno.

diadema 3 n. Skr. dâman vitta, διά-δη-μα, cgn. δε-σμός. Adde δέ-μνιον das Bett, ut the bed cohaeret cum badh-nâmi. Skr. aditis = ά-δε-τος.

Diana 1 f. Apud Ennium Deiana, ex Djâna i. q. Διώνη, διϝώνη, cgn. skr. dyu coelum. V. Janus.

dicio 3 f. Cgn. skr. diç f regio; v. dico. De sensu cf. das Kirchspiel, pertin. ad spilôn dicere, (unde das Beispiel).

dico 3. Cgn. δείκ-νυμι = skr. diç-âmi ich zeig-e; sax. vet. af-tihan versagen. De s. dupl. cf. skr. manthrayâmi dico, quo pertinet monstro = diç.

dictamnus 2 m. Δίκταμνος, der Diptam, der Diktam.

dies 5 m. f. Skr. diwasa m. n = dijes; skr. dina m dies, ex diwna. Huc ἔν-δι-ος, metath. 'επιζδα ex 'επι-διλα der Nachtag. Pertin. ad skr. diw- splendere, quo de sensu cf. ἦμαρ ex ϳησμαρ = skr. wâsara prpr. ἠέριος, cohaer. c. was- = diw-, (sed v. Janus.)

Diespiter. Skr. diwas pitar coeli dominus, i. q. dyaus pitar; — ês in Diespiter pr. diéis. Huc nord. vet. Tys Tyr h. e. djus, djuis, gen. Tyrs Martis; adde ags. tivestäg the duesday; germ. md. tiris = diei, Nom. tiva, tivis = Διϝός.

digitus 2 m. Ex tegelus, decetus, cgn. germ. vet. zeha die Zehe. De g ex c v. viginti cohaer. c. εἴκομαι, ut goth. figgrs pertinet ad fahan, fangen. Huc le dé ex digitale.

dignus, a, um. Prpr. ge,zeig't; v. plenus.

dilatus, a, um. Unde le délai.

diligens 3 = auslesend, wählerisch; v. negligens.

diluculum 2 n. Das Zwielicht, ἀμφιλύκη.

dingua 1 f. Lat. vet. = lingua, goth. tuggo the tongue, pertin. ad skr. ğihwâ f pr. dihwâ, ut sit Fk. De l = d cf. lit. doy-lika = δώδεκα zwölf.

diphthongus 2 m. Skr. bhañğ-a-yâmi loquor, φθεγγ-, hib. celt. faighim I talk, germ. med. spahl tumultus; Fk. 945.

diribeo 2. ,geb'e auseinander, ex dis-hib-eo.

diruo 3. Ved. ru m das Trennen, di-ru-o cgn. ῥύ-ομαι reisse.

dirus, a, um = δει-νός; v. bonus.

Dis 3 m h. e. dives = Πλούτων. Confer nord. vet. Völundr, Wieland, cgn. ags. viola πλοῦτος, divitiae.

dis- ut discedo, ex dwis = ,zer'. De s in di-s cf. ἀμφίς (v. abs). Goth. tvis in tvistandan = discedere.

discipulus 2 m = 'εν τῷ διδάσκεσθαι πελ-όμενος; — ,pul' cohaeret cum -κολος in βουκόλος; skr. pal-âmi = čarâmi ich gehe; discipulus der zur Lehre gehende.

disco 3. Pr. dic-so; (v. discus). Perf. di-dic-i, cgn. skr. diç, (v. dico).

discus 2 m. Pr. δίσκος, cgn. δικ-εῖν, (δίκ-τυον das Wurfnetz, ἀμφίβληστρον).

disertus, a, um. Cgn. ser-mo.

disputo 1 = computare in utramque partem. Confer discepto für und wider behandeln.

dissidium 2 n. Ex discidium.

dissipo 1. V. supo = slv. syp-ati spargere, fundere.

dissolutio 3 f = διάλυσις.

distichon 2 n. Cgn. στίχος, v. vestigium.

dithyrambus 2 m. Διθύραμβος, δίθυρος biforis, quia Bacchus duplici partu in lucem editus est; — αμβος = ἄναβος. V. K. VI 362.

diū. Abl. 4ᵗᵃᵉ Decl., Nom. dius. Diu ex diud, diut-, compar. diut-ius; skr. dyu-bhis instr. pl. = diu. Potest huc pertinere δήν acc. ex δϝήν h. e. διϝαν; cgn. skr. dyu coelum, unde sub diu, v. interdiu. Adde: οὔτι μάλα δήν (Ilias I 416).

dīves 3. Ex divets h. e. divent, divant, cgn. -εντ in χαρι-εντ.; cgn. divus, cohaer. c. daiwa splendens. Cum -„ent" cohaeret skr. dhanawant dives = arthawant, (artha res).

divido 3. Ved. vi-vid dignoscere, v. video. Hinc le devis. Sed Fk. trahit ad skr. widhyâmi perforo.

divinator 3 m. Skr. daiwika m.

divinitus; -„tus" = skr. -tas Abl. ut ἐκάς = ἔκαθεν.

diurnus, a, um. Ex vet. dius acc. neutr., unde dim. diusculus. Hinc il giorno, gall. séjourner ex subdiurnare.

diuturnitas 3 f. Ex diuternitas, ex forma compar. diuterō.

divus, a, um. Dīvus ex diivus divjus, ut dativus ex dateivus = skr. dâiawyas; v. fugitivus. Δῖος, cgn. dives; cy. celt. diu unde Divona (hod. Dijon), Divitiacus.

I. do 1. Inf. dăre, cgn. δάνος, lat. vet. dănunt = dant; skr. dâd redupl. ex dâdâ, unde dădâmi δίδωμι. — Huc le dé, it. il dado talus, datus ad terram. Skr. dâtar m dator. (De dātor = dātar cf. stātor = sthâtar). V. quando.

II. — do. V. clando. quando.

dŏceo 2. Ex docayâmi = δείκνυμι, διδάσκω pr. δι-δάκ-σω, v. disco; to teach, ags. taécan factitivum verbi tihan = dicere facere, ut laédan leiten, pertin. ad lĭčan ire. — Doctor 3 m skr. dêçaka m.

dodrans 3 m. Ex dequadrans.

doga 1 f = δοχή; pertin. ad skr. dâç-âmi do, unde δέκ-ομαι do mihi; Fk. deriv. ἐν-δεκ-έως gerne annehmend; Odyss. XIV 109; gut aufnehmend, ib. VII 256. Hinc la doga, la douve die Daube; deriv. la dogana, la douane, unde arab. Divan, prpr. das Rechnungsbuch; Dz. I 156.

dolabra 1 f. Pertin. ad skr. dal-âmi disseco.; skr. dalmi m fulgur Indri.

dŏlium 2 n. Cgn. dolare.

dolor 3 m. Cgn. dŏlo ich steche. De s. cf. ὀλοφ-ύρομαι

doleo c. 'ἐλεφαίρομαι, (v. dolus); lett. yel-ti pungere c. lit. gela dolor. Adde çar- = dolo, unde der Har-m, to harm = çar.

dŏlus 2 m. Δόλος, nord. vet. tál dolus, germ. zála; cgn. dolor. De s. cf. 'ἐλεφ-αίρομαι noceo, decipio, pertin. ad skr. riphâmi laedo, decipio. Quo loco cf. illud 'ἐλίφας Aen. VI 895. Adde skr. khaṇḍana n dolus, prpr. scissio; skr. drugh-dha laedens, be-trüg-end. Zála cohaeret etiam cum ziel-en; Bzb. 47, v. oculus.

domesticus, a, um. De forma v. silvestris.

dominus 2 m. Skr. damanas m, cgn. domus, i. q. dampati m δεσπότης. De s. cf. cy. celt. tigern dominus, tig domus, cgn. the tick, (the bedtick die Bettzieche); v. tectum. Hinc n. pr. Ver-tigern-us princeps dominus, (v. vere); bret. celt. tiek der Hausherr, pater familias, der Bauer, unde the tike der Bauer, der Tölpel; v. Kch. III § 6 p. 12. Idem sensus in der Bauer cohaer. cum goth. bauan habitare; K. VII 285. Adde nord. vet. bôndi der freie Gutsbesitzer, = ags. bû-ende, cgn. bû-r domus. V. dubenus.

dŏmo 1. Δαμάω, to tame, goth. tamjan, skr. damayâmi, caus. dâmayâmi = ‚domeo', unde domui; prpr. facio ut cadat; bav. dämen; cgn. tomber = taum-eln, dumm-eln, bav. tummeln dom-are equos. V. Gr. II 1517. Huc skr. damanas m domitor, damathus m domitus 4 m.

dŏmus 2, 4 f. Skr. dama m. n, δόμος, cgn. domo, non cum δέμω, P. δῶ ex δομ. — Domi ex domo-i ut οἴκο-ι = skr. wêçê h. e. wêça-i, humi = χάμα-ι. De hoc i Locat. cf. Μαραθῶν-ι, Romae h. e. Roma-i, skr. papî in sole, Nom. papis sol; ὀρει-γενής = 'εν ὄρει γιγνόμενος; Ποσίδάων h. e. Ποσει- = 'εν ποτῷ; ἀκρίβής = 'εν ἄκρῳ βαίνων; σκοτο-ι-βόρος = 'εν σκότῳ.. V. tecto.

dōnec = donicum, cgn. donique = denique. Hoc ‚do' in ‚do'nec pertinet ad pronom. ‚da' in qui-da-m, v. idem, ut skr. yâwat = ἕως quandiu ipsum cohaeret cum pron. ya- = qui quae..; ἕως ex yawât yawâs. Cum vocabulo do‚nec' conferri potest τη‚νίκ'α; v. K. XIX 175.

dōno 1. Denom., pertin. ad donum, skr. dâna n, prpr. part. perf. pass., ut anna cibus ex ad-na. Huc le pardon, cgn. condono.

dorcas 3 f. Cgn. δέρκομαι; cohaer. sax. vet. torh-t speciosus, splendens; ut nostrum schön, goth. skauns cohaeret cum schauen = δέρκεσθαι. De s. cf. skr. phullalôćana m δορκάς, (floreos oculos habens). V. antilope.

Dorenses. Δῶρις, cohaer. c. skr. dâru das Holz, lignum, et C. confert Holsaten, Holstein. Dâru autem prpr. significat Holzstück, frustum, cohaer. cum darû rumpens, findens, ut das Holz pertin. ad hiltan, hultan caedere, secare. Cum dâru cohaeret δρῦς, goth. triu, the tree; germ. vet. tra ut mazal-tra der Masholder, bav. vet. der Zie-ter temo, (Ziehbaum).

D ū r i a. Δῶρις, quae filia fuit Εὐ-δώρ-ησ, cgn. Δω-ταί, quae nomina significant beneficia, quae a mari habemus. De s. cf. nord. vet. Gefion, pertin. ad gēla δωρεῖν, to give, et quemadmodum deae illae marinae arte vaticinandi praeditae erant, sic ait Othinus de dea Gefion: omnium mortalium sortes non minus novit quam ego ipse. Oegisdr. Hinc nord. vet. gaefa angenehm, gōfugr vornehm.

d o r m i o 4. Slv. drem-l-ja dorm-io, skr. drá-mi = δαρ-θ-άνω, drâyâmi = δρα-θ-εῖν.

d o r s u m 2 n. Cgn. δειρά ex δερσ-η cervix, cgn. δειράδ-ες rupes = skr. drishad f lapis, rupes, pertin. ad skr. dar- rumpi, δέρισθαι; adde dorsum ex dorosu-m; Fk. 457. V. K. XVII 233.? Hinc Dosseuns ex Dorsenus, h. e. callidus, quo de sensu cf. callus c. collis, cgn. der Hal-s = δειρή.

d ō s 3 f. Ex dot-s = δῶτ-ις, the en,dow'ment.

d r a c h m a 1 f. Pertin. ad δράσσομαι prehenso, fasse fest, cohaer. c. skr. darh-, drińh-âmi befestige.

d r a c o 3 m. Δράκων, nord. vet. dreki, cgn. dorcas. De s. cf. ὄφις ex ὄπ-jις, (v. aquila), h. e. oculatus. J. S. 46.

d r a m a t i c u s, a, u m. Δρᾶμα cohaeret cum lit. dar-yti facere, δρᾶ-ν, pertinere videtur ad skr. drawasyâmi quäle mich ab, bin um Jemanden, appareo; drawasyâmi autem revocari debet ad drawâmi curro, δρο-μῶ. De s. dupl. cf. ćarâmi = et drawâmi et ago, ich handle. V. ago, unde actus = δρᾶμα.

d r e n s o 1. Onom. Confer skr. drâńś- sonum edo horribilem; russ. treshćâtj vociferari, kreischen. Dranc-es der Krischer.

D r u i d a e 1 m. Cgn. δρῦν, bret. inf. dru, plur. drued; Dfb. C. I 160. V. Dorensen.

d r u p p u s, a, u m = tropf-end, cohaer. c. Dravus die Drau, die Trau-n, (Dat.), skr. drawanti f flumen. De forma cf. vappa.

d u b e n u s 2 m = dominus pr. dobinus. De b = m cf. cubitus = il gomito, Jacobus = Giacomo, sabatum = le samedi. Curtius trahit hoc vocabulum ad ‚dare' et dubenus ei est dator, fere i. q. the lord prpr. lāfward der Brodwirth; skr. pindada m dominus, der Brodherr, (manibus offas dans).

d u b i t a t i o 3 f. Skr. dwańdwa n, redupl., cgn. duo; skr. dwâpara n = goth. tvei-fls, prpr. duplum. Atque quia skr. wimutilatio est ex dwi, afferri potest etiam wićarańâ f dubitatio, pertin. ad ćar- = eo ut ἀμφισβητέω pertinet ad skr. βῆ-ναι = ćar-.

d u b i u s, a, u m. Ex du-dhius, unde dubie h. e. auf zwei Weisen, nam ‚dhi' cohaeret cum skr. dha, ut dhwêdha s. dwaidha duplex.

d u c o 3. Vet. lat. douco, δευκώνω = δεύκω, zd. draozh agere, germ. vet. zwang-jan = trudere. Adde educo = erziehen. Cum dû-co Fk. conjungit skr. dû-ta m nuntius; Fk. 97. 948. V. centrum. Adde dux 3 m = heri-zog-o, der Herzog.

dudum. Ex diudum h. e. diu est dum = diwadiwam. De ‚du' pr. diu cf. semustus.

duellum 2 n. V. bellum unde perduellio; skr. dwandwayuddha n, (ὑσμίνη ex yudhmin-).

Duilius 2 m = Di-lius, der ‚Zwi'lling, i. q. Tu-isto; Tac. Germ. p. 6, ed. Schw. Sidl.

duim = δοίην; nam yâ = ιη. V. eo. K. XXI 180.

dulcedo 3 f. Collective dictum, ut torpedo, ἀλγηδών, μυρμηδών = acervus formicarum; C. 321. ‚Dulc' unde γυλκ, γλυκ-, (nam propter c proxime sequens d illud in dulc assimilatum est), videtur cohaerere cum skr. gul-ya m dulcedo, cgn. γλυ-κύς, (gula die Melasse).

dum. V. donec.

dumtaxat = quatinus contingit, so weit es nur hinreicht, mehr nicht, cgn. tango; cf. vexo.

dumus 2 m. Cgn. δάσος, pr. dusmus, ex densimus; v. bruma.

duo, ae, o. Skr. dwa, goth tva; skr. dwi = zwi-, zwei, v. bis. Skr. dwitwa n die Zweizahl. Huc goth. ‚t' in vi-t, ex vi-tve = wir zwei; L. M. 102. Huc skr. yuwâm ihr zwei, ex dyu-dwa-m h. e. you two, ihr zwei, lit. ju-dvi, ihr zwei; Df. Gr. § 773 III 1. V. vos. Adde duodecim skr. dwâdaçan.

duplex 3. Ex duplo; duplex ut caudex ex duplec-s. Skr. dwiguna zweierlei. Confer hoc ‚lei' = roman. lei, loi = la guise, finn. lai genus, indoles i. q. guna (qualitas). Duplex = διπλάσιος.

duplus, a, um. Διπλόος ex δϝιπλό-ος, δϝι-πλο-ς; πλο-, plu- ex πιλ-, pěl- = skr. kâla, kălâ = time, fois, ut êka-kâl-am einmal, une fois, trikâla trois fois; v. K. XVI 433. Sed v. decuplus.

durus, a, um. Cgn. lit. drû-tas firmus, solidus, skr. dhruwa firmus, cohaer. c. goth. trana confido, habe Ver-trau-en; cgn. ir. celt. durum, ut Boiodurum; Gl. 133.

— **dus, a, um**. Ut Bⁿ § 800 videtur, attenuatum ex -tus, -ta, -tum et ait sic: Das lat. ferendus steht dem pers. Partic. praes. berendh = ferens tragend, sehr nahe und hat die ursprüngliche Tenuis zu einer Media erweicht. — V. indigena.

dysenteria 1 f. Δυσ- = skr. dush-, ut dush-kara = δύσκολος; pertin. ad dushyâmi vitiari, degenerare. Pro ‚dush' etiam ‚dus' sive dur- ut durbhara difficilis ad ferendum, dustôsha difficilis ad satisfaciendum. Huc Δυρράχιον h. e. δυσ-ραχια litus infestum. Goth. tuz-, ut tuz- vêrjan dubitare; germ. vet. zur-wâri suspiciosus.

E.

I. — ē. V. mon-e-o. em-e. ad. — II. — ē, v. tecta. recora.

III. ē. Mutilatum ex ec ut emendo ex ecmendo. Nisi potius hoc ē cohaeret c. â in skr. â-wis = ex, (v. ec). De ē = â cf. dē = dhâ, mē = mâ-m, tē = twâ-m; v. etiam in.

ĕābus = αὐταῖς. Dat. pl. ex iābus jābus, (v. aemulor), = skr. yâbhyas; B. § 301.

ĕbĕnus 2 m das Steinholz, hebr. ĕbĕn der Stein.

ebrius, a, um. Prpr. saftreich, cgn. skr. ambhas aqua, unde ἦβ-η, abh-ra nubes; Ubii die Üppigen, ἀβ-ροί. V. abies. Huc l'ivraie das Rauschkorn ex ebriaga. De s. cf. ebrius c. skr. matta ebrius ex madita, (cgn. mad-eo). Skr. durmada = nord. vet. ōl-mod ebrius. Ἥφαιστος possit significare der Feuerwolle, cohaer. cum ἀβ-ρός luxurians, (v. aphrodisia); -αιστος, v. aestas.

ebullio 4. Cgn. bulla, = sich auf-blāh-en. Hinc gall. bouiller aufwallen, le bouillon, cgn, φλύ-ω, (v. flo).

ĕbur 3 n. Skr. Ibha m = ἐλ-έφ-ας, el-eph-antus. De hac metonymia cf. gall. vet. l'olifant et elephas et ebur. Similiter ξύλον der Baum, die Baumwolle. Graeci acceperant vocem ‚ibha' a Coptis, ubi ‚ebu' cum articulo r suffixo formavit ebu-r. — Hinc l'ivoire ex ebureus. De articulo affixo v. iste.

ĕbūrus 3 m, quasi epotae; cgn. ‚bu'o in im-buo.

ĕc = ἐκ ut ec-fero, ec se producto. Hoc ec cohaeret cum osc. eh- in eh-trad = extra. Constat ex ē pron. + k suffix., ut goth. ak h. e. a-k = sed, sondern; celt. eh ut cy. eh-ofnder sonder Furcht = ἐκ-τὸς φόβου. ‚ec' igitur h. e. e-c, e-ks cognationem habet cum apa, (v. ab), nam ‚ε' in ἐ-κ et ‚a' in ‚a'pa ex eodem pronomine ‚a' proficiscuntur, unde fit, ut ags. o-f significet non solum ‚apa', von, sed etiam ἐ-κ, aus. Hoc idem pron. ‚a' = ‚ε' est etiam in skr. a-na unde ê-na, (v. unus), cohaer. c. ags. o-n in onbidan = exspectare, onhebban = erigere, onsawan = aussäen. Quodsi hoc ‚on' significat etiam ‚an' ‚in' ut to onset = an-setzen, confer ags. â in â-bidan exspectare, â-hebban = erigere, (alien. ex set, = an, v. ad). Adde skr. â-wis, cgn. a-wa, (v. abs), velut: skr. âwirbhûta exortus, âwishkṛita manifestus, prpr. herausgemacht; B. § 100. Et ut redeamus ad illam duplicem vim pronominis on (= ad atque ex), confer etiam ags. ò-ò = ad, (v. ad) et ab, ut òòbëran = et afferre et aufere, òòlaèdan = adducere atque abducere.

ex h. e. ec-s, 'ἐξ (v. abs). Huc gall. dès (ex ‚de-ex'), cf. ir. celt. es = ex, ut es-omun = 'ἐκτός φόβου. Adde délors (ex de-ex-illa-hora); désormais (ex: de-ex-hora-magis). — V. tamen Fk. 335.

ĕcastor. Ex ‚ē' interj. V. eccere; κάστωρ pertinet aut ad skr. çad-ati = κέ-κασ-ται, aut cohaeret cum kâçâmi splendeo.

ecce. Ex en-ce; K. XVIII 37. Hoc -ce est in gall. i-ci, it. qui-ci allhier, (ex eccu' hic). Dz. I 338. Eccum ex ecce eum.

eccere. Pr. ĕceres, v. ĕcastor. De s final. abjecto cf. amabere pr. amaberis, poëta pr. poëtas, quatuor ex quatuores; Pauli, K. XVIII 27.

ecclesia 1 f. V. concilium, = die eingeladene Versammlung. De ex- = ein- cf. exercere einüben, exigere eintreiben, evocare einladen.

echinus 2 m. V. anguis, delphinus.

ĕdax 3. Skr. ad-mara ed-ax. De forma cf. skr. ghas-mara = admara; adde ἤ-μερος (pr. ἤσ-μερος). Skr. atrin edax ex ad-trin, de daemonibus, ut nord. vet. jötun, iöt-nar gigantes voraces, quae eadem vis verbi inest in nord. vet. thurs, thuss gigas, (pertin. ad thars sitire, lechzen). Adde skr. adant = edens.

ĕdentulus, a, um. Skr. adatka zahnlos; νωδός ex νη-ο-δος, (-δος = skr. da suffix. = dens). De ‚dat' = dent v. Fk. 80.

ĕdĕpol h. e. ‚e', (v. ecastor), de = deus, pol = Pollux.

ĕdim = ĕdem ex ediem = skr. adyâm, goth. ĕtjan; B. § 18. 675. V. duim.

I ĕdo 3. Skr. ad-mi mando, manduco. De s. cf. manger = edere, cgn. manducare; adde γράω ex γράσω ich nage = skr. grasâmi ĕdo. Huc 'ἴσ-θω ich ‚thu'e essen, = ad-dhâ; goth. itan, to eat. Huc nostrum atzen, ätzen = goth. atjan, (ex itan), cibare, pascere.

II ĕdo 3 m = ἴδων, Gen. ἴδ-ων-ος; v. colonus. De -‚on' cf. praedo c. praeda, gall. le buffon c. la buffa plaga, gall. vet. le felon perfidus c. germ. vet. fillian pulsare.

→ edula. V. monedula.

effigies 5 f. Cgn. figulus. Cf. goth. ga,dig'is = ef,fig'ies.

effutio 4. V. futis vas aquarium. De κ. cf. kannegiessen.

egeo 2. Ex aliquo agh- = skr. ih h. e. igh desidero. Hinc ἀχ-ήν = eg-enus. Sed L. M. ponit ge-gheo cgn. χα-τ-ίω, cgn. skr. ga-hâ-na = e-gê-nus. De egeo pr. gegheo cf. 'ἐγείρω pr. γεγείρω = skr. gâ-garayâmi. — Egestas pr. eget-tas.

Egeria 1 f. Quum ab egerendo aquam et fluctus, tum ab egerendo partus.

ĕgo. Ex egho = skr. aham h. e. agham = 'ἐγών. Ego, 'ἐγών igitur = aham, ut ψυγῆναι cohaeret cum ψύχω. (De m finali abjecto cf. scusi pr. sensim, λέλοιπα pr. λέλοιπαμι, ἔτυψα pr. ἔτυψα-μ). Constat hoc ego = aham ex ‚a' pron. illo, quod est in ‚a'smân = ἡμᾶς ex ἄσμανς h. e. ἀ-σμᾶς; (de σμα- v. sim-ul). Adde skr. a-smâbhis = ἡμῖν, (v. meus). Altera pars hujus vocabuli est -‚go' = -gha, -ha, unde ‚γε' in ἔγω-‚γε', ὅ-γε = ved. sa-gha der da, dér, cohaer. cum goth. ‚k' = germ. h, ch, unde goth. i-k = i-ch. Quod idem k... occurrit in mi-k = mi-ch, thu-k = di-ch, bav. eu-k = eu-ch, (v. aemulus); se = si-ch, τοι = do-ch. Adde ags. us-k nobis, to us; osc. eon-k = eum, io-k, (pr. iod-k = skr. yat = ὅ,τι). Momm. Osc. St. p. 46. Neque vero hoc ‚gha' tantum suffigitur, praefigitur etiam verbo graviter, ut goth. ga-aistan = graviter, attente aestimare; ga-laubjan = glauben. Postremo de m finali in aham Bf. Gr. § 773 V 2 docet esse demonstrativum, ut aham, ἐγών significet proprie ‚ich-da', ich-hier, bav. i-da. Confer K. XII 248. Huc referri debet boeot. ἰών pr. ἐγών = ich, it. eo pr. eho, = io; gall. vet. eo, hod. je. Dz. I 239 annotat hoc: Das jo für io wurde durch Consonantirung des anlautenden i. Adde skr. a-ha = goth. a-k.

ei. Dat. sg. = i-hm, αὐτῷ, ex joi ut illi Dat masc. ex illoi; ei fem. = αὐτῇ ex jai, (v. eabus).

ejulo 1. Onom. ut ululo.

I. ĕjus. Genit. pr. ĕjus, (propter j ējus), pr. je-jus = skr. yá-sya masc. et neutr., ya-syâs fem.; B. § 361. V. ei. pejor.

II. — ejus. V. plebejus.

elatus, a, um = celsus. Cf. bharâmi ich hebe, ich trage, elatus = gehoben; skr. ud-bharâmi ich erhebe, effero; φέρτατος der erhabenste; cgn. die Bor altitudo, die Borlaube. Adde skr. nir-bhara heftig, leicht em,pŏr't, elatus, (heftig pertin. ad heben, hafjan, v. habeo).

ēlectrum 2 n. Ἤλεκτρον; -λεκ potest pertinere ad skr. râg s. arģ- = splendere, nisi potius cohaeret cum arć-âmi radio, flammo. Ἠ-λέκτρα = Bertha, Lucia. De ἠ v. elysium.

ĕlĕmentum. Cgn. ἐλά-τη, al-tus.

elephas 3 m. V. ebur. Forma part. praes., cgn. goth. ulbandus camelus. ‚el' est articulus semit. = al ut Al-kimâ = χημεία, Al-koran lectio, Al-gebra conjunctio partium diversarum, Al-manah le cadeau, munus; Arak pr. Al-rak vinum daemonum, (raxas m daemon).

ellum = en illum. V. eccum.

ellychnium 2 n. Ἐλλύχνιον pr. ἐν-λ., cgn. luc-eo. De s. cf. skr. dîpakûpî f ellychnium, (dîpyâmi flammo, flagro, unde pendet διψάω; kûpî f ampulla, lagena, cgn. kûpa puteus, κύπ-η, v. cupa).

elysium 2 n; ἠ-λύσιον ex ἠ-λύθσιον, der Aufstieg, ascensus, pertin. ad skr. rudh-, â-rudh- ascendo, assurgo. De ἠ prothet. cf. ἤ-λεκτρον; K. XIX 251. Bf. posuerat σϝηλυσιον splendens, ex aliquo swârusbya, pertin. ad swar-, v. serenus. De hoc sensu cf. skr.

dîdiwi = elysium, (diditi splendor), ut nord. vet. Gladsheim, (svec. glad laevis, glatt, splendens); Glitnir, nord. vet. glitta gleissen, splendere. Gr. M. 780.

— em. V. amem. ostendo. rumpo.

embryon 2 n. Ἔμβρυον = skr. bhrûna n, = bharna, goth. barn infans; Ansbarn, Barnulf. Pertinet ad fer-o; goth. barms sinus.

emem. Lat. vet. = eundem, redupl. eum-eum; skr. ‚i'-mam = ‚e'-um.

emergo 3; wal. merg = ire, ubi de s. dupl. cf. to rise = emergere c. reisen = ire.

emineo 2 = aufgehen, skr. mi-n-âmi = me-o.

eminus. V. cominus, compar. pr. cōminius, ut minus pr. minius, cf. Etruscus. K. X 200.

ĕmo 3 = sumo h. e. su-emo ich nehme, ich kaufe. De s. dupl. cf. gall. acheter emere (ex adcaptare), to purchase ex captiare. Vox ‚emo' cohaer. c. alv. imà sumo, lit. imnu, umbr. emantur = sumantur, pr. jemo; pertin. ad skr. yam- cohibeo, nehme fest, (v. aemulor ich nehme es auf mit..). De ‚e' pr. je cf. eo; adde lat. fugere ex fugjere, sint ex sient, germ. vet. nerent pr. narjant sie nähren, germ. vet. legent = goth. lagjent sie legen; (D. § 741); pedes ex pedyes, (cf. B. I p. 150). Boppius Gloss. 276 ait sic: Potius apte huc trahit ‚emo', et fort. etiam huc pertinet goth. niman pr. in-iman. Hac de mutilatione cf. neben juxta ex en-eben, ags. on-efen; bav. nan = in ἀν κατὰ ῥόον, vet. en nune; deriv. germ. md. onwen im Flusse fortschwimmen; v. Schm. I 2. Hoc idem n pr. in occurrit in germ. vet. unohturne s. uohturna jejuna, nüchtern, (pertin. ad uahta, goth. uhtvô tempus matutinum). V. Schm. II 675.

ēmōlumentum 2 n. Das Er‚mahl'ene, mol-endo impetratum.

emplastrum 2 n. Ἐμπλάσσω inungo. Hinc le plâtre gypsum.

ĕn = da, hier da, ἠνί s. ἠνίδε, pertin. ad pronom. i-s, e-s.., Locat.; cgn. — ‚in' osc. in Locat. ut: in hort-in in horto, prpr. im Garten-da; sab. as-in = in ara; K. XII 250.

— en. V. Siren. — II. -ēna, v. habena.

— endus, a, um. V. lascivibundus.

ĕnim. Pr. enime Loc., osc. inim, umbr. enume-k (Loc. cum -k, v. ego). Pertinet ad skr. ana der, ille, unde enime = indem, denn, (‚denn', ‚dann' ex goth. þana acc. sg. pronominis sa = der, i. q. ana). V. tum. Alii dividunt in e-nim, cum e- prothet. + nim, (v. nem-pe). De ‚nim' pr. ‚nem' cf. undecim c. decem, quinque c. πέμπε.

— enna. V. clivus.

— ens. V. lucens. parens.

ensis 3 m. Skr. asi m, pertin. ad as-yâmi jacio, cohaer. c.

ἄορ ex ἄσ-ορ, cgn. goth. as-ani das Schneiden, messis. De forma nasali in ensis = asis cf. mensis. ‚As' cgn. goth. azila, gall. aise, v. erro.

II — **ensis** = gall. -ois ut Gall-ois, aut -ais ut Angl-ais. V. Ithacensis.

enucleo 1 ich entkerne.

I. **ĕo** 1. 4. Hoc eo pr. jeo, (cf. aemulor) = skr. yâ-mi. Hinc imus ex yemus yâ-mus ut siem, vet. siem = syâm; sis, vet. sies = syâs. Confer duim; v. B. § 361. K. XXI 129 ann. 2. Hoc ‚eo' lat. igitur non arte cohaeret cum skr. émi = εἶμι, unde non ἴμεν = lat. imus, sed ἴμεν = skr. îmas. Hue goth. iddja = ivi h. e. î-ddja i-didja = gehen ‚that' ich; v. K. I 151 et veneo. Huc pertinet illud ayâmi, quod suffigitur verbis ad conficiendam formam caus., nam ayâmi (1ᵐᵃ cl.) pertinens ad i- = ἰ-ἔναι, significat non solum ire = gam, kommen, sed etiam bekommen, begehen, nanscisci, ut οἴ-σω venire faciam, cgn. οἶ-μος via. Hoc de sensu dupl. cf. skr. ṛi = ἰ-έναι, ved. ṛi = ἰ-έναι ποιεῖν, movere, excitare. Ad hoc ‚yâ'-mi referri debet goth. -ja in mikil-ja μεγαλύνω, ich mache gross; gramja ich mache grämlich, goth. atja ich ätze; goth. mauþrjan todt machen, einen Todtschlag begehen, (ags. morðor der Mord). V. Bf. Gr. § 198. Adde nord. vet. svaf dormire, svaefa ex svâf-ja einschläfern, tödten, schlachten, (v. sopor).

II **eó** = dahin, abl. ut quo = wohin.

epistola 1 f. Ἐπιστολή die Bestellung, Zustellung.

ĕpulae 1 f. Pr. depulae. De aphaeresi cf. skr. ahan dies pr. dah-an m = goth. dag-s (prpr. ardens, ḍahâmi ardeo); Dâni = Aedui.

ĕques 3 m. Ex equets = ἱππότ-ης. Skr. açwin m; açwârôha m, (v. elysium); açwasâda m, (v. sedeo); açwawaha, (v. veho). — De forma cf. οἰκ-έτ-ης, φυλ-έτ-ης.

equester 3. Pr. equet-ter, (confer egestas).

equidem. Ex equodem. V. enim.

equio 1 = rossen, admissarium appeto = skr. açwasyâmi. De hoc ‚s' cf. wṛishasyâmi taurum appeto; B. § 775. V. quaeso.

ĕquus 2 m. Ex ec-vus = ἵκκος ex ἵκ-ϝος = ἵππος, (cf. ὅκκως = ὅππως); sax. vet. êhu, (ex ih-va. v. ceu, ut lit. aszutai pili equini ex aszvatai, asz-va = skr. aç-was m equus). Cum êhu cohaeret angl. vet. ehu, dan. ög = the nag. (De n prothet in n-ag cf. the newt lacertula, angl. md. the ewt = the eft; the nawl s. nall, ags. awul subula). Skr. aç-was m equus, = ὠκύς, (v. aqua), zd. aç-pas, unde Hystaspes dives equis; Arimaspi domitos equos habentes, (airyama domitus, obediens). Adde Vanadaspes jazyg., = victores equos habens, (wanâmi vinco ich ge-winn-e). Cum ἵππος cohaeret celt. ep- = eak- equus. Hinc Ep-ŏna Bellona; Eporedorix, v. reda; Eporedii, hod. Evreux, = ἱππόδοοι. Aç-was prpr. = es schnell machend, nam-,was' significat agentem, ut prush-was m sol, prpr. calefaciens. V. al-vus. Hinc etiam âçus m equus, ὠκύ-ς, de qua sententia cf. skr. sapti equus, (sapâmi moveor celeriter); wâgin m equus, adj. celer; hayas m, adj. currens; paralas m equus, (para artus, quo cum para cohaeret lt. md. ,para'fredus = paledrus = le palefroi, germ. vet. parefrit, parvril, pferit = das Pferd; v. reda). Adde skr. arwan m equus der Renner, cgn. ara celer (v. auriga), i. q. the horse equus, germ. vet. horse celer, adde germ. vet. marh die Mahre.., v. Schm. II 618; skr. atyas m equus, pertin. ad at- = ire, unde 'Ατίας = 'Ιππίας, Horsa, Rosinante, (Dz. I 359).

ĕram. Pr. esam = skr. âsam, ἦσν pr. ἤσην, 'ίην pr. 'ίσην.

erebus 2 m. Cohaeret cum ὀροφ-, ὀρφ-νή, pr. 'ίρεγος = skr. ragas n caligo, v. Argos; goth. riqvis tenebrae. V. Cerberus.

eremita 1 m. Pertin. ad 'ί-ρημος, zd. airima solitudo, cohaer. cum zd. râma quies, skr. â-ram-âmi quiesco, ἠ-ρέμ-ος 'ίχω, goth. rimis n quies, unde Remismund n. pr. = 'Ησύχιος. De 'ι- prothet. cf. erebus, 'ι-ρυθρόν. Eadem sententia in skr. açramastha m eremus, (wi-çrâmyâmi quiesco); âçrama n eremitarium. At Fk. trahit vocabulum airima... ad skr. armaka n angustia, adj. tenuis = goth. armas, arm. Grimmio ,arms' = der auf den Arm genommene; I 554.

ergā = e ,reg'ione = gegen. Cf. nostrum ,gegen' = erga c. die Gegend = regio. De s. cf. Tac. Germ. cp. V 4: sinistra erga eminentes interpretatio = hervorragenden Personen gegenüber, (i. q. e regione).

1. ergo = ἰργῳ. De s. cf. kâraṇatas ergo, pertin. ad karṇa ἴργον. Hinc gall. ergoter; v. rectus.

2. Ergo = gratiā, causa. De s. cf. skr. kritê ἰργῳ, unde matkritê s. matkritêna mea gratia.

ericius 2 m = herinaceus, χήρ der Igel, le hérisson. Confer skr. khara asper, rauh, stechend.

— ernus. V. hesternus. modo. dominus.

ero. Hoc ero ex es-o, erit ex es-it, forma praes. ut lego, legis, legit. De sensu futuri cf. εἶμι ich werde gehen. Lat. vet. es-c-am cf. c. ἴσ-κ-ον = er-am; K. XXI 105. B. § 751. Erit = ἴσ-ται, (Med.) Skr. syâmi = ero, ex as-yâmi, (ἴσσεται ex ἰσyεται). Quemadmodum per ,ero', ,so', (v. faxo), formatur futurum secundum, sic per hoc syâmi fut. primum efficitur, ut: skr. dâ-syâmi = dabo, δώσω, (ex δω-σyω, cf. dor. βοηθησίω = βοηθήσω). Hoc ,syâmi' autem constat ex ,as' + yâ-mi = in's Sein gehe ich, dâ-syâmi = geben — sein — werde — ich. Hoc yâmi potest pertinere aut ad i = ἰ-έναι aut ad î = optare; B. § 670. V. es III.

erro I. Skr. ar-âmi. Erro ex ers-o = goth. airz-an irren; intens. De z = s cf. goth. azêta = prpr. werfbar, v. ensis.

eruca 1 f. Die Rauk-e, la roquette, cgn. eructo, 'ἐρεύγω, skr. ruğ-âmi fodio, ὀ-ρύσσω. De s. cf. bruchus, deinde the grub die Raupe, der Wurm, c. to grub herausgraben; cohaer. c. der Grübler = der Bücherwurm.

eruo 3. Lit. raviu gäten; cgn. skr. ru adj. = cutting, dividing, cohaer. c. ru, raw-ê contundo, zerschmettere; isl. rydia disturbare, zer-rütten, diruere; aus-reu-ten. Fk. 847 addit nord. vet. rudbja Weg bahnen, rän-men. V. rutrum.

ervum 2 n. Ex ergvum, 'ἐρέβ-ινθος, ὄροβ-ος, germ. vet. arawoiz die Erbse. Confer skr. arawinda m lotus.

erysipelas 3 n. 'Ερυσίπελας pr. 'ἐρυθίπελας prpr. die „Fell"-„röthe", cgn. πέλας.

I. — es. V. pedester, quoties. De suffix. ‚ĕs' v. pedĕs. Aliud suffixum est -ēs ut hominēs Nom. pl. ex hominĕjĕs, ut skr. awâyâs = ovēs h. e. ovais, lat. vet. virēs = viri; B. § 228 a. b. — Deinde -‚ēs' accus. pl. ex ‚ens' h. e. -‚ans', (v. abyssus), ut patrēs = pitaras πατέρας ex pitarans, ut hospitēs = goth. gastins; sl. nerans = neronēs ἄνδρας. De ‚ē' cf. μέλᾱς ex μέλανς; B. § 239; v. K. XII 240. De -es quintae coniugationis ut effigi-ēs v. B. § 02 K. p. 151.

II. ēs. V. foras. Gabii.

III. ĕs. Skr. asi = lat. ĕs, postmodo ĕs, 'ἐσ-σι = εἶ pr. 'ἐσι 'εἶ. — Infin. esse = εἶναι, 'ἔμμεναι, (ex 'ἐσ-μεναι, v. ad), es-se ex skr. as- et ex illo -se = -re in lege-re ex legi-se. (V. -re). — Est = skr. asti = 'ἐστί. Suffigitur hoc est in osc. per-tum-est = perdet, did-est = dabit, fu-st ex fu-est = erit; umbr. fer-est = feret, i-est = ibit, heri-est = volet; K. XXI 170. V. habesso. romus.

esculus 2 m. Die Esch-e. Trahi potest ad ‚esca', esculus der Speisebaum, (v. fagus, quercus). Esca ex ed-ca = skr. ad-ana n.

esquilinus, a, um. Confer inquilinus.

— ester. V. pedester.

ësurio 4. Pr. esūrio, cf. abusivus; B. § 774. Malim tamen hoc ‚r' conjungere cum ‚s' desid. pr. esu-sio, ut skr. âći-krañ-‚s'-ê ascendere desidero; v. sum.

I. et. Cgn. 'ἔτι = etiam, skr. ati = ad, goth. ith = autem, porro, atque. Constat ex a + ti, (v. ab). Hoc idem a pron. est in skr. a-thâ = et, tum; a-thau = et, und so. — II. -et, v. rump-et.

— ēta. V. moneta.

etiam. Ex et-jam, compositum ut nord. okswâ, ogso = etiam, (constat ex ok s. og = goth. jah = et, + so. Savelsberg dividit in eti-am, (v. quoni-am), et confert cum eti- illud gr. πηνι- in πηνί-κα; K. XXI 106.

Etruria 1 f. Vet. Etrusia; umbr. etru = alter; ‚e' in e-tru cohaer. c. pron. i vel e; -tru = -τερος. Etruscus ex e-tru-juscus,

h. e. etruyascus = alterius. De forma compar. v. plusculus ex ploiyusculus. De s. cf. *Πελασγοί*, ant celt. Allobroges; Gl. 26.

— ētum. V. quercetum.

evenio 4. De s. cf. to become evenire, bav. bekemen.

eunuchus 2 m = custos tori; cf. *πολιοῦχος*.

Euphrates 3 m. Pers. vet. ufrâthu pr. Πupfrâthûs = ‚Breit'enbach; B. § 1 p. 5. De s. cf. Tamesis = amplus; Gl. 181.

eurus 2 m. *Εὖρος* ex aliquo *εὔσρος* = *αὔσρος*, pertin. ad skr. usra matutinus, cgn. *-αυρος* in *ἄγχαυρος*.

Eurystheus 2 m. Cum praef. *εὐρυ-* = skr. uru- cohaeret skr. urwî *εὐρεῖα χθών*. Confer igitur cum *εὐρυ-* celt. bith- in Bituriges = *εὐρυσθενεῖς*, (bithu mundus, urwî, v. Z. 14); hodie Bourges.

— ex. V. duplex.

exagium 2 n. Unde il saggio, l'essay, cohaer. c. exactus. Hinc examen ex ex-agimen.

exanclo 1. Cgn. anculus apparitor; skr. añćâmi unde up-añćâmi haurio aquam, prpr. inclinor, = '*ἐξ-άντ-λω*. De n — r cf. pañća = *πέντε*. V. ancilla.

excito 1 = skr. çi-n-ômi acuo, cgn. çi-ta âcer, citus.

excocta 1 f. Hinc la scotta die Schotte, quia coquendo discernitur a lacte.

excrementum 2 n. Skr. apaskara m. awaskara m. çakrit *σκωρ-ία*; (kir-âmi spargo), cgn. skr. çar-‚kar'a m der Gries; redupl.

exemplum 2 n, Cgn. eximius. De p v. templum.

exentero 1. Skr. ântra n viscera, *ἔντερα*, germ. vet. in-âdera '*ἔντερα*; cgn. *ἦτορ*, (v. abyssus), = cor, ut goth. hairþra = ântra cohaer. c. hairtô cor. Adde the entrails = *ἔντερα*.

exeo 4. Unde it. escire, uscire; réussir bonum exitum habere.

exerceo 2. Skr. raćayâmi paro, raćana n das Ordnen.

exiguus, a, um. Cgn. exagium, exilis, h. e. genau gewogen.

exilis, e. Ex exigilis. Confer vilis ex vighilis.

eximius, a, um = ex-em-i. De a. cf. skr. upâdêya prpr. für sich zu nehmen. De -ius pr. -yos cf. *ἅγιος* ex *ἅγγος* venerandus; *ἄξιος* ex *ἄκτγος*, (pertin. ad añć-âmi ich ach-te); K. VIII 75. Goth. unqeþja unaussprechlich, anasiun-ja sichtbar. De hoc -ja v. jam.

existimo 1. Cgn. aestimo, skr. êsh-anî f specillum, êsh-ana quaerens, unde pendet goth. fra-isan; ish-mas m *Ἵμερος* pr. '*ἴσμερος*; Fk. Goth. fra-isan versuchen, ut fra-vrikan verfolgen.

exitium 2 n. Pr. exîtyum ut skr. i-tyâ f *τὸ ἰ-έναι*. Sic goth. stivitja patientia, tranzija foedus, vastja f vestis.

exoletus, a, um. V. aboleo, vapidus.

expendo 3. Hinc it. spendere = spenden; la spesa expensio, cgn. germ. vet. spisa die Speis-e, v. Schm. III 578.

expergefacio 3. Cgn. pergo.

experior 4 = ‚per'iculum facio, πειρ-ῶμαι.

expingo 3. It. spegnere exstinguere, prpr. wegmalen, unde spento gracilis, = bav. spünd-ig hager, dürr.

exploro 1. Ex explovero = facio expluere; Corss. v. fleo.

exsequor 3. De a. cf. leisten exsequi c. goth. laistjan sequi.

exspiro 1. De s. cf. goth. dau-ths tôt, ex skr. dham spirare; C. Sed Grimmius Gesch. 404 trahit ad θαν-εῖν. J. S. 105.

exstinguo 3, prpr. aus-stech-en, cgn. instinguo = instigo. De a. cf. to stick stechen c. the sticking das Stecken.

exta 2 n. Cgn. ἔγκατα = exta pr. enxta, ut juxta pr. junxta. V. inguen. K. XXI 12. 211.

extemplo i. q. augenblicklich, cgn. contemplor; cf. actutum.

extendo. Unde l'étandart, the stand-ard. V. destina.

extrā Ex extrad; v. sed. Hinc it. stra in strabere nimis bibere, extra modum bibere. Confer infra = stra, v. trans = très.

extremus, a, um. Pertin. ad externus, transpos. ex-trēmus, ut sprēvi ex sperno.

extrinsecus. V. intrinsecus.

exuo 3. Ex-‚u'-o, cgn. zd. ‚ao'thra u calceus, lit. au-ti vestire pedes. Pertinet ad zd. av-aiti ire, inire; Fk. 17. Exuo ich schliefe heraus; ‚schlief' = avaiti, pertin. ad skr. srip- = ire; Dfb. G. II 274.

exuviae 1 f. V. induviae.

F.

I. f = dh, v. robur. II. f = ch, v. ructo.

fāba 1 f. Slv. vet. bobŭ, bav. die Ban-n, (ex babuno s. bagbuno). Constat ex fagva, cgn. φαγ-εῖν, skr. bhakṣayāmi ĕdo. Ab hoc bhak- descendit φάσ-ηλος pr. φακ- die Fasole.

fāber 2 m. Ex facber, der ‚Ban'meister. Huc la forge malleus, cgn. fabrica. De -ber in faber v. tuber.

facētiae 1 f. Ab aliquo facĕre = bündig machen, cgn. fax; cf. concinno. Huc facies, cgn. la façon, (faction).

facillimus, a, um. Ex facil-timus, facilsimus, ut velle ex velse. Facilis deriv. a ‚fac'-ere ut bav. zawig facilis pertinet ad zauen bearbeiten, conficere, das Gezäu = τεῦχος.

facio 3. Cgn. fac-tio der Bund, das Bündniss, cgn. φάκ-ελος der Bündel, fac-ete bündig; Fk. 470. Ceteri trahunt hoc fac-yo ad skr. bhawayâmi φῦ-ναι ποιῶ. Huc facinus ex facănus, ut skr. karaṇa n facinus. Adde factio 3 f. De s. cf. goth. hilpan helfen, factionis esse, c. skr. kalp-ê facio, (kṛi-p, cgn. cre-o).

faex 3 f. Cgn. πηγάς pruina, πάχνη; faex der Niederschlag, cgn. figo, to fag schlagen, schmieren; the fag-end = the faeces. De s. cf. the draff die Träber faeces c. goth. draban tundere, slv. vet. drobiti conterere. Adde τρύξ, cohaer. c. τρώγω = drobiti.

fāgus 2 f. Φηγ-ός die Essbuche, v. esculus. Hinc das Buch liber, deriv. le bouquiniste; la fouine der Buchmarder, deriv. fouiller perscrutari. Buchonia i. q. Bacenis silva, cgn. La-fayette.

falaricae 1 f. Quod missile de falis h. e. locis exstructis mittebantur; cgn. φάλοι, φάλος galea, prpr. lucidus, der fernende, pertin. ad skr. bhâla m splendor, lit. bal-tas albus, (mare bal-ticum); etr. falano caelum, Falerii Höchstadt; Corss. Adde il falo das Bergfeuer, le falot die Laterne, φα-ρος der Leuchtthurm.

falco 3 m. Cgn. falx, φολκός; nam falconum digiti pollices in pedibus intra sunt curvati ad falcis instar. Huc the falconet.

fallo 3. Σφάλλω ex σφαλγω = skr. skhâlayâmi, (ut tollo ex tôlayâmi). Sphalayâmi i. q. sphârayâmi vacillare facio. Huc skr. â-sphâlana n das Anstossen, cgn. refello = germ. vet. fal-scan, unde dan. fal-sk fallax, gall. faux ex faulx.

falx 3 f. V. falco; la faux, prpr. curva, unca. De s. cf. ζάγκλη ex διάγκλη, cgn. uncus, skr. añka m der Haken, quae vox Haken est in the reapinghook falx; (the hook = añka). Adde goth. gil-þa falx, cohaeret c. hwal- s. hwar = curvari; Fk. 69.

fāma 1 f. Φήμη; ags. bême das Heerhorn.

famēs 3 f, unde famēlicus. Potest pertinere ad skr. bhasmandere, pr. fasmes, cgn. skr. bhasman consumens. Aliis fames oritur ex fag-mes, cgn. φαγεῖν. De sensu hoc cf. skr. açanâyâmi esurio, açana n cibus. V. farina.

familia 1 f. Umbr. fameria, osc. fam-at; pertinet ad skr. dhâman m. n domus, familia, cohaer. cum τί-θη-μι = dhâ-. Huc angl. -dom in the christendom = familia Christianorum, ags. jungardôm die Jüngerschaft. De f = dh cf. fores, russ. Afanasia, Feodor, fed. = goth. þvasla, dvehila = die Feile; goth. dvals = le fou, unde l'esprit follet. Genit familiās ut χώρᾱς, i. q. familiaes; v. K. VIII 232. Huc famulus 2 m, oritur ab aliquo ‚fama', cgn. osc. famum habitare, = vom Hause, ut Romulus von Rom.

fanum 2 n. Quia fando h. e. verbis sacris consecratur. Fk. conjungit nostrum der Bann. Confer de sententia dicere = fari, unde ad-dic-ere de-dic-are sacrare, prpr. dicendo deferre.

far 3 n. Genit. farris. De farr- in farr-is cf. curro.

farcimen 3 n. Cgn. la farce; bav. das Fürzel, cgn. φράσσω ex φραγγω, pertin. ad pari-barh-âmi, (tb. bṛh ich berg-e), cohaer. c. wṛibâmi sagino; K. XVII 270. De s. cf. etiam wibribâmi diffringo, (cgn. paribṛih munire) c. ἰ-ωγή munimen, pertin. ad ὄγ-νυμι; C. 475. Huc la farce die Posse, ex farta = la farsa, (v. satira).

fărina 1 f. Das Mehl, ex fasina, prpr. contusa, pertin. ad skr. bhas- zermalme, zerkaue; v. arena. Huc farreum der Mehlkuchen, umbr. farsio; cgn. far, Gen. farris, (v. curro pr. curo). K. XXI 223. Cum tb. ‚far' cohaerere videtur ‚fur' in furfur die Kleie, die klein gemalenen Bälge; furfures = sordes crinium, die Milben. De voce hac Milben cf. bemilben confarinare, milwen milben = zu Mehl oder Staub machen, cgn. Mehl = farina ut die Kleien = furfures, (nos reddimus verbo Mehl in bav. Sagkleiwen das Sägemehl). Confer Schm. II 567. 348. Hoc ‚mil' autem cohaeret cum goth. mal-man arena, unde malan molere, zermalmen, quemadmodum arena pertinet ad bhas- = zermalme. Ad quod idem bhas- referri debet illud φάμμη Hesych. = ἄλφιτα, Gerstengraupen, pr. φάσ-μη, (ut ἔμμι aeol. ex ἴσμι = sum). Ex hoc ‚bhas' evadunt babbasmi mando, bapsati mandunt, bapsat mandens, kauend, unde skr. psâ-mi ich kaue, zermalme, psâ f cibus, cohaer. c. cypr. ψάμμη das Mehl, farina, ψάμμος arena, (ex bhas-mas); φίψαλος die Loderasche, (ex bha-psa-los). Savelsberg addit ψαιστός zermalmt, zerrieben, cgn. ψάω, ψαύω ich streiche, reibe; K. XXI 224. Fk. 137.

făs 3 n. Cgn. fa-ri, φᾱ-νός hell.

fasces 3 f. Ex fad-sces, cgn. skr. bhad-n-âmi ich binde. De forma cf. πάσχω pr. πάθ-σκω. Huc nostrum die Fatsche das Wiegenband. Cum fascia cohaerere potest der Busch.

fascia 1 f. Cgn. nord. vet. bûskr der Busch.

fascino 1. Confer βασκαίνω. V. formica. De s. cf. töven vincire, isl. töfur der Zauber, töfra fascinare. Similiter la strega = striga cohaer. cum stringo. Adde isl. töf mora, cgn. töfur, ut bav. vermainen fascinare, cgn. meina inhibere, impedire. Schm. II 587.

fastidium 2 n. Ex farstidium, cgn. bhṛish-ṭi acumen. De sensu cf. batav. ekel = aculeus et aculeus cgn. c. ac-umen, unde der Ek-el fastidium. Adde ekel, quae forma potuit existere ex germ. md. ërklich = eklich, heikel, tir. gergeln ex ge-ergeln = ekeln et comparari potest c. der Mader = Marder, Köder = kerder, fastidio ex farstidio, tostus ex torstus. Huc gall. fâcher ex fastidire. V. sq.

fastigium 2 n. Cgn. fastidium, der Firs-t. Huc le faîte ex faîste; v. Dz. II 132.

I. **fastus**, a, um. Skr. bhâsbê for.

II. **fastus** 4 m. Si pertinet ad fastidium h. e. fars-tidium, cohaeret c. germ. vet. ‚parr'unga superbia; adde germ. md. ërklich fastidiosus c. germ. vet. archan genuinus. Fk. autem trahit ad skr. bi-bhatsyê taedet me; v. foedus, a, um.

fāteor 2. Ex fatior, cgn. φάτι-ς, skr. anubhâshâmi.

fatîgo 1 ich lasse nach, ut Corss. docet; ex ghatigo, skr. ģa-hâmi fatisco. Hoc affatim.

fatum 2 n. Hinc la fée, die Feie; fei-nen fascinare. Hoc fatum = skr. dishṭa n das Fatum, cgn. hisp. dicha fortuna. Sic skr. wadas n fatum (cgn. vox). Hinc fatuus, a, um prpr. wahrsagend. De s. cf. nostrum albern = fatuus, germ. vet. alawâr allwahr.

favissa 1 f. Cgn. fovea.

Fauna 1 f = bona dea, cgn. fautor, Faunus i. q. Εὔανδρος. Confer alv. Dobropan Mercurius, prpr. bonus dominus, dator bonorum. Adde Termágant Mercurius, cohaer. c. ir. celt. tormac augmentum, der Segen; Gr. M. 137 = Faustulus, (cgn. Fau-nus). Alii dividendum esse putant in fausta + tul h. e. qui tulit salutem.? Idem sensus in skr. Çiwas faustus, felix, i. q. Artahazra ex ṛitâbhâgas rite felix, recht glücklich. Et Fauna = skr. Çrî Salus, (v. inclino).

faustus. a, um. Ex favostus = skr. bhuwatwant, (bhuwa die Existenz, substantia).

faveo 3. Skr. bhawya bonus, = bhawila bonus, propitius, unde φίμλ-ος φυλ-, φίλ-αι = amā, fave. K. XVIII 416. Skr. bhâwayitar m fau-tor. Faustus potuit esse skr. bhand- felix.

favilla 1 f. Pr. dhavilla, pertin. ad dhawâmi ventilo, fache an; v. fomes. Hinc la falavesca, (ex favalesca). Dz. I 169.

Favonius 2 m. Der Föhn. V. Schm. I 534.

favus 2 m. Der ‚Bau', cgn. φίϳ-ος in σύ-φεϳος.

fax 3 f. Die Fackel, ags. fäcele a. thäcele, cohaer. c. skr. dagh-, dah- = uro, pr. dhagh-; L. M. 108. Sed malim trahere hoc vocabulum ad φακ-, v. fasces, i. q. δεττή; cf. de s. la torche ex torticium.

febris 3 f = bav. der Fieberer, cgn. nord. vet. bif das Beben, φάψ prpr. tremula; v. C. 269.

februus, a, um. Cgn. skr. babhru m ignis. De s. cf. skr. pâwaka = babhru, cgn. pâwana purificatio.

fecundus, a, um. Cgn. fe-mina.

fel 3 n. Genit. fellis pr. felv- ex aliquo harw cgn. ba-bhru brau-n; Ascoli. Cgn. germ. vet. galla die Galle ex galva.? K. XX 408.

fēles 3 m. Cgn. umbr. feliu catulus, porcellus; cgn fêlo 1 = aeol. φηλ-ᾶν, θηλᾶν. V. femina.

fēlicitas 3 f. Cgn. εὐ-θηλ-ήμων, fel-o. Aut ex fedl-ix, pertin. ad skr. bhad-ra faustus, faustus ex bhand-tas, v. ocio.

femen 3 n die Hüfte, cgn. θήμων der Haufe. De s. cf. Haufe, cgn. die Hüfte; Fk. 454.

fēmina 1 f = fē-lans = φη-λῶσα, θῆ-λυς, τι-θή-νη, cgn.

skr. dhê-nu vacca lactaria. Illud ‚mina' in fe-mina = -μένη, zd. -manâ Med. veteris caua. Confer ἐκ-μεν-ος zukommend, gut.

fĕmur 3 n h. e. generationi inserviens; v. femina.

fendo 3. Fen- cohaeret cum φόν-ος, ἔπι-φν-ον, θάν-ατος; v. funus.

fĕnestra 1 f. Φαν-όπτης. V. muktra.

fēnus 3 n. Cgn. fētus, ab aliquo fevo, ut fleo; Corss., fevo autem ex bhawâmi, (v. fui). Curtius ponit dhênus, cgn. filius, quo de sensu cf. τόκος.

fĕra 1 f. Aeol. φήρ = θήρ. De forma cf. οὖφαρ = οὖθαρ, germ. vet. flêhan = goth. þlaihan, die Flucht = goth. thlauhts, φλίβω = θλίβω, eifern = αἴθειν. Fera pertinet ad zd. dvar = θορ-εῖν. Skr. bhalla ex bharala, germ. vet. përo der Bär, goth. biari θήρ. V. reliqua Gr. I 1122.

fĕralis, e. Cgn. sax. vet. bâra feretrum, skr. bhâra m die Bür-de.

ferax 3. Ferac- = germ. vet. birîg fertilis, birigôn fecondare.

ferculum 2 n. Skr. bharaṇa n die Bahre.

ferē. Abl., ex ferêt dem Betrage nach, ut κομιδῇ = fere, pertin. ad κομίζειν.

feretrum 2 n. Cgn. φαρέτρα; skr. bharant = -φόρος. Huc goth. bar-ms gremium; skr. bhara, v. September. Gr. I 1121.

fĕriae 1 f. Germ. vet. fira die Feier, pertin. ad skr. bhâsa m splendor. Curtius autem hoc ‚fira' trahit ad skr. dhish f die Andacht, unde θέσ-σεσ. Cum feriae cohaeret Fēronia. Hinc la foire.

ferio 4. Skr. bhara m pugna, germ. vet. berjan ferire; v. foro.

fermo = fere, cgn. firmus. Confer firmus = fest, fest cgn. c. fast = fere.

fermentum 2 n. Ex fervimentum, cgn. φάρμακον, the barm.

fĕro 3. Skr. bharâmi = φέρ-ω = dharâmi. Hinc bhṛit = fert-ilis, fert-us. Huc goth. ga-baur-jaba ἡδέως, qua de sententia cf. συμφέρει = bav. ist gefûhrig, vet. ki-fuari = the com-for-ts; Schm. I 556.

ferox 3. Unde gall. farouche; cgn. goth. balþaba audacter, ex aliquo barþaba; v. ferus. Bzb. 45.

ferrum 2 n. Ex fersum h. e. horridum, acutum, cgn. skr. bhṛishṭi f acumen, cgn. the brass; K. VII 183.

ferveo 2. Pertinet ad aliquod bharw- = bhurâmi vibrare, unde bhûr-ṇi ferus. Confer fur-i-bundus.

ferula 1 f. Das Steckenkraut. Huc bav. Datzenferl.

ferus, a, um. Cohaeret cum for-tis, skr. bhur-aṇa rasch, rührig, lobend. De s. dupl. cf. gall. la fierté = feritas.

Fescennina n 2 = dicaciter dicta; constat ex bhâshâmi, v. fastus, + cenninus, cgn. con-cinnus.

fesaus, a, um. Ex fet-tus, cgn. fatigo.

festus, a, um. V. feriae.

fētiales 3 m. Cgn. προ-φῆ-ται, die ‚Bel'endan; Fk.

festino 1. Cgn. fastigium, = åcer sum, ὠκύς; aut pertinet ad skr. bhêsh-âmi me moveo, trepido. Denique potuit evenire ex fed-t-inus, cgn. fendo. De s. cf. skr. tûtuġi festinus, pertin. ad tuġ-feudere, schnellen, stossen; adde ags. scufan pellere, nord. vet. skopa cursitare, germ. md. schuften gallopieren.

festuca 1 f. Confer lactuca; ex fed-tuca, cgn. skr. bhêda m fiss-ura, die Spalte. De s. cf. die Spalte, cgn. c. der Splitter.

fētus 4 m. Cgn. fenus. Hinc le faon.

fīber 2 m. Der Biber = zd. bawra, cohaer. c. skr. ba-bhru der Brau-ne.

fibra 1 f. Φίρβα = herba.

fībula 1 f. Ex figvola, figibula, cgn. σφίγξ. Σφίγξ die Frau Spange, v. figo. De s. cf. svec. nexa die Nestel, cgn. germ. vet. nusca die Spange, pertin. ad skr. niś-âmi foro.

I. fīcus 2 f. The fig, die Feig-e; fortasse cohaeret cum φυ- in φυ-ταλιά. De i = υ v. fio, cliens.

II. fīcus. V. maleficus.

fidēlia 1 f. Cgn. φιδάκνη s. πιθάκνη, πιθ-ος, cohaer. c. skr. ku-bandha m dolium, truncus, (prpr. wie ge-bund-en!), unde germ. vet. bôt das Boot, potachâ die Bottich, the body, (prpr. truncus).

I. fīdes 5 f. Cgn. πίστις ex πιθ-τις, pertin. ad badh-nâmi, pr. bhadh-, ich bind-e. Hinc gall. défier prpr. renuntiare fidem, the faith; adde le filou ex fid-los h. e. treulos. Huc Fidius s. Fisus, (cf. Clausus), qui fidem foederum tuetur et observat.

II. fides 3 f. Die Saite, pr. sfides, σφίδη die Darmsaite, σφίδες die Saiten. Huc die Fiedel, lat. md. fidula ex fidicula, to fiddle fideln; deriv. la viola.

fīdo 3 = πί-ποιθα, goth. beidan pati. Fido ex find-o, cgn. offendix. De ‚fid' ex ‚find' cf. βρῖθω, cohaer. c. βρίνθος, cgn. goth. braids. J. S. 124. 126.

fieri. V. re.

figo 3. Σφίγγω ich schnüre. Hinc σφήξ die geschnürte; Fk. Σφίγξ = Angina, σφίγγουσα, zd. çpaç premere, ich speng-e, σφιγγίον die Spang-e, per metath. πνίγ-ω; Schoem. 165. Adde gall. ficher ex figicare, unde die Fick-e = the pock-et, la poche; Gr. III 1016.

fīgulus 2 m. Cgn. fingo; cgn. figura.

filia 1 f. Cgn. fē-mina, θη-λυα, cohaer. c. τι-θαιβ-ώσσουσα, lit. delu- in primdele vacca quae primum partum edidit, quasi dicas ‚primifelia'. De s. dupl. cf. skr. waçâ f filia, femina, vacca. Cum hoc ‚fi'lia arte cohaeret skr. dhî-dâ f filia, prpr. lac dans, = dhilati f filia; cgn. θηλ-ός lactans, germ. vet. tila = dhê-nu f vacca lactaria.

filius 2 m. Umbr. felio, postmodo etiam filio = lactens; adde umbr. felio sus sugens; cgn. γαλα-θηνός.

filix 3 f. Cohaeret cum πτίλ-ον = πτέρον, unde πτερίς, de forma nominali; skr. pattran die Feder, cgn. πέτ-ομαι, mutato t in r parņa ex patna, v. penna; K. XXI 136 ann. Huc la fougée ex folgere.

filum 2 n. Ex fidlum, fislum, cgn. findere; aut ex figlum die Schnur, cgn. figo ich schnüre. Huc gall. défiler in einer Linie, in einer Schnur gehen, le fil acies, die feine Linie.

fimbria 1 f. Cgn. fibra = vibrans, tremula; quo de s. cf. ćalanikâ f fimbria c. ćalana tremulus; skr. añćala m fimbria, añćala adj. mobilis. Adde θύσανος, cohaer. c. skr. dhwa-ǵa m vexillum, pertin. ad dhû- agitari, v. fumus.

fimus 2 m. Cgn. suf-fi-re, fu-mus; suffimen das Ausräuchern, umbr. ex-fi-r purgamentum, prpr. die Ausräucherung; fimus der dampfende; v. caper. Huc le fumier. V. fio.

findo 3. Skr. bhinadmi = find-o, th. bhid unde fidi. Hinc φιμός der Beisskorb, ex φιδ-μός, cgn. nord vet. bita = beiss-en. Adde φείδομαι, (ich thue mir Abbruch; ut sperren cohaer. c. sparen), trop. to back-bite calumniari, (von hinten beissen). Huc Fidenae, i. q. Ἔφυρα = ἐφ ὄρῳ. Cor-fin-ium = Rain, (v. Schm. III 102.

fingo 3. Cgn. θιγ-εῖν, fingo = θιγγάνω h. e. palpando formo; pertin. ad skr. dih- lino, unde dêha m corpus, prpr. fig-ura, cgn. goth. ga-dik-is figura. De s. cf. skr. lêpaka m qui fingit cera, pertin. ad lip- = dih-. Gall. fein-d-re; Dz. Gr. I 255.

finio 4. Ex fidnio, cgn. findo. De s. cf. baw die Schâl pertin. ad σφάλλω = findo. Hinc lt. md. financia praestatio pecuniaria finito bello, unde la finance.

fio 4. Ex foeo, fuio, cgn. fu-i = πέ-φυ-κα. De 1 in fio pr. ui cf. senati ex senatuis, θίασος h. e. θυίασος, cgn. θυ-ός, industria ex industruia. Deinde de fi- = φῦ cf. φῖτυς genitor pr. φῦτυς, φιτεύω = φυτεύω; K. IX 153. XXI 125. Confer etiam fimus et fumus c. θύω. Sunt qui trahant hoc fio ad skr. dhiyâmi = dhayâmi, Med; quo ex dhayâmi potuit evenire fe-io-mi = fei-o, fio; Schl.

firmus, a, um. Skr. dhirma = firm-us, cgn. fer-o. Huc la ferlè locus munitus, the farme, la ferme.

fiscus 2 m. Cgn. fasces, φάσκωλος der Beutel; v. pasculus.

fistûca 1 f. Ex fid-tuca, cgn. skr. bhid-ra der Donnerkeil; v. festuca. Cgn. fistula 1 f.

fistula 1 f. De s. cf. germ. vet. dola fistula, cgn. the doll foramen, pertin. ad dal-âmi = findo.

flabellum 2 n. Cgn. φλίβ-ς h. e. φλέψ, fla-tus. De s. skr. wâ flare, unde ve-ntus, c. l'éventail flabellum, der We-del.

flaccesco 3. Huc gall. flétrir, to flag faul da liegen; adde il fianco die Weiche, ut germ. md. krenke = il fianco cohaer. c. krank languidus. Flaccesco ex flâcesco, (v. bacca), pertin. ad skr. bhrâça demissus, (bhrañçayâmi demitto, dejicio), unde flaccidae aures schlaff hängende Ohren.

flagello 1. Cgn. πλήσσω, goth. bligg-van = bläu-en; cgn. φραγέλλη flag-ellum; le fléau ex fléel der Flegel.

flāgitium 2 n. Cgn. πληγή. De s. dupl. cf. bav. vet. main flagitium, (ut meinsprahe blasphemia), c. nord. vet. mein noxa, ulcus.

flāgito 1. Cgn. fligo; C. 425. Rectius Fk. trahit ad sl. berega m cupiditas, slv. vet. blagŭ exoptatus, bonus, prpr. ardens, warm fühlen, (ut ardebat Alexim), cgn. flag-ro.

flagrans 3. Nord. vet. blakki die Blank-heit; gall. blanc. Deriv. ab aliquo flag-rus = φλογερός; v. purus; cgn. fulgeo. Bav. vet. flung-ezzen flagrare, flackern; pertin. ad skr. bhrâgê s. bhlâgê glühe, corusco. Cum hoc bhrâg- cohaeret φορκ-ός canus, skr. phalgu subruber, unde Φόρκυς = nubium caligo, cgn. goth. brahva das Blinken. Germ. md. breh-en fulgere, gall. braguer, the bright. Adde φλέγμα das Pflegma. V. Phlegyes. K. X 449.

flāmen 3 n. Ex flag-men der Zünder. De s. cf. skr. agnîdh m flamen, (cgn. αἴθω). Cgn. flamma; skr. bhrâg- f splendor.

flavus, a, um. Ex flag-vus, cgn. flagellum, bläulich, germ. vet. plâo, Genit. plâwes, pertin. ad goth. bliggvan bleu-en. De. s. v. caesius. Huc. bav. anblauschen faire de contes bleu.

flecto 3. Hinc gall. fléchir.

flēmina 1 f = φλεγμονή, cgn. flagro.

fleo 2. Ex flev-o = flu-ere facio; Corss. V. fenus. De forma cf. fri-o ex friv-o, v. frivolus. Adde umbr. portav-o = porto, subocavu = subvoco h. e. subvocav-o; osc. censa-um = censere, pr. censav-um. Sic etiam moneo ex monev-o, ut audii ex audivi, ieram pr. iveram, fermentum pr. fervimentum. Monev-o conferri potest cum τελέω ex τελέϝω, unde τελεϝ-τή h. e. τελευ-τή; ἀλέω ex ἀλέϝω, unde ἄλεϝρον h. e. ἄλευρον; ἀλέϝομαι = ἀλεύομαι, δέομαι = δεύομαι; v. sto, mutuus. Confer etiam der See, the sea c. goth. saiws; die Seele c. goth. saiwala; K. XXI 238. Similiter graec. κολόω ex κολόϝω, φάω ex φάϝω φαύω, ἀκροᾶσθαι = aeol. ἀκροϝάσθαι. V. restauro, tero, favus. Quemadmodum autem amaro exstitit ex amavero, amarunt ex amaverunt, sic audiendus pr. audiv-en-dus, monendus contractum ex monev-en-dus, prpr. mone-eno-dus. Düntzer, lat. Wortbild. p. 103. V. K. XXI 163. 197. 100. Pag. 104 Savelsberg ait sic: Die Grundform des Verbums amavo.. hat sich in ein durch langen Gebrauch abgeschliffenes Praesens ama-o moneo und in ein kräftiger gesprochenes, verdichtetes Praesens amabo, monebo mit Futurbedeutung gespalten. Dass überhaupt das Praesens in Futurbedeutung gebraucht wird, sehen wir an εἶμι ich werde gehen, ἔδομαι ich werde essen, πίομαι bibam. Igitur v = b, cf. tabula ex tâwara, stabilis = stâwara; adde nostrum milben = milwen, (v. farina); herb cohaeret cum harewent = exasperant, gelb = germ. vet. gelo, Genit gelawes. Lat. lacrimabilis = it. lacrimevole, flebilis = fievole; Dz. Gr. II 268. Ergo etiam illud b in -bundus est hoc v praesentis cum significatione futuri ut: moribundus μέλλων θανεῖσθαι, vitabundus vitare studens. Cum -bo, bis.. cohaeret ir. celt. car-ub ama-bo, car-fe ama-bis, car-fa amabat; ain-fa mane-bo.. K. XXI 190. 191, ubi Savelsberg adnotat hoc: Dieses fa.. gehört nicht zu bhû = φῦ-ναι, denn das irische f ist stets nur der Status durus von v. Confer osc. aamanaf-fed = perfecit, ex aamanav-fed; K. XX 177; ut παιδεϳ-ω = παιδεύ-ω. — Fk. conjungit hoc fleo c. slv. vel. blĕ-ti clamare, to cry. Si recte vidit, comparari potest θρῆν-ος c. dhran-âmi sono, cgn. θρό-ος strepitus, das Dröhnen.

fligo 3. Ex flingo, goth. bliggvan, v. abyssus.

flo 1 = blähen, bla-sen; deriv. germ. vet. blo-nen turgere. Flare aes Geld schlagen, (cgn. le soufflet, ut σμώ-διξ die Blase, die Beule cohaeret cum σμώ-νη der Schlag). Flatus 4 m der Bla-st, the blast, ags. blead halitus, germ. md. bladan die Blähung. Adde la flute die Flöte, ut αὐλός cohaeret cum αὔ-ρα.

floccus 2 m. Pr. flôcus die Flocke, the flake, the flock, die Blocke, = inflata, gebläht; K. XVIII 27. Grimmio floccus oritur ex flocvus ita ut die Flocke pertineat ad flieg-en, unde flück-e volatilis, (cf. der Schmuck, pertin. ad schmiegen). Floccus die Faser, cgn. lit. plaukas pilus.

Flora 1 f. Osc. Flusa. De s. cf. nord. vet. Nanna die Blüthe; floseo = blasen; ags. blôsma s. blêd die Blume, φλό-ος, germ. md. bluot die Blüte. Confer skr. phullâmi ich blühe auf.

fluctus 4 m. Cgn. φλύκταινα die Aufwallung, die Bla-se; v. Flora. Fluctus le flot, goth. fl-ôdus pr. fluh-ôdus, ut manisk-ôdus humanitas, auhj-ôdus tumultus, vrat-ôdus iter. Fluc- ex flugo, perf. fluxi ex flug-si, cohaer. cum confluges. Flumen 3 n ex flucmen aut ex flovimen; fluo flovo = ags. flôvan fluere.

fluxus, a, um. De s. cf. ἀ-μυδρός imbecillus, cohaer. c. μυδ-άω madeo.

fŏcillo 1. Cgn. focus. De s. dupl. cf. skr. sam-dhukshê belebe, fache an; adde ags. cennan beleben, gignere, cgn. to kindle; Fŏcillo, non fōcillo, nam focus ex foucus, est correptum in fŏcus, sicut jŏcus ex joucus. Referri solet haec vox ad skr. pâwaka m ignis, le feu; v. pu-rus.

fodio 3; v. fossa.

I **foedus**, a, um. Skr. bhâd-ê averto, cgn. gall. fade insipidus, bi-bhat-s-yê m piget, v. fastidio.

II **foedus** 3 n. Cgn. fido.

foenum 2 n = fenum ex feduum. Cgn. feudo ich haue, ut das Heu pertin. ad hau-en, ποία foenum s. πόα cohaer. cum pavio; K. XIX 414.

foeteo 2. Ex foviteo, cgn. suffimen ex suffuimen, θύ-μον. Foeteo cohaeret c. puteo ut fero pertinet ad pario. Gr. III 1307 huc trahit fau-l, goth. fu-ls, pertin. ad skr. pûyâmi werde faul, foeteo. Huc foetutinae, ex foetû-t-inae ut matu-t-inae.

folium 2 n. Φύλλον pr. φυλιον, cgn. follis. Huc la feuille die Laube; skr. phulla n flos (phulla partic. = fissus, phal- findi).

follis 3 f. Cgn. φάλλος tumescens, (i. q. coles). Cret. θύλλον = φύλλον, θυλλίς pera = θαλλίς. Huc le follet der Poltergeist, cgn. le fou. Foll- ex folv- folgv-, cgn. πόμ-φολ-υξ der Ball, cohaer. c. bav. bëllen tumescere, ags. beallue testiculus; adde die Beule.

fōmes 3 m. Cgn. fomentum, ex fovimes.

fons 3 m. Ex favants, dhavant-, pertin. ad skr. dhaw-âmi fluo, unde skr. dhau-ti f fons, cgn. to dew.

for 1. Φη-μί.

forās. Acc. = θύρᾶς, θύρανς = skr. duras. Huc gall. fourvoyer, le forban, (ex foras + ban der Bann). — Hoc ‚âs' ex ân s. am + s plur., ut açwâs ex açwâm-s = lat. equās ex equam-s; goth. ôs pr. âs ut gibôs ex gibam-s; lat. ēs ut cohortēs ex cohortem-s; K. XII 251.

forbea 1 f. Cgn. φορβή, ahd. buourva cibus, cgn. hravara rodens, pertin. ad skr. bharw-âmi rodo, consumo.

forceps 3 m die Feuerzange, lat. vet. formucapes h. e. Heisses fassend. Cum ‚ceps' cf. ἄγρα captio et πυράγρα, deinde λαβίς et λαβεῖν, la tenaile et tenere.

fordus, a, um. Ex foridus, = φορ-άς; v. valde pr. valide.

fŏres 3 f. v. foras; skr. dwâr f. dur f. dwâra n pr. dhwar. Huc θαιρός pr. θϝαριος, ad fores pertinens.

forfex 3 c. Forpex, pertin. ad skr. bharbh-âmi laedo, umbr. furfa caedere, (ut le ciseau cohaeret cum caedere). K. XIX 162. At Fk. conjungit cum skr. bhurig f for-f-ex, slv. vet. bri-tva novacula; v. for-o.

fŏri 2 m. Cgn. foro, prpr. die Abtheilung, lit. bara der Gang der Schnitter; cohaer. c. germ. vet. para carceres, cancelli, the bar. Fori = der Gang auf dem Schiffe potest conferri cum σκαφίς das Schaff, cgn. Schiff, pertin. ad σκάπτω = foro; deinde cum la galerie fori, der Gang. prpr. das Schiff der Kirche; v. Gr. IV 1163.

foria 2 n = excrementa, φύρ-μα, σπύρ-α-θος stercus.

foris. Unde gall. hors, ut hors de la loi. (De h = f cf. hisp. hambre = fames, haz = facies). Huc gall. forfaire ex foris (h. e. ultra modum) facere; adde the forfeit.

forma 1 f. Cgn. for-o. De s. cf. nord. bila terebrare c. das Bil-d; v. typus. Et goth. frisahts das Bild cohaeret c. sec-are, bav. vet. zwispildig biformis c. spilden cgn. spalten. Sic goth. hivi, hiuja forma pertinet ad ‚hauen' = meisseln. Potest autem vox formae cohaerere cum skr. dhariman n forma, εὐεξία, cgn. fer-o; B. § 795.

formica 1 f. Cgn. fervere wimmeln, gall. fourmiller ex formiculare. Confer Aen. IV 407—9. Potest etiam pertinere ad skr. bhram-âmi vagor, moveor, ut nostrum Am-eise, the ant trabitur ad am-âmi eo, curro, = die em-sige. De transpositione cf. hoc formet bhram- c. μύρμηξ, aeol. βύρμαξ = skr. wamra m formica, (v. vomo, quia formix acrem evomit succum quo de succo cf. nostrum die Seechomis h. e. die Seichameise). Bugge et Savelsberg conjungunt vocem formicae cum ved. vamra formica, unde skr. wallmika der Ameisenhaufe; K. XXI 142.

formido 1. Cohaeret cum ved. bhṛimi = skr. bhrân-ti f perturbatio; formido quasi ab aliquo formire.

formosus, a, um. Si forma cohaeret cum ferio, hoc loco conferri potest cum goth. fag-rs formosus, pertin. ad pang-o; L. M. 24. Adde goth. ga-fêh-aba εὐσχημόνως, cgn. πηγ-; Dzb. 47.

formus 2 m. Cgn. ferveo. Hinc Formiae i. q. Bourbon.

fornix 3 m fornícia. Pertin. ad skr. dhwar- flectere, einen Bogen machen, biegen, = θόλ-ος. Aut fornix cohaeret c. fornax das Gewölbe; cf. caminus c. camera.

fŏro 1. Cgn. φάρος rima, φάραγξ die Schlucht, φάρυγξ der Schlund; ags. borian bohr-en, pertin. ad skr. bhur- in bhur-iǵ forfex. Huc φάρ-ος aratrum, ut skr. krintara n aratrum, (kart-seco, ferio); ut gôdarana n aratrum, prpr. terrae scissor.

forpex 3 m; i. q. forfex, mutata aspirata in tenuem.

fors 3 f. Cohaeret cum fero, ut sors cum sero. De s. cf. ἐνεγκεῖν = φέρειν c. ἀνάγκη fortuna, συνήνεικε = forte accidit. Huc forsitan h. e. fors sit an = nescio an. Adde fortassis = forte an si vis, (si vis = sis).

fortis, e. Quod attinet ad hanc formam cohaeret cum skr. dhṛi-ti ‚for-ti'-tudo, die Festigkeit, Entschlossenheit; K. XXI 241. Lat. vet. forctus ex dharkta, cgn. skr. dargh-ta firmus, solidus, in usu dṛḍha; v. Fk. 89. Pertinet ad skr. dṛihâmi firmo, goth. tulgja pr. turgja.

fortuna 1 f. Skr. dhar-ti f felicitas, cgn. θαλ-ία, goth. dulþs f.

fōrum 2 n. Der Hof = θύρ-αι; v. fori.

fossa 1 f. Ex fod-ta, cgn. slv. vet. bos-ti stechen, skr. awabâdha erutus.

fŏvea 1 f. Cgn. fovima pr. hovea, cgn. χάσμα hiatus.

foveo 2. Pr. feveo, v. moveo. Pertinet ad φύ-ω, bhawayâmi bringe in's Dasein, φῦ-ναι ποιῶ.

fractio 3 f. Das Brech-en; ags. brice das Stück, unde the brick later, das Stücklein, (cf. bav. das Pflasterstückl).

fractus, a, um. Gall. souf-fret-eux dem viel gebricht.

fragilis, e. Angl. brittle.

fragor 3 m. Der Brach-t s. Prach-t fragor, strepitus, luxus; bräch-ten vociferari, superbire; le frac-as tumultus, cgn. fracasser; nord. brak fragor, to bark latrare, (cf. skr. barh- = wriñh- barrio); adde 'έ-βραχ-ον ich krachte.

fragrans 3. Quasi ab aliquo fragrus, v. flagro. Confer germ. vet. prah-an odorari, unde germ. vet. prâdam ex prâhadam der Brodem; adde la brague canis sagax, der Brack-e; cohaer. c. gall. flairer wittern; cgn. skr. bharğ-as n splendor; v. K. XVII 349. Pottio hoc fragro est compositum et pertin. ad ghrâ-, ği-ghrâ-mi odoror, (fragro pr. ghra- ghr-o). Huc pertinet fragum die Erdbeere, (prpr. das ausstrahlende), cgn. fragro = spargo. Huc la fraise ex fracium.

framea 1 f. Ex framia, fram-ja die ‚vor'wärts dringende; germ. fram = πρό-σω; deriv. fran-ca, fran-cisca. Huc la frange die Franse, a similitudine, (die Spitzen). Simili modo le giron der Rockschooss cohaer. c. germ. vet. gêro; Dz. I 208.

frango 3. Goth. brikan, skr. brih-âmi vello, wibrihâmi ich brech-e, ῥήγ-νυ-μι = wrih-âmi, unde ἄρρηκτος = ἄλληκτος ununterbrochen. 'Α-ληκ-τώ = οὐ λήγ-ουσα; cf. Gr. II 346. Adde die Brach cessatio agri, la friche. Hoc frag-, ῥήσσω a Savelsberg trahitur ad skr. wrañç-, v. lupus.

frater 3 m. Skr. bhrâtar m, cgn. bhar- φέρ-ω, nutrio, quia fratris erat majoris natu mortuo patre nutrire fatres et sorores. Nostrum brôthar, germ. vet. pruodar, non a bharâmi potest descendere, sed debet referri ad aliquod banr-an bar. Adde gall. vet. le baron vir, maritus, (prpr. sustentator). — Skr. bhrâtra n. bhrâtritwa n fraternitas, φρή-τρη. De s. cf. dubenus.

fraudulentus, a, um. Cgn. frus-tum, nord. vet. briot-an frangere, qua de sententia cf. skr. bhañgurâwant fraudulentus, (bhañgurâyâmi frango, flecto). Adde skr. dhûrta fraudulentus, dhruti f fraus, (pertin. ad dhwar- flecto, cgn. goth. dvals toll). Skr. čidura fraudulentus, cgn. scindo, = germ. vet. schranz fraus, pertin. ad scrintan scindere, schrenzen; nord. vet. skilmr fractus, zerschellt, cgn. skelmr der Schelm, homo fraudulentus.

fraxinus 2 f. Prpr. der Heckenbaum, cgn. φράγ-γω. Fk. trahit vocem ad skr. bhûrǵa, cgn. nord. vet. biörk the birch. Hnc le frêne fraxinus.

fremebundus, a, um. Cgn. πιμ-φρη-δών = vehementer fre-mens. Huc die Brem-e, Brem-se, cgn. φόρμ-ιγξ die schwirrende, schwärmende, skr. bhramâmi ich schwärme. De ‚bundus' v. fleo; ‚bundus' non est part. verbi bhawâmi. De n pr. s cf. vehunt = wahanti. Fremitus = βροντή.

frendo 3. Th. ‚fre'-, fri-o, fri-co ich reibe; v. frivolus. Confer skr. ghar-attu m der Reibstein, ghar-shâmi zerreibe, bav. grumeln die Zähne hörbar über einander reiben, cgn. χρο-, χρι-μ-ίζω = frend-o.

frēnum 2 n. Cgn. fre-tus, ex fret-num, cohaer. c. θρή-σασθαι considere, ruhig sein. Ad ‚fret' pertin. der Breid-el habena, the brid-el, la bride.

frĕquens 3. Skr. bhriça multus, cgn. farc-io, bhriçayatê θαμίζει; bhriçatâ f frequentia. Potest cohaerere cum fer-e, fer-me.

frĕtum 2 n. Ex frentum, cgn. βρίμω, βράσσω ex βρατγω ich prassle, cohaer. c. germ. vet. brâtan braten; adde nord. brim aestus maris, unde the brim ora, quo de sensu cf. fimbria = locus aestus. Bremen n. pr. = an der Brandung.

frĕtus, a, um = gestützt, cgn. θρῆ-νυς fulcrum, cohaer. cum fer-o. De forma cf. τμῆσις cum τίμνω. v. frenum.

frico 1. Cgn. fri-o, for-o = τορνεύω. De s. dupl. cf. τείρω = frico, τρίβω, unde τορνεύω foro; K. XVII 335. Huc gall. frôler ex froller, cgn. frotter. Hinc it. frizzare ex frictus ut direzzare ex directus, = gall. dresser.

frīgeo 2. Cgn. πε-φρικ-α. De k = g cf. plago, seges, sugo. Frigedo 3 f., ut ἀλγηδών.

frīgo 3. Ex firgo = skr. bhriǵǵâmi φρύσσω, bhriǵǵ frigens. De ī in bhriǵǵ et ī in frigo cf. lîcium c. licium, flâgellum c. fligo. Huc nostrum brâg-eln = braten, gall. frire in Butter backen, (ut lire ex legere). Huc the brai-n, cgn. der Brei, pertin. ad brĕg-en; Gr.

frigulo 1. Cgn. frigutio, φρυγίλος = fring-illa; pertin. ad frigo, unde wal bragir s. bargir schmetternd singen, cohaer. c. it. md. brugire, unde le bruit strepitus, the broi-l, bav. breg-eln strepere. De s. dupl. cf. ags. rostan = hyrstan et frigere et murmurare, (cgn. ags. bristian crepare); adde skr. ghargharika frixum far, deinde strepitus, ut nostrum kreischen est frigĕre, sieden, scharf schreien. Huc frigutio 1. fringilla 1 f, cgn. il frinco der Finke = il finco. Gr. trahit hanc vocem ad frang-o, unde le refrain, (ortum ex refringere).

frio 1. Cgn. φυρ-άω. Hinc frivolus, a, um, pr. frav-lus =

θρίγ-λος, cohaer. c. θραύω. De ī in friv- et ά in θρᾶγ- cf. scribo = γράφω, incilo = ἐγκαλῶ. De ‚volus' cf. skr. -wala ex -wara, (v. fui); ut: skr. krishî-wala m agricola, (arationem habens); ûrgas-wala robustus, (robur habens). K. XXI 138.

f r i x o r i u m 2 n. La leche-‚frite', the ‚fry'ing-pan; skr. bharǵana n. Adde frixura 1 f = skr. bharǵana n.

f r o n d e o 2. Cgn. germ. md. brozzen, brossen, bav. brossten pullulare, sprossen. De forma cf. hoc frond- et bross- c. tundere = stossen. Cgn. frus-tum; cohaer. goth. sprautô; Bzb. 36.

f r o n s 3 f. Unde gall. froncer quasi a frontiare. Pertinet aut ad skr. prânta m das ‚Vor',ende', aut cohaeret cum pron-us. Fk. 438 ait sic: zd. brvat supercilium = ὀ-φρύ-ς, skr. bhrû.

f r u c t u s 4 m. Cgn. der Bruch, Ge-brauch, pertin. ad frango, unde etiam frug-es 3 f. frugi Dat. = zum Nutzen, goth. bruk-s brauchbar. Huc die Brosame ex brohsama, (deriv. a brochsôn = confringere). Adde fruor 3 ex frugvor, (ut pluo ex plugvo).

f r u s t r ā. De s. cf. goth. svarê frustra, skr. swar- laedo.

f r u s t u m 2 n. Cgn. nord. vet. briota frangere, ags. brêtôn conterere, ags. berstan, nord. bresta. De s. cf. ψωμός frustum, pertin. ad ψάω = brêtôn. Huc gall. bresiller pr. brisiller = frustillare, unde le bresil, le brasil das Brasilienholz; Dz. 1 81. De s. cf. dâru lignum, propr. frustum, (v. Dores). Cgn. frustra.

f r ū t e x 3 m. Cgn. βρυ-ωνία, pertin. ad βρύ-ω, fru-tex, prpr. luxurians. Fru-tis cognomen Veneris, cgn. nord. vet. bru-dhr the bri-de, die Braut; Fk.

f u c u s 2 m. Φῦκος, hebr. phûk die Schminke.

f u g a 1 f. Φυγή, cgn. skr. bhuǵ-âmi = goth. biuga ich bieg-e; bhôǵayâmi ich beug-e, goth. baugja ich kehre, beuge. — Huc fugio = skr. bhaǵ-âmi, P. v. 180; fugo 1 = φύζω, v. sêdo; fugitivus ex fugiteivos fugitevjos; v. captivus.

f ŭ i. Ex fû-i, fou-i = πε-φῦ-κα, skr. bhû-, zd. bû = to be, fieri, lit. bû-ti. Huc lat. vet. fu-am = sim, slv. bû-du ero, lit. bu-siu = skr. bhawishyâmi. Adde gall. feu selig, weiland, ex ‚fuit'. Et polon. by-l er war, by-la sie war, by-lo es war = fu-it; cgn. sax. vet. by-an habitare, goth. bau-an; bû-r habitatio, unde ‚beuern' = zu den Häusern, ut Benedictbeuern. Ad φυ- = to be, ich bi-n, du bi-st, pertinet suffixum umbr. -‚fi', ut piha-fi = piavi quo cum ‚fi' comparari potest nostrum verbum auxiliare ich bi-n gefahren, du bi-st gefahren; osc. — ‚fe' ut pro-fe-d ex profata‚fe'd = probavit, aika-fe-d aedificavit, sistata‚fe'ns statuerunt; K. VII 43. XIII 166. Osc. prufatted = probavit, ut videtur ex prufat = prufant = probans, + fe-d = fuit; K. XXI 240. Per mutilationem crevit osc. wa-d = esto pr. bhawa-d = skr. bhawatu; osc. wonth sanio =

bhawantu; skr. au = wa ut dadâu dedit, pr. dadâ,wa'; dadhâu pr. dadhâ,wa' = dadhâbhû-wa 'έθηκε. Bf. Gr. § 830 Anm. 6; B. § 777. Hoc idem ‚wa' haeret in lat. potui, vet. potîvi, ex patja + fu-i, habui ex hab-vi habĕvi; monui ex monfui, docui ex docfui; K. XI 89. I 85. Hoc cum ‚ui' B. § 777 conjungit gr. -εύω ut βασιλ-εύ-ω ich bin König, δουλεύω = πέ-φυ-κα δοῦλος h. e. δουλ-ύ-ω c. ‹ gunatico; v. statuo. Corss. Ausspr. II 2. 20. K. XX 334. Porro ut ‚wa' ex bhû-wa, sic videtur -‚wa't = -want mutilatum esse ex bhwat, vet. part. aor. = habens, habend, velut: ukta-wat locutus, εἰπών, prpr. dictum habens; cgn. goth. -vôd in veit-vôd-s testis, ἴστωρ (der das Wissen habende). v. -osus = -wat in skr. tutupwat = τετυφ-ώς, (ex τετυπ-Ϝατ, Genit. τετυπ-Ϝότος; Dat. pl. τετυφόσι = Loc. pl. tutup-wat-su). Bf. Gr. p. 240 l. 4; p. 170. L. M. 128. B. § 789. Neque satis est, nam hoc ‚wat' mutatur in r, unde femin. wak-wari volubilis, se volutans, (masc. wak-wan = wak-want, wakwat); yag-wari ἁγιάζουσα, (masc. yag-wan...). De r = t confert Savelsberg skr. ati = ari, ut ari-gûrta überaus geehrt, gern gepriesen, (v. gratus); ari-dhâyas gern milchend, = ati in ati-ģiwa überaus lebenskräftig, (v. etiam), gr. ἀτ- in ἀτ-ρίμας = ati-ramas. v. filix. Illud ari- = ἀρι- in ἀρί-δηλος = 'ερι- in 'ερί-ζωος = atiģiwas; v. K. XXI 130. De origine ipsa hujus -wari ex wat Bf. disserit sic: wara ex wan, wan = want = wat = was, Part. perf. Act.; v. Gramm. p. 171. Neque mirabimur, si hoc ‚war' attenuatur in wal = wat. Et habet lingua skr. stawâ-wali = stawâwati laude dives, (v. frivolus); adde kuwalayâ-wali die Lilien-reiche; K. XXI 138. De wal = wan cf. promulgo. — Hoc lat. fŏrĕ, corrept. ex foure h. e. fovere, (ut por ex pover). Ex ati- = ari praefixum ἠ-; K. XVI 62. — Adde skr. çakwan = çâkwara potens.

fulcio 4. Cgn. falco, φολκός. De s. cf. σκαμβός curvus c. skr. skabnômi fulcio.

fulgeo 2. Cgn. flag-ro, skr. bharg-a m splendor. Fk. hoc trahit the birch, die Birke, a cortice albo. Adde goth. bairht-.

fulica 1 f. Φαλ-αρίς, cgn. φαλερός, das Blesshuhn, germ. vet. pelihâ f, bav. die Belch-en; pertin. ad skr. bhâla n frons, splendor.

fuligo 3 f. Fu-ligo, cgn. fu-mus + lig cohaer. c. λιγ-νύς fumus; aut fuligo pertinet ad skr. dhûli f nebula.

fullo 3 m. Confer skr. bhâlu = bhânu sol, splendor; unde fulv-, full-. Hinc the fuller, to foil niedertreten, la foule das Gedränge.

fulmen 3 n. Ex fulgmen, ut frumentum ex frugm., cgn. φλέγω, der Blitz, (ex blik-zo, pertin. ad germ. vet. plecchazen fulgurare); v. Phlegyes.

fulvus, a, um. Cgn. furvus.

fūmus 2 m. Skr. dhûma m, germ. vet. der Dau-m fumus, = skr. dhû-pa m, (pertin. ad skr. dhû- agitare). De ‚mus' = skr. ‚mas' in dhumas = agitatus, mobilis, cf. idh-mas m lignum, prpr. αἰθόμενος, B. ‚Syst.' § 127. 3. Dhûma fumus, vapor conferri potest c. der Brodem et fumus et vapor, ags. brodh der Duft, unde la bronée.

funda 1 f. Pr. sfunda, σφενδ-όνη. De s prothet cf. fungus = σφόγγος, (v. fallo). Cum σφενδ- cohaeret σφαδ-άζω, σφοδ-ρός ungestüm, pertin. ad skr. spand- in wispand- tremo.

funditus. Skr. bhudmatas. ‚tas' ex tat' Abl. (v. K. VIII 232), pertin. ad pron. ‚ta' = is-‚te'. Hoc idem s suffigitur Infinitivo vedico, ut stha-tôs = skr. sthâ-tum, stare; ê-tôs = ire; Bf. Gr. § 919 II. K. VI 289. De hoc -s cf. abs.

fundo 3. Gall. fondre, cgn. fendo, goth. baut-an boss-en. De s. cf. fundere fugareque in die Flucht schlagen.

I fundus 2 m. Der Bod-en, πυθ-μήν. Hinc gall. foncer verbodmen, germ. vet. podam der Bodam fundus, cgn. fund-ere; Gr. II 209. Curtius conjungit hanc vocem c. skr. bhû f humus, unde bhû-dhâ, cgn. φυ-τόν, adde skr. gêhabhû f fundus aedificii. ?

II fundus fio = vadimonium praesto, cgn. foedus der Bund, v. funis.

fungor 3. Skr. bhuñgâmi fruor. Huc germ. vet. bûh der Bauch, ut γαστήρ cohaerere potest cum skr. ghas- = bhuñg-.

fungus 2 m. Σφόγγος = σπόγγος; v. spongia.

fūnis 3 m. Ex fudnis, pertin. ad skr. bundh-âmi ich bind-e.

fūnus 3 n. Cgn. aeol. φοίνη = θοίνη silicernium; v. C. 425. B., Gr. et alii conjungunt hoc ‚funus' c fen-do, φόνος, cgn. goth. banja vulnus, the bane, hib. celt. bana mors, ags. bana φον-εύς. Et Fk. 471 ait sic: funus könnte man mit θαν- = mors combiniren, vergl. humilis und χθαμαλός; v. Paris.

fūr 3 m. Φώρ, qui au-fer-t, φορ-ῶν. Huc le furet, the ferret das Frettchen. De s. cf. fero = ich hebe, (v. elatus), c. gall. enlever.

furca 1 f. Cgn. fuscina ut furvus c. fuscus. Curtius autem ponit furca die Trage, cgn. skr. dhur-a m der Träger am Joch, temo.

furfur 3 m. Redupl., cgn. fri-o, for-o; v. canica. De s. cf. πίτυρον furfur, cohaer. cum πτί-σσω = frio, contero i. q. la crusca, le gruis, pertin. ad to crush conterere. Aliter Fk., qui hoc ‚fur' conjungit cum φυρ-άω, = des Gemengsel; v. farina.

furius, a, um. Cgn. skr. ba-bhru = brau-n, germ. vet. brû-n, cgn. furvus.

furnus 2 m. V. forceps.

fūro 3. Skr. bhur-âmi palpito, trepido. Skr. bhûr-ni wild, scheu, cgn. fur-ia. Confer purpura.

furvus, a, um; v. furius. Si cohaeret furvus cum fuscus cf. skr. dhûs-ara staubfarbig, grau, cohaer. cum dhwasman die Verdunklung.

fusus 2 m. Le fuseau, cgn. funda.

futilis, e. Prpr. wuchernd, cgn. φυτόν.

futuo 3. Cgn. φυτ-εύω, φυτ-όω, ἀ-πύ-ω vel ἀ-πυί-ω, ut φύω et φυίω; ab aliquo bhûyâmi = φῦ-ναι ποιῶ. Hinc svec. föda s. föd-s-la = φυτ-λεύειν, gall. fout-re une femme. Adde 'εμ-φυτ-εύω, cgn. l'ente ex emphyte = 'εμφυτον, deriv. germ. vet. im-pit-ôn, germ. md. impfetcu = impfen, pr. 'εμφυτεύειν.

futurus, a, um. ‚fu' in skr. bhawya futurus.

G.

G = c. V. segra. singuli. negotium.

gabalus 2 m. Skr. gabh-asti f die Gab-el, cohaer. c. gabha m rima; cgn. gabh- klaffen. Huc the gaflock die Brechstange, germ. md. gabelôt die Brechstange, jaculum, la javeline; adde the gibbet der Galgen, furca; v. gibbus.

gabata 1 f das Becken, das Essgeschirr, cohaer. c. skr. ǵambha m cibus. Huc lat. md. gavata, unde la gota pr. gauta der Backen = skr. ǵambha m der Backen. De a. dupl. cf. das Becken = gabata, cgn. Backen c. skr. malla der Becher, der Backen. Ex gavata formatur etiam la jatte. Huc Gabii = Γουφοί. Idem sensus offertur in Genava cy. celt. gin = gena. Illud ‚i' in Gabii primitus proficiscitur ex ‚oe' ‚es' s. ‚eis', unde postmodum abjecto ‚s' etiam ‚e' pr. ‚es', quo ex ‚e' evenit ‚i'. Hoc ‚es' = osc. — ‚ōs', quae utraque forma referri debet ad o-es, ad illud ‚o-es' quod osc. quidem fit ‚os', (illo ‚e' in o‚e's absorpto), lat. ‚ē', (absorpto illo ‚o' in ‚oēs' = oes). Ita lingua latina habet modies = modi, libereis = liberi, ploirime = plurimi, foederatei = foederati. K. XII 250. Cum osc. ōs… cf. germ. Bavariôs s. Bavarias = Bavari; K. XIV 170. B. § 228 b p. 458. Alii aiunt sic: lup-ī = λύκ-οι = slv. vet. vlŭci = lit. vilk-ai h. e. vilk-a-i = goth. vulf-ôs ex vulfa-as ex vulfa-j-as; Schl. p. 516, nisi potius ex vulfasas vel vulfâsas, ut dêwâsas = divi; Bab. p. 5.

gaesum 2 n. Cgn. germ. vet. gais-la pr. gheisla, bav. die Gaisel; germ. vet. gêre s. kêre. Pertinet ad skr. hiñs- h. e. ghiñsferire, laedere. De ae in gaesum ex ghis- cf. skr. khidâmi opprimo, khêda m lassitudo, cgn. κηδ-ομαι; čid- = scindo, goth. skaidan; skr. inômi h. e. i-nu in manu habere, unde αἴνυ-μαι potior, ὑποχείριον ποιοῦμαι; v. scintilla.

G a j u s 2 m. Ex gajius, cgn. gav-isus. De s. cf. nostrum Frejr; adde Gamanhild, (germ. vet. gaman gaudium); Spilihard, (nord. vet. spil gaudium). — Gaja potest comparari cum scyth. Σκώπασις Venus, i. q. Freja; (σκω- = zd. shâo laetus, gaudens, pertin. ad shâ s. skâ gaudere, frijôn, -πασις cohaer. c. paç = spicio: Σκώ-πασις laete tuens, Gaja). — Gaja boni ominis causa usurpatur; K. I 232.

G a l a t e a 1 f = γαλήνη; Pott.

G a l b a = praepinguis; hib. celt, galbha the rigour, skr. galbh- fortis, cgn. garwa superbus, P.; cohaer. c. la garbe; Schm. II 64.

g a l b a n u s, a, um. Unde gall. jaune; germ. vet. gelo, gen. gelawes gelb = galbus.

g ă l e a 1 f. Skr. ǵâlikâ f die Rüstung, (ǵalâmi tego), ǵâla n gal-ea.

I g a l l u s 2 m. Γάλλος, sacerdos eunuchus; gäl. celt. caill-idh castrare, nord. vet. gêl-da = to geld, svec. gälla castrare. Confer skr. çri-ṇ-âmi κείρ-ω.

II g a l l u s 2 m. Ex garulus, pertin. ad zd. gar = canere, ut nostrum der Hahn, goth. hana = can-tor. (De hoc h = c cf. krinâmi = to hire). De s. cf. ἀηδών luscinia, prpr. cantor, ex ἀ-ϝηδ-ών, pertin. ad ἀ-ϝειδ-ω ex ἀϝιδ-, ut θείω ex θίω, pertin. ad skr. vad-âmi loquor, sono, (v. locusta). K. XXI 201. Adde skr. yâmagósha m gallus, (in vigiliis noctis canens); dîrghanâda m gallus, (longe sonans). Porro kukkuṭa m gallus, (cucuriens), unde pendet le coq, das Küchlein, the nest-cock.

g ā n e o 3 m. Ex gasneo, cgn. skr. ghas-mara edax.

g a n g r a e n a 1 f. Γάγγραινα ein fressendes Geschwür, redupl., cgn. γραίνω, γράω ex γράσω = skr. ghras-âmi ich fresse. De s. cf. φάγαινα der Knochenfrass, (φαγεῖν).

g a n n i o 4. Ex garnio, cgn. garrio.

g a n t a 1 f. Lat. md. ganzo der Gänserich, lit. gandra ciconia.

G a n y m ē d e s 3 m. Γανυμήδης = concubitu (cum Jove) gaudens; γαν- in γη-θέω, (v. abyssus), cohaer. c. skr. ǵaṅ-ǵaṇâ-bhawant flimmernd; μήδεα φωτός, (v. abyssus), cgn. maltus pr. mad-tus.

g a r r i o 4. Pr. garsio, cgn. lit. garsas sonus, skr. gar-, gri-ṇ-âmi γηρ-ύω; ir. celt. gair-m unde to scream.

g ā r u m 2 n. Γάρον besonderer Frass; cgn. skr. gara ut aǵagara = αἰγοθήρος; v. glutio. Confer lit. ger-ti bibere.

g a u d e o 2. Cgn. Gajus, γα-ί-ω gaudeo ex γαϝίω, cgn. skr.

gau-ra albus, candidus, pulcher, gav-isus sum ich bin heiter; adde skr. gaw-ê sono, intens. jauchze auf. Huc le joyau ex gaudillum.

g a v i a 1 f. Der Geib-itz, Kib-itz, cohaer. c. skr. kaw-îti sonum edit, clamat, unde καύ-αξ, κήυξ; C. 496.

g a u s a p e 1 f. Γαυσάπη.

g a z a 1 f. Γάζα. Confer skr. gañǵa m = γάζα; v. Dz. I 205.

g e l i d u s, a, um. Skr. ǵaḍa = goth. kal-ds, nord. kala frieren, unde nostrum kal-t, (partic., ut alt = adultus est partic. verbi alan). Skr. ǵala n. gelu n. Huc gall. regaler ex regelare.

g ĕ m i n u s, a, um. Ge-minus, v. terminus. ‚ge-‘ in ‚ge'minus pertin. ad skr. ǵâ- = gene, unde ǵâ-mi f = nurus, (v. ge-ner).

g e m m a 1 f. Germ. md. gimme, ex gem-i-ma = γέμ-ουσα h. e. turgida. De s. cf. stanas mamma c. στένω = gemo.

g e m o 3. Cgn. γόμος die Ladung, γεμίζω ich packe voll, cohaer. germ. vet. chûmian lugere; Gr. V 362; v. gumia.

g ĕ n a 1 f. Cgn. hanu- h. e. ghanu- = γένυ-ς das Kinn, (ex kinv), unde genuinus; γένειον die Kinnlade, der Kinnbart, bav. Kinbart, (Kinnsbart), deriv. kienzeln das Kinn streichen. De hac sensus duplicitate cf. the cheek γένυς ex ags. ceác γένειον. Huc cy. celt. gen = mentum, unde Genava = Ostia; v. Gl. 105.

g e n e r 2 m. Γάμβρος pr. γαμερος, cgn. ge-minus. De forma cf. ἥ-μερος. Skr. ǵâmâtar m = ge-ner, constat ex ǵâ-mâ nurus, cgn. γε-,γα'-νία.

g e n e r o 1. Ex genoso, deriv. a ‚genus‘, ut skr. namasyâmi veneror, (namas veneratio); τελέω ex τελεσ-γω, (τέλος); goth. hatizôn, (hatis the hate). Genero = gall. engendrer cum d epenthet. ut ἀνδρός, skr. In-d-ra pertin. ad in-êti penetrare, urgere, posse, Indra = der Bezwinger, Bewältiger; Blt. I 804. Indra igitur habet vim fere eandem ac Wuotan (cohaer. c. waten meare, transmeare, de quo Gr. M. 120 ait sic: Der Gott Wuotan erklärt sich selbst als das allmächtige, durchdringende Wesen). Confer praeterea the thunder = ags. þunor der Donner, the elder-tree = ags. ellarn die Erle; the jaundice die Gelbsucht = la jaunisse; v. Nerine. Huc generosus εὐ-γεν-ής, γένναιος = ǵênya, cgn. germ. vet. chun-ing der Kön-ig; Eugenius n. pr. = germ. Ercan, Ercanbald, (ercan ingenuus). Adde skr. ǵaniman n = genimen; cgn. skr. pra-ǵan-ana n genitalia.

g e n i t o r 3 m = γενετήρ, γενέτης, ex γενέτηρ; B. § 810. Skr. ǵanitar m. ǵanayitar m. ǵanaka m, unde König. Cgn. genitrix = skr. ǵanitrî f = γενέτειρα, unde genitr,i+c', (ut γυνα,ικ'ες); goth. gen-s, dor. γάνα = skr. ǵani f, γυν-ή; skr. praǵâtâ f γεν-ναμένη. B. Syst. § 196. J. S. 106 ponit ‚genitrícis‘ Nom., ut praecox ex praecoquis, ‚icis‘ antem ex ‚icia‘ s. ‚icja‘ ut nepti ex naptja. Hinc victricia arma, ab aliquo ‚victrícis‘. Huc genius = skr. ǵanya m (gignens). De s. cf. skr. praǵâpati m der der Zeugung vorstehende Genius. De -ja = -ens s. -ens cf. framea.

g e n i t u s, a, u m. Skr. -ǵa ut sarasi-ǵa in mari genitus; vel -ǵâta ut sarasi-ǵâta ἐν ἅλει γεγώς. Huc γαττος in νη-γατιος ex νη-γάτγος; Bf. II 117. Cum γατ- cohaeret ags. gentre la parade.

g e n s 3 f. Ex gent-s. Skr. ǵâti f. ǵâ f. ǵaniman n (genus). Huc ǵâliya gentilis. Gens = ἔθνος, das Volk: ǵanya n. De s. cf. ἔθ-νος c. ἄνθ-ος, cgn. skr. andhas herba, (v. ador).

g e n t i a n a 1 f. Der ‚Enzian'.

g ĕ n u 4 m. Skr. ǵânu n = γόνυ, γούνατα ex γονυ-ατα γονϝατα. De â = o cf. dâru = δόρυ. Adde skr. ǵnu n. ǵnu in abhiǵnu = πρό-χνυ. Huc nord. vet. knû-ta der Kno-chen, the kna-g das Knie; nord. vet. knû-i der Knö-chel; to knu-cle γουνυπετεῖν; the kneegrass das Kno-tengras. Huc skr. ǵânwakna genu flectens, (ǵânu-akna, v. ancus); ἰ-γνύα, cf. ἰ-ωγμή; γνύξ.

g e n u i n u s, a, u m; v. genu. De ‚inus' cf. goth. ‚eins' in ahm-eins spiritualis, galaub-eins gläubig.

g ĕ n u s 3 n. Skr. ǵanas n γένος, goth. kno-ds, ags. cno-sl genus, progenies, cgn. der Kna-be = the kni-ght = γνή-σιος; bav. Kne-bel surculus, pertin. ad knaua-an generare. Adde genus humanum = ǵanatâ f the man-,kin'd.

g e o g r a p h u s 2 m; v. scribo; γῆ pertin. ad gâ = gam ire, unde Nom. gau-s, goth. gavi der Gau, γαῖα ex γαϝια. De s. cf. goth. airþa die Er-de, cgn. air-us der Bote, der gehende; B. § 123. K. VII 22. = skr. padwa γῆ, die Erde, (padwant currens, πέδ-ιον); skr. awani f γῆ, terra, currus, (prpr. prona, quo trahi potest αἶα ex ἀϝια = awani). Operae pretium est subjungere etiam Nerthus = Γαῖα, Terra mater, cgn. skr. nritû mobilis, nrityâmi salto; Tac. Germ. ed. Schw. S. cap. 40.

g e s t o 1 = βασ-τάζω, βάσ-ταξ = ger-ulus; zd. ǵah- venire, unde βασ-τ-άζω venire facio, ger-o; Fk. 63. De s. cf. οἶ-μος e. οἴ-σω = geram. Et skr. pra-hi-nômi et eo et jacio; agâmi et eo et ago. De g = β cf. skr. ǵas-yâmi deficio, zd. zah exstinguor = σ-βέννυμαι ex σ-βίσ-νυμαι. Cum ‚ges' conjungi potest isl. kös con-ger-ies, cgn. der Kiesel, bav. der Kis-ling; Schm. II 336. Item gestus 4 m cohaeret cum gero, ut die Gebärde pertinet ad baeren = gerere. Huc norw. kasta seg Luftsprünge machen, cgn. gestire, to cast.

g i b b u s 2 m. Ex gimbus, gembus, (v. quinque), lit. gembe der Nagel, γόμφος, cgn. lett. gub-t bücken, (der Buckel = gibbus). Cohaeret cum skr. ka-kubha, (redupl., Bf. II 322) gekrümmtes Stück an der Leier, germ. md. gupfe = goth. gib-la der Gipfel. Confer lit. kup-ra gibbus, gael. celt. copach gibbosus.

g i g a s 3 m. Γίγας zeugerisch. De s. cf. germ. inf. hüne gigas, cohaer. c. çun-, v. canis. K. X 125. Gr. M. 489. De gygr v. Gr. M. 492. Confer glis II.

gigno 3. Ex ga-geno ut δίδωμι = dadâmi, βίβημι = gagâmi; B. § 109, 3. De redupl. cf. bi-bo, si-sto, se-so h. e. se-ro. Skr. gaǵanmi. ǵan-âmi gen-ero; skr. ǵâyatê = gignit est in goth. kei-an keimen. Adde γίγνεται pr. γι-γενται = skr. ǵaǵanti.

gilvus, a, um. Ags. gêlo gelb; v. galvus, cgn. skr. gau-ra hellgelb.

gingîva 1 f; ‚ging' cohaer. c. goth. kiggvan = kauen, ags. geag-l mandibula. Fk. gingiva est pro gingiba, redupl., pertin. ad skr. ǵabh-, ǵañ-ǵabh-îti captat, er kif-elt, unde das Kief-er; cgn. skr. gabh-asti, v. gabalus, pertin. ad ‚ǵabh' = klaffen, cgn. βαφῆναι. Cum ‚ging' igitur in gingiva cohaeret ags. geag-le mandibula, the jaw, waug. gög-el gingiva; Gr. V 311.

gingrina 1 f. Γιγγρία, cgn. gingrio, redupl., pertin. ad skr. gri-ṇ-âmi sono, ǵarê crepo.

giñus 2 m. Γίννος, ex γίσνος, pertin. ad skr. hêshaṇa n hinnitus; v. hinnus.

— **ginta**. Ut triginta,. pr. trikinta = τριάκοντα, cgn. centum. Hinc -κοσιοι ut τριακόσιοι pr. τριακόντιοι.

glăber, a, um. Γλαφ-υρός, cgn. γλάφω, quo pertin. klieb-en; v. scalpo, glubo. Cum ‚glab' ‚glav' Hild. conjungit klei-en = krauen, γλάφω scharren, unde finn. klei-ni schlank, klei-n; Gr. V 1088, 11.

glacies 5 f. Ex gelacies, cgn. gelu, ut glos ex gelos; deriv. gall. glacier gleiten, glitschen, unde le glacis die gleitende Ebene.

gladius 2 m. Pr. cladius, (v. gloria, gramia, glocio). Cgn. clades. Fk. conjungit cum κραδ-αίνω, quo de s. cf. nord. vet. brandr gladius c. gall. brandiller = κραδαίνειν. Potest etiam trahi ad skr. khâḍayâmi diffindo, pr. skard, unde goth. skreit-an lacerare, cgn. κλαδ-αρός fragilis; Fk. 205.

glama 1 f. Γλήνη; v. gramia.

glans 3 f. Ex galands, dor. γάλανος = βάλανος, prpr. deciduus, pertin. ad skr. galâmi decido. Confer skr. ǵâla m der junge Kürbiss, surculus.

glārea 1 f. Ex ghladrea, cgn. hradas h. e. ghradas lacus, hradini flumen, pertin. ad hrâd strepo, κα-χλάζω. Cum ‚hrad' cohaeret χιράς glarea, pr. χραδ-ς, (de inserto ι cf. pelagos); v. grando. De s. cf. λάλλη die murmelnde Bachkiesel.

glaucus, a, um. Γλαυκός; skr. glau m luna, v. globus.

glēba 1 f. Cgn. globus, the clo-d der Klo-ss, pertin. ad chli-ozan scindere; der Klu-mp der Erdkloss, cohaer. die Kli-ppe rima. Idem sensus in skr. dalanî f gleba, cgn. dalana n rima die Klu-mpse, bav. Klu-mse; adde germ. vet. scollo die Scholle, cgn.

σκάλλω zer-schellen; skr. lôshṭa m s. lóga = gleba, pertin. ad ruǵ- frango; skr. lêshṭu m gleba, pertin. ad liç- s. riç- = ruǵ-.

glesum 2 n. Ags. glǣs succinum, nord. vet. glans der Glanz, the glass das Glas; pertin. ad skr. ghrañsa m claritas, bav. das Glens-tern das Glänzen, cohaer. cum ghṛi- glimmen; v. glisco. De s inteus. cf. skr. tañsâmi ziehe hin und her c. tan- = τείνω; v. tonsa. Adde goth. fulh-s-nja absconditum, (v. sepelio).

I glis, tis f. Cgn. glitus = lit. glitùs glatt. Alia forma est glittus, cgn. γλίττον mucor, quasi ex γλίϑ-τον, cohaer. c. γλισχρός pr. γλιτχρός. Hinc gall. glisser to glide. Ex γλιϑ- etiam ὀλίσϑω ich glitsche, ut ὄνομα ex γνόνομα.

II glis 3 m. Unde le loir die Schlafratte, bav. das Leinl ex Leirlein, bav. vet. lirum = glires. Potest referri ad 'ελειός glis h. e. γελειός, μρισος = skr. wṛishas m genus rattorum, prpr. irrigator; skr. puñwṛishas m die Moschusratte. Hoc wṛishas m significat etiam taurum, caprum, virum fortem et strenuum; cohaer. cum sax. vet. wriso der Riese, prpr. mascula virtute praeditus; cf. Gr. M. 402.

glisco 3. Skr. ghṛi-ardere, nord. vet. glǐâ resplendere, to gleam gli-mmen, the glee-de die glühende Kohle. Ex ghar-, ǵi-ghar-mi nobis provenit. χαρ-οπός funkelnd. V Gr. V 1088 f.

globus 2 m. BR. II 870 aiunt sic: skr. glau der Ballen, viell. verwandt zu globus, glomus, vergl. auch guḍa, gôla. Skr. guḍa m globus. guli f die Kaul, die Kugel, bohem. kule globus, kul-ati rollen, koll-ern, kaul-en = kugeln, die Kul-e die Keule, cla-va; germ. md. kiul-e die Blei-kol-be; polon. kula globus, clava; the clu-b die Keule. Adde skr. góla m globus; bhûgôla der Erdglobus, βῶλ-ος = der Erdkloss, glō-mus; skr. gôlâ f der Spielball; cgn. γογ-γύλ-ιος kugelicht, redupl., ut nostrum Ku-gel redupl. ex ku-gul ku-kul. Huc pertinet der Klu-cker das Schnellkügelchen, klo-ckern globulis ludere. Qua de reduplicatione cf. der Fei-falter, v. papilio. Altera reduplicatio est der Kegel, ex ke-kel ex kegel evenit der Keil, la quille der Kegel, the kayle der Keil; germ. vet. giselt-keil der Zeltkegel. De formatione kegel = keil cf. bav. gegel = geil. Skr. guḷikâ f = gulikâ f die Kaul-e, die Kaule, glomus; bohem. kuitel die Kaule; bav. die Kauz-en, die Katz linum convolutum, gerolltes.... v. Gr. V 340. 388 f et b.

glocio 4. Κλώζω ex κλωγγω, kluck-e, gall. glousser glucksen; skr. klôça = krôça der Zuruf, krôśyâmi schreie, kreische; goth. hrukjan krähen, germ. vet. hruoh corvus; v. crocito.

glomus 2 m; v. globus. Der Kläu-el, germ. md. klau-el glomus, germ. vet. kliuwel der Knäuel. Hild. ait sic: Das lat. glomus = Kläu-el liegt dem globus sehr nahe. Die Frage greift wol nach Indien zurück mit skr. glau-s, das eigentlich Kugel zu bedeuten scheint und zu althd. chliwi globus noch näher stimmt. Recht nahe liegt das sächs. klumen der gehechelte Flachsbündel; bair. das Kleulein, öfter kleuw-lein der Knäuel, alt: cliuma globus, glomus. Skr. gula globus, laus. die Garn-kaule der Garn-knäuel.

glōria 1 f. Ex claria; cgn. claritas. Bugge, K. XIX 421. De g = c v. germanus.

glos 3 f. Pr. golos = γάλως h. e. γαλϝος, γλάϝος, phryg. γέλαρος; γαλϝος cohaeret cum bohem. vet. zelva mariti soror, γαληνής, γελ-ώσσα, la belle soeur. Idem a. in skr. nandinî f glos, (adj. jucunda). Γαλόως mutato ϝ in s ex γαλαϝοσ-; Bzb. 14.

glubo 3 aushülsen, cgn. gluma die Hülse; cgn. γλύφω = germ. vet. klioban, klieben; cohaer. cum angl. clef-t gespalten, der Kleisper, (pr. Kleipser) der Splitter. Germ. md. klonbaere der Klaub-er. Adde to cleave; die Klau-e; v. Gr. V 1019; gluo.

gluma 1 f. Ex glubma, glubo ich schäle; γλύφανον, κελύφανον, γλυφ-ίς, γίγ-γλυ-μος. Huc die Kluf-t, bav. die Steinkluppen der Felsenspalt, cgn. angl. cleft. De s. cf. λοβός gluma, i. q. λέπος c. λέπω = glubo; the sheath gluma, vagina, die Scheide, (scheiden = γλάφειν); nord. vet. skand der Ausschied, cgn. die Schote gluma, das Kaff gluma, die Käfe cohaer. c. kaf-eln = klaub-en, glubere; die Schelfe, Schulpe gluma, cgn. sculpo = glubo.

gluo 3 = contraho, unde die Klau-e die zusammenziehende, germ. vet. cliuwa der Knäuel; Fk. 711.

glūten 3 n. Glus der Leim, γλία, lett. kluds lubricus, bav. kled-eln perungere; le gletteron a. glouteron die Klette, gael. celt. glaodh = la glue viscum; lit. klise lappa, cgn. der Klei-ster, γλοιός; γλοιής haerens, bav. kleiben haerere. Adde κόλλα ex κολϳα gluten, ut σολλά ex σολϳα; bav. der Klaib litura.

glūtio 4. Deriv. a glutus der Schlund, cgn. in-gluvies, russ. glot-ka der Schlund. Hinc goth. fra-slind-an, bav. schlind-en = engloutir. De glūtio cgn. Schlund v. abyssus.

glycyrrhiza 1 f; γλυκύρριζα. Hinc lt. md. liquiritia, la liquirisse, la reglisse, die Lakritze. De s. cf. skr. madhuyashṭikâ f (caulis dulcis).

gnarus, a, um = ‚kenn'-end. De ‚rus' cf. λαμπρός leuchtend, skr. dip-ras splendens, goth. bait-rs beissend; B. § 938. — Skr. praǵaǵni gnarus; — ǵna suff. ut ǵêyaǵna cantuum gnarus.

gnāvus, a, um. Nord. vet. knà-r fortis, strenuus. Confer skr. ǵnâwant, cgn. gnarus, der kun-dige.

— **gnus**; v. benignus.

— **go**; v. caligo.

Gorgo 3 f; γοργώ atrox, ir. celt. gorg ferox; skr. garǵâmi I emit a deep or a full sound, garǵi strepitus tonantis, mêghagarǵana n das Toben aus den Wolken; v. K. I 461. Hesiod. Theog. Schoem. p. 157.

grabâtus 2 m. Κράβαττος, russ. krowâtj die Bettstelle, gael. celt. carbad, cgn. κρωβ-ύλος die Haarflechte, cohaer. c. bav. krüpf-en curvari, der Kropf runde Masse, der Krampf der krümmende; Gr. V 2013, 8. De a. cf. skr. aṅćaka m grabatus c. uncus.

grăcilis, e. Cgn. crac-entes, ‚schlank'; Fk. Skr. kriça gracilis, unde gall. grêle. Adde κολοσσός schlank.

gracillo 1 = kräch-zen; germ. vet. chreho garrulus; cgn. groc-io. Graculus = le grôle, onom. a ‚kra' ‚kra'.

gradior 3. 4. Bav. grat-en, gratschen schreiten, goth. grids der Schritt; cgn. skr. gridh-nu celer, gridhyâmi ich greife aus, strebe; BR.

grâdivus, a, um. Ex gravidivus.

gradus 4 m. Bav. die Grêd le degré. Hinc gall. gravir per gradus ascendere. Adde grallae ex gradulae.

Graecus. Γραι-κός, cgn. γραῖ-αι, pertin. ad skr. ǵar-âmi senesco, γηρ-ά-σκω; v. C. 161. De a. cf. Casci, Senones. Γραῦς, γρηῦς pr. γρηγύς = skr. ǵarayu senescens.

gramen 3 n. Ex grasmen das Gras, the grass; ex ghratmen, cohaer. c. skr. harit h. e. gharit viridis, deriv. grôjan, ags. grôvan virere, unde das Gras, ut blasen ex blajân. Ags. groe-de gramen, sax. vet. crû-d das Krau-t, Grü-n-futter; v. grandis. Potest cohaerere etiam cum skr. grasâmi voro.

gramia 1 f. Cgn. glamae, γλάμων, goth. qrammitha liquor.

granatus 2 n h. e. grana habens.

grandis, e. Unde gall. grandir crescere, cgn. germ. vet. grô-z gross; pertin. ad ags. greovan = bav. gronen, partic. gruanti virens.

grando 3 f. Ex ghrando, cohaer. c. skr. hrâd-inî fulmen, hradunî f tempestas, unde χάλαζα ex χαλαδya. Adde skr. hrâdâmi tono, unde le grondement de tonnerre, cgn. le grondeau der Grunz-er. De grand- = hrâd- v. censeo. J. S. 36.

granum 2 n. Goth. kaurn, the ker-nel, pertin. ad skr. ǵarconteri, unde goth. qairnus = bav. die Kir-n die Mühle. Altera forma est skr. ǵur- = ǵar-, unde γῦρις pollen. De -‚num' v. L. M. 221. Huc le grignon die Kruste, ex graignon. Der ‚Karn'iffel = le coyon cohaer. cum granelli scrota. Confer similago.

grătia 1 f. Cgn. grā-tus = skr. gûr-ta probatus, acceptus, BR. II 766. Gûr-ta autem pertin. ad skr. gar- laudare, celebrare, cgn. lit. gir-ti laudare; v. Fk. 50. Aeolius hoc ‚grā' trahendum putat et ad ghar-, (har-yâmi ich nehme, gratia das Einnehmende, das Angenehme), et ad ghar- splendere, v. glisco; K. XVII 323.

gravida. Skr. gurwi f gravida mulier, cgn. guru = gravis,

ex garu- unde garv-is grav-is, adde agaru unschwer. Cum β = γ gr. βρίθω ex βρινθω, cohaer. c. borrus. po-brend-its gravis ‚brend'ekerunnen gravidam, βρῖθ-σιον; J. S. 86. 60. Hoc skr. garu cohaer. c. gal-âmi decido. Skr. garulâ f = βαρύτης; unde skr. garwa m superbia, cgn. γαῦρος ex γαρjος. Cum gravor 1 cohaeret to grieve.

grĕmium 2 n. Pr. ghremium, cgn. skr. harmya n penetrale, pertin. ad hwar- = curvo. De s. cf. skr. aňka m gremium, unde 'ἐκ-ογκ-ος = 'εν γαστρὶ 'ἔχουσα, cgn. ὄγκος der Bauch. Et le giron gremium, gironné gerundet. Adde der Busen, the bosom cgn. die Bucht, der Bug; Gr. II 563.

grex 3 m. Ex greg-s, skr. grha h. e. grigh- domus, congreg-atio, prpr. complexus, pertin. ad grah-, grabh- = greif-en.

grīphus 2 m. Γρῖφος, unde Logogriph aenigma i. q. γρῖπος, cgn. scirpus. De forma v. glubo = γλύφω.

grocio 4; v. glocio.

grossus 2 m. Ex grottus, skr. grathita geknotet, dick, v. crassus.

grunnio 4. Ex grundio, onom. ‚γρῦ', γρύζω = to grunt; skr. ghargharita n grunnitus; v. gryllus.

grus 3 m. Ex gerus, v. glos, = γέρανος, the crane. Cohaer. c. skr. garaṇâ f strepitus. Huc der Kranwit prpr. der Kranichbaum. Cum ‚gru' cf. con-gru-us = consonus.

gryllus 2 m. Cgn. γρύλλος das Ferkel, v. grunnio; γρυλλυσμός das Krunzen, cohaer. c. gur-, v. gratia, skr. gri-ṇ-âmi museo. Huc le grillet pedica, a strepitu sic dictum, ut nostrum die Schelle tintinnabulum, compes, cgn. die Maulschelle; v. Schm. III 344.

guberno 1 f. κυβερνῶ h. e. κύμβην ἄγω, v. cymba., ‚ερνυω' = ὄρ-νυμι, unde skr. ‚ari'tra remus. Hoc idem ‚er' est in τρι-ήρ-ης; Bf. II 305. At Fk. trahit vocabum κυβερ- ad skr. kuwara temo.

gŭla 1 f. Skr. gala m; germ. vet. chëlâ die Kehl-e. Huc le bé-geule der Maulaffe; pertin. ad gar-, v. glutio, gil-a-ti glutit. Adde skr. ni-gar-aṇa gula; v. gurgulio.

gumia 1 m. Plt. II 279 refert hanc vocem ad γομφ-ω, v. gemo; germ. vet. goumen epulari, nord. vet. gummi heluo.

gurges 3 m. Pr. gurgur-s, reduplicatio fracta, quam dicunt, v. pal-pus.; cohaer. c. γῦρ-ος = der Kreisel. Skr. gargara m onom. = gurg-es, BR. Cum ‚gurg' cohaeret germ. vet. chrag-e der Krag-en. v. sq. De s. cf. der Dümpfel gurges c. germ. vet. tumôdi vertigo.

gurgulio 3 m. Pr. gurgur-io = skr. gargara m, γίργιρος.

gusto 1. Lat. vet. gunere pr. gusmere = γεύειν pr. γεύσ-ειν, goth. kius-an, to choose, skr. gush-ê ich kos-te. Huc gall. ragouter acuere gustum, ex re-ad-gustare; goth. ga-kusts probitas spectata. Adde Wal-kyren, quae in proelio spectant et eligunt viros.

gutta 1 f. Cgn. cuturnium, cohaer. c. skr. çcut- effundo, i. q. çyut- stillo, fluo; v. cunnus. Huc la goute die Gicht, deriv. la gocciola apoplexia, ut bav. der Tropfen apoplexia, v. guttur.

guttur 3 n. Prpr. die Rinne, cgn. gutta, bav. der Koder, der Kodel. Deriv. bav. guttern s. kodern, v. Schm. II 87.

Gyges 3. m = Membro, cgn. γυῖον. Confer skr. ǵu s. ǵû- urgere, incitare, ǵû-ti f velocitas, fortitudo; -ges = skr. -gá = iens. Γύγης.

H.

H. v. acacia. — h eliditur, v. lien. —

habēna 1 f. Ex habē-na, (cgn. habeo), cum -na = νη in τέχ-νη. Confer rapi-na, rui-na; B. § 839. Est autem aliud hoc ‚ēna' in habēna, aliud illud ‚-ήνη' in 'Αϑ-ήνη, σελ-ήνη, nam haec est ‚forma partic. praes. Medii ex ‚μήνη' = skr. -‚mânâ' unde ‚ânâ' ejecto m ut bharê = φέρομαι ex bharâmê; B. § 781. Bf. I 78.

habeo 2. Cgn. goth. haf-jan heb-en, to have, hab-en. Adde habessit, futurum syncop. ex habev-e-sit, habev-i-sit, (v. fleo). Confer peccasso ex peccav-i-so. Deinde haec forma habev- attenuata est in habeh-i-so, ut umbr. kukeh-es = coquet, (th. kukeh-), pru-peha-st = propiabit, praes. prupeh-), stah-e-ren = stabunt. Tum abjecta spiranti h existit forma habe-i-so, umbr. habi-est, quae forma accepit contractionem ita ut evaderet habēso, observāso, et quia s simplix augeri potuit in ss, (v. classis pr. clasis), illud habēso sonuit habesso. Quamquam etiam s simplex habuit Plautus, qui dicit servasint, curasint, locasint, (pers. 3ta Conj.) K. XXI 175. v. licesso. — Huc ags. hēofen the heaven caelum, prpr. der ge-hob-ene; J. S. 65. v. elatus. Adde osc. hipit = habeat, hipust = habuerit, atque le havresac, ex habere. De origine verbi v. ‚cap'io. Subjunge gall. -ai = habeo ut j'ai = habeo; est pro verbo auxiliari ut je chanter-ai = ich zu singen habe, h. e. ich habe vor zu... Confer goth. taujan haba ich habe vor zu than; B. § 660. Eodem modo slv. vet. iměti = habere, unde e. gr. glagolati imati = il parler-a, quasi dicas: ille parabolare-habet; Dz. Gr. II p. 120.

habitatio 3 f. Hoc ‚tio'-n ex ‚þjôn', ut goth. hêþjôn camera, cgn. hai-þja die Haide = xè-tra, quod ‚þja' est in gamin-þja memoria, pertin. ad skr. -tya ut apatya proles, upa-tya infra positus; L. M. 146. B. § 894, goth. rath-jô = -yâ. Vide B. § 844, ubi dividit in habitati-ōn ita ut habitati- forma sit ut μῆτι-ς, ves-ti-s affixo ‚on'. ‚Hab'itatio die Hub-e, die Hub-e, skr. ƒayas n habitatio, cohaer. c. κέ-κτη-μαι ich habe, cgn. hab-eo, (pertin. ad skr. ƒap-a-yâmi caus. verbi ƒi- habito, unde κτί-σις).

hāc. Unde gall. deçà = cis, ex de-ecce-hac.

haedinus, a, um. De ‚inus' cf. suinus, goth. eina in gaiteina = haedinus, qin-ein = femininus; v. bovinus. Haed-us = sab. fedus das Böcklein, germ. md. hat-ele, bav. die Hett. Pertinere videtur ad skr. hiḍ-, hiṇḍ- = ire, ut skr. aǵas m hircus, αἴξ ex ἄγις, v. ago. Adde bav. die Heppin die Ziege, cgn. hüpf-en, (siles. happ-el equus). K. XIX 50. Cum ‚hiḍ' potest cohaerere χίμαιρα ex χίδμαργα, goth. gaitei, germ. vet. caiz; cf. K. XI 212.

haereo 2. Cgn. haes-ito, ex ghaes-ere, goth. geis-an torpere, stupere, pertin. ad skr. hiñs- = πτήσσειν, cohaer. goth. us-geis-nan ἐκπλαγῆναι; cf. L. M. 15.

halec 3 n. Der Salzfisch, cgn. ἅλς = skr. sara m. n sal; mutato l in r germ. harinc, le hareng.

hālitus 4 m. Ex aulitus, cgn. ālium.

halucinor 1 = alucinor, ἀλύω, ἀλύω, cohaer. c. skr. ir- = germ. vet. il-an eil-en, pertin. ad ar-âmi eo, ara velox, celer.

hāmus 2 m. L'hameçon, cgn. χαμ-ός = καμπύλος, cohaer. c. skr. ‚hma' in ǵi-hma curvus, flexus, (redupl., cohaer. c. hwa-r, P.) Quo de sensu cf. skr. añka m hamus, (cgn. añkuka m = ἄγκυ-στρον, der Ang-el); v. uncus. De hwa-r v. varus.

hara 1 f. Cgn. hor-tus der Einfang, cgn. har-ômi ich fange, χόρ-ος das Geheg, cgn. χῶρ-ος. Adde χωρίς ausnehmend, ausgenommen, cohaer. cum skr. â-hār-a = χωρ-ῶν capiens.

harena 1 f; v. arena.

hariolus 2 m. Cgn. haru-spex; C. 184.

harmonia 1 f. Cgn. ἁρμός das Gefüge, cgn. armus, unde germ. vet. ri-m m numerus, cgn. ἀρ-αρ-ίσκω; Fk. 389. v. numerus.

harpa 1 f, die Harfe; v. crepo.

harpago 3 m. Cgn. ἅρπη; v. sarpio. Hae ἁρπυίαι, quae mare, quae terras, quae denique nubila coeli Verrunt ac subito vexantia turbine ‚rap'tant. K. IX 355. De s. cf. skr. ǵigatsû f, (prpr. vorax). Confer nord. vet. Rân n. pr. uxoris dei Oegir, (rân rapina); Gr. M. 288. 465.

haruspex 3 m. Cgn. nord. vet. gar-nir = viscera, germ. vet. gorawunt = darmwund; cohaer. c. χορ-δή; v. hilla.

hasta 1 f. Ex had-ta, cgn. hend in pre-hend-o, unde skr. hasta m manus. Rectius Corss. conjungit cum skr. ghas-ra laedens, cgn. gaesum, goth. gaz-da stimulus. — Hue l'attellier, pertin. ad hisp. astillero, ubi hastilia reservantur.

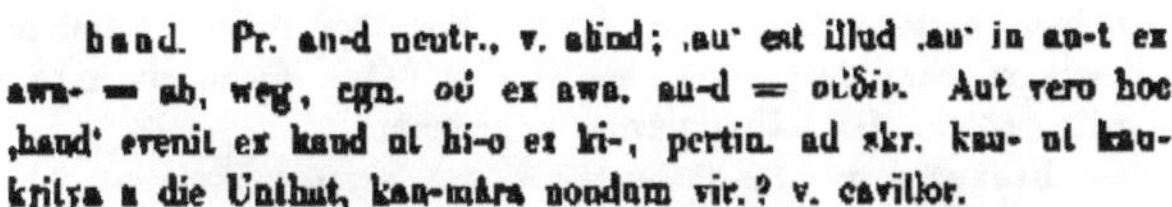

haud. Pr. au-d neutr., v. aliud; ‚au' est illud ‚au' in au-t ex awa- = ab, weg, cgn. οὐ ex awa. au-d = οὐδέν. Aut vero hoc ‚haud' evenit ex kaud ut hi-c ex ki-, pertin. ad skr. kau- ut kau-kritya n die Unthat, kau-mâra nondum vir.? v. cavillor.

havē. Skr. hawâmi ich grüsse, invoco. Idem sensus in to greet, cgn. germ. md. grazen vocare. Hinc the go-d = hu-ta invocatus.

haurio 4. Ex hausio, form desid. thematis hu- = χύ-ω. Potius hoc ‚haus' cohaeret cum lit. kauszas haustrum, skr. kauç-ika vas potatorium, kôçikâ f der Eimer; v. Dfb. G. I 60.

hebdomas 3 f. Skr. saptatha m.

hebes 3. Pr. hebets, hebents, ut teres pr. terents; heb-ets = uachlassend, pertin ad skr. hâp-ayâmi, caus. verbi gi-hâ-mi desero, ich verlasse, cgn. χῆ-ρος verlassen, (v. purus).

Hector 3 m; ἕκ-τωρ = ὁ συν-έχ-ων, ‚ἐκ' = ἰσχ- h. e. σιχ-, σιχ = ‚sagh', skr. sahê teneo, unde goth. sig-is der Sieg; ἕκ-τωρ Sig-frid, Sizzo; cgn. celt. Segomârus; Gl. 152. Huc the hector miles gloriosus, der Eisenfresser.

hedera 1 f. Cohaeret cum χαδ-, v. hasta. De s. cf. skr. grâhinî f hedera, cgn. grahana adstringens.

helleborus 2 m; ἑλλέβορος, vertiginem tollens, (‚vorans vortiginem).

hēluo 3 m. Skr. hêlâ f die Lust, cgn. Geil-heit, (v. superbia).

helvolus, a, um. Ex helu-, cgn. χλό-η pr. χλόϝη.

herba 1 f. Ex bherba, φορβή, pertin. ad skr. bharwâmi mando 3. Aut φορβή cohaeret cum bi-bhar-mi nutrio, v. fero. De b v. morbus.

Hercules 3 m. Lat. vet. Hercoles, samn. Herclus = Ἡρακλῆς h. e. virtutis gloria florens; cgn. ἥρως = skr. wira, pertin. ad warayâmi arceo, ich wehr-e; κλέϝης in Δαμοκλῆς = Hludhari, Luther; Ἐτεοκλῆς = Satyaçrawas, (skr. çrawas n = κλέϝ-ος, russ. slawa).

hēres 3 m, prpr. der Uebernehmer, χηρ-ίζων; cgn. herus, hera, skr. ‚hara' in amçahara m heres, (partem accipiens).

hĕri. Ex hesi Loc. (χθεσι-νός) ut νυν-ί; skr. hyas unde hes-t-ernus, prpr. Genit. pronominis ‚hi'-, v. hic, hesternus. De hyas = hes pr. hjes cf. sa = ὅς h. e. yas hic, (ex sya tya). Hyas = χθές, ges-t-ern, gistradagis goth., quo de casu secundo cf. skr. pûrwêdyus = gistradagis; (at pûrwê Loc. = priori), djus ex diwas = diei, Genit. Nord. vet. gjâr = giar = skr. hyas; nord. vet. goer (i. q. gjâr) ex ghjasi = heri; Bzb. 121.

hernia 1 f. Cgn. har- in haruspex, Bruch am Unterleib, cohaer. c. lit. zarna der Darm.

Hernici 2 m = montani, sab. mars. herna saxa, bret. celt. hern cacumen, germ. md. harn scopulus; Dfb. G. II 530. De s. cf. gall. celt. brig s. breg, unde Brigiani monticolae, Bregenz Gl. 128.

Hesperia 1 f. De s. cf. Andalusia, (arab. andalos vespera) = Hibernia, *οὐιρνία* = occidentalis, (celt. iar occidens, iarn pone; Z.)

hesternus, a, um. Skr. hyastana, *χθιζός* ex *χθιτ-δyος*, v. heri, (ut *πρωί-ζος* ex *πρωι-δyος*). Hoc ,hes' denique potest pertinere ad skr. ahas, mutil. has = dies. Cum forma hesternus cf. gall. moderne, (ex mŏdŏ) diurnus pr. diernus.

hiatus 4 m. Ex aliquo hi-are, cgn. germ. vet. chi-nan, gi-en gähnen, bav. gue-m-ez'n oscitare, cgn. germ. vet. giu-mo der Gaumen, nord. vet. go-mr, cgn. *χαῦ-νος* klaffend, hi-ulcus hohl; skr. ha-nus m gena, prpr. der den Mund öffnende; Gr. V 775.

hibernus, a, um. Ex himbernus, quasi ex aliquo himbrum, cgn. *χίμι-τρον*. De f cf. *βρῖθω*, v. văcillo.

hibiscus 2 m. Ἱβίσκος, germ. vet. ibisca althaea, der Eibisch; le mauvisque ex malva ibiscum.

hic. Ex hi-c cum c enclit. = ,hi'er-der. Hoc ,hi' in ,hi'-c cohaeret cum skr. hi ex ghi, v. ego; Bf. Gr. § 773 V p. 331. Cgn. cum illo ,ha' in a-ha ,agha' = sane, profecto, *γε*, unde praefixum ,ga' in goth. ga-bairan gebären, gabaura = bav. die Fuer; cf. Schm. I 550. Dzb. 72. Adde goth. ak = *ἀλλά, γάρ, δέ* = skr. aha wohl, ja, zwar, freilich. Dzb. 36. Aut ,hi' pertinet ad skr. ki-, v. quis; K. VII 37. Altera pars est suffix. -,c', v. ci-a. De hoc suffixo ,ce' cf. gr. -i ut *οὑτοσ-ί* = hi-ce, cohaer. c. goth. -ei in akei = ak, sed, þatain-ei = þatain solummodo; L. M. 464. — Cohaeret hic = hier, hi Abl. ut qui, nord. vet. hè-dra hic; goth. hi-rjats = kommet ,hie'rher, (-jats Dual., cgn. skr. yà-mi eo, *βαίνω* = venio).

hiems 3 f. Skr. hèmanta m. hèman n = *χειμών*. Huc trahit Max Müller vocem *χίμαιρα* h. e. annicula capra, cgn. bimus ex bi-himus, trimus ex trihimus.

hilaris, e. Ex hilasis, *χλ-αρός*, skr. hil-âmi bin lustig; v. hèluo; skr. hèlâ f die Lust. Huc la galle hilaritas, hisp. gala das Feierkleid. Adde Gel-i-mar = Hilarius; v. hilum.

hilla 1 f. Ex hirula; sl. hirâ f der Darm; cgn. *χολ-άς*, svec. kul-um die Kal-daunen, the colon der Grimmdarm, la colique die Darmgicht. Pertin. ad skr. hwal- curvari, quo de sensu cf. der Darm, cohaer. c. germ. vet. dara obliquus ?, v. Gr. II 280.

hilum 2 n = res ludicra, nugae, cgn. hil-âmi ludo, nugor.

hinc. Mutil. ex hin-de-ce, him-de-ce; him- ut olim, utrim = von-,hie'r-da; angl. vet. he-nues, he-nce von hinnen.

hinnio 4. Ex hisnio = skr. hèshâmi, unde hinnus m = *γίννος*, bav. der Heiss'n. Idem sensus in the horse, germ. vet. hros equus, pertin. ad *χρόμη* pr. *χρόσ-μη*, skr. hrèshâmi hinnio.

hircinus, a, um. Unde bav. irchen weiss gegerbt. Hircus = sab. fircus, cgn. hir-tus, hir-sutus = skr. hrishita = gall. hérissé.

hirpus 2 m = ἅρπ-αξ, i. q. lupus; cgn. irpex; K. XIX 177.

hīrudo 3 f. Confer skr. kârundi f hirudo. Cf. zd. hîrâ hilla.

hirundo 3 f = χελιδών, die gell-ende, cgn. skr. ghar-ghara m strepitus, ulula.

hisco 3 = χά-σκω, cgn. ha-nns gens, wi-hâ-yas n die Kluft, (v. hiatus). Adde to chyn sich spalten, bav. ginnen, ginden = χαίνειν, unde be-ginn-en eröffnen, (ex ghinwâmi ut rinnith ex ṛṇwati; v. ordior. hiulcus).

hispidus, a, um. Ex hirspidus; v. spissus.

histrio 3 m. Deriv. ab aliquo histrum, ut ludio a ludus, sannio a sanna. ‚His' in his-trio pertinet ad skr. has-âmi rideo, unde pra-has-ana n genus comoediarum; prahâsin m der Spassmacher im Drama.

I **hŏc**. Ex hod-ce; hot- neutr. ut tat = hoc s. tad = das, goth. tha-ta = τό pr. τοδ, τοῦ-το pr. τοντοδ. Ad ‚hoc' referri debet gall. oc (ex hoc), unde oui ex ‚hoc illud'; Langued'oc = Occitania; Dz. Gr. I 103. — II. Hôc Abl. hô-ce. Huc gall. avec, gall. vet. avoc, (ex ab = apud, oc = hoc).

hodie. Pr. hodies, unde hodiernus pr. hodiesnus; hodies autem ex hodiwas accus. = dyus. Huc gall. aujourd'hui ex ‚in diurno de hodie'. Idem sensus in skr. adya hodie, (‚a' pronom. = hic + dyawi Loc. = am Tage). Pro locativo germ. vet. habet instrum. hiutagu hodie, (mit diesem Tage; B. § 160) = goth. himma daga.

homicida 1 f. Ex hominicida, ut λεόπαρδος ex λεοντοπ., Ἀπολλόδωρος ex Ἀπολλονδωρος, goth. gumakunds ex gumankunds, aogadaora ex angandaura; v. veneficus.

hŏmo 3 m. Lat. vet. homones = homines. De ‚on' cf. πιπτων, ονος, = skr. an ut râǵan rex, ufan der Ochs; L. M. 287. B. § 924. ‚Hom'- cohaeret cum goth. guma homo, germ. vet. prutigomo the bridegroom (pr. bridegoom, v. proprius). Pertinet autem hoc ‚hom'o h. e. ho-mon ad präcr. ḥômi ex ḥawâmi = bhawâmi, (v. fui), et ho-mo est πε-φυ-κώς i. p. ǵana m homo; B. § 797. v. humus et cf. hebr. adâm = homo e. adamâh = humus.

hŏnor 3 m. Confer skr. kan-âmi aestimo, ich schätze, kanaka n aurum, der Schatz. Si hoc ‚hon' h. e. bhon- cohaeret cum bhan-âmi acclamo, â-bhan-âmi ich jauchze zu, potest comparari cum arć-âmi colo et anwarćami acclamo, honoro; quo de sensu cf. laudo.

hōra 1 f. Ὥρα, ex wâra la fois, unde isl. vet. var, tvis-var deux fois. Quamquam vox ὥρα potuit oriri ex ϳαρα, ϳάσρα, cgn. ver. K. XIX 1. Huc it. ancora ex hanc-horam; gall. dorénavant dehinc, ex ‚de'-hora-in-ab-ante.

hordeum 2 n; v. ordior. L'orge; cgn. κριϑή pr. χιρϑή, cohaer. cum horreo, skr. harsh- h. e. gharsh- = horrere, unde germ.

vet. gersta die Gerste, ex aliquo gharsh-dhâ; v. Fk. 359. Legerlotz numerat hoc hordeum ad skr. gardh- h. e. ghardh- = exoptare, unde hordeum h. e. ghordhyam = exoptandum. Qua quidem de sententia cf. skr. turagapriya m hordeum, (equis exoptatus; cf. avena). Huc horreum, receptaculum hordei.

hordus, a, um = fordus, φορ-φόρ-ος.

horreo 2. Ex hors-eo; germ. md. grûs der Graus, skr. hrshyâmi horreo; rômaharshaṇa haarsträubend, grûs-lich, angl. grisly.

hortor 1. Pr. fortor, cgn. fortis; K. XII 418. Fk. autem trahit ad χαρτ-ός, pertin. ad skr. haryâmi mache Lust, ermuntere.

hortus 2 m. Χόρτος, v. hara. Huc osc. horto templum, russ. gorod oppidum, germ. vet. gard domus, ags. geard, unde ort-geard = the orchard. Gard- = virgo ut Hiltigard virgo Bellonae; cf. δάμαρ.

horum. Gen. pl., ex aliquo hâsâm, ut téshâm = derer ex tasâm; -,sâm' autem est gen. pl. pronominis sa = ô, v. quorum.

hôs. Acc. pl., ex aliquo hons, ut skr. tyân s. tân = ,τούς' ex τονς, (τον + s plur. de quo s v. simul).

hospes 3 m. Cgn. hostis, lat. vet. fostis = hostis, pertin. ad skr. ghasâmi = bhasâmi consumo. Boppio hospe-s constat ex hospet-s h. e. cibum petens.? Hospita cgn. pôtis.

hostia 1 f. Cgn. hostio = ferio, lat. vet. fostia, cgn. hostis, skr. ghas-ra laedens. De s. cf. goth. hun-sl hostia c. han- = ferio.

hostis 3 m. Cgn. hostia, = hospes, goth. gasts. De s. dupl. cf. Ξένος, Ξεῖνος ex Ξενϝος hospes, pertin. ad skr. ḱaṇ-ô-mi laedo, hostio; adde skr. para m hostis, prpr. hospes, cgn. c. ,pere'grinus, ,fre'md. — De ,tis' in hos-tis cf. goth. gas-tis der Gas-t, scapus der Schaf-t, der Fros-t, der Paps-t = papas.

hûc. Ex hoc, Abl. = hieher, ut quo = wohin, Abl., eo = dahin Abl.

hûjus = haiyâs, ut madiyâs meus; v. cujus, ejus.

hûmanus, a, um. Ex hominanus.

humerus 2 m. Umerus = ὦμ-ος ex ὄμσος, skr. aṅças m. aṅsas m = goth. amsa, v. ansa. K. XXI 104.

hûmor 3 m. Rectius ûmor, cgn. uveo.

hûmus 2 f. Skr. gam = ḱam terra, unde gmas gen. Abl. Adde ḱâman n. kmâ f; ǵmâ auf Erden = humi ex humo-i = χαμα-ί Loc. Hinc hûmilis = χάμαλ-ός χθαμαλός.

hyaena 1 f; ὕαινα h. e. ὑα-ιν-α.

hydra 1 f; ὕδρα, ags. oter = the otter, ὕλλος ex ὕδλος.

hydrops 3 m. Ὕδρωψ. Confer. skr. ǵalôdara m hydrops, (der Wasserbauch, ex ǵala-udara).

hymenaeus 2 m. Ὑμήν, cgn. su-ere, ex syumen = textura. Num con-,su'-alia illa alludebant ad ,hy'-menaeum? v. Consus.

hymnus 2 m. Ὕμνος ex ὕϑνος, ut ὑμενος ex Ὑμήϑνος; pertin. ad ὑφαίνω. De a. cf. zd. vap = web-en, dichten. De ὑπ- = wap cf. ὕπαρ c. nord. vet. vafa spectrum. Confer skr. sumna n ὕμνος; Fk. 198. K. VI 355.

I.

I. — i Locat., v. humi, fieri, tecte. — II. Nom. pl., v. Gabii. — III. i ex ui, v. fio. — IV. i ex e, v. malignus. — V. i ex a, v. meus. — VI. i eliditur, v. dudum. —

— ia; v. barbaria.

ibex 3 m. Pr. ipex, cohaer. cum ἴπ-τω = ico. Hinc la biche.

ibi. Cgn. umbr. i-fe illic, ex ibhi, αὐτό-,φι'; v. ad = abhi. Adde νόσ-φι, ὄφρα ex ὀ-φι-ρα.

—ibus. Ut homin-i-bus; ex -ibhus, -bhyas, ut menti-bus = skr. mati-bhyas = -fios, -fos, -bos ut navebūs = navibus, vel -beis = -bis ut nobis; K. XVII 50. Hoc ibus pr. obus ubus ut multiplex ex multoplex, fructibus pr. fructubus. Adde ir. celt. anmanaib = nominibus, quasi ex anmanaibhyam; K. VIII 34. XIX 198. ,bhyas' autem cohaeret cum ,bhyam' sg., (ut tubhyam = tibi), cum -s plur. K. XII 261. 307. Hinc term. ,is' ex bhis, bhyas, ut quis = quibus. v. ad.

ichneumon 3 m. Cgn. ἴχνος, skr. ikh- = eo, moveor.

ico 3. Cgn. 'ιν-ίσσω = 'ιν-ίπ-τω h. e. 'επιπλήσσω. Huc ἴκ-αρ, ἴκ-ταρ ut πλησίον cohaeret cum πλήσσω, ut ϑιγεῖν pertinet ad skr. dagh-n-ômi πλήσσω. De dagh- = ϑιγ- cf. dubitur = ϑυγάτηρ; K. XII 126. v. Paris. Adde gall. cosser ex coicere.

ichthyosis 3 f. Cohaer. c. ἰχϑύς pr. ἰ-χυ-ων = hians; skr. illiśa m = ἰχϑύς, P.

— icus; v. medicus. — II. -icus, v. amicus.

id. i-d, (v. hoc ex hod-ce); goth. ita, germ. vet. iz, germ. md. ëz, skr. i-dam; P., vel i-dam ex i-tâm ut udi ex uti; B. § 247. Hoc it. demo idem, ex ,id-ipse' sc. est. Hoc ,id' est in skr. cêt = si, ex ća-it, it = id; B. § 992. Confer quodsi = cêt.

idcirco = darúm; ,id' est accus.

idem.. Skr. I-dam = is, (ex i+da+m), v. ego. Hoc de in i-de-m est illud -δε in ὅ-δε, 'ενϑά-δε, zd. -da in vaeçmenda = *οικόν-δε*; skr. -di in yadi = si Loc.; adde δε-ῦρο, δε-ῦτε; τοιςδεσσιν ex τοισδι-σμν; δαί, δή, δέ; v. idoneus. — De idem = skr. Idam cf. Plautum, apud quem et idem et Idem. Cum -,di' in ya-di c oharret illud -,di in ud-ici fem., adaãć mask., = ὑστέρα h. e. udi-+..., cgn. goth. ut = hinaus. Bzb. 104; udi Loc.

ideo = so-hin; (skr. id = ita, so, + -eo = hin).

idoneus, a, um. Skr. idánim = ἄρτι, gerade, idoneus = ἄρτιος; gerade, eben, recht, gerade recht, eben recht. Hoc idánim est Accus. fem.; idâ nunc, eben, constat ex i-dâ, cgn. i-s, ea... dâ = δή eben, gerade, gewärtig, gleich da, praesens.

I. Idus, uum f. Ex indus, v. abyssus. Skr. indumati f dies plenilunii, (prpr. scintillas lunae habens; nam ,mâti' ex mant = want, v. -osus). Hoc idem ,indu' est in skr. pùrṇêndu m plenilunium; K. XIX 79. Confer 'Ενδυ-μίων. Fk. putat posse cohaerere hoc ,idus' cum idh- = αἴθω, v. aedes. — II. -idus, v. timidus.

Idyllium 2 n. εἰδύλλιον das Bild. De forma cf. 'επύλλιον ein kleines Epos. — ,εἰδ' cohaeret cum suffixo -ώδης ut 'Ηρ-ώδης das Bild der Hera an sich tragend.

igitur. Ex aliquo ighitus, ibitas, (cgn. ego, skr. iha = i-dha = hic, hier); -,tur' = tas, ut skr. i-tas = daher.?

ignarus, a, um. Pr. ingnarus = skr. agna.

ignis 3 m. Skr. agnis m, pertin. ad añģ = ung-ere, Fk.; cgn. ἀκ-τίς. Hoc ex añģ- = ungere, vel potius anak-ti = ungit goth. anaks plötzlich, blitzschnell.

ignominia 1 f. Pr. ingn., cgn. nomen. De a. cf. goth. idveit ignominia, cgn. wissen = γνῶναι. — ignotus, a, um agnata.

ignosco 3. Pr. ingnosco = συγγνώμην ἔχω, namque ,in' in ignosco non negative positum est. Idem sensus in skr. anu-manyê ignosco, (cohaer. cum men-s).

— Igo; v. mitigo. — II. -igo, v. caligo.

ile 3 n. ἰλεόν die Darmgicht, cgn. ἰλλάς die Schleife, ἰλλός strabo. Idem sensus in skr. añkasa ilia, cgn. añka m die Seite, ilia, (v. unc-us).

ilex 3 m. Pr. hilex, der immer grüne, cgn. hilvus. De a. cf. die Wecheich ilex, cgn. wach vivax. Hinc l'yeuse (ex ilicem).

iligneus, a, um. Ex ilig-meus, skr. -maya = -μιος, ut ἀνδρό-μιος, skr. açmasâramaya aus Eisen gebildet; v. quernus.

— Ilis; v. agilis.

illäc. -,äc' in skr. èn-,äc' = illas, (ex inlas, inulas). v. illud. Cgn. illic Nom. = ille, pr. ille-ce; Dat. illuic, unde gall. lui; illic ex illi-ce, (illi Loc.) = dorten. Adde illico = in loco. De s. cf. extemplo, (templa coeli = loca coeli). Huc etiam illim ut exim, utrim = utrimque, olim = ab ollo (pr. illifim, -fim = φιν, ejecto bh illim, ut silvis ex silvibhis silvi-h-is; v. fui). Lottner hoc illim exstitisse putat ex illib h. e. illibi; v. clam. Hinc illim-c = illinc. Accedit illorum, unde gall. leur = it. loro. Postremo ‚illud' pr. illut, (ut ab pr. ap; B. § 147); ex inulud, v. ullus. Huic d fin. respondet goth. -ta in tha-ta = angl. tha-t. Simili ratione ‚ad' neutr., (pertin. ad ‚a' pronom., v. ego). Illum ex in-ulum, inlum = skr. ênam = ihn.

— illus. v. pugillus.

imago 3 f. Pr. mi-mag-o, cgn. μι-μέ-ομαι, skr. prati-mâ f imago, prati-mâ-na n das Gegenbild; v. metior.

imbecillis, e = unpässlich, cgn. ba-culus. De s. cf. goth. usgrudjan tardum esse, prpr. non posse pro‚gred'i, (gradior = βαίνω).

imber 3 m; ὄμβρος, skr. ambhas n aqua.

imbrex 3 m. v. ambrices.

imbuo 3. Cgn. vini‚bus' vini‚bib'a, ‚bib' redupl. est quasi quoddam causat. De b = p cf. βώτηρ = pâtar, βασιλεύς = ποιμὴν λαῶν. — Skr. pîta imbutus, imbibirt, voll, P.

imitor 1. Ex jimitor, cgn. aemulor.

immanis, e = ungut, cgn. manus, a, um. De s. cf. germ. md. gehiure manus c. ungeheuer immanis.

immŏlo 1. a spargendo mol-as super victimam.

îmo. Ex aliquo ismô, constat ex i pron. + smât Abl.; B. § 361; v. imus. Cum i pron. cohaeret skr. ya- = ὅ-ς, quod ad ‚ya' revocari debet nostrum ‚ja', ‚ja' sogar = imo vero, (ya-t = ὅ-τι, cgn. angl. ye-s = ja: v. jam).

impedimentum 2 n. Lat. vet. indup. = τὸ 'εμ-ποδ-ών.

imperator 3 m. Lat. vet. induperator, cgn. par-are.

impetigo 3 f. Cgn. peto. De s. cf. helv. gichten prurire c. die Gicht, pertin. ad geh-en = petere. Adde skr. upani-pât-a m = im-pet-us, cgn. πετ-εῖν, pet-ere. Illud ‚in' in impetus = ‚ni'-pâta (ex a-ni-pâta) est goth. ana ut analeiks = ähnlich. Huc im-pet-ro, ubi de s. dupl. cf. sax. vet. þiggjan et petere et im-pet-rare.

impingo 3. Hinc gall. empêcher; pincer vellicare (pinctiare), tirol. fick-en juck-en. v. Dz. I 299.

imprĕcor 1 = anwünschen. De s. cf. skr. çaṅs-âmi ich wünsche an c. abhiçaṅs- verfluche.

imus, a, um. Ex ihamas, idhamas = skr. adhamas, cgn. adhas = unten, ut videtur ex am-dhas = 'ένθεν = infer-, nam 'εν- in 'ένθεν potest esse accus. pronominis ‚a'; Bzb. 65.

I. in-. v. inanis. imus. nego. inertia. intonsus. — II. in = cypr. 'ιν = 'εν = ein, 'εν-ί Loc. = drinnen; cohaeret cum goth. ana = skr. ana, angl. on, up-on; atque ana est instr. = an = lat. in ut: pie fecit in patre er hat fromm gehandelt ‚am' Vater. Cum suffixo -θεν, (v. imus). Suffigitur -σω ut εἴσω 'ίσω (ex 'ίν-σω, ut πρό-σω). Adde 'ες εἰς = hin‚ein'. Goth. innaþrô = 'ένδοθεν, (inna ex ana + -na). Celt. in ut Iudutiomarus = in populo. (v. totus) magnus. Hoc idem ‚in' est etiam in ‚In'subres; Gl. 79.

-ina. v. regina.

inanis, e = ἠν-εμόεις ventosus, cum ‚in'- intens = voll von = ‚un' in der Un-mensch. Cum hoc ‚ἠν'- = -‚ān' cohaeret ἀν-εμώλιος, = μυώσιος, cgn. ventosus. Hoc ‚in'- intens. cohaeret cum ana = in, ἀνά, unde skr. antya (ex anta das Ende + ya), goth. all-andjô = vollständig, bav. end-, enz ut Enz-rausch; Schm. I 77.

inceptum 2 n. Das An-‚heb'-en. De s. cf. skr. pra-râmbha m inceptum, pertin. ad rambh- capere.

inchoo 1. Pertinet ad χά-σκω I be-gi-n, cohaeret cum skr. kha n cavum, die Oeffnung, kha autem referri debet ad khanâmi χώννυμι, P. Unde germ. vet. pikinnan secare, findere, quo de s. cf. gall. entamer anschneiden, anfangen, inchoare; v. infit.

-incia 1 f; v. provincia.

inciens 3 = 'ἐγ-κύ-ουσα. De υ = i cf. cliens.

inclîno 3. Κλίνω, skr. â-çri, â-çrayâmi acclinor, unde â-çrayani f scalae, germ. vet. hlei-tara die Leiter. Cum çri-, çar- = sich anlehnen, cohaeret çar-man tutela, cgn. nord vet. Hlîn, de qua ait Gr. (M. 843) sic: Hlîn ist von Frigg allen in Gefahr schwebenden Männern zum Schutz gesetzt; von klina tueri, fovere.

inclutus, a, um = κλυτός, germ. vet. hlin- in hliu-munt der Leumund; skr. çruta, unde goth. hroþ- gloria, (Hrud-olf).

incola 1 m. Cgn. in-quil-inus. Hoc ‚in'- = ein, skr. ni, (v. incolumis), ut nigraha m das Einhalten, nikhanana das Ein-graben, nikramana m in-cessus, niwâsin der Ein-wohner.

incolumis, e. Cgn. κόλος, σκόλ-οψ spina, σκολύπτω, κολούω, pertin. ad skr. kur- seco, fodio. Hoc ‚in' = ‚un'.. = skr. ana instr., Locat. ani = ni abjecto a initiali, unde skr. ni-kriti f (pr. anikriti) die Unthat, nikhila nuleer h. e. integer.

incoxo 1 = hauch-en, skr. kuć-âmi contrahor, sax. kanz-en, kauzen = kauern; bav. hauch-en = hauch-red geben; slv. vet. kukŭ curvus, cameratus, unde pendet lit. kaukrara collis, Chauci monticulae, die ‚Hüg'elbewohner, goth. hauh-ai die Hoh-en. Tac. Germ. ed. Schw. S. p. 63. K. XIX 360. Eadem sententia in borussgrabis mons, cgn. nord. vet. kroppna contrahi, unde der Krampf; Fk. 512. 710.

increpo 1. Germ. vet. increbôn = increpare, anfahren; v. Gr. V 1544. Hoc in = skr. ni, (v. incolumis), ut niyukti f die ‚An'stellung, ‚in'junctio; ni-yôga m das An-binden, die An-weisung, der An-trag, niwêshtana n das An-kleiden.

incus 3 f. Unde it. incudine = l'inclume. Confer germ. vet.

anapoz der Amboss, cohaer. c. hantan cudere; the anvil incus. (ags. filan cudere).

indāgo 1. Ex ind = indu + ăgo, cgn. ambāges.

inde = skr. adha tum, deinde, ἔν-θεν, v. in II. Hinc gall. en ut entraîner inde trahere, envers inde versus.

index 3 m. Skr. dêshṭar m. — index digitus dêçin m. pradêçinî f. Skr. diç- = in-dic-o, goth. teih-an zeig-en, unde the ti-ding die Zei-tung, die An-zeig-e; Schm. IV 204. Adde germ. vet. zei-nen indicare, zeih-en, in-zich-ten.

indigena 1 m. Cgn. ἐ-γγηγος, Ignatius. Lat. vet. indu = ἔν-δον, cgn. angl. to = zu, goth. du, zd. da = δε ut οἰκόνδε = dem Hause ‚zu'.

indiges 3. Ex indu-gets, ut indigeo ex indu-egeo, indigitamentum ex indu-ig..., v. adagium. Illud -gĕt-s = -γετος, ut τηλύγετος, skr. -gâta = natus, unde ags. ci-dh surculus, the kid das Kitzchen, nord. kid pr. kit, Schm. II 347.

induciae 1 f. Die ‚Ein'stellung.

indulgentia 1 f. Ex ind-ulg-; ‚ulg' pertin. ad skr. arǵ-, unde awârǵâmi ich lasse los, ind-ulgentia der Ablass, der Antlass; adde upârǵâmi ich lasse zu, admitto; v. insons. B. et Bf. dividunt in in-dulg-, ‚dulg' = δολιχ-ός, zd. darĕgha = lang, in-dulg-entia die Langmuth, μακροθυμία.

induo 3. Ex indu- + -o, v. ex-u-o, sub-u-cula.

indusium 2 n ἔν-δυμα, cgn. induviae.

industria 1 f. Ex indu-stru-ia, cgn. struo.

inertia 1 f. Cgn. ṛiti f. zd. ereti impetus; v. ars. Hoc ‚in' = skr. an- (ante vocal.), pertin. ad ‚a' priv., cui cum suffixum est -dha: adha a-dha = hinab, vel a-wa = hinweg. Nord. vet. o, ut ‚o'borrin = ‚un'geboren. Hoc idem a priv. Boppio est augmentum, ut a-tupam = ἔ-τυπτον. Boppius ait sic: Die durch a ausgedrückte Vergangenheit ist nur die verneinte Gegenwart.

infensus, a, um. Hinc Grimmio pendet bohem. bĕss der ‚bös'-e Feind, nord. vet. beis-kr amarus, beiss-end.

inferne. v. pone. Skr. adhara = inferus, compar. illius skr. adhas infra, ex aliquo andha, cohaer. c. ἔνθα; goth. und = angl. unt-ill, bis; cgn. germ. vet. und in und-rinnan ἐκβάλλειν; adde germ. vet. anti = angl. and, und; Bzb. 105.

infestus, a, um; v. manifestus.

infit = incipit, i. q. inchoat er eröffnet, cgn. skr. pha apertus, offen. Adde skr. pha n jactatio, ut bav. gönen oscilare, gen-nig jactabundus. Sed Madwig hoc in-fi-t trahit ad φη-μι. Vide Aen. XI 242: farier infit. Cgn. infitiae.

infrā. Ex infrad, v. sed; skr. adharēṇa instrum. Hinc it. fra- in frapporre dazwischen setzen; Dz. II 427.

infula 1 f. Cgn. filum? Confer skr. phala-kâ f abgespaltenes Stück, cgn. phal-a-ka m scutum = phara n. De s. cf. pannus.

ingenium 2 n. Hinc the engine machina, cgn. ingens.

ingruo 3. Cgn. lit. griú-ti ruere, cohaer. c. skr. abhi-hru-t ruina; K. XX 5.

inguen 3 n. Cgn. angina, the haunch die Hüfte, nisi pertinet ad ἄγκατα, v. exta. Adde gall. l'aine ex inguen; Dz. I 236.

iniquitas 3 f. Confer die Misslichkeit = skr. waishamya n, (pr. wai-sam-ya = dis-sim-ilis), = miss;lich' ung,leich'.

Ino 3 f. 'Ἰνώ = nervosa, valida, (ἴν-ες).

inquam. Ex in-qui-am, inquiâmi, ut sum ex esâmi; pl. in-qui-unt, in-qui-es, inquiebam; pertin. ad skr. â-khyâmi enumero.

inquilinus, a, um. Cgn. culina; v. incola.

inquīno 1. Cohaeret cum cunio stercus facio, pertin. ad. skr. knûyê foeteo, cgn. kuṇa m cimex, kuṇ-apa m cadaver, (foetens).

— inquus. v. longinquus.

insĕcĕ. Lat. vet. er ‚sag'-te = 'ἔννεπε ex 'ἐν-σεπ-ε; apud Ovid. re-sec—uta est = respondit, lit. pa-saka narratio; v. signo.

insŏlens 3. Cgn. insultans. De s. cf. skr. laṅghâmi salio, insulto, unde 'ἔλεγχος die Lästerung, (lah-s-tar); K. VIII 253.

insons 3. Cgn. sin-o ich lasse zu, committo, zd. han-aiti admittit. Hinc αὐθέντης ex αὐτ-ἐντ-ης, adde goth. sun-jôni defensio, quo de sensu cf. indulgentia; v. K. XX 369.

instar. Die Ge-sta-l-t. Confer exemplar = exemplum.

instīgo 1. Ex instinguo, v. abyssus.

insula 1 f = 'ἐναλία, lit. salá insula, cgn. skr. salila aqua. Huc Σαλαμίς = l'Isle, Al-gier, germ. au ut Scandin-av-ia.

inter. Skr. antar = intra, inter, osc. anter, v. illim. Interdiu = skr. dyubhis im Laufe der Tage, instr. pl.; diwâ am Tage instr. sg. Interitus 4 m = skr. nyya h. e. ni-aya n der Untergang, = apâya m; confer skr. wartâmi eo, goth. fra-vairþan interire. Adde nyartha m interitus, (arâmi eo).

interpres 3 m. Pertin. ad skr. prath-ayâmi ich breit-e aus, explano, cgn. pâṭhâmi interpretor, ex prathâmi, unde goth. fraþ-jan intelligere. Fk huc trahit etiam skr. paṇḍita vir doctus.

intestinum 2 n. Ex aliquo intes-t-us, cgn. intus; bav. das ‚In'gethum = skr. antra n, cgn. ἦτορ, ἦτρον der Bauch; germ. vet. in-âdiri die Eingeweide, cgn. germ. vet. âdara die Ader; v. halitus. skr. antraguṇa n intest. rectum, (intestinorum chorda).

intonsus, a, um. Hinc it. il toso puer, pr. intoso. De

omisso ,in'- cf. bav. ort = ἀν-άρτιον, ortig, angl. odd = ungerade, the odds iniquitas. Adde to mend = emendare.

intrā v. extra. Skr. antarā antar; cgn. intrinsecus intrimse-cus; -cus = skr. -ças ut èkaças semel, gunaças gregatim, kramaças gradatim. — De ‚sē' v. sed. Adde intro 1 = intrà-yâmi. Hoc ‚yâ'-mi est etiam in goth. hir-ja-ts = venite, dual., L. M. 327. — Introrsum = ein‚wärt's, skr. abhyantaram; intus = ἐντός, skr. antas, antar. Hinc gall. dedans ex ‚de-de-intus'. — Skr. antama = intimus, der in-tim-ste.

invādo 3. Gall. envahir ex envadir, en-va-ir, inserto h. Dz. Gr. II 288.

invenio 4; cgn. βαίνω. De s. cf. goth. finthan cognoscere, to find, c. skr. patha m via, pathâmi i. q. panthâmi = βαίνω. K. XII 135. B. § 927. De s. cf. bav. etwas aufgehen = to find.

invīto 1. Ex in-cvit-o, skr. kētayâmi, cgn. gall. convier ex convitare, lit. kwēs-ti invitare, boruss. vet. quâit-as voluntas, germ. vet. kit s. git aviditas, goth. gaidv inopia; cohaer. c. skr. kēta m invitatio, unde goth. hait-an. Gr. IV II 908. K. XX 162. Fk. 1060. Aut ‚vit' cohaer. c. wī, (v. sq.), cf. laþ-ôn c. skr. rata amatus; Bzb. 35.

invītus, a, um. Skr. awita, pertin. ad wī amare.

inula 1 f. Cgn. ἑλένιον, nam crescit in locis humidis; cgn. ἕλ-ος unde ἑλένιον der Alant, germ. vet. alant, l'aunée.

— **īnum.** v. salinum.

involucrum 2 n. Skr. war-u-tra n = ἔλ-υ-τρον, cgn. nord. vet. völ-r das Rundholz, goth. valus pedum; involutus skr. âwṛita.

— **inus.** v. delphinus, genuinus, haedinus. — II. -īnus, v. facinus.

Inuus 2 m, qui in-i-t feminas.

— **io.** v. rebellio. sapio. morro (mus), narro.

— **ion.** v. Ixion. ambagio.

— **ior.** v. senior.

ipse. Ex i-pote (= potis, h. e. potius, v. magis). I-pote ipte = ipse. Lat. vet. eopte = eo ipso, vopte = vos ipsi; lit. pat-i-s = ipse. Ipte h. e. ipse = i-s potissimum, er gerade. De s = t cf. lapsus ex laptus. v. sapsa, -met.

īra 1 f. Skr. īr-atā, unde ud-īr-na commotus, ud-īr-natā f die Erregtheit, cgn. ar- = moveri, ire, unde arati f ira, ἶρ-ις, ἐρ-ι-θίζω = îrayâmi; Irasyâmi irascor, skr. Ir-in violentus. Huc goth. al-janôn aemulari. Adde nord. vet. illr malus, ex ilčs, pertin. ad skr. ir-in violentus, cgn. goth. ub-ils = übel, prpr. schädigend; (ub = uf ὑπό, unter). De s. cf. böse, ut: der Vater ist bös, irascitur.

ironia 1 f. εἰρωνεία dicacitas, cgn. εἴρω; cgn. Ἶρ-ις nuntia coeli. Confer Gnâ, quae dea ut Iris meat per aërem; Gr. M. 850.

irpex 3 m = urpex, ὅρπ-ηξ, i. q. ἅρπαξ rupfend. Hinc it. erpice = la herse.

irrito 1. Ex inrrito, goth. vritan, apud Hesych. βρυδεῖν, (v. abyssus), germ. vet. reizjan.

irrĭtus. a, um = vergeblich, vergebens, pertin. ad skr. râta gegeben. De s. cf. goth. gild die Abgabe, un-gültig = irritus; it. indarno irritus, cgn. δωρεάν = προῖκα.

irrŭmo 1. Pertin. ad skr. sru- fluere; v. ruma.

Is. Goth. i-s, germ. vet. i-r s. ë-r = er, skr. i pron., unde i-tas inde, i-ha hic, i-ti ita, i-mê hae du., i-mâs has. Hoc goth. i-s = ejus ex i-jis; germ. vet. i-mo, ihm, goth. i-mma; goth. i-na = ihn, skr. ênam, (ab instr. êna). Goth. i-zôs = ejus fem., germ. vet. i-rà = skr. asyâs h. e. a-syâs, pertin. ad illud pron. a, quod est in a-tas = i-tas inde. Suffigitur hoc pron. in ἐπ-εί = nach-dem, = -i ut οὑτωσ-ί; (at goth. -ei in sa-ei qui, thal-ei quod, debet conjungi cum yas = ὅς, cgn. goth. jains h. e. -ei ex -ja -ji ut harji-s ex harja-s das Heer, hairdeis ex hairdjas der Hirt, niujis = νέος ex niujas. Dzb. 68; v. jam). Hoc idem ‚i' est in μῆν-ι-ς, δῆρ-ι-ς, skr. ranh-i-s celeritas, was-i-s m vestis. Praefigitur hoc i graeco 'ἐ-κεῖ = da-jenseits, 'ἐ-κεῖνος = da-jener i. q. κεῖνος-ί = jener-da.

— **ia**. v. is, ea, id. — Comis. tyrannis. magis. sanguis.

— **iscus**. v. asteriscus.

— **isso**. v. patrisso.

istĕ. v. is. Hoc ‚te' = boruss. ta-ns = dor. τῆ-νος, lit. ta-s = -το-ς in οὗ-τος, (ex ὁ-υ-τος, skr. sa-u-tas); v. J. S. 152. Adde istud = skr. tad; isti = οὗ-τοι, dor. τοί; istôs = skr. tân ex tans = τού-τους. Adde ta-tara dieser von zweien, ta-tama dieser von mehreren. Deinde suffigitur hoc ‚te'.. verbis, ut amat = ama-a-ti, λέγε-(τ)ι; skr. bôdhanti intelligunt ex bhôd-an-ti, (= er-und-er, v. ille). Imper. skr.-tu h. e. twa, goth. -dau, -τω, ut καταβά-τω = atsteiga-dau, λυέ-τω = solvi-to; pl. γαμησά-τω-σαν = liugan-dau. Part. praes. -an-t-s, ut skr. bharan-t = feren-ts; B. § 804. Hoc est illud t participii ut germ. vet. uoh-ta diluculum, goth. uh-trô, cgn. goth. ôh-t-eigô εὐκαίρως, (cohaer. cum skr. ak-tu-s = ἀκτ-ί-ς; J. S. 13. 48. v. ignis).

II. Hoc t attenuatur in s, cf. tu = σύ, βοτάνη cgn. cum βασιλεύς. v. sapse.

Isthmus 2 m = Gern, germ. vet. gero lingua maris; Schm. 'Ι-σ-θμός = ἰ-θμός ut βιβά-σ-θω, ἀί-σ-θ-άνομαι. De hoc s euphon. cf. etiam goth. haif-s-ti rixa, þraf-s-tjan consolari, trau-s-tja der Vertrag, vaur-s-tva opus, alabrun-s-ti holocaustum, slv. vet. dêvĭ-s-tvo virginitas. Atque oritur hoc ‚thmus' ex skr. ‚twa', ut goth. maiþ-mas munus ex mai-twa; v. L. M. 143 et B. § 831. 850. Adde arwant = armentum, gatwan = βαθμός, erutwan = ῥυθμός. Bzb. 23. Die Zwetschke ex ‚dmasce' = τὸ δαμάσκηνον; Schm. IV 310.

ita. Ex i-tā, ved. itthâ instr., ex id-thā skr. ittham = ita; skr. i-ti, v. is. Adde itāque, apud Naevium itāque = skr. ta-thâ = itā. Item h. e. id-tem = ititem, skr. ittham; skr. = id potissimum, + tham = tem. De t = th v. mutuus. Cum ‚i' pron. conjungi debet goth. ai in ai-þþau = aut, sed, (ai-þau i. q. þau).

iter 3 n. Ex itinus, itinesis, v. jecur. Hinc gall. errant ex edrant. Adde skr. i-twan s. i-t-wara, (pr. i-wara, ut ɑdhâ-wara etaus. De -want -wan = -wara v. sulu-ber).

iterum. Compar., cgn. ἔτι = etiam, germ. vet. it, ags. ed, ut edgeong wieder jung, goth. id-reigôn μετανοεῖν, bav. vet. it-keuen, it-ruchan ruminare. Adde ‚et' in et-lich, cohaer. c. goth. iþ = autem = hinwiederum.

Ithacensis. Cgn. αἴθω, v. aedes. De suff. ‚ensi' cf. Hortensius ex Hortentius, Hortent-ti Hortens-tius. Ithacensti = 'Ιθακήσιος, (v. abyssus). ‚tius' cohaeret cum skr. -tyas ut tatratyas = dortig, cf. πρυμνήσια; v. K. VIII 95. C. 556.

— itus; v. circuitus.

— ius, a, um; v. eximius. patrius.

— ix; v. salix. genitrix.

Ixion 3 m. 'Ιξίων pr. 'Ιξ-ίων, cgn. zd. hikh-ti irrigatio, cohaer. cum 'ικ-μαίνω humecto, skr. sić- = irrigo, unde nord. vet. sik the sea; bav. saich-en mingere. 'Ιξίων h. e. 'Ιξίων est irrigator. De spiritu leni cf. ἶδος = sudor, Indus = Sindus, 'ίμεννος ex saranyûs procellosa; 'Ισθύς = skr. saddhu ex sandhu = ags. sund, ge-sund, v. abyssus. K. XIX 210. J. S. 181. De forma cf. Θειξίων, 'Ερξίων; K. VII 69. I 454. Sed vox 'Ιξίων trahi potest etiam ad aksas = axis, rota, = akswan, unde 'Ιξί-ϝων h. e. rotam solis gerens. De ι = α cf. ἵππος = açwas, ἴκρια pr. ἄκρια; v. ira.

J.

jaceo 2. Est intransitivum verbi caus. jacio, ut se habet liegen ad legen, candeo ad accendo; v. placeo.

jacio 3. Ja-c-io = ἰά-π-τω, v. jecur = ἧπαρ; 'ιάπτω = ire facio, ex yâpayâmi mitto. Eadem sententia in 'ιάλλω = jacio, ex ἰαλ-γω, caus. verbi ar- = ire, iyarmi eo.

jam. Lit: jau = schon, ja' = angl. yet. germ. vet. iu = jam, goth. ju-þan, (ju'- ex jam, ut tunþus = skr. dant, u propter namlem ut germ. vet. wigu pr. wigam = wahâmi, goth. du ex aliquo -dham = -θεν). ‚Ja'm cohaer. c. goth. ja-ins je-ner, skr. yas = ὅς. Hinc goth. -ei in that-ei, v. is. Ja-m = de-já gall., je-tzt h. e. he-zit = zur Zeit, angl. ye-t; (v. tam). Huc gall. jadis = jam diu, jamais ex jam-magis = ie-mer, immer; Schm. I 55. Fk. 537.

j a m b u s 2 m der Wurfvers, cgn. ἰάπτω. De s. cf. skr. ksip- ich be-schimpf-e, nord. vet. skimp = σκώπτω, c. ksip- = ἰάπτω. Bav. das Schump-er-lied das Schnaderhüpfel h. e. das Erndtelied. Et scimus jambos decantatos esse in honorem Cereris.

j a n i t r i c e s 3 f = εἰνάτερες, cgn. skr. yâtar f mariti fratris uxor, bohem. jatrev cognata, pertin. ad skr. yantar ligator, yam- = cohibeo, unde yata ligatus, cohaer. c. bav. vet. der Aid-em = der Eid-am, cgn. goth. aiþ-ms mater, prpr. necessitudine conjuncta. Gr. huc trahit etiam the oth der Eid obligatio, obstrictio. Quamquam Fk. 687 conjungit the oth.. cum ἰξ-αιτ-οῦμαι exigo, (pertin. ad skr. inômi penetro). De forma cf. hoc aid- pr. jad- c. aemulor pr. jam-; adde goth. gibôs = der Gabe, genit. sg. fem. ex gibâ-y-as, ut skr. gatâ-y-âs = οἰχομένης, der gegangenen; item Proserpn-ais h. e. Proserpn-ajis; goth. þizôs fort. ex þi-sâ-jas = dieser; izôs ex i-sâyas. Gibôs nom. pl., ex gibâjas, ut lat. v. equâi = equae; v. Gabii, janua.

j ā n u a 1 f. Cgn. skr. yâ-na n der Gang; cohaer. cum Janus patulcus et clusius; cgn. ἦ-μαρ = zd. ayare dies, ἡ-μέρα, (ex aya- = ayâmi = e-o). Bzb. 113. c.

j e c u r 3 n. Skr. yakrit n = ἧπαρ ex ἥπαρτ. Gen. jecin-eris pertinet ad skr. yakan- = jecur, lit. jeknа; v. iter.

j ē j ū n i u m 2 n. Redupl., cgn. skr. â-dyûna fame vexatus; v. BR. III 617; pertin. ad diw- vexare, unde skr. âdyû-na vorax.

j e n t o 1. Confer skr. yan-tar confortans, (restaurans).

j ŏ c u s 2 m. Lit. jûkas, ex joucus, dyucus, cgn. skr. -dyû = ludens, jo-cans; pertin. ad skr. diw- werfen, strahlen, dhyu-ti der Lichtstrahl.

j ū b a 1 f. Cgn. Jo-vis ex dyu-ba, pertin. ad diw-, v. dies.

j ŭ b a r 3 n. Ex ju-bar = luci‚fer', des Morgenstrahl.? Cgn. dyu-wan m sol, pertin. ad diw-strahlen. De -bar v. tuber.

j ŭ b e o 2. Pr. ju-peo ut habeo = capio, ἀμείβω = mapayâmi; ju'- cohaeret cum ju-ngo, Bf., K. VII 60. Nisi potius sequimur Wilbrandtium, qui hoc ‚jub' per dissimilationem evenisse putat ex vetere ‚jovhēre', cgn. juvat es ist gut, jovbeo ich heisse gut; K. XVIII 100; v. jus. — Jussus, a, um potuit existere ex jubsus, ut λίσσομαι pertinet ad skr. lips- in upa-lips-u cupidus, (cgn. libet); ut it. asolvere ex absolvere.

j ū c u n d u s, a, u m Ex jovicundus.

j u d i c i u m 2 n. ‚dic' cohaeret cum δίκ-η, skr. diç- ich zeig-e, cgn. dic-us, ut maledicus. De s. dupl. cf. ags. mahal judicium, ex madhal, cgn. skr. mantra n dictum, goth. maþleini, nord. vet. mål die Rede, Rechtssache. Fk. 920; v. meddix.

juglans 3 f. Jovis-glans. Cf. la joubarbe, Jovis barba.

jūgo 1. Onomat. ἰύζω, ich jauchze, ἴυγξ.

jŭgum 2 n. Skr. yuga m. n = ζυγ-όν. Cgn. jugerum = germ. vel. juchart, (v. aro); jumentum, (cf. frumentum), = skr. pra-yóg-ya (jungendus); jungo = skr. yuñǵ-, unde junc-us, (Gr. II 37); yuk-ta junc-tus. Cum ‚yuñǵ' cohaeret jug-is, (v. abyssus). Jugulum 2 n i. q. ‚vices' in cervices.

Juno 3 f. Ex Djuno, cgn. Διώνη, cohaeret cum Ju-piter, (Jovi-piter, Djupiter = Ζευπάτηρ i. q. Diespiter). Pertin. ad skr. diw, dyu, Nom. dyaush m. f = dies, coelum.

jūs 3 n = jus-culum; bav. die Jaus-en, gall. le verjus (viride jus); skr. yûsha m. n = yûs = ǵûsha, cgn. pers. ǵûshiden coquere, prpr. miscere, quo de sensu duplici cf. skr. yú- et conjungo et misceo. Jus das Recht, ex jövus gen. joveris, pertinet et ipsum ad skr. yu- = yuñǵ, causat. yâwayâmi. Hinc jubeo, ex jus-hibeo, jus-beo ich halte für Recht; Corss. Hinc jusso 3, infin. jussere, ex jus-so pr. jus-eso, (cgn. es-mi = e-um); quemadmodum faxo h. e. fac-so fac-eso. K. XXI 171. De forma cf. praes. De a. cf. Parcae.

juvencus 2 m. Cohaer. c. skr. yuwaça juvenilis; K. VI 7 i. q. yuwan = juven-is, goth. jugga pr. jun-ca, (cohaer. cum junix 3 f et goth. jun-da die Jugend), ut môdaga iratus pr. môdaka; K. VI 5. Adde der Jüngling, ex jugg-la-igga, -‚igga' = -‚ung' = jung; Schm. II 483; cf. leunculus. Adde juventa 1 f, -‚tâ' = skr. -‚tâ' ut dîrgha-tâ f longitudo, slv. vet. dlugo-da; goth. -da ut jun-da = juven-ta, germ. -da ut samfti-da die Sanftheit; goth. etiam -þa ut diupi-þa the dep-th. B. § 826. Cohaeret cum juventās ex juventats, -tatis, ut τητ- in νεο-τητ-, skr. dêwa-tâtis f = divini-tas. Pertinet autem hoc ‚tâti' ad tan- = ten-dere, unde â-tan- = efficere, detexere, bewirken, zd. tat das Machen; v. Fk. 202. De forma ‚tâti' ex tanti cf. mâti ex manti = μῆτις; Bf. Gr. § 402, 10. = juventus 3 f. skr. yauwana n. -‚tus' ex tûtis, twâ-tis, v. virtus. Hoc -twa est in skr. bhritya-twa servitus, goth. -dva in þina-dva servitus, der Dienst. Adde ‚tûtis', quod cohaeret cum goth. -duþi ut manag-duþi die Menge, multitudo; L. M. 654.

jŭvo 1. Juvat es erfreut, es nützt. De a. dupl. cf. skr. nandâmi laetor, cgn. der Ge-nuss laetitia, cohaer. c. ὀνί-νηθ-μι pr. ὀν-ναθ-μι, v. abyssus, ich nütze, gebe zu ge-niess-en; Fk. 108.

juxta. Ex jug-sta, jugista, jugius-ta superl., pertin. ad jung-o, ut angl. nigh = nahe cohaeret cum nec-to; v. exta. Huc gall. ajouter ex adjuxtare; la joute = germ. vet. muot- duellum, cgn. the meeting, nord. vet. môt junctura. — De jugista v. ultimus.

L.

I. l = n, v. lens. libella. lumbus. — II. l eliditur, v. qui. — III. l inseritur, v. talis. — IV. -la, v. sella. qui.

lābes 3 f der Flecken, cgn. λώβ-η pr. σλωβη, cohaer. c. slv. vet. slabŭ remissus = germ. vet. slaff, bav. schlamp-en nachlässig herabhängen, die Schlamp mulier impura, λώβη. Confer skr. lambê s. rambê dependeo, cado, lāb-or, (v. abyssus). De lāb- = λωβ- cf. skr. aç-wâm = ἵππων, adadâm = ἐδίδων; v. lambricius.

labium 2 n. Germ. vet. lef-sa, lep-s, cohaer. c. λαφ-ύσσω, unde pendere videtur goth. lôf-an palma, cgn. the glove; fort. cohaer. c. g.laub'en; Schm. II 412.

I. lābor 3. Cgn. ags. slûpan slabi, ent-schlüpf-en, germ. vet. slif-an labi, sleifan labefacere; J. S. 103. v. labes et cf. bav. die Haid der Abfäll, der Unrath.

II. lăbor 3 m. Vet. labōs = lit. loba, cohaeret cum skr. labh-ê s. rabhê λαβ-εῖν, â-rabh λαβ-έσθαι, cgn. ṛibhu sollers, callidus, cohaer. c. ṛibhwa angreifend, entschlossen = ἀλφ-ηστής; P. I 1059. Hoc idem ârabh- significat etiam nancisci, qua de vi verbi cf. winnen laborare, gewinnen nancisci, unde der Tagwan das Tagwerk, die Tagarbeit; λάφ-υρον der Gewinn. Cum ‚arb' h. e. ârabh cohaerere videtur nostrum die Arb-eit, goth. arb-ai-þi. Labor notat, ut πόνος, etiam pugnam, ut φυλόπις pugna cohaeret cum ‚op' = opus, πόνος, i. q. volkwig. Confer slv. vet. kara f pugna, cgn. karômi ich thue, unde goth. harja das Heer, der thätige Theil des Volkes; Fk. 514.

' labrum 2 n. Cgn. λαβ-ρός, λάπ-τω. Huc la balafre die klaffende Wunde, ut χεῖλος. 2. labrum das Gefäss pertinet ad λαβέσθαι fassen, ut das Gefäss cohaeret cum fassen; v. lăbor.

labrusca 1 f, sc. vitis. La lambruche. Labrusca ex aliquo labrus, a, um = λαβ-ρός packend, v. amarus. Hinc gall. brusque ex labrusque, qua de mutilatione cf. εἴβω ex λείβω.

lac 3 n. Ex glac = γαλακτ-, goth. niu-klah-s = νεο-γλαγ-ής; v. liber. Potest pertinere ad skr. gala n aqua. De s. dupl. cf. skr. kîra m. n aqua, lac = payas n. Confer ir. celt. lacht = lact-, lac, ut videtur ex mlacht die Milch, cgn. mulgeo; K. XXI 254. Hinc la laie die Bache, (lactans), cgn. lactuca = la laitue, ab acri suo lacteo succo sic dicta.

laca 1 f. Pers. lak = the lake, skr. lâxâ f. s. râxâ f la laque; Dz. I 240.

lacerna 1 f; *λακ-ίς*, cgn. lancino zerfetze; lacer = *λακ-ερός*, *ῥακ-όεις*; aeol. *βράκ-ος* = *ῥάκ-ος*, cret. *λάκ-ος*, pertin. ad skr. wraçc- scindo, lacero. Huc germ. vel. lah die Lach-e, signum in arbore incisum, unde bav. der Ge-läck-baum, Schm. II 431.

lacerta 1 f. Cgn. *λεκ-ρός*, v. obliquus. De vi verbi cf. skr. bimba m lacerta, orbis. Cgn. lacertus 2 m; *ὠ-λέκ-ρανον* der Arm, cohaer. c. *λίχ-ριος*, v. limus. De s. cf. skr. bhûga m lacertus c. bhugâmi ich bieg-e. Lacerta = le lézard, the lizard.

lacesso 3. v. allicio ich locke, cgn. lacero reisse, reize.

lacinia 1 f. Cgn. lacerna. De s. cf. the scarf, cgn. die Schärpe, c. to scarf lacerare; nord. vel. drappa lacerare, unde le drap; skr. paṭâmi lacero, unde paṭa m pannus, goth. paida tunica, bav. Pfaid; Dfb. G. I 335. Schm. I 326.

lacrima 1 f. Lat. vet. dacruma, (v. lingua), *δάκρυ*, goth. tagr, the tear, prpr. die bittere, beissende, cgn. skr. danç- = *δάκνω*. Eadem vis est in skr. açru n die Zähre, cgn. acer, nisi ortum est per aphaer. ex daçru, quod monet nostri das Arsenal pr. Darsenal, arab. dârçanah domus industriae; Dz. I 34.

lăcus 4 m. *Λάκκος* ex *λάκϝος*, (v. equus), the lake, nord. vet. lögr mare, aqua, cgn. *λεκάνη*, cohaer. c. lit. lanka die Vertiefung, lenk-ti inclinare; Fk. 390. 485. Huc ags. lagu mare, lacus, angl. ley ut Ley-den Wiesenbach, Bentley Binsenwiese; K. VII. 165. X 220, v. lucus.

laedo 3. Nord. vet. letja verletze, cohaer. c. goth. sleid-ja nocens. laed-ens, skr. srêdh-âmi ich beschädige, a-srêdh-ant non laedens; K. VII 165. L. M. 162. Adde skr. rădhâmi committo, beschädige, râdhayâmi perpetro, caus., unde laedo pr. ladio; v. Gloss; K. I 561. Huc gall. vet. la laidenge injuria, offensio, adj. laide turpis.

laena 1 f. Pr. hlaena = *χλαῖνα*, cgn. *χλα-μύς*; Bf. the clo-th, das Klai-d? v. Gr. V 1070, 1 c.

Lēthaeus 2 m. Ex *Λαυθ-αιος*, v. abyssus h. e. *λαθ-ρός μύχος*, pertin. ad skr. randh-ra cavum, chaos, die Leere, cgn. rahas ex radhas solitudo; v. caelebs.

laetus, a, um. Ex hlae-tus, cgn. *χλā-ρός*, v. hilaris; aut ex plaetus, unde gens Plaet-oria, cgn. skr. prê-man m. n favor, amor, pri-ṇ-âmi gaudeo, goth. fri-on, pri-ta laetus, froh, freundlich.

laevis = *λευ-ρός*, *λειϝ-αίνω* laevigo.

laevus, a, um, *Λαι-ός*, slv. ljevu, angl. lee-ward. Ut Bf. videtur cohaer. c. skr. rêw-ata m arundo, turbo, prpr. Windung.

Hac de vi cf. la gauche c. guenchir = wenden; Schm. II 464. Bergamensibus laeva manus nominatur la mano storta h. e. storta. Adde germ. vet. lërz, lurz laevus, cgn. λορδ-ός curvus. Porro goth. hleid-um laevus pertinet ad hleiduma obliquus, cgn. κλίνω. Nostrum ‚link' trahitur ad lit. link-ti curvari, v. obliquus. Gr. Gesch. p. 688.

laganum 2 n. λάγανον; skr. lâga m far frixum, pertin. ad bhragg, P. Igitur λάγανον pr. flag- = der Flâde ex flabdo; v. Gr.

lăgēna 1 f. λάγηνος, pr. λακ-, pertin. ad skr. ruk-âmi servo, arc-eo, ἀλκ-; ags. ealg-ian tueri. De γ = κ cf. τήγανον, pertin. ad τήκω.

lallo 1. Bav. lellen, λαλ-εῖν, skr. lalala onom.

lāma 1 f. Ex lacma, cgn. lacuna = lett. lāma.

lambero 1 = lacero, unde le lambeau, cgn. λιβ-ηρίς der Balg, λοβός, pertin. ad λέπω. Huc trahit Schm. limbus der Saum, ut λώπη cohaeret cum λέπω, ut germ. vet. ramft der Saum, lit. rumbas pertin. ad ‚ramb' = rapere, rumpere; v. limbus.

lambo 3. Bav. leben, leb-ern = lappern sorbere; the lapper der Schlamp-er. Huc die Lambrete petromyzon, (ex lamb-petra); v. lingo.

lāmentor 1. Pr. clāmentor, ab aliquo clamēre. Boppius trahit ad skr. lap, v. loquor, pr. lapmentor, skr. lâpin lamentans, lap-ita = ὀ-λοφ-υδνόν. Confer lāterna pr. lampterna; v. etiam la-tro.

Lamia 1 f. Λαμία voracitas, cgn. λαμυρόν. Confer skr. ghasa m nomen daemonis, prpr. vorax, v. vescor. Adde skr. ḑâkinî f, nomen dearum, quae carne hominum vescuntur; v. mastico.

lāmina 1 f. Ex gladmina die Degenklinge, cgn. la lame = the blade die Klinge, gall. vet. la lamelle, unde l'alumelle.

lamium 2 2. Urtica innoxia, cgn. germ. vet. luomi mollis, lahm, pr. hlam-, cohaer. c. skr. çrâmyâmi ich er-lahm-e; v. langueo, lemur.; bohem. lamiti frangi, unde die Lahm fodina; Schm. II 464.

lampas 3 f. λαμπάς, λαμπτήρ = la lanterne, cgn. limpidus. Huc Ὄ-λυμπος pr. Ὀ-λαμπ-ος. De υ = α cf. θύμβρα c. der Dampf. J. S. 148. De s. cf. Glitnir, Gladsheimr, Breidablick = Ὄλυμπος.

lāna 1 f. Pr. lahna, λάχνη, τὸ λᾶνος. λῆνος. Hinc λη-μνίσκος, ex ληνισκος, forma partic.

lancea 1 f. λόγχη, cgn. lac-ero. Bf. trahit ad ‚longa', quo de sensu cf. skr. dirghâyudha m lancea, (longum telum).

langueo 2. Cgn. λήγω, to lag, v. abyssus, pr. ϝλήγω, unde ἀπόλληξις, cohaer. c. ῥήγνυμι. De s. dupl. cf. lamium; v. laxus. Confer skr. lañǵ- pudere, blöde sein.

lanio 1. Pr. laenio, cgn. lacero; Bf. II 5. Hinc it. lagnarsi ejulare, i. q. κόπτεσθαι; v. plango cf. λύπη c. lump-âmi = lanio.

lanx 3 f. *Λικός*, pr. planx, cgn. *πλάξ*, v. planca, = le plat. Fickio cohaeret cum lacus = die tiefe.

lapathus 2 m. *Λάπαθος*, *λαπ-άζων κοιλίαν*. Potest pertinere ad skr. lamp-ata avidus, appetens, lapathum = movens appetitum.

lăpis 3 m. Cgn. *λεπάς* lacvis, cgn. *λέπω* ich schäle. De s. cf. goth. skala = *πλίνθος*, slv. vet. skala lapis, cgn. ich schäle; v. Fk. Huc *Λαπίθαι* saxicolae, v. Preller. Confer bergbûi, bergrisi; kranbûi saxicola. Gr. M. 536. Confer Hernici.

lappa 1 f. Pr. glappa, s. läpa, (v. vappa); cohaer. c. bav. kleppig = klebrig, germ. md. klembern = klammern; bav. vet. chlipa s. cliba = lappa, die Klepp-en. Adde kleppen = klettern, qua cum voce ‚klettern' cohaeret die Klette = die Klepen. Lappa igitur est die klaf-ternde, die klammernde, the clasper; Gr. V 1235.

laqueus 2 m. Hinc le lac-et, cgn. ‚lax' in pel-lax die Verstrickerin, slv. vet. po-leshi laqueus; v. Fk. 390. B. trahendum putat hoc vocabulum ad skr. raggu m funis. Huc il laccio, der Latz; Dz.

lar 3 m. Lares ex lases = placidi, *οὐκ ἄ-λασ-τοι*, pertin. ad skr. lashyâmi = *λι-λαί-ομαι*, lasâmi amplector, cgn. goth. lus-tôn cupere. Hinc larva, (v. arvum). De s. cf. manes.

lardum 2 n. Lā-rdum, cgn. *λᾱ-ρινεύω* sagino, *λᾱρῑνός* obesus. Bf. huc trahit *Λᾱρισσα* = pingue solum = *Ἄργος*.

largior 4, h. e. me largum facio, me lar-em praebeo, benignum; Bf. II 136.

lărix 3 m f. *Λάριξ* der Lärch-enbaum, cohaer. cum *λᾱρ-ός* obesus, vorax; v. larynx; confer lardum.

lărus 2 m. *Λάρος*. Confer skr. ralâ f, nomen alicujus avis; BR.; v. lā-tro.

larynx 3 m. *Λάρυγξ*, cgn lar, der lüsterne, cupidus.

lascivus, a, um. De forma cf. festivus, cadivus, vacivus; pertin. ad skr. wi-las-âmi las-civio, ludo, gall. a-loser blandiri, *λάσ-θη* ludibrium, cgn. nord. vet. lasta ex lastja lästern, prpr. illudo.

laser 3 n. Das Laserpitium, ex lac-serpitium, succus silvii, der Saft der Asa foetida, (asa ex lasa = laser); ‚silvii' pertinet ad *σίλφιον*, *σίλπιον* = sirpus; v. K. XVI 360.

lassus, a, um. Ex lad-tus, pertin. ad râdhyâmi conficio, (v. laedo). Cum hoc ‚lad' cohaeret goth. lat-s läss-ig. Huc gall. hélas, prpr. ach müde! v. Schm. II 528.

lateo 2. *Λαθ-εῖν*, cgn. *λάθ-ρα* = rah-ita pr. radhita; v. caelebs. Hinc Latium, Aen. VIII 321; v. Latona.

lăter 3 m. Pr. plăter, cgn. bohem. plita lapis arenaceus, lit. plytà = *πλίνθος*, cgn. the flint, cohaer. c. *πλατ-ύς*, the plate. Sed ‚pla' potest etiam trahi ad skr. pala- in palaganda m faber murarius, prpr. tector tegularius, cgn. *παι-παλ-όεις* lapidosus.

lāterna 1 f. Pr. lanterna, lampterna, v. abyssus.

lātex 3 f. *Λάταξ*, onom.. *λατάσσω* pletschern.

Lātona 1 f. *Λητώ*, pr. *λαντ-*, v. abyssus, cgn. latebra h. e. obscurum; v. Hes. Theog. ed. Schoem. p. 259. — Latona ex aliquo Latoa-jâ = *Λητῳ Λητωι Λητωνι*; v. L. M. p. 249. Cf. skr. brahmanî ex brahmanyâ, regina ex reginja = skr. râǵnî.

I lātro 1. Lett. lât latrare; v. larus. Confer skr. râyâmi = goth. laia. — II latro 3 m, cgn. *λάτρις* mercennarius, pertin. ad skr. lâ- s. râ- sumere, *λάτρον* die Einnahme.

lātum. Supinum verbi ,tuli', pr. tlatum. Hoc -,tum' autem est illud -,tum' sanscr. Infinitivi, ut êmi çê-,tum' = eo ,qui'-ëtum h. e. cubi-tum; = boruss. vet. -tun s. -ton, ut da-ton = da-tum. Quo loco hoc u mutatum in o cf. cum goth. numans = genommen. Lit. -tu = -tum, ut sè-tu = sa-tum, zu säen; B. § 864, v. -tum.

I lātus, a, um; v. stlata; celt. Lit-ana = silva lata. — II lātus 3 n = ir. celt. leth die Seite, gadh. celt. léa = la lisière, unde Plessy-lès-Tours, Passy-lès-Paris. Lātus pr. platus, cgn. *πλατύς*, die Seite, die Breite. De s. dupl. cf. ags. sid amplus, lātus, cgn. die Seit-e; ags. sidne and vidne weit und breit; angl. side adj. = lātus, longus, the side lātus; adde nord. vet. Sîð-höttr der Breithutige; Gr. M. 133. Dfb. G. II 200.

lavacrum 2 n. *λόετρον, λουτρόν*, pr. plav-, pertin. ad skr. plu- natare, *πλέϝ-ω*, â-plawa m lavatio; v. C. 42.

laudator 3 m. Germ. vet. liud-ari cantor, goth. avi-liud-ôn *εὐχαριστεῖν*, it. il lusingatore laudator. De s. dupl. cf. skr. wandâmi laudo, unde pendet *ἀ-ϝειδ-ω* = *ἀ-είδ-ω*, cogn. wadâmi cano. Laudo pr. hlaudo, cgn. nord. vet. hlioða sonare, *κλυτὰ τεύχεα* die klirrenden Waffen; ags. hlud s. lud sonans. Huc Huldana laudata pr. Hludana; Hlôrriði ex Hlôdriði, den laut-en Wagen führend h. e. tonans; Gr. M. 152. K. VII 185. Adde das Laudemium, die Concession von Seite des Lehensherrn, cgn. gall. allouer concedere, credere.

Laverna 1 f. Cgn. ,law'-âmi = lu-nâmi abscindo, v. solvo; cgn. *λεϝία* = *λεία, ἀπο-λαύ-ω*; v. lucrum, leo. Confer *ἀγελεία*.

Lavinium 2 n h. e. urbs lustrationum. Cf. Washington.

lăvo 1; v. lavacrum; *λούω*, bav. vet. lüh-en luere, luh-it = lotus. Huc die Lavn, Dz. II 41; die Lavine, die Lain, Schm. II 405; la lavande der Lavendel. Confer skr. plâwayâmi *πλύ-νειν ποιῶ*. Huc laurus 2 f, arbor Apollini sacrata ,lu'stratori. Adde lautus, a, um, ut nostrum der Flât mundities pertinet ad fleian, flewen = lavare, der Unflat = illuvies. Adde latrina 1 f les latrines, ubi de s. cf. skr. payuṣṭâlanabhûmi f (culi lavationis locus).

lautumia 1 f. *Λατομία*, cgn. *λᾶϝας* pr. *γλᾶϝας* = skr. grâwan m lapis.

lax 3 f. = fraus, bav. die Letz laqueus, cgn. Δολίαι, v. luxus.

laxus, a, um. Ex lac-tus, lag-lus = λαγ-αρός, = angl. slack, λαγόνες die Weichen, cgn. langueo, cohaer. cum skr. lag-âmi haereo, lag-na haesitans, λήγ-ων. Cum ‚lax' cohaeret gall. laisser.

lĕbes 3 f. Λίβης die Schale, cgn. λοιβός, λίπο ich schäle; v. liber, lepra.

lectus 4 m. Λίκ-τρον, λέχ-ος, das Lager; cgn. isl. lágr humilis, angl. low, prpr. lieg-end; adde 'ε-λέξ-ατο er legte sich, bav. vet. lagsen lauern, (cgn. λόχος), ex lagisôn; τανη-λεγής. Huc the coverlet = le couvre lit lodix. Goth. ga-ligrja das Beilager, fi-ligrja das Gelieger, latibulum; (fi- = 'επί), Bzb. 61. Adde the litter lectica.

I lĕgo 3 = colligo, ich sammle, cgn. goth. rikan, v. rogus. Hinc legio die Aushebung, ‚rag' = heben, Fk. Lego = eligo ich wähle aus, legio die ausgewählte Schaar, ut skr. wrâta m cohors, die Schaar, pertin. ad war- eligo, (unde ϝάλ-ις ἅλ-ις = in Menge, nach der Wahl). De a. dupl. cf. ćinômi cumulo, colligo; v. rogus. Huc legumen λεγόμενον. — II. lēgo 1, causat. verbi ‚lĕgo'.

lĕmur 3 m. Pr. remur, a Rĕmo interfecto. Grassmann trahit vocem ad lamium. Si vox Rĕm-us cohaeret cum ram-âmi, ram-ê, idem fere sensus existit; namque ramâmi significat quiesco, cgn. ἠ-ρέμα, partic. rata skr., 'ερατός, russ. radj, cgn. Radetzky.

lēna 1 f. Pr. lecna, cgn. pel-lax, nisi pertinet ad skr. laṅgâ f adultera, laṅg- pudere; v. leno.

Lēnaeus 2 m; cgn. ληνός.

lēnis, e; v. callis; cgn. len-tus, ut βραδύς = lentus cohaeret cum mrdus = lenis, ge-lin-de, bav. aufleinen, aufthauen.

lēno 3 m. Lat. md. leccator, v. lena. Demin. lenullus ex lenonlus, ut Caesulla ex caesonla = Feineigel. Hinc lenocinium, quae forma conferri potest cum patrocinium.

lens, tis f. The lentil, potest cohaerere cum λίβινθος = 'ερέβινθος, v. ervum; lens ex lejants. Hinc gens Lentula et Cicero alludit in illo τὸ 'επὶ τῇ φακῇ μύρον. Huc lentigo 3 f linsenförmige Flecken, Sommersprossen, th. lenti-s.

Lens, dis 3 f. Lit. glind-as das Ei der Laus; pr. glend-s, gnends, cgn. κνιδ-, κονιδ- the nit, die Nisse, ags. hnit; K. XII 332. v. promulgo. De l = n cf. alius, pulmo, adde klaupen = knaupen, klacken = knacken, klatschen = knatschen, klattern = knattern; skr. klathâmi = knathâmi laedo. Sed v. Fk. 361.

lentus, a, um = er-lahm-t, v. lamium; aut pr. clentus, skr. çrânta lassus, cgn. goth. af-hlaþ-ôn beladen, belasten; Gloss.

leo 3 m. Λέων, ex λέμων = bestia rapax, cgn. Laverna; skr. lawana n ein abgerissenes Stück; λί-ς der Löwe ex λμί-ς, cgn. λάμω = λύω, ut θίασος ex θμίασος, ῥίς ex ῥμις, σιαλος ex σμιαλος. K.

XXI 123. Confer sonsus. Huc il sollione canicula, ex sub leone zodiaci, qua de formatione cf. gall. sombre, sonder, v. umbra.

lepidium 2 n. Cgn. λεπίς, λεπύριον, prpr. das Schalenkraut; v. lepra.

lĕpidus, a, um. Cgn. λάπη s. λάμπη mucor, = luculentus; v. limpidus.

lepor 3 m; v. lepra.

lepra 1 f. Λέπρα die Hautkrankheit, cgn. λέπος die Haut, die Schale; v. lepidum. Huc lep-or, cgn. λεπτός fein, anmuthig. Lepores der Witz = sales potest comparari c. skr. lawanya n die Salzigkeit, die Anmuth.

lĕpūs 3 m. Aeol. λέπορις lepusculus, cgn. λεβηρίς cuniculus. Pertinere potest ad λέπω ich kiefle, hülse ab. Curtius trahit ad λάπη, (v. lepidus), ut nostrum der Hase cohaerere videtur cum cascus, der graue.

lētum 2 n. Skr. pra-laya m letum, pra-li-na mortuus, cgn. li-na solutus, rê-nu m pulvis, prpr. solutus.

leuca 1 f.. Celt. gadh. leugh, gäl. celt. lëig lapis, unde la lieue. De r. cf. pers. çang lapis c. παρασάγγης; K. XVII 139.

lēvir 2 m = skr. dêwara m, prpr. exhilarator, δαήρ; pertin. ad diw- jocari, nugari. De d = l v. lingua, caedo; adde caducus = it. caluco, hedera = ellera, tradux = tralce.

lĕvis, e. Ex legvis = leich-t, skr. laghwî f, laghu m = levis, cohaeret cum skr. raghu = laghu leicht, pertin. ad ranhi f das Rinnen, Rennen, das Jagen, der Flug. Skr. lâghawa n levitas Huc levo 1 ich mache leicht, to lif-t lich-ten, dan. löf-te elevare, lüf-ten. Huc la lie, the leaven die Hefe, (die Hefe cohaer. c. hafjan, heben = elevare,

leunculus 2 m = germ. vet. lewinchili, ut esil-inch-ilin das Eselchen h. e. Esel-jüng-le, Löw-jüng-lein.

lex 3 f. Osc. lig, nord. vet. lög das Gesetz, die Lage, the law, ags. lah, unde Lachmann judex; v. lectus. Adde ags. orläg fatum, die das Schicksal legende, λάχ-εσις, (cgn. λόχ-ος). Sed Ascolio secuto Pottium ‚lēg-s' est obligatio, pertin. ad lig-are; K. XVII 256.

libatio 3 f. Λοιβή, v. delibuo; skr. rê-tas n libatio, flumen, cgn. ri-na = li-na fluens. Huc λι-μών, λί-μνη.

I līber 2 m. Prpr. die Schale, λοβ-ός, cgn. λέπ-υρον die Hülse, lebes; v. Fk. 489. 392. Hoc liber, ut videtur, pr. gliber, cgn. γλάφω, klieben findere, v. glubo. De s. cf. lit. karnà liber, der Bast, pertin. ad çar- = κείρω. J. S. 159, cgn. ἄ-κορος der Riss, das Stück.

II līber 2 m. Das freie Kind, osk. lovfr-eis liberi, die Kinder; cgn. ἐ-λεύθ-ερος h. e. ἐ-λεϝθερος = liber, lo-er, ge-lü-st. Confer Fk. 485. Liber = Λυ-αῖος, der Freye, Freyr. Malim sequi Savelsbergii sententiam, cui liber = lat vel. leiber.. oritur ex aliquo ,lufer'; cgn. falisc. loferta = liberta, apud Festum loebertas = libertas. ,Loeber' ex ,loedher' = 'ι-λευθερ-ος, (ex aliquo 'ι-λυθερ-ος), pertinet ad 'ι-λεύθ-ειν gehen, wandern, 'ελευθερός 'εστιν, ὅς 'ελεύθει ὅπου 'ερᾷ. K. XXI 127. Savelsbergio autem forma verbi 'ελευθ- mutilatione thematis κιλευθ-ος evenisse videtur, ut λάξ cohaeret cum calx, lact-cum γαλακτ-. Igitur ,lufer' = κιλυθερ- proxime accedit ad ,κιλυθερ' lat. ,coluber' = serpens, (prpr. iens = skr. ćara, unde κέλ-ευθος, v. celer). — Cum ,libero' cohaeret lt. md. liberare = frei geben, it. liverare, gall. livrer liefer-n; la livrée das vom Herrn gelieferte Kleid. Adde gall. culbert spitzbübisch, ex co-libertus.

libet = lubet. Skr. lubhâmi s. lubhyâmi, germ. vet. liubiu I love. Huc goth. ga-laubs carus, ,lieb', the leman das Liebchen, ags. leofman amasius. Adde glauben, erlauben = belieben. Libitina, i. q. Libentina, der liebende Todesengel; v. Acheron. Tartarus

libo 1; v. libatio.

libra 1 f. Cgn. λί-τρα ex τλί-τρα, cgn. tlatum, v. latum, talentum. Huc la livre, der Lir. Hinc libella 1 f, il livello, le livé die Setzwage, cgn. le niveau, prov. nivel (ex livel).

lībum 2 n. Cgn. λοιβή der Guss. De s. cf. der Zuckerguss; Fk.

licesso; v. halesso; fut. syncop. ex licer-e-so. Quod ponimus licer-, v. fico, et adde lat. vet. evallav-i-so h. e. extra vallum mittam; K. XXI 176.

licet. Cgn. lic-tus, relictus; liceri sich einander überlassen. Huc le loisir ex licere, otium, das ruhen-Lassen. Huc ilicet = ire licet.

līchen 3 m = λειχήν, cgn. λείχ-ω be-lecke = skr. rih- s. lih-, unde ul-lih polire; quo de s. cf. the scabbedness c. scabere polieren; v. lima, pollinctor.

līcium 2 n. Das Trumm. Skr. likh-âmi, ved. rikh- incido, scalpo, lêkhâ f der Riss, v. rima, (cgn. ῥήγ-νυμι). Corss. hoc licium conjungit cum limus, ex lincium der Gurt; v. J. S. 108. Eadem vis verbi est in der Gurt, goth. gairda, cgn. hortus; L. M. 544.

lictor 3 m. Pertin. ad lig-ĕre = ligare; aut cohaeret cum lixa = evulgator, der Lic-i-tierer.

liēn 3 m. Pr. plien, skr. plihan m = σπλήν, ex splihan, cgn. σπλάγχνα. De lien pr. lihen v. via; Bf. I 603. Skr. plihan m die Milz, die Milzkrankheit = the spleen.

lignum 2 n. Lottner conjungit hanc vocem cum λιγ-νύς fuligo. De s. cf. skr. idhma n lignum, cgn. αἴθω, v. aedes. Lobet comparare goth. ast-s der Ast, bat. oest arbor, ὄζος c. ἄζω ex ἄσδω, cgn. ardeo; Fk. 343. Dfb. G. I 70; v. silva. Simili ratione die Föhre, germ. vet. foraha, the fir, slv. bor pinus silvestris cohaeret cum illo

‚fer' in Kiefer h. e. Kienfer, Kendfer; Schm. II 305. Gr. III 1870. Item die Tanne cohaeret cum ir. celt. teine ignis, cgn. tandjan zünden, unde Tanfans; Gr. IV 4. Scaligero vox ligni cohaeret cum col-lig-o, cgn. legumen das Reisig. De i pr. e cf. λίγνον s. λίγνυν, λίπροι s. λέπροι; C. 327.

lĭgo 1, cgn. λυγ-ίζω biege, lit. lug-na flexilis. Curtio pertinet ad skr. â-liñg-âmi amplector. Huc ligula s. lingula 1 f der Rührlöffel. De s. dupl. cf. skr. prê et conjungo ligo et misceo. Huc ligusticum 2 n il levistico, la liéche, cgn. λύγος.

lĭgo 3 m. Cohaer. c. λαχ-αίνω behacke, cgn. λίσγος ex λίγ-σος, v. misceo. Pertin. ad goth. rikan rak = colligere, unde der Rech-en ligo, cgn. rech-nen λογ-ίζομαι, leg-o, col-lig-o.

lilium 2 n = λείριον, pers. lâleh die Lilie, ex forma redupl. lalas- = λι-λαί-ομαι; Bf. De s. cf. skr. komuda m lilium, (quam laetum!, cgn. lit. mud-rus munter, froh). Adde κρί-νον lilium, skr. çri-ta dilectus; Bf. II 173.

lima 1 f. Pr. lig-ma, ῥίνη pr. ῥιb-νη; v. lichen.

limax 3 m = λείμαξ die klebrige Schnecke, cgn. li-nea. Idem sensus in der Schneck, si cohaeret cum nord. vet. snöggr glaber, nackt, (v. serpens); tropice das Schnack-rl; Schm. III 482.

limbus 2 m = fimbria, pertin. ad skr. lambana n die Franse, (v. lambero); adj. lamba pendulus, pertin. ad skr. lamb-ê sich senken, unde Limbus inferi, die Vorhölle.

limen 3 n. Der Querbalken, cgn. limus, sub-lic-a; limes pr. lic-mes via transversa; v. lax.

limpidus, a, um. Cgn. lampas. Hinc it. lindo nett.

I. limus 2 m. Pertinet ad skr. li, li-n-âmi adhaerescere, pratyâ-li sich an etwas hängen, ni-li ankleben, unde germ. vet. lim viscum, der Vogelleim; ags. lâm, (pr. laim) der Lehm, der Schlamm, germ. vet. slîm der Schleim, Schlamm. Confer K. VII 185. — II. Limus, a, um (v. limen).

linea 1 f; v. li-max. Skr. â-li-na anklebend, sich anschmiegend; cgn. â-li f der Streifen, die Li-nie, die Freundin, (die anhängliche), quo cum â-,lî' cohaeret lĭ-no. Quamquam vox ‚linea' evenire potuit etiam ex lisnea, cgn. germ. vet. lis-tâ f ora, der Saum, der Streifen, nord. vet. lis-ta f die Leis-te, τὸ λοίσ-θιον extremum, cohaer. c. sax. vet. linôn pr. lisnôn = germ. vet. et lirnôn et lërnôn = lernen, v. lira et cf. li-terae = das Lernen, die Gelehrsamkeit.

lingo 3. Skr. lih- = λείχ-ω, leck-e, goth. bi-laig-ôn. Huc the lecher der Lüstling, lig-us. Adde ἔ-λειγ-μα, lt. md. electarium, unde die Latwerge; bav. das Leck-erl, das Schleck-erl. Cgn. ligurio 4, unde gall. leurrer corrumpere, le leure = the lure, das Luder; v. Dz. I 253.

lingua 1 f; v. dingua. lumpha.

lino 3; v. linea.

linquo 3. Skr. rinć-ê, ripać-mi, rêć-âmi verlasse, gebe preis, quo de sensu dupl. cf. gall. vet. le bando die Preisgebung, abandonner relinquere, ĕ-rić-am = ἔλιπον; huc lit. laikyti retinere, b-leib-en machen; Gr. II 00. Sed v. lippus.

linter 3 f. Lat. vet. lunter, (v. sint), ex plunter, cgn. πλυντήρ, pertin. ad skr. pâri-plawa m navis, πλοῖ-ον, prpr. πλω-τός, ags. flota navis.

linteum 2 n. Cgn. τὰ λῖτα, ex λῖντα das Gewebe, lit. linta taenia, nord. vet. linnr h. e. lindr zona; v. abyssus. Cohaerere videtur cum li- adhaerere, cgn. lino. Hinc le linceul ex linteolum.

linum 2 n. λίνον, goth. lein, bav. der Lin-sât die Harlins; die Lei-wat, die Lei-lache. C. 329.

lippus, a, um. Pr. lipus, leipus, (v. cippus); cgn. skr. lêpas n unguentum, skr. limp-âmi s. rimp-âmi ungo, ἀ-λείφω schmiere, klebe, cgn. goth. laiba f das B-leib-ende, anklebende, λιπ-όμενον; Fk. 169. Adde λιπ-αρός unctus, nitidus, quo de s. dupl. cf. germ. vet. prêhanougi lippus, (pĕraht splendidus, liquidus; Gr. Gesch. 751).

lĭquor 3 m. Zd. ric, caus. raêćaya bespüle, â-rikti f conspersio, cgn. nord. vet. lêka stillare; K. XVII 201. Fk. 168.

lira 1 f. Pr. lisa, boruss. lyso pr. līeo, lisâ das Ackerbeet, cgn. germ. vet. leisa das Geleise, unde goth. leisan erfahren, ler-nen; Fk. 859. Adde nord. vet. list = ara.

lis 3 f. Ex stlit-s, v. Cic. or. § 156. Pertinet ad skr. stri-n-âmi ster-no, unde stlits contentio = germ. vet. stri-t der Strei-t; v. locus ex stlocus.

lĭtera 1 f. Cgn. skr. li-na n das Ankleben. De s. cf. κολλάω ankleben, anleimen, unde Proto-coll = primae literae. De forma cf. διφθέρα (pr. διψ-τέρα) gegerbte Leinwand.

lĭto 1 = λιτάω, pr. clito, cgn. λιτήσιος Schutzflehender, pertin. ad skr. çri = ire, (cgn. κλί-νω). De s. cf. ἱκέτης = λιτήσιος, pertin. ad ἱκέσθαι. Adde ad çri- skr. çrayana n der Schutz, cgn. çarman = çâlâ f das Schutzdach; Blt. VII 157. Confer Bf. II 173.

lĭtuus 2 m. Li-t-uus, (v. aedituus); cgn. lito, κλι-τός proclivis, κλί-σιος flexura.

lĭvidus, a, um. Ex plividus, flividus, fligvidus; pertinet ad goth. bliggvan = fligere, nam ‚lividus' = ‚blau' h. e. ‚blei'farbig cohaeret cum ‚bleuen' tundere, et livor color est ex pallido nigrescens; Gr. II 81; v. baca. Fk. autem trahit vocem ‚liv' ad skr. lî diffluere et confert slv. vet. mod-rŭ lividus, bläulich, quod ipsum pertinet ad mad-eo, unde pendet ἀ-μυδ-ρός. Lividus igitur = suffusus sc. sanguine. Cum ‚livor' Glückio p. 106 cohaeret ir. celt. li color, splendor, cy. celt. liu unde bliw color, Apollo Livius est Apollo splendidus.

lix 3 f die glühende Asche; cohaeret cum λιγ-νύς, skr. rǵ-îti glühend, riǵ-ika fumus, λιγνύς. Hinc lixivius cinis die Lauge, the lessive; v. lo-ligo.

lixa 1 m; v. lictor.

lixula 1 f. Sabin., das Brezel, a forma sic dicta, cgn. licinus.

lŏcus 2 m. Ex stlocus, v. lis; stlocus autem, pr. stro-cus die Strecke, cohaeret cum slv. po-stlati sternere, skr. wi-star-a expansio, das Strecken; v. torus. Potest pendere etiam a skr. sthal-a n locus, die Stelle, transpos. stla-, stlo-cus; v. Fk. 212. Huc locuples 3 plēs = πλή-ρης = ple-nus. Idem sensus in n. pr. Richlieu.

lōcusta 1 f. Cgn. λι-λάκ-ω sono, ληκ-ε-δών vox, unde λακέρας die lärmende Cicade, loqu-ax; v. gallus.

lōdix 3 f. Der Loden, grober Wollenzeug, ags. lodha die Bettdecke, lodix; cgn. nord. vet. lodhin n zottig, hirsutus, villosus, pertin. ad skr. lû- = λύ-ειν, unde lawa m abgerissenes Stück, lana, pilus; v. solvo. Adde le lodier lodix, unde nord. vet. loddari der Faulenzer, quo de sensu cf. isl. slinni der Faulenzer, der Schlenzer, Schlenderer, homo piger, c. bav. die Schlenn die Liegerstätte. Dz. II 361 huc trahit etiam germ. md. loter scurra, der Lotterbube, lo-ser Bube, Zotenbube. De hac vi verbi cf. die Hundsfott, die Fotze c. fot-ze villus, bav. die Fotze das Haar, pilus = skr. lawa; v. Gr. IV 44. Quo cum sensu comparari potest ἀ-σέλγ-ης, pertin. ad skr. sarǵ-effundo, solvo, λύω.

lōligo 3 f. Redupl., cgn. ‚riǵ'-ika bunt, polluted; v. lix.

lŏlium 2 n. Der Lolch; it. il gioglio lolium, videtur cohaerere cum il giglio lilium; Dz. I 213.

longaevus, a, um. De s. cf. bav. langwirig longaevus, cgn. wer-alt = aevum, seculum, prpr. die währende.

longinquus, a, um. De forma cf. prop-inquus; ‚inquus' = ‚γγύς' in μεσσ-ηγύς; ‚inquus' cohaeret cum ‚icus', v. amicus; J. S. 106. K. XVII 221. ‚Long' ex dlongus, pers. vet. drang-am Acc. = lang-e Zeit, slv. vet. dlŭgŭ = dlongus, δολιχ-ός. Pertinet ad skr. drâgh-iman n longitudo, pr. draugh-, (v. abyssus), drâghîyas longior, cgn. dîrgha longus. Huc goth. dragan ducere, ziehen, ver-läng-ern. Adde ags. leng-t-en der Lenz, germ. vet. langiz ver, a long-ioribus veris diebus. K. I 558. Fk. 391. Huc longaevus, a, um = bav. langwirig; Schm. IV 131.

loquax 3 h. e. loqu-â-c-s, quo de forma cf. skr. galp-â-kas loqu-â-cs; B. § 949. Cgn. λακ-ερός strepens, quo de s. cf. sax. vet. sprĕcan loqui c. σφαραγ-ῶ = skr. sphurǵâmi strepo; Fk. 216.
Cgn. λακ-εῖν, λάσκ-ω pr. λάκσω, pertin. ad skr. rać-, arć-âmi bin

hell, erhelle, preise; Fk. 388. De s. dupl. cf. barhayâmi luceo, loquor. Solet conjungi cum skr. lapâmi = rapâmi loquor; v. racco.

lôrica 1 f. Cgn. lôrum, ex aliquo vlorum, cohaer. c. τὰ εὔληρα frena, apud Hesych. ἄ-βληρα. ,Vlo' autem transpos. ex vol- = volvere, unde vol-ncra vermis.. De s. cf. τροπός lorum c. τρέπω = vol-. Huc germ. md. lôr lorum.

lôtus 2 m. Λωτός = desideratus, cgn. Λᾶ-μνος, Λῆ-μνος, λᾶ-ρός amabilis; cgn. lar ,λω' ex λασ-γω; Bf. II 136. De s. cf. skr. tâmarasa u lotus, (tâma the desire).

lûbet. Cgn. libet. Huc nord. vet. lof-a die Er,laub'niss, leyfa h. e. laufja erlauben, cgn. goth. ga-lauban glauben, prpr. lob-en, cohaer. cum nord. vet. lofa lob-en; v. J. S. 156.

lûbricus, a, um. Ex loibricus, schlüpf-rig, ὀ-λιβ-ρός = germ. vet. slaffar, pr. ὀ-σλιβ-ρός; cgn. lâbor, (nisi pertinet ad γλία, pr. ὀ-γλιβ-ρός). J. S. 163.

lûcens 3. Skr. rauć-ant, genit. rauć-atas lucentis, loc. raućati, unde goth. lauhatjan pr. lauhantjan; adde ahmatjan begeistern, v. acumen; L. M. 101. Hoc luceo cohaer. c. λεύσσω; skr. ruć-, rôć-ê lûc-eo, leuch-te. Huc lucerna = λύχ-νος, goth. lukarn. Adde skr. rućá luc-idus, zd. raokhshna lucidus, unde 'Ρωξ-άνη = Luc-ia, v. Barce; 'Ρωξαλανοί pr. 'Ρωξονανοί = germ. md. Berhtunge; 'Ροξανάνη, nomen reginae Sacarum. M. De s. cf. Ithaca.

lûcius 2 m der Hecht. Potest pertinere ad skr. ruća s. rûća asper, aridus, austerus, ,rauh', angl. rough; v. acipenser. Hinc il merluzzo, maris lucius, la merluche der Stockfisch.

lûcrum 2 n. Cgn. λύ-ω, λυ-σ-ι-τελής, bav. die Losung. Adde Laverna = ἀπολαύουσα; λωΐων besser, nützlicher, λώϊ-στος; Corss.

luctor 1. Cgn. λυγ-ίζω biege, ringe, drehe. De s. dupl. cf. to wrest verdrehen c. to wrestle luctari. Pottius ait: Lucta ist die Verschlingung beim Ringen. Si haec vox luc- referri debet ad skr. ruġ-âmi frango, (v. luctus), comparari potest goth. brakjâ lucta c. brikan brechen.

lûcus 4 m. Cohaeret cum skr. lôkayâmi λεύσσ-ω, unde skr. lôk-a m die Aussicht, die Fernsicht, der freie Raum, lit. laukas das Feld, das Freie, germ. vet. lôh, unde Hesel-lôh, Bue-lach, Buch-lohe, Water-loo. K. VII 186. Schm. II 400. Adde slv. lug, bohem. luh lucus, pratum, ut the ley die Wiese, Feld, ags. leáh lucus; Gr. M. 1202. v. lacus. Igitur lucus a lucendo; Fk. 170. Huc lucar = in luco datum.

lûdicrus, a, um. Pr. ludi-trus, ut volucris pr. volutris, ridiculus pr. riditlus, = skr. -tra ut pawi-tra purgans, -θρος ut λάληθρος garrulus; v. K. XX 144. Huc goth. lut-ôn il,lud'ere, unde die Litzen, die Kinkerlitzen; Gr. V 774, 2. De s. dupl. cf. germ. vet.

gaman ludus, unde it. ingannare illudere; la trompe die Maultrommel, tromper illudere. ‚Lud'o autem ex cludo, (K. VIII 304), cloido, croido = skr. krîḍ-â-mi = kûrd-. Bugge refert vocem ‚lud' ad skr. langh-, ex logdo, ut undo cohaereat cum nackt. ‚Langh'- autem = goth. laik-an saltare, nord. vet. leikr ludus, germ. vet. leih das Spiel, ahs lovcleik amor, bav. der Hei-laich conubium.

lues 3 f. Cgn. so-lu-tio, λοι-μός.

Lugdunum 2 n die Rabenburg; celt. lug corvus; Dfb. C. I 65.

lūgeo 2; v. luctus. Cgn. wi-rugâmi zerschmettere, germ. vet. ar-liuh-tan evellere. De s. cf. λυπέω lugeo, pertin. ad lump. = lacero, rumpo; v. dolor. Huc le lutin der Poltergeist, der Zerschmetterer, ein wehklagender Geist; Gr. M. 475. Luma 1 f videtur ortum esse ex luc-ma. Lugubris, e ex lugu-φρι-ς, lugu-wara, cohaer. c. part. praes. fem., = trauernd, ut fallebris = saugend, alebris nährend; v. salubei. membrum. K. XXI 137.

lumbricus 2 m. Cgn. skr. lambana m pituita c. lubricus, der schlüpf-rige, schlief-ende, schleimige. Idem s. in germ. vet. querdar lumbricus, cgn. querder pituita, lambana. J. S. 103. Gr. V 1570.

lumbus 2 m. Die Lende, ex aliquo ‚lamdh', unde germ. vet. lend-i die Lende, ags. lund-laga renes. Confer skr. râd-ayâmi ich befriedige, satisfacio, pr. randh-, v. abyssus. Huc le nomble ex lumbulus, ut dor. φίντατος = φλίτατος, ut goth. snumma = schlennig. Confer skr. â-lamba m fulcrum, der Haltpunkt, unde quid pendet, i. q. ἰσχύς lumbus, cohaer. c. ἴσχω ich halte. De s. cf. çarîra, P. VII 99.

lūmen 3 n. Ex lucmen = skr. rôka m, cgn. illustris pr. illuxtris, nord. vet. lysa illustrare. Huc sax. vet. liumo splendor; gall. barlume ex bislume.

lumpha 1 f. Osc. diumpa das Quellwasser, cgn. limpidus; K. XVIII 480. Fk. 480.

lūna 1 f. Cgn. lumen et nord. vet. lysa ex liuhsja = luc-ere, lyôs n das Licht, cgn. lus-tro; K. VII 186. Huc les lunettes die Brille; v. K. XX 14. Eadem vis verbi est in skr. ćandra m luna, prpr. candens; bhâsanta m luna, prpr. splendidus. Adde σελ-ήνη, cgn. σέλας, Ἑλ-ένη.

luo 3. Cgn. λού-ω, v. lavo; λύ-μη quae luitur, (ut το-μή = τόμος).

lŭpus 2 m. Pertin. ad skr. lup-, lumpâmi rumpo, raufe, raube, i. q. λύκ-ος, (pertin. ad skr. luk-, lunć-âmi = lumpâmi). Adde skr. wṛka m lupus, Nom. warkas = goth. vargr lupus, als Würger, addit Schm. IV 154; cgn. ῥήσσων, v. frango. K. XXI 140. Pertin. ad skr. wraçćâmi = lunćâmi. Hoc cum wṛk- cohaeret slv. vet. vlaku = russ. volk = der Wolf. Huc la lova scortum, lupa, le louvre = lupanar, ex lat. md. luperia. La loupe die Glasdinse, die Wolfsgeschwulst; v. Gr. M. 363. Lupercus, lupos arcens, λυκοΐργος h. e. εΐργων, le loup-garou der Wolfwehr, der Werwolf, unde le garou der Hexenmeister. (Confer Berserkr = vestem ursinam habens; v. Conr. Mr. II 110). Illud ‚ou' in le gar‚ou' ortum est ex ‚ulph' in garulphus = the werewolf; Dz. II 363. Gr. M. 948.

lūridus, a, um. Cgn. χλωρός. Huc le ba-lourd, der gaffende Dummkopf; cgn. lū-teus. C. 184.

— lus; v. tremulus. marcia. spumosus. Cf. modius.

luscinia 1 f = in lusco canens. Huc le rossignol ex lusciniolus. Luscus pr. lucsus, blödäugig, cgn. lucus; C. 147. v. cocles.

lustrum 2 n. Lu-s-trum, cgn. lu-o. v. mon-s-trum.

lūtra 1 f h. e. natans; Ptt. v. anas. Idem sensus est in skr. galaplawa m der Fischotter, prpr. 'ἐν ὕδατι πλέων.

I. lūtum = λύ-θρον, cgn. pol-‚lu'o; ir. celt. loth coenum, cgn. gael. celt. lal in Arelātum, cohaer. c. nord. vet. ledja ex ladja = lutum, cgn. das Land goth. lauds = slv. vet. ledina; Fk. 530. Germ. vet. letto argilla; Gl. 115. Huc Lutetia i. q. Eburomagus, (ir. celt. ebar lutum, coenum); Gl. 116. Kcb. III vol 2 p. 2. De a. cf. germ. vet. horo lutum, unde Hornberg, Hornung.

II. lūtum; v. luridus.

luxŭria 1 f = splendor; v. esurio.

luxus, a, um. Λοξός, unde nostrum lux-ieren; Λοξίας, v. laqueus.

Lycia 1 f. De a. cf. Arpinum; Ὑρκανία, hod. Gurgân, zd. Vehrkâna, pers. vet. Varkâna, v. lupus warka; Herod. VII 62.

lympha 1 f; v. lumpha.

lyra 1 f. Λύρα ex λύδρα = skr. rudri f die Leier; cgn. finn. laul cantus.

M.

I. m = v, Isthmus. nos. ultro. melior. — II. m = n, v. mens. — III. -m fin. abjicitur, v. ego. ostendo. —

-ma; v. spuma.

maccus 2 m. Pr. mâcus, cgn. μακκοάω desipio, μῶκος ludibrium.

măceria 1 f. Die Knetwand, pertin. ad μάσσω ich knete, mâcero, v. mancus; μι-μαχ-α, skr. mać-ê contero, v. mâla. Hinc le maçon ex macerion.

mâcero 1. Skr. mańć-ê = mać-ê, v. maceria. Huc lit. minkuti

mollescere, angl. meek weich, goth. mūka. De s. dupl. cf. bav. bätzig = weich c. dobazzen zerquetschen; ein bazis Wetter, ein schmutziges Wetter, (quasi dicas: mac-ulas habens).

māchina 1 f. Μηχανή, pertin. ad skr. mahas n die Macht, (v. macer), skr. sammahâmi paro, μηχ-ανάομαι, goth. magan, germ. vet. mahhôn machinari, unde le maquereau leno; Schm. II 541. Cum ‚mah' conjunge μογ- in μογοσ-τόκος die Mäch-t-ige im Gebären, cgn. μῆχ-αρ (mah-âmi ich fördere, helfe); Fk. 144.

măcies 5 f die Mag-erkeit; μικ-ρός, σμικ-ρός = germ. md. smach-e parvus, schmäh-en = germ. md. smach-en minuere. Pertinet ad skr. mać-ê contero, ut goth. nailja ich schmähe cohaer. c. neizzan atterere.

mactĕ = gesegnet, cgn. μάκ-αρ, cgn. skr. makha munter, lustig, cohaer. c. mah-âmi laetifico, mah-ita cultus, honoratus; mahîyatê = ist selig. Confer bav. vet. sich ermejen delectari.

macto 1 = consecro, cohaer. cum mac-tĕ, mah-âmi paro, ῥέζω; makhas n sacrificium. Si sequimur Curtium, qui hoc vocabulum trahit ad ‚mah', unde mâ-mah-yê (Intens.) mac-to, caedo, μάχ-ομαι, conferri potest goth. hunsl sacrificium, pertin. ad skr. hancaedo; B. § 933. — Huc hisp. matadore, mactator, der Stiertödter; lat. mac-ellum.

I. **mācula** 1. Cgn, μάσσ-ω, māć-ê, v. macero, nord. vet. mak n illinamentum, maka ungere, dan. sammen-makke Zusammenschmieren; bohem. pomach-ati mac-ulare. Dfb. G. II 17; v. sq. — II. Macula 1 f die Masche. Hinc il tramaglio ex trimacula, le tramail; la maille die Masche, cgn. la macchia, hisp. manha der Fleck; Dz. I 256. 421.

madeo 2. Skr. mada m flumen, semen virile; v. matus. Cgn. the maduess, prpr. ebrietas. Huc madulsa, ex madullita, cohaer. cum μαδ-άω calvo, quo de sensu cf. defluunt capilli c. μῦναι τρίχες, (v. mano).

I. **magis** 3 f. Μαγίς, μάκ-τρα, cgn. μάσσω. Cum forma μαγcohaeret μόγ-ις, μόχ-θος tribulatio.

II. **măgis**. Ex magjus magius, ut potis ex potius, nimis ex nimius, solis in solistimus ex soliustimus. Adde goth. mais = mehr, mag-is; goth. raiht-is = recht-er. Item goth. andis = entweder, oder, cohaer. cum nord. vet. endr = iterum, compar., th. anda; Bzb. 119. Et goth. framis weiter fort, compar. ut hauhis = höher, ut vairþs = -versus, -wärts, ex vairþis, ut seiþs ex seiþis; adde goth. nêhvis = näher, atque goth. vairs = pejus, ex vairs-is, (non vair-is, v. verro); v. ultimus. Abjecto vocali lingua goth. habet min-s = minius, vair-s pejus, (prpr. posterius, cohaer. c. skr. awara inferior?); seith-s amplius, sun-s statim, anak-s subito; B. § 301. Cum ‚magis' cohaeret gall. mais, ut: il n'est pas paresseux, mais il est appliqué = er ist viel-‚mehr' fleissig. Quo de sensu cf. bav. halt = magis, potius, sed, ut: nicht gemacheter, halt geborner, = sondern geboren, mais né. Adde osc. Maesius = Majus mensis, ex ‚mais' comparat., = magis. Huc magister 2 m, h. e. qui magis potest; cgn. skr. mahant abbas, ut nos der Grossmeister = magister. Confer minis-ter.

m a g n i t u d o 3 f. Skr. mahan n; zd. maz = mag-nus, unde mazdao = viel wissend, unde Ahuramazdao. Cum zd. ‚maz' cohaeret n. prpr. Μασσαγέται = μείζονες Γέται. Similiter Ἀ-μάζ-ονες possint esse ingentes viri; v. K. III 181. Adde Maja ex mahia ut major ex mahior. De s. cf. Mag-na mater = skr. mahi f tellus; K. XVI 168. Hes. Theog. ed. Schoem. p. 266. Huc magnes 3 m der Magnet = skr. mahalôha m.

m ā j e s t a s 3 f. Ex majustas, pertin. ad skr. maghios = major, skr. mahiyas = μείζων ex μεγίγων, goth. maiza ex makiyas. De forma cf. goth. maujô virgo, das Mädchen, ex magujo. De â in mâjor cf. âjo ex ăhio, mêjo ex mĭgio, Sêja ex Sĕgia. Huc Majus 2 m, cognomen Jovis, ut skr. mahawat = magnus, mikils est cognomen dei Indri.

m ā l a 1 f. Ex magila, ut āla ex agila, = μάσσουσα, cgn. μαγ-εύς pistor, der Kneter, cohaer. cum μάγ-ειρος. De s. cf. γνάθος māla, cgn. knet-en; v. maza.

m a l ĕ f i c u s, a, u m. Malĕ ut mactĕ, gall. mau ut maussade male sapidus. Cum suffixo ‚ficus' cf. suffixum -krit s. -kara, ut dushkrit m maleficus = dushkarman m; dushkara difficilis. Idem sensus est in skr. -maya ut têgômaya magnificus, = -μος ut ἀνδρομος ex ἀνδρομαγος, pertin. ad skr. mâ = s. mi facere, creare, cgn. μι-μέ-ομαι; v. mater.

m a l i g n u s, a, u m = κακόφρων. Ex malegnus, ut benignus ex benegnus, εὐμαθής ex εὐμαθης; ‚gnu's pertinet ad ǵnas = kenn-end, gna-rus, ut su-ǵnas = beni-gnu-s.

m a l l e u s 2 m. Ex malveus, cgn. goth. ga-malv-jan zermalmen, potest cohaerere cum malva, cgn. aga mearu mürbe, bav. mâr = morsch. Confer skr. marawa m der Majoran cum malva, cgn. marumaka m = maruma, tigris, prpr. der Zermalmer. Eadem sententia redundat ex ‚mard' = mald mall, mardayâmi tero, contundo. Adde nord. vet. miölnir, dei Thorr malleus, = tudes, contundens; Gr. M. 164.

m a l l u v i u m 2 n. Ex manus + lavare.

m ā l o 3. Ex mage- vŏlo, magvolo, ut vemens ex vehemens, nemo ex nehemo, umbr. sēmu ex seh-e-mu = σιβ-ου; K. XXI 161.

m a l v a 1 f. Μαλάχη, hebr. maluah, cgn. mĕlah salum; K. VII 164; v. malleus.

malum 2 n. Μῆλον; cgn. mâlus 2 f pr. mahlus, cgn. μόχλος, ut vena ex vehna; pertinet ad mah- mag-nus, = gewachsen.

mălus, a, um. Cgn. skr. mala sordidus, cohaer. c. μέλ-ας, μολύνω, ut nostrum verschmitzt malignus cohaeret cum schmutzig = mala, germ. vet. smiz der Schmutz. Skr. malimukha turpis, niederträchtig; v. morus II.

Mamers 3 m. Osc. = Mars h. e. magnus Mars.

mamma 1 f. Μάμμη; gäl. celt. mam pectus, pertin. ad skr. mâṅsa caro, prpr. pinguis, turgidus; K. V 205. Hinc il mammamia, mamma meă! die Memme. Μάμμα = germ. vet. muomâ die Muhme.

mancus, a, um. La manc-anza der Mang-el, lit. mènk-as paucus, germ. vet. meng-en = mang-eln, cgn. lit. mink-yti μάσσειν, mâcero ex mancero; J. S. 109.

I. mando 1. Hinc der Mandarin, cujus est mandare.

II. mando 3 m = edo 3 m. Cgn. μάσταξ ex μάδ-ταξ. Mando 3, unde Grimmio pendet gall. manger, v. manduco. Cgn. ‚mass' in massleidig, quum taedet edere.

mandra 1 f der Stall. Skr. mandurâ f. mandira domus. Hinc le madrigale, ex mandriale, das Hirtenlied. la mandra grex.

manduco 1. Hinc gall. manger, ejecto d; adde démanger ex demanducare; Dz. — Manducus, v. sequax.

mānĕ = bei guter Zeit, cgn. manes = boni, cohaeret cum μέ-τριος; lit. me-tis mane. Hue le lendemain ex le en demain.

măneo 2. Μένω, μί-μν-ω, μι-μν-ω; zd. upaman- = ὑπο-μένω persevero; prpr. ich bedenke, besinne mich, cgn. men-s. Hue la maison ex mansionem, le mâtin = il mastino canis domesticus; le ménage ex mansionaticum.

mānes 3 m. Prpr. humani, im-man-es = inhumani. Skr. manushyas m manes; pertinet ad th. ‚man', me-min-i, germ. vet. minnia die Minne; δαίμων h. e. δ-μεν-ίων, menschlich. Μίνως ex manwas, cohaer. c. skr. manus, unde oritur genus humanum; L. M. 205.

mango 3 m. Der Zurichter; cgn. μάγγανον die Mang, the monger, der Menger, ut Eisenmanger; K. XVIII 150. Dz. I 262.

manifestus, a, um. Ex mani-fend-tus, v. fendo. Aut ‚festus' cohaeret cum infestus = skr. dharsh-aks, (pr. in-fers-tus).

manipulus 2 m. Hocne ‚pul'us cohaeret cum πολ-ύς, goth. fula, cgn. plenus = die Hand-voll? v. casa. Huc zd. men quinque, prpr. die Handvoll.

māno 1. Ex maduo, cgn. madeo.

mansuetudo 3 f. Hisp. mansetude, ut la costume ex consuetume.

mantellum 2 n. Cgn. mantele das Handtuch. Hinc la malle das Felleisen, ex manticula der Mantelsack.

mantissa 1 f. Cgn. le manège das Ziehen, bav. das Men-art der Zugwagen. Confer skr. wi-māna n vehiculum, (prpr. durch-messend).

manubiae 1 f. Pr. manuviae; v. Virbius.

mānus 4 f. Prpr. die me-ssende, μι-τροῦσα, μι-τρουμένη; mo-derans = temperans. Huc germ. vet. mu-nt der Rechtsschutz; K. VII 167. — De „nus" in manus = part. act. cf. skr. trasnus tremens, bhānus sol, prpr. φαίνων; dhē-nus vacca, prpr. lactans; B. § 940.

marceo 2. Cgn. skr. mṛćaya caducus, marćayāmi minuo, goth. ga-marz-jau minuere; adde skr. a-mṛk-ta incolumis.

māre 3 n. Cgn. mor-s, skr. mara m mor-s, nam mare est spatium mortis, die Welt des Sterbens; BR. Goth. marisaivs mar-e, prpr. mortuus lacus, vastum mare; cgn. skr. maru m die Wüste, cohaer. c. skr. ā-mar m vastator. De s. cf. ἀτρύγετος θάλασσα, ἀκάρπιστα πεδία. Huc lat. med. mariscus, le marais: nom. prpr. Merovig, v. Gr. M. 364.

marga 1 f. Der Mergel, la marne, the mar-l argilla; cgn. germ. vet. maro mürbe, morsch, μαῦρος pr. μάρϝος = μολυ-ρός, ἀ-μβλύ-ς, cohaer. c. germ. vet. molaw-ēn tabescere, „mürb" werden; v. malva. Huc bav. d'Mari, die Stelle, wo die morsche Erde abrutscht, die Mur; Schm. Fk. 394.

margarita 1 f. Μαργαρίτης f sc. λίθος, τὸ μάργαρον die Perle, prpr. Meergries maris sabulum. ags. mare-greot; v. Gr. M. 1169. Ibidem Grimmius ait: Man könne auch an skr. marakata m der Smaragd denken. Cum vi verbi mare-greot cf. skr. ḱirābdhiǵa n margarita, (prpr. ex mari lacteo natum).

margo 3 m. Prpr. der Streifen, cgn. ἀ-μέργω ich streife, streiche, = skr. mṛǵ-āmi, v. mulgeo. Huc Marcomanni, quo de sensu cf. Svōthans die Schweden, fris. swēthe margo, finis; Gr. Gesch. p. 518. Germ. vet. marcha terminus, unde le marquis, qui de finibus in fines migrat, deriv. marcher; Schm. II 618.

marītus 2 m = skr. marya m vir, mas. Huc le mariage, the marriage ex maritagium.

marmor 3 n. Μάρμαρον, redupl., cgn. Marica. Huc skr. mṛin-maru m saxum, prpr. leniter splendens, cohaer. c. skr. mar-at aurum, pulchritudo; BR. V 570. Huc Marica 1 f, cognom. Circes, = μαρ-μαίρ-ουσα, skr. marići f radius, die Lichtspiegelung. P. V. 570. K. XVI 164; v. merus.

Mars 3 m = masculus, cohaer. c. mas, unde Maspiter. De forma cf. Lars unde Lartius. Apud Sabinos Mars fuit vir, maritus deae cui nomen Nerio h. e. ἀνδρεία fuit. Idem sensus in Ēsus, ir. celt. eis = es vir, unde Esubii = Martii, Marsi, (ex Martii ut

Ferensus ex Ferentius, osc. Bansa ex Bantia). — Huc Martius mensis, unde la marza surculus, hoc mense plantatus. Hinc ausmärzen: adde hisp. marceare tondere oves, quod facere solebant hoc eodem mense.

marsupium 2 n. Μαρσύπιον. Bf. trahit ad skr. marsh- tolero.

martyr 3 m. Μάρτυς, cgn. me-‚mor'-ia die Geschichte. De -τυς in μάρτυς cf. skr. gan-tus m viator, i. q. yâ-tus m; B. § 955.

massa 1 f; v. maza.

mastico 1. Ex mad-tico, cgn. μάσταξ prpr. edo 3 m, gall. mâcher. Lat. md. mascus = manducus, unde la masca striga. Gr. M. 1036; v. Schm. II 640.

matella 1 f. Der Schlägel, unde la mazza, la masse, deriv. le massacre, bav. matschen.

māter 3 f. Μήτηρ, die Bildnerin des Kindes im Mutterleibe; P. Cgn. mê-t-ior = mâ abmessen, bereiten, bilden; B. § 812. Cgn. materia = skr. mâtra n. De hoc sensu cf. le bois, cgn. der Bu-ach, c. bau-en = mâ-; v. Gr. II 556. Dz. I 65.

mātertera 1 f. Pr. mater-stera; ‚ster'a cohaer. c. ‚ster' in die Schwe-‚ster', v. soror. Igitur matertera = matris soror, skr. matuhswasar, svec. moster matertera, ex morysler = nord. vet. môdhursyster, Mutterschwester. Gr. I 1147. Cum ‚moster' comparari potest etiam svec. faster amita, ex farsyster, cgn. fadu die Base.

matta 1 f. Ut Vossio videtur a punico ‚mitâh' lectus. Germ. vet. mattâ die Matte, deriv. lt. md. mattarius; qui dormit super mattam, der Matrose = gall. vet. materas, le matelas.

mattus, a, um. Skr. matta ebrius, ex mad-ta, cgn. μαδ-τός. Hoc idem matta significat etiam pruriens, mada m pruritus, cgn. μέζος ex μέδyος = μήδεα, αἰδοῖον; Fk. Angl. the madness die Dummheit, quo de sensu dupl. cf. the sot homo ebrius, homo stultus; v. mendax.

mātutinus, a, um. Cgn. mane; matut-inus h. e. matu-t-inus; v. vesper-t-inus. De hoc t inserto cf. goth. frais-t-ubuja (fraisan), meiur-t-halben, allen-t-halben = germ. vet. allên halbôn.

Māvors 3 m. Ex mag-vors, magh-vors = μάχην vertens; K. XVIII 304. Sed L. M. p. 47 trahit hoc verbum ad skr. marut = procella, cgn. Marica; ex marut maurt maur pr. μαρς. Prell. p. 207. Hoc quidem de sensu cf. Tyr, pertin. ad diw- splendere, unde Distag dies Martis. Quodsi hoc ‚Mavors' recte trahitur ad skr. marut procella, ventus, ἄνεμος, de hoc sensu confertur celt. Ésus s. Hesus Mars Gallorum, ἀνεμώδης, animosus, pr. Asus, pertin. ad skr. asu m anima, der Lebenshauch, das Leben, der Geist. Et est eadem sententia in bav. Erh-, unde Erchtag dies Martis, namque arh- = farh-, ferh anima, vita; v. Gl. 99.

maximē. Ags. maest ex megist, angl. most meist; cgn. cum

skr. mahâ in mahâghôra = μεγάλων δεινός; cy. celt. maurwert = maxime carus, Nemetomârus = Vernemetus, Virdomârus = maxime viridis. Maximus, a, um ex magissimus aut magtimus; skr. mahista, goth. maistas pr. magistas, μέγιστος.

maza 1 f. Μᾶζα ex μαγγα, cgn. magis f.

I. mē. Skr. mâ = lat. mê = skr. mâ-m; zd. mâ = με; skr. â-mâ-m = 'ε-μέ, goth. mi-k = mich, (v. ego); plur. ,mas', v. su-,mu'-s. — II. mĕ = μα ut me dius fidius, me Hercle, ναὶ μὰ Δία. Fk. 476 addit etiam dor. μά-ν, μή-ν.

meddix 3 m, i. q. judex; med- cohaer. c. μητι-ί-τα melitor, aut ,med'- pertin. ad umbr. mers, (de r = d v. ar), merto = justo. K. VII 271; v. Fk. 1081. -dix = -dex in judex.

Mēdea 1 f die weise Frau, cgn. μήδομαι. De s. cf. the hag c. nord. vet. hagr artificiosus.

mĕdeor 2. Zd. madha prudentia, ars medendi; cgn. μάϑ-ημα. De s. cf. germ. vet. arzât der Arzt, cohaer. c. gall. vet. artone, artox, pertin. ad ars; Gr. M. 1103.

mediastinus 2 m. Ex medias-t-inus, qua de forma cf. surdaster.

medicus 2 m; v. medeor. De ,icus' cf. lit. kul-ikas triturator, skr. itanikas vaticinator, der Seher; pathikas m viator.

medius, a, um. Skr. madhya = μέσσος ex μεϑyoς, μέσος (ut Clausus); vel μέσσος, unde Μεσσήνη ex aliquo Madhyânâ; Messalla ex Messanula, Μεσσολουγγι neogr. Mittenwald; Μεσσαπία = Mesopotamia. ,Celt. medon ut Mediomatrici = medium jaculantes; (gall. mataris jaculum, v. mitto). Gl. 138. Addo la mezzana prpr. der Mittelmast, ex mediana, la misaine, the mizzen.

mĕdulla 1 f. Ex medurula; skr. mêdhura dick, mêdhas n die Fleischkraft, kräftiger Saft, pertin. ad mid- pinguesco. De s. dupl. cf. skr. wasâ f medulla, adeps.

Mĕdusa 1 f. Schoem. ait sic: Μέδουσα heist die Luna als die Waltende im Luftraum; Theog. p. 157.

mējo 3. Ex mighio, unde μαίνω pr. μιh-αίνω, v. majestas.

mĕl 3 n. Gen. mellis ex melv-is, the mell, μέλι, ἀκρό-μιλι das Mil-tau, cgn. il melume aerugo. Skr. madhu n, lett. meddus der Honig, met, der Meth, Honigsaft. Hoc madhu autem pertinet ad mad-, v. madeo, cgn. μέϑη.

Meleager 2 m, ὁ μέλει ἄγραν sc. τοῦ κάπρου καλιδωνικοῦ; Plt. K. VI 129. μελ' cohaeret cum μέρ-ιμνα, cgn. me-,mor'; ἄγρα pertinet ad ἄγ-ειν treibe, jage.

mĕlea 3 f. Potest pertinere ad skr. mêdas adeps, mêdana n die Mastung; v. medulla et oleo.

mĕlior 3. Cohaeret cum μᾶλλον = potius, lieber, pr. μαλyον,

cgn. βιλ-τίων ex aliquo βιλο-τα-yans ge-,woll'-ter h. e. mehr gewählt. Gradus positivus goth. vaila, angl. well. Hoc μάλα = gall. bien, prpr. gut ut bav. gueting = μάλα, bien. De m attenuato ex w cf. suffixum -mat. (ex -wat) = osus; Bf. Gr. § 893 Anm. 1. Adde 'ιθάμβη Aor. 2 = 'ιθαμβηθη ex 'ιθαμβη, cgn. θαυ-μάζω; K. XXI 201 Anm. 2.

m e l l o 3; v. remulcrum.

m e l l u m 2 n. Das Hundehalsband, ex menelum, v. monile.

m e m b r a n a 1 f. Das Fell, bav. das Buchfell membrana, deriv. a ‚membrum' prpr. das Fleisch, ut slv. vet. mez-d-ra et membrum et interior pars corticis, das innere Fell. De a. cf. nord. vet. flâ excoriare, das Fell abziehen, cum nord. vet. flâ-sc the fle-sh, skr. pal-a. Gr. III 1752. Adde skr. pala = das Fleisch, caro, stramen, quod stramen cohaeret cum skr. âstara die Decke, ut pala das Fleisch.. cohaerere potest cum πίλ-αr die Haut, das Fell, germ. vet. fel das Fell = membrana.

m e m b r u m 2 n. Pr. memthrum.., memsthrum, v. cerebrum; ‚mems' pertinet ad skr. mâmsa m caro, goth. mimza; L. M. 169. J. S. 30. Fk. 384. Corssen membrum putat pertinere ad ‚min'uere, = ein kleines Ding; v. velabrum.

m e m i n i. Μί-μν-ημαι pr. μι-μεν-ημαι, cgn. comminiscor, remin-iscor; goth. ga-min-þi memoria.

m e m o r 3. Cgn. germ. md. maere ex mamari = memor, (qua de formatione cf. germ. md. haehle ex hahali verhehle; Gr. IV 785). Memor ex smesmor, cohaer. c. skr. smar-âmi memini, unde goth. merja memoria, ex smârayâmi caus., germ. md. mariu celebro. Adde skr. smara m amor, cgn. helv. das Mär amor h. e. amata; bav. mar = lieb, ut grad so mar = eben so lieb. De a. dupl. cf. memini c. minnen amare; unde Κλυταίμνηστρα prpr. κλυτή μνήστρα. De forma cf. ταλαίπωρος; μισαίπολος, καταιβάτης. Goth. meriþa die Mähre, nord. vet. Mi-mir memoria.

— m e n; v. semen. nomen. rubor.

m e n d a x 3. Qui amat illudere, einen narren; pertin. ad skr. mand- gaudere, ebrium esse, v. mattus der Narr; Fk.

m e n d i c u s 2 m. Skr. manda miser, iners, malus, schlecht. De hoc sensu cf. bav. schlechte Leut' = arme Leute. Adde skr. manda = minus, ut mandapragna minus intelligens, cgn. mandâ f mend-um das Gebrechen; P.

I. — m e n s 3 f; v. vehemens.

II. m e n s 3 f. Cgn. μένος n = skr. manas n. manasâ n. Huc suffixum-mente in it. breve-mente = brevi modo, altra mente = gall. autrement; comment = quo modo? bav. Mainung, ut: auf dieser Mainung = tellement. Huc goth. muns mens, germ. vet. minna die Minne, quo de s. dupl. cf. germ. vet. sebo mens c. nord. vet. Siöfn Venus, Minna, die Gemüthliche, v. Minerva.

mensa 1 f. Goth. mês, (J. S. 45), cgn. mens-ura, the mess ferculum, lanx.

mensis 3 m. Skr. mâs m ex mans, ut râgâmi splendeo ex rañgayâmi coloro; v. censeo. Adde μήν = skr. mâsa m, mâsaka m, μεντ, jon. μείς, ut χήν anser = skr. haṅsa-î; mâs prpr. der me-ssende; v. B. § 790 p. 159; Bf. Gr. p. 304 ann. 1, ubi ait: mâs ex mânt, partic., = metiens. Germ. vet. mânôd ex manât prpr. der bemondete, qua de forma cf. das Kleinôt = Kleinôd; Gr. IV 804. Goth. mênôþ- der Monat, ex mênawant, menawat, (v. -osus).

mensura 1 f. Skr. pramâna n. mâtra n = μέτρον. Adde skr. masa m das Maass und Gewicht, μέρ-ος.

menta 1 f. Aeol. μίνθα, att. μίνθα die Krauseminze, cgn. mentigo die Räude, pertin. ad skr. manthana fricans.

mentior 4 ich ersinne, erdenke etwas, cohaer. c. skr. manti f das Denken, μῆτις, v. abyssus. Huc Μέντωρ = com-ment-or, der Er-mant-erer, mon-itor, cohaer. c. Menerva, goth. ga-mandjan ex ga-mandjan, cgn. alv. vet. mandru prudens. (De forma cf. goth. nauþs, nord. vet. nauðs c. alv. vet. naud-iti nöthigen; J. S. 170).

mentula 1 f. Tres sunt sententiae de hac voce. Primum Pottius trahit ad pro-min-eo, cgn. mentum. Aufrecht conjungit cum skr. manth- agito. Zeyss putat esse ortam hanc vocem ex mejentula = la pixa, (unde pisser = mejere), v. janitrices.

I. **mentum** 2 n; v. mentula.

II. — **mentum** 2 n; v. momentum.

meo 1. Skr. mi-n-ômi, mî-yatê = me-at; P. V 766.

mercennarius 2 m. Ex mercedenarius.

merces 3 f. Die Fassung; ait Fk., was man einstreicht; pertin. ad skr. març-, mriç-âmi tango, ich fasse, streiche, (v. mulceo); cgn. μάρπ-ις latro, quo de sensu dupl. cf. λατρεύς mercennarius c. latro. Cum th. ‚merc.' cohaeret Mercurius custos ‚merc'atorum; Prell. 596. Liv. II 27; v. merx. Aut Merc-urius deus est ille, qui virga sua mulc-et, (fere i. q. ῥαβδοῦχος), cgn. març- packen, corripio. Hoc de sensu cf. Acheron. ‚Merc' cohaeret etiam cum març- tractare, considerare, marçana n cognitio, das Untersuchen, cgn. μέροψ pr. μερπ- = μαρπ-, quo de sensu cf. illud Horatianum: Mercuri facunde nepos Atlantis... Dies Mercurii angl. wednesday, Wuotanstag, (Wuotan = Mercurius, Gr. M. 110).

merda 1 f. Cgn. mordeo. De s. cf. stinken c. stechen, distinguo.

merenda 1 f. Unde bav. das Marendel, die Merd cena, germ. vet. mër-öd die Suppe. Ut videtur, pertin. ad skr. mar-âla weich, sanft.

mereo 2. Cgn. μέρ-ος; C. Sed Fk. vocem μοῖρα, μέρος conjungit cum μέρ-ιμνα, das Zugedachte, das Vermeinte, cgn. goth. maurnan sorgen, (quo de sensu cf. la provision), εἵμαρται ex σέσμαρ-ται = est destiné par la providence. De sensu cf. nostrum der Vorrath c. rathen = sorgen, consulere, unde Seelgerath, cgn. isl. rádamadr dispensator, μερ-ίζων.

meretrix 3 f. De s. cf. skr. paṇastri f meretrix, (paṇya merces, paṇâmi emo, ex parnâmi, unde πόρνη, v. pertium); de stri v. soror.

merga 1 f. Prpr. die Abstreif, destringens, cgn. marǵ- streifen, ἀ-μοργ-νύσα; v. margo. K. X 198. Adde merges 3 f, fascis spicarum mergis comprehensus; C.

mergo 3. Ex mezgo, medgo, cgn. mad-eo + -ǵ, skr. maǵǵayâmi = merg-i facio; Bf. Gr. § 144. Hinc skr. madgura mergus, pertin. ad maǵǵ, P. De -ǵ secund. v. forfex.

meridies 5 f. Μεσημβρία. De β inserto cf. goth. timbrjan δέμειν, γαμβρός pr. γαμρός. De sensu adde skr. madhyâhna n der Mittag, (-ahna = ahan dies).

merula 1 f. Confer skr. marâla m der Flamingo, marula m genus anatum. Hinc the merlin der Schmerl, der Lerchenfalk; le merle die Amsel, cohaer. c. it. md. amarellus der Ammerling.

mĕrus, a, um. Cohaeret cum skr. mar-ut, P.; v. marmor.

merx 3 f die Waare, cgn. Mercurius, pertin. ad skr. març- tangere, to take = sumere (ex suemo, emo ich kaufe); awamarç- erwägen, auf die Wage legen.

mespilum 2 n. Μέσπιλον, il nespolo, la nèfle.

messis 3 f. Ex met-tis, ἄ-μη-τος das Mäh-en, the ma-th die Mahd.

-met. Skr. mât Abl., ex ma-t, ved. mamad. D. § 182 ait sic: Eine Art versteinerte Ablativ-form. Pertinere potest ad pron. suffixum -sma, ut a-smân = nos Acc. ‚uns'; v. meus. ‚Mĕt' igitur pr. smĕt = smât, v. memor. Huc prov. meteis ex medeps, b. e. metipse, superl. prov. smetesme = même, it. medesimo, αὐτότατος. Adde μί-ν cohaer. cum me-t; K. VIII 146.

mĕta 1 f. Skr. mit f columna, cohaer. cum mi-n-ómi planto, fundo, skr. mê-tar m qui metam erigit, mê-thi m pila; K. XXI 6.

metallum 2 n. Μέταλλον, μεταλλάω = διέρομαι, constat ex μετα-λάω, λάω = σκοπῶ, pr. γλαϝ-ω, cgn. skr. glau luna; K. VIII 308. Hinc la medaglia die Medaille.

mĕtellus 2 m. Cgn. metere, der Söldner, ut goth. asneis der

Söldner, cohaer. c. ssan messis; Fk. Potest trahi etiam ad skr. mith-âmi me consocio i. q. miles.

meteorum 2 u. Μετέωρον, jon. μετ-ή-ορ-ον, cgn. ἄρ-ω, ἀ-είρ-ω = ἀ-είρω, pertin. ad skr. ar-dh aufgehen, v. altus.

mētior 4. Skr. mâ-ti = mē-titur, ags. metan; ex meut-ior, mensus part., v. abyssus. Adde skr. masyâmi ich messe. Operae pretium est addere nostrum muózan, jemanden müssen, cogere aliquem, bemüssigen, muoza ist spatium est, 'εγχωρεῖ, quod ,muoz', die Musse, muôt prpr. est forma praeteriti, praes. mitan = mensen; v. Schm. II 637. Adde skr. ati-mâtra, amêya = immensus, amita = germ. vet. unmet, v. nimis.

mēto 3; v. metellus, cgn. μέτυλον.

mētuo 3. Cgn. goth. mitôn bedenken, metuo finde bedenklich, cohaer. c. skr. manti, (v. mens), a. mâti f der Gedanke. De s. dupl. cf. skr. çuc- maerere, metuere, unde goth. hugjan denken, hugas μῆτις; skr. tâma = metus, unde τημ-ελής sorgend, litt. tém-y-ti Acht haben; Fk. 364.

mĕus, a, um. Ex meius, unde Vocat. mi, bonus, vet. mais ex mâja-s, 'εμός ex 'εμyος. Forma meus potuit existere ex me-μ-us, ex mayas; Bzb. 13. Cf. tuus = lit. tavas, suus = lit. savas. Hoc ,me' autem in ,me'us, 'ε-μι-ος' cohaeret cum zd. ma-ua = μου, (Genit. redupl.), unde goth. meina = mein, prpr. μου, pr. mema. Mama potuit oriri etiam ex ma-want s. ma-mant; Bzb. 13. Skr. mamaka meus; skr. madiya meus ex matiya, v. cujus. Adde gall. mon ex meum, ut mon ami prpr. meum amicum, accus., pl. Nom. mes amis ex meos amicos. Cum hoc ,ma' cohaeret -,μι', de quo Schleicher sic: mi im lit. ei-mi = εἶ-μι ist Schwächung von a; Beitr. p. 7. Adde skr. bhawâ-mi = sax. vet. pi-m ich bin, (ex bi-m); pl. bhawâ-mas = germ. vet. piru-mês. Hoc ,mas' potest compositum esse ex ,ma' = moi, ich, + σ = σύ, ma-s = moi (et) tu. De ,mi' = ,ma' confer suffixum ,mi' in dal-mi-s fulgur, pr. dal-ma-s the dealer; B. § 948, (v. Cumae).

mīca 1 f. Cgn. μίκκος, dor. pr. μικρος = μικ-ρός, σμικ-ρός, cgn. mancus, germ. vet. smâhi parvus, isl. smâ-r = σμικ-ρός; bav. der Verschmach vitium corporis, defectus, cohaer. cum the smackering das Schmach-ten, deficere desiderio; v. J. S. 109.

mīco 1. Boppius et Bf. conjungendum putant hoc verbum cum skr. mish-âmi ich schlage die Augen auf, emico = un-mishâmi. La mica das Fünkchen.

midius; v. me II. Gall. maldieu ex m'aide dieu, ut me deus adjuvet.

migro 1. Cgn. me-are, ex me-igre h. e. egre, v. peregre?

mĭhĭ. Umbr. mehe ex mebhe, skr. mabhi-am h. e. mabhyam. De i in mihi v. tibi. Pr. mihi etiam mi = μοι, skr. mê h. e. maî mahi mabhi; v. ab. Adde goth. mi-s = mi-r, prpr. μου, (est Genit).

miles 3 m. Prpr. socius, cgn. ὁ-μῖλ-ος societas, unde miles der Geselle, skr. mil-âmi geselle mich, mêla der Verkehr, ὁ-μῖλ-ία; Fk. 155. Minus recte miles der Tausendgänger; Moms.

mille 3 n. Ex milje = μύριοι, cgn. mul-titudo. De s. dupl. cf. tausend = mille, nord. vet. thus = centum.

milium 2 n. Ex milnium, μελίνη, the millet, a colore nigro, cgn. μέλας, skr. malana sordidus.

miluus 2 m. Milvus ex milg-vus, skr. mṛiga m ein grosser hochfliegender Vogel, P.

mina 1 f. Μνᾶ, aegypt., Bf. De forma cf. il pitocco = πτωχός, il filibote = le flibot.

Minerva 1 f s. Mĕnerva, etr. Menerfa, Menrfa, pertin. ad μένος, v. mens; pro-menervare monere. Menerva ex menes-va μένος διδοῦσα, (v. alvus). De s. cf. Munnin, Gr. M. 637.

mingo 3. Skr. mih-, (ut lingo skr. lih), ags. migan, ὀ-μιχ-εῖν; ags. meig-il macula, unde mei-l macula. Huc skr. mêhâmi mingo, (unde μοιχ-εύω), goth. maihs-tus the mix der Mist. (De s affixo cf. goth. þlah-s-jan terrere, cgn. tarǵ-âmi ich droh-e; goth. vaih-s-tan angulus, cgn. skr. wak-ra wink-lich; L. M. 46).

minium 2 n. Der Mennig. Hinc it. miniare, prpr. minio pingere, unde la miniature. Huc ‚min' potest comparari cum skr. manikâ m collyrium, manaḥçilâ f minium, (manas μένος + çilâ silex).

mĭno 1. Zd. min-âiti = min-at, germ. md. menen, deriv. a me-are. Huc gall. pourmener spazieren führen, se promener. Adde la mine die Haltung, gestus, cgn. la minière das-Minen-Bergwerk.

mĭnor 3. Pr. minior h. e. miniôs; skr. man-âk paulum, gael. celt. min parvus, unde la minette das Kätzchen; goth. minnizan minor ex minvizan, cohaer. cum minu-o = skr. minâmi s. minômi ich min-dere, μιν-ύ-θω; skr. miyê est in μεί-ων, goth. mai-tan castrare. Huc la mitraille kleines Metallstück. Adde minus adv. = prov. mens, unde gall. mé- ut méchant ex mes-cheant (parum bene cadens); goth. mins ex minis, (v. magis). Adde le menuisier ex minutiare, le menuet ein Tanz mit kleinen Schritten. Superl. minimus = goth. minnists, gall. mince.

mĭnor 1 = minis acuere, stimulo, cgn. bav. vet. men-el stimulus. De s. cf. goth. hvôtjan minari, (prpr. acuere), cgn. nord. vet. hvöt stimulatio; K. I 471.

minurio 4. Onom., cgn. μινύρομαι minurio, (ex μινύρομαι.

Confer skr. man-mana m das vertrauliche Flüstern. De formatione ‚tro' ‚trio' cf. la-tro, βωσ-τρῶ.

-minus; v. terminus. caminus.

mīror 1. Mī-ror, cohaer. cum mi-rus, pr. smi-ror, pertin. ad skr. smayas n the astonishment, smayê subrideo, germ. vet. smie-len a. smie-ren subridere, bi-smê-rôn irridere. Cum hoc ‚sma' cohaerere videtur μωκῶ pr. σμω-κῶ je me moque, μει-δ-ιῶ = to smi-le.

misceo 2. Pr. micsceo, μίσγω pr. μιγσω = μίγνυμι ex μικσκω, skr. miç- unde miç-ra mistus; μίγνυμι to mingle, meng-en = skr. mêçayâmi. BR. addunt: Von den Commentatoren wird ‚miç' auf ‚mih' mingo zurückgeführt; v. posco.

mĭser, a, um. Skr. misha n fraus, germ. md. misse error, cohaer. cum mṛishâ frustra, BR. Unde mṛishyâmi negligo, patior, unde miser patiens, πολύτλας. Huc la mesellerie lepra, die Meselsucht, cohaer. c. misellus. Miseret me = macht mich leidend, mitleidend.

mistus, a, um. Hinc prov. mest inter, ut angl. among cohaer. c. μίγνυμι. Adde skr. miçratâ f mistio, unde nord. vet. messing das Messing, κρᾶμα.

mītis, e. Skr. mit-ra m amicus; adde mith-, mêthâmi me socio ad.., (v. miles), mithas im Vertrauen, amice, secreto, prpr. alternatim, unde mithunâyâmi coire; v. Fk. 154. Hoc zd. mithra = mitra, sol, unde Mithridates = 'Ηλιόδωρος. Confer mitis Apollo; Hor. carm. saec. 33. Mitĭgo; v. trans-ĭgo.

mitra 1 f. Μίτρα, das Mieder, cgn. μέτρον = skr. mâ f das Maass.

mitto 3. Mit-to, ut flec-to, pec-to, plec-to, (cf. τύπ-τω, βλάπ-τω, τίκ-τω), cgn. μιτ-όω ich werfe Garn, lit. mes-ti, lett. mes-t mittere, jacere, schmeiss-en. Confer skr. math-, manth- agitare, commovere; K. VII 228. Fk. 382.

Mnemnosyne. Cgn. Moneta, μοῦσα, μῶσα h. e. μά-ουσα; Hesiod. Theog. ed. Schoem. p. 259. — Illud -‚σύνη' in μνημοσύνη constat ex σύ-νη, σύ ex twa, (ut pronomen twa-m = σύ), velut: goth. þiva-dva servitus, δουλο-‚σύ'-νη; B. § 831. 850 p. 263. Cum hoc eodem -‚twa' cohaeret ‚τύς' ut 'εδη-τύ-ς; K. I 483.

— mnus; v. alumnus.

— mo; v. pulmo. sermo.

modestus, a, um; v. clandestinus.

modicus, a, um. Skr. mita = μέ-τριος.

modius 2 m. Cgn. μέδ-ιμνος, le muid, le moyeu ex modiolus; goth. mê-lan das Scheffel. (De -lan cf. goth. gib-lan der Giebel, cgn. κεφαλή, magulan das Knäblein, wulfilan das Wölflein; L. M. 241.

mōdō. Ex mō- = skr. ma m tempus, (mā f modus, das Maas); dō, v. cēdō.

mōdus 2 m. Skr. mātra n. pramāna n.

moechus 2 m; v. mingo.

moeror 3 m. Cgn. maes-tus, mis-er.

mōla 1 f. Μύλη, pertin. ad skr. mar-, mṛi-ṇ-āmi contero, μύλλω ex μυλγω, goth. mal-an, zer-mal-men; bav. müllen scrola contundere, zermullern conterere. Molitor 3 m der Müller, germ. md. muluere.

mōles 3 f die Last, die Mühe, ex moc-les, (cf. mulus), cgn. μόχ-θος, cum maza ex mag-ja die Masse. De forma cf. ala, tela. Confer K. XV 336. Adde mōles elevatio; trahi potest ad skr. mañća m catasta, das Schaugerüste, (cgn. mācero = mañć).

mollis, e. Skr. marāla weich, kō-mala μαλ-ακός, ku-māra infans; mollis ex mulv-is, cohaer. c. mar- = contero, (v. mola), it. morvido mollis. Huc molluscus ex compar. mollius-cus.

momentum 2 n. Ex movi-men-tum, ut scr. açman lapis, unde açman-tam n, (v. caminus).

monēdula 1 f. Cf. querquēdula; ‚mōn‘ cohaer. cum skr. man-, v. mintrio.

moneo 2. Forma caus. thematis man- = cogitare, mānayāmi, prākr. maṇ-ēmi facio me,min'isse; v. doceo, moveo. B. § 745. K. XI 87. Huc the summons die Vorladung, ex submoneus. Adde Moneta die Mahnerin, (de forma cf. poē-ta, sec. gen-ĕta genitrix). Huc monstrum 2 n das Mahn-mittel, die Er-mun-terung, goth. mun-drein; J. S. 170.

— monia; v. parsimonia.

mōnile 3 n. Skr. maṇi m. f = gemma; nord. vet. men. Hinc derivat Fk. Moneta. Confer nord. Manja, unde Mangold; Gr. M. 498. 1160. Hinc il manigolde der Scharfrichter, (der Mann mit dem Halsband, v. mellum). Dülmen, nord. Dul-mani prpr. velatum monile; Gr. Gesch. p. 456.

— monium; v. testimonium.

mons 3 m. Cohaeret aut cum mineo, v. promontorium, aut cum munio ich berge, ut der Berg = mons cohaeret c. bergen, Burg = moenia. De s. dupl. cf. skr. wṛi-tra n mons, pertin. ad war- munire, (v. urbs). Huc le rodomont, prpr. rotulans montes.

— mos; v. rumor.

mōra 1 f. Cgn. me-mor, v. promellere.

morbus 2 m. Cgn. mar-āla, v. mollis. De sensu fere eodem cf. skr. gar- conteri c. γῆρας; v. mor-s. Huc gall. mar-and aegrotus. De -bus cf. tabus, plebes; pertin. ad bhu-, fu-i; ex mor-bu-us, mor-bus, morbūs; Corss. Beitr. 104. 203.

mordeo 2. Skr. mard-, mṛid-ṇ-âmi contero, mard-âmi. Huc la mordache die Zwinge, e mordax, ut the longs die Zange, Beisszange pertinet ad δάκ-νω, skr. daç-âmi; K. I 331. Cum mṛidṇâmi cohaeret skr. mṛid f argilla, cgn. goth. mulda pulvis, unde ags. mold-weörp der Maulwurf, prpr. der Erdaufwerfer.

moretum 2 n; v. merenda.

mōrio 3 m. Μῶρος, (fort. ex μαϝρος), ved. mûras morio, der Narr, videtur cohaerere cum ,maw'- = moveo, unde ἐγχεσίμωρος mit Speeren anstürmend; C. 304. Fk. 150; v. morus I.

mŏrior 3. Ved. mar-ati moritur, skr. martum = mo-ri, apud Ennium moriri, unde gall. mourir, = μαρ-αίνεσθαι.

Morpheus 2 m = μορφάς (h. e. somnia) κινῶν; μορφή autem est skr. warpas n forma, per metath. rûpá. Fk. trahit ad μάρπ-το, die Fassung; v. Mercurius.

mors 3 f. Pr. mort-s, skr. mṛi-ti f. De -ts h. e. -tis cf. goth. gaskaf-ts pr. gaskaf-tis, gabaur-þs die Geburt pr. gabaur-þis; B. § 841. Huc goth. maur-thr mors, der Mor-d. Adde skr. mâra m, marana n, unde the murrain. Slv. Morena dea mortis, Gr. M. 801. Illud gall. mort bleu pr. mort dieu. Mortuus ex martawyas; B. § 902. skr. mṛita = mortuus.

morsus 4 m. Hinc prov. mursel a. mus, le museau das Maul, quo mordetur, cf. μάσταξ, le musard der Maulaffe.

mortalis, e. Skr. â-mṛita = βροτός; âmṛita = ἄμβροτος, i. q. amara.

mortarium 2 n. The morter, der Mörser, der Mörtel; v. moretum.

I. **mōrus** 2 m. Cgn. mô-tus, v. morio.

II. **mŏrus** 2 f. Μόρον die Maulbeere, cgn. skr. mlâ-na = μέλ-ας, v. sq.

III. **morus**, a, um, unde der Mohr, μαυρός ex μαλϝος, cgn. ἀ-μορβ-ος, = σκοτεινός, cohaer. cum νυκτός ἀ-μολγ-ῷ, angl. the murk; K. VIII 302.

mōs 3 m. Ex moves, cgn. me-are = mayâmi. K. II 235. V. 353. De s. cf. skr. âćâra m mos, pertin. ad ćar-âmi eo; êwa m mos, v. aevum. Aliter B., qui § 147, 1 hanc vocem refert ad mâ-, das Maass, unde skr. pra-mâ-ṇa n auctoritas, pers. vet. fra-mâ-nâ regula, lex, unde pers. fermân mandatum, fra-mâjem mando, jubeo.

moschus 2 m. Skr. mushka m testiculus, dual. feminal, μόσχος Bibergeil prpr. das Mäuschen.

motacilla 1 f. Cillo = moveo, ex cilno, pertin. ad skr. ćalana mobilis, citus. Idem sensus in κίγκαλος motacilla, cohaer. c. ćañćalayê, redupl. Adde skr. ćara m, ćaraṭa m motacilla, unde ,cilla' (pr. cirula), descendere potest. Idem sensus est in the wagtail, (to wag cillere, = σεισοπυγίς, σείσουρα, la codatremola. — Item a mobilitate sua nomen habet das Eich-horn, nord. vet. ik-orni, pertin. ad skr. iñga mobilis; Fk. 699.

mōtus, a, um. Skr. mûta, ut kâmamûta amore motus.

mŏveo 2. Skr. miw-, mû- = mov-eo, miw-âmi ich schiebe, lit. mau-ti schieben. Sunt qui hoc mov-eo referunt ad form. caus. mâpayâmi = me-are facio.

mox. Skr. makśu, goth. manvus praesto pr. mangvus, Fk. Skr. maśu = mox, cgn. mańhanâ gerne, prompte, mańhê largior, P.

mucro 3 n. Nord. vet. moekir mucro, mok-a caedere, cgn. ἀ-μύσσ-ω, pertin. ad skr. muć-; muńćâmi mitto, v. sq.

mūcus 2 m. Μύξα, cohaer. c. mungo = skr. muńćâmi solvo, mitto, ut mûtram = urinam; bav. meuch-eln moderig nach Feuchtigkeit riechen. Hinc gall. moisir mucere; huc la mouchette.

mūgil 3 m. Μύξων, der Schleimfisch.

muginor 1 = nugor. Skr. muh- perturbor, unde mógha perturpatus; mūger 3 m der falsche Spieler.

mūgio 4. Μυκ-άομαι onom., skr. môģ-âmi, muńģâmi sonum edo. Huc μύζω, μυγμός.

mulceo 2. Skr. març-, mriç-âmi attrecto, wi-març streichen, streicheln. Huc parâ-mrç streife, strafe, mulc-are, multare.

mulctrum 2 n. De ‚trum' = -τρον cf. -ter in das Klaf-ter, (pertin. ad lit. glob-iti amplecti); Half-ter, cgn. md. halp die Handhabe; der Klei-s-ter gluten; das Luder, (v. ligurio). Mutato r in l exit forma -θλον ut γένε-θλον; -τλη ut ἐχέ-τλη stiva; goth. -þla ut nê-þla die Nadel, cgn. νῆ-τρον fusus; L. M. 145. Mulctra 1 f, cf. μάκτρα der Backtrog, κρεμάθρα die Hängematte; K. XXI 227. Ἀ-μέλγω, skr. marģ- ich streiche, v. margo. Huc mulsus, a, um, ex ‚maltius', ‚meltius', cgn. μέλ-ι; C. 296.

muliebris, e. Ex mulier-bris, ut sobrinus ex sorbrinus; Corss. Mulier 3 f = μαλ-α-κή, la moglie.

multus, a, um; v. promulgatio.

I. mûlus 2 m. Der Maul-esel, ex muh-lus = μυχ-λός der Zuchtesel, cgn. μάχ-λος lascivus, unde μάχ-λη mulier libidinosa = skr. mahilâ f. Huc il mulato. — II. -mulus, v. famulus.

— mum; v. pomum.

mundus, a, um. Skr. maṇḍâmi orno, maṇḍita mundatus. Subst. mundus 2 m = κόσμος, skr. maṇḍa m.

mungo 3, v. mucus.

mûnus 3 n = ‚mu'no datum, cgn. com-mun-is; cgn. germ. vet. meidem munus, the meed; v. Dfb. G. II 67.

murcidus, a, um. Skr. murć-âmi congelor, ich werde starr,

cgn. skr. murkha stultus. De sensu dupl. cf. skr. gada gelu, stultus. Nord. vet. morkiou, germ. md. murc putridus, port. murcho hebes.

murmur 3 n. Onom. Skr. marmara m das Gemurmel; cgn. μορμύρω.

mūrus 2 m. Cgn. mū-nio, prpr. die Verpflechtung, cgn. mutna; K. VI 319. De s. cf. the town, cgn. Zaun, pertin. ad zeunen = flechten; Schm. IV 260. Adde goth. vaddjus murus, moenia, cohaeret cum vieo ich flechte; v. crates.

I. -mus, a, um; v. ultimus. Isthmus. metus. fumus. calamus. saliva. sum. — II. mus 3 m die Maus, skr. mûsha m mûshaka m. Mus-tela 1 f. Hinc murio, ut felio, gruio. Cf. bav. heunen, cgn. mu-.

Musa 1 f. Cgn. Μνημοσύνη, μνάομαι; μοῦσα ex μοντια, μονσα, cf. Μουσα, Minerva; Hes. Theog. ed. Schoem. p. 250; μῶσα ex μαονσα, cohaer. c. μι-μα-ω, unde Μι-μας ut γίγας, βιβας. Confer Mi-mir; Gr. M. 353.

musca 1 f. Die kleine Diebin, mushnâmi spolio; μυῖα ex μυσια; K. VIII 71. Cum voce muscae cohaeret le moineau passer. Huc μυόπαρος das Mauserschiff.

muscus 2 m. Das Moos, cgn. mus-teus, skr. masra mollis, tener; μόσ-χος surculus.

mussito 1. Cgn. μύ-ω; germ. vet. mu-t-ilôn mussitare; v. mutio.

musteus, a, um = mustus jung, frisch; mustum 2 n frischer Wein. Huc the mustard sinapis. Fk. trahit hoc mus-tus h. e. mud-tus ad mud-, môdâmi ich bin frisch, munter.

mutilus, a, um = μίτυλος, v. meto. Huc bav. der Motzer aries, il mozzo = gall. mousse obtusus, bav. mozzed piger.

mūtio 4. Cohaeret cum μῦ-θος = mu-tum 2 n, le mot; germ. vet. mâwen mugire, bav. mau-dern mussitare. Huc nord. Mermeut, daemon quidam = der im Meere maudert; Gr. M. 603.

mūto 1. Ex mōvito; bav. maussen, germ. vet. muzôn mutare.

mūtus, a, um. Prpr. ligatus = μυ-τός s. μυ-κός, skr. mû-ka = mû-tus, mawâmi ligo. Hoc th. ,mu' est in lat. mutus stumm, in gr. μύ-ω blinzle, h. e. ich thue blind.

mūtuus, a, um. Cgn. μοῖτος = χάρις, gratia, v. mu-nus. Pertinet ad skr. mithatyâ mutuo, vicissim, unde goth. miþ = mit; skr. mêthâmi ich geselle mich, ich komme zusammen, rixor, altercor, unde skr. mithyâ falso, perverse, unde goth. missa- in missadedi die Missethat, the mistake das Irrgreifen, der verwechselte Griff. Confer etiam μοῖτος = gratia c. missa = gratia, δωρεάν. Adde ἀ-μείβω = ἀ-μεί-ω h. e. ἀμείγω, unde ἀ-μείβ-ω, (ut ἀείδω ex ἀγίδω).

myrrha 1 f. Μύρον, nord. vet. smjör, germ. vet. smër adeps, die Schmier.

myrtus 2 f. Μύρτος ἡ. Hinc la mortella.

mysterium. Cgn. mutio; ἀμύστον = ἀμύητον, ἀ-μυστί ohne den Mund zu schliessen.

N.

I. n = m, v. meus, nonus. — II. -na, v. perna, ulna, vastitas. — III. n eliditur, v. cohibeo.

nae. Locat., ναί, att. νή, Instr., lat. nē hercle. instr., cohaeret cum pronom. illo na in δεῖ-να, goth. hu-n; Fk. 106.

naenia 1 f. Prpr. laudatio funebris, ved. navatê laudat, skr. nau-mi laudo, αἰ-νίζ-ω.

naevus 2 m. Pr. gnaevus, cgn. genero. Hinc Naevius Schmitz; v. Schm. III 479.

nam. Na-m = skr. -nam in nû-nam = nunc, (-nam affixum est ut in quis-nam, vel ut -να in τί-να = quem-,na'm wer denn? wer also?, vel -νη in τύ-νη, ἐγώ-νη). Adde goth. þanâ = dann, (cgn. denn = nam), correptum est ex þanâ, quod â in þanâ = η in τύνη; v. nae.

nanciscor 3. Skr. naçê erreiche, erlange, P. = naçâmi, naç-âmi, naṅç- = λαγχάνειν, zu Theil werden, unde ἀ-νάγκη das zu Theil gewordene, ἐ-νεγκ-εῖν nanc-isci; BR. Nactus, a, um erreichend est in ἤ-νεκ, ποδη-νεκ-ής, goth. ga-nauh-ts reichend, genüg-end; goth. nêhva, Abl. nah-e, beinahe = zum Erreichen.

nānus 2 m. Νάννος, le nain.

napurae 1 f. Funiculi ex stramento, cgn. bav. die Schniep vitta, slv. vet. snopŭ das Band; Fk. 551.

napus 2 m. Hinc le nav-et, the tur-,nip'.

narcissus 2 m. Cohaeret cum νάρκη torpor; a natura sua narcotica nomen habet. Narcissus igitur ille est flos mortis, flos torporis. Hujus quidem Narcissi fraude Proserpina rapi potuit; v. K. IX 421. VI 312. Fk. autem vox νάρκη, pr. σνάρ-κη, cohaeret cum nord. vet. snara winden, schnür-en, cgn. nervus ex nergvus = germ. vet. snarha die Schnur; v. Fk. 214. 912.

nardus 2 m. Hebr. ‚nêrĕd' die Narde.

nāres 3 f. Pr. nâses, unde the nos-trils die Nüs-tern. Hinc lt. md. nario illusor, der Nasenrümpfer, cohaer. cum germ. vet. narro ex narjo der Narr, gall. narguer subsannare; Dz. II 385. Cohaeret cum nasus 2 m die Nase, skr. nâs, do. nasâ f. cohaeret cum νā-ρόr, νῆ-σσοr, pr. snā-sus, cgn. skr. snau-mi fluo; v. navis. De s. cf. ῥώ-θωνες die Nase, cgn. ῥο-ή, C. cum ῥιϛ, pr. ῥι-νϛ h. e. ῥῦι-ϛ ῥίϳω ῥίω, v. leo. K. XXI 123. Huc nasturcium h. e. nasum torquens, le nasitort, nasis tortura. Huc Nasica = skr. mahânâsa naso.

narro 1. Pr. gnarro = gnarum facio, mache ‚kun'd, ex gnarjo, quo de ‚-jo' cf. goth. -ja in bandv-ja significo, gr. -γω ut φαίνω h. e. φαν-γω = φανῆναι ποιῶ.

natalis, e. Hinc le Noël, prov. nadal.

nătes 3 f. Skr. nati f die Vertiefung, Senkung, part. prf. nata inclinatus, cohaer. c. cy. celt. nant vallis, unde Nantuates. Cf. Dfb. C. I 82. De s. cf. skr. taṭa m der Abhang, proclivitas, nates; skr. nitamba m nates, vallis parietes. Confer etiam skr. nata inclinatus et nati die Backe, c. die Wange, nord. vet. vangi die Backe, cohaer. c. skr. wak-ra, (v. varus).

natio 3 f. Cgn. gens.

năto 1. Cgn. νήχω; pr. snă-to = νή-χω, v. nasus. Huc natrix 3 f hydra, quocum Bugge confert na-kra m crocodilus; K. XX 140.

natura 1 f. Ex gnatura = skr. ǵan-man n, germ. vet. chnn-at.

I. natus 4 m, ut natu major pr. gnā-tu major; cgn. -ǵa, pertin. ad ǵan, ut agra-ǵa senior, prpr. major natus, quod ‚-ǵa' idem est ac cret. -γυ-ϛ = -βυ-ϛ in πρέσ-βυ-ϛ priscus. — II. natus, a, um, pr. gna-tus, skr. ǵâta pr. ǵânta.

naucum 2 n. Est forma quaedam patron., pertinet ad ‚nux'. Confer skr. auma lineus, umâ linum; kaurma ad testudinem pertinens, kûrma testudo; kaura der Kuride.

naufragus, a, um. Non ex nāvifragus, nam ‚nau' forma est primaria, unde ‚nav'is euphoniae causa; B. § 124.

navicula 1 f. Skr. naukâ f. Cum ‚-kâ' cf. barca die Bar-ke; v. pateraculus; porca. Navis 3 f skr. nau f, bav. die Nau, isl. die Nau-st statio navalis. Deriv. ναυτία = nausea die Schiffskrankheit. Nauta 1 m = ναύτης, skr. nâwin m. · Pertinet autem ναῦ-ϛ, nâvis, pr. σναῦ-ϛ, ad skr. snu fluere, cohaer. c. νεύ-ω aeol. = νά-ω fluo, cgn. νέω ex σνέω, Aor. ἔ-νευ-σα, = nă-to; K. XXI 121. Hoc cum σνίϳω cohaeret goth. sniumundô μετὰ σπουδῆς, (mund = skr. mant = want).

nāvus, a, um. Pr. gna-vus der nichts ‚kenn'-t und nichts ‚kann'.

I. nē. Nei, ni, vel. nà = skr. na, v. nihil, nemo. Skr. nêd = nē = ἵνα μή, ex na-id, prpr. nicht das, nicht dass h. e. dass nicht. Adde skr. nêt = nê, Abl. abjecto t; K. VI 311; nâ = νη ut νη-κερδής; goth. nê nein; goth. nei = nicht, Loc. II. — nē, v. pone.

nebris 3 f. Νεβρίς, cgn. νεβρός = novus.

nebrundines = testiculi. Hinc Fk. derivat die ,Nier'-en.

nēbula 1 f. Νεφέλη; skr. nabhas n das Gewölk. Pertinet ad nabh- rumpi, scindi, nabhyâmi laedo, noceo, unde nēbulo 3 m nocens, der dunkle, trübe, ut nostrum ,haemisch' = subdolus pertinet ad germ. vel. hamo velamen, teges; et ags. dyrni malignus, prpr. tectus. De nēbula = νέφος cf. aedes = ἴθος; v. nubes.

nec. Ex na.. + ća; sed skr. non na-ća sed ća-na = οὐδέ, auch nicht, P. Hoc ćana = goth. -hun ut hvas-hun irgend wer; ags. -gu, nord. -gen = gen-d, ut irgend, nir-gen-d; Dfb. G. II 582. L. M. ait sic: Das goth. -hun stimmt genau überein mit dem unbestimmt machenden und meist in verneinenden Sätzen gebrauchten altind. -ćana. Adde skr. nâu = nec, ex na-u, (v. nunc). Goth. nih- = neque ex ni-uh, et Dzb. 101 addit hoc: Hinter dem betonten i konnte wol û eingebüsst werden.

necesse h. e. ne cessum, ne-ced-tum, quod non cedit; Corss. Lottner autem et L. M. ponunt nec-esse = ἀ-νάγκ-η; v. nanciscor. K. VII 175. Cum bi-nauhan, (v. nanciscor) potest cohaerere etiam ,nöth'ig = nec-esse, goth. nauþi die Noth, ex nahv-thi; L. M. 51.

neco 1. Cgn. νέκ-υς, skr. nâçayâmi perdo; adde nakkayâmi neco, ex nak-t-ay, unde nex pr. nec-t-is. Hinc gall. noyer.

nectar 3 n. Νέκταρ mortem avertens, ex νεκ- + -ταρ = superans, skr. tar-âmi supero; v. tartarus. Schoem. dividit in νέ-κταρ = οὐ κταί-νον, pertin. ad skr. ka-ta der Scha-den, vulnus, ka-ṇ-ômi laedo, κα-ί-νω, κταίνω.

necto 3. Skr. nah-yâmi ich näh-e; v. nit-lo.

nefarius, a, um = unsäglich, unredlich, pertin. ad fari sagen, reden.

nefrones. Pr. nevrones, v. nefrendilium.

negligo 3 = ἀ-λεγ-ίζω, negligens = ἀν-η-λεγ-ής; cgn. goth. rik-an pr. lik-an, bav. ruech-en nimis curare, ver-ruech-en negligere, ruohhalôs negligens, geruhen curare; Schm. III 19. Fk 847.

nĕgo 1. Ex ne-igo, cgn. ajo. De g = h v. ego. Aeolius autem ponit nec = non + aho, nec-aho nega'o negeo nego = ich sage nein; K. XVII 279. — De ,ne'- cf. νηστεύω, nepos = -,na' in gothico jai-,na'-s = je-,ne'-r, prpr. der — nicht, (ya = ὅς, v. is). Similiter skr. ana = ille, ex a- = hic + na, der nicht. Per transpositionem hoc ,na' evadit ,an' = un.., ut goth. un-bliðe unfroh, ags. un-raed malum consilium, ags. un-rim die Unzahl; v. Koch.

nefrenditium 2 n annuale tributum, quod rustici dominis vel discipuli doctoribus offerre solent, duntaxat sit carnecum, ut porcellus; pr. nevrones; v. novus. K. XXI 141. De f = v cf. etiam umbr. stafiare = stabularius, cgn. skr. sthāwara, zum Stehen dienlich; ib. 140.

negotium 2 n. Ex nec-otium. De g pr. c cf. Saguntum c. Ζάκυνθος, il dragone c. δράκων, il lago c. lacus; v. niger.

nēmen 3 n. Νῆμα, pertin. ad νή-θω, ne-o = germ. vet. nâjan, nähen, ἐΰννητος wohl genäht, (ex aliquo sma = na); J. S. 6. De divina illa mulliere Neh-aea, Neh-alennia v. Gr. M. 390.

nēmo 3. Pl. vet. hemones = homines, nēmo ex nehemo.

nempe. Ex nam + pe, = -pi s. -api = δήπου, doch wohl, fortasse; v. ab, P. I 307. K. IV 378.

nĕmus 3 n. Νέμος, cgn. niun-an = nehm-en, νέμ-ο-μαι nehme für mich als Antheil. zd. nem-ata gramen, die Weidetrift, νομός; C. 261. Gr. M. 614. K. XIX 3.

neo 2. Νέω, cgn. goth. ne-þla ῥαφίς; v. nemen.

nĕpos 3 m. Skr. nāpât m = nepot-s partic. praes.; skr. naptar m h. e. na-pitar, non potens, lat. nepos = heluo, prpr. impotens, incontinens. Sed Spiegel trahit ad nabh- unde nap- = ligare, nectere Napât igitur cohaeret cum bactr. vet. nâfô cognata; K. XIX 392. Adde skr. naptis f = neptis h. e. naptyâ = naptî; cgn. ἀ-νεπ-τιος h. e. ἀ-νεψιός.

Neptunus 2 m. Zd. napta udus. Hinc naphta, hod. nift, νᾶπος; cgn. skr. nâpita m der Bader, lautor, pr. snâpita. Cf. etrusc. Nethuns pr. Navitunus; v. ningo. De ‚unus' cf. Port-unus.

nequam. Pr. ne-quan, ut decem = daçan. Pertinere videtur ad skr. çwan- = zd. çpan- nutz sein, unde çpenta sanctus, χρηστός. De s. cf. nostrum ungerathen nequam, nam gerathen cohaeret cum skr. ridh-ômi ich ge-rath-e, succedo, per metath. ex ardh- = çwan- gerathen, crescere. Cum çwan- cohaeret slv. svant-, svet-; K. VII 326.

nequeo. Usurpatur etiam in pass. ut: parari nequitur iterum, quomodo skr. çakyatê = nequitur; B. § 870. ‚queo' = çwa-yâmi cresco, valeo, ich vermag.

Nĕrine 1 f = ἀνδρεία, cgn. skr. nara m = ἀ-νήρ. De δ inserto in ἀνδρεία pr. ἀνρεία cf. lat. md. quenula = cunila, bav. Quen-d-el. Audiamus, quod dicunt Bfl. de nomine propr. Indra, quum dicunt: Man wird zu keiner befriedigenden Lösung kommen, so lang man das d in Indra als wurzelhaft betrachtet. Nimmt man ‚in' ‚inw' an mit Suffix -ra, so bedeutet es den Durchdringenden, Bewältiger. De s. cf. Aetoli et Wuotan, (partic. wuotant, watan = wat-en, dring-en).

nervus 2 m = νεῦρον; zd. çnâvare n nervus; Fk. 214. Hinc nord. vet. niörva artare, to narrow; v. Narcissus.

nescius, a, um. Hinc gall. nice albern. Dz. II 386.

-neus ex -meus, v. iligneus.

neve. Zd. nava = nicht; v. si-ve.

neuter, a, um. Ex ne-uter, ags. n-âwðer s. n-âðer, nôðer = angl neither; bav. vet. ne weder neutrum, keines von beiden.

nex 3 f; v. neco. Hnc gall. trancher ex internecare.

nicto 1. Cgn. nic-ere = nuere, coniveo, perf. conixi, nick-en, germ. vet. hnîga ich neig-e, goth. hneivan sich neig-en, trop. goth. uf-hnaivan pr. uf-hnaigvan, subigere, νικ-ᾶν. Adde νυστάζω dormito, bav. naucken; v. nitor.

nidor 3 m. Pr.' cnidor, κνίσσα = κνίζουσα, ex κνίζω ich steche. De s. dupl. cf. germ. md. stanc odor c. goth. stiggan, stechen, ut nos: es sticht in die Nase.

nidus 2 m. Skr. nîḍa m, ex nis = nas, ναίω, prpr. νασγω, unde 'ινάσθην. De forma cf. pid premo, πιέζω, ex pis- = pinsere, +d; Fk. 038. Hnc gall. nicher nisten, le nigaud ex nidicus.

nîger. a, um. Pr. nicer, prpr. nachtfarbig, cgn. skr. niç = nox, unde nila niger, (ex niç-la), cgn. nord. vet. njóla nox. Cum ‚nic' est cogn. ‚nak'- die Nach-t, unde skr. nak-ula m ichneumon, prpr. niger. Hinc lt. md. negromantia, ex nigra μαντεία, le negromancien non significat Todtenbeschauer. Confer hunc errorem cum illo Keronis fon frihalse = deliberatione, pr. de libertate; sittilihho = morose, (pr. morate, sittlich).

nihîl. Ex ni-hilum = ne nugae quidem, nicht die Lappalie, cgn. heluo; Fk. 71; v. petilus. Illud ‚ni' = skr. na, unde nân þing = nôthing.

nimbus 2 m. Pr. nembus, cgn. nûbo, der Sturm, der Regen, skr. nabhas n nebula, tempus pluvium, i. q. nabhasa tempus pluvium, mare; adj. nabhasa vaporus, nubilus, dunstig. Der s. dupl. germ. vet. tunst nimbus, der Sturm, cgn. der Dunst = nabhas; Gr. M. 300.

nimis. Ex nimius, v. magis, pris-cus; nimius ohne Maass, skr. ni-mêya non metiendus, germ. vet. un-me-t nimis.

ningo 3. Cgn. skr. niñg-, nê-nêg-mi abluo, lao, hib. celt. nighim νίζω, fut. νίψω. B. trahit ad nê-nêg-mi vocem Nep-tunus = νιπτόμενος.

Niobe 1 f. Die Schneegöttin; ex aliquo nyawâ, cgn. nivea. De s. cf. nord. vet. Snô-r, qui filius fuit illius Jökul h. e. glaciei; Gr. M. 598.

-nis; v. crinis. callis.

nîsî = goth. nibai, niba. De -ba in ni-ba v. tibi; L. M. 67. Cum hoc ‚ni'- in nisi cf. illud n in ‚n'ur, bav. ‚n'ar, ‚n'eur = nisi, ex ni-wâri = es wäre denn, ags. nære ex ne waere = wäre es nicht, dass, wenn nicht; v. nunc.

nisus 2 m der Sperber; hebr. nêz, (nazaz volare). Si debet referri ad ‚nitor', nom. pr. Nisus conferri potest cum Baso, nord. vet. basa anniti, ut Basigunda; adde Biso, hod. Beise, nord. vet. bisa summo et rudi nixu moliri. Bis-mark?

nitidus, a, um. Unde netto; pr. cnit-, scnit = scint-, scintilla, germ. vet. gneista scintilla, ex ga-hneista, cgn. boruss. vet. knaistis titio, pertin. ad slv. vet. gnêt-iti accendere. De forma cf. custos ex cudtos, goth. beist- fermentum ex beit-t das beissende; feist ex feit-t obesus, pertin. ad slv. pit-a-ti saginare; hastig, die Hast ex had-t, pertin. ad skr. kad- turbare; K. XXI. 1.

nitor 3. Nic-sus sum, cgn. nic-to; germ. vet. hneg-enti nitens, (pr. gnictens); K. VIII 304. Fk. autem hoc ‚nitor' revocandum est ad goth. niþan fulcire, cohaer. cum skr. nâth- Stütze, Hülfe suchen, ags. natha die Gnade.

nitrum 2 n. Hebr. ‚nĕthĕr' νίτρον vel λίτρον, Herod. De n = l cf. Nabunita, apud Herodotum Λαβύνητος. Hinc bav. der Salliter ex Sal-niter, sal nitrum.

nix 3 f. Pr. snic-s, snihv-s, νίφα = nivem ex νίχϳα, slv. vet. snĕg-u der Schnee, goth. snaivs, unde bav. schneiben = schneien. De forma Schnee = snic cf. der See c. skr. sêka m effusio, to see cum secare. Adde ἀγάννιφος ex ἀγάσνιφος. Niphates der Schneeberg. Confer Caucasus h. e. nive candidus; (Plin. hist. 17, 17). v. ningo.

nôbilis, e. Ex novilis, ut mobilis pr. movilis, = be-kann-t, cgn. das Kind = filius nobilis, der anerkannte; Gr. V 710, 2 c.

nôbis. Ex nobbies = na-bhyas; Corss., v. K. XVI 307. Nisi potius ex aliquo Dat. sg. nobhî, vobî cum s plur.; K. XVII 51. v. sit. — De ‚nô'- in nō-bis cf. skr. nâu = zd. nô = nobis, νῶ-ιν. Skr. âwâbhyâm nobis, quae vox explicat illud -μιν in νῶ-μιν, nam νῶιν ex νωϐιν ex nobhin ex no-bhyam; v. ad. Adde mabhyam = ἐ-μίν, tubhyam h. e. tuhyam = τε-ίν, asmabhyam = ἡμῖν ἥσμιν, yushmabhyam = ὑμῖν.

noceo 2. Cgn. nox, skr. nâçayâmi nec-o. Huc gall. nuir ex nucir ut dire ex dicere. Huc germ. vet. niuwan contundere; J. S. 39.

noctua 1 f. Νυκτερίς.

nodus 2 m. Pr. gnodus, the knot, the node, pertin. ad skr. ganda m. n der Knot-en, cgn. kanda m. n die Knolle, glomus.

nōlo 3. Ex no-volo.

nōmen 3 n. Umbr. nume; skr. nâman n, ex gnâman, cgn. γνῶ-ναι; ὄ-νομα pr. ὄ-γνο-μα ὀγνοματ- ὀγνομαντ-, quod ‚μαντ' cohaeret cum germ. vet. ,munt' ,mint' in bliu-munt der Leu-mund, cgn. ,wunt', (v. nos). K. IX 235. Sic goth. namô Nom. sg. ex gnamant; Dzb. 15, (ex ὀ-γνομα), ags. nama, quo de n finali abjecto cf. germ. vet. mel-m = goth. mal-man arena; ags. bīs-ma der Besen; ags. sima vinculum, ἱμας. Adde οἶνωμα ex ὄγνωμα ut εἴληφα ex 'ἴ-γληφα. Hoc ὀ- prothet. in ὀ-νομα conferri potest cum ὀ-νόσσασθαι conviciari, cgn. slv. vet. gnasinu abominandus; Fk. 518. Huc ὀνομάζω ex ὀνομάγyω, ὀνομαίνω ex ὀνομανyω.

non. Apud Varronem ,noenum', apud Lucretium noenu = ne unum h. e. nicht in Einem, n-ein, οὐδέν h. e. οὐδὲ ἕν; skr. na, goth. ni, ni-h = ne-c; germ. vet. ne = nein, isl. nei-ta nein, ut já-ta = angl. ye-s, ja. Nonne = skr. nanu.

nonnus 2 m. Cohaeret cum νάννος avus; fem. die Nonne, νάννα, skr. nanâ f matercula. Confer mamma.

nonus, a, um. Ex novinus, novĭmus, skr. navama, formatum ut ult-i-mus.

— **nor**; v. conor.

norma 1 f. Pr. gnorima, cohaer. c. γνωρίζω.

nōs. Cgn. νῶ-ϊ, (v. nobis); skr. nâs acc. pl. = nos (ex nons ut τοὺς ex τον-ς, compos. ex campon-s). Confer K. XVIII 360. De ,s' v. simul. Nos h. e. nans = skr. nâs cohaeret etiam cum skr. nâu = nos Du., attenuatum ex mau = wau, qua de mutatione liquidae m in w cf. bôdhâwas Du. e. bôdhamas pl. = bav. mir wissen, scimu-s, wir wissen. Similiter suffixum -mant = -want, ut awimant oves habens, fem. awimati; altera forma -want, ut karṇakawant mit Gabeln versehen, -μεντ-ς ut χαρι-μεντ-ς Χαρίεις, lat. -vons in grati-vons-us, gratiosus; K. XIX 03. XVIII 455, 6. Confer arm. celt. arvor = armor h. e. ad mare sita; Gl. 05; v. -osus. Bf. Gr. § 773 II 1. Igitur goth. -,ôs' in vig-ôs = vehimus ex vagha-vasi, vaghavas = vaghôs; Dzb. 12.

nosco 3. Γι-γνώ-σκω; C. Sed B. § 751 interpretatur nos-co, γι-γνώσ-κ-ω ex skr. gi-gnâs-âmi novisse desidero, ich möchte gerne kennen lernen. Aspirata k in γι-γνώσ-κ-ω ut in 'ἴσ-κ-ον, 'ἴδω-κ-α; germ. vet. in-cnâhu ich erkenne, cum h euphon.; B. § 109 b 11. Cum no-sco, nōvi cf. tero = τρῖ-βω h. e. τρῖ-jω; unde Πολυνό-jας = Guiscard; ags. cnâven = kennen. Huc nŏta 1 f = skr. nâman n das Kennzeichen. De ŏ cf. i in cognĭtus. Adde notio 3 f γνῶσις.

nŏtus 2 m. Νότος pluvia, cgn. nato, ex snotus = germ. vet. sund, per metath. ex snud, unde ,sund'roni = ,snot'-us h. e. notus; K. XVI 58. Huc goth. natjan be-netz-en, unde potest pendere goth. nati das Netz.

novacula 1 f. Cgn. novare pila die Pilen schärfen, erneuern.

novem. Skr. nawan, v. decem. Dfb.[*] cohaeret cum nawa = novus, quia initium sit novae classis, novae tetradis. De 'εννέα v. C. 278. Hinc November, -'ber' = skr. -bhṛit, fer-ens; Gr. I 1121. Adde novensiles pr. novensides die Neunsassen; v. K. IX 101.

noverca 1 f. Ex nov-er-ica, quasi νεϝαρική, pertin. ad νεϝαρ-ός, = ἡ νέα h. e. infelix, infesta; prpr. die neuere, compar. De s. cf. 'επιπάτωρ der Stiefvater, ('επι c. Dat. = noch dazu, ‚neu'). Confer vitricus.

nŏvus, a, um. Skr. nâwa = νέϝος, ex nu = nu-nc; P. II 290. Nord. vet. nyr = neu ex niu, quo de forma cf. nord. vet. nyr die Niere, germ. vet. niero, pertin. ad skr. niwâmi pinguesco, = miw, piw, unde νεφροί, ex νεϝροί, umbr. nefrones; K. XXI 140. 142. Hinc Nola = Neapolis, i. q. Nuceria, Nursia; v. Carthago. Skr. nawatwa n novitas; skr. nawishta der neuest-e.

nox 3 f. Ex noctis, (v. nex), = νύξ, Gen. νυκτ-ός, skr. nakta in nakatra n sidus, prpr. νυκτός τηρεύς. Skr. nakti f, goth. nahts. Cum -tis in nak-tis cohaeret nostrum t finale, ut ags. sceaf-t = goth. ga-skaf-tis f die Schöpfung. Nox cohaeret c. noxa h. e. noxia, ut skr. niç f nox s. niçâ f cohaeret cum nex. De hac sententia cf. nord. vet. qveld, ags. cvild der volle Abend, qvelja occido, neco; Gr. M. 701. Et skr. dôshâ f vespera, nox, dôsha adj. nocens; skr. tapâ = dôshâ, pertin. ad tip- destruo, cgn. tapan unde σκνιπ-αῖος nocturnus, cohaer. c σκνίφος = κνίφας. Adde skr. naiça nocturnus, naktam noctu.

noxa 1 f. Ex noc-ta ut firus ex fictus. Hinc the noise der Lärm.

nūbēs 3 f. Cgn. nebula. De -ēs Nom., nubis Gen. v. B. § 137. Deriv. la nuance die Schattierung, ex nubentia. Hinc nubigena = Centaurus, quo de sensu cf. Hrimþursar die Reifriesen.

nubo 1. Ex aliquo ‚namb', cgn. numpha, nimbus, cgn. ags. nîpan obscurare, genip n caligo. De s. cf. hisp. velare = nubere cum velare; goth. liugan velare, nubere; Dz. II 191. J. S. 170.

nudius. Ex nun-dies-tertius; v. nunc.

nudus, a, um. Ex nogvidus, goth. naqvaþs. Skr. nag-na est part. praeter. = nack-t, pertin. ad aliquod nag- = lag-ê pudet me. Fk. 944 trahit ad nig, nir-nêg-mi polio, mache blank und bloss; cgn. skr. nik-ta lautus, quo pertinet the nich, nord. vet. nikr hippopotamus, der Wassergeist. Adde skr. nâga m serpens, prpr. lēvis, cf. anguis; P. = the snak-e coluber; K. IX 234.

nugae 1 f. Cgn. nancum.

nullus, a, um. Ex ne-unulus, ne-unlus = οὐδ' εἷς, οὐδείς; it. nessuno ex nec-ipse-unus, ags. n-ân nullus, prpr. nec unus; it. veruno ex vel-uno, prpr. sogar einer, ut nostrum keiner = nullus prpr. notat ‚einer', nam germ. md. kein = nullus aut ullus, ut ‚nul' gall., sans nul effet = sine ullo effectu. Adde germ. vet. nihein = nullus, nehein = ullus h. e. nih = neque + ein, i. q. οὐδείς. Sequitur dohein, germ. md. dehein s. dekein = ullus, prpr. doch h. e. wenigstens einer. Abjecto ‚de' exstitit ‚kein' = nullus. Simili ratione bav. ainer = keiner, ut: ain' kenn' i net h. e. keiner ist, den ich nicht kenne.

I. — num; v. tignum. granum.

II. num. Accus., v. tum. Bzb. 85. Skr. nu = nu-m, nu-n-c, nostrum nun, ut: ‚num' paratus es? prpr.: nun? bist du bereit? K. VI 207. Skr. kim nu khalu = woher ‚nu'n doch?

numella 1 f. Die Sclavenfessel. Pertinet ad skr. namayâmi flecto, curvo; â-namay subigo, δουλῶ. Idem sensus germ. infer. kuwbam numella, cgn. the hame, der Kummet, v. cam-us, pertin. ad κάμ-π-τω = namayâmi; Gr. V 107, 7.

numerus 2 m. Cgn. νόμος, prpr. die An-‚nahm'-e, die Nahm-e, cohaer. c. lit. numas die Nahme, lucrum, lett. noma der Zins, die Ein-nahm-e. Adde nummus 2 m = νόμ-ισμα; C. 281. Fk. 110. Numerus = ῥυθμός conferri potest cum germ. vet. riman numerare, cgn. germ. md. rimen = reimen, cgn. ἀ-ρι-θ-μῶ = ir. celt. ri-mi- = ratiocinari, numerare; v. harmonia.

nunc. Constat ex nu-n-c. De ‚nu' v. num. Hoc ‚n' in nu-‚n'-c cohaeret cum illo ‚n' in skr. -na, ut ê-na = er, is; ὅτι-να, τι-ν-ός, τι-ν-α; goth. -hu-n = cunque, (v. nec). Nunc, νῦν = skr. nûnam. Adde skr. nu = nunc, νυ, unde nûnam, P. Angl. now, goth. nu, bav. no-h, v. Schm. II 671. Skr. nûća = nunc h. e. nu-que. Nostrum ‚nur', cgn. nun, pertinere potest ad skr. nawaram = ‚nur'; Fk. 113, (v. nisi).

nuncupo 1. Ex nomen + capio. Cf. occupo.

nunquam. Skr. nûćit, (‚ćit', ‚ćid' = ‚qui'd, τι, ‚qua'm; ‚ćit' est Accus. neutr). Skr. ‚na'kadâ,ći't = ‚nu'n,qua'm. (De kadâ v. quando). Skr. kadâćana, quo cum ‚ćana' cohaeret goth. hun (v. nec).

nuntio 1 h. e. nû-ntio, ex noventio, quasi ab aliquo ‚novêre', eine Neuigkeit bringen.

nuo 3. Νυ-στάζω, νεύ-ω, ex νεύω; numen 3 n = νεῦ-μα, νυ-σταλος schläfrig. Ut ait Lottner, cohaer. c. skr. nu, nâu-mi laudo, prpr. an-nu-o. Fk. trahit ad na- in na-m, unde na-ti f die Beugung.

nûper. Neu-lich, νεω-στί. De -per v. sem-per. Skr. nûtana adj. De -tana cf. -tinus in diu-tinus.

nurus 4 f. Skr. snushâ f = νυός ex σνυσ-ος = nur-us, germ. vet. snur-â, ex snusâ die Söhn-in, die Sohn-erin. B. § 140.

-nus, a, um; v. ple-nus. manus. urna. sturnus.

nusquam. Skr. naiwa kwâpi, ex na + êwa. Confer cum hoc ,na' angl. no-wher = ni-rgend, bav. ni-ndert a. nie-n-rts; Schm. II 668. 690.

nutrio 4. Cgn. nu- in nu-per; -trio pertin. ad skr. tři, tarâmi ά-τάλλω ex ά-ταλjω.

nux 3 f. Gen. nŭcis.

O.

I. o = skr. â, v. Callisto. ratio. habitatio. — II. sermo. veho.

ŏb. Pertinet ad skr. abh-i, (v. ad), ut ,abh'igam = obvenire; BR. Rectius trahitur hoc ,ob' ad skr. ap-i = 'επ-ί; (de b = p cf. ab = apa). Huc obiter = 'εφ' ὁδῷ.

obex 3 m. f. Ex objex, (v. aemulor), objicio werfe zu. Hoc de s cf. 'έμβολον the bol-t.

obitus 4 m. Cum hoc ,it'us cf. skr. prêta mortuus, ex pra-ita.

obliquus, a, um. Cgn. lic-inus; ex ob-linquus, lit. link-ti sich biegen.

oblivio 3 f. Cgn. litera. De forma cf. obliviscor c. paciscor.

oboedio 4 = ὑπακούω. Hinc prov. abau = es gehört, pertinet ad.., infin. ab-auzir = obaudire. Similiter nostrum es gehört mir = pertinet ad me, (hören = audire). v. J. S. p. 58 ,V. V'.

obolus 2 m. 'Οβολός, ὀβελός, cgn. βέλ-ος ex aliquo ,ogel', cgn. alv. vel. igla, the awl; Fk. et C. 424.

obscoenus, a, um = obsaevus, = mali ominis, cgn. obscaev-are sinistrum quid nuntiare; K. XXI 231.

obscurus, a, um. De ,rus' v. pu-rus; pertin. ad skr. sku- tegere, unde pendet germ. vet. skiura die Scheu-er, die Scheu-ne; (germ. vet. skurgula die Hausgötter). De s. cf. sax. vet. duncal obscurus c. lit. dèng-ti tegere, dangalas teges, cgn. goth. ga-danka familiaris, (danka ex dauka); J. S. 173. Adde germ. vet. tarnjan obscurare, unde gall. ternir trüben, germ. vet. tarni das Dach.

obses 3 m. Der sich ein-,sets'-ende. Hinc l'ôtage ex hostaticum obsidiaticum. Cgn. obsideo 2 = germ. vet. bi-saz-jan, unde it. sagire = gall. saisir Besitz ergreifen. Adde it. assedio = obsidium, le siège, (ex adsidium).

obsolesco 3. Ob-sol-esco, non obs-ol-esco; B. § 96.

obtūro 1. Pr. ob-stu-ro, ob-stup-ro ver-stopf-e; aut ob-stūr-o ex stawro, cgn. skr. sthawira stabilis, obsturo munio, befestige.

occa 1 f. Ex oc-i-ca, cgn. ὀξ-ύνη, die Egg-e, ἀκ-ωκ-ή; goth. hôh-an aratrum ex ἀ-κωκ-ή.

occulto 1; v. color et cf. χρῶ-μα color c. χρώ-ς die Haut, die Decke. C. 108.

oceanus 2 m. Ὠκεανός, ὠκεjανος, cgn. ὠκυ-; v. aqua. De -jανος cf. λίτ-ανος bittend; J. S. 40.

ôcior 3. Skr. âçiyas = ὠκίων.

ocrea 1 f. i. q. κνημίς, cohaeret cum ak-âmi curvor, ut κνή-μη die sich krümmende; Bf. Lett. ikri κνημαί, die Waden; K. XIX 254. Fk. 330. Sed J. S. 58 conjungit hoc vocabulum ‚ocrea' ad ὄκρις, pr. ocria.

octo. Skr. ashṭa, ashṭau du. Cohaer. c. skr. añça m pars; ashṭau dual., ὀκτώ du. = goth. ahtau, quia videtur ‚akta' aliquod significasse quatuor digitos sine pollice; L. M; v. septem. — October, v. November. octoginta açîti f.

oculus 2 m. Oc-ulus, skr. akṣa n. akṣi n, cgn. ὀξύς, aç- penetrare, ac-utum esse. Huc ἀκρίβής, (ἄκρι Loc., v. ac-ies = açri, + -βής = βαίνων h. e. acute iens). De vi verbi cf. secare c. sehen = ὄσσεσθαι. Goth. augô das Auge, ex ah-va, ὄκκος ex ὄκ-jος, (cf. equus = ἵκκος). Huc ἀκ-ούω, prpr. auribus penetro, (cf. auribus ‚ac'ulis); cgn. ἀκ-ροάομαι, deriv. ab ἄκ-ρος scharf; K. XXI 190. De s. dupl. cf. cerno cgn. c. kar-na auris. Cf. respectus. Deriv. goth. augjan sich eräugnen = ags. eawjan, cgn. ὀπτίλλος = ὀφθαλμός, ex aliquo ὀφθαλ- = ὀπτιλ-; J. S. 55. Huc l'oeillet das Nelkchen. Postremo ‚oc' = goth. ‚aug' conferri potest cum caput = goth. haubida; goth. ‚galw', metath. ‚glav' (unde glaggvaba = 'ἐπιμελῶς), cgn. germ. vet. glau (ex grau); v. Bzb. 27.

odi. Cgn. ὠθ-ίω, ἀπ-ωθ-ιω repudio, stosse zurück: C. 235. Fk. autem hanc vocem trahit ad ags. onda s. anda odium, germ. vet. anto die Kränkung, pertin. ad ahnden ulcisci, cgn. der Ahnd spiritus, an-imus; Gr. I 102; v. abyssus. Huc la noja, gall. l'ennui = bav. die Antigkeit, ex ‚in odiô'. Osor 3 m ex od-tor.

odor 3 m. Ὀσμή, ex ὀδ-μή; v. oleo.

Oedipus 3 m; v. aedulus. Fk. trahit ad skr. ind-u stilla, scintilla, ind-ra tumescens; K. XXI 5.

offendix 3 f nodus; cgn. πεῖσ-μα ex πένθ-μα, ex aliquo bhandh- = bind-en; v. bestia.

offendo 3. Skr. bâdh-ê, ex bhandh- ich verdränge, urgeo, vexo, cgn. πένθ-ος die Bedrängniss, goth. beid-an tolerare, goth. usbeis-nei μακροθυμία; J. S. 90. Adde germ. vet. peitan poscere, compellere, urgere, quod ‚peitan' possit denique cohaerere cum germ. vet. pëtôn bet-en, adorare, prpr. urgere precibus; Schm. I 210.

offero 3. Germ. vet. opferôn opfern, cgn. ad. fra-barelar sacerdos, der Opferer.

oleaster 2 m. Cum ‚ster' cf. the pun-ster, the trick-ster, the fib-ster, the game-ster.

oleo 2. 'Ὀζω ex ὀδγω. De d = l cf. Alebrant = Hadubrant; portug. vilva = vidua, julgare = judicare; v. Ulyxes.

oleum 2 n. 'Ἔλαιον, 'ἐλαία = oliva, (ut 'Ἀχαιοί = Achivi). 'Ἐ-λαιον pertinere videtur ad li liquescere, II-n-âti ergiesst sich.

olibanum 2 n. Λίβανον.

olim. Pertin. ad ol-, cgn. ul-s, ul-tra. Hoc ‚im' in ol-im conferri potest cum ‚am' in clam, aut potest trahi ad illim, illinc ita ut olim h. e. olinc sit: von dort her, von ehe her. Restat alia opinio; ‚olim' enim, istim... possunt posita esse in Locat., = osc. -in, ubi hort-‚in' = in horto et olim denotare potest: an jenem Orte, zu jener Zeit; K. VII 34. In nostro vocabulo ‚einst' habemus Genit., non Loc., nam eines = olim, unde eins-t, ags. ons-te, angl. once; Schm. I 65.

olla 1 f. Germ. vet. walm fervor, unde wal-ula der Siedtopf, unde ôl-la; C. 518. Huc der Aul olla, der Eul-ner figulus.

ŏlor 3 m. Pr. odor = cantor, cgn. skr. wad-ayâmi sonum edo, ὑδ-ῶ, (unde 'Υλλος; ex 'Υδ-λος = Cygnus).

ŏlus 3 n. Ex holus, cgn. skr. hari viridis, χλό-ος color viridis.

ŏmen 3 n. Ex os-men, cgn. os-cines; J. S. 69.

omentum 2 n das Netz,-die Netzhaut, cgn. ὑμήν membrana, iud-‚û'-mentum. Huc umbr. ‚om'-tu = velato, tegito et Huschke hoc cum vocabulo coujungit ὄμ-νυμι a velatione capitis jurantium; Fl. 1872, 881. Adde lat. vet. Oma, filia Fauni, = tecta, velata, quia nomine dici prohibitum erat; Prell. 553. v. sagmen, sacramentum.

omnis, e. Cohaeret cum skr. amâ simul, unde om-nis quasi ex aliquo am-nâ; Pt. Amâ prpr. damit = mit dem, instr. pronominis ama = der, dieser. Confer πάντες, v. quantus.

— on; v. homo. II. — ŏna v. Latona. III. — -ōnus, v. colonus.

onco. Skr. uñć. uć, Westg. p. 95 = unc-are, ὀγκ-άω; ὄκ-νος die Rohrdommel.

ŏnus 3 n. Pr. os-nus, cgn. ὄνος = as-inus, russ. os-êlj.

opācus, a, um. Skr. apâka ‚ab'endlich, cgn. ἀπ-ισθε, (ex apa, v. ab, + añć = versus, vorsum; K. III 171). Huc skr. paçcâ instrum. pr. apas-ća pone, im Westen; v. saepe. Apas- cohaeret cum germ. vet. âpant der Abend, ὀψ-ία, (v. ab), ags. Aef-tenlid die Spätzeit, the evening, nord. vet. aptann der Abend; v. pravus.

opalus 2 m. Skr. upala m der Edelstein, der Stein, cgn. upara m der Stein, prpr. inferior, besonders der untere Stein, auf dem der Soma angeschlagen wird; P.

operio 4 h. e. op-erio; v. ap-erio.

ŏpilio 3 m. Ex ovipilio, skr. awipâla m, (pâla pastor).

ŏpīmus, a, um = *ὀπ-όειν*, prpr. succosus, cgn. apa aqua. De a. cf. *πιδ-ύω* scaturio, cgn. nord. vet. feit-r, germ. md. veiz = feist, opimus. Hinc pertinere videtur abdomen der Schmerbauch, ex ap-domen = das Fett-,thum', v. omentum, familia.

opinio 3 f. Non cum ὄψιν cohaeret, sed pertinet ad slv. vet. apo h. e. za-,apu' die Vermuthung, ŏp-inio; cgn. nord. vet. ef s. if dubitatio, unde peudet germ. vet. ibai, (Dat., nomin. iba), goth. ibai = num? Bzb. 91, cohaer. c. ob, angl. if.

ŏportet. Ex op-por-tet, es trifft mich als Antheil, cgn. *πέ-πρω-ται*, v. por-tio; Corss. Beitr. 78.

oppidum 2 n. Skr. pattana n, ex pad-tana, cgn. fes-t, Festung, *ἔμ-πεδ-ον*, pertin. ad skr. abhi-pad-yâmi ich fasse an; v. pedica die Fessel.

oppīlo 1 = obstipare. Confer skr. piḍ- premere.

opportunus, a, um. Cgn. por-tus, *πορ-θ-μός*, = *εὔ-πορ-ος*; C. Sed Fk. trahit proxime ad skr. par- = *περ-αίνω*, unde zd. peretu pons, hu-peretu opportunus.

opprimo 3 = vexo. De s. dupl. cf. skr. khidâmi premo, khêday-âmi vexo, unde *κῆδ-ος* the vexation. Adde ags. noetan premere, germ. md. neizen quaelen, alem. gneissen.

ops 3 f. Skr. ap-nas n, unde op-s, P. = der Ertrag, die Habe; pertinet ad âp-nômi, (v. adipiscor), = ἄφνος. Skr. an-ap-nas = in-op-s. De a. cf. lit. labas = ὄλβ-ος, cohaer. c. λαβ-εῖν = âp-. Huc opi-pārus, (pertin. ad parĕre, v. pauper); opitulor prpr. ich bringe mich, (v. tul- = tol-ero) zur Hülfe.

optimus, a, um der Oberste, superlat. praepositionis ,op'- = 'ἐπ-ί, (ut ex ,ud' = api 'ἐπί uttama = ὕπατος); K. XIX 234.

opto 1. Cgn. ὄψ-ομαι. De s. dupl. cf. prov. chausir = ἐπι-νεῖσθαι, unde gall. choisir optare.

opulentia 1 f = *ὄφελ-ος*; germ. vet. afalôn robustum esse, cgn. op-es; Fk. 340.

opus 3 n. Skr. apas n, B. § 128. 220 p. 453, p. 491; cohaeret cum ap-io. Apas praecipue est opus sacrum et ,ap' cohaeret cum sax. vet. ôbhian colere, germ. vet. uoba feriae, die Feier, das Üb-en; germ. vet uop cultura; bav. vet. guopida colonia, lantuopo colonus. Fk. 1007 docet hoc ,ap' mutilatum esse illud ,p' affixum, quod operationem significet in forma caus; ut dra-p-âmi laufen thue ich. De hac mutilatione confer nostrum -g in Peitin-g ex Peitin-gau, -ch in Garmis-ch ex Garmariscowa; Schm. II 4. Adde goth. gab-ein opes, gab-igaba *πλουσίων*, ex ,ghâp'ayâmi ich mache ablassen, (hâ desero); v. Bzb. 46. Pleniorem conjugationem periphrasticam Indi habent in suffixo ‚kar'- = κραί-νω, ut içanićakâra s. Içanićakâra dominatus sum, prpr. ich that herrschen; wêdayânćakrê annuntiavi, (wêdayâ das zu wissen-Machen); K. XI 82. — De ‚us' cf. skr. paý-as πινό-μένον êdh-as lignum, prpr. αἰθόμενον; waé-as dictum; B. § 931.

orbis 3 m, h. e. or-dhis, cohaer. c. skr. ar-a m = or-bis.

orbus, a, um. 'Ορφανός, armen. orbo = orbus; K. XVII 336. Confer skr. arbha parvus.

orca 1 f. Hinc the ork navigium, v. concha.

orchestra f. 'Ορχέομαι cohaer. c. skr. ṛghâyâmi furo, μαίνομαι; ṛghâwant tobend, stürmisch; P. et K. XIX 402. Hinc ὑπ-όρχ-ημα ein rauschendes, leidenschaftliches Chorlied.

orcus 2 m. Cgn. arca. Uxor Orci habet nomen Orcae, pertin. ad skr. raxa m custos. Hinc l'ogre, Gr. M. 454.

ordior 4. 'Ορδέω. Hugo Weber huc trahit ordeum = hordeum; K. X 260. Confer skr. rad-âmi schürfen, aperire, öffnen, cgn. randh-ra m die Öffnung. P. Ordior ich eröffne, beginne; v. hisco. ordo.

ordo 3 m. Cgn. ordior. De s. cf. ταμίας der Zerschneider, der Ordner: skr. patâ f ordo, pat- = findo, partior. Huc goth. rêd-s = ord-o, nord. vet. rôðr, ut attrôðr octogenarius; Gr. Gesch. p. 176. Adde ags. hund-red = hund-ert.

organum 2 n. Zd. verez, goth. vaurkjan = μοργάζεσθαι.

orichalcus 2 m. Cgn. ὄρος τό.

origo 3 f. Confer caligo. ‚Or'ior cohaeret cum skr. ar-, ri-ṇ-ômi ich gerathe, eo; skr. ârta = ὄρ-το, unde νί-ορ-τος, θί-ορτ-ος; skr. ud-‚ar' surgere, sich erheben, ὄρ-ωρ-α = or-tus sum; v. ornus.

Ŏrion 3 m. Nimbosus Orion, Aen. I 535. Sed forma vetusta est 'Ωρίων, 'Ωαρίων; K. XIX 7. 'Ωρ- pertinet ad ὥρ-ος = annus; (v. ver). 'Ωρίων igitur est ὥριος ἀστήρ das Sommergestirn; cf. Hes. ἔργα 598. Gr. M. 901.

orno 1. Cohaer. c. skr. ar-am, ut aram karômi exorno, paro, ‚or'-no. Cum ar-am cohaeret zd. ara = ἄρ-ιστος. Huc skr. alaṅ-kṛita ornatus = araṁkṛita.

ornus 2 f. Confer skr. arna m der Teakbaum, prpr. mobilis, fluctuans, deriv. a ‚ar'- moveri. De s. cf. αἴγ-ειρος ex αἴγιργος, pertin. ad skr. êǵ-âmi tremo, cgn. iṅg-a mobilis.

ōro 1. Cgn. os.

Orpheus 2 m. Cgn. ὀρφ-νός. 'Ορφεύς est ille, qui non nescius tenebrarum Orci et idem celator erat arcanorum neque palam ea faciebat nisi qui sacris initiati erant. Graecia origine fuit Thrax, quia illa loca obscura sunt et hieme operta; C. et K. IX 416. Potius hoc ὀρφ- conjungit cum 'ἔρεβ-ος, skr. raǵ-as n caligo.

— ōrum; v. os I. quorum.

o r y z a 1 f. Ὄρυζα, cgn. βρίζα, skr. wrihi m pr. wridhi, pertin. ad wriddha = auctus; arab. aroz = the rice; v. radix.

I. **ōs** 3 n. Skr. âs n, ex aus, (v. abyssus), cgn. âns m os, unde ὑπ-ήν-η. Adde skr. asya n os, ἠν-ίον der Maulzaum. Cum ôs ex ous cf. ags. ôðr = goth. anthar; sôð ex sanaþ veritas; tôð = germ. vet. zand dens; gôs die Gans, sôfte = germ. vet. saufti. — De r ex s cf. agrorum ex agrósôm, musarum ex μουσάσων ut χορῶν ex χωρῶων pr. χωράσων. L. M. 276. B. § 248; v. quorum. Hinc oscedo 3 f, ,ce'‑do pertin. ad κι-ύζω, cgn. os-ci-tor.

II. **ŏs, ossis** 3 n. Skr. asthi n. asthan n, unde ὀστέον = osseum, ut ossa ex osta. Sunt qui putent hoc asthan referendum esse ad skr. sthâ- stare, unde σθέ-ν-ος, goth. stai-n-s der Stein; Gr. I 1381.

— ōs. Acc. pl. = -ως dor., -ους, ex -uns, -ons h. e. am acc. sg. + s plur.; B. § 236.

o s c e n 3 m. Avis ,ore' auspicium faciens; Fest. Cf. skr. çakuna m, avis quae omina canit. Hinc çakunaçâstra n die Lehre von den ominu, v. Gr. M. 637. v. ciconia.

o s c i l l u m 2 n. Demin., cgn. os, das Gesichtchen, das Lärvchen. Corss. ait sic: Bei gewissen Festen hieng man Puppen auf und liess sie baumeln; v. ostendo.

o s c i t o 1, v. os.

o s c u l u m 2 n. Das Mäulchen; v. oro. De s. cf. μάσταξ os, quocum Fk[**] cohaerere putat nostrum sch-,matz'-en osculari, sch-mun-z-eln.

o s t e n d o 3. Ex obstendo, (v. asporto), nisi ex o-stendo, obstendo (v. tendo); Schwabe. Item oscillo ex obscieo, cgn. κί-ν-υται = skr. çi-nu-tê movetur, quo trahi possit σκίνη ex σκ-ηνη, v. Sibylla. J. S. 21. 23. — Cum vi verbi ostendo congruit skr. pratan-ômi palam facio, (v. por-tendo). De inserto s euphon. cf. slv. apostol'-s-tvo apostolatus. — Lat. vet. ostende = ostendem, fut. = ostendam, ut dicem vel dice = dicam; recipe ich werde empfangen. K. XXI 177; confer λίποιτα = λελοιπαιι.

O s t i a 1 f = Gemünden. Idem sensus in Inverness, cgn. gael. celt. inbhir ostium; nord. vet. Egidora, hodie Eider, prpr. fores maris.

o s t i u m 2 n. Ex ostu-um ostwa-um = osti-um. De ostu-um = osti-um cf. skr. tubhi-am = tibi; v. satira. ,tu' autem in os-,tu'-um oritur ex illo skr. twa in mahatwa n magnitudo, sakhitwa n amicitia, = slv. tvo ut mnoz'-s-tvo die Menge; K. VI 179. — Skr. âsya n ostium, gall. vet. huis.

o s t r e a 1 f. Ὄστρεον die Auster, ὄστρακον die Scherbe, cgn. ὀστέον, v. os. Hinc it lastrico der Estrich, der mit Scherben gepflasterte Boden.

— osus, a, um; v. securis. fui.

otium 2 n. Possit cohaerere cum skr. ûti f die Kurzweile, das Ergötzen; v. aveo. De s. dupl. cf. skr. rati f = ûti, das Ergötzen, pertin. ad th. ram- quiescere, otiosum esse; goth. gavairþi otium, germ. vet. giwurt oblectatio. Fk. trahit hoc ‚ot'- ad goth. auþ-ida das Frei-sein, Leer-sein, cgn. germ. vet. ôd faciliter, bene; (v. va-cuus). Nord. vet. Audh-umla = die Oed-e; Mr. II 18.

ovatio 3 f. Quom., ovo = αὔω h. e. αὔζω, unde goth. avi in avi-liud εὐχαριστία; skr. aw-ê mugio, th. u.

ŏvis 3 f. Skr. awi m. f. ὄϝις, goth. avi. Hoc ‚aw' autem cohaeret cum lit. au-ti vestire pedem, cgn. ind-u-o; Fk. Potest etiam pertinere ad adj. awi addictus, favens, cgn. av-ere; P. Hoc quidem de sensu cf. μῆλον ovis = μαλ-ακόν; Döderl.

ŏvum 2 n. ᾨόν, apud Hesych. ᾤβόν; skr. âwya adj. ad ovum pertinens, unde ᾠόν. Huc it. ovata, l'ouate der Wulst, eiförmiges Ding, torus, unde germ. vet. wât die Watt; Dz. I 209.

— ox; v. velox.

P.

I. p = k, v. torqueo. — II. p. euphon., v. sumptus. — III. — ps = sp., v. vespa.

pābulum 2 n. Pa-b-ulum, v. pâ-vi, cgn. πῶ-υ.

paco 1. Hinc it. pagare, gall. payer. De s. cf. les frais die Unkosten, ex lt. md. fredum, cgn. Friede, pax, Bezahlung für Friedensbruch.

pactum 2 n. Die Pach-t, germ. md. pfah-te; adde das Pfand ex panct-um. Dz. II 102. 393.

paean 3 m. Cgn. slv. vet. pe-ti canere; Fk.

paedor 3 m. Ex pavedor, cgn. ψώα ex ψώϝα foetor; Corss. Confer skr. pûyâmi putresco.

paenĕ. Ex pae+ne. (v. pone); ‚pae' = -παι in ὑ-παί = sub, nahe, nahe bei, beinahe.

paenula 1 f. Φαινόλη.

pāgina 1 f. Pr. pak-ina, v. pagus. Skr. paṭa m die Seite, lätus. De g = k cf. vagina.

pāgus 2 m = der Dorf-, der Burgfrieden, cgn. pax, pango, unde pâg-us das Gefüge, cohaer. etiam c. paxillus; Fk. 463.

pāla 1 f la pelle. Pr. spala, spatula, cgn. σπάθη; skr. sphaṭ-, sphaṭ- findere, unde der Spat-en, l'épée; v. Schm. III 557. Confer skr. phâla m. n = pala, vomer. De s. cf. skr. khanitra n pala, khâtra n, (ex khantra, ut graec. *νήδ-υμος* pertinet ad skr. nand-âmi laetor), v. canalis.

palaestra 1 f. *Παλαιστρα*, pertin. ad *πάλη*, *πάλλω* ex *παλγω* versare; K. VII 177.

palam. Cgn. pla-us = auf fla-cher Hand; C. De s. cf. skr. prakâçam palam, prakâça planities. De forma v. olim.

palatium 2 n. Apud Ennium palatium coeli das Himmelsgewölbe; cgn. pālatum 2 n. De s. dupl. cf. *οὐρανίσκος*; russ. nébo *οὐρανός*, palatium. nēbo *οὐρανίσκος* palatum.

palea 1 f. Skr. palâwa m die Spreu, pal-ea; P. = skr. pala m. Huc la paille, adj. paillard impurus..; Dz. I 301. Ital. pagliaccio, unde il bajazzo, a braccis suis ad sacci instar ampli. Huc palear 3 n = skr. pala m das Flei-sch, the fle-sh.

Palinurus 2 m = *πάλιν οὐρος*. Preller ait sic: eine Personification des günstigen Windes der Rückkehr. *Πάλ-ιν* = versus, cum *ν* 'πελα, umdrehend, cgn. polus; Bf. II 293.

pallidus, a, um. Cgn. *πελ-ιός*, pullus, skr. pal-ita; germ. vet. fal-o, Gen. falawes. gall. fauve = fahl; v. sepulcrum.

pallium 2 n. Cgn. palla das Fal-t-en = Kleid; Gr. III 1297. Cgn. *πέ-πλ-ος*. Germ. md. pfell; germ. vet. phellol = il palio, le palletot ex palletoc.

palma 1 f. *Παλάμη*, ags. folma; v. pal-po. Huc palmes 3 m, qua de duplicitate sententiae cf. goth. lofa palma c. germ. vet. lafa die Flachhand, das Blatt; v. Fk. 464. — V. parma.

pālor 1. *Πλα-ν-άομαι*.

palpebra 1 f. Pr. palpetra, ut libra ex litra, cgn. palpito, = das Zitterglied, tremula, das Zappelglied. De s. cf. ill. trepavica palpebra, trèpiti tremere; die Wimper palpebra, germ. vet. wintprawa palpebra, die Windbraue, wimpern trepidare, wind = motus, das Zucken; Schm. IV 108. Ipsum ‚palpito' autem est reduplicatio pr. pal-pal, zappeln; skr. sphal-âmi trepido, vibro. De s. dupl. cf. bav. zappeln trepidare, zabeln palpitare. Cum ‚sphal' ‚pal' cohaeret nord. vet. fal-ma unsicher tasten, germ. vet. fuolon fühl-en, to feel. Curtius addit *ψηλ-αφάω*, *ψάλλω*, spilôn.

păludamentum 2 n. Confer *πέλ-α* die Decke.

pālumbis 3 f die Wildtaube, lit. balandis, cgn. pālari wild herumirren; (pr. palumdis?).

pālus 2 m. Der Pfahl, cgn. paxillus.

pălus 3 f. Skr. palwala m der Pfuhl, (palu-ds ex palwa-), *πηλ-ός*. *Πηλ-ούσιον* = Kiel, (dan. keil portus, pălus). Huc the tadpole der Kaulfrosch. Adj. palustris, ex paludtris, skr. palwa-lya

Illud ‚ter' in palus-ter prpr. est compar., (= -τερος in ὀρέσ-τερος), in palude versans, degens; K. VI 415.

pampinus 2 m. Prpr. turgescens, cgn. pöpulus, lit. pamp-ti aufdinsen, πέμφ-ιξ die Blase. De ‚pamp' = ‚pöp' cf. de ex ana.

panacea 1 f. Pertin. ad ἀπίομαι, prpr. ac-n operor. Idem fere sensus in hebr. raphá flicken, circumligare, mederi, unde Raphael.

pando 3. Ex pant-do, cgn. pateo, v. pontus.

pandus, a, um. Gewunden, geschwungen, cgn. pend-eo schwingen. Confer skr. paṇḍ-ayâmi ich thue zusammen, cohaer. c. piṇḍa m glomus, runde Masse, der Ballen.

pango 3. Cgn. skr. paǵ-ras = πηγ-ός, cohaer. c. πάγ-η laqueus, pâç-a m restis, paśa m der Fang; K. VI 319. Hinc goth. ga-féh-aba εὐσχημόνως, füg-lich; Bzb. 47.

pānis 3 m. Messap. πανός, cgn. Pan. Confer skr. panasa m der Brodfruchtbaum. Cum ‚panis' cohaeret l'apanage. Hinc panicum 2 n der Fennich, der Pfänch.

pannus 2 m = pânus, unde palla ex panula. v. pantex; πηνός, tela, das Gewebe, (cohaer. c. πηνίζω). Adde goth. fana, germ. vet. fana linteum; nord. vet. Fenrir = germ. vet. feniri der Fähnrich; Gr. M. 224. Adde le pan die weggenommene Sache vor einem panus, Pfandzeichen, hisp. apan'ar pfänden = to pown; Dz. II 395.

Pansa, pansos habens pedes, Breitfuss. Confer Plautus.

pantex 3 m. Cohaer. cum pan-us, bav. der Fan, die Halswamme, der Triel; Gr. III 1242, 6. Hinc la pancia, la panse; la panciera, der Panzer.

păpa 1 m πάππος. Skr. papu m custos, (pâ = tueri).

păpāver 3 n. De forma cf. cadaver. Nomen habet a celeriter crescendo, cgn. pover = puer; C. 259. Fk. trahit ad pap- in pap-ula, pamp-inus. Hoc -‚ver' cohaeret cum illo -‚wari' fem. partic. ut pî-wari πίειρα, pat-wari πετομένη; K. XXI 137; v. saluber.

pāpilio 3 m. Redupl. pa-pil-; ‚pil' in rhaet. billa der Schmetterling, gael. celt. feil-eagam pa-pil-io; germ. vet. vi-val-tra der Feifalter, das die Flügel auf- und niederfaltende Insect, pertin. ad fal-ten. Gr. III 1440.

papilla 1 f die Blatter, Warze, cgn. pamp-inus die Weinranke. De a. cf. skr. pippala m die Weinbeere, die Brustwanze.

papula 1 f. Cgn. pamp-inus.

papyrus 2 m. Hinc le papier, (ex papyrius).

par, păris 3. Skr. para der andere, ut: par sum tibi, ich bin dir der andere, dein Gegenstück. Pertinet hoc ‚para' ad pi-‚par'mi = περ-αίνω trajicio, unde pár-yatê es ist möglich; P. De e. cf. germ. vet. ca-mah, gi-mah = par, aequalis c. mach-ôn machinari, patrare h. e. περαίνειν, unde ags. ge-maca, angl. match, svec. make

= par, aequalis, to be a match for one alicui parem esse; Schm. IV 543. Huc the apparel, (ex pariculus dimin). Adde les pairs = pares.

parabola 1 f. Hinc roman. paraula, la parole.

paradisus 2 m. *Παράδεισος*; zd. paradaêças höchstes, schönstes Land. Bf. (dêças m locus, regio). Huc le parvis, ex par'is, der Vorhof der Kirche.

paragraphus 2 m. Hinc the pil-crow.

Parca 1 f. Ex par-i-ca, cgn. par-tus, quae vox par-tus cohaeret cum *πι-παρ-ειν*, o-por-tet, v. par-io. De s. cf. genius, pertin. ad gigno. Hoc ‚parć' tamen trahendum esse videtur ad skr. parć-, prić- = *πλέκ-τω*, et parc-a fere idem valet ac *Κλωθώ*, die des Schicksals dunkle Knäuel flicht; K. XII 378. Parcas comparari possunt cum die Nornen, de quibus ait Edda sic: Die Nornen kamen, Sie schnürten scharf des Schicksals Fäden, Goldene Fäden fügten sie weit; p. 158. Adde quod skr. parć significat etiam implere, commiscere, penetrare, begaben, quo de sensu congruunt Parcae cum vi vocis Indra, (‚in'- = penetrare). Sic germ. vet. scephantâ parca, die schaffende; ags. metten parca, met-od der Schöpfer; Gr. M. 371. Sunt denique qui conjungant vocem ‚Parc' cum parco, parcus = sparsam, cgn. spar-go sprengen, *σπείρω*. Ili si recte videant, attribuunt Parcis fere idem quod in carmine Eddae adscribitur deabus fatidicis. Ibi canitur sic: Die Nornen an Urdrs Brunnen nehmen täglich Wasser aus dem Brunnen und sprengen es zugleich mit dem Dünger auf die Esche Yggdrasil; Simrock p. 289.

parco 3. Cgn. comperco, parć- conjungere, flechten; K. XVIII 160. Parco beschränke, unde lt. md. parcus stabulum, der Pferch, die Schranke, gall. parquer in einen Pferch stellen. Aliter Lottnerus, cui par-co, par-cus = spar-sam, lit. spar-us, pertinet ad spar-go, *σπείρ-ω*; K. VII 187; v. parum.

pardus 2 m. *Πάρδαλις* der Stinker, prpr. der Farz-er, skr. pridâku m, pertin. ad skr. pard-ê ich farz-e, pedo; v. perdix.

păreo 2 ich will‚fahr'e; cgn. ‚*πωρ*'or in *ταλαί-πωρος* = im Leid er‚fahr'en; v. appareo et cf. nostrum, ich mache meine Auf-fahr-t.

pariēs 3 m. Ebelio constat hoc ‚paries' ex skr. pari = *περί*, + ēs ex -ens, (v. abyssus). Rectius Fk., qui trahit hoc ‚pariet'- ad ‚*πειρατ*', unde periat, metath. pariet-s. De s. dupl. cf. lit. sêna m *πεῖραρ* terminus, paries; die Wand paries est cgn. c. Vand-ali die Grenzbewohner; v. margo.

pario 3. Lit. periù ich brüte; v. paro.

Paris 3 m. *Πάρ-ις* pugnator; *πολ-εμῶν*, *Πτολ-ε-μαῖος*. De s. cf. celt. aer- ex ager = *ἀγών*, unde Ver-agri = pugnaces; Gl. 20. = Gunther, Gunzo, pertin. ad skr. han-ti er schlägt, tödtet; J. S. 47. (‚Verw. Verb.'). Ved. pariparin adversarius, cgn. peretha = qui détruit;

K. I 35. Adde lit. pèr-ti, slv. vet. pra-ti = πλή-σσειν; C. 250. (De forma hac cf. διαπρήσσω, pertin. ad περ-αίνω) Adde germ. vet. Chitzo, agr. cid contentio, unde Kissingen. Adde Jarant, Jerbert, nord. vet. jara pugna; cf. Marobodus, (germ. vet. badn- f pugna, nord. vet. bö-dh, pertin. ad germ. vet. bano = φόν-ος, unde φα-τός in Ἀρήφατος; Fk. 379. Cum hoc φόνος cohaeret φοινος, deinde φοινός hochroth; v. Herod. VII 89 ed. Stein). Adde nomen regis sarmatici Βαδ-άκης, pertin. ad skr. wadha m interfector, victor i. q. Πάρις.

parma 1 f. Cgn. palma; pertin. ad skr. pâṇi m manus ex par-ṇi, = palma. De ṇ ex rn v. meretrix = πόρνη.

paro 1. Πορ-ίζω, πορ-εῖν in Gang, zu Wege bringen. Huc cy. celt. peri = pari efficax, unde Parisii = strenui; v. reciprocus.

parra 1 f. Cgn. parus, (v. sq.), die Meise, goth. sparva der Sperling, cohaer. c. ψάρ, ψαίρω rado, scharren, rascheln. Huc germ. vet. sparwâri der Sperber; K. VII 187. Fk. 414.

parricida 1 m. Ex patricida h. e. interfector cognati. Quintilianus in figuris, quas vocant abusiones, hujus vocis mentionem facit. Quamquam Osenbrüggen hoc ‚parr' h. e. para conjungit cum παρα- in παραπρεσβεύω = contra fidem legationis ago. De parr- = par cf. parra; v. sero.

pars 3 f. Cgn. por-tio; partim, (v. olim).

parsimonia 1 f. Pr. parcsimonia. — ‚mônia' ex ‚mon'+ia, ut victoria ex victor+ia; ‚mon' autem respondet illi skr. -‚man', gr. -μονη ut πλησ-μονή, φεισ-μονή; B. § 795. 797.

partior 4. Med., ich scheide mir aus. Hinc gall. partir sich scheiden, sich verabschieden. Adde la pertuisane die Partisanwaffe.

parturio 4. Cf. esurio; partus 4 m cgn. πόρτις.

parum. Pr. sparum, cgn. σπαρ-νός spär-lich, ut videtur, pertinet ad σπείρω, dünn gesät. unde σπορ-άδην raro, vereinzelt.

parus 2 m; v. parra.

parvus, a, um. Cgn. parum; = παῦρ-ος; v. nervus.

pasccolus 2 m = marsupium, φάσκωλος, v. fiscus; pertin. ad σφηκ-όω ich schnüre, σφαγή prpr. das Erwürgen; Fk. 471.

pasco 3 = βόσκω, prpr. custodio, i. q. goth. haldan; cohaer. cum skr. pâ-tar m custos. Huc la pâte ex pastus; l'appât. Adde Πά-ν = pa-scens, cgn. Pa-les; nam Pa-les dea est pabuli; Fest. Hinc collis Palatinus, unde palatium, deriv. le palais, die Pfalz. Cum ‚Παν' cohaeret Ἀρτά-βανος = μέγας ποιμήν. κύριος.

passer 3 m. Ex paxer, cgn. skr. paś-in m ales, goth. fug-ls der Vogel, (paśa m ala). Cum hoc ‚pak' ala cohaeret svec. fik-na propere festinare, unde to fidge trepidare; der Fäch-er.

passim. Pertin. ad pando.

passus 4 m. Ex pad-tus, cohaer. c. skr. pada m pes. Hinc le compas gleicher Schritt. Huc nord. vet. fet n passus, germ. vet. gë-faz-i commeatus. Je ne vois pas prpr. = non passum video.

pastor 3 m. Pr. pasc-tor = *ὁ βόσκων*, *βο-τήρ* s. *βω-τήρ*; *βοτήρ* ex *βατ-* = *βασιλεύς* h. e. *βοτὴρ λεῶ*, *ποι-μὴν λαῶν*. Skr. pâyu m, (unde *πωῦ πωϋ*). Suffixum -pa ut gôpa m der Kuhhirt, agapa m *αἰπόλος*; v. satrapa.

patena 1 f. *Πατάνη* = patina, (ut *τρυτάνη* = trutina); cgn. *πίτανον* die Platte, vas latum. Hinc die Pfanne (ut der Pfennig pertinet ad Pfand). Adde the pellen der Holzschuh, the patin der Schlittschuh. La poêlle die Pfanne ex patenula.

pătoo 2. Cgn. zd. path-ana weit, breit; *πετ-άννυμι*; *πίταλος* = patulus; *πίταλον* lamina, unde lt. md. petalum das Goldblech auf dem Haupte des Papstes, deriv. bav. die Pfiesel; adde le poêle pannus funebris, cgn. *πτελέα* ulmus, (patula); v. patena. pons.

păter 3 m. Skr. pitar m = *πατήρ*, pertin. ad pâ-mi servo, tueor; P. Fk. ait sic: Pater ursprünglich nicht so eng als Schützer, sondern der mit der patria potestas versehene. Hinc patro 1, cgn. potior, setze durch, impetro a me ich vermag, ich bin Herr über mich; Fk. 990. De germ. vet. fatera-n = patre-m v. B. § 149 p. 315. Pater patratus, prpr. der bevollmächtigte Vater h. e. creatus, qui patris vices haberet inter fetiales. — Adde paterculus 2 m, ex pater-cu, (ut navicula ex navi-cu-la). De form. dimin. cf. angl. Pol-k das Paul-chen, Hal-k-in das Heinrich-chen, Per-k-in das Peter-chen; Kch. III § 108.

patior 3. Confer skr. pat-âmi ich sinke, stürze mich, falle um, unterliege. De a. cf. abhipatâmi im-pet-um facio, ich gehe los, c. leiden = pati, cgn. nord. vet. lidha = to lead, proficisci, pati; Dfb. 9. II 132. Non assentior Curtio, qui hoc pat- conjungit cum *πάσχω* h. e. *παθ-σκω*, nam *παθ-* pertinet ad skr. bâdh-ê vexo, premo.

patratus, a, um; v. pater.

patria 1 f. *Πατρίς*. Huc le repaire nidus, ex repatria.

patrisso 1. Ex patrisjo, ut graecisso, atticisso, ut skr. madhwasyâmi mel cupio; B. § 775. v. equio.

patronus 2 m. (v. colonus), cgn. pratrous = *πάτρωϝς* ex *πάτροϝος*; Fk. 1081.

paucus, a, um h. e. pav-cus, cohaer. c. *παϝ-ις* der kleine, v. pu-er; germ. vet. fôh = pauci ex fauga, cgn. *παυ-ρος* = nord. vet. fâ-r; K. IX 260.

paveo 2. Cgn. *πτόϝος*, pav-idus = *πτωϊ-ξ*. Hinc gall. épouvanter ex expaventare.

pavio 4. *Παίω* ex *παϝγω*, K. XIX 415. Possit denique cohaerere cum skr. paw-ira hasta, paw-irus der Donnerkeil; v. C. 242.

paulisper. Paulis- compar., ut pris-cus, mag-is. De ‚per' = παρά, ut: ‚παρ'ά πάντα τόν βίον = ‚per' totam vitam; C. 243. v. pau-cus.

pavo 3 m = τάϝων pr. ταωως; semit. ‚thuki' pavones h. e. ταωω-; v. Bf. II 236. C. 435.

pauper 3. Ex aliquo pav-per, ‚pav' = angl. few; pau-per = der wenig schaffende, cohaer. cum par-are. Pott trahit ad par-io, cohaer. c. opi-‚par'us.

pax 3 f. Cohaer. c. păciscor, pango h. e. festen, bündig machen, hemmen, skr. pâça m das Band, pax der Bund, cgn. goth. fah-an fang-en; C. 241. Cum ‚pac' Friede cohaeret goth. fahêds die Freude, faginôn in Frieden und Freude sein.

paxillus 2 m = pâlus, cohaer. c. πάσσ-αλος, pang-o; v. pax = pâça das Band. De x cf. skr. nahana n paxillus, pertin. ad nah- = paç-.

— pe; v. saepe.

pecco 1 = pēco, lit. paik-as schlecht, dumm; paik-óti peccare; cgn. lit. puk-ti Ekel empfinden; v. piget ex pik-. K. XVIII 34.

pecten 3 m. Potest euphoniae causa formatum esse ex kekten, cohaer. c. skr. kać-a capillus, nord. vet. fax, the fax, cgn. pec-ten, πέκ-τω, πέκ-ω pec-tino. Adde pec-ten, cohaer. cum pec-tus die haarige Brust, λάσιον στῆθος; pec-ten apud Iuvenalem notat pilos circa pudenda, it. il pettignone der Venusberg, le pénil = le pubis, pr. peignil. De ‚in' in pec-tin cf. skr. path-in m via, the path.

pectus 3 n; v. pecten. Hinc le pis ubera. — Cum -tus cohaeret skr. -tas n, ut srô-tas n flumen, çrô-tas n auris.

pecunia 1 f. Cgn. pecus. De a. dupl. cf. slv. vet. sko-tu pecus, pecunia, unde nostrum der Schatz, goth. skatts pecunia; K. XX 179. Fk. addit nord. vet. naut pecus, Stück Vieh, lit. nauda opes, bona, deriv. niut-an geniessen. Sic κτῆνος das Vieh, cgn. κτῆμα. Cum ‚pec'unia, pec-us est cogn. goth. faihu die Habe. Ad vocem faihu referri debet il fio, gall. vet. fieu, unde le fief das Lehengut, lt. md. feudum; (feu-d-um ut la-d-ico = laicus, il chio-d-o clavus; Dz. II 181). De origine verbi Plinius sic: Servius rex primus signavit aes; signatum est nota pecudum, unde et pecunia appellata. Skr. paçu m = pec-us, (zd. paç ligare, v. pax).

pedes 3 m. Πεζός ex padyas, lat. vet. pedius, ut acupedius = ὠκύπους, (v. emo). Hinc il pedone, le pion, deriv. le pionnier der Schanzgräber. Skr. padaga m. padâti m = pedes; K. X 205. BR. autem dividunt in pada+âti pede iens. Cohaeret adj. pedester, ris, e ex ped-es-ter. De ‚es' in ped-‚es'-ter confert L. M., (K. VI 414), c. dom-es-ticus, mod-es-tus; congruit cum goth. -‚is' in iska, ut thiud-is-kô = heidn-isch; v. agrestis. — Huc pedetentim, prpr. den Fuss anhaltend, pedem tenendo; skr. padaças. Adde pedica = compes, skr. pâdapâça m, (v. pax). Pedisequus, a, um = skr. anupada; padi m pediculus ein laufendes Gethier, P. Huc il pidocchio ex peduculus, it. md. peduclus = hisp. piojo, le pou ex peon; Dz. I 319. De sensu fere eodem cf. ćârikâ f = κόρ-ις, prpr. dis-cur-sans.

pēdo 3. Ex perdo, skr. pard-ê furz-e, πέρδ-ω, v. pardalis. De r ejecto confert C. ὕδαρος pr. ὕδαρτος, σκατός, to speak = sprechen; v. pejero. Huc il petardo der Thorbrecher, per jocum militarem nominatus der Furzer; cgn. gall. petiller krachen, ex pedit-um. Cum podex, ped-o cohaeret etiam pēdico 1, quo de sensu cf. πυγίζω.

pēdum 2 n. Ex pendum, cgn. pandus krumm cf. tango. De s. cf. goth. valus = pedum, cgn. vol-utus.

Pegasus 2 m. Cgn. πηγός, spissus. Kuhn I 461 mit sic: Pegasus das Donnerross, Chrysaor sein Bruder der Blitz. Sein Name zu πηγός, ved. pâgas die Kraft, Stärke, woher pâgasya n der starke, feste Rosshuf; v. pinguis. Mit dem Wolkenwesen Gorgo erzeugt er das Donnerross..; v. Theog. Hesiod. ed. Schoem. p. 158.

pejěro 1. Ex perjuro, ut cognitus ex cognotus.

pējor 3. Pr. pi-or, ut ējus pr. ijus, pertin. ad skr. pîyâmi odi, convicior, goth. fijan; K. III 200. Deinde pējor potuit oriri etiam ex ped-ior, cgn. πέδον, = humilior, niedriger; K. IX 261. Postremo pejor pr. pecjor, (ut pulējum ex pulecjum, das Flohkraut), cohaer. c. pec-c-o. Fk. 632. Adde pejoro 1, deriv. a comparativo ut goth. hatizôn hassen.

pelagus 2 m. Πέλαγος das Geschlage, cgn. πλά-ζω, πλή-σσω. De forma πελ- = πλη- cf. κελάδειν c. skr. klandâmi strepo; v. gracilis. culmus.

pelecanus 2 m. Πελεκάν s. πελεκάς, πελεκάω dolo; prpr. picus, dolator. Confer skr. paraças = πέλεκ-υς.

pēlex 3 f. Semitice ‚pilegêsh‘, pertin. ad ‚palag‘ fluere. De s. cf. moechus. Πάλλαξ = pellex, ex πάλϝαξ, skr. pallawaka m homo libidinosus i. q. pallawa. Hoc idem pallawa m notat surculum, (cf. carduus unde la garçe, germ. vet. fëlawâ salix unde the fellow).

pellax 3. Cgn. lax.

pellis 3 f. Das Fell, goth. fill ex filna prpr. die Anfüllung, πέλλα ex πέλνα; der Pelz = la pelice, ex pelicea. Adde le surplis ex sobrepeliz; prov. peleta pellicula, unde to pel-t pel-zen, das Häutchen einsetzen; Dz. II 284.

pello 3. Perf. pe-pul-i, cgn. παλ-αίω; παλ-μός der Puls. Huc Πάλλας ille gigas, auctor motuum terrae; K. VII 250; v. polen.

pelta 1. Πέλτη, cf. pal-ma.

pelvis 3 f. Πέλις ex πελϝ-ις, v. ampulla.

penates 3 m. Cicero ait: Sive a penu ducto nomine, est enim omne, quo vescuntur homines, penus; sive ab eo quod penitus insident; Prell. p. 533.

pendeo 2 sich ‚pend'elnd bewegen, pr. spend-eo, skr. spand-ê sich schwingend bewegen, zucken, baumeln. Hinc σφενδ-όνη, cgn. pendo; K. XII 102. XVIII 299. Huc pensum 2 n pr. pend-tum, ut tonsum pr. tondtum; unde le poids pondus, pr. le pois, quasi cohaereat cum pondus.

pĕnĕs. Fort. pertin. ad skr. ‚pi'- = a-pi, ἐπί, +‚na' in Abl. ‚nas', ut ‚pur‚as' = pro.

Peninus 2 m. Cy. celt. pen caput, vertex. Dfb. C. I 175.

pēnis 3 m. Ex pesnis, skr. pasas n membrum, πέος ex πέσος = germ. md. vis-el, der Fis-el, the pizzle; πόσ-θη. De ē in pēnis ex pesnis cf. cena ex cesna. Pertinere videtur ad pas-âmi tango. Hinc the pencil, le pinceau ex penicillum, prpr. das Schwänzchen.

penitus. Cgn. penes. De -tus = skr. -tas v. primi-tus.

penna 1 f. Ex pet-na, skr. pata-tra n = lat. vet. pesna, penna; πτερόν ex πέτ-ερον = πετ-όμενον, germ. vet. fedar-a, the feather; germ. vet. fedah der Fittich. Cum penna cohaeret il pennacchio, la panache der Federbusch. Gr. III 1392 putat trahendum esse hoc verbum ad skr. pata m penna, ala et ‚penna' oriri ex pecs-na; v. passer.

pēnūria 1 f. Quasi ex aliquo πεινηρία, cgn. πεινάω, unde aliquod πεινηρός, cgn. πον-ηρός, πέν-ομαι arbeite, darbe, laboro (= πον-έω), cohaer. germ. vet. spannan, spinnan; v. C. 245. Cf. contentio. Cum ‚penur'- cohaeret Pinarii, οἱ πεινῶντες; Liv. I 7.

pĕnus 4 m, pĕnus, oris n = lit. penas esca. Lit. pen-ù nutrio, sagino, skr. pîta feist, (feist ex fat-ta, pîta ex pan-ta = saginatus), lit. penókas alumnus. Pertin. ad pa-sco.

per Primum ‚per' cohaeret cum illo ‚per' in per-egre, perendie, cgn. πέρ-αν, ut apud Horat. pervidere vitia übersehen.. Deinde ‚per' pertinet ad περ-ί = skr. par-i, ut pari-pânda = per-illustris; Περίκαλλος, nomen feminae, i. q. περίκαλλος; Περφερέες Festgesandte, (v. Herod. IV 33 edid. Stein). Hoc idem ‚per' congruit cum skr. pra in prati, ut ‚pra'titryaham = ‚per' triduum quodque. ‚Per' etiam = parama, superl., ut ‚par'amakrôdhin = ‚per'iratus. — V. perdo, perficio, perfidus.

pēra 1 f. Πήρα. Confer skr. pâr-i vas, lanx, i. q. pâ-tri f vasculum, goth. fôdra der Behaelter, (pâ- = servare).

percello 3. Skr. â-kal-ayâmi percutio, per-cello; lit. kal-ti tundere, triturare; germ. vet. hil-di die Schlacht. Hil-ta Bellona; Gr. M. 180. Hinc Hiltiprant. Perculsus cohaeret cum cul-ter, lit. kal-tas das Schnitzmesser; K. XX 357.

perdix 3 f. Πέρδ-ιξ, ab odore dicta, cgn. pardalis. Hinc la perdrix, qua de forma cf. le caporal (cgn. caput) = the corporal; the culprit = culpatus; la cartouche = the cartridge; ags. guma vir = the groom, ut bridegroome pr. bridegoome.

perdo 3. Skr. parâdâ gebe preis, überliefere, verschleudere, P. Skr. parâ weg, ab, fort, goth. fra- = παρά, germ. ver-; ut fra-liusan = ver-lieren. Adde ,for'-t, angl. ,faur'th, v. proficiscor. Illud -,do' in per-,do' pertinet igitur ad dâ- = da-re. Etsi L. M. conjungit cum πέρ-θω = ,ver'-,thu'n.

peregre h. e. im andern, ,fre'mden Lande, cgn. περ-άτη. Pertin. ad par- = περ-αίνω, i. q. tar-âmi, tṛi = trajicio, quod ,tṛi' habemus in -τρι-ος ut ἀλλό-τρι-ος = peregrinus, pr. ἀλλό-περ-ος. C. 321. Skr. ,para'ga in der ,Fre'mde geboren, cohaer. cum Πελασγός ex paras-ga h. e. πέραν γιγώς. vel ex parasya = transmarinus. De s. cf. Hebraei, (hebr. 'iber' terra ulterior), ut Περαία cohaeret cum πέρα. — Peregrinus = le pelerin der Pilg-er, it. pelegrino pr. peregrino. Adde skr. pâra-kya, pâra = goth. fra-m-aþis fremd. Huc nostrum der Firlefanz = Alfanz, (fir-lo = fer-n i. q. al-, v. alienus; norw. fant erro, der Landstreicher).

perendie. Cgn. πέραν, v. peregre. Skr. ,para'hçwas ex paras = πέραν; v. cras. Hinc perendino 1.

perennis, e. Düntzer ait: Perennia auspicia erant ea, quibus amnes transibant. v. annus.

perficio 3. Cum ,per' cohaeret goth. ,fair'- in fair-vaurkjan erwirken, fairgreipan ergreifen.

perfidus, a, um = πέραν τῆς πίστεως, παρὰ τὴν πίστιν.

pergo 3 h. e. per-rigo. Hinc pergula 1 f domus expor-recta et propendens.

periculum 2 n. Cgn. πειρᾶσθαι, pr. πειριᾶσθαι, goth. far-an, unde Ge-fahr, skr. goth. fairina periculum, cgn. ferjan experiri, pipar-mi, zd. par = trajicere. Huc goth. fairina accusatio. C. 245. De s. cf. κίνδυνος, pertin. ad κί-ω eo, ich fahre, (ὀνοκίνδιος Eselführer); C. 138.

perna 1 f. Πτέρνα, ex pesna, zd. pâsna pr. περσνα = skr. pârshṇi f, goth. fairzna die Ferse. De -sna cf. goth. filu-sna die Fülle, drauh-sna frustum; L. M. 177.

pernicies 5 f. Skr. pra-nâça m, cgn. nec-o.

pernix 3. Cgn. perna, gut bei Füssen.

perperam = ἄλλως. Skr. para = ἄλλος. Perperam acc. sg. fem., ut coram.

Perseus 2 m. Pertinet ad skr. parsh- spargere, irrigare, = der Licht- und Wasserstrom; K. X 104. Hesiodi Theog. p. 100. ed. Schoem.

Persia 1 f. Hinc malus persica der Pfirschich = the peach, la pêche. Skr. pârâsa m Persia.

persōna 1 f. Cgn. sōno; v. suffrāgium.

pertica 1 f. Cgn. part-s das Stück, Holzstück. De forma cf. med-Ica. Huc the perch, la perche.

pervicax 3. Pertin. ad vīca, vinco; cgn. goth. vigan pugnare, der Weig pugna. Weigand pervicax ad pugnam.

pervideo 2; v. per. Cum hoc ‚per' in per-video = übersehen cohaeret sloven. pre- in pre-bersnuti überwerfen, pre-hod der Übergang; lett. pâr, ut pâr-lukōt übersehen, pertin. ad skr. parâ; B. § 1009.

pēs 3 m. Skr. pâd m = ped-, ped-is, πόδ-. Skr. pâd m πούς ex ποδ-ς. Πούς der Zipfel, lacinia est in πέζα margo, germ. vet. fiza, nord. vet. fit margo, operum textilium lumbus. Hinc il pezzolo das Füsschen, il pezzuolo der Fetzen, lacinia, la pezza, la pièce. Lat. peda vestigium, πέδον. Zd. pâdha m pes, pehlv. pai, unde Pascha, (ex pers. pai schah = der Fuss des Schach). v. pessum.

pessimus, a, um. Ex pejes-simus; v. pejor.

pessulus 2 m. Πάσσαλος. Cgn. paxillus.

pessum. Accus. = skr. pattum, ex pad-tum, cgn. skr. pad-yê cado. Cum hoc padyê cohaer. germ. vet. gi-faz excidit, ki-fazun reciderunt, ki-fëzan cadere. Adde nord. vet. fëta nancisci, prpr. auf etwas fallen, etwas fass-en, cgn. πέδ-η die Fessel, die fass-ende. Hild. ait sic: Der Fuss wird das Glied sein, das auf den Boden niederfällt, auf den Boden aufzufallen hat. Gr. V ‚Fuss'.

pestis 3 f. Cogn. pessum, πεσ-εῖν, slv. vet. pas-ti πεσ-εῖν. De s. cf. germ. vet. qualm finis, mors, cgn. quâla f die Qual, pertin. ad skr. gal-âmi = πίπτω.

petasus 2 m. Πέτασος breitkrempiger Hut, cgn. πέταλος pat-ulus. C. 191. Nolim cum Gr. M. 828 petasum Mercurii interpretari der ‚Fed'erhut des..., tanquam pertineat ad penna h. e. pet-na, pat-âkâ f die fliegende Fahne.

petilus, a, um. Grimio in mentem venit nostrum ‚fitzel' in fitzelfëch = pervarius, prpr. fädlich, cohaer. c. die Fitze der Faden, das Fitzchen filum tenue, hilum, unde ein Fitzchen hilum, ein wenig. De s. adde etiam lat. tenuis = petilus, cohaer. cum tan-tu die Fitze.

pěto 3. Skr. pat-âmi πί-πτ-ω falle, fliege; v. penna, impetus. Cgn. goth. finþ-an find-en, auf etwas fallen, πότ-μος der Zufall. Πίπτω-κα, unde πτῶ-μα, deriv. πτω-χός der Bettler; Gr. I 1729.

petorritum 2 n. Gall. celt. petorriton = vierrädrig; cy. celt. petgvar = osc. petora quatuor, v. petra. + riton, est neutr. verbi ritos, cgn. lat. rota. Confer birota.

petra 1 f. Πέτρα, prpr. der Quaderstein, saxum ‚quadr'atum;

Πέτρος = quadrus; cgn. osc. petora, v. petorritum. Huc trahit Ascolius il quadrello later, le carreau; carrara = quadraria; la carrière die Steingrube. Huc etiam il parrochetto, le perroquet psittacus h. e. das Peterchen, ut le sansonnet sturnus, das Samsonchen. — Sed v. caminus. Huc n. pr. Petrējus Viermann. Adde petro 3 m, rusticus a petris; Fest. De s. cf. *πέτ-ρα* et *πετ-εῖν* c. glans.

Peucetii 2 m. Cgn. *πεύκη*. De s. cf. Sabini pr. Sapini, cohaer. c. le sapin; v. Liv. I 9, 6 edid. Weissenb. Ita *Πευκινοί*, gens Bastarna, = Fichtelberger, Viehlacher, die Zigachar, (der Zigen pinus silvestris). Adde Sabaudia, hod. Savoyen, cohaer. c. le sapin.

phalanx 3 f. *Φάλαγξ*; v. planca.

phalerae 1 f. *Φαλαρά* blankes Pferdegeschirr; *φαλαρόν* hell, weiss, skr. bhâla n splendor, frons, unde *φάλαρα* Backenstücke. De s. duppl. cf. germ. vet. stirne das Gestirn c. die Stirne; v. stella. Adde in-ful-a, cohaer. c. *φάλ-ος* die Stirnplatte; v. Fk. 471.

phallus 2 m. Cgn. follis i. q. coles.

phantasma 3 n. Hinc le fantôme, ex cat. fantarma. Pertin. ad *φαίνω* h. e. *φα-νί-ω*, skr. bhâ-mi *φαίνομαι*.

pharetra 1 f. *Φαρέτρα*, cgn. feretrum.

phaseolus 2 m. *Φασήολος*, die Phasole. Confer skr. bhastra f saccus, uter, bhas-trika der Beutel.

phasianus 2 m, a Phasi flumine. Similiter la pivoine der Gimpel h. e. ex Paeonia.

phīlitia 2 n = *φιδίτια*. De l = δ v. Ulysses.

— **philus**, a, um. Skr. bhawila = bhaya fav-ens, fau-stus. fau-nus, a bhawila = *φιλλος*, *φιλος*, *φιλ-ος*; *φίλασθαι*. Fk.

phimus 2 m der Würfelbecher; *φιμός* s. *σφιγμός* der Verschluss, die Einschnürung. C. 170. Cgn. figo.

phlebotomus 2 m, = *φλέβα τέμνων*, cgn. fla-re. Hinc la flamme der Schnepper, the fleam, bav. die Flieden.

Phlegyes 3 m. *Φλέγυες*. Confer skr. bhrigu, pertin. ad bhrâg- = *φλέγειν*. Sunt Phlegyes ii, qui nutriant ignem, germ. vet. plih der Blitz, fulg-ur. Panopi, quae urbs est Phlegyum, Prometheus ignifer primum hominem creavit h. e. accendit ignem coelestem, absconditum in terra. Hoc quidem de s. cf. ags. cennan gignere, cgn. to kindle ignem alere; v. Schm. II 308.

phōca 1 f. *Φώκη* die Robbe, ut Bf. videtur. cohaer. c. sphâ-yâmi tumesco.

Phoebus 2 m. *Φοῖ-β-ος* cohaeret c. aeol. *φαῖ-ος*, pamphyl. *φάβος* = *φαι-δ-ρός*, *φαί-δ-ιμος*; skr. bhâ f *φά-ος*, bhâ m sol. De s. cf. Baldr, pertin. ad lit. baltas albus, unde mare balticum. Balthae splendidi. Idem sensus in slv. Bjelbog *ἀργὸς θεός*, Gr. M. 208; (slv. vet. bělŭ albus, *φαλιός*, cgn. phalera). v. uro.

Phoenicia 1 f; *φοινίκη*, plena palmetorum. *Φοινικίς* vestis rubra et Aegyptiis hodieque Phoenicia est Ta-dsr = terra rubra, quasi cohaerent cum *φοινός*; v. Herod. VII 89 ed. Stein. Ut fert fama, a mari rubro oriundi sunt Phoenices (h. e. *φοινοί*!). Herodotus ait sic: *Οἱ Φοίνικες οἴκεον τὸ παλαιὸν ἐπὶ τῇ Ἐρυθρῇ θαλάσσῃ.*

phoenix 3. *Φοῖνιξ*, Gen. *φοίνικος*.

phonascus 2 m. *Φωνή* pertin. ad skr. bhan-âmi sono. — Ascus, v. ascesis. De *φων-* et bhân- cf. persona et sôno.

pictura 1 f. Part. fut. act., ut genitura die Zeugung, junctura die Verbindung; ‚tura' = agens; B. § 184.

Picumnus 2 m. Cgn. germ. fêh = *ποικ-ίλος*, skr. pêç-ala affabre perfectus, th. piç-, piñç-âmi orno, decoro. Pic-umnus = *ποικ-ιλομήτης*, callidus ad variegandum; K. XV 976. VI 31. Huc goth. bi-faihan decipere.

picus 2 m. Germ. vet. spêh der Spech-t; skr. pika m cuculus indicus, onomat. ut pipo. Cgn. Picumnus.

piger, a, um. Prpr. erstarrt, stockend, cgn. pig-nus die Festigung, *πάγ-ος* frigus, pig-er frostig, frigidus, nord. vet. feigr moribundus, prpr. frigescens; v. Gr. III 1441. Fk. 402. Videtur cohaerere cum pinguis; Gr. III 1368. Fk. 787 ponit hoc pig- ad nord. vet. feikn immanitas. Hinc la pigrizza, la paresse, (ex pigritia).

piget = es stockt, es hemmt, cgn. pig-er.

pignus 3 n. Cgn. pâç-a-yâmi ich feste, binde, cgn. pig-er; C. 241. Dfb. G. II 758 trahit ad pec-us, unde pec-nus, pignus verpfändetes Vieh; pec-us autem pertin. et ipsum ad pâç-ayâmi.

I. **pila** 1 f der Mörser, der Pfeil-er, pr. pisla, cgn. pilum die Mörserkeule, cohaer. cum pins-o.

II. **pīla** 1 f. Hinc die Pille ex pilula, la pillotta, la pelote der Knaul, le peloton globus. Lottner hanc vocem conjungit cum *πάλ-η*, pe-pul-i, pellere = pila ludere; K. VII 177.

pilatus, a, um = pilum gerens. Huc Pilumnus, inventor artis pinsendi, qui colebatur a pistoribus; Prell. p. 332. Confer Pilatus c. nord. vet. Dörrûðr, (dörr hasta). Hildigar = a Bellona gaesum habens; Ptt. 250. Celt. Gaisorigs.

I. **pîlus** 2 m. Cum pilus, *πῖλος*, conjunge the fel-t; fil-trieren, durch den Filz lassen; v. sq.

II. **pĭlus** 2 m. Cgn. *πτίλον*, pilus, cohaer. cum lett. spilwa das Teichgras, cgn. spalwa pluma. Hinc pilare, compilare, prpr. die Haare ausraufen, it. piluccare abbeeren, eplucher ausklauben, éplucher = pflück-en; v. pulvinar. Dz. I 320.

pinacotheca 1 f. *Πίναξ* f trabs. Confer skr. pinâka m scipio.

pingo 3. Skr. piñg-, pink-tê ping-it. Confer skr. piñç- = orno, decoro, ποικ-ίλλω, v. picus. Gr. huc trahit feg-en = putzen i. q. piç-. Fk. cohaerere putat nostrum der ‚Funk'e; v. impingo.

p i n g u i s, e. Pr. penguis, (v. quinque, pinna), cohaer. cum pang-o; pinguis = com-pac-t, fest, stark; cohaer. cum πηγ-όν = skr. pag-ra; P. Huc the bac-on lardum, die Bach-e sus fera, das Mastschwein, cgn. παχ-ύς, der Bach-e perna. Grimius huc trahit πάγ-ος, cgn. Back-e eine feiste Erhöhung, pertin. ad pang-o, pe-pig-i, ich befestige, unde πάγχ-υ fast, fest. De s. dupl. cf. skr. mâñsa-têgas n pinguedo, prpr. carnis robur, (têgas = pâgas, v. Pegasus).

p i n n a 1 f. Confer penna, (v. pinguis); aut pinna ex pic-i-na, pertin. ad skr. piććha m die Schwanzfeder, der Flügel, (v. piscis). Huc pinnaculum, (v. poculum).

p i n s o 3. Skr. pish-, pinashmi = pins-o, â-pish contundo, unde le pisé die gestampfte Erde; bulg. vet. pisati scribere, boruss. peisâton scriptum; J. S. 15 ‚Verw. Verh.'

p i n u s 2 f, ex picnus, picinus, die Fich-te, the pitchtree. De c amisso cf. deni ex decini. Confer skr. pîna fett, feist, dick, quo trabi possit pin-us; Bf. II 76. Pinus per syneed. = navis, unde la pinque, die Pinke, navis oneraria; Dz. I 322; v. Peucini.

p i p e r 3 n. Πίπερι, pers. pilpil, pelpel, skr. pippali f.

p i p o 1. Onom., cf. pica; pippen, gall. piailler. Hinc πίππος = pipio, il piccione, le pigeon; adde to pipe pfeif-en.

p i r a t a 1 f. Πειράτης, cgn. periclitor, der Fahr-er. De s. cf. the corsaire pirata, hisp. corsa der Ausflug, skr. ćar-âmi ich fahre, unde ćâra explorator. Idem sensus in le flibustier pirata, cohaer. cum the flyboat, das Eilboot.

p i r u m 2 n. Ex pisum, cgn. πίσ-ανον die Birne, die weiche, cgn. â-pish. Huc the pearl, die Perle, a forma pir-i, das Birnchen; v. J. S. 6. Pirus 2 f = goth. bairabagms.

p i s c i s 3 m. Confer skr. pićć-a-la lubricus, schmierig, v. pix. Quo de s. cf. anguis. Fk. vocem piscis pertinere putat ad piććha, v. pinus.

p i s t r i n u m 2 n. Skr. pêshana n die Stampfmühle. Hinc nostrum die Fes-e, germ. vet. fesa die Spreu. Huc pistor 3 m der Pfister.

p i s t r i x 3 f vel pristrix; v. proprius.

p i s u m 2 n. Cgn. pirum.

p i t u i t a 1 f der Schleim, cgn. πίτυ-ς pinus, skr. pitu-dâru m bitumen arboris nomine pitudâru = dêwadâru, die Dêwadârufichte; cgn. πι-μέλη, skr. pîna s. pyâna tumidus; Fk. 125. Hinc it. la pipita, la pepie der Pips, cgn. πτ-ύζω, πτύ-ω, to spit.

p i u s, a, u m. Ex pu-io. cgn. pu-rus, unde fit, ut far pium, sal pium vim habeat farris puri, salis puri; sabell. pio bie = pio ove; Corss.

pix 3 f. *Πίσσα* ex *πικya*; cf. c. skr. piććâ f der Schleim von Reis; v. piscis. Hinc gall. poisser picheu, ex piceare; borusa. vet. pickullis niger, pic-eus, diabolus; Gr. M. 765.

placenta 1 f. *Πλακοῦς*, pla-tter Kuchen, germ. vet. flado ex flahdo die Flade. A placenta nostrum der Plinz, der Blinz. De s. cf. germ. vet. praiting placenta, prpr. der breite.

plăceo 2. Hoc ‚pla'- in pla-ceo = ich ge-falle, bin ge-fäll-ig; lit. pul-ti to fall. De forma cf. ja-ceo. De s. cf. *πετ-εῖν* to fall c. competit. es gefällt. Cum ‚placere' cohaeret le plaisir, qua de duplicitate sententiae cf. goth. abbinandâmi placeo c. nandâmi gaudeo, (*νήδ-υμος* plaisant). Adde gall. plaidoyer ex placitare, the plea causa, der Rechtshandel, unde on the plea = causâ ut: on the plea of reverence reverentiae causâ. Gr. III 1749 trahit ad plāco, (v. sēdo), goth. þhlaih-an pr. flaih-an consolari, prpr. plac-are.

I. plāga 1 f. *Πληγ-ή*, cgn. plango, goth. flêkan plangere; die ‚Plag'e labor ut goth. slahti die Plage, slahan *πλήσσειν*; bav. begeln plagen, deriv. a hagen = *πλήσσειν*. Cum ‚plaga' cohaeret etiam nord. vet. flekkr der Fleck macula, (v. caesius).

II. plăga 1 f. Pr. placa, *πλίγ-μα*, *πλίκω*; v. flecto. De g = c cf. *μόγις* pr. *μοκ-*, v. tribulo. Cum ‚plaga' rete venatorium cohaeret die Blah-e, linteum crassius. Et plaga das Netz est etiam in plagiator, cgn. nord. vet. flâr fraudulentus, intrigant.

planca 1 f sc. tabula, cgn. *πλάκ-ινος* flach. Altera forma est palanca = *φάλαγγα*; Bf. II 317.

planeta 1 f. *Πλανάομαι* = pālor. De s. cf. skr. khaga m planeta, (aëra permeans), = khêćara m, (in aëre currens).

plango 3. *Πλήσσω*, plec-to ut: plec-tuntur Achivi; cgn. *ἐ-πλάγχ-θην* ich wurde verschlagen; to flack-er flattern i. q. to flicker, bav. flitschen = nord. vet. flakka; die Flitschen = die Flanken vaga. Hinc die Fledermaus, die flatternde Maus, ut the rear-mous vespertilio, (ags. hrêan moveri). Confer C. 250. Fk. 804. Plangere klagen = *κόπτεσθαι*, goth. flêkan, fluch-en. De ‚plang'- = flêkan v. tango.

planities 5 f. *Πλά-κ-ς* die Flä-che, nord. vet. fle-t das Hausfletz; v. sq., platea.

planta 1 f. Cgn. *πλάτη*, das untere breite Ende; lit. plantù ich breite mich aus; v. platanus.

I. plānus 2 m. *Πλάνος*, cgn. planeta. Huc le flaneur, isl. flana temere currere.

II. plānus, a, um. Ex plat-nus, cgn. planta. Hinc *πλάσσω* ex *πλατyω*, pertin. ad skr. prithu = *πλατ-ύς*; deriv. bav. die Blette = *πλατεῖα ναῦς*, flaches plattes Fahrzeug; the flat-boat. Adde Blatschari *χρῆμα πλατεῖον τοῦ δέοντος*; die Plotzen *πλατεῖα μάχαιρα*.

Huc platanus 2 f = πλατ-άνη; C. 256. Adde platea 1 f = πλατεῖα h. e. πλατεϝία, der Platz, qua de forma cf. πλεῖον ex πολεϝίων; der Pla-tz, le pla-n. Huc skr. prithiwi die Erde, prpr. πλατεῖα, εὐρεῖα χθών, ex prithawi, ut σταφυλή pertin. ad skr. stibhini viridis.

plaudo 3. Onomat., cgn. platschen, germ. vet. plestan plaudere, bav. blaschen s. bleschen sonum edere; cgn. πλήσσω; them. ‚pal', unde πόλ-εμος das Schlagen, πελεμίζω percutio; πέλ-ας, πλησίον anstossend; C. 250. v. Paris.

plaustrum 2 n. Plau-s-trum, pr. plau-trum, (v. monstrum). Confer σώστρον = σῶτρον, germ. vet. pol-s-tar der Polster, (cgn. it. poltro piger, der auf dem ‚Pfühl' ruhende). v. sistrum.

plautus, a, um = planis pedibus, Plattfuss.

plebējus, a, um; v. Pompejus. Hoc ‚ējus' = skr. -ēyas ut dās-ēyas filius servi. Confer Ἑρμ-είας = Sarameyas, Αἰνείας ex Αἰν-ειος; K. I 230. Adde skr. pâth-ēya n viaticum; gr. ‚αιος' ut Μουσαῖος ex Μουσα-ιος; C. 557. 559. — Skr. ganya plebejus, (ex gana = genus + -ya). Plebs 3 f = πλῆθ-ος, pr. pledh-s, (v. urbs), cgn. slv. vet. ple-mę tribus; K. XVIII 444. De Genit. pleb-is cf. goth. hlaibs panis Genit. hlaibis, laubs Genit. laubis.

plecto 3. Plec-to = flech-ten, πλέκ-ω, skr. praç- conjungo. Hinc πλόκ-αμος das Haargeflecht, cgn. goth. flah-s. Confer etiam skr. praç-na m crates, Ge-flech-t, corbis, cgn. le flac-on = the flask, cy. celt. fflasg ge-floch-tenes Gefäss. Adde le plais septum, Hürde, (v. crates), unde gall vet. plesseīs der Park. n. pr. Plessis. — v. plango, unde plec-trum 2 n, πλῆκ-τρον.

Pleias 3 f. Πλειάς ἡ die ‚Viel'heit, cgn. πλείων. Πληιόνη est mater hujus catervae stellarum; K. VI 284. Skr. bahulikâ f pleias i. q. bahulâ f, prpr. πολλή, frequens, eodem sensu quo πλειάς. Similiter multitudo insularum nomen habuit Νήριτος, („ριτ- cohaeret cum goth. raþ-jan numerare); Fk.

plenus, a, um. Skr. prâṇa = pûrṇa, lit. pil-na; part. perf. pass. = im-ple-tus, πλή-ρης. Huc Πηρετός flumen plenum, largum. De hoc ‚na' cf. skr. bhug-na = gebog-en, ags. op-en = off-en apertus, eig-en = prpr. gehabt, ags. eac-en = auctus. Deinde hic ponendum est goth. lis-nan = ler-nen ex aliquo lis-na gelehrt; L. M. 217. Adde Gr. -νον in τέκ-νον, -num in sig-num; B. § 833. Skr. prâ- = πίμ-πλη-μι, unde πλή-μνη le plein de la roue. Cum pûrṇa = plenus cohaeret goth. fulls, voll, ex ful-ns, unde germ. vet. follleist das Folgen, die Ergänzung, sup-ple-mentum, cgn. the fellow; Gr. III 1875. Germ. vet. filomar = immer mehr, πολ-ὺ πλεῖον, multo plu-s; bav. -fel in Hamp-fel die Handvoll, Mump-fel Mundvoll. Huc plenilunium 2 n = skr. pûrṇamâsa m, (v. idus).

plērique = οἱ πολλοί, ex pleorique = πλείονες; lat. vet. pleor-is = plur-es, acc. pl., πλει-ο-νας; v. plures.

— plex; v. triplex. Cgn. πλίσσομαι, πλέκω, plico ex pleco, plica 1 f, plec-to, unde la ploite die Falte, exploiter entfalten; le com-plot ex comploit. Cogn. c. amplector ich umfasse, quo de sensu cf. skr. puṭ-âmi amplexor, unde puṭa m plica, ex parta = die Fal-te; Fk. 120. Adde plico, ex pleco, quocum Ebel conjungit nord. vet. fylgja se adjungere, folg-en; v. sepelio.

plorabilis, e. -‚bil'-is cohaeret cum goth. ‚bl' in dauþu-bl-ja quasi morti-bilis, dem Tode verfallen. L. M. 69 putat hoc ‚bil' posse cohaerere cum skr. -wala ut: çâd-wala graminosus, naç-wala necem habens, (-wala ex -wan). v. stabilis.

plōro 1 = mache fliessen, pertin. ad skr. prush-yâmi stillo, unde lit. prâus-ti lavare; Corss. Hoc la chante-pleure der Trichter, (prpr. canta-plora). Adde nostrum flarr-en, flerr-en ejulare, cgn. plor-are.

plūma 1 f. Cgn. pluo, fluo, skr. plu = flu-c-tuo, der Flaum, bav. Pfla-m pluma. Bav. der Pflam der lockere Schaum, pflamrogl leicht und locker wie Schaum; die Flau-dern, die leichte Hülse vom Haber, (flâ-en lavare); v. pulvinar.

plumbum 2 n. Μόλυβδος s. μόλυβος, bohem. wolowo = μόλιβος = plub-. Plumb-um autem cohaeret cum das Blei h. e. das bläuliche, ags. bleoh color; Gr. II 68. Abjecto b, ut in lactus, habemus finn. lyiy pr. plyiy, ir. cell. luaighe, unde the lea-d h. e. luaidhe, cgn. das Loth, the plummet das Bleiloth. — Hinc gall. plonger ex plumbicare, ut venger ex vindicare.

pluo 3. Skr. plawê, πλέϝ-ω, πλεύ-σομαι, πλώϝω; πλύ-ν-ω cohaer. c. skr. plu-ti f fluctus. Hinc plu-v-ia, (cf. flu-v-ius).

plures 3. Plo-ius = plus. (-ius = skr. îyas); πλε-ί-ων. Corss. Adde plurimi, ae, a ex plus-imi = les plusieurs, πλεῖσ-τοι, nord. vet. fles-tr, ex pl-ius-imus, pleosimi; Gr., Gesch. p. 222.

— plus; v. decuplus. dubitatio.

Plūto 3 m. Πλοῦτος die ‚Fülle'. Confer skr. dhanâdhipatis m h. e. πλούτου ἄρχων, prpr. summus dominus divitiarum, cognomen Cuveri. Adde dhanadhâyin m πλούτου δοτήρ, cognom. Çivi.

pōculum 2 n. Ἔκ-πω-μα; v. pia-culum. Skr. pânila n poculum, (pâna potus). Poculum potest oriri ex poclum, potrum; L. M. p. 27. K. XX 143.

podagra 1 f. Cgn. ἄγρα = die Fussschlinge; ἄγ-ρα cohaer. cum ἄγειν treiben, jagen.

pōdex 3 m. Cgn. pēdo.

poena 1 f. Ποινή, ex παϝινα = purificatio; skr. pûta (ex paw-ita) purificatus; ἄποινα pr. ἀπόποινα; v. putus. Cf. bav. vet. ge-pôtz-t werden = poenas dare, cohaer. c. putzen = purgare.

poenitet. Quasi a quodam ‚poenitis' f, cgn. poena; C. 253. L. M. p. 71 conjungit hoc ‚poen'itet c. goth. in-fein-an moveri misericordia; poenitet = es betrübt. Si recte vidit, adde nord. vet. fei-m pudor, fei-mar pudet; Fk. 788.

poëta 1 m, pr. poëtas = ποιητής; v. eccere. Cf. eques. Idem sensus in skr. mantrakâra m der Liederdichter; (kâra = ποιῶν). Confer sax. vet. scôp poëta, skôp der Barde, prpr. der Schöpfer, ποιητής; Gr. M. 379.

polenta 1 f. Πα-σπάλ-η = παι-πάλ-η feines Staubmehl, cgn. pello stosse, cf. παλύνω, pulvis. De s. cf. bav. die Neugerste h. e. hordeum tunsum, a germ. vet. ge-nan-en stossen.., pellere.

pŏlio 4. Hinc le polisson der Gassenjunge, poliens, terens plateas. Idem sensus in le fripon nebulo, (friper abreiben); le fourbe, (fourber polire). Adde das Geschlüecht die Landstreicher, (gi-slih-tan polire, schlich-ten); Dfb. G. II 265. Dz. I 185. II 402. v. pŏlus.

polleo 2. Skr. pallawa m robur, extensio, (v. pollex). Hinc skr. karapallawa m digitus, prpr. manus surculus, cgn. pollex 3 m. De s. cf. der Dau-me, pertin. ad skr. tau-mi valeo. Huc la polizza der Schein, the pollicy die Anweisung, ex ‚pollice' impressum. Huc n. pr. Pollio = germ. vet. þihho, (ags. þihan pollere). Grimio Pollux cohaeret cum pollex = der Däumling; Myth. 145.

polliceor 2. Ex por-lic-eor, cgn. liceor ich biete für mich aus; reiche für mich dar; Corss.

pollinctor 3 m. Ex por-ling-o, prpr. leck-en, streichen, wischen; v. lichen. Confer bav. g'schleck-t = sauber, cgn. nord. vet. sleik-ja, isl. slikja lingere, leck-en, unde angl. sleek laevis, schlich-t, goth. slaib-ta glatt, eben, pertin. ad germ. vet. slih-tan polire, mulcere; Schm. III 432.

polluo 3. Ex pro-luo, cgn. λύ-η.

polus 2 m. Πόλ-ος, cgn. πίλομαι, unde Πέλ-οψ der rund kreisende Helios; K. X 407. Cgn. polio ich drehe, reibe.

pômum 2 n. Pr. povimum, cgn. po- in pu-er; C. 250. — B. § 806 ait sic: pômum der nährende oder genossen werdende; cgn. pas-co. Illud ‚mu-m' cohaer. c. ‚mu-s' in fumus.

pondus 3 n. Cgn. pendeo; unde l'équipoise.

pône. Ex pos-ne, unde pos-teri = ὀ-πίσπροι; umbr. post-ne = pone. Skr. paçćât pone h. e. pas-ćât, (Ablat. thematis pas-ća, ut habemus hoc -ća in uć-ća sursum, ex ud-ća; in ni-ća niederwärts). Hoc ‚pas' autem in pas-ćat occurit in umbr. pus = gall. puis ut depuis, lit. pas in pas-ku postea, ὀ-πίσ-ω, osc. pos-mon = postremum, in πύννος pr. πυσνος quasi posnus, πύ-ματος. Suffixum -‚ne' idem illud ‚ne' est, quod affigitur in superne, inferne, = -νι in τη-νί-κα, νυ-νί = nu-n-c ex nu-ni-ce; germ. -na in fo-na, hi-na;

sax. vet. sâ-na s. sa-n = angl. soon mox, statim, goth. suns = subito, (compar.), v. istc. Bzb. 123.

pōno 3. Ex po-sino h. e. por-sino; Corss. Sinere = geruhen cohaeret cum it. riposare ruhen, gall. le repos die Ruhe.

pons 3 m. Prpr. der Steg, via, skr. panthan m s. pathin m via, πάτ-ος, the path; cgn. zd. path-ana lātus, pat-ulus. Cgn. pontus 2 m, πόντ-ος, ex pathan-a, quo de sensu cf. skr. akûpâra m πόντος, prpr. infinitus, (pâra terminus, ripa, πεῖρ-αρ; v. BR. I 11). Adde nomen pontifices 3 m, qui ideo sic dicti sunt, quia ab iis pons sublicius est factus primum et restitutus saepe; Varro. Benary autem putat hanc vocem referri posse ad skr. pawant = purificans, lustrans. Nimis argute.

pontus 2 m. v. pons.

popina 1 f. Cgn. πέπ-ων prpr. coctus. Cgn. skr. pac- coquo.

poples 3 m. Cgn. παι-πάλλω bewege mich schnell hin und her, quasi sit po-plu-wat motus habens. Adde παι-παλ-όεις tortuose iens, quam vim verbi cf. cum die Hamme poples, cohaer. c. der Hame, eine gebogene Fessel, pertin. ad ‚camus'.

I. pŏpulus 2 m. Redupl., po-pul-us, germ. vet. fol-k, οἱ πολ-λοί, nord. vet. flockr, the flock, slv. plŭkŭ, ut Swatopluk = qui legiones sacras habet. Deriv. populari, ut germ. vet. harjôn verheeren, populari pertin. ad hari populus.

II. pōpulus 2 m. Confer lit. pupulé der Weidenzweig. Cgn. pamp-inus. Fk. monet verbi skr. pipari m ein Baum, pippala m Paradiesfeigenbaum. Curtius trahit ad παλ- in παι-πάλλω, πελεμίζω, qui sensus est in αἴγ-ειρος pôpulus, pertin. ad skr. êǵ-âmi = πελεμίζομαι, (v. aeger).

porca 1 f. Die Furch-e, ex por-ca, (v. porrum, navicula), germ. vet. furihha; cgn. πρασιά das Gartenbeet, πρά-σον = porrum pr. porsum. Cum suffix. -kâ et them. ‚por' evadit por-ca. K. XVIII 413.

porcus 2 m. Πόρκος, umbr. purca, germ. vet. farah. Hinc it. la porcellana = concha Veneris, la porcellaine; Dz. II 403. Adde the purslane das Burzelkraut, Portulak h. e. porcilacca.

porrectus, a, um. Ὄ-ρεκτος, ge-reck-t, cgn. goth. rah-tôn reck-en, reich-en; v. rego.

porricio 3. Corssen huc trahendum putat germ. vet. reihh-an, cgn. goth. leihvan. Sed Schmid p. 56 ait: Diese Herleitung ist haltlos.

porro. Πόρρω, goth. fairrā, (Abl., ut aftana, iupana est Abl.) ex ‚parara' compar, = pâra, cohaer. c. περ-αίνω; Bzb. 31.

porrum 2 n bav. der Porri, v. porca, πρά-σον; potest cohaerere c. skr. pâlâça viridis.

porta 1 f. Die Fahr-t, Ein-fahr-t, cgn. por-tus. Pertin. ad skr. πί-παρ-μι = germ. vet. ferja trajicio; K. VII 19.

portentum 2 n. Cgn. προ-τείνω minitor, cgn. goth. faura-tan-ja por-ten-tum. Confer destino.

porticus 4 m. Cgn. portus, der Säulengang. Hinc the porch.

portio 3 f. Cgn. pars, πορσύνω.

porto 1. Ex aliquo por-tus, a, um = getragen; cgn. 'εμ-πορ-ος ein,führ'end, Ein,fahr't, por-ta. De s. cf. ags. geat porta, pertin. ad to get = χαδ-είν; Fk. 740.

portus 4 m. Πόρ-ος die Fur-t; cgn. por-ta. Huc portitor = πορθμεύς der Ferge, Färge, germ. vet. verio, verigo.

porus 2 m. Πῶρ-ος der ,por'öse Tufstein, pertin. ad πείρω h. e. πιργω, πί-παρ-μαι, durchdringe, durchbohre. Hoc πῶρ-ος respondet illi skr. pâra =ₐdurch, ut pâragati f das Durchgehen, Durchlesen.

posco 3. Pràcr. pûĉ-âmi = porc-o, pr. porsco; skr. praç-na n germ. vet. forsck die Frage, pertin. ad skr. prĉĉ-âmi. Hunc nostrum der Frag-ner = πράσσων, ex πράκ-γων; K. VIII 68. De forma cf. zd. paitistâna n = skr. pratishtâna n status. Schmid, p. 65, ponit sic: posco ex porc-sco = germ. vet. for-scôn forschen; v. praesens.

possessio 3 f. Pertin. ad possidēre.

possideo 2. Ex por-sideo.

possum 2. Ex ,pot', compar. pot-is, + sum; skr. pátyatê = potis est. Cum ,pot' cohaer. pot-ui, it. pot-ère, gall. vet. pooir pr. podoir = pouvoir, inserto v, ut tollatur hiatus. — Possim ex possiem.

post; v. pone. Skr. paçĉât = post, Abl. ut lat. vet. pos-ti-d, v. prae. Et ex hoc postid- posti- = postidea exsistit ,post'; J. S. ,Verw. Verh.' 48. Hoc ,pas' per aphaeresim prodiit ex a-pas ὀπισ-ω, ὀπίσσω (ex apaçĉât, pr. ὀπισσωτ, Ablat.). Huc il pusigno ex post-coenium. — Hinc posteā, skr. paçĉâ, instr. Adde posticus, cf. antiquus. Postquam = 'επεί, prpr. nach dem. 'επί = post, -ει = i-d, dem; K. XVII 212.

postis m 3. Der Pfosten, le poteau.

postulo 1. Ex posculo; postulo quasi quoddam diminutivum est ut ustulo.

potens 3. Cogn. δεσ-πότ-ης. Huc potestas 3 f ex potet-tas, potent-tas = skr. pâtya n; potis, (cf. magis), potior; skr. pati m dominus, πότ-νια; potior 4 = skr. patyê ich werde Herr. Adde potui ex pot-fui; B. § 854. 588.

poto 1. Skr. piyê, th. pi ex pâ; B. § 100, 2. Huc gall. pier zechen. Adde skr. -pita suffixum, ut ghrita-pita qui potavit butyrum; potus 4 m pari-pâ-na n, (de -na v. lignum).

prae. Ex prae-d, abl. sg., unde praed-optiont = praeoptant; K. XVI 373. Festus 226 ait sic: pri antiqui pro prae dixerunt. Et hoc cum ‚pri‘ cohaeret goth. fri- in fri-sahti das Bild; prae = παραί = skr. parê; Bzb. 79.

praebeo 2; v. diribeo. Hinc gall. plevir praedem esse, pr. previr h. e. praebere fidem. De l = r cf. Planchais = Pancratius.

praeco 3 m. Ex prae-vŏco; Corss. K. XXI 148. Hinc le proneur, (ex praeconiator).

praecordia 1 f = germ. vet. furiherza.

praecox 3. Ex praecoquis, (v. victrix). Huc it. alber-coco, l'abricot die Apricose.

praeda 1 f. Ex prae-hida h. e. prehenda, (v. abyssus). Pertin. ad ‚hend‘ in prehendo; cgn. germ. vet. herihunda praeda, Schm. II 211, ubi conjungendum putat cum goth. hunsl, nord. vet. hûsl sacrificium. (De forma hunsl cf. goth. anabusns das Gebot c. anabiudan gebieten).

praegnans 3. Cgn. nascor.

praemium 2 n. Ex prae-emium.

praepositus, a, um. Hinc der Propst i. q. skr. purôhitas m der Propst, der Priester, (purô = prae, hita pr. dhita = θετός, positus).

praepŭtium 2 n. Pertin. ad pu-to, pavio, cgn. lit. piaujù = am-pu-to, ap-piau-klas das Abschnitzel; K. XXI 417.

praes 3 m. In lege Thoria prae-vides = praedes. Hinc praedium, a praestando dictum; Varro. v. pronus.

praesens 3. Ex prae-sens, v. sum.

praesĕpe 3 n. Cgn. σηκ-ός ex σαγκ-, (v. abyssus), pertin. ad skr. sañǵ- conjungere, affigere, unde sakti f conjunctio; K. XX 31. De s. cf. nord. vet. bás praesepe, the boose bovile, cohaer. c. la banse grosser Korb, der Bast. Adde die Krippe, the crib praesepe = la crèche σηκός, cgn. c. slov. kripa corbis, der Korbwagen, prpr. crates.

praesertim. Accus., quasi ab aliquo praesertis f, cohaer. cum ser-o = εἴρ-ω, ἔν-ερσις in Einfügung; K. VI 306. Si recte, cf. -τιν = -tim in Infin. λέγειν ex λέγετιν, (ut λέγει ex λέγετι, ut φέρῃ ex φέρῃϊ φερῃσι φέρητι; ut germ. vet. muosa muste pr. muos-t-a; K. XI 317. L. M. 90).

praeses 3 m. Skr. puraḥsad m = nord. vet. For-seti, fris. Fosite; Gr. M. 212. Cum ‚sed‘ = ‚site‘ cf. etiam truhsâzo h. e. truhtsâzo praetor, qui praeerat agmini, (truht die Schaar); Tac. Germ. cp. XIII ed. Schw. Sidl.

praestans 3. Cum hoc ‚prae‘ cf. skr. pra- in pra-vara praeclarus; pradĕab|ar m Oberrichter, praetor.

praestigiae 1 f. Pertin. ad stingo.

I. praesto 1. Apud Salvianum praestare = mutuum dare, unde gall. prêter. — II. Praesto pertin. ad prae, superl. prae-sto ut jug-sta, v. juxta.

praestolor 1. Pertin. ad skr. sthal-âmi ich stehe, ich bleibe stehen, to stay = praestolari.

praesul 3 m. Cohaer. cum salio; B. § 909.

praeter. v. ali-ter. Praeteritus, a. um = ags. ago, ex a-gon, (partic. perf., cohaer. c. to go = ire).

prandium 2 n. Hoc ‚pra'-n cohaer. c. πρω-ί früh, prandium das ‚früh'tägige, das vormittägige. Πρωΐ = skr. pûrwa-, ut pûrwabhukta = prius fruitus Idem sensus in τὸ ἄριστον, prpr. das er-ste (Mahl).

pratum 2 n. Bav. die Brait-en h. e. die breite. Confer etiam skr. prâ-ti f exten-sio, cgn. plenus = prâ-na.

prāvus, a, um. Ex prah-vus, skr. prahwa obliquus, pronus, ex prahwar, P.; v. valgus. De s. dupl. cf. germ. vet. slimb obliquus, unde schlimm pravus; Gr. M. 940. Adde ἀτρεκής = non perversus, pertin. ad skr. tark-u fusus, tarkupinda m verticillus; v. torqueo. Et germ. vet. abuh, abáh verkehrt, böse, cgn. skr. apâk, v. opacus; J. M. ‚Verw. Verb.' 50; Schm. I 11.

prĕces 3 f. Die Fleh-e, germ. vet. flêh-a supplicatio, cgn. goth. þlaihan kosen, blandiri; v. posco. Cum ‚prec'- cohaer. germ. vet. fergôn petere, goth. frika in faihufrika = faihugairns; germ. vet. cha-freg-in ich frage, (ex freng-, ags. frignu ich frage); v. procax.

prehendo 3. ‚Pre'- = skr. pari, περί, goth. fair- ut fairgreipan prehendere; vel ‚fri' ut goth. fri-sahti imago. Cum ‚hend' cohaeret germ. vet. hind-an capere, unde hund-ert centum; Schm. II 211. Hinc prehensio 3 f, unde la prison vincula. De s. cf. skr. sañg- anbinden, anschnallen, cgn. goth. sak-an anbinden, ἀπ-τ-εσθαι, litigare; L. M. 9. K. XX 31. Adde la prise der Preis, bav. vet. etwas preis machen sibi vindicare, er.press'en; Schm. I 344.

prēlum 2 n. Ex premulum, cf. ålum. Huc nostrum premsen, ut hineinbremsen = hineinpressen, hineinessen, cgn. goth. praggan klemmen, comprimere, der Pranger = compressor, tirol. pfrengen pressen; K. VI 428.

prĕtium 2 n. Hoc ‚prĕ' pertinet ad skr. paṇê h. e. par-nê, περ-νάω, v. meretrix = πόρνη.

prīdem. Cgn. πρί-ν = pri-us, καὶ πρὶν = jam pridem. Hoc ‚dem' in pri-dem, tan-dem est acc. sg. et potest cohaerere cum δήν; K. V 123. B. § 352. Huc pridie h. e. pri ex proi Loc., = skr. purwêdyus, (purwê Locat.). Cum pri- in pridem et primus cf. skr. pri-na pristinus; cgn. fri-sch = zuerst, erst eben kommend. Ex pro-imus. lit. pir-mas goth. fru-ma, (unde fro-mmen = pro-d-esse, för-dern). Skr. pra-thama, (ex pra-tha-ma = dor. πρᾶτος, πραα-τος). Πρῶτος ex πρό-ατος, ut ὕπ-ατος, ἔσχ-ατος. Cum πρῶτος cohaeret Πρωτεύς, ubi de sententia cf. skr. pra- in prâkṛiti f die ‚pri'mitive

Form. De prathama pr. pratama cf. quotus; suff. -thama pr.- tama. Hoc primās ex primats; princeps = le prince, quo de p omisso cf. l'évêque ex episcopus, le clavecin der Sarg ex sarcophagus. Compar. prior ex prŏ-ior, unde priscus ex pri-uscus proi-uscus projascus, pertin. ad pra-yañscus. Neutr. prius ex proius, prajas h. e. prayas, abjecto s dor. πράν ex πραγαν, (v. aemulor) = πρίν, ex πρίον; K. XVII 224. Cum ‚prior' cohaeret nord. vet. freyja = goth. fraujan der ‚vor'dere, der Prior, cgn. skr. para der frühere, der vor-ige. Ad ‚pris'- in pris-cus referri debet πρισ- in πρίσ-βυν = cret. πρῖ-γυν. Adde pristinus h. e. prius-tinus = skr. pri-na s. prana, cgn. fern-e. Cum ‚tinus' in pristinus cohaeret skr. purâ-tana = pristinus, (purâ olim, ‚vor'mals, ‚vor'her).

privatim. Quasi ex aliquo privatis f, (v. praesertim). Skr. ‚pṛ'thak = ‚pri'vatim, ex prithvatim. Illud ‚ak' pertin. ad skr. añć = versus et est etiam in skr. ṛidhak seperatim, privatim, (ṛdh = ardha dimidius). Th. ‚pri' autem est in nostro frei, goth. fri-ja, privo = ich be-frei-e. Pri-vus hervorragend, unde Pri-vernum hervorragender Ort, = separatus, einzeln; K. XXI 142. Privignus 2 m = prius genitus, priore matrimonio prognatus. ‚Privi' ex privu = skr. pûrwa = prior; pûrwaǵa = privignus; K. V 239.

prō. Ex prŏ-d, abl. Cf. redemtio. Hinc prod-esse, prod-igium; pertin. ad skr. pra = πρό in pra-thama = fur-iste, (unde der Für-st). — Pro = ἀντί, loco, skr. ‚pra'-ti suffix., ut krishṇâtprati pro Crishna. — Cum suffixo -bus hoc thema format prŏ-bus = fro-mm, germ. vet. die ‚Fru'-mmkait = ‚pro'bitas. Illud -‚bus' cohaeret aut cum bhû unde -φυής ut skr. ça˘-bhu = saluber, aut cum -bhâ unde -φάος -φος ut Τήλι-φος. Pro- in probus cohaeret cum skr. prâñć = nach vor-ne, (ex pra + añć), zd. frâs, pars. frâz, zd. frasha vorwärtsgehend, gefördert, frâshmi ‚för'dernd, unde nomen regis scyth. Φάρζ-ηος, Χό-φραζ-μος; M. 569. ‚Fra'uciscus = Probus, v. framea.

prŏcax 3. Cgn. proc-us, prec-or, germ. vet. frĕh- = frech; nord. vet. frĕkr urgens, nimius. Huc it. brigare urgere, nachtrachten, gall. briguer vehementer prec-ari; le brigand der Nachtrachter; v. procus.

procedo 3. De s. dupl. cf. skr. pra-ćar-âmi ich gehe von Statten, (v. curro). Adde skr. daw-âmi ich gehe, unde germ. vet. zâw-en procedere.

procella 1 f. Cgn. ὀ-κέλλω, v. percello, skr. kalayâmi impello.

prŏcēres 3 m. Cgn. cum skr. çri- = ire, unde ud-çri emporgehen, uć-çraya altitudo. — Cgn. procērus, a, um, (v. clivus).

prŏcul. Cgn. pro-cel-lo, = pro-cul-sus; C. 430. Prŏ = skr. pra comparari potest cum ‚pra'wâsa das ‚Fer'ne-sein.

procus 2 m. Prpr. der Frag-er; cgn. proc-ax.

prŏdigium 2 n. Cgn. ad-agium; Corss. v. pro.

proelium 2 n. Cgn. dwellum, (v. bellum), ex proȷiljum, prodwiljum; Bf. II 225. B. § 258.

prŏfano 1 = ich bann-e; ‚prŏ'- = ‚for'-t, = ich banne fort. Hoc idem ‚pro' est in prŏficiscor = ich mache mich fort; v. sq.

profundus, a, um = bis zum Boden ‚for't, cgn. profundo; Gr. II 209, 2. Cgn. profunda silva ein dichter Wald, cohaer. cum profusa coma ein dichtes Haar.

proles 3 f. Cgn. sub-ol-es.

proluo ventrem arrege Durchfall. De a. cf. had-âmi χέζω pr. χέδγω, pertin. ad zd. zgad profluere, unde χόδανος = ἀρχός der Arsch, (arah-ê effluo); v. arsenicum.

prolixus, a, um. Cgn. laxus.

Prŏmētheus 2 m. Προμηθεύς, pertin. μανθ—άνω, = der Fürsorgliche, qui providet generi humano; v. Hes. Theog. ed. Schoem. p. 211. De forma cf. δῆγμα c. skr. daniç δάκνω; v. abyssus). K. IX 190.

promontorium 2 n. Cgn. e-min-eo. Huc Fk. trahit nord. vet. madhr rostrum, der Mund, the mouth.

promptus, a, um = zur Hand, cgn. em-o.

promulcrum 2 n. Pertin. ad pro-mello 3.

promulgo 1. Ex promungo, cgn. goth. man-agei die Men-ge = mul-titudo, mutato n in l, (v. alius, fui; adde portug. vet. Lormanos = Normanni, hisp. calonge = canonicus; nord. vet. himinn = dan. himmel; Thrimining, n. prpr. montis, hodie Drömling; F. p. 243. Et goth. gadiliggs ἀνεψιός, cgn. ags. gäd societas, unde gadin-, (pertinet fort. ad skr. ghaṭ-ayâmi apto, conjungo; K. VI 7). Adde germ. vet. siluparling der Silberling, bulg. vet. sŭrŭbrĭniku; germ. md. ange cardo, der Angel, ex angen; germ. md. runze die Runzel, pr. Runzen; K. XIX 445. J. S. 84; v. lens, quisquiliae. Ex mulg- potuit prodire mulgio, ut unio ex unus, ignavio ex ignavus. Hinc part. perf. pass. mulg-itus, mulg-tus = mul-tus ut fultus pr. fulctus; L. M. 203; v. pulmo.

pronepos 3 m. Skr. pranapât m.

pronŭba Juno potest comparari cum germ. Frigg, quae ipsa praesidet matrimoniis; Gr. M. 280. Pronŭba et nŭbo conferri potest cum perfidus et fidus.

prōnus, a, um. Ex pra-ônus ut πρηνής ex pra-ân, pertin. ad skr. âna = os das Gesicht, prōnus auf das Gesicht. Skr. prawaṇa proclivis, pronus, (fortasse ex proȷônus); v. prora.

prooemium 2 n. Προοίμιον; skr. êmas m = οἶμος.

propāgo 1. Hinc nostrum ‚pfropf-en quasi ex prop- abjecto g. De qua apocope cf. der Pathe = pater, der Zoll = telonium, pr. zollen.

prŏpĕ. Confer skr. prapi- in prapi-twa n = propinquitas. De -pe cf. skr. u-pa = pro-pe, ὑπό; samî-pa = pra-pitwa. Superl. proximus non a pro-pe sed ex aliquo pro-co. Hinc propinquus = skr. upâka, (ex upa-anć, quod ‚anć' L. M. 13 conjungit cum ‚inqu' in long‚inqu'us); v. provincia.

prŏpĕro = ich ‚fahr'e ‚for't; cgn. πόρ-ος.

propitius, a, um. Cgn. com-pet-it. Fk. 797 huc trahit germ. vet. funs = propitius, promptus, (ex funth-ta), cgn. ags. fund-ian streben. Sed. v. Gr. IV 613. Hinc n. pr. Alfuns, Adalfuns = begierig nach edlem Geschlechte, pet-ens.. Ascolio pertinet hoc ‚pit' ad skr. pat- = volare, cgn. pet-ere, = prospere advolans, terminus auguralis, (v. prosper). K. XVI 211.

prŏprius, a, um. Cgn. prope; v. pistrix pristrix, βάτραχος pr. βρατρα-χος, onom., cgn. bla-terare, βλίτυρι kling! Fk. 1081; adde bav. der Schwelfel = Schwefel; v. Proserpina.

propter. Ex pro = vor, für, dafür, + pe, (v. pro-pe), + ter, v. aliter. Cum pro in pro-pter cf. angl. for, ut for want of time = propter otium; propterea = angl. therefore, ex propterēād, abl.

prōra 1 f. Πρῷρα ex πρώιρα, (ut Κάιρα, δάιρα) h. e. πρωϝιρα. De hoc ‚ϝιρα' cf. πίειρα = skr. pi-warî, (ut skr. pat-wârî πετομένη, yagwarî = ἁγιάζουσα). Πρῷρα cohaeret cum πρω-ών s. πρη-ών = skr. pra-wân, pronus, ut πί-ων = πι-ϝάν, piwant; K. XXI 136. Huc la proue, it. la proda = germ. vet. prort s. brort margo, der Bord; Dz. I 334. Gr. II 236.

prorsum. Skr. prânć; v. prope.

prosa 1 f. Ex provorsa, capite prorsus verso, non antevoria.

prosăpia 1 f i. q. stirps = σπέρμα, cohaer. cum ‚sap' = sternere, (v. supo), cgn. syp-ati spargere, svep-iti agitare; Fk. 416.

Prŏserpina 1 f = Περσεφόνη, unde Prosepina, Proserp., ut proprius ex propius. Περσεφόνη ex πέρθω + φονή = Todesgöttin; Hes. Theog. p. 256 ed. Schoem. Confer Τισιφόνη. Zeyss addit hoc: Prosĕrpina ist ein verdorbenes Lehnwort, welches die Römer, weil sie den wahren Ursprung desselben nicht kannten, von proserpere ableiteten; K. XVII 437.

prosper, a, um. Cgn. skr. sphâra amplus, largus, slv. vet. sporŭ reichlich. Skr. sphâ-ra autem pertinet ad sphâ-y-âmi cresco, ich gedeihe, unde sphî-ta tumidus, turgidus, subst. sphîti f das Gedeihen, das Glück pro-spe-ritas; v. Fk. 216.

prostibulum 2 n. Confer skr. tishṭâmi prosto meretrix. Illud ‚stib' pr. ‚stiv' pertin. ad th. ‚stav' = ἱ-στάϝ-ω, unde apud Herod. IV 193 ἱστᾷ ex ἱστάϝει; σταῦρος pâlus, (v. restauro), ut χράϝω = χραύω, (unde κάρ-χαρ-ος acer scharf); K. XXI 202. Confer tabella pr. tavella.

prosum. Cgn. för-dern, gall. four-nir.

prōtervus, a, um. Cgn. tor-vus, pertin. ad skr. tar-ayāmi penetro, dringe rasch vor. Cum ‚prō' in protervus = skr. prā cohaeret nostrum ‚fra' in fra-vali = protervus, fre-velhaft, (ex fra-fal); Schm. I 605.

Proteus 2 m; v. primus. Proteus ille varias mutatus in formas conferri potest cum isl. nikr, germ. vet. nihhus, de quo Schm. II 678 ait sic: Nikr nykr das Wassergespenst, das in Gestalt bald eines Steines, bald einer Kuh, bald eines Brodes etc. hervorguckt. Die Nixen. Adde ags. Nicor = Nichus, unde Nikuz = Hnikuðr, quod cognomen fuit Othini; Gr. M. 457.

protinus. Lat. vet. protenis = so,fort = πρό-κα; prō abl.

protrudere gemmas. De s. cf. germ. md. bōzen trudere, stossen, cgn. it. bottare schlagen, buttare ausschlagen, (von Bäumen). Adde la bosse die Beule, der Butzen, bav. der Butz die Posse, lustiger Streich, (v. caedo), cum le bouton die Knospe, gemma,-the bud, to bud ausschlagen; die Hage-butte. Confer etiam die Knospe, the knop of flowers, cgn. Knopf, der Knüppel instrumentum lapicidarum, zum Metzen, Hauen; Gr. V 1473 f. Dz. I 76.

proverbium 2 n. Cum ‚pro' cf. skr. ‚pra' in pra-wāda m proverbium; (cum skr. wad-āmi voco, αὐδ-ῶ cohaer. germ. vet. wâzan in far-wâzan verwünschen).

prōvincia 1 f. Est femin. abstracti alicujus ‚provincius', a, um; = goth. frauinassus, faurastassi; ‚prov' = πρό-μος, goth. frau-ja, der Vor-mann, der Für-st, cgn. skr. pūrwa = prior, senior. Illud ‚incia cohaer. c. skr. anć, (v. longinquus), nisi potius conjungi debet cum germ. vet. -‚ingi' in gôr-ingi miseria = slv. -ica h. e. -ikja, ut munoz-ica die Menge; J. S. 107. K. VIII 292.

prudens 3. Ex providens. De s. cf. skr. driahtin prudens, pertin. ad darç- = δέρκομαι; germ. vet. spāhi prudens, pertin. ad spêhon spähen, cgn. skr. spaç m speculator, gall. l'espiègle veterator, cohaer. cum l'Ulespiègle der Eulenspiegel; Gr. III 1195. Cum ‚vid' cohaeret cum ags. vitena gemot = conventus prudentium, Zusammenkunft der Experten, der Notabeln; Schm. IV 186.

pruina 1 f. Skr. prushwā f, pertin. ad skr. prush- = urere, cgn. goth. frius der Fros-t; pru-sh est forma secundaria thematis ‚pru' unde pru-ina, (ut ruina, rapina), cgn. πυρ-, germ. vet. fiur, lat. pru-na; K. XIV 455. De s. cf. αἶθρος pruina c. αἴθω = prush-. Cum ‚prush' cohaerere videtur lit. blusa = slv. vet. blŭcha, germ. vet. vlôch der Floh, cgn. βλήχων = pruriens, juckend; v. Fk. 126.

pruna 1 f. Ex prus-na, part. perf. pass., cf. urna; cgn. pruina.

pruritus 4 m. Das Jucken, das Brennen, cgn. prush-, v. pruna.

psallo 3. v. palpito, cgn. ψάλιον.

psittacus 2 m = ψίττακος, σίττακος, bav. vel. der Sittich.

ptisana 1 f. Πτισάνη, cgn. pinso.

pubes 3. Cgn. skr. putra m puer, unde pufro; K. XVII 148.

publicus, a, um. Lat. vet. poplicus. Huc Publicola = germ. Folcwin, Fulco i. q. Λάϊος, Λάϊβακος, cgn. λαϝός. De a. cf. deutsch c. goth. þiudà populus.

pudenda 2 n = tegenda, pr. spud-, cf. skr. sphud-àmi tego. Si recte derivavimus, cf. germ. vet scama die Scham, cgn. germ. vet. hamo velamen. Sed Ptt. et Corss. conjungunt ‚pud' c. re-pudiare, unde pud-et me es macht mich niedergeschlagen, 'εκπλήσσει. K. XIX 63. 415. Fk. cohaeret pud-et cum poe-nitet. Pudicus quasi a pudire, cum suffixo -cus = -κός = goth. -ga, skr. -kas, ut skr. mandra-ka stultus, goth. auda-ga felix, uhtiu-ga opportunus; goth. -ha ut aina-ha unicus, staina-ha steinig a. steinicht, ut ags. cropp-ih-t fruchtreich, staen-ih-t lapidosus. Adde goth. tveihna bini, ex tvei-ha-na.

puer 2 m. Skr. putra m filius; pu-er, pov-er lat. vet. = παϝ-ις. Potest pertinere ad skr. pushta alumnus, push- = crescere, forma second. thematis ‚pu', (cf. pruina); C. 259. Cum παῖς cohaeret il paggio, le page, ex παιδίον. Adde puella ex puerula, (v. tabella); puerpera = pueri par-ens.

pugna 1 f. Cgn. pugnus, pugil.

pugnus 2 m. Cgn. πύξ = pugnis, ex πυκ-σι. Deriv. pugil 3 m = πύγ-μαχος, πύκ-της; pugillus, (v. sigillum). Pugnus cohaeret cum skr. puñga m glomus, der Ball, pugnus die geballte Faust. Huc germ. vet. füst die Faust, ex fauh-stus, ut maih-stus der Mist; das Laster ex lahster; Gr. III 1378. C. 258. J. S. 167. Cohaeret cum pugnus pugnare et Hildebr. ait sic: Die ältesten Waffen der Menschen waren gewiss die Faust, die Nägel, Zähne... und so führt das lat. pugna der Kampf auf pugnus zurück, ähnlich wie kämpfen pugnare zu kafeln nagen, anschneiden, zu kappen = hauen, to champ = isl. kampa rodere, kauen; der Keif, der Keih, der Zank; goth. haif-ts rixae, sich kappen, (von Hähnen), sich beissen; to cope streiten, kämpf-en; the champ die Kamp-elei, das Handgemenge; norw. kampast einander mit Fäusten schlagen; the chop der Faustschlag; goth. kaupatjan beohrfeigen; Gr. V 198. 431. Adde germ. vet. fëh-tan = fech-ten pug-nare; fëhten faht fuht unde fuch-ten rixari; Gr. IV 1387. Huc Pygmaei die Däumlinge, quo de s. cf. skr. bâlakhilya m geniorum genus, pollicis magnitudinem aequans, (bâla puer, khilya globus). Adde boruss. parstuck der Zwerg, cgn. pirstas δάκτυλος; Gr. M. 419. — v. quinque.

pulcher, a, um. Ex pelch-, nam ante liquidam l solet e mutari in u, ut culina, multus, pullus, pulpa. Pulch- igitur pertinet ad skr. palç- h. e. parç-, pṛç-ni pictus, varius, cgn. περκ-νόϛ buntscheckig; προΐξ ἡ scheckiges Wild. De s. dupl. cf. skr. bandhura pulcher, prpr. ‚bündig‘, gebunden, cgn. bunt, (prpr. ge-bunden). Gr. ait sic: bunt von binden wie wund von winden. Adde germ. vet. fêh varius, fech, ποικ-ίλοϛ, pertin. ad skr. pêç-ala formosus. Thema parç- autem cohaeret cum sparç- spargere, tangere, cujus verbi vis est in goth. brains pulcher, schoen, rein, pertin. ad hrinan tangere = sparç-; Schm. III 95. Skr. çilpa n Buntheit, Schmuck.

p u l e j u m 2 n. Der Poley, (ex pulecium). Nomen habet a punctis, quae similitudinem macularum culicum imitantur. Pertinet ad pulex 3 m der Floh, bav. der Floubb. Confer skr. pulaka m eine Art Ungeziefer, Pictet. Pulex ex puljex = ψύλλα h. e. ψυλγα, prpr. saltatrix, cohaer. cum skr. sphur-âmi tremo, ich schrecke h. e. springe, (cf. die Heuschrecke). K. XVII 109. Gr. III 1813. Fk. 126. Adde goth. þramstein die Heuschrecke, cgn. trem-o = sphurâmi; L. M. 135. Sed v. pruina.

1. p u l l u s 2 m. Πῶλοϛ, der Fohl-e, skr. bâla m juvencus, adj. bâla jung, deriv. pullulare Junge bringen. Forma vocis pull-i referri debet aut ad skr. pâlana n nutritio (L. M. 239), aut pullus exstitit ex pâlya pascendus, tuendus; K. XVII 170. Fk.[2] 468 trahi posse videtur pullus ad putus, ex putlo = putillus. Huc bav. die Fülchen equulea, la pul-edra, cohaer. c. the filly puella, alem. die Fêl, la pulcella = la pucelle, le puceau der Junggesell. De hoc sensu cf. bav. die Hettel, die Huttel, die Ziege, die Weibsperson. De vocabulo die Fol-ter = equuleus, le chevalet v. Gr. III 1885.

p u l l u s, a, u m. Ex puljus = πολιόϛ, pertin. ad skr. pal-ita canus, πελιόϛ subniger.

p u l m e n t u m 2 n. Ex pulpamentum, v. pulpa.

p u l m o 3 m = πλεύ-μων, ex plumo, slv. vet. plu-šta pulmo, cgn. germ. vet. plâ-t halitus. Πλεύμων mutato n in l, (v. promulgo), cohaeret cum πνεῦ-μα, pertin. ad skr. pâwan- m ventus, pr. metath. punwana, unde germ. vet. fne-n-an anhelare, πνέγ-ω, fna-st anhelitus; bav. pfnau-s-en, pfna-sten anhelare. Skr. phuphusa m pulmo i. q. puphusa pulmo, cgn. pustula die Blase; skr. wâtaphullântra n pulmo. (die Windblase der Eingeweide); phullana = flans). v. Fk. 469.

p u l p a 1 f. Redupl., pertin. ad skr. pala s. palala n caro, pr. spala, cohaer. c. sphal-âmi tremo.

p u l s 3 f. Πολ-τόϛ der Brei, cgn. πελ- versare, umrühren. Confer skr. palala m pul-pa.

p u l s o 1. Ex pul-to; cgn. παλ-μόϛ der Puls.

p u l v i n a r 3 n. Cgn. the pillow der Pfühl, bav. die Pfulg-en pulvinar, deriv. le pol-tron der Bärenhäuter. Ut Curtio videtur, cohaer.

c. πίλλα die Haut. At Fk. 414 conjungit cum lett. spilwênas der Pol-ster, spilwa alga, das Teichgras.

pulvis 3 m. Cgn. pollen, παλ-ύνω bestreue; skr. pur-isha n vapor, pul-vis. Idem seneus in skr. kirana n pulvis. (kar- = spargo, pur-). — De ‚ver' in pul-veris v. papaver; K. XXI 137. De s. dupl. cf. skr. ragas n et pulvis et vapor, adde the dust pulvis, cgn. der Dunst vapor.

pûmex 3 m. Germ. vet. pumiz, der Bims, la ponce, = rimosus; ex pusmex putmex der poröse, pertin. ad skr. put-ita fissus, cohaer. c. skr. sphuṭâmi findor.

pumilus 2 m. Confer skr. pumanis mas.

pungo 3; v. pugnus. Hinc le poinçon.

pupilla 1 f. Cgn. pupus, pubes i. q. κόρη, bav. das Kind-l.

puppis 3 f. Redupl. ex pu-pv-is h. e. pu-pu-is = πυ-μάτη, cgn. po-ne = paçcât, unde skr. paçcâdbhâga n puppis, (bhâga pars).

purgo 1. Ex pur-igo, ut jurgo ex jur-igo; pertin. ad skr. pû-tis f pu-ritas, pû-trima pu-rus; cgn. πῦ-ρ n das Feu-er = πῦρ, goth. fûn, ex fivan, v. unda; K. XIX 101. Suffix. -pû ut ghṛitipû = butyrum purgans. Adde skr. pawaitrin purgans, pra-paw-ana n purgatio; pâwayâmi purgo frumentum, unde germ vet. fow-jan, cgn. πτί-ον h. e. πυ-ον = πτύον die Wurfschaufel. Skr. pu-n-âmi purifico, prpr. durch Blasen reinigen, wehen, unde pâwana m ventus, cgn. ‚pust' onom., v. pustula. Skr. pû-ta = pû-rus. De -rus v. pig-er, adde goth. -ra ut ab-‚ra' σφοδ-‚ρός', ab-ra-ba σφόδ-‚ρα', cgn. ὄβ-ρι-μος, skr. ambh-ṛ-ṇa gewaltig, stark; v. Bzb. 44.

purpura 1 f. Cgn. πορφύρω, pertin. ad skr. bhuranyâmi verso liquorem, rühre um.

pûs 3 n. Das Eiter; skr. pûya n = pus, (ex puvos), ψῦχα die Fäulniss, (v. paedor). Adde skr. pûti n = πύ-ον; lit. pu-ti = faul-en. Puteo = πύ-θω, skr. pûyâmi. Adde Πυθώ, nomen illius draconis, quo interfecto Apollo exclamavit: 'ενταυθοῖ νῦν πύθευ 'επὶ χθονί; Hymn. in Ap. 363. Confer nord. vet. Fâfnir h. e. ποι-πνύ-ων, der Pfus-ter; v. Gr. M. 345.

pusio 3 m. Confer putillus.

pustula 1 f. Ex put-tula, cgn. lit. pus-ti blasen, v. pulmo, purgo. Pusula 1 f = lit. pus-lé die Blase, φῦσα.

puteus 2 m. Die Pfütz-e, le puits, unde puiser; puteus prpr. die Senkung, der Fall, cgn. πότ-μος, πιτ-εῖν, skr. patya n das Sinken. Confer cado.

putidus, a, um. Hinc prov. putnais = foètens, gall. punais, unde la punaise, the punice cimex, (ut skr. kuṇa m cimex pertin.

ad knû-yê *foeteo*, v. in-quin-o = cun-io). Huc skr. pû-tikâ *f* viverra zibetha. De halitu apud nos nomen habet der Fuchs, goth. fauhô, pertin. ad fauchen exhalare; v. pus.

p ū t o 1 = pu-rgo, rein machen, in's Reine bringen, cgn. skr. pû-tus = pu-rus.

Q.

q u a d r ā g i n t ā; v. triginta. Huc quadragesima, unde la quaresime = la carême. Adde quadrans 3 m. part. praes. verbi quadrāre, = τετρᾶντ-, pertin. ad τετράω; quadrupes = ćatushpada.

q u a e. Pr. quā = skr. kā pr. kwā, goth. hvô.

q u a e r o 3. Pertinet ad skr. ći-, ći-n-ômi animadverto, inquiro; addito sibilanti s formatur ći-sh, ćêsh- = quaes-o h. e. inquirere cupio. De augmento ex i cf. gaesum. K. XIX 410.

q u ā l i s, e. Ut tā-lis; κο-ῖος, ποῖος. Cum ,quali' cohaeret πηλι- in πηλί-κος, ut τηλ-ίκος = tal-is. Huc gall. quelque ex qualisque.

q u ā l u s 2 m. Ex quaslum, dimin. quasillum, slv. vet. koshs h. e. kosja corbis, cgn. celt. cas-aim flecto.

I. q u a m. Ex quâm, (v. quae), skr. kâm. — II. Quam accus. neutr., = καν, κεν, v. quando. Qua-m = quod, gall. que, conferri potest cum bav. wa-s, (cohaer. c. wha-t = quo-d), ut: du bist grösser wa-s i = longior es qua-m ego, (que moi); bav. ende wa-s et = eher als nicht. Quam = skr. ka-d ut kaććara sordidus, ex kad+ćara quam difficilis euntu! Cohaeret cum skr. katwara n serum lactis, die Molken, unde umbr. kazi = cas-eus, kaććara n Buttermilch mit Wasser = kaṅkara n; v. K. XXI 207.

q u a n d o. Skr. ka-rhi = quando? lit. kur-gi quando. Hoc karhi constat ex ka + r + hi, quocum cohaeret goth. hva-r = wo, germ. vet. wara = quo? wohin? Adde cur ex quor = warum? Bzb. 115. — De -hi in kar-hi v. ego. — Illud ,quam' in ,quan'do idem est ac καν, κεν = wa-s, -wa in etwas, etwa, ut: ὅς ,κεν' τοῦτο λέγῃ prpr. = qui ,quan'do hoc dicit, wer et,wa' das sagt; οὗτός ,κεν' λέγοι = dieser wird wohl et,wan' sagen, = οὗτος ,κε' λέγοι dieser wird wohl et,wa' sagen. Cum ,κεν' cohaeret ved. -,kam' in nu-kam = νύ κεν, nun wohl, goth. nauh adhuc, noch; Bzb. 102. Adjunge κῃ (pr. κῃ), ut: ἆρ' οὖν πείθομεν ,κῃ' 'κείνους; num ,qua' persuadebimus? — Illud -do in quan-do cohaeret cum skr. -dā in ka-dā = quan-do, (ex kam-dā), et cohaeret cum -δε in Ὀλυμπόν-δε, goth. -dê in þan-dê = ἕως, ὅτι, (ex þan-da-ei); v. idem. Bf. Gr. § 612 docet hoc -dâ pertinere ad dâ- = dare, vet. Instrum., = gegeben.

quantus, a, um. Zd. çwant = umbr. panta, cgn. παντ- in παντ-α-χοῦ, (pr. κοντ... ut πῶν pr. κῶν). C. 410 subjungit hoc: Aus der infiniten Bedeutung geht in vielen Sprachen die allgemeine all, jeder hervor. — Huc hisp. en quanto = wie theuer?, unde l'encant die Gant.

quartus, a, um. Skr. ćaturtha, unde quatru-tus = quartus; C. 428. Adde skr. turîya quartus, ex tartîya ćaturîya, qua de aphaeresi cf. τράπεζα ex τετράπεζα. Skr. ćathurtaka quartanus, (unde die Kartaune die Viertelbüchse).

quārûm. Ex quâsum, skr. kâsâm.

quăsi. Ex quam-si, pr. quăsi, propter accentum in sí, (qua-sí = als wénn, non: áls wenn).

quassatio 3 f. Quasso ex quat-to, ut fossa ex fodta, goth. vissa ich wusste ex vit-da, goth. gagissa consentiens ex gagiþta; usvissa solutus, cgn. gavidan conectere; hvassaba acriter, ex aliquo hvatta weizen. Huc gall. fracasser ex secutere. Adde hisp. cascare zerschlagen, deriv. casco calva, die Pickelhaube. Confer skr. kunthâmi vexo, torqueo, prpr. quat-io.

quătuor. Skr. ćatwar, lit. keturi = quattuor. J. S. 7 (‚Verw. Verh.') ait sic: Höchst wichtig ist die Uebereinstimmung im Nom. zwischen goth. fidvōr, d. i. älterem ‚fidvori' und lit. keturi. De forma quattuor pr. quatur adnotat Corssenius hoc: Für die Verdopplung der tenuis liegt kein etymologischer Grund vor. Prâcr. ćattarô ex ćatwarô, τέτταρες ex τέτϝαρες, aeol. πίττυρες = dor. τέτορες pr. τέτϝορες; πίτϝαρες = goth. fivôr, vier; v. vox. Adde femin. ćatasar, ćatasri, constat ex ća- h. e. ka = ê-ka unus, + ‚tisaras' tasaras, (v. tres skr. tisri, tisar), unde ka + tasar = 1 plus 3. De hoc ća v. quinque; v. B. § 311. Adde ir. celt. cethir = ćatwar, femin. cethoir cetteora = ćatasar, (ut ir. vet. teoir teora, = tisri fem., tres); brit. peteir = ćatasar, (ut teir = tisri), pr. petesir, quo de omisso s cf. ir. celt. suir = soror, ex sisur; ir. celt. hiairn = germ. isarna eisen; K. XXI 8. — Quatuordecim skr. ćaturdaçan. — Quater, ex quaters, (ut ter ex ters), = skr. ćatur ex ćatus.

— quĕ. Skr. -ća suffix. = κα-ί Loc., adde ne-que s. ne-c = na...-ća, goth. ni-h. Hoc idem suffixum est in -κα ut ἄ-κα = ὅτε, τό-κα = τότε; v. quisque. utique.

quem. Skr. kam? pr. kwam, (v. sono), goth. hvana = wen.

queo = ich bin gewachsen, pertin. ad skr. çwa-y cresco,

cohaer. c. ad. çpi- = çwi valere, ich vermag. De s. cf. ich mag, ich vermag = queo, praeteritum thematis mamh- magh- = çwayâmi; K. VI 238.

quercus 4 f. Ex quescus i. q. fagus, cohaer. c. skr. ǵas- = ĕdo, ex ghas-. Huc gall. vet. quesne, chesne = le chêne. (ex quercinus); lat. md. casnetum = quercetum. Quercētum = bav. das Aich-at. Querneus, v. iligneus.

quĕror 3. Ex ques-or, pertin. ad skr. çwas-imi spiro. De s. cf. spiro = çwas c. it. sospirare = queror.

querquedula 1 f. Cgn. κερκιθαλλίς; onom. Confer skr. krika-wâku gallus, (prpr. ‚krika' vocans), lit. kùrka gallus indicus.

querquera 1 f sc. febris, cohaeret c. skr. ćarća-s mobilis.

I. qui. Abl., unde quicum pr. quocum; Corss. — II. qui = ὅς cgn. qui-s = skr. kwa-s. Qui = angl. who, cgn. goth. hva-leiks = we-lcher, angl. vet. whi-lke, unde abjecto l whiche = angl. which, (ut such = solcher, ex angl. vet. swilke = goth. svaleiks; ut angl. each = quisque ex angl. vet. eche, ags. aelch aliche = aliche; denique ut angl. as ex als).

quiă; neutr. pl. = ἅ-τι, (ἅ neutr. pl.).

quid? Skr. ki-m, (pr. ki-t), it. chente = quid? prpr. τί ὄν; che-ente?

quidam. Prpr. ‚we'r ‚da' nur; -dam h. e. da-m acc. sg. = da, -δε in ὅ-δε, skr. is = i-dam.

quĭdem. Ex quĕ-dem; -dem, v. quidam.

quies 3 f. Cgn. κεῖ-μαι = skr. çi-, russ. po-koj = re-qui-es; goth. hvei-lan = re-qui-escere, hvei-la die Wei-le. Illud κεῖ-μαι, unde κώ-μη, pertinet etiam ad skr. ǩi- habito, unde ǩê-ma qui-etus, hei-m-lich. Huc it. che-to = quietus, unde gall. quitte, quitter. Hnc inquietudo ex inquietitudo.

quīn. Ex quî-ne, aut a quo-d = ὅτι, aut a qui-d = τί; v. Zumptii Gram. § 459. Quin conscendimus equos? = quid non,. Sed si vertimus sic: πῶς οὐκ ἀνέβημεν; hoc πῶς, quum sit in ablat., respondet illi ‚qui' (Abl.). Adde bav. vet. wazne = quidni h. e. quin. Cum -‚ne' in qui-n cohaeret goth. -nei in wainei = utinam; v. Hzb. 89.

quingenti, ae, a. Pr. quincenti, skr. pańćaçata.

quinque. Ex quenque = πέντε, ut tingo = τέγγω, πίρνημι = κεράω, σπίδναμαι = σκιδ-. ‚Quenque' autem oritur ex ‚ćanća' h. e. ćan = kan pr. ê-kan = unum, +ća = -que. Sensus igitur proprie est hic: ‚unumque' = complexus, la combinaison h. e. binos binas bina conjuncta, +ća. Confer B. § 313. At Fr. Müller II 379 ait sic: pańćan ist keine Reduplication, die für eine ungerade Zahl nicht passt. J. S. 167 adnotat hoc: Ich möchte nur eine Möglichkeit andeuten, fûsti- die Faust, Grundform panksti = skr. pańkti die Fünfzahl zu identificieren, (Faust = sämmtliche fünf Finger), so dass das altbulg. peñstì = fust und altslv. peñti = πέντε durch Differenzierung aus derselben Urform entstanden wären. — Quintus, a, um ex quenc-tus skr. pañćama. Huc Pompains = Pompejus i. q. Pontius osc. = πεμπτός. Bav. der Pfinztag dies Jovis, feria quinta, cohaer. cum hungar. pentek = dies Veneris, feria sexta = bohem. patek; Schm. I 321.

quippe. Ex quid-pe, quippiam ex quid-pi-am, ut nos eppes = etwas, eppa = etwa; bav. epp-hin = irgend wohin. Cohaeret hoc -pe in nem-pe.. et -pi in quis-pi-am cum skr. pi = a-pi, egn. 'ε-πί; v. quispiam.

Quirites 3 m. J. S. 53 ait sic: Schweizer und Benfey stellen cūris und ciris zu çar- laedere; möglich ist diess. Schweizer lässt curis aus quiris durch Vocalisation des v entstehen, und in der That ist diess ansprechend. So gehörten denn auch die Quirites als hastati hieher.

quirito 1. Hinc it. gridare = gall. crier, to cry; der Krei-er clamor pugnantium.

quia. Cohaeret c. skr. ki-, unde ki-m = qui-d; kwa-s = goth. hvas, germ. vet. hve-r, lit. kas, kasgi. Cum hoc ‚ki'- in ki-m B. § 400 conjungit illud ‚h' in ni-h-ein = nullus, k-einer; nord. vet. -gi in ein-gi = keiner, prpr. unus quis? man-gi nemo, prpr. ein Mann welcher? vaet-ki nihil, prpr. res quae? (vait = goth. vaihts res). Neque vero tantum minuit, augit etiam vim verbi, cui affigitur hoc -kas ut skr. narta-kas m saltator, prpr. der tanzt und wie?, v. loquax, velox; B. § 949. — Quis = τίς ut skr. ći- = τι- in τί-ω, τιμάω = apa-ći. — Huc quispiam = kimapi, v. quippe; quid,quam' = kim̃,ćana'. Adde quisque = hvaz-u-h; -h = -que, skr. -ća. Hoc -ća cum -na format -ćana = goth. -hun ut hvas-hun = quisquam; Bzb. 110. Huc gall. cha-que = quis-que, it. ciascuno = gall. chacun, (quisque unus). Illud -que in quisque, -ća.. idem est ac -κα in ὅ-κα, (v. que), αὐτί-κα, adde suffixum κα- in 'ἔδω-κα-μ = ich damals (τό-,κα') gab; δίδω-κα-μ ich jetztmals gab. Confer K. VI 94. De goth. -ha pr. hva = -ka v. Bud. 57.

quisquiliae 1 f. Κοσκυλμάτια Abschnitzel, a σκύλλω carpo, vello; C. 154. Cum forma κοσκυλμ- = quisquiliae cf. κασκαλίζω titillo c. σκάλλω fodio. Κοσκυλ- autem potest etiam esse intens. thematis kash-āmi ich schabe, unde kashana n das Abschabsel; v. cāreo. Fk. 438.

quo. Skr. kwa = ‚wo'hin? wo? = ku-tra, cgn. bav. vet. ‚we'l = wohin? (ex we-l-ent = welches Ende?, v. quis). Adde skr. ku-tas = quo?, (unde?); kutas, (v. abs) est i. q. quo, quod ipsum est Ablat. De forma cf. quo c. ὧδε pr. ὥδε- = οὕτω.

quomodo. Hinc gall. combien, (quomodo bene).

quorum. Ex quōsōm, pr. quŏsūm = skr. kēshām ex kai-shām, unde quōrum pr. quŏsūm, ad quandam compensationem vocalis i amissae; B. § 249. ‚-rūm' ex ‚sūm' = skr. ‚sām' h. e. s genitivi sing. + ām; B. § 246. Hoc ‚sām' autem ex ‚sāms' h. e. s-ām-s; K. XI 320. De hoc eodem ‚sām' Mistelius disserit ita et ait: Grundform des Genit. pl. ist asams, dann asām mit gedehntem a wegen des Nasals, der vor s als Anusvāra d. h. mit zwei Nasalierungen gesprochen wurde und sein vocalisches Element mit dem vorhergehenden a verband; ‚asams' gedehnt in asāms, woher sām = -σων; K. XI 319. XIX 102.

quŏt. Skr. kati?, ex ka-ti, ut i-ti = ita. Ex kati κότι-οι κόσσοι. πόσσοι. Huc quotannis = in wie vielen Jahren es sei; quotīdie = am wie vielten Tage, quoti Loc., = quotā die, quotacunque die. Adde quoties ex quotiens, (ut sanguis ex sanguins), quotiens ex quotiwans quotiwant, (v. -osus); -want = viel ut kiwant = wie viel, iwant so viel; B. § 234. 410. Quŏtus, a, um = skr. katitha?, (pr. kalita ut tatitha der so vielte), κοστός κοστός ex κοτιτοι, et quotus ex quotitus; K. XXI 10. De forma κοστός ex κοτιτος cf. εἰκοστός ex εἰκότι-τος.

quum = quam; acc. neutr., Bf.

R.

r ex s, v. se, securis, mulctrum, senior, sim, sum, sint. — II. r inseritur, v. perdix. — III. -ra suffix., v. cathedra.

rabies 5 f. Cohaeret cum skr. rab in sam-rab-dha = σύλληπ-τος, furens, perturbatus, (rambh- = λαμβ-άνω unde λαβ-ρός ungestüm). Confer ληπ-τός in νυμφόληπτος. Huc la rage rabies, la rêve somnium, rêver irre reden, bav. rebern; v. Schm. III 6.

rabula 1 f. Pideritus ait sic: rabula bald von rabies, bald von rava, d. i. rau-ca vox abgeleitet. Cicer. Or. p. 67.

racco 1. Cgn. slv. vet. rak-ati clamare, rugire, lit. rèk-iu clamo, cgn. slv. vet. rekā̆ loquor, pertin. ad skr. arć-āmi laudo, celebro. BR. I 423 habent sic: arćāmi ich strahle, dann preisen, begrüssen, auch vom Singen der Winde, vom Brüllen des Stiers. Die Begriffe Licht und Sprache begegnen sich auch sonst in der Sprache; v. loquor. De rac- = arc- cf. arceo.

răcemus 2 m. Ῥάξ, ῥώξ die Weinbeere, die Ranke. Confer skr. drâśâ f palmes, celt. hib. dearc bacca. Drâś- = răc- ut driç- = goth. leik-s, -lich pr. dleiks = gleich, similis. Sed v. rego et Fk. 483.

rădius 2 m. Cgn. rŭdis f die Ruthe. Hinc la rate splen, dératé laetus, ohne Spleen; Dz. II 410.

rādix 3 f. Cgn. ῥάδιξ = ramus, ex ϝράδ-, unde ϝριδ-ja = ῥίζα, pertin. ad skr. wardh-, wṛdh- = crescere, unde goth. vaurti die Wurz-el. Huc la racine, (radicina), le raifort, (radix fortis).

rādo 3. Pr. crado kratz-e; Dfb. I 241. Confer skr. răd-âmi ich kratze, ritz-e, unde germ. vet. râz-i âcer, bav. räss; germ. md. ratz-en = kratz-en, radere; germ. md. reiz die Linie, risz circulus, der Kreiz, der Kreis. Addo la race linea, die Geschlechtslinie. Radula 1 f das Kratzeisen, unde gall. railler foppen, prpr. fricare; v. ramex. Forma rādo ex rand-o, (v. abyssus), cohaeret cum skr. randh-ra n rima, caverna, de quo vocabulo BR. addunt hoc: randhra wohl von răd-âmi. — Huc rastrum pr. radtrum; it. rasentare anstreifen, rasente proxime, unde gall. rez, ut rez terre prope terram, le rez-de-chaussée das Erdgeschoss.

rāmex 3 m der Hodenbruch, der Ast, cgn. ramus.

rāmus 2 m. Ex radmus, cgn. goth. vrit-an ritzen, reissen, cgn. ramex der Bruch. Huc la ramingue, a volando a ramo ad ramum; le ramon stompfer Besen, le rinceau, (ramicellum); v. C. 315.

rāna 1 f. Confer skr. rasana m mugitus, clamor, unde rana ex rasna. Idem sensus est in ran-âmi sono, ir. celt. ran-aim clamo, ut skr. kaṭurawa m = rana, (acriter sonans, v. corvus). Skr. ran-, raṇ-âmi significat et sonare et exhilarare, ut lubeat hoc loco conferre skr. nandaka m rana, adj. laetificans, ut der Frosch = der frische.

rancor 3 m. Cgn. rancidus ranzig, stinkend; fort. pr. hranc-or, cgn. skr. ghrâṇa n odor. Hinc la rancume, the rancour, quo de sensu cf. bav. der Stank der Verdruss, die Stänkerei.

rapina 1 f. The rape der Raub, ags. reaf spolia, indumentum, unde dé-rob-er. Confer skr. rap-as n vitium, das Gebrechen, a-rap-as incolumis, innocuus, unde ἁρπάζω ex ἀ-ραπ-άζω, cohaer. c. ’ε-ρίπ-τομαι rupfe, raufe ab, (v. rumpo), quod ’ε-ρίπ-τομαι a BR. trahitur ad skr. riç-âmi rupfe, reisse ab. Huc to rap binreissen, bav. reffen = rupfen, la ravine torrens rapidus.

rāpum 2 n. The rape die Rübsaat = der Räps; die Rapunzel; bav. die Kohlrabi = la chourave; ῥαφάνη (= ῥαϑ-, ut rufus = ’ερυϑρόν, cgn. rad-ix); Df. I 71.

rārus, a, um. Pr. hrasus, cgn. skr. hrâs-ayâmi diminuo, hras-wa brevis, angustus.

rătio 3 f. Skr. riti f die Art und Weise, cohaer. c. goth. raþjô = ἀ-ριϑ-μόν; v. reor. De s. cf. skr. gata n die Art und

Weise, (der ,Ga'-ng); v. ars, arte = mit Art-igkeit. Cum ,rat' cohaeret nord. vet. rath in hund-rath = goth. hunda n das Hund-ert; nord. vet. hund-radh, angl. hund-red die Hundertschaft; Fk. 727. Adde to darraign aciem instruere, ex gall. vet. deraisnier, (dirationare), cgn. goth. ga-rai-ds geordnet, germ. md. ge-rei-te = be-rei-t, promptus. L. M. 114. Fk. 830.

rătio 3 f. Ra-tis per metath. pr. ar-tis, cgn. 'ἐρ-έτης remex; v. reda.

rătus, a, um. Skr. ṛtá verus, ex artá gehörig, richtig, rit-e, goth. raþs richtig, raþjan berichtigen; adde goth. ga-raid-s be-reit = bav. pfrait; L. M. 114. Schm. I 333; v. ratio.

raucus, a, um. Hinc gall. enrouer heiser werden.

raudus, eris n = lit. rauda aes, cgn. 'ἐρυθρόν; K. VII 188, = lôha m aes, cuprum, cgn. rôha h. e. rôdha = das röth-liche.

rāvio 4. Cgn. rau-cus; skr. râwa m rugitus, râ- = latro.

I. — **rĕ**. Ad formandum. Infin., ut vehe-re pr. vehe-rae, prpr. Dat. correptus, (Nomin. wahas, Dat. wahasê, vehes-e, vehe-re); v. ad. Hoc ,re' igitur illud idem ,se' est quod occurrit in Inf. perf., ut peperi-sse pr. peperi-se, (v. classis). K. XII 345. B. § 854. De -re ex -se cf. nord. vet. rêri ex rêsi = re-m-igavi.

II. **rĕ-**; v. redentio. resarcio.

rebellio 3 f. Ex rebell-yâ-n h. e. rebell-yâ ut skr. çay-yâ f das Liegen, v. quies; ut pluv-ia ex pluv-yâ. Deinde accessit nasalis, mutato â in ô. Confer goth. raþ-jôn ex raþ-jâ+n, Genit. raþjôns; B. § 894. Hinc the revel die lärmende Lustbarkeit, (ex rebell).

recello 3 ich schlage, beuge zurück, cgn. κλά-δος, κλῆ-μα ramus, (v. cle-mens = geneigt), slv. po-klo-na inclinatio. Huic ,cel' respondet germ. vet. hal-d pronus, die Hal-de; goth. hal-ts claudus, prpr. fractus, flexus.

recens 3. Possit constare ex re+cens pr. cjents, ut canis ex cjanis; cjents autem part. praes. verbi çwa-yâmi cresco, recens = aufwachsend, frisch aufgehend. De forma recjentis pr. recjejentis v. aemulor. Confer serenus = swar-.

reciprocus, a, um. Ex rĕ-que + prŏ-que, reco-proco; K. XIV 355. Hinc recupero 1 h. e. reco-pâro; ib. XXI 275; unde gall. recouvrer la santé = bav. sich kofern.

recupero 1; v. reciprocus.

rēda 1 f. Gall. celt. rêda currus, (v. Rhênus), = nord. vet. reidh, germ. vet. reit-a der Kriegszug, der Wagen; Fk. 830. Huc Epo-redo-rix = ἱππόδρομος; Redones, (hod. Rennes); cgn. ῥόθος, Gl. 148; cohaer. cum skr. ra-thas m currus, (cgn. ra-tis).

redemtio 3 f. Rĕd- abl. ex rêd, (cf. pro); rêd autem ex rât a-rât = longe, e longinquo, weg, hinweg, fort. Amplectitur autem hoc arât duplicem significationem, nam arât etiam = prope, hierher, her, velut: redimo ich nehme fort, aut: ich nehme hieher; restauro ich stelle her. Hoc a-rât Abl. cohaeret cum skr. abhyâram = prompte, ἄρα, ῥα, (abhi-âram, âra et longinquitas et propinquitas). Adde osset. ra s. ar in ra-twazin s. ar-twazin herkommen, ‚ra'dtun = ‚re'ddere; D. § 1010. De ‚rĕd' = ‚rât' cf. sed pr. sĕl.

redeo ad me ich erhole mich conferri potest cum goth. ga-nis-an genesen, cohaer. cum νοσ-τ-ίω redeo; goth. nasja, caus. bringe davon, prpr. heim, zu recht kommen; Fk. 111.

rĕdīvivus, a, um. Re-div-ivus = diei h. e. vitae restitutus; Corss.

reduvia 1 f. v. unguis.

refarcio 4 vollstopfen. De hoc sensu cf. hisp. re- = per-, ut rebueno vollkommen gut, refino vollends fein, gall. raffiné.

refūto 1. Hinc. gall. refuser = recusare.

regia 1 f. Skr. rágasabhâ f, (sabhâ f societas, cgn. goth. sibja die Sippe).

regina 1 f. Ex regīnja = skr. râgnaî f (pr. râgânyâ, ut tafnî = τέκταινα pr. τεκταινα). Skr. nripatnî f = regina, prpr. ἀνδρῶν πότνια, (ex patânya). Hoc idem yâ latet in gr. ‚ια' ut βασίλεια, (βασιλε-γα); B. § 338. K. VII 130.

rĕgio 3 f. Cgn. ὄ-ρεγ-μα die Strecke, pertin. ad skr. riñg-ê strecke mich; P. I 428.

regnum 2 n. Skr. râgya n, (prpr. reginum), goth. reikja das Reich = skr. rashtra n. De -num v. lignum.

rĕgo 3. Cohaer. c. skr. rig-ras m dux, reg-ens, cgn. rig-u directus, zd. crezu, g-‚leich'. Adde zd. râçta rech-t, rich-tig. Huc goth. rag-inôn reg-ere; ὀ-ρεκ-τός = rec-tus. Adde ags. regul = regula, germ. vet. rigestab amussis, der Rich-t-stab. De s. cf. goth. ga-têmiba geziemend, cgn. timrjan = δέμ-ειν, skr. dam-, (v. P. III 507) sich aufrichten, richtig sein; Bzb. 53. Germ. vet. riga der Reigen, bav. reig-en = reih-en, cohaer. c. skr. râgis f linea, der Streifen, (cgn. rigu. Bf. I 65). Huc pertin. goth. raihtis denn, doch, freilich = lat. ergo; K. XVI 230.

rĕligio 3 f = fides, der bindende Glaube, cgn. religo; Corss. At Fk. conjungit hanc vocem cum λεγ-, unde ἀ-λέγω = curo, non neg-lig-o, cgn. ἄλγος der Kummer, μέριμνα, pr. ἄ-λεγ-ος. Si verbum religionis referimus ad ‚ligo', conferri potest goth. liug-a die Heirath, die Ehe; re-‚lig'-iosi = êhaltige; Schm. I 6.

reliquum 2 n. Skr. ati-rêka m.

remulcrum 2 n. Unde gall. remorquer.

rēmus 2 m. Ex resmus = 'ἐ-ρετ-μος, quasi oriatur ex ret, non ab ar-. Skr. ar-i-tra m = 'ἐρ-έ-της, cgn. cum ‚ορ' in 'εικόσ-ορ-ος;

germ. vet. rie-me = re-mus; nord. vet. rô-a ru-dern, to row. Cum rê-mus ex resmus cf. -êmus ex esmus = sumus in ferêmus, (ut fer-ènt ex fer-esent, ferèt ex ferest); K. XXI 170.

rēnes 3 m prpr. die Harngefässe, cgn. skr. rê-tas n der Guss, Strom. Huc gall. érointé kreuzlahm.

reor 2. Pertin. ad skr. ṛi-, unde ṛi-ti f ra-tio; re-or ich berechne = ἀ-ρι-θ-μῶ; L. M. 137. Adde skr. ṛi-tá = rā-tus, gehörig, ordentlich; P. v. rite.

rĕpente. Cgn. ῥοπ-ή der Ausschlag. De s. cf. blötzlingen repente c. blotzen = tundere, schlagen; skr. tūgnt repente, cgn. τε-ταγ-ών, ags. thaccian berühren, anstossen. Repentinus miles der Blotzbruder. Adde bav. hudri-hudri über Hals und Kopf, cgn. bohem. hod-it werfen, ῥίπτειν, ferire; cgn. bav. vet. hut-slôn contrectare i. q. ags. thaccian. Fk. 48 trahit rĕpente ad rēpo. ?

rēpo 3. Metath. = ἕρπ-ω, serp-o.

repudio 1 = ped-e repello; v. tripudium. De s. cf. ἀπωθέω ich stosse ab, repudio, cgn. odi, unde odiosiora anstössige Behauptungen.

repugno 1. De s. cf. goth. vig-ana m pugna, unde sich weig-ern repugnare. Huc -vig in Hlodvig = Κλυτόμαχος, Weigel.

rēs 5 f. Skr. râ-s m = rayi m, (th. ra+i, inserto y, unde rê-want locuples; Dat. pl. râ-bhyas). Fk. 174 trahit hoc vocabulum ad râ-mi largior, gebe, übergebe, bringe dar. Bf. autem conjungit ‚res' h. e. rayi cum aliquo rahi pr. radhi, cgn. râdix; K. VII 150. Grim̄ ponit reces = res, germ. vet. rahha = res; I 1171, (cf. via).

resarcio 4. De s. cf. τὸ ἄκ-ος medicina, cohaer. c. ac-us = ἀκ-ίστρα, ἀκίουαι ex ἀκέσγομαι prpr. sarcio; J. S. 57.

rēsina f. Ῥητίνη.

respectus 4 m. Unde il respetto der Aufschub, le répit, pertin. ad specio = dar-, skr. â-dṛi respicio, â-dara m respectus, (cum -ç affixo dar-ç = δέρκ-ομαι); dar- = aç-, penetro, (v. oculus). Cum ‚dar', (v. dol-o) cohaeret the at-tire der Putz, ags. tir die Zier.

restauro 1 h. e. re-stay-ro, (sto ex stay-o), cgn. σταῦ-ρος pālus. De forma cf. χράω ritze, streife = χραύω; K. XXI 198. v. stabilis. Huc germ. vet. stiura die Stütze, baculus; zur Steuer der Wahrheit = zur Stütze...

restis 3 f. Ex gret-tis, pertin. ad skr. grath-nâmi necto, flecto.

resto 1. Hinc gall, rétif = stä-tig, stö-tzig.

rēte 3 n. Curtio rete ortum est ex srēte, metath. pr. ser-tum. Fk. 989 addit lit. rétis cribrum. De hoc s. cf. δημός das Netz, omentum, c. skr. dâman n filum, vinculum.

reus 2 m = qui habet re-m. Confer skr. ṛi- in ṛi-ṇa n debitum, aes alienum, (pertin. ad ‚ar' ire, cedere, ṛi-ṇa = fortgegangen, fremd). BR. addunt hoc: re-us steht vielleicht im etymolog. Zusammenhange mit ṛi-ṇa. De s. cf. skr. gata gegangen, verschwunden, gewichen, (gam- = ṛi). Huc pertinet Rea Silvia h. e. rea, voti damnata, sacra; v. Rhenus.

rex 3 f. Cohaeret cum rĕg-o; J. S. 50. Skr. rāǵ-an m, (splendens, cgn. argentum). De -an cf. skr. snêh-an m amicus, tafan τέκτων; B. § 924. Confer germ. vet. rich ut Alarich, celt. rix ut Toutiorix (populi rex, cognom. Apollinis), Dumnorix, (prpr. der tiefe König, ex dubn- = altus tief, cgn. die Dob-e die Tiefe).

Rhenus 2 m. Latina forma; forma gallica Rēnos (fluens, means), pertin. ad skr. ṛi- = ire, fluere i. q. Dânu = Tanais, zd. dânu, osset. don flumen; M. 574. De s. cf. Druentia, (hod. Durance) = currens, rapida, cgn. Dravus, (pertin. ad skr. dru- currere; Gl. R. 25). Est igitur Rhenus i. q. Sarnus, (sar-âmi = ṛi-), i. q. Aenus, (ayâmi = sar-); v. amnis. Cf. skr. awani m flumen c. awana n festinatio, cy. celt. auon flumen, unde Av-ara, cgn. c. illo avia in Scandin-avia = die Schoneninsel; nord. vet. ey. Quod ad formam attinet, confer rênos cum rêda ex rīd, skr. dêwas ex diw, (v. deus). Z. p. 21. Apud Germanos hoc flumen Rheni nomen habet Hrin, Rin h. e. strepens, der Brausende, (hrinan tangere, mugire, sonare), quemadmodum skr. nada flumen, (nadâmi mugio, sono), unde Νίδ-ων, Νίσ-τος, Νίσσος; C. 219. Adde skr. dhuni m flumen, adj. sonans, cgn. dhwan-ana n das Klingen, cohaer. c. θωϋ-σσω, the din, ut nos habemus die Klinge rivus, torrens, (der klingende, rauschende); Gr. V 1174. Bav. vet. wazzarchlinga nympha.

rhinoceros 3 m. De ῥῑν- v. leo. Confer skr. ri-na fluens, in Fluss gerathen, ῥῑν- igitur i. q. nasus; ῥινοκέρως das Nashorn skr. ćarmanâsika m, (nasum e corio habens); wâdhrinasa m s. wârdhrâṇasa m, (wârdhra lorum).

rhythmus 2 m. Ῥυθμός, cgn. ῥύ-μη der Schwung, der Fluss, ῥύ-σις. Hinc germ. vet. rim numerus, der Reim; Dz. I 352. v. ratio, isthmus.

— **ri**. v. celer.

rica 1 f. Germ. vet. der Rig-el, der Schleier; cf. germ. vet. ric-ulla ligaturae, regilzierida muliebra, sax. vet. hrâgl amiculum, bav. die Rigelhaube; Schm. III 68.

rictus 4 m. Cgn. ringor, rugio.

rideo 2. Pr. crideo, skr. kriḍ-âmi ludo, jocor. De s. dupl. cf. skr. sphuṭ- ridere, germ. vet. spot jocus, der Spott.

rigeo 2. Cgn. bav. rag-en = rig-ere, empor-rag-en = sich reck-en; surgo h. e. su-rig-o, bav. rack = e-rec-tus; germ. md. rĕg-en rac = surgere, quocum cohaeret reg-en, er-reg-en = rühren, causat. verbi rĕg-en; nord. vet. rig-a = reg-en, rühren, prpr. aegre movere sc. rigidum quid; Schm. III 65. Alem. an-rig-eln anrühren, bav. rog-el mobilis, locker. Adde germ. vet. reb-e = steif, rigidus, bav. râb, cgn. rag = steif. Nord. vet. reig-iast sich steifen, gloriari, bav. rabh thun sich hochmüthig benehmen. — Confer ῥιγέω, v. frango.

rigo 1. Cgn. goth. rig-n der Reg-en, pertin. ad skr. ṛig-âmi effundo. Huc la raie die Wasserfurche.

rīma 1 f. Ex rig-ma, cgn. ric-tus. Hinc rimor 1, v. scrutor.

ringor 1. Sperre den ‚Rach'en auf.

rīpa 1 f. Prpr. mons abruptus, cgn. 'ε-ρίπ-νη; nord. vet. rif-na, rumpi, rif-a lacerare, rumpere, rifia versare = reib-en. Cum voce ‚reib'en... cohaeret bav. der Rob margo, der Rand; cf. helv. rubi rübb das Steingerölle, isl. rof ruptura, rudera, 'ε-ρείπ-ια; Schm. III 8. Fk. 389; v. rumpo.

— **ris**; v. tigris. celer.

rīte. Skr. ṛitêna instr., cgn. ratus, v. reor. Cum ‚ṛita' BR. conjungunt n. pr. ṛitabhâga = Ἀρταβάζης. Ritus der Gang conferri potest cum germ. vet. pi-gano ritus, pertin. ad gaggan = ṛi. Confer etiam skr. ṛi-tis f der Lauf, der Strom, der Gang der Dinge, die Art und Weise.

rīvalis, e. Sich wehrend, (v. rima), prpr. ridvalis, cohaeret cum skr. wṛitra m hostis, pertin. ad wṛi- = abwehren; Bf. II 340. De rid- ex wrid- cf. rivus ex ‚vrighvus', cgn. βρέχ-ω, rig-are il rig-agnolo = riv-ulus; Ascoli. K. XVII 279.

rīvus 2 m. Ex rou-ivus, (cf. grad-ivus, v. rumen), = rov-ivus (ῥόϝ-ος), = ro-ivus (ῥέ-η, ῥύ-αξ); pertin. ad skr. sru- = fluere, srô-tas n flumen. Aut rivus = ῥεῦ-μα, ῥεῖ-θρον, pr. rev-ivus, unde Reate pr. Revate die Flussstadt; Corss. C. 310; v. rivalis. Confer skr. ri- fluere, ri-na fluens, rî-ti f, (v. rite). Huc la rivière, unde nostrum das Revier prpr. das Flussgebiet.

rixa 1 f. Cgn. raś-âmi arc-eo, ich wehre mich; nisi potius trahendum est ad raś- = laedendi cupidus sum, cohaer. c. riç- = 'ε-ρείκ-ω ich raufe, rupfe; v. rapina.

rōbur 3 n. Ex rôdhus, rôdhas n, (v. ruber); russ. do-rodjnost = robur; pertin. ad skr. râdh-n-ômi ich gedeihe, ge-rath-e, cgn. ῥαίνυμι ex ῥώθνυμι, aor. 'ερρώσθην. Adde goth. ur-rêd-an firmare; K. VI 390; garêdaba = râdhâwant; nord. vet. râd der Rath, die Hülfe, cohaer. cum skr. râdhâwant locuples. At Fk. trahit vocem ‚rōb' ad skr. rambh- fest fassen, unde rabhasa violentus, vehemens. De hoc sensu cf. die Kraf-t = robur, pertin. ad skr. grabh- s. grab- = ramb-, cohaeret cum the crabbe, germ. vet. chrepazo der Krebs; Fk. 710. Hinc skr. dôrgraha = arm-kräf-tig, arm-kräch-tig. De bh = h cf. die Kraft = germ. infer. die Kracht, die Luft s. die Lucht, bav. rupfᵊ-zen = ags. rocc-etan ructare. — Rōbur ex rôdhas n = prpr. das stark-‚S'-ein, nam suffixum -‚as' cohaeret cum as-mi =

s-um, s-ein. Sic ǵiw-as vita, prpr. das Leben-,s'-ein, = the be living; K. XII 342. B. § 855. Huc robustus, a, um, ex aliquo rôdhas n, ut augustus pertinet ad skr. aǵas n = αὐγή; v. vetustus = ϝετος-τός. Qua de forma cf. goth. -assus ut fraujin-assus ex fraujin-as-tus dominatus; leikin-assus die Heilung; angl. the busin-ess; cf. B. § 939. Alia formatio fit per aspiratam k, ut germ. vet. mannas-k, ags. mennis-c = menschlich; goth. þiudis-ks popularis, 'εθνικός, unde nostrum deutsch, (deut-is-ch); K. VI 9. Tertia formatio fit per suffixum -la, ut die Trüb-sal, ex aliquo drob-is, (unde drob-is-ala); ut arm-sel-ig ex aliquo arm-is-leiga. Cum ,drobis', ,armis' conferri potest goth. ag-is n angustia, sig-is n der Sieg. Adde goth. hun-sl sacrificium; potuit evenire ex hun-is-al, (ut svumsl der Schwemmteich ex svum-is-al). Kch. III § 82. Denique ad -,as' ,is' affigi potuit -ya, ut sax. vet. blidsea gaudium, ex blîd-is-ja, (the blessing der Segen); ags. cursian to curs verfluchen, ex curis-ian; ags. clænsian to cleans, ex aliquo clainis- = purus; ags. treowsan polliceri, ex aliquo treowis = treow die Treue, unde to trust; ags. hriòwisian = germ. vet. hriuwisôn bereuen, ex aliquo hreowis = hreôw die Reue.

r ō d o 3. Skr. rad·âmi = rod-o, rada m dens; bav. die Ries-ter dentilia, adj. rada rodens. Hnc Dugge trahit nord. vet. rota wühlen, cgn. ags. wrót ros-trum. Adde gall. ronger ex rodicare, creuser = cavare ex cor-rosare.

r ŏ g o 1. Cgn. reck-e, reich-e, germ. vet. reihhan tendere, goth. rak-jan; pertin. ad skr. riñǵ-ê, arǵ- = ὀ-ρέγ-ομαι, cohaer. c. reg-o.

r ŏ g u s 2 m. 'Ρόγ-ος, cohaer. c. goth. rik-an cumulare, skr. anwarǵâmi, (anu-arǵ) = accumulo. Eadem sententia est in skr. ćiti f rogus, cumulus, collectio, quo de sensu cf. bav. der Zain strues, der Haufen c. isl. tina collectio; Schm. IV 266.

r ō s 3 m. Lit. rasà der Thau, la rosée, (rorata), cgn. c. skr. rasa m liquor, unde rasaǵa e liquore natus, rasatama m der Saft aller Säfte. Hinc deriv. rorarii 2 m, qui proelium incipiebant non ita vehementer et impetuose, sed ante tempestatem proelii tanquam pluvias aliquas et rores effundebant. De s. cf. δρόσος c. skr. druta fluens; 'ερσερση cohaer. c. warsh-âmi pluo.

r ō s a 1 f. 'Ρόδιον; rosa ex rodja, ut μέσος ex μεδyος; pertin. ad skr. râdh- crescere, cohaer. cum ardh-; v. rudis.

r o s t r u m 2 n. Der Rüssel; ex rod-trum.

r ō t a 1 f. Cgn. skr. ra-tha m currus, cgn. ara = celer; skr. rathaćakra n rotae orbis, die Radscheibe. Huc gall. rouler ex rotulare, crouler (corotulare), le rôle die Rolle, (rotulus); rôder vagari. Hinc rotundus ex rot-unĕ-dus, ut oriundus; cgn. -andus, -endus et Savelsburg addit etiam -ανδον.. in κρυφ-αν-δόν, σροχ-αν-δόν, κρυπτ-ίν-δα, ἀριστ-ίν-δην; K. XXI 193. Huc gall. rogner beschneiden, prov. redonhar abrunden.

rŭber, a, um. Pr. rŭdher = ἐ-ρυθ-ρός, skr. rôh-i-ta pr. rôdh-i-ta a. lôh-i-ta; rudh- autem forma est secundaria, pertin. ad sru- fluere, (v. rumen), srudh- effluere facio; K. XX 6. Huc goth. ga-riuds honestus, pudibundus et Reud-ingi = verecundi, voll Scham,röthe'. Cgn. Rubico m 3 die Rotach, die Rott, (ex rot-ah, Schm. III 108, = Kisil-irmak der rothe Fluss, Halys). Huc rubus 2 f = il rogo, quia virgulta rubi rubeant.

ructo 1. Cgn. lat. erugere ausspeien, ἐ-ρυγ-ή das Erbrechen, v. rugio, ruga. Huc russ. ot-ruğ-ka ructus; bav. vet. uff-rochtzen eructare, cgn. räck-sezen πτύσσω, to reach sich worgen.

rŭdis 3 f. Cgn. ῥόδ-ιον, v. rosa, aeol. βρόδον = ῥοδόν deducit ad skr. wardh- = ardh-. Huc germ. vet. ruota die Ruthe. Sed v. C. 464. Rudis igitur est naturwüchsig.

rŭdo 3. Skr. rud-, rôdâmi lamentor, ululo, fleo; nord. vet. riota mugire, germ. vet. riuzu fleo, bav. vet. rozag lacrimabundus. Huc rudens 3 f funis nauticus, a rudendo, nimis stridendo ita dictus.

rufus, a, um. Cgn. ruber, roth. Hinc hisp. rufian leno, le ruffien; quo de sensu cf. les grisettes, bav. die Gelwerinen. Sed v. Schm. III 63.

ruga 1 f. Prpr. der Bruch, rugosus brüchig, skr. rôga m morbus, das Gebrechen, lit. rauka die Runzel, die Falte; pertin. ad skr. ruğ-âmi zerreisse. Huc bav. vet. runkęn corrugare, unde Runkunkel. Ruga die Falte, unde le rochet das gefältelte Kleid.

rūgio 4. Cgn. ἐ-ρεύγ-ω, ὠ-ρυγ-μός rugitus; bav. rüh-eln = rüllen, röh-eln mugire. ‚Rug' est forma secundaria, cohaeret cum ru- in ru-mor, affixo g ut stra-g-es, (ster-no), ringor, (ra- in la-tro); Fk. 965.

— **rum**; v. quorum.

ruma 1 f = rumen das Euter, pr. sru-men, skr. sru- fluo, ῥυ-ῆναι. Huc ficus ruminalis, sub qua lupa rumas h. e. mammas praebuisse dicitur. Roma, Ῥώμη cohaer. c. rum-.

rūmex 3 f = la lapathus. Hinc la ronce, la ronce.

ruminatio 3 f = skr. rôman-thas m, (th. ru- rülpsen, ringi); rômanthayâmi rumino.

rūmor 3 m. Pertin. ad skr. ru-, rau-mi rugio, cgn. rau-cus, goth. ru-na arcanum, die Ru-ne. Huc germ. vet. hruom der Lärm. — Rumor h. e. rumos, (-mos = -μος ut σῆ-μος n signum), unde σημεῖον ex ση-μεσ-yov; Fk. 484.

rumpam. Conjunctivus verbi rumpo, ex rumpaim, rumpâs ex rumpais; B. ‚Syst.' p. 71. Rumpam fut., ex rumpem, ut dicem = dicam.., conferri potest cum inquam; K. XXI 177. — Adde rumpit, fot., (v. trĕdecim). Rumpo 3 = skr. róp-ayâmi, th. rup- = lup-; goth. raup-jan, bav. raupf-en = rupf-en, rauf-en; germ. vet. braupa spolia, la robe. Adde la ruffa das Gezause, the ruff die Krause; zd. raopi m vulpes. De rup- = lup- cf. skr. lél-âyâmi vibro c. goth. reir-an tremere; Fk. 169. Hinc la déroute strages, (ruptura); it. md. rupta cohors, eine Section, die Rott-e; la roture das Gerente, (ruptura); bav. der Rob margo, (ruptura), v. ripa. Adde rupes 3 f das Felsstück, der Felsbrocken; (ruptura); v. saxum. Eadem vis verbi est in la rocca, la roche rupes, (cgn. runc-ina).

runcina 1 f. 'Ρυκάνη; runco = skr. luñć-âmi rupfe, reisse aus, jäte.

ruo 3. Ved. ru m dissectio, das Zerreissen, (cgn. ῥύ-ω reisse), separatio; lat. ru-na f genus teli, (ut skr. çar- = ru-, çara m telum, sagitta); rutrum 2 n = lit. ry-lo n, cgn. ved. ru-ta zerschlagen, di-rŭ-tus.

— rus, a, um; v. gnarus. purus. sacer.

rus 3 n. Zd. rav-añh spatiosus, ge-rân-mig, goth. ru-ms; rûs ex rov-os. De v ejecto cf. nord. vet. sál = goth. saivala, goth. flôdus die Fluth cohaer. cum lat. vet. plovere = πλώϝ-ειν. Bzb. 15 addit germ. md. schiel pannus = skr. ćiwara das Bettlerkleid. Vel ex rogvos, pertin. ad skr. raǵ-as n ager cultus, prpr. pulverulentum, unde Ἄργ-ος. Cum ‚rur' coharret celt. ir. roir-each dominus, unde Rauraci = domini; Gl. 143.

ruscum 2 n. Bav. der Rausch.

ruta 1 f. 'Ρύτη die Raute, ags. rude.

rutilus, a, um = skr. rudhira = 'ε-ρυθ-ρόϛ = goth. rauds; K. XXI 241. Potest pertinere ad skr. ghar- = gal-vum esse, splendere, unde ‚ghartya' = χρυτϳον h. e. χρύσεον; nisi potius trahimus vocem χρυσ- ad hebr. ‚chârûs' = aurum. Rutuli gerebant signum vulpis designantes maxime calliditatem. Si recte hoc vocabulum ‚rut' conjunximus cum ‚ghri', ghar-, huc addere possumus goth. glaggva accuratus, diligens; respondet alicui skr. gharwawant = sax. vet. glau prudens, cgn. germ. vet. glau hell, klar, cohaer. c. glisco. Huc germ. vet. crâwêr s. clawer, ‚grau', erfahren, klug; Bzb. 27.

S.

I. s euphon et desid. v. Isthmus, glesum, mingo, equio, thyrsus. — II. ss ex s, v. habesso. — III. s ex t, v. tu. — IV. -sp = -ps, v. vespa.

sabulum 2 n. Cgn. σάμος; v. dubenus.

saccus 2 m. Σάκος, cgn. σάγ-μα der Saumsattel. Hinc il sanbenito saccus benedictus. Huc sag-ena 1 f = σαγ-ήνη la seine, bav. die Segen. Sag-um die Besackung, Bepackung, la saie, germ. md. sei laneum amiculum. Confer skr. saggâ f ein Kleid zum Umhängen, (cgn. seg-nis); v. sagmen.

sacer, a, um. Ex sac-, cgn. sanc-tus, + -er = -ρός, ut ἐχθ-ρός gehasst, κυδ-ρός gerühmt; δῶ-ρον = datum, ἄλευ-ρον das Gemahlene, τέφ-ρα das Gebrannte, εἶδ-αρ. Huc sacerdōs 3 m h. e. sacerdonts, (= δι-δούς), Corss. Nisi tamen rectius poniter sacer-dhot h. e. sacerdhât, cgn. ἀνά-θε-μα, (v. Theseus). Adde sacrificium 2 n, cujus suffixum ‚ficium' quod ad sententiam pertinet comparari potest cum skr. kratu m das Opfer, (cgn. κραι-ί-νω), cgn. germ. vet. karo victima; Gr. M. 36. Confer ἱερὰ ῥέζειν, adde skr. paçukarman n Thieropferung, pitrikârya n Manenopfer = pitrikritya f; uttarakriyâ f das Todtenopfer. Et slv. trejeba et opus et sacrificium, bohem. treba das Opfer, (treba opus est = ist be-dürf-tig); Gr. Gesch. 230. — Th. ‚sac' ‚sanc' pr. ‚svanc' (v. cano pr. cvano), pertinet ad skr. swañg- amplecti, σηκ-όω, quo de s. cf. skr. parigraha m juramentum, le serment, (ex sacramentum), amplexus, ut gr. ὄμ-νυ-μι = je prête le serment cohaeret cum uma velatio, (v. omentum). Sacer geheiligt, sanctus heilig, unde sacrificium = goth. hunsla, sax. vet. hûsl, pertin. ad zd. çpan- h. e. ‚kvan' = heilig; Fk. 727. De sac- ex svac- cf. salum, sanies.

saeculum 2 n. Cgn. skr. sê-na m exercitus, pertin. ad si-n-ômi jungo, unde sê-tus m pons, prpr. die Verbindung. Cum hoc ‚sê'-na.. cohaer. n. pr. Semnones, ex aliquo ‚siman' vinculum, quia Semnones in cultu deorum vincula sibi injiciunt; germ. vet. simo vinculum. Tac. Germ. cp. 39 ed. Schw. Sidl. Igitur saeculum est catenam annorum efficiens; Moms. röm. Chr.' p. 172. Idem sensus in skr. yuga m. n saeculum, (cf. jūgis). Adde skr. amati m tempus, cgn. lit. amžis aevum, saeculum, jugis aetas, (cohaeret cum der Emsulorum, vinculum = ἱμάς, quod ἱμάς pertin. ad si-n-ômi); v. sq.

saepĕ. Prpr. jugiter, cgn. sae-culum, + -pe; ‚sae'- = δι-ω, quod διω cohaeret cum skr. dâ, dyâmi = si-n-ômi. Inde deducitur skr. a-di-ti = ἄ-δι-τος, schrankenlos, unbändig, (cgn. ἀ-δι-νός?). De s. cf. skr. çaçwat saepe c. çaçwant immer wieder erscheinend. ‚Dâ'- = δι-ω binde, schnüre est in ἀ-δι-νὸν κῆρ = cor pressum. De -pe v. nem-pe, (lit. -po in kai-po = πῶς; tai-po = οὕτως; skr. -pa in u-pa = oben; B. § 292). Hoc ‚upa' eo magis huc traho, quod inde fort. descenditnostrum ‚of'-t = saepe, goth. uf-ta = ὕπ-ατον, goth. auf-tô vielleicht, allerdings, prpr. höchstens; L. M. 79. Hoc ‚-pa' mutilatum est ex apa apâ, ut -ćâ in uć-ćâ h. e. ud-ać̂â sursum, (instr. ex udańćâ). Bf. Gr. p. 238 ait sic: pa, verstümmelt aus apa, von der Wurzel ap, statt âp, altem Causale von i = ire, = ap-tum, angefügt, nahe; v. pro-pe. Bzb. 30 annotat hoc: uftô scheint die ursprüngliche Form zu sein, identisch mit lat. ap-tus, zu âp- erreichen, treffen, aṕ-ta, op-s.. was zufällt, zutrifft, daher goth. ib-na = ἴσως zufällig, vielleicht.

saevio 4. Cgn. skr. sawya laevus, sinister; igitur saevio = gall. être sinistre, schlimm, unselig, Unheil bringend sein. De s. adde angl. a sinister purpose ein boshafter Plan: v. scaevus. K. XXI 236.

sāga 1 f. Pr. sagha. Benary trahit ad skr. sah-âmi h. e. sagh- possum, ut-sâh-a m potestas, die Kraft. Saga igitur est the crafty-woman, quo de s. cf. nord. vet. hagr-crafty, unde ags. hägesse, häglesse, svec. hexa; Gr. M. 992. Fk. 403 conjungit cum sag-ax, ‚such'-end, goth. sôk-jan = suchen, to seek.

sagina 1 f; v. saccus, das An-sack-en, cgn. sag-um der Sack zur Bekleidung. Potest pertinere ad skr. swańg- = φράσσω, amplector. De s. dupl. cf. φράσσω = swańg- c. farcio = sagino. Hinc συχ-νός ex σ[illegible]κνός stipatus. Cum ‚sagina' cohaeret le saindoux. Adde sagmen 3 n, cgn. σάγ-η.

sāgitta 1 f. Apud Plautum sag-ita f, pertin. ad skr. sagh-n-ômi ferio, gadh. celt. saigh a sharp point.

sāl 3 m. Ex sall, sala, Gen. sālis = ἁλ-ός; skr. saras n das Sal-z. Huc la salade der Salat; la soda ex solida, gall. la soude sal alcalicum. Adde la sauce pr. sause, (salsa); v. salio.

salio 4 = ἅλλομαι, skr. saryâmi eo, fluo, cgn. sal. Huc salebra 1 f wo man Sprünge machen muss; la saussée (salicetum), dumi fructices; salax 3, cujus verbi sententia conferri potest cum laichen salacem esse, goth. laikan salire; θοράς salax, θορός der Laich; skr. çaç-âmi salio, unde ‚has'-eln gehen = liebeln; Gr. Adde gall. le sotrai der Kobold, (saltator); saltus 4 m die Trift, (sar- = ag, v. ager), der Vorsprung; Fk. 199. De s. cf. die Fluh rupes, cohaeret c. fliehen = salire; Gr. III 1349. Huc pertinet etiam salmo 3 n der Lachs, a saliendo, ut der Lachs, germ. vet. lahs trahi solet ad laikan. A saliendo nomen habet skr. çaça m lepus, çaç-âmi salio; λαγ-ών, skr. lagh- = salio, laik-an. λακ-τίζειν.

saliva 1 f = σίαλον der Speichel, slv. vet. sli-na saliva, cgn. germ. vet. slî-m; C. 334. Hinc la sauge die Salbei; bav. salfern spargendo salivam loqui.

salix 3 f. Ἑλίξ, bav. die Salch-en, die Sahlweide, ags. sealh. De h = g cf. germ. vet. potah s. bodig corpus, the body; germ. vet. êbah der Eppich = ags. ifig.

saltem. Ex ‚per salutem'.

salûber, is, e. Ex salut-ber. De ‚ber' cf. ju-‚bar', skr. -‚wara', cohaer. cum -want; = salv-ans, fem. -wari. Salu-ber = heilend, = salu-wara; v. lugubris, papaver.

sălum 2 n. Cgn. σαλ-εύω ich schwanke, schwinge mich, σάλ-ος die Wurfscheibe, Schwinge; σάλ-ος das Schwanken, ex σϝάλ-ος, cf. sanies, cgn. germ. vet. wider-swal-m der Strudel; unde κονίσαλος der Staubschwall; C. 334. Σόλων = Schwenk.

salûs 3 f. Ex sal-vat, cgn. skr. sarwatâti f = zd. haurvatât incolumitas, die Ganzheit, cgn. goth. sarva die Rüstung, (con‚serv'atio). De sensu hoc cf. skr. kalya gerüstet, cgn. goth. hails = salvus; Gr. IV II p. 815. Huc salv-us = incolumis, integer, ganz, οὖλος = ὅλος, (ὅλϝ-ος).

sambuca 1 f. Σαμβύκη, cgn. bucina.

sanctus, a, um. Pr. sϝanc-tus, cgn. sacer, prpr. stipatus, fest gemacht, sancire legem = befestigen, die Schwaig-e = σηκ-ος ein fester, geschützter Ort. Hoc de sensu fere eodem cf. germ. vet. vihho sanctus cum skr. wi-wik-ta secretus, separatus, goth. veihas geweiht. Goth. svik-ns = sϝanc-tus, cgn. nord. vet. sykna f die Sicherheit, sykn innocens = heilig, nam ‚heil'ig = sanctus cohaeret cum goth. hails = heil, ‚hail' autem cohaerere potest cum skr. çarman n der Schutz, die Seligkeit, cgn. Çrî dea felicitatis, unde çrê-yas salus, felicitas; cf. L. M. 38. Quamquam a Grassmannio ‚sac' ‚sanc' trahitur ad sać- = sequ-i, unde sanc-titas = ob-sequ-ium. Ille ait sic: Sać hat im Rigveda sehr häufig die Bedeutung verehren, saćatha die Verehrung; K. XVI 179. Sanc-us = hisp. Sancho. Huc bav. Talben = Sanct-Alban, Tannabrun = Sanct-Anna...

sanguis 3 m. Sanguis ex sanguins, pertin. ad skr. sinć- effundere, (bav. saich-en mingere), i. q. skr. asrig f sanguis, (srig- = sinć). Confer skr. rudhira n sanguis, cgn. lit. ruds-ti cruentare, pertin. ad zd. rud fluo, pr. sru-d; K. XX 6. Adde skr. palaśâra m sanguis, (carnis liquor). Skr. sawa m der Saft, liquor, unde αἷ-μα h. e. αἷμα i. q. rasaǵa n sanguis, (rasa = sawa).

sanies 5 f. Ex svanies der Schwun-d, cf. canis, cgn. σίνομαι, aeol. σίννομαι ex σνγομαι; alem. schwainen schwinden machen, bav. vet. die Schweine, die Schwindsucht; v. J. S. 66.

santalum 2 n. Skr. ćandana n der Sandelbaum.

sānus, a, um. Fk. 897 confert ‚sanus' cum nord. vet. sôn die Sühn-e, germ. md. suone die Sühne, pax, quies. J. S. 36 ait sic: Bisher hat man althd. ka-sunti mit sanus verbunden, allein da das n nicht wurzelhaft ist. (C. nro. 570), so bleibt entweder das n oder das t des deutschen Wortes unerklärt. Auch altbulg. saddili = richten, ἰθύνειν, welches man als compositum von sam + dha erklärt, können füglich unserer Wurzel zugesprochen werden.

sapa 1 f. Germ. vet. saffo der Saf-t, sap-or.

saphirus 2 m. Hebr. ‚shaphir' pulcher.

sapiens 3. Cgn. sapa der Saf-t, sap-or der Geschmack, quo de sensu duplici cf. χυμός der Saft, der Geschmack; skr. mêdhâ m sapor, sapientia; rasa m sapor, sapa, rasana n das Schmecken. De sensu tropico cf. nord. Snotra mulier sapiens, propr. emunctae naris; Gr. M. 843. Σαπρώ = Snotra, σοφή (ex σαπ-ιη). Σοφοκλῆς = Frodbert. Confer germ. vet. sefjan intelligere, unde nom. pr. deae Sjöfn = Venus, pertin. ad germ. vet. sebo mens, (ut mens et Menerva cohaeret cum Minne = Sjöfn). Confer etiam hoc sebo = mens cum lat. vet. sibus = sapiens, quo ex sibus adj. sabius = gall. sage, (sapiens autem est savant). Sapio 3 ich habe Geschmack; B. § 1092.

sapo 3 m. The soap, isl. sâpa.

sapse = ea ipsa; ‚sa' pertin. ad skr. sa = ὁ die-‚se'-r, sâ = ἡ ‚sie'; ex sya = sa, sya ex tya; sâ ex syâ tyâ = ags. seo, die-‚se' = angl. she. Lat. sum = eum, sam = eam, sos = eos, sās = eas. Praefigitur hoc ‚sa' in germ. vet. sâ-re statim, mox, = fris. sâ-na, (v. pone); Bzb. 123. Suffigitur ‚sa' in illo germ. vet. -‚sa'n ut hera-sa-n hierher, hwara-sa-n wohin; heimort-sa-n heimwärts; bav. vet. der-se-n = dieser, ταύτης; Schm. III 252. Bzb. 123. Suffigitur ‚sa' in açwa-s (ex aç-wa-sa) = ἵππο-ς, (prpr. horse-the, Pferd-das); goth. vulf-s der Wolf, (prpr. Wolf-der); plur. dêwâs dii = ved. dêwâsas h. e. dewasas, (prpr. θεο-οί καὶ οἵ, Gott-der-der); dies ex diêsês. Nos habemus unum tantum s, ut die Mädel-s, die Jungen-s; Bavarias die Baiern, Ebingas die Ebinger; K. VII 35. 245. 447. VIII 232. XII 245. 249. XVI 295. B. § 134. — Goth. sai = ἰδού, prpr. da, Locat; Bzb. 92.

sarcio 4. Ex sar-c-io, cgn. sero conecto; sarc- autem = ῥάπ-τω (pr. σράπ-τω), ut sorb-eo = ῥοφ-έω; K. XX 32. De transpositione sar = sra cf. nostrum -sal in Trübsal ex la, drôbisla. Sartus, a, um potest conferri cum gall. accoutrer zu recht richten, cgn. la couture.

Sardinia 1 f. Colonia punica habet nomen a deo punico Sandan, cui quum matres pueros necandos offerant, risum illum σαρδάνιον adjungunt, quo placatiorem habeant deum; v. ‚Gymnas. Blätter' IV p. 145. Cgn. Sardanapal. Σαρδάνιον γελᾶν coacte ridere.

sario 4 ich behacke, cgn. σαίρω ex σαργω, scharre, σάρον der Besen, σω-ρὸς ein zusammengescharrter Haufe, quocum Fk. 894 conjungit nord. vet. sër-dha coire cum femina. (σάρων feminal, cgn. σήρ-αγξ die Kluft, der Riss). Sar-culum die Haue. Ex ‚sjar'-, unde σύρ-ω reisse, ziehe, scharre. De sario = scharre cf. germ. vet. sarf = scharf, bav. serferu die Schuhe am Boden fortziehen, = scherfeln; der Serfling = Scherfling der Pantoffel. — Fort. huc pertin. σάρισσα, bav. der Sarrn, der Reisser, Klöftler. Confer skr. swar- swṛ-ṇ-âmi s. sṛi-ṇ-âmi laedo, occido ver-sehr-e; Westerg. 78.

sarmentum 2 n. Ex sarp-mentum; sarpio cohaeret cum ἅρπ-η = slv. srŭpŭ falx, cgn. germ. vet. sarf = scharf. Confer çalpa m telum Rudri; C. 238. De s = sch v. sario.

satelles 3 m. Ex satalyat, sa-taryant, part. pra. verbi sam-tar-âmi = τηρ-ῶ; Corss. Animi causa hoc loco memoro ambiguitatem verbi sam-tarâmi, nam hoc significat etiam bin ein Schalk.

sătias 3 f. De s. cf. κόρ-ος et nostrum masleidig, (cgn. goth. mats cibus). Et bav. tropice ur-ez des Lebens überdrüssig, (cohaeret c. goth. uz-eti φάτνη, cgn. to eat); Schm. I 100. Satias = der Überdruss, (goth. us-þriutan taedere, ver-driess-en, germ. vet. ur-druzzi taedium, cgn. nord. vet. throti das Strotzen). Huc satis, compar., (v. magis) = gall. assez ex ad satis. Saturo 1 to sate, goth. sôþjan, (unde gall. assouir ut pouvoir ex podoir), cohaeret cum ἅδ-ην, ἄδδην, (ex σατγην); K. XVII 222. Confer esthn. sjoja êdo, söötma satiare, cibare, sööt pabulum; bav. das G'sod. Dfb. II 180 addit hoc: Mindestens sehen wir hier einen Wink für die participiale Ableitung von goth. saþs satt; satur 3 = nord. vet. sad-r, gall. soul, (satullus). De nomine Sitivrat Gr. M. 228 ait sic: Wer sieht nicht dass der Name Sitivrat = Saturnus slavisch sei, der zunächst auf sit = satur leitet? — Huc etiam satira 1 f die Satire, genus carminum, ubi de multis rebus disputatur; Fest. Sunt quibus satira pertinere videatur ad satura lanx, quae proponitur jam saturibus. Quo de s. cf. la farce das Fülsel; v. Saturnus.

satrapa 1 m. Skr. ksatrapa m imperii custos, (ksatra imperium, ksi ksayâmi possideo, ἄρχω, κι-κτη-μαι; -pa = tuens, cgn. papa).

Săturnus 2 m. Lat. vet. Saëturnus h. e. Saiturnus = skr. sawitar m Sol, der zeugende Sonnengott; K. XVI 139. XVIII 305. Cognatum est sawitar cum skr. sawana n sacrificium, quo de vocabulo Dzb. 28 annotat hoc: Sawana Opfer, Reinigung gehört zu ‚su' zeugen, weil der Inder die Bereitung des Somatrankes mit dem Process der Zeugung verglich. Vis verbi Sawitri inest etiam in skr. arkatanya m Saturnus, (filius Solis), i. q. arkaga m = rawisuta m = rawisûna = rawiputra m. Cum su saw siw cohaeret skr. syû-ra m sol, cgn. goth. siu-ni f splendor, goth. sunnan m sol, die Sonne; Fk. 198. De forma cf. skr. siw suo, goth. sinja. — Huc the saturday.

satyrus 2 m, prpr. saltator, saliens, cgn. τί-τυρ-ος; skr. tur-âmi propero, twarita celer, velox. De s. cf. slv. skok-ati saltare c. goth. skoh-s-l daemon; Dfb. G. II 260. Adde der Schrat satyrus, bohem. vet. scret = skohsl, σκιρτ-ῶν; Gr. M. 448. v. Schm. III 522.

saxum 2 n. Ex sactum, cgn. sec-are, (v. rupes). Huc germ. sahs das Steinmesser, unde Saxones, Σάκαι, (v. Gr. Gesch. 159). Ags. seax culter, bav. der Schar-sach novacula. Huc il risico (resectum saxum).

scabellum 2 n, cgn. scamnum; lat. vet. scap-illum = scamnum, (ex scap-num). Cgn. σκῆπ-τω stemme, stütze, v. scipio = σκῆπ-τρον. Pertin. ad skr. kêpa m das Niederdrücken, adhi-kip aufsetzen, auflegen.

scabo 3. Ex scapo, part. praes. scaprens, goth. skaban = schaben; Fk. 406. Adde finn. kap-i scab-ies, bav. die Scheben, the scab. Huc goth. ufarskafts ἀπαρχαί, die abgeschabten, abgeschnittenen Stirnhaare. Idem sensus est in skr. κνῆθ-ω scabe, pertin. ad skr. khandayâmi zerschneide. Adde τὸ κνί-ος scabies, pertin. ad skr. knu-, knûo-mi ich schärfe. κνύω, quo cum κνύω Fk. 730 conjungit ge-‚nau‘, ags. hneaw parcus, tenax, bav. knau-ren genau, karg thun, = g'nauzən, knau-sern; Schm. II 667. Huc die Schäfe, Schefen siliquae, germ. vet. chëvâ die Käfe, die Kiefel siliqua.

scaevus, a, um. Σκαιός h. e. σκαιϝός, cgn. sawya scaevus, sinister, nam ex sawya formatum est saywa saiva ita quidem ut s assumeret κ, unde σκαιός = russ. shui link, cgn. slv. shevi obliquus, schräg, ‚schief‘. Igitur sc = s, unde habemus σαῖνος = ὁ ἀριστερίων, der linkische, ir. celt. saib falsus. Apud Sallustium, fragm. I 4, scaevus Romulus = saevus, grausam, willkürlich, wild. Grimius Gesch. 989 conjungit cum hac voce etiam σκαῦ-ρος = σκαμβρός curvus. Scaurus = Knorr; Gr. V 1485 I b. De s. cf. nord. Knut (canut), germ. vet. Chnûz; Gr. V 1499, c. Huc Scaevola ex scaevovola, ut Μουνιχία ex Μουνονυχία; K. XVI 61. XXI 230.

scalpo 3. Cgn. sculpo, κολαπ-τήρ.

scamnum 2 n. Cgn. scabellum; hisp. escamel der Schemel.

scandalum 2 n. Σκάνδαλον die Falle, skr. skand-âmi ich falle, cado, salio, ich steige. Hinc l'esclandre tumultus; cgn. scando, unde scala ex scandla. Hinc l'échalier das Zaungitter, quo de s. cf. bav. die Steigen, Gitter aus Stäben, germ. vet. stiga stabulum, unde Wildsteig.

scapha 1 f. Σκάφ-η = κοιλή, cohaer. c. *ι-σκαφ-α, praes. σκάπ-τ-ω; σκαφ-ώρη die Füchsin, prpr. σκάπ-τ-ουσα. Cum scaff-a cohaeres das Schaff, das Scheffel = κοιλή, Hohlmass; germ. vet. skeph-ili lintres, goth. skip = scaph-a, Schiff. Das Schaff, deriv. schöpf-en. Hue gall. équip-er = schaff-en, an-schaffen, cohaer. cum bav. das Schiff, das Ge-schiff = das Geschirr; bav. die Gescheffit creatura, das Geschöpf; ags. scipan ordinare, parare, unde scabini die Schöppner judices, der Schöff = der Ordnung schafft.

scăpula 1 f. Cgn. scabellum; scapus 2 m der Schaf-t. De ft = pt cf. goth. hafta = captus, goth. aftaro (ex apatara) = ὀπίσω.

scarabaeus 2 m. Unde it. scarafaggio der Maikäfer, gall. l'écrivisse, Dz. II 282, ubi additur: In l'écrivisse vermuthet Wackernagel Einfluss von σκάραφος.

scarifico 1. Σκαριφάομαι, σκαρῖφος der Stift. Cgn. scribo.

scăteo 2. Cohaer. cum lit. skat-au springe, scat-eo springe hervor; v. spissus. De a. cf. scaturigo c. the spring; skr. khad-âmi springe hervor, cgn. κηκ-ίω scaturio, entspringe.

scelĕtus, a, um. Σκελετός exsiccatus; the skeleton; v. Aesculapius.

scĕlus 3 n. Skr. čala m. n fraus, cohaer. c. čad-man n fraus, čâdayâmi tego, velo P. et B. § 932. Confer etiam skr. skhal-âmi titubo, pecco, skalita n peccatum. L. M. p. 7 trahit scel-us ad goth. skil-ja lanius, cgn. to skill.

scēna 1 f. Σκηνή, ex aliquo ‚scâ' unde σκο-yâ h. e. σκο-ι-α, skr. čâ-yâ f, čâya n, umbra; v. sciurus.

schŏla 1 f. Σχολή, prpr. das Halten, Einhalten, pertin. ad σχε- in σχέ-σθαι, σχο- in ἴ-σχο-ν, skr. sah-ê sustineo, halte aus, halte an. Adde ἀ-σχαλ-άω non sustineo, bin ungehalten, bav. halte mich über etwas auf.

scidula 1 f. Σχίδη = scid-a. Hinc l'esquille der Knochensplitter. Minus recte scribitur schedula, unde la cédule der Zettel, bav. die Zeddel. Pertinet ad skr. činad-mi scindo, th. čid, unde σκιδ-ναμι, germ. md. schind-e, cutem detraho, germ. vet. skinn die abgezogene Haut, δέρμα, the skin; D. § 37. Adde die Hed-e stuppa, das Werg, ex s-hede, cohaer. c. goth. s-kaid-an scheiden, cgn. bav. die Haid, der Unrath. prpr. die Ab-scheid-ung.

scintilla 1 f. Cgn. germ. vet. gneist der Funke, borum. vet. knaisti-s titio, cohaeret cum slv. vet. gnetiti accendere. Porro knaist ex knait-t; knait pertinet ad knit-, cgn. lat. nitor pr. cnit-or, cohaer. cum skr. ćint-, per metath. lat. scint-illa; K. XXI 2.

scio 4. Skr. ći-, ki-, ći-kê-mi sci-o, animadverto, quaero, cohaer. cum khyâ- h. e. ski-â = schau-en; P. et Fk. 206. Scio notat igitur video, quo de sensu cf. skr. wid- unde wêd-mi = goth.

vaita = ϳοῖδα; widmas = ϳιδ-μεν. Aliter Curtius qui trahit scio ad sci-sco, (v. descisco), sci-tus = ge-schei-t, sci-tum die Entscheidung. Confer to skill scire, cgn. nord. vet. skilja diffindere. Et γνῶναι = scire pertin. ad skr. gnâ-, ǵnâ- autem cohaeret cum ǵau- = gignere. Sonne de ǵan-, ǵnâ- ait sic: Zu ǵan- und ǵnâ- scheint mir γα, γι-γν-α die Urform zu sein. Den Grundbegriff gibt goth. kei-na ich kei-me, Causat. keimen machen, zeugen, erkennen, (cf. ἵστωρ der Zeuge, hebr. jadá scire, cognoscere feminam). Adde ad goth. kei-nan illud us-ki-jan = aufkeimen, sich erzeugen. Hoc ‚kijn' autem fere idem significat ac scio ich scheide, κε-άζω, cgn. die Ki-nst rima, (cf. rimari = ćikêmi), cohaeret cum die Ku-nst; K. X 164. Gr. V 451, 1, c. 779.

scipio 3 m; ex σκίμπων, v. scabellum. Σκίπ-ων cgn. σκῆπ-τρον. Scipio n. pr. conferri potest cum Gustav, (Gundstab baculus pugnae; Gr. Gesch. 491). De s. cf. Hlin p. 122.

scirpus 2 m. Pr. scripus, cgn. γρῖπ-ος das Binsennetz, γρῖφ-ος aenigma. De transpositione cf. skr. naḍa m. n, (ex nadhra), scirpus, unde νάρθηξ ferula, apud Hesych. νάϑραξ; Fk. 109. ‚Scirp' = das ‚Schilf'. De γ = sc cf. γρύτη = scruta, γράφω = scribo, glubo = sculpo, glabo = scalpo, die Grube = scrobs, γρομφάς = scrofa.

sciurus 2 m. Σκίουρος, cgn. σκιά = germ. md. schi-me s. che-me umbra, (v. scena); adde sax. vet. sci-o, nord. vet. sky die Wolkendecke; v. Fk. 206. Illud ‚ουρος', skr. wara = οὐρά, quod ‚wara' redditur in ags. âc-ver-n, nord. vet. ik-or-ni das Eich-hor-n; Gr. III 81. Huc the squirrel. (gall. vet. l'escureuil ex sciurulus).

— **sco**; v. torpesco.

scōpa 1 f. Scopae die Reiser, cgn. scāpus, scopio der Stiel. Hinc l'écouvillon der Wischer. Cgn. scobs; adde scopula die Bürste. Idem sensus in skr. âgharshani f scopula, gharsh- = scabo. Dz. II 261.

scōpulus 2 m. Σκόπελος die hohe Warte, cgn. σκοπός, σκέπτομαι = kapf-en, gaff-en spectare; der Kaff-er excubitor, kape specula; die Kapf, vorspringendes Dachfenster, prpr. σκόπελος; cgn. die Kipf-e, die Spitze, scop-ulus, Kipfenberg = Wartenberg; Gr. V 164. 760. Hinc l'écueil, (v. Gr. V 1202 b). Cgn. scopus 2 m das Ziel. De s. cf. skr. dri-yê respicio, th. dar- (in ὑπό-‚δρα'), unde δεν-δίλλω ex δεν-διργ-ω = ags. tilian σκοπεῖσθαι, ziel-en; v. Fk. 88.

scorpio 3 m. Σκόρπιος, vet. der Schorp, cgn. nord. vet. skarpr, germ. vet. scarf, scharf. Confer skr. kṛip-âṇa gladius, forpex.

scortum 2 n. Cgn. cort-ex der Bast. Scortum = prostibulum cf. cum der Bast, cortex, unde der Bastard filius scorti. Adde germ. vet. bref das Fell, unde the midriff das Zwerchfell, cogn. germ. vet. hrîbâ scortum. Confer etiam cum voce scorti illud skr. iṭćara m scortum, eine wandernde männliche Hure, (iṭ ex iah = optare, ćara

= currens, unde potest pendere scor-tum; K. XVIII 202. Et Bf. II 82 cum hoc ‚ćara' conjungit skr. ćar-man das Fell, scor-tum, (v. corium).

scrapta 1 f. Cognomen scorti, = ἀπόπτυσμα, cogn. χρίμψ-ις = ἀπόπτυσμα, lett. krēpala χρέμπτομαι, räuspere mich; v. sq.

screo 1. Skr. śar-âmi effundo, spargo, germ. md. schraejen hervorspritzen; K. VIII 263, = χρί-μ-πτομαι. Eadem vis verbi in skr. ćardayâmi screo, effundo.

scrībo 3 = schreib-e, γράφ-ω, hib. celt. graf-aim I scrape, I grub. Cum ă in γράφω cf. ī in scrībilitarius; v. mōlestus. J. S. p. 105. Scribo cohaer. c. scrobs. Adde germ. vet. scrē̆f-on incidere, schref-eln kratzen, ritzen. Hoc de sensu cf. to write scribere, cohaer. cum rizzôn. Germ. vet. scrifan notare, vorschreiben, de confessario dictum; unde the shrift die Beicht, die Absolution, to shrive audire confessiones. — Cum scriba = γράφων conjungunt nostrum der Graf; v. Kch. III § 170. ?

scrinium 2 n. Ex scricnium der Schrank, germ. vet. skrank die Schrank-e, das Gitter, germ. md. der Schrag-e; deriv. die Schranne ein Geländer aus Gitterwerk, l'écrène; v. Fk. 407. Huc the scrin-e, der Schrein. Confer ags. scryn, lett. scryne ex skruene, pertin. ad skr. kruńć-âmi ich krümme, ver-schränk-e; v. cruc-io.

scrobs 3 f = die Grub-e, das Ausgehöhlte, die Höhle; pertin. ad skr. ǵṛmbh-, ǵrambh- = hiare, se expandere; Gloss. De sc = g v. scirpus. Hinc l'écrou die Schraubenmutter. Cgn. γρομφ-άς, scroph-a das Mutterschwein, prpr. die grab-ende, wühlende. Hinc the scruf der Schorf; les écrouelles struma, ex scrofella; the shrub der Besen, prpr. der scharrende, bav. der Schropp; the scrubbado scabies.

scrōtum 2 n = castratum, castrandum. Pertin. ad aliquod ‚skru', cohaer. c. śur-, khur-âmi disseco, zerbreche. De ‚scro'- ex scur- cf. τρύω = slv. vet. tru-ti c. terere; v. K. XX 364. De s. cf. testiculi. Scrotum cgn. c. scrutillus, cum schröt-en, germ. vet. scrôtan secare, icere, der Schroter der Schneider; Schm. III 521.

scrupulus 2 m. Cgn. scrupus 2 m ein schroff-er, spitziger Stein; bav. der Schroff-en, rauher, zerklüfteter Fels, scruff-en findere, dividere; schropp-ert holpericht. Confer scorp-ius. De vi verbi fere eadem cf. l'écueil ex scopulus, gefährliche Klippe. Huc vox ‚Klippe' idem valet ac scrup-us, cgn. to clip secare, icere; Gr. V 1203, 2, e.

scruta 2 n = γρῦτ-η, cgn. bav. das Ab-schröt-lein, Abschnitzel, cgn. germ. vet. scrôt-an = ags. screadjan secare; nord. vet. skrûð ornamentum, prpr. das Geschmeide, das fein Geschnittene; ags. scrûd vestimentum, the shroud das Grabtuch. Adde χρυσός ex χρυτγος. pertin. ad skr. kṛint-á-ti dissecat. Huc etiam scrut-or, quod ‚scru' conferri potest cum goth. hruskan prüfen, (v. forschen, Gr. IV 1). Scrutor, perscrutor ich dringe ein, forsche einschneidend, ut nostrum sichten, goth. saihvan pertinet ad secare = acie oculi cernere. Confer rimor, scio. — Scrutillus 2 m, cgn. crumena (pr. scru-mena), der Magenbeutel, die Magenwurst. De s. dupl. cf. die Wurs-t = βύρσ-η (v. dorsum), ut bursa Parisiorum bav. die Pariserwurst, cgn. la bourse crumena, die Börse; deriv. der Bursch qui pertinet ad bursam. Fk. 400. J. S. 172.

scurra 1 m. Ex scurja, cgn. σκαίρω, germ. vet. scëra scurrilitas; v. Fk. 549.

scutum 2 n. Cgn. σκῦτος cutis, quo de sensu dupl. cf. skr. ćarman n scutum, corium. Scu-tum pertinet ad skr. sku- tegere, unde σκεύ-η, σκευ-ή. Idem sensus est in goth. skil-dus der Schil-d, cgn. skalja tegula, B. § 055. Adde ags. sceldbyrig die Schildburg, coelum, aula clypeis tecta; v. Gr. M. 663. - Deriv. schild-ern, cf. Taciti Germania cap. VI: scuta lectissimis coloribus distinguunt. Adde lo scudo, l'écu der Schildthaler, quo de s. cf. goth. skilliggs der Schilling; Kch. III § 103. Eadem sententia est in nord. vet. tiarga scutum, die Tartsche, cohaeret cum germ. vel. zarga munimen; Schm. IV 284. (Hoc zarga significat etiam margo, der Rand, isl. rönd ora clypei, le rand, unde Talayrand = Hauenschild; Schm. III 106). Adde scutella 1 f die Schüssel, germ. vet. scuzil-â l'écuelle die Schaale; scutarius = l'ecuer, the squire. Scutilus, a, um mager, prpr. hautdürr.

Scylla 1 f. Cgn. σκύ-μνος, v. coecus.

Scythae 1 m = die Schütz-en; Herod. IV 6 ed. Stein.

sē. Pertinet ad skr. swa, unde σφι h. e. ἵ = sē, ἵ abjecto σ = goth. si-k, (v. sed). Hinc skr. swayam = selbst, swēććâ f liberum arbitrium, (swa+iććâ); russ. swo = swa, unde swo-boda libertas, Selbstständigkeit. Constat autem hoc swa ex sa-wa, (sa = ὁ, + -wa, mutilatum ex wal, waut); Bf. Gr. § 777; v. si. Hoc ,s' Boppio § 680 est in -σθαι ut τύπτ-σ-θαι (= zu geschlagen sich thun). Confer il se trompe = fallitur; lit. wadinti-s = sich nennen, (wadin-ti nennen); lit. taga-s genommen werden, (sich nehmen); lit. wadina-si er nennt sich = il se nomme; B. § 476. Slv. vet. sań = sē (Acc. sg.), unde ćituń sań = honoror, τίομαι, prpr. ,ἑαυτὸν τιμῶ; ćitesisań = honoraris, (,ἑ-αυτὸν τιμᾷς). Mutato s in r forma existit haec: amo-r, (ex amo-sē, amo-s ich liebe mich); amaris, ex amasi-se (ἑαυτὸν φιλεῖς); amamur ex amamu-se (φιλοῦμεν ,ἑ-αυτούς); amēr ex amem-se, amabar ex amabam-s. Fallitur = fallitu-se, gloriatur ex gloriatu-se = er rühmt sich.

sebum 2 n. Cgn. le suif; the soap.

sēcius. Pr. sec-tius = sequius, cgn. sec-undus, ἧσσον (ἥκyον); K. IX 263. Cum sectius Tobler conjunxit il sezzo ultimus, (,sezzo' pertin. ad sequor = saḱ ire, ut skr. ćarama = sezzo pertin. ad car- = saḱ). Adde gall. selon (ex secundum longum).

sĕco 1. Ex ‚scā', cf. bhas = psâ, man- = μνᾱ- et ‚scā' = χνί-ζω h. e. skn-, cgn. sci-ulo; v. Fk. 400. Huc secula 1 f germ. vet. sihhila = ags. sîđe = the scythe. Securis 3 f h. e. sec-ūris, ex sec-ūsis, (part. praeter. = quae secuit, ut skr. çuçruwânis gehört habend; v. parens). Hoc -ūsis igitur congruit cum ‚υῖα' ex ‚υσια', ut τετυφ-υῖα ex τετυφ-υσια = tutup-ûshî. Sic etiam germ. vet. fisus = fisus, callidus, ex aliquo goth. fitusis, cgn. nord. vet. fit membranula in pedibus avium; v. Gr. III 1029. Confer skr. çèmûshî f sapientia, consilium, part. perf. act., pertin. ad çamayâmi animadverto, goth. gaum-ja observo, Gloss.; bav. die Gaum cura, custodia. Adde goth. jukuzi jugum, (quod subegit), ex juk-uzi h. e. juk-wat+ja; v. -osus. Hoc ‚us' in sec-usis cohaeret cum boruss. -‚wuns', ut klauti-wuns geflucht habend, murrawuns gemurrt habend; B. § 787. Gr. Gesch. p. 320. Quod autem part. praeter. sensum praebet part. praesentis hoc comparari potest cum lit. -ēlis ut: ne-tik-ēlis nebulo, (part. Aor.), = -ηλος ut ἀπάτηλος fraudulentus, (prpr. ἀπατῆσαι), = -ωλος ut ἁμαρτ-ωλός, (prpr. ἁμαρτών); K. VI 86. Confer cum -‚λος' illud slv. vet. -lu ut bū-lu = skr. bhû-tas, pi-lu = πιών, potus; B. § 822.

secundus, a, um = sequens; improprie = favens, ut secundi Zephyri, Aen. V 32; cgn. skr. saċ-is fautor, amicus, (v. socius). Illud -‚undus, in secundus constat ex ‚uno' + ‚do', ‚eundo' ut: mansuetus pr. manusuetus, ut alter = ἀλλότρι-ος. De ‚undo', ‚endo'… cf. ‚νδα' in κρυπτ-ίν-δα = κρύβ-δα, σταχ-αν-δόν; K. XXI 193.

sēcūs prpr. ge‚so'udert, cgn. ἑκάς; K. XXI 366; v. semita.

sĕd. Ex sēd, (v. seditio); sēd Abl. pronominis reflexivi = für sich, v. sē. Hoc sēd abjecit d fin., unde ‚se'-cedere = für ‚si'-ch wohin gehen. Hoc idem ‚sē' = sed est etiam in ‚sī'-ne, (pr. sē-ne), ut: se-d fraude = si-ne fraude, so-nder List, nam quum ‚se' exsiliterit ex swa, nostrum ‚so'-nder huc trahi potest; goth. su-ndrô = se-orsim, (sundra ex swana-tara). Bzb. 38 addit hoc: Aus diesem swana ergab sich mit Einbusse des w seina = sein. Hinc secors = socors sonder Verstand et Ebelio sēges constat ex sē- = be-‚so'nders + -ges, cgn. indiges, = besonders keimend. K. I 306; v. semita. Huc goth. svi-in svi-kunþaba clare, ex svê instrum., prpr. an und für sich bekannt, per se notus; Bzb. 49.

sĕdeo 2; ved. sad-mi, goth. sita. Huc Sitones die Angemessenen. Sedeo, ait B. § 745 c, proprie est causativum verbi sad-. Sēdo est denominativum verbi sēdēs der Sitz; K. XI 102; sâdayâmi ich setz-e; εἷσα ich setzte, ex ἑ-σεδ-σα. Sedum 2 n die Hauswurz, (aufsitzend), Fk. 496. Sella ex sedla = ἕδ-ος, goth. sitls ἕδ-ρα; -la = ra, v. B. § 937.

sēdulus, a, um. Curtius 217 reddit ‚zum hin und hergehen geneigt, (bibulus zum Trinken geneigt). Pertinet ad skr. sâdayâmi s.

sad-âmi ὀδ-εύω, (sŏd-). De forma cf. αἱμ-ύλος; K. VI 86. Idem sensus in skr. paricârin sedulus, (ἀμφιβεβηκώς). Et germ. vet. emila sedulus, nord. vet. embla s. emla sedula die em-s-ige, pertin. ad skr. amâmi = sadâmi; Gr. III 420; cgn. die Am-sler, cohaer. c. Am-erico; Embla nord., uxor illius Ascar; Gr. M. 537.

s ĕ g e s 3 f. Pr. sec-es, (cf. plăga). Huc Sēja, (cf. mējo); adde le seigle der Roggen, ex secale; v. sed.

s e g n i s, e = haerens, pertin. ad skr. sañg-âmi ich bleibe hängen.

s e l i n u m 2 n. Σέλινον, cgn. σέλας, = splendidis foliis insigne; Bf. I 61. Hinc le persil (petrae selinum), pedimont. seler = le séleri der Selleri; Dz. I 376.

s ĕ m e l = ἁμάπις; cgn. simul = einmâl, auf einmâl, semel = éinmal, ein für alle mal. Cohaer. cum goth. simlê ποτε, einstmal, sax. vet. simlôn = semper h. e. in jedem einzelnen Falle. ‚Semel' ex sama-ra, est forma compar. ad augendam vim verbi. Cohaeret autem ‚sa-ma' (ἅ-μα) cum illo sa- in skr. ‚sa'-krit = se-mel, (unum faciens aut unam partem habens; v. septies, semper, sex). Hoc idem sa- est ἁ- in ἅ-παξ = sa-krit, in sa-hasra mille, (pr. sa-dhas-ra, = ein Satz..). Se- = ἑ in ἑ-κατόν; v. C. 351. Bzh. 62.

s ē m e n 3 n. Germ. vet. sâmo, Genit. sâmin, pertinet ad goth. sâ-jan säen, sai-sô serebat; th. sô, pertin. ad skr. sa-yâmi jacio, per metath. ‚sa'-yâmi = sĕro, redupl. ex sĕ-so, sī-so, ut gi-gno, (v. sero), ut ero ex eso, eram ex esam; lit. sé-ti = sä-en, goth. sa-jan, (de -ja v. B. § 109 a 2). Fk. 403 quaerit sic: Liesse sich vielleicht skr. sasya n = zd. hahya das Getreide hieherziehen?

s e m e s t e r. Ex sex-mens-ter.

s ē m i, ae, a. Skr. sâmi indecl. = ἡμι- in ἥμι-συς, (pr. ἥμι-τυς, ut τρι-τύς die Dreiheit). Hinc skr. sâmigîwa semivivus, germ. vet. sâmiqueck; ags. sâmworht semifactus; alem. sâm-, saum- in saumtrunken halbtrunken. Cohaeret cum sam- = ὁμο- = gleich, ausgleichend; K. XVI 63. Huc sestertius ex semistert., sesquipedalis ex semsquip., (zd. -hva, ut thrishwa pars tertia); la migraine ex ἡμικρανία.

s ē m i t a 1 f, prpr. der ‚So'nderweg, nam sē- cohaeret cum se- in secerno, v. sed, ex sva-d = ἑ-κάς, prpr. ge‚so'ndert, ut Il. XIII 263: ἀνδρῶν δυσμενέων ἑκὰς ἑστάμενος, abgesondert stehend, (cgn. ἕκαστος jeder be‚so'nders, jeder einzeln). Hoc suffixum -κάς ut ἀνδρα-κάς est illud skr. -ças in pada-çás pedetemtim, alpa-ças vereinzelt, prpr. in Abschnitten, nam quod attinet ad th. hoc -ças reduci debet ad ças-âmi ich schneide ab, quae sententia suffixi -ças conferri potest cum nostro einlütze singulus, einzel, ex -blötze, isl. ein-hlyt-r = germ. vet. ein-luzzi einzeln, cohaer. c. isl. hlu-tr κλῆ-ρος, das Loos, bav. der Luss die Portion, sors (cgn. lud-eigen), pertin. ad κλά-ω = ças-âmi. cgn. çalá stimulus, lancea prpr. Schnitzer. Eadem vis verbi est in suffixo -άκις, cgn. skr. ança m portio, der Abschnitt, = in Abschnitten, nam -ις in -άκις ut μόγις potest esse Locat. plur.; C. 573. Adde suffixum -spillig ut kostspillig, (ex spildig, cgn. isl. spilla = spilden effundere, cgn. spalten); Schm. III 563. Boppius, (Accent. Syst. p. 49) cum hoc -ças conjungit -κις ut bahu-ças = πολλά-κις, pañća-ças = πεντά-κις; v. K. XXI 365. Si suffixum -zel in ein-zel, germ. inf. en-tel trahi debet ad der Teil = portio, das Drit-tel pars tertia, recte hoc ‚zel' = pars comparatur cum κις = ças, -άκις = goth. -akls in ainakls = einzeln, einsam. Cum ἑκάς cohaer. ‚secus' intrin-,secus'. — Postremo illud ‚mita' in semita trahitur a Corss. ad me-o.

semper. Possit compositum esse ex sama = ἅμα, cgn. sem-el, + -per; Gloss. 367. Sed v. senex.

sĕnex 3; ved. sana antiquus, aeternus, goth. sinista der Älteste, burg. sinistus le sire i. q. Sheik (senex); ir. celt. sen, gael. celt. sean, unde Senones antiqui; Z. 196. Seneca = Altmann, nord. vet. Karl = senex, germ. vet. Kamalo, (ags. gamalôn senescere). Sen- pertinet ad skr. san-âmi veneror, dignus sum; K. I 487. Bzb. 37. Adde ἕν-η καὶ νέα der alte und neue Tag. Sen-ec-s = goth. sinui-ga, (qua de terminatione cf. γυνα-κι h. e. γυναικ- das Weibchen = pers. gana-k muliercula); C. 608. Adde -cho germ. vet., ut ani-cho avulus, ani-chà avula; ags. -ca ut Gife-ca liberalis; nord. vet. -ki ut Sif-ki Φιλήμων; germ. infer. -ke in imme-ke das Immchen; Gr. II 614. Compar. senior, ex seniôs; -iôs = skr. -îyams, yas, ut swâdîyams = suavior. Hoc iyams est partic. verbi i = ire; Bf. Gr. min. p. 224 Anm. 2. Dzb. 104 ait sic: Vielleicht darf man ians = iant auf die Basis ia, iyant auf die Basis iya d. h. eine Intensiv-Form des Verbums i zurückführen. Adde goth. hlas-ôzan = hilarior, (ex hlasajas-an); deinde corripitur ô in i ut batizan = besser, jubizan jünger. D. § 303. L. M. 170. — Sana senex cohaeret cum skr. san-ag aeternus, goth. sin-teins sempiternus, (sempiternus ex aliquo ‚sempiter', ut aeternus ex aliquo aeviter, B. § 958); goth. sinteina = skr. sanâtana sempiternus; Bzb. 37. Adde sax. vet. sin-naht nox sempiterna. — Illud ‚per' in sem,per' cohaeret c. ‚περ' in διαμ-περ-ές = semper, durch und durch, cgn. δια-πρύ-σιον durchdringend.

sĕni, ae, a. Ex sex-ni, secni, (v. deni). De forma cf. the thane der Freiherr ex þegen, (unde n. pr. Thaning); the dean ex decanus; die Daenen ex dacini; Gr. Gesch. 134. Confer pinus.

sensim = pedetemtim, Schritt für Schritt, pertinet ad sentio ich komme auf etwas; cohaer. cum goth. us-sind-ô μάλιστα, hervortretend, cgn. goth. sandjan, unde sinn-en = sentire, germ. md. sindan auf etwas gehen, trachten, verlangen, sinn-en; Bzb. 42. Fk. 401. De s. cf. skr. gam = goth. ga-sinþan, adhiganu sentire. Nostrum leis-e = sensim, germ. vet. liso, cohaer. cum forû-leiso praecursor; v. hira. Adde bav. dergrätschen aufspüren, animadvertere, sentire, pertin. ad grätschen = sinþan, grassari. Huc sentina 1 f, ubi sentinator sentiebat h. e. animadvertebat, ne aqua ingrueret in navim. Hinc la sentinelle i. q. it. la scolta, (scoltare = audire, it. sentire audire). Dz. I 379. Huc bav. rechtsenig = richtig gehend.

sĕpĕlio 4. Se-pelio, (de se- v. se-d), prpr. concremare, cgn. skr. pal-ti cremare, pe-pul-ù τίφρα, πολ-ιός aschfarbig, nord. vet. fölsku die fahl-e Asche = germ. vet. falawisga. Deriv. germ. vet. witu-fel-ah rogus, quo cum vocabulo Gr. I 1253 conjungit germ. vet. pi-fel-han immolare, (prpr. igni tradere, igni mandare, cgn. befehl-en mandare). Fk. 796 adjungit ad hoc be-fehlen.., nord. vet. fela bergen, cgn. goth. filhan bergen, begraben, sepelire; germ. vet. fëlahan camponere, condere, germ. md. be-vëlhen zu Eigen übergeben, der Erde übergeben = bestatten, anvertrauen, verleihen, befehlen, emp-fehl-en, (aus ent-fehlen). Gr. III 1300 tamen ait etiam sic: Filhan kann wohl zu plio-are, falten, einfalten, einwickeln gehören. Fk. adnotat et dicit: Grundbedeutung von filhan ist einstechen, vergl. πόρπ-αξ. Cum se-pul-crum (prpr. locus ubi conditur), cgn. φυλ-άσσω; L. M. 72. Cum sententia Grimii conferri potest skr. dâhasara m sepulcrum, (dah- = alv. pal-ti), unde agnidagdha sepultus (igni crematus); sepultus ex sepeltus ut mulgeo ex melgeo; J. S. 17 (,V. V.').

sĕpes 3 f. Sē-pes, cgn. se-culum i. q. crates die Hürde. De s. cf. cy. celt. cae, cae, le quai, cgn. each-t le lien; Ptt. Adde der Gatter, das Gitter, cgn. corn. gad-an die Bindruthe; Dfb. II 375, ubi additur: Die gemeinsame Grundbedeutung ist binden, flechten. Sed tamen adde germ. md. etter septum, (eteren flechten, zäunen), ags. edor sepes (bav. eddern flechten), unde Gatter ex ga-atter. Huc hisp. Ceuta ex Sebta = septa; Dz. Gr. I 279.

septem. Skr. saptan, zd. hapta, ἑπτά; forma primaria septam, (cf. decem), ut octô = goth. ahtau ex aliquo ,aktam', unde aktav, (cohaer. c. ὄγδοος = octāvus, germ. vet. ahtôwen Dat. pl.), nam ex m factum est v. V. Bzb. 27, v. tam. — Huc September 3 m, ex semptem-wara = septem habens, v. tu-ber. Septemtrio 3 m das Siebengestirn, pr. septem striones, (skr. stri stella); Bf. Septimus skr. saptama. Septuaginta pr. septumaginta, ἑβδομήκοντα. Septiës ex septiens, (v. abyssus), skr. saptakritwas, (kritwas acc. pl. alicujus kritu = faciens; P. II 403. D. § 234. Quamquam hoc ,krit' potest cohaerere etiam cum lit. kartas m-Mal, pertinet ad ,kart' secare, icere, pungere, quo de sensu cf. the time (v. daps), four times viermal, germ. vet. mâl punctum, der Zeitpunct; adde bav. der Buff, der Stoss, ictus, der Schlag, alle Büff = allemal). Hoc ,kart' = secare conferri potest cum suffixo -ças = in Abschnitten, pertin. ad ças- s. çâs-, api-ças deseco, abscindo, ças = -κις; v. semila.

sequor 3. Skr. saċ-ê, si-saċ-mi = ir. celt. seich-im, lit. sek-u. Huc trahit B. § 109 b goth. sôkja ich such-e, ex sâċayâmi cano, (v. saga). Saċ = skr. sap- ἕπ-ομαι, goth. sip-ônia discipulus, 'ἐφ-ίκ-ης; L. M. 155.

sĕra 1 f. Prpr. vinculum, quo fores ligantur; skr. sara m die Schnur, manisara die Perlenschnur, cgn. ὁρ-μιά die Angelschnur. Huc series 5 f le fil, die Schnur = die Reihe, cgn. c. skr. sar-it f filum. De sensu dupl. cf. skr. tanti f die Schnur, die Reihe; bav. die Schnaisen die Schnur, die Reihe, zwischnaisig in zwei nebeneinander laufenden Reihen. Cum ser-a cohaeret sero 3, gall. serrer claudere, unde il serraglio, le serail; Dz. I 381. De s. dupl. cf. etiam nord. vet. lás sera, locsa serare, claudere, unde ‚lâr' ut Fritzlar; Dfb. G. II 154. Fk. 503 huc trahit ser-mo, cgn. dis-ser-o, unde la dissertation.

sĕrenus, a, um. Ex sjerenus, cgn. sermo. Huc Ἑλ-ένη, ἑλ-άνη fax; Σείριος ex σϝεριος; Fk. 503. Σείριος i. q. zd. tis-trya m Sirius, (tis pertin. ad skr. twêsh-âmi corusco).

sericum 2 n. A Seribus sumptum, ut Saracenicum der Taffet, unde le sarcenet. De s. cf. la galoche ex gallicula.

sĕrius, a, um. Pr. sjĕr-ius, cgn. germ. vet. swâri ernst, bedeutend; lit. sverti ponderare; v. sora.

sermo 3 m. Cgn. ser-enus, pertin. ad skr. swar sonare, ved. sûryâ = ser-mon; cgn. nord. vet. and-svara = to an-swer. Adde goth. svaran schwör-en. De s. dupl. cf. skr. çap-a-tha m der Schwur, cgn. çab-da m sonus, swara. Ser-mon-s = swar-mân(as) prpr. = λεγόμενος; B. § 139. 2. K. VI 152. Hoc ‚mân' = ‚μων' ut δαί-μων, οἰκτίρ-μων, ἀσπιδοφέρ-μων.

1. **sĕro** 3. Cgn. se-men, redupl. ex si-so, ut si-sto, pertin. ad th. ‚sa'- unde sa-tus; K. XXI 204. — 2. sero = necto, v. sera.

serpens 3 m. Skr. sarpa m = ἑρπ-ετόν, pertin. ad skr. sarp-âmi eo. De s. dupl. cf. skr. çlangh- = sarpâmi, unde die Schlang-e. Lat. coluber = serpens, pr. coludh-er, cgn. κολουθ-, κέλευθ-; K. XXI 128. Huc serpillum der Quendel, ἕρπυλλον, cohaer. cum serpula, bav. Serben.

serra 1 f. Ex segura die Säg-e; K. VI 157. Hinc hisp. sierra der Bergkamm, (bav. die Kampen).

sertum 2 n. Cgn. series die Reihe, εἴρ-ω, ἕρ-μα das Ohrgehänge; cgn. σειρ-ά; C. C15. v. sera.

servitium 2 n. Ex serviti-+um; cf. pigriti-+a, pigriti-+es, juncti-+on; B. § 844. Cohaeret cum ser-vo. Servitium gen. neutr. = servus conferri potest cum skr. açitra n fur, (instrumentum ad nanciscendum); goth. þevis n der Diener. Adde isl. lid auxilium h. e. helfende Personen; Schm. II 439. Hinc der Liedlôn, Liedlohn

Adde servitus 3 f ex servi-twâti h. e. servi-twa-ti; ,twa' ex tu-a et cohaeret cum tu-m Infinitivi, velut nagatwam n das Nacktsein ex naga-tuam; slv. -tvo ut dêwi-e-tvo virginitas; goth. -dva unde ska-dva = ska-du, gai-dva χῆ-τος, vel -þva ut sali-þva die Selde. L. M. 121. 143. 654; v. virtus. Ser-vus 2 m prpr. der Schützling. Huc n. pr. Cervantes = servandus; Dz. Gr. I 239. Servus cohaeret cum zd. haurva tuens, ut paçu-shaurva Vieh-hütend; Fk. 196. Servius = e serva natus; cf. nord. vet. Thräll servus. De s. cf. gall. celt. -ves in Bellovesus belli minister, Sigovesus pacis minister, prpr. le valet de paix, nam valet ex vaslet pertinet ad cy. celt. gwas-awl = serviens; Gr. M. 580. Dz. I 439.

sērum 2 n. Skr. sáras n. sára m. s, (cgn. ὀλ-ος).

sesamum 2 n. Redupl. pr. se-sam-, hebr. „shĕmĕn" oleum.

sesquipedalis, e; v. semi.

sēta 1 f. Confer skr. sê-tu m, v. seculum, = prpr. ligata.

sĕvērus, a, um. Ex se-, (v. se-d) + verus.

sex. Ἕξ ex σϝέξ h. e. ksvaks, zd. ksvas unde ἑξ- (pr. ἑκξ) in ἑξ-ηκ; goth. saihs, (hs = x ut vahsjan = wax, auhsjan = uxan); skr. shash sex, shashtha = sextus, (forma superl.). Forma primaria ksvas ex çvat h. e. saçwat die Ganzheit, concretum, crebrum, pertinet ad çwa-y-âmi cresco; K. X 238. XXI 13. Çaçwant frequens, çaçaya unversieglich, unaufhörlich. Huc hisp. xamete ex ἑξάμιτος der Sechslich, unde the samite der Sammt; bav. der Sechter (ex sehsteri), cgn. il sestiere; lo stajo ex sestajo = lo staro, bav. der Stär. La siesta ex sexta, (ut the nooning = nona hora, cgn. bav. der Naun-ler das Schäfchen zur Nonzeit).

sexus 4 m. Prpr. die Scheide, Spalte, cgn. sax-um; Ascoli. De sensu cf. γέ-νος = sexus c. γα- = spalten, secare; v. scio.

si. Cgn. si-c, ,so', ut: ,so' Jemand behauptet = ,si' quis dicit; si = osc. svai, umbr. sve ut svepu = si qui; K. XXI 216. Pertinet ad skr. swa (v. se), et ,si' ,sic' ut si-bi ex sve-bi = goth. si-s (ut mi-s = mir), = οἱ ex ϳοι σϝοι; L. M. 511. Si = sic in it. si = ja, ,so'; gall. si in ausi eben,so', (ex aliud sic), ainsi (ex ante-sic). Si = goth. svê instr., svasvê = sic, (ut skr. êna = sic est instr.). Si = lat. vet. svad, neutr. sg., K. I 267. Corssenio (K. XVIII 244) videtur hoc ,svâd' esse Ablat. fem. = skr. tât sic, Abl., unde οὕτως = tât, sic (ex οὕ-τωτ). Confer cum ,svad' bav. sod = sic, so, al-sod = also, asod-ela = sic, so. Sicut goth. svasvê = sic ortum est ex redupl., sic germ. vet. sôsa, bav. sesal, sowen, vet. sus ex so-so.

sibilo 1. Cohaeret cum σίφων die Röhre, fistula, die Pfeife, unde gall. siffler pfeifen; v. simpuvium.

Sibylla 1 f. Σίβυλλη = θεοῦ βουλὴν ἔχουσα; dor. σιός =

θεόs; βύλλα = βουλή cohaerere videtur cum vel-eda die gutwollende, nord. vet. Vala, Völva in Völuspa; Gr. M. 374.

sic. Cgn. si = so..., (v. si), cohaeret cum ὡs ex σϝαs = goth. svê = ὡs, ut; K. XXI 353.

sica 1 f. Cgn. nord. vet. sig-dh-r die Sich-el.

siccus. a, um. Pr. sicus, vet. seicos, cohaeret c. skr. sik-a-ta f der Sand, Kies, zd. hik-vao trocken = ἰσχ-νόs ex ἰσχ-νόs σισχ- = zd. hisk-. K. XVIII 17. Gr. II 138 conjungit cum hikva = siccus. De origine vocabuli Fk. 945 ait sic: Sik mit der Nebenform sisk geht auf sak sask zurück = seq-ui, wie sich aus dem skr. a-saçćant nicht versiegend ergiebt.

sido 3. Skr. sid- = lit. sêd-mi = ἵζ-ομαι.

sidus 3 n. Ex aliquo ‚svit' unde sīd-us, cgn. lit. svid-us politus, laevis, ags. sveot-ol conspicuus; Fk. 921.

signum 2 n. Cohaeret cum sax. vet. segg-jan = sag-en; Fk. 400; v. insece. Pictetius trahit ad skr. saǵ- = haerere, quo de sensu cf. skr. linga n signum, nota, etwas Inhaerirendes, (cgn. lag-âmi, P. = haerere, cohaer. c. laf-man n signum). Cum ling-a cohaeret goth. leik-s, -lich, g-leich, 'ενα-λίγκ-ιοs. Sigillum 2 n ex siginulum, ut pugillus ex pugnulus, qua de assimilatione cf. nord. vet. ellifu = ags. ainlif eilf; der Zwilling ex Zwinling.

sileo 2. Goth. ana-sil-an still werden, pr. sil-ai-an = sil-ê-re, (ut haban pr. hab-ai-an = hab-e-re); v. L. M. 682. Ad ‚sil' Fk. 894 trahit goth. sildaleiks = seltsam, mirabilis, angl. sel-dom (silere faciens, stupefaciens). Huc silicernium 2 n ex aliquo ‚sili-s'; cernium cgn. cena ex cesna; K. XXI 225.

silex 3 m. Confer çilâ f lapis, petra; Gloss.; çilâ f autem ex çalâ f = goth. hallu saxum; nord. vet. hella der Stein, unde Hellusii, Hillevionea = Hernici; L. M. 415. Tac. Germ. ed. Schw. Sidl. p. 65. Goth. hallus der Fels, cgn. die Halle, (der Steinbau, cf. himin c. caminus). Gr. IV n 230.

silicernium 2 n; v. sileo. K. VIII 211.

siligo 3 f; v. toro.

siliqua 1 f. Cogn. sl-ne + linquo.

silva 1 f = ὕλϝη (C. 335), das Brennmaterial. De s. cf. skr. dawa s. dâwa m silva, ardor, (pertin. ad du-n-ômi uro). 'Υλϝ- = silv- ex aliquo ‚sulv' = ags. svêlan ardere, bi-svael-an brennen, sengen, lit. svil-ti sengen; K. VIII 209. Fk. 495. Huc lt. md. silvala unde Suscévaz (h. e. sub silvala) = Schwytz, Schweiz; Ausl. 1872 p. 23. Adde Silvius = Lessing, (russ. lěsj silva i. q. nord. Skögul, (skogr silva). Harudes = silvicolae i. q. Holtsati, cgn. der Har-t; Gr. Gesch. 633. Il silvano der Alp, cgn. Silvanus le sauvage. De s. cf. nord. vet. skógr c. goth. skohsl der Unhold; Gr. M. 455. Adde mal.

orâng-ûtan der Waldmensch, (orang homo, ûtan die Öde). Silvanus = goth. Silbanus, (ut goth. silba pertinet ad skr. sarwa = ὅλϝ-ος, lat. bubile ex bovile). Sic suffixum goth. -ba = -wa = -ô (ex -wan -want), ut: glaggvaba s. glaggvô klug, andaugiba s. audaugô, agluba δυσκόλως = ἀχλυόμενι. Bzb. 22—26. Adde bav. serben s. serwen marcescere; gerben cgn. garve = confectus; v. fleo.

— s i m; v. vicissim.

s i m. Ex es-iem, pr. si-êm, B. § 31, lat. vet. si-êm = 'ισ-ίην 'ι(σ)ίην ιἴην; K. XXI 171 ann. 1. B. § 672, ubi ait sic: ιἴην für 'ισίην, weil sich das s zwischen zwei Vocalen sehr gerne verdrängen lässt. Hoc ,sim' est in faxim (fac-sim), capsim = ceperim, occep-sit, emp-sit. Mutato s in r amav-e-rim ex amav-e-sim. Aut ss ex s, (cf. classis), ut observassim (ex observav-i-sim), peccassim (ex peccav-i-sim), habessim (ex habev-i-sim), dicassit (= dedicaverit, pr. dixerit). De hac duplicatione sibilantis cf. etiam essem pr. es-em, (cohaeret cum es-am eram); es-êm ut 'ετίλι-σσ-α pr. 'ετίλισα; B. § 708. 856. Huc ,simus' ex sjêmus = syâma = ιἶμεν (ex ιἴημεν, 'ισ-ίη-μεν); v. K. XXI 105 ann. Adde ,sit', sit, lat. vet. siet = seit, skr. syât, (mutil. ex as-yât); B. § 92, m 31. Cum forma seit ex siêt confert Bzb. 20 nobis ex nopeis nobiês nobiems. Postremo ,sint' affixum est in faxint (fac-sint), axint, (ag-sint); amav-e-rint (pr. amav-e-sint), umbr. asta-sent = stata-e-rint, (astasent prpr. Conjunctivus fut. = statuturi sint); K. XXI 179. Ut redeamus ad ,sim' ,siêm', illud ,ie' in s,ie'm est ,iâ' h. e. i (ex ii redupl. verbi i- = ἰ-έναι = eo, adeo, gehe, gehe an, bitte). Igitur ,siem' = as-iâ-mi, as-iâ-si = 'ισ-ίη-ς. Bf. ,acad. Abhandl. von Göttingen 1871 III S. 135. ,Bair. Gymn. Bl." 1872 p. 381. — B. § 850. K. XXI 171.

s i m i a 1 f. Cgn. σιμός, der Stulpnas; Gr. I 162.

s i m i l a g o 3 f. Σεμίδαλις die Semmel; v. tero.

s i m i l i s, e = ὅμαλ-ος, skr. sama, ὁμ-οῖος; sa-, (v. se-mel), -ma, (v. pri-mus). Huc nostrum -sam ut gleich-sam, ags. frem-sum benignus, genihl-sum = genug, luf-sum lieblich; angl. buxom munter, ,bieg'sam. Adde the seem similitudo, seemless ungeziemend, (cf. de a. angl. like similis, I like ich finde geziemend).

s i m p l e x 3. Pr. semplex, cgn. simul, semel;, = einfältig. Huc the same der eine, ein und derselbe; goth. samo- in samovolinyi freiwillig, für sich allein wollend; goth. sum-s, angl. some einer, irgend einer; ἁμο- ut ἁμόθι an irgend einem Orte. Adde μία ex σμία σεμ-ια = eine; B. § 460. K. VIII 138.

s i m p u v i u m 2 n. Cgn. σιπ-ύη, prpr. cava, (cf. calix), germ. md. sip das Sieb, slv. sop-li die Röhre, Pfeife, sop-ti pfeifen, sib-ilare; sibilus das Gepfeif, das Gezisch; ags. sipan to sip schlürfen, saugen; to soop herausbauchen, cgn. germ. vet. souf attraxit spiritum, (confer seuf-zen suspirare), the soop die Kraftsuppe, nord. vet. sûpa sorbere, bibere, sauf-en; Dfb. G. II 293. 360. Fk. 495. Schm. III 204; v. sipho. Adde Süpfle = Bibulus.

simul. Pr. semul, cgn. semel, apud Plautum similu; goth. sam-ath zu-samm-en, germ. vet. samantât undique; B. § 295. Cum smath fortasse cohaeret ved. smat = μετά, goth. miþ; L. M. 144. Skr. sama, superl. particulae sa-, Bf. I 387. Huc germ. vet. sam-nôn sammeln, cgn. slv. vet. chomestar der Hamster, pertin. ad zd. hama sammeln, unde hamaspita = nord. vet. samfeðr ὁμοπάτριος; Gr. IV 323. Cum ‚si-' in ‚si'mul cohaeret skr. sa-ha = cum (ex sa-dhâ, Bzb. 83). Annotari debet, posse hoc ‚sa' suffixum illud esse, quod format numerum pluralem, ut açwâ-s equi (ex açwasas h. e. Pferde bei‚sa'mmen, quasi dicas açwa-ā-μα). Confer Kch. § 97. Huc praepositio cum = ξύν ex aliquo ‚sakám' h. e. sam-kam); v. Bzb. 71. — Huc simultas 3 f = ἅμ-ιλλα, cgn. insimulo.

sin. Ex si-ne ut quin ex quine.

sinapis 3 f. Skr. sarshapa m, unde sansapa, sinapis; Bf I 428.

sincerus, a, um. Sine cera h. e. sine fuco. De s. cf. skr. nirañgana = sincerus, (non fucum habens, ‚añg' cgn. c. ung-ere); rip- s. lip- = añg-, unde rip-u m der Betrieger, der anschmiert.

sinciput 3 n. Ex sencipot, semiciput.

sine h. e. se-ne, cgn. se-d, prpr. sēd, ut sēd fraude = si-ne fraude = ‚so'nder List. Abjecto ‚d' fit ‚sē'-, sē- in se-ne h. e. sine, se-orsum; v. ‚si'-bi, ‚se', nam hoc ‚se'- ‚si'- in se-ne.. pertinet ad swa-. Gall. sans pr. san-, adfixo s. — Cum altera parte hujus praepos. -‚ne' cohaeret skr. -‚nâ' in wi-‚nâ' = si-‚ne', quod -‚nâ' affixum etiam est illi sa-‚nâ' = semper, ἔ-‚να', germ. vet. -‚na' in a-‚na' = ohne, si-‚ne' s. ‚ne'si.

singuli, ae, a. Pr. sinculi, (cf. vigiuti pr. vic.), deminut. ut pediculus; ex aliquo sincus, a, um, (cf. uncia ex aliquo uncus). ‚Sin' in singuli cohaeret cum si- in si-mul, cgn. ἁ- in ἅ-παστος = si-n-guli. De forma conferri potest etiam ningulus = nullus. Huc singularis, e, unde le sanglier ὁ μόνιος; singulatim ex aliquo singulatis 3 f accus. ut δωρεάν, μάτην. Waltero autem hoc ‚im' idem est ac illud ‚im' in olim, illim, ex singulati-sme, singulati-me, (ut tamen pr. tamin ex tasmin, ut tam ex ta-me tasme, ut cu-m ex cu-me); K. IX 239. Sed v. tum.

singultus 4 m. Ex sam + gul- = gula der Schlund. De s. cf. schluchzen c. schlucken, germ. vet. sluccan deglutire; λυγγάνομαι ich schlucke, schluchze.

sinister, a, um. ‚Sinis' = sinius, (ut magis), + ter, bis positum est in Comparat; B. § 297 p. 33. De forma compar. cf. ags. winstre, germ. winster = wi-st sinister. Sin-istra est manus infirma. quasi sen-ior, sen-escens. Et Schmeller quidem II 484 hoc winis-ter pertinere docet ad ags. vanian, isl. vana debilitare. Idem vir nostrum ‚link', g'link, lenk referendum censet ad isl. lina debilitare, (v. infra); ut bav. lurz sinister, germ. md. lerz pertin. ad isl. lâra, lerka debilitare. Ital. stanco debilis, il braccio stanco der linke Arm; die quade Hand = die schwache, linke Hand; v. Gr. V 1801 f. Adde gall. vet. l'eslenque sinistra manus, cohaer. c. germ. vet. ‚slinc' = ‚link'; Dz. II 291. Bav. die lětz Hand laeva, svec. lätta, goth. letâ, cohaer. c. ags. latian tardare, angl. late tardus, to let anhalten. Gall. gauche sinister, ex germ. vet. welk languidus. Angl. left sinister est part. perf. verbi to leave lassen, ablassen, to let; germ. infer. lump-, ut lumpenno hänne kraftlose, schwache Hände, pertin. ad limpan debilem esse, cgn. luh-t = link, quasi linqu-ens Gr. Gesch. p. 688. K. IV 185. Germ. md. lenc sinister, helv. lehngg tardus, welk; Dz. II 317. Skr. wâma sinister h. e. wâ-ma, cohaer. c. germ. vet. winistar. Gloss.; cum -ma superl. ut ulti-‚mu'-s, ut sinisti‚mu's, (cf. sollistimus, cum duobus suffixis superlat., cum -ti+-mu-s).

sino 3. Perf. si-vi, ich lasse, lasse zu, de-si-no ich lasse ab, cgn. ἵ-ημι ich lasse. Pertinere potest etiam ad skr. sanômi, sanâmi colo, ich geruhe, lasse zu ἄξιω, cgn. le repos die Ruhe; v. pono.

sinum 2 n eine weitbauchige Schüssel. Confer sinum = le plat c. skr. sânu m. n planities.

sinus 4 m; cgn. sinum. De s. duplici cf. skr. kridara n et sinus et vasculum.

sipho 3 m. Σίφων tubus, die Röhre, prpr. cavus, cohaer. σιφ-λός vorax (cavus), σίφ-νις vasculum, (cf. calix); σιφ-νεύς talpa, (excavator). Σίφων die Röhre, die Pfeife redditur in gall. siffler pfeifen, sifilare; v. simpuvium Bf. I 648. Fk. 495. Huc il sione siphon die Wasserhose.

Siren 3 f. Σειρήν, ex σμειρήν, cgn. σεληνός, pr. σμιρ- = cantans, sonorus; v. sermo. De -‚ήν' i. q. -‚ηνος' cf. skr. -ânas ut dwish-ânas μισῶν, takshânas τέκ-των; B. § 791. 924. Cgn. Σείριος, σείρινος der glühende; serniosus = scabiosus, prpr. aridus.

sirpus 2 m = scirpus; bav. die Särb frondes aculeatae, the sorrage.

sis = si vis; v. fortassis. Confer sodes.

sisto 3 = ἵστημι, zd. hishtâmi, reduplicatio qua reduplicatione fit causativum, ut ὤραρον, redupl. = ὦρσα, δίδαε docuit, κέκαδον spoliavi, (χάζειν ἐποίησα), λέλαχον = λαχεῖν ἐποίησα; C. 359. Sisto = skr. sthâpayâmi.

sistrum 2 n, σεῖστρον, pertin. ad σεί-ω pr. σμι-ω, cgn. sa-lum = jactatum, cohaer. cum sa-n-ômi contundere; C. 334.

sitio 4. Pr. sicio, (v. conditio), cgn. siccus. De s. cf. skr.

trishyâmi sitio, dürste, c. goth. þaursjan = τέρσεσθαι. Adde διψάω pertin. ad skr. dîp-yê flammo, uro. Huc la soif sitis, quasi cohaereat cum sauf-en; Dz. II 429. Fk. 401 conjungit hoc ‚sit' cum slr. vet. chot-iti cupere.

sĭtula 1 f. La seille das Seidlein.

sivĕ. Skr. wâ = si-‚vĕ' (wâ instr.), skr. yadi-wâ, (yadi = si); yadwâ, (wâ = μ ut ἠ-μέ; wâ = u ut se-u = sive, quod suffixum ‚u' occurrit in πάν-υ, in ὄ-υ ο-‚ύ'-τος, ἠ-ΰ-τε, quo de ‚υ' ex ‚wa' cf. skr. par-‚wa't = περ-‚υ'-τι, πισ-‚υ'-ρες = πετ-‚μα'-ρες, ‚ὕ'δωρ- = goth. vatan; v. vitrum). Hoc idem ‚u' affixum est goth. jau = ἆρα, ob wol, ob ja, ex ja+u; Heyne Glos. Ulf. p. 342. Hoc cum suffixo ‚wâ' D. § 382 conjungit illud goth. -ba ut hardu-ba = hart; v. silva.

smaragdus 2 m. Skr. marakata m = μάραγδ-ος, σμάραγδος, it. smeraldo, l'émeraude. Ingeniose B. dividit in σμα-+ραγδ-ος = lapis coloratus, pr. a-çma (v. caminus), + rakta coloratus). Et habet lingua skr. açmagarbha m smaragdus. (De garbha v. delphinus).

sobrius, a, um. So-ebrius; so ex swa, v. socrus. De ‚so' ex swa- cf. skr. yathâ‚swa'm = be-‚so'nders; goth. sva-leiks = so-lcher; so-nst prpr. so = goth. svasvê; bav. su- = so- in su-st, velut: weder su-st noch so = weder so noch so; sus und so = so und so, = lat. sic, ut bav. sist = sust = sonst; umsist = umsonst i. q. αὔτως. Altera pars vocis est ebrius, cgn. ὑπερ-‚ηφ'ανής üpp-ig, üb-el, skr. âbh-a = leer, germ. vet. upp-i = et ὑπερηφανής et vacuus; Fk. 20. De sensu duplici verbi ‚uppi' cf. germ. vet. gemeit = et ὑπερηφανής, insolens et vanus, inanis; Dz. I 48. —

soccus 2 m. Cgn. saccus; Corss., v. K. XVIII 38.

sŏcer 2 m. Ex ‚socur', skr. çwaçura ex swaçuras = ἑ-κυρός; lit. svo-tas m pater generi; goth. svaihra der ‚Schwieger'vater. De çwa- in çwaçura pr. swa- cf. çakrit = σκώρ h. e. σκαρτ- pr. sakrit, (v. excrementum). Huc çwaçrû f socrus, ἑκυρά (= ἰδία κυρία), germ. vet. swigar.

socius 2 m. Skr. sakhi m i. q. sacis m amicus, pertin. ad seq-uor; C. 404.

sŏdalis 3 m. Cohaeret cum skr. swadhâ f con‚sue'tudo, ἔθ-ος pr. ϝἔθ-ος; sŏ-dalis est cujus consuetudine utimur. De d = θ v. ador.

sōdes = si audes; au-des autem pertinet ad aw-âmi = libet, cupio, = si libet; awâmi bin günstig, = si-audes, so-des = mit Gunst.

sōl 3 m. Unde solarium der Söller, bav. der Sol-er. Ex aliquo ‚swal', ‚swar', unde suol, nord. vet. sôl f; skr. sûrya m sol, (ex swârya), goth. sauila (ex saulja), lit. saulé (ex saulja). Ex swârya evenit σϝήλιος = ἥλιος; B. § 901. C. 357. Skr. sûra m, (ex svara unde ser-enus), cgn. ags. swel-try serescens, angl. sultry schwül. De s. dupl. cf. skr. tapana m sol, (lucidus, cgn. tepeo); etr. Usil = Sol, (was et uro et luceo); skr. ghrini m der Sonnenschein, pertin. ad ghar- glühen, cgn. nord. vet. Gle-nur der Gemahl der Söl. Thema ghar adauctum est in skr. ghrañsa m solis ardor, unde fortasse celt. gall. grannos cognomen Apollinis: Gl. R. 23. Idem sensus in skr. bhanu m sol, — bhâ m i. q. bhâ-lus m, (lett. bâl-s, bohem. vet. bělŏ, lit. bal-tas = alb-us, ἀλφ-ός, umbr. alf, sabin. alp-us; nord. vet. alf-t cycnus; K. XX 446. Adde Belgrad, Bjelbog = albus deus). Skr. ģyôtishmant m sol, (ģyôtê luceo, ex dyôt-, P). Adde gharmadyuti m sol, (calidum splendorem habens), i. q. gharmadidhiti m; kañćâra m sol, (kañćê splendeo); = prakâçaka m, (v. castor). — Huc Sōracte ex swar- = sol; Sauranus, Pr. 239.

sōlāmen 3 n = die Begütigung, cgn. solistimum das beste, günstigste Zeichen. (solis- compar. ut magis, sinis+timum). Cum ‚sol' cohaeret germ. md. sâl-liche fauste, cgn. goth. sêls bonus, beatus, sel-ig; v. Gr. Gesch. 360. Francones Salii = Faustuli.

sŏlea 1 f. Die Sohl-e, cgn. le soulier; v. solum.

sōlemnis, e. Cgn. sol-, solus, solidus, v. solamen, omnis, integer, gut, heil. Sollemnis h. e. omnibus annis praestitus; Festus. K. XXI 159. Fk. 338. De s. dupl. cf. skr. su- = bene, selig, cgn. swa unde goth. svi-kunds bien connu. Fk. 338 conjungit hoc ‚emn'is cum τὰ ὄμπνια der Jahresertrag, quod ὀμπ- cohaeret cum goth. uf-jo copia, ὀμπνία Δημήτηρ alma Ceres; v. Op-s.

sŏleo 2. Pertin. ad nord. vet. sal-r die Wohnung, germ. vet. sâlida die Wohnung, cgn. germ. md. soelde die Wonne; soleo = ich bin gewohnt. Confer Gr. I 1175. Adde ags. seld die Selde, sedes, (ut assiduus sum = soleo cohaeret cum sedes = seld). De s. cf. skr. ućyâmi ich bin gewohnt, cohaeret cum ôkas n die Wohnung, cgn. goth. bi-uh-ti die Gewohnheit. Adde ἦθος die Wohnung, die Sitte, Gewohnheit, cgn. ἔθος.

sōlers 3 = bene callidus; v. solemnis. De s. cf. sol- = skr. su bene, 'ε-ὺ h. e. 'ε-συ ut suganatwa n benignitas, sumahat permagnus, celt. sucridh easy = skr. sukrita; gall. su in Su-essiones; Z. 109.

sŏlidus, a, um. Cgn. solus, solid, cgn. sol-ers; Fk. Sed v. solum.

sŏlum 2 n. Der Boden, cgn. solea, goth. ga-sul-jan fundare, θεμελιοῦν; le seuil die Schwelle. Hinc sŏlidum = sŏlum, solidus, a, um = fundamentum habens, firmus, cgn. die Säul-e; v. K. XVIII 262. De sŏlidus et sŏlum cf. hŭmilis et hŭmus.

solvo 3. So-lu-tus, λυ-τός, pertin. ad skr. lu-n-âmi diseco, unde goth. fra-liu-san ich ver‚lier'e; B. § 741. Adde helv. lösen = leeren, cgn. nord. vet. leysa vacuum, quo de s. dupl. cf. sax. vet. tômean solvere c. germ. vet. zômi vacuus. Cum ‚λυτ'ός cohaeret nord. vet. lodhin villosus, unde Lodh-brök Zottelhose, cognomen regis Ragnar; Fk. 758. Edd. Schm. II 440; v. lodix.

s o l u s, a, um. Cgn. sol-ers, prpr. ganz. De s. cf. αὐτός = et ipse et solus c. selb (= αὐτός), quod ,silba' cohaeret cum ὅλϝ-ος = sarwa, ganz, (v. servo).

s o m n u s 2 m. Ex sop-nus = ὕπ-νος, skr. swapnas n. Huc somnium = skr. swapna, (somnjum = ἐνύπνιον) = sop-or; cohaer. c. isl. svefan s. sofa dormire. Swáfnir, cognom. Othini, der Einschläferer, (v. eo), cohaer. c. germ. vet. gi-swif-tôn = σιωπ-ᾶν (pr. σι-σϝωπ-ᾶν). Fk. 416; v. supo. De -nus in som-nus cf. skr. wah-anas der Wag-en, stur-nus germ. vet. star- n; ags. ëot-en gigas (= consumtor); ags. mërg-en der Morg-en.

s o n o 1. Ex swan- = skr. swan-âmi, slv. svineti sonare; cy. celt. sain sonus, skr. ni-swana m. Graff VI 247 conjungit cum swan nostrum ,sin'-g-u ich singe. De sono = swan- cf. canis, adde δένδρον ex δένδρϝον, δένδρυον unde δενδρυάζω; K. XXI 123.

s o n s 3. Cohaeret cum skr. san-âmi admitto, committo, = der Delinquent, qui deliquit. Huc sax. vet. sundea f die Sünd-e = commissum, αὐθ-έντ-ης qui admittit. Est cgn. c. sino.

s ō p i t u s, a, um. Skr. sup-ta, germ. md. swif-t = σιωπηλός.

s o r b e o 2. Lit. sreb-ti sorbere, per metath. σροφ-ῶ h. e. ῥοφ-έω. De forma cf. skr. kunǵâmi sono, metath. κνυζ-έω h. e. κνυγ-γάω. Sic potuit existere δένδρον ex daru̥da = skr. danḍa m caulis, baculus.

s o r d e s 3 f. Cgn. surdus = obscurus; sordes das Trauerkleid, cohaer. c. goth. svar-ts, nord. vet. surt-r furvus. Surtr = Svartr, (cf. Ἀτρεύς); Gr. M. 785. De s. cf. skr. mala n sordes = germ. vet. mâl c. lett. mel-t nigrescere, μέλ-ας. Legerlotzio cum hoc ,mala' (pr. smara) cohaeret goth. smairan, beschmieren; K. VII 136.

s ō r e x 3 m = ὕρ-αξ, cgn. συρ-ίζω, skr. swarâmi sono. Huc la chauve-souris (calvus sorex).

s ŏ r o r 3 f. Ex sósor, skr. swasṛi, swasâr, pr. swastar die Schwester, (prpr. ἰδία γυνή, v. suus = swa- + -star ex sutri, pertin. ad su- parere; Pit. I 126). Cum hoc swa- die ,Schwe'-ster, the si-ster cohaeret σϝι-δία = ϝι-δία = ἰ-δία, quo in loco cf. de -διος ἀεί-διος, μοιρί-διος, μαψί-διος; C. 352. Ad ,swas'ar trahi potest etiam σϝοσαρ σϝοαρ ϝόαρ ὄαρ; L. M. 99. Huc sororius pr. sororjus, ut skr. hṛd-yas comis, herzlich; B. § 900.

s o r s 3 f; v. fors. Fk. 900 trahit ad ser-ius.

s o s p e s 3. Cgn. σῶς + pet- = im-pet-ro.

s p a d o 3 m. Σπάδων castratus, cgn. σπάω. ?

s p a r g o 3. Pr. sparc-o, skr. sparç-, spṛiç-âmi tango, upasparç- se lavare; sparç- = et tango et spargo conferri potest cum hrinan, v. Rhenus; adde spurc-us, a, um, befleckt, cgn. σπρκ-νόν schwärzlich, (v. pulcher), bav. der Sprack der Flecken. Confer sparç- = tangere, to take cgn. la tache der Sprach. Fris. sporkelmand der Hornung, (ut Hornung cohaeret cum germ. vet. horo spurcitia. Gr. Gesch. 64).

Spartacus 2 m. De ‚ācus' cf. skr. madrakas von Madras. Fortasse hoc ‚āk'a cohaer. c. celt. -āc-um ut Moguntī-ācum, -‚īc'-um ut Avar-īc-um (hod. Evre), Avent-icum = forum Justitiae; v. Eb. 806.

spartum 2 n. Σπάρτον, cgn. σπῖρα die Windung.

spărus 2 m; σπάρος. Confer skr. sphar-, sphur-āmi mico, vibror, cgn. σπαίρω; C. 259. Gael. celt. sparr, the spear, (in nom. pr. Shakespeae Speerschüttler, quo de sensu cf. Σαυρομάτης, zd. çaora die Klinge, skr. çūra lancea, der Speer; M.)

spasmus 2 m; σπασμός; skr. sphāyāmi ich gehe in die Höhe, tumesco, unde sphāwayāmi ich ziehe in die Höhe, ich ziehe, σπά-ω tendo, σπεύ-δω contendo; Cf. Fk. 954. De s. cf. skr. pratāna m spasmus, (tāna cgn. c. ten-do ich spanne). Cum ‚spasmus' cohaeret it. spasimare deficere, schmachten, gall. se pâmer deficere, ohnmächtig werden. Huc spatium 2 n das Ziehen, Spannen (in die Weite und Breite); spatior 1 ich ergehe mich in der Weite, im Freien, cgn. lit. spé-ti Musse haben, Raum, frei haben. Cum ‚spatium' cohaeret dor. σπάδιον = στάδιον.

spatha 1 f; σπάθη, lépée, cgn. spatula.

spatium 2 n; σπιθάνη die Spanne; v. spasmus.

spatula 1 f. Der Spat-en, cgn. spatha. Confer skr. sphaṭāmi findo.

species 5 f. Das Schaubild, die Erscheinung; skr. paçyāmi s. spaçyāmi spec-io, spec-to, germ. vet. spāh-i circumspectus, prudens. De s. dupl. scheinen, sehen cf. skr. ćaś- = et splendere et videre; (redupl., K. XXI 424). Speciosus = εἰδάλιμος, ut species = εἶδος. Adde the spectacles die Brille, bav. vet. Augen-spieg-el. Spec-illum 2 n die Sonde, quo de sensu cf. skr. śahamí f specillum c. goth. ais-tan aestimare, spectare. Spectrum 2 n εἴδωλον, svec. spöke der Spuk, bav. die Spuchten die Trugbilder, qua de duplicitate sententiae cf. nord. vet. draugr spectrum das Gespenst, cohaer. cum Betrug, Trugbild. Huc das Gespenst ex ge-speng-st spec-trum; v. Gr. M. 866. De s. cf. κο-κύ-αι manes, larvae, skr. kawya m = κο-κύ-αι, khaw-spuken, P. Hoc kaw- pertinet ad cav-eo ich schaue auf, circumspecto, ags. hâwian speclare, (confer bav. hau = ecce, schau). Speculum 2 n der Spiegel. De sensu cf. skr. ātmadarça m = κάτοπτρον, (ātman = ipse), darç- = δέρ-κεσθαι.

spĕcus 4 m. Σπίος pr. σπίσος, alv. vet. pesh-ti f specus (ex pek-tja, prpr. das Luftloch, inflatus); v. Fk. 1083. Confer skr.

pra-pañć-a m latitudo. De s. dupl. cf. skr. kha n specus, die Höhle, das Loch. Confer spiro. De sper- et spir- cf. subtilis.

spelta 1 f. Der Spelz, Spelt; cgn. spel-unca.

spēlunca 1 f; *σπήλυγξ*, *σπήλ-αιον* prpr. die Spal-te, cgn. *σπάλαξ* s. *σπάλοψ* talpa, prpr. fossor; pertin. ad skr. phal-āmi dissilio. Idem sensus in ags. scruff specus, germ. md. schruffen findere. Adde skr. dari f, widara m specus, pertin. ad dar-āmi s. dal-āmi = lañć-, unde goth. dal fovea, germ. vet dola cloaca, das Thal. (Hinc Döl-inger). Skr. çwabhra m spelunca cohaer. cum çwabhâyâmi perforo, = dalâmi, I deal, quo ex ‚çwabh' evehit ‚*κυφ*'- in *κύφιλλον* cavum, foramen, pr. *κυφιλγον*, *κωβ-ίλη* acus h. e. perforans; Fk.

sperno 3. Zd. çpar calcare, germ. vet. spurnan calcitrare, to spurn aspernor, lit. spir-ti tundere. Confer skr. â-sphâl-ana n das Anstossen, (v. fallo). De forma sper-no cf. -*νω* in *κάμ-νω* = çam sich mühen, eifrig sein, part. ça-çam-âná fleissig, P., (unde -*κόμος* ut *ἱππο-κόμος*).

spēro 1. Spe-ro, cgn. spe-s. De forma cf. vires c. vi-s. Spe-ro. spe-s pertin. ad skr. sphâyâmi tumesco, erigor, (spe erigor), lit. spe-ti Raum haben, (v. spa-tium). Skr. sphî-ti f pro-spe-ritas, (deriv. a sphây); ‚spes' cgn. c. ‚*σπασ*'-*μός* prpr. das Spannen, Strecken, Recken. De s. cf. hoffen sperare c. bav. aufhoffen in die Höhe fahren, auffahren. Cum ‚sphî'-ti f cohaeret spi-ca 1 f arista, die in die Höhe gehende, cgn. *σπι-θ-αμή* die Spanne, *σπι-δ-ής* spatiosus, extentus, *σπί-ζω* = *σπά-ω*, tendo. Ascolius cohaerere putat vocem cu-spi-s h. e. cu-spid-s cum ge-spiesst = spissus hi-spidus. Adde sphî-ta part. perf. = spitz-ig, emportreibend, tumidus, cohaer. cum spiculum 2 n = l'épieu, (ut l'essieu ex axiculus); spina 1 f die spi-tzige. Spina dorsi = *ἄκανθα* potest conferri c. *ἄκνηστις* spina dorsi, (ex *ἀ-καντ-* *ἀ-κνασ-τις* = skr. kaṇṭ-aka spina, die Gräte). Deriv. spinaces, a foliis dicta aculeatis, l'épinard, bav. der Hinetsch der Spinat. Cum sphîta cohaeret praeterea spissus, a, um = gall. épais, ex spit-tus ut missus ex mit-tus; épais = dick, ut spissa oscula häufige Küsse, *πυκνὰ φιλήματα*. Atque Fk. 1079 huc trahit *φοιτ-ῶ* ich komme dicke h. e. komme oft, cgn. *φοῖ-τος* das Oftkommen, cohaer. c. *φι-τρός* der dicke Stamm.

spina 1 f. Cgn. spica, spissus; v. spero.

spira 1 f; *σπεῖρα*, unde ‚spir'alförmig, cgn. spartum. L. M. 54 cum ‚spir' conjungit nostrum spinn-en (spir-nen); v. sporta.

spiro 1. Cohaeret cum slv. vet. pasha pr. pasja flare, ventilare; nord. vet. fisa pedere, der Fis-t visium, feis-ten visire = to fizz.

splen 3 m; *σπλήν* ex splaghen, cgn. *σπλάγχ-να*. De forma cf. lien = skr. plihan h. e. splighan; C. 260.

splendeo 2. Ex sclendeo, (Gloss. 132 et Fk. 204), cgn. skr.

ćard-, ćrinadmi splendeo, σκαρδ-αμύσσω ich blinzle. Adde σπληδ-ός cinis, (ex spland-, v. abyssus). De sp = sk cf. spolia.

spolia 2 n = σκύλια, cgn. σπαλ-ίς pellis, pertin. ad σκύλλω ich rupfe, vello, raufe. Cum σκύλλω cohaeret σπάλλω, pertin. ad skr. ćalli f cutis. Cum nostro raube, raufe = σκύλλω cohaeret la robe, la roba die Kriegsbeute, spolia, germ. vet. roub spolium; Schm. III 4.

sponda 1 f. Das ‚Spann'-bett; cgn. spatium.

spondeo 2. Cohaer. cum skr. paṇa m der Vertrag, der Pakt, P. = σπον-δή, sponsio. Huc sponsus, quod conferri potest cum der Gemahl = l'époux, germ. vet. gimahlit sponsus, cgn. ags. mahal judicium, goth. maþleinei sermo, (cgn. die Meld-ung?).

spongia 1 f; σφόγγος, cgn. slv. vet. panćiti ∽ inflari, v. specus; Fk. 1083. Huc goth. pugga marsupium, (die Blase, v. bursa).

sponte. Cgn. σπάω, v. spasmus, germ. vet. span-s-t der Reiz, die Lockung; bav. spenen bereden, die Gespen-s-t die Lockung, die Täuschung, Corss. ‚Spon'te = ‚σπου'δῇ.

sporta 1 f. Σπυρίς, σπάρτη; v. spartum.

spuma 1 f. Spu-ma pertin. ad spu-o; Gr. Gesch. 695. De forma cf. glu-ma, flam-ma, γνώ-μη, στιγ-μή; B. § 807. At rectius trahit Fk. 217 vocem spumae ad skr. phêna = spuma, boruss. vet. spoayno h. e. spâina = germ. vet. fei-ma der Fei-m, quae formae omnes referri debent ad aliquod ‚spi' ‚spa'yâmi, unde spûma ex spoima, cgn. πί-νος pr. σπῖ-νος sordes, σπῖ-λος macula, σπί-λωμα. De sensu hoc duplici cf. skr. mala sordes, unde tôyamala n der Meerschaum et the scum der Schaum, cohaer. c. nord. vet. kâm mucor, dünner Überzug von Schmutz, (pertin. ad skr. sku- tegere); Gr. V 32 i. Fk. 904. Adde to ski-m schäumen, the skim der Abschaum. Deriv. skr. phênala spumosus, ubi de -‚la' = -λος.. cf. panćç-la pulverulentus, ῥιγη-λός, στωμύ-λος = garru-lus; B. § 940; goth. ag-‚lu' in ag-lu-ba = ἀχ-‚λυ'-μένως; (cgn. angor). -‚la' = -lu ut bhî-lu s. bhî-ru timidus.

spuo 3; πτύω, ψύω ex σπτύω, σπύω; dor. ψύττι ex σπύττι; onomat. ut skr. shṭiw-, tishṭiw spuere, bav. sperzen spuere. Huc ἀπέπτυσα = pfui! et ἀπόπτυστος conferri potest cum the rascal, (rascare exspuere), the rascaile das Gesindel vom Heer, la racaille. Frequent. spûto = bav. speuzen, spiw∽z∽en; goth. spêvan speien, pr. speivan); L. M. 603.

spurcus, a, um; cgn. sparç-; v. spargo.

spurius, a, um. Cgn. σπόρ-ος; Schw. Si spur- hoc cohaeret cum spor-la = lit. spira globulus, conferri potest nostrum der Kegel spurius, nam der Kegel est cogn. cum die Kugel = skr. gôlaka, quae vox gôlaka m eadem est filius spurius; Gr. V 390.

squaleo 2. Lassen, Anthol. 104, ait sic: Velim comparare ‚squal' cum skr. kâl-a niger, (ut sordes = mala, unde μέλας = kâla), hal-masha sordidus, squal-idus; nam haud desunt vocabula sanscritica, quae sibilum initialem abjecerunt; κηλ-ίς macula. De s. duplici confer spurcus = squalidus c. σπερχνός = niger.

squălus 2 m carcharias der Hai, ut videtur pr. squarus, cohaer. c. καρ-χαρ redupl.; χαρ = σκαρ; καρχαρός acutus, asper = skr. khara rauh, scharf; v. squatus. Confer acipenser.

squāma 1 f. Ex squad-ma, „squad" potest cohaerere cum „schütz'-en, σχαδ-ών die Brutzelle; pertin. ad skr. čad- tego, v. castra. Adde skr. čad-man n teges, fraus, cogn. κίδ-αφος callidus, astutus = čid-ura, qua cum duplicitate sensus comparari potest gall. escamoter surripere, cogn. germ. vet. scamera fur, latro, der Abschupper, andal. escamar abschuppen; Dz. II 290. Fk. 200.

squālus 2 m der Hai, κῆτ-ος; κητ-ήνη Leviathan.

— ss; v. quassatio.

Stabiae 1 f = Staufen. Pertinet ad „stabh", stabhnâmi stabilio, fulcio, cgn. ags. steap arduus, stēpan erigere, stēpel = the steapel turris the steeplechase; J. S. 156.

stabilis, e. Sta-bilis = skr. sthâwara, unde sta-bil-is; nam -wara = -wala, ut çâd-wala graminosus. Adde naçwara perniciosus; goth. -blja in dauthu-blja 'επιθανάτιος. L. M. p. 69. Cum „stab" cohaeret germ. vet. stouf poculum, cgn. στάμ-νος, cf. der Stä-nder; J. S. 156. De forma στάμνος v. Vertumnus.

stadium 2 n; στάδιον; v. spatium.

stagno 1. Cohaeret cum stagnum. Hinc it. stancare étancher, tardare cursum aquae. De s. dupl. cf. ὑγρός madidus, languidus. Stagnum 2 n = steh-endes, stock-endes Wasser, pertin. ad stâ = stare, unde stak-âmi sich stemmen, resi-ste-re, ad. çtakh-ra steif; cgn. lit. sting-ti coagulari. J. S. 174; v. stilla.

stamen 3 n; στήμων, σταμίν, der Stä-nder, cgn. ἱ-στό-ς. Hinc l'étamine das Siebtuch.

stannum 2 n. Ex stag-num, cgn. Stang-e, germ. vet. stang-a. Cum „stannum" cohaeret l'étain the tin, svec. tenn das Zinn; v. Fk. 209.

stapes 3 m. Cgn. germ. vet. stephala basis. Huc le staffile der Bügelriemen; l'étappe, v. Schmell. I 450. Adde l'estaffette cursor tabellarius, cui pedes in stapede perpetuo sunt.

statera 1 f. Στατήρ.

statim. De -„tim" v. praesertim. Confer hoc -„ti'-m.. cum Dat. gr. in οἰμωκ-τεί prpr. mit Wehklagen, βοϊσ-τί in der Ochsensprache; v. Bud. 47. Skr. prati,shṭâ' instr. anushṭâ adv. = statim.

statio 3 f. Skr. nishṭâ f. Hinc it. stagione = la saison ex station, cgn. stagionare zeitigen. Skr. pratishṭâ f; cgn. germ. vet. stodian fundare, die Stud postis. Adde die Stunde, cgn. statione, il tra-stu-llo der Zeitvertreib.

stător 3 m = skr. sthâtar m, cognom. Indri, Στήσιος h. e. Ὀρθώσιος. Hinc to stint, to stunt hebetare, stan-en, stillen. De â in sthâtar et ă in stător cf. dhâtar = conditor.

statuo 3. Denom. a status ut metuo a metus, ut μεθύ-ω, δακρύω, ἱδύω; cohaer. c. lat. -ui in mon-u-i; v. fui. B. § 777.

statura 1 f. Skr. samsthâ f. Status 4 m pratishṭiti f.

stella 1 f. Ex sterula; skr. târâ f ex stârâ, goth. stairnô, the star. Adde bav. starblind blind am Sternfeld; v. a-stra. Adde skr. târakin stellatus, stellio 3 m. Ovidius sic: Variis stellatus corpora guttis; Metam. V 451.

— **ster**; v. terrestris. oleaster.

stercus 3 n. Στέργ-ανος, (cgn. the dregs faex, der Dreck). Pro scertus = σκαρτ- σκώρ-. De forma cf. stloppus pr. scloppus alapa, κόλαφος; σκαρτ- autem pertinet ad skr. çakṛit pr. sa-krit = carda, ut bucerda. De sc = st cf. lo scarnuzzo = bav. Starnizl, bav. das Scherzel = Sterzel.

sterilis, e. Skr. stari f vacca sterilis, pr. staryâ στεῖρα ex στερya; goth. stairon sterilis, cohaer. c. germ. md. star rigidus, lit. styrù erstarre. Adde lit. stérva cadaver, das Aas, cgn. στέριφος, cohaer. c. to starve sterben, the starveling der Hungerleider, quo in loco de dupl. s. cf. goth. sviltan sterben c. nord. vet. svelta Hungerleiden; nord. vet. svelti locus sterilis; v. stiria.

sterno 3. Skr. stṛiṇômi = στόρνυμι, στρώννυμι, goth. stranja ich stren-e. Hoc lat. vet. stlata 1 f sc. navis = strata; slv. po-stla-ti expandere, ster-nere; Fk. 410. Adde the stor-m der Sturm.

sternuo 3. Cgn. con-sterno, to start up auffahren, starting horse ein scheues Pferd. Confer πτάρν-υμαι = stern-uo. Sterto 3 cf. mitto; K. XX 97.

— **sthmus**; v. Isthmus.

stilla 1 f. Demin. vocis stiriae; στίλη, σταληδών; C. 198. ,Stiria' autem (prpr. die erstarrte, στιριά, σταγών) cohaeret cum bactr. vel çtak-ra steif, fest, stagnum stehendes Wasser, bav. Stoh-.

stilus 2 m. Pr. stiglus; v. sq. Hinc le stilet.

stimulus 2 m. Pr. stig-mulus, cgn. στίγ-μα, der Stich; v. Fk. 907.

stipes 3 m. Pertin. ad skr. sthâp-ayâmi facio ut stet; cohaer. c. stipo; stips 3 f, (quia alia stips ponebatur super aliam), stipendium 2 n, a stipe dictum, quod aes quoque stipem dicebant. Stipula 1 f die Stopp-el; C. 194.

stiria 1 f. Cgn. στιριός, stier, starr, v. stilla. De s. cf. στίβη der Reif cgn. στιφ-ρός densus, fest; (v. tibia et cf. πάγος cohaer. cum πήγνυμι; J. S. 120. De s. cf. skr. çawasâ stark c. çawas = lit. stárva.

stirps 3 f = propagationem faciens; stir- cohaeret cum skr. stir-ṇa = ge-streu-t, quo de sensu cf. prosapia = skr. santâna n stirps, (pertin. ad tan- = strinômi, sterno); K. VII 56. De ,p' v. opus.

stiva 1 f. Cgn. goth. stiviti f ὑπομονή, cohaer. cum skr. sthâwara stabilis, σταυρός pâlus; adde bav. stan-en stellen, stützen, stauchen firmiter ponere, steu-ren stipare.

sto 1. Ex sta-o staϝ-ω, unde re-stav-erit, Propert. II 34, 53. Cgn. ἱ-σταϝ-ω cohaer. σταυ-ρός; lit. stov-e-ti stehen, slv. stav-i-ti stellen; K. XXI 202. Skr. tishṭâmi = sto, ἵ-στη-μι. Huc hib. celt. taim pr. staim = sum, (existiere, ich bestehe); gall. j'étais (ex stabam, ut j'aimais ex amabam); K. XVII 279. De ,taim' v. strenuus.

stola 1 f; στολή, cohaer. c. sthal-âmi stehe fest, pertin. ad στέλλειν stellen.

stŏlidus, a, um, cgn. stolz. Skr. sthûla, sthûlaka, dumm, plump, stul-tus. Confer: Stultus und stolz wächst aus Einem Holz.

stŏlo 3 m; στόλος der Stengel, germ. vet. stil der Stiel.

stomachus 2 m; στόμαχος demin. ut νηπίαχος, οὐρίαχος; pertin. ad zd. ҫtaman m das Maul, arm. ҫtom, unde στωμύλος loquax; στό-μα, (pertin. ad sta-n sonare; Fk. 211). v. tono. Cgn. stomachor 1 quo de sensu dupl. cf. sard. magon der Ärger, simultas, cohaeret cum germ. vet. mago stomachus, der Magen.

storea 1 f. La stora, cgn. torus, bav. der Stor, der Storch, die Matte, Blahe = slv. vet. stelja teges, v. lătus. Skr. upa-star-aṇa n storea, στρῶ-μα die Decke; v. stragulum.

strabo 3 m = στραβών paetus, cgn. στραβός verdreht, στρόβιλος turbo. Nom. pr. Strabo cf. c. Schiller, germ. md. schiller paetus.

strāges 3 f. Stra-g-es, cgn. stru-es, stru-c-si, ster-no; v. Gr. I 1722.

strāgulum 2 n. Cgn. strāges, die Streu, die Decke; skr. pari-stara-ṇikâ f le matelat, cgn. lo strato der Fussteppich; stâriman n das Bett, cgn. stramen. Adde stramen pr. stragulum, B. § 795; ὑπό-στρω-μα, die Streu, the straw, das Stroh; v. storea.

strangulo 1. Cgn. stringo, στραγγαλίζω; στραγγάλη the string, der Strang, der Strick cohaer. c. stre-ng, v. strenuus.

strena 1 f. L'étrenne, das Hinge-stre-ckte.

strēnuus, a, um; cgn. στρη-νής stre-ng, stra-ff, stri-ct, stra-mm, angl. ster-n = ir. celt. trén pr. stren strenuus, fortis.

strĕpo 3. Dfb. G. II 637 cohaerere putat hoc vocabulum cum ill. trep-ati, bohem. trep-ati, lit trup- pulsare. Confer skr. trup- ferio, θρύπ-τω, unde τρύφ-ος das Trumm, (cgn. Tromm-el?)

strictus, a, um. Cgn. stre-nuus, goth. ga-staurk-nan stark werden, erstarren, lit. streg-ti rigescere.

strideo 2. Ex aliquo strīdeo ut sido ex sēd- sīd-; germ. vet. strēdan, germ. md. strēden fervere, strud-eln; Fk. 411. Stridulus, a, um, unde lo strillo ex stridolo, qua de formatione cf. vidulitia, unde velligia = la valigia, la valise das Felleisen; v. vidulus.

striga 1 f. Goth. strika der Strich, cgn. στρίγξ der Strei-f, stri-g-atus ge-strei-f-t, stria sulcus cohaer. c. slv. vet. strigati radere; J. S. 54. Cgn. strigilis 3 m l'étrille, prpr. der Streicher, der Strei-fer, στεργίς, στλεγγίς a. στελγίς das Strei-ch-eisen.

stringo 3; cgn. strangulo. Adde slv. vet. strŭg-a-ti radere, russ. strug-ati runcinare; Schmid 161 addit στρεύγ-εσθαι = στραγγίζεσθαι. Cgn. strix 3 f σρίγξ, strig-a. De s. cf. der Kauz strix, germ. vet. cauha = la chouette, pertin. ad skr. kuć- hauch-en, constringi; Gr. V 367. Huc la strega die Hexe, bohem. striha.

struma 1 f. Ex struima, cgn. στρώννυμι sterno, slv. vet. stro-ti extendere.

struo 3. Per metath. ex stur-, star-, ut goth. strau-jan ex staur-jan = στρώνν-υμι; B. § 109, 4. Sic skr. stri-n-ômi = στόρ-ν-υμι. L. M. 378 sic: staurjan ex stravjan, perf. stravida ich streute hin; nam skr. star- = streuen, ausbreiten, cohaeret cum struo ex strugvo, perf. struxi h. e. strugvsi.

struppus 2 m lorum, der Stra-ng, der straff-e, στρόφ-ος, l'étrope; K. XVIII 5.

struthio 3 m der Strauss; στρουθοκάμηλος passer h. e. cameli instar, joci causa sic dictus; stru-, στρου-θός = spar-o; cf. sq.; v. sturnus.

studeo 2. Cgn. σπουδή; cf. stadium. Stud- pr. spud- per assimilationem dentalis; C. 649. Fk. 501. Bzb. 41.

stupa 1 f; στύπη das Werg, cgn. stipa, zum Stopf-en; hinc στυφνός = στιφ-ρός; l'étoffe das Gewirk, the stuff farcimen, στοιβή. Festus ait: stupa qua amphorae firmari solent cum extruuntur. Adde étoffer ausstaffiren; skr. stab-dha firmus, stabilis, rigidus, germ. vet. stab-en starr werden, bav. vet. er-stab-en; v. stuppa.

stupefacio 3. Skr. stabhnâmi, stubhnômi, (ex stambh); J. S. 154 = stabh-n-ômi. L. M. p. 444 trahit huc goth. dumb-s stumm, prpr. starr, afdobnan verstummen; cgn. τάφ-ος stup-or = θάμβ-ος ex σταμφ-ος; L. M. 63. Stupeo = τέ-θηπ-α, skr. stambhê, germ. vet. stob-arôn staunen. Confer sthâpayâmi ich stau-e, unde ich stau-ne; angl. a-stonished er-staun-t, cohaer. gall. étonner.

stupidus, a, um. Cgn. stu-bh, stu-p; J. S. 154. Huc trahunt τυφ-λός prpr. erstarrt, rigidus, cgn. dumbs; L. M. p. 63.

stuppa 1 f, prpr. στυφ-νή firma. De s. cf. germ. vet. schambi stupa, bav. die Akampen, pertin. ad kämpen firmare. akamp-e grob = στυφ-ελός.

stupro 1. Cohaer. cum skr. tup-âmi τύπ-τω, laedo, stump-âmi percutio, tuph-âmi στυφ-ελίζω, germ. vet. stumb-alôn ver-„stümm'-eln, germ. vet. stimp-an decurtare ab-stumpf-en. De s. cf. bav. Schlagerin.

sturnus 2 m. Germ. vet. stara der Staar, ἄστραλος pr. ἀ-στραν-ος, bav. der Starl, vet. storn; bohem. škor-ec der Staar. De u in sturnus et a in stara cf. μύλη c. malen, μύρα h. e. μυργα c. skr. -mara = μυρος ut ἥ-μερος, skr. admara edax = ir. cell. ithe-mair, unde πλεμμυρω h. e. πλημμυρyω bin voll, ir celt. linmaire ex plinmar-ja; K. XXI 357. De -nus v. somnus.

— **stus**; v. modestus.

stylus 2 m; στῦλος, cgn. στύω steife. Ex th. „sta' skr. stambha m postis, pila, columna; cohaer. c. germ. vet. stamph die Mörserkeule, Klotz, Stock; ags. stefn s. stemm der Stamm, stipes, truncus stipes. Skr. sthûpâ f columna, pertin. ad sthâ- et cohaeret cum στή-λη.

Styx 3 f. Cohaeret cum στυγ-ερός, quo de sensu conferri potest Sliðr, flumen illud tartareum, (sliðr der schreckliche. Mr. II 87), cogn. bav. schleiz-ig = στυγερός. Schoemann autem hanc vocem conjungit cum στύ-ω, στύφ-ω, = die Feste, Steife; Theog. p. 181. Adde ad στυφ- skr. suffix. -stubh wehrend, ut gharma-stubh a frigore defendens, stôbhas = stopp-ing, obstructing, inhibiting.

suâdeo 2. Propr. ποιῶ ἁδεῖν, facio ut placeat, quo de sensu cf. plaidoyer ex placidare. Cgn. ἁδ-εῖν ex σϝαδ-εῖν, ἥδ-ομαι habe mein Gefallen, j'ai mon plaisir h. e. mihi placet. Cgn. goth. un-sûtja tumultus. L. M. p. 341; v. suavis.

suavis, e. Pr. suadu-is = skr. swâdu-, fem. swâdwi = ἡδεῖα (ex σϝαδεῖα); pertin. ad swad-âmi gusto, unde ἑδ-ανός (ex σϝεδ-ανός) köstbar. Hinc to assuage mildern; the sweetness die Süssigkeit = germ. vet. suaz-nissi; v. Westerg. p. 181.

sŭb. Pr. sup, (cf ab pr. ap), = ὑπό, skr. upa. „Sub' ex „esub', ut sum ex esum. C. 272. Bzb. 112; v. supinus. Hue goth. uf = ὑπό, vel ub ut ub-uh vôpida exclamavit; v. L. M. 77. Per aphaeresin pa pr. upa, unde lit. po = sub, ut russ. po-kórnji der Unterthan; B. § 1002; lit. pa in pa-donas Leibeigener, (danas = datus). Huc Po-laben, Po-mmern.

suber 3 n; σύφαρ die Runzelhaut.

subinde. Ital. sovente, gall. souvent, (pr. sovende). De t pr. d cf. la pentola = pendula, la pente declivitas pr. pende der Abhang. De s. cf. goth. ufta = souvent, oft, superl., = ὕπ-ατον h. e. sehr hoch, sehr viel; Bzb. 74. (uf- = sub). L. M. 79.

sublimis, e. Sub-limis, ut de-limis, cgn. limus.

sûbo 1; συβάω, cohaer. cum σοβ-έω ich schweif-e, schweb-e, σόβη der Schweif; bav. schweib-en ferri. De συβ- cf. κύφ-ελλον.

subōles 3 f. Der Nachwuchs; ‚ol' cgn. cum goth. alan ad-‚ol'-escere, al-jan al-ere educare. Hinc goth. alla ex al-ná prpr. ad-ul-tus al-t; allaþrô πανταχόθεν; Ebel Beitr. II 177.

subsanno 1. Cgn. σάνναι morio, cgn. σαίνω bav. sein-eln; pertin. ad skr. swan-âmi sono, ags. swin das Lied; K. VIII 126.

subsulto 1. Hinc le soubresaut der Sprung eines Pferdes, cgn. the summerset pr. submerset.

subtel 3 n die Fusshöhle, cgn. τηλ-ία das Gestell; v. tellus.

subtemen 3 n; ex subteximen.

subter. Sub- cum suffix. compar., ut nostrum nie-der; v. obi-ter. B. § 293.

subtilis, e. Pro subtelis h. e. qui telas sublustrat sive penetrat.

subtus. Hinc it. sotto, gall. sous, dessous, ex disotto; la soutane.

subūcula 1 f. Cf. indūcula; cohaer. c. lit. aú-ti beschuhen, ind-u-ere calceos; lit. aú-klė die Fussbinde; K. XX 137.

sūbula 1 f. Cgn. skr. sû-tra n filum; unde la subbia die Able = germ. vet. siu-la, quo suitur; die Seuel, Seul subula, a siuwan.

suburbium 2 n. Skr. upapura n.

succenseo 2. Cgn. skr. abhi-çaṅs-âmi acquso, incuso, βλασφημῶ, abhi-ças-ta beschimpft, adhi-ças-ta famosus, verrufen; çamsa m imprecatio, die Verwünschung, der Fluch, cohaer. c. â-çams- = optare, avidum esse, quae sententia monet nostri grâtag avidus et bav. sich graet-en sich bekümmern, cohaer. c. alem. grâte facio succensere, mache grätig, unwillig; v. ira et cf. sub- c. ob in ubila et Schm. II 81.

succinum 2 n. Succum arborum esse intelligas; Tac. Germ. 45.

I. sucula 1; ὗς, (cf. bucula); K. XIX 10. — II. sucula der Haspel, cohaer. cum σεύω; C. 341.

sūcus 2 m; cgn. succinum. Hinc gall. essuyer (exsuccare).

sūdes 3 f. Prpr. der fest ‚sits'ende. De u = a cf. sthûṇâ stylus pr. sthâṇâ.

sūdor 3 m. Skr. swêdana n das Schwitz-en; swêda m der Schweiss = ἱδ-ρώς; to sweat = skr. swidyâmi. Huc germ. vet. sund-an der Süd-en, warme Himmelsgegend; J. S. 58. Cgn. sūdus, a, um, nord. vet. sviða urere, cohaeret cum sidus, ags. sveot-ol a. sut-ol apertus, lit. svidus blank; Fk. 921. (De u = i cf. sudo = swidyâmi).

sufficio 3 = possum, Aen. V. 22; sufficit es reicht hin, es thut's. De s. dupl. cf. skr. aṅç aç ich erreiche, (v. tenus), unde ir. celt. ‚icc' in con-‚icc' firiannugud potest justificare, prpr. sufficit ad..; con-‚icc'im possum, prpr. sufficio; con-ecat possunt, prpr. nanciscuntur; celt. cum-aco potentia, posse, cumachte potentia = goth. maht-s die Macht; v. K. XXI 418. 416. Z. 429... Sufficio valet etiam sustineo, (teneo ich halte fest, v. tenus), ich trage, kann tragen, quo loco de s. dupl. cf. tragen, goth. dragen c. δράσσω halte fest, teneo; K. XXI 415.

suffrāgium 2 n. De ā cf. ambāges, persōna.

sūgillo 1. Confer skr. swañg- ire, moveri, germ. vet. suingu; einen Schwank authun. De s. dupl. cf. 'σπιλήσσω.

sūgo 3. Cgn. sucus, (cf. spargo), lett. suzza ex sukju sugo, bav. suzeln. Fk. 404 huc trahit goth. siuks = exsuccus.

sulcus 2 m. Ags. sulh, celt. cy. sylch die Furche, cohaeret cum goth. sulja = solea, bav. die Pflugsol'n.

sulphur 3 n. Skr. çulwari m. Cum ‚sulphur' Fk. 894 putat cohaerere goth. silubra das Silber. Çulwari = bav. Schwelfel = Schwefel. Skr. çulbari m sulfur constat ex çulba cuprum, ări hostis; P.

sum. Pr. es-um h. e. es-âmi = εἰμί (ex 'ἐσ-μι), zd. ah-mi, goth. im ex imm h. e. is-mi; B. § 430, 3. De mutilatione cf. çyâmi pr. açyâmi acuo; Westerg. p. 64. v. sub. Adde σπίλλος = ὄσπιλλος. — Verbum auxilare primum est in perf., ut: junxi ex jugna as, dixi ex daika as, flexi ex bhraka as; K. XX 336. B. § 546. Accent. Syst. 279. Deinde hoc verbum auxiliare suffigitur Aor., ut 'ἔδειξα pr. 'ἐδεικ-σαμ = [illegible]ditam; Med. 'ἐδεικ-σάμ-ην. Hoc idem ‚s' Curtio est in σ-κον ut οὐ πίνε-σ-κε es war ihm nicht um's Trinken, er war nicht auf's Trinken; K. I 28. Il. XVI 226. Et est hoc ‚s' illud ‚s' desiderat., nam πίνεσκε (= es war ihm um's Trinken) est etiam i. q. er mochte trinken. Et Bf. (Gramm. § 184) ait sic: Das s desiderat. ist ein Überrest von ‚as', z. B. bibhit-s-âmi heisst: ich bin im Zustande des wiederholten Spaltens. Lingua goth. habet hoc s in -isva (= isva), ut ubizva die Halle = nord. vet. up-s der Dachvorsprung = ags. efese = the eavest die Dachrinne; Fk. 703. Schm. I 16. Atque attenuatur s in r, unde nord. vet. rê-ri remigavi (pr. resi), rêrir remigavisti; slêri pr. slêsi ich habe geschlagen; sâri ich habe gesäet; K. I 475. 575. VIII 209. Item germ. vet. scriruu pr. scrisun sie schrien; K. I 573. Sanscrita quoque lingua hoc s attenuavit in r, ut tudê-r-an sie mögen quälen, (prpr. ‚s'eien sie zu quälen), pr. tud-ê-s-an, quod ‚ėsan' = ησαν ut διδοί-ησαν; tutudirê = tutuderunt pr. tutudi-s-ê; B. gramm. min. § 148. 272 ann. 4.!

Sumus pr. es-umus = 'ἐσμέν, skr. as-mas. Hoc -mas est Nomin. plur. pronominis ‚ma' = ego, moi, cujus ‚ăs' = ες idem est ac -‚as' in padâs = πόδες. Germ. vet. -mēs = -măs: ut biru-‚mēs' = su-‚mus'. Abjecto sibilanti skr. -‚ma' pr. ‚mas' ut abharâ-ma = 'ἐφέρο-μεν = fereba-mus; dadyâ-ma = διδοίη-μεν; goth. bairai-ma = skr. bharê-ma = fera-mus. Adde ir. celt. rogeu-sa-m = fecimus, qua de forma cf. mau-si-mus: J. S. 25 (‚Verw. Verh.'). De -‚s' abjecto confer abjectum -t finale in ablat. ut equo ex equod = skr. açwât; 'ἔφερε = skr. abharat; goth. bairai φέροι = skr. bharêt ferat.

(ex ferāt, v. rumpam); goth. bēri perf. er trüge = skr. babhryāt, ut γεγράφοι pr. γεγράφοιτ = scripserit; L. M. 148.

Sunt = umbr. sent, lat. vet. sont, goth. sind, pr. es-unt; es-unt = εἰσί (ex 'ισντι), "ἐασι (ex 'ἰσαντι), aeol. εὖτι (ex εὖντι h. e. "ἐοντι 'ισ-οντι; ‚οντι' autem ipsum compositum est ex ana = er, ille + ta = er, ille; ‚ον-τι' igitur valet ‚er und er', ‚der und der').

sūmo 3. Ex su-ĕmo, sul-mo; sumptus pr. sumplus, v. templum, cf. andauun-f-ts Vernun-f-t, bav. brim-p-seln = brimseln, goth. svum-f-sla pr. svumsla. Addo die Brun-f-t, cgn. brēman fremere.

sūo 3. Goth. siujan pr. sivjan = skr. siwyāmi, germ. vet. siwan to sew; deriv. nord. vet. sau-m der Sau-m; germ. md sū-t f die Naht. Huc gall. coudre ex cousdre cusire cosuere.

suovetaurilia 3 n. Confer βατραχομυομαχία.

supellex 3 f. Cohaer. c. lectus.

super = ὑπέρ, skr. upari Loc.; super ex es-uper. Hinc s,up'ero 1 = germ. vet. ob-āron, op-arōn, deriv. = er-ober-n. Adde superbia 1 f (cgn. ὕβ-ρις pr. ὕπ-ρις), die Hoffahrt h. e. Hochfahrt, (super = hoh, -bia -bus = -βας, -βης ut: ἀκρο-βής, skr. -ga = -βαίνων; Pit. I 201). Idem sensus in skr. utsawa m superbia, (ud = super, sawāmi = = ich fahre). Confer skr. utsēka m die Hoffahrt, (effusio), quo de s. cf. goth. flautan superbire, (überfliessen, ait Gr. III 1703). Adde skr. unnaddha superbus, (solutus, quo in loco comparari potest ud = germ. md. ur in ur-gile superbus, unde l'orgueil, (nord. vet. gal-si effusa laetitia). Hoc ud ur = goth. uf, cgn. ὕπατος, unde uf-swal-leini superbia (tumor), quo de s. cf. βρενθύνομαι superbio c. lit. brendau tumesco, cgn. βρίθω. — Superstitio 3 f est perseverantia in superstitibus opinionibus. Cum hoc ‚super' cf. germ. vet. ubar in ubarfeugida der Aberglaube.

supinus, a, um. Sup-nus rücklings, skr. upa-tya = ὕπ-τιος supinus. Confer cum upa-tya περισσός ex περιτyος, αἱ "ἐπισσαι ex 'ἐπι-τyαι (cgn. skr. apa-tya der Nachkömmling); 'ἐνθάσιος ex 'ἐνθα-τyος.

sūpo 1; cgn. insipo, dissipo, lit. sup-ti vibrare, vacillare, to sweep = bav. schwaib-en verrere, schwaib-szen vibrare. ‚Supor' ich schwanke hin und her cgn. skr. swap- = dormio. De s. cf. κραδαίνω ich schwinge, supo c. nord. vet. hrat-a schwanken, neigen, sinken, vorn überfallen; Fk. 1074. Adde tau-meln, cgn. it. tombolare mit dem Kopfe voran fallen, to tumble fallen, einfallen. Gr. II 1517 ait sic: Ursprünglich heisst es mit Heftigkeit sich bewegen, (jactari, supari). Similiter germ. md. swanc jactatio, das Schwingen, cgn. to swink schwankend, schwach, schlaff werden, einschlafen; v. sopor.

suppedito 1 ich stelle zu Füssen, zu Gebot. Moueri posset illius ἀνδρά,ποδ'ον mancipium = quod sup,ped'itat, unde Dat. pl. ἀνδραπόδισσι, (πόδισσι = pedibus).

supplicium 2 n = expiatio; v. Liv. VIII 239.

supremus, a, um. Ex supra-imus; K. XV 77. De forma cf. skr. karênu m elephas, ex kara rostrum, + -inu. v. alienus.

sūra 1 f. Cgn. skr. sû-tra n filum, pars sutura circumligata; cgn. σύ-ω, κασ-σύω formo, unde σῶ-μα = forma i. q. δέμας. (De ,συ' et ,σω' cf. χύω c. χῶμα). Hinc gens Sulla. Nisi forte sû-ra cohaeret c. çû-na tumidus. (Si recte, de s = ç cf. sulphur; de -ra = -na cf. πλή-ρη-ς = ple-nus).

surculus 2 m. Cgn. sar-men. De u = a v. undes.

surdus, a, um. Cgn. sordidus = trüb, goth. svart-s.

surgo 3. Ex su-rigo, skr. ṛǵ, arǵ- = eo. Huc la source, sourdre quellen, ubi de ,d' cf. tordre = torquere.

sursum. Su-vorsum h. e. sus Ablat., v. abs. Huc le souzerain ex suserain h. e. surseranus, ut le souverain ex superanus; v. saepe.

I. sus-; v. sursum.

II. sūs 3 m. Die Sau, ὗ-ς, the sow, skr. sûkara m sus, prpr. παιδοποιός, (cgn. sunus the son = partu editus, skr. su- = parere; adj. suinus, unde goth. sveina das Schwein, nord. sveinn puer, Svein-ki puerulus; v. Schm. III 537 ,Schwangau' h. e. Sweinkigau). Ex suillus prodit la souille die Sauschwemme, deriv. a prov. sulh sus, le souillon der Schmutzkittel, to soil. De ὕ-νις vomer v. Gr. Gesch. p. 41.

III. -sus; v. Marsus.

suspicio 3 f h. e. su-specio; v. suffrāgium.

sus,ten'tatio 3 f. Skr. ,tan,tra n.

susurro 1. Ex su-sur-jo, bav. surren s. sarmen = schwirren. De ,rr' cf. curro, terra; v. Gr. III 750. Cohaer. cum συρ-ίζω, slv. svir-ati tibia canere; svec. surra schwirr-en; skr. swara sonus. Adde lit. surma tibia.

sutor 3 m der Schuster, (Schuh-sutor), unde n pr. Sauter, Schubert; v. Schm. III 341.

suus, a, um. Ex sv-us, sv-a, sv-um, skr. swa-, swa-ka, goth. svê-s proprius; slv. svoĭ suus. Cum svês cohaeret germ. vet. suâs carus, proprius, domesticus, man-,su'etus. Huc Svâsnôr; Gr. M. 719.

Sygambri 2 m = perstrenui, industrii, cgn. Gambrivii. Schw. Sidl. De ,sy' cf. su in Su-essiones. Sed v. Eb. p. 14.

— syne; v. Mnemnosyne.

synodus 2 f. Unde germ. vet. sênôt; germ. md. sêntbaere, cui licet interesse synodo; -baere = ferens. Nom. prpr. Semper.

T.

I. t abjicitur, v. summus. — II. t inseritur, v. matutinus. — III. t eliditur, v. praesertim. — IV. t affigitur, v. hostis. — V. t pr. st, v. torus. — VI. tt pr. t, v. vitta.

— ta; v. juventa. senecta. poëta.

tabanus 2 m, unde le taon, cohaer. cum skr. tap-âmi uro, (v. tepeo). De s. cf. οἶστρος (ex οἶϑ-ρος, cgn. αἴϑω), = inflammans, accendens; v. K. XII 436.

taberna 1 f die Bretterbude, cgn. tabula die Tafel, umbr. tafla, tabella das Brettchen, prpr. extenta, die Platte; cgn. skr. tâwara ex tan-wara, (v. abyssus) = τιν-ών, cgn. tentorium. Cum tabula das Brett cf. Bret, cgn. breit; Gr. II 374. De sensu cf. τηλ-ία das Brett, germ. vet. dillâ f die Diele, das Brett, pr. dilja, cgn. τῆλις; Fk. 365. Taberna igitur: die Bretterhütte, (cf. das Bordel, le bordel das Bretterhaus). Cum tabula h. e. ‚tawala' cohaeret τάβλα, ταῦλα, bav. das Zabelbret, isl. tebla Schach spielen. Adde skr. bindutantra das Schachbrett, (disci ‚ta'bula, ‚ta'- cohaeret cum ‚tan'-tra, cum tâwara); K. XVII 148. XXI 144. Forma taberna (ex taverna taϝerna) comparari potest cum lat. Labyrinthus = gr. λαβύρινϑος h. e. λαϝύρινϑος, cgn. Λαύριον h. e. λαϝριον die Steingrube, cohaer. cum λᾶϝας, λαύρα = la chaussée (i. q. le chemin der Steinweg, cgn. caminus). Confer Herod. II cp. 148 ed. Stein. Dz. I 104. Eb. 1056.

tābes 3 f. Das Schwinden, Verschwinden, cgn. τη-τάω ich mache verschwinden, spolio, privo, = ἀ-τίμβ-ω, (der ‚Dieb'?); cohaeret cum zd. tâ-yu = skr. stâ-yu fur, (tabescere faciens, ex-ten-uans, ut ex-ten-uatio vitium = exspoliatio, die Schwächung), lett. tiwas dünn (ex tinwas), skr. tâyatê dehnt sich; cf. Fk. 210. 76. Cgn. tābum, (ex tan-bum) cohaer. c. ταν-η-λεγής (ϑάνατος).

tabula 1 f. Ex ta-wala, cgn. taberna.

tābum 2 n. Cgn. zd. tâ-ta fluxus, wegfliessend, cgn. tabes, ags. than udus, madidus. De s. cf. mano, τήκ-ω tabesco, diffluo, τακ-ερός diffluens, skr. tak-âmi ruo. Adde slv. vel. sæk-nati fluere, unde pendet goth. siuks siech, tabescens, exsuccus. Similiter germ. vet. swëhhan effluere, unde schwach exhaustus; v. sugo.

tăceo 2. Pr. stac-eo, cohaer. c. skr. stak-âmi ich stock-e, cohaer. c. stâ, bav. stâ-d = sti-ll, cgn. cy. celt. tawi quietus, silens, ir. celt. toi ex tovi, unde Tavena, nom. prpr. die Stille, pr. Stagnina. Gl.

Jahn J. B. 1864 p. 604. Sed B., Fk. 73, conjungunt hoc vocabulum cum skr. tuç-yâmi paco, tushnim pr. tuç-nîm tacite. De a = u cf. tactus 4 m c. skr. tuģâmi ich stosse, rücke, cgn. goth. stigqan stagk = tundere, ags. thaccian leniter tangere. Adde talentum cgn. tulá; v. tugurium. Taciturnus, a, um, unde portug. soturno düster, sornanox, gall. sournois subdolus, tectus, il sornione der Duckmäuser.

taeda 1 f; cgn. τυφ-ός calidus; v. titio.

taedium 2 n. Cgn. skr. tandrá f lassitudo. De s. dupl. cf. slov. irk tedious c. ags. earg lassus, = arg; Gr. I 105. Adde nord. vet. threytter fessus, cgn. throt defectus virium, cohaer. ver-driess-en taedere; Dfb. G. II 718. De ‚taed' = ‚tand' v. tango.

taenia 1 f. Ταινία, skr. tan-tus m filum, tantra n = filum, forma; qua de dupl. sententiae cf. filum c. le profil.

Talassius 2 m. Confer skr. taluna juvenis, taluni f virgo, cgn. taruna = taluna, cohaer. c. τέρ-ην quo cum ‚τερην' cohaeret le tarin der Zeisig, quae vox ‚Zeis'ig pertinet ad isl. tita fringilla montana, germ. vet. zeiz = tener, τέρην, isl. teitr laetus. De a. cf. Gajus. Cum teitr cohaer. nom. pr. Zeiss.

tālea 1 f. Θάλλος, cgn. tilia die Linde; Fk. 365. Θάλλος ex Θαλjος. Confer Talassius. Memoro illud skr. tal-una u. taruna n juvenis, taluni f virgo; cgn. taruna n palmes, der Schössling. v. carduus.

tălentum 2 n. Τάλαντον, skr. tulà f libra. Cgn. ταλ-άω ich trage, τλ-ημών der Träger. redupl. Ταν-ταλ-ος = Τλημών πολύτλας, τλή-μων. (v. Atlas). Adde Τλη-πτόλεμος.

tālis, e. Tā-l-is; tā- = skr. tā- in tā-drç = talis, (ex tad-drç, prpr. de telle espèce, nam drç = specio). Adde skr. êtâddrça talis, τοι-οῦτος. De l inserto confert Fk. 402 goth. si-l-ba = se-l-bst, boruss. vet. su-bha, suba = se-l-bst, quod ‚bha' ei cohaeret cum ‚φι' = velut, cum σφι in σφί-τερος.

talpa 1 f. Cgn. tal- = tollo, ταλ-άω, unde talpa potest esse quae tollat acervum, quo de sensu cf. germ. vet. multuurf = the mole-warp der Maulwurf (tollens pulverem); K. XIX 183. Corss. autem et C. 55 ponunt ‚stal'-pa = σπάλοψ = ἀ-σπάλ-αξ scal-pens, der Spal-ter.

tālus 2 m. Ex taxillus, (cf. tela). Hinc le talon.

tam. Ex tame Loc. fem., ut cum ex cume; skr. tát = τώς, οὕ-τως ex οὔ-τατ. Cum ‚tât' cf. skr. waha-tât = vehito er soll führen, lat. vet. vehi-to(d) = vehi-to, osc. vehe-tud, umbr. vei-tu, ἐχί-τω ex ἐχι-τωτ; Fk. 296. Cf. tu. Cohaeret cum goth. þau = quam, ἤ i. q. þauh h. e. þau-uh. (De ‚au' = am cf. goth. bêrjan ex babharyâm); Bzb. 95. — Hinc tamdiu ex tandius = skr. tâ-wat ex ta-wat. Adde tandem, (‚de'm pr. demi v. dum, = δή).

tamen. Potest constare ex tā-men h. e. tā = τά neutr. pl., mĕn = *μὲν* in *μέν-τοι*; B. § 343. Zeyss dividit in ta-me-n, (ex aliquo ta-ma-na, quod ‚na' est illud *-να* in *ἴ-να*, v. sine; K. XX 191). Hoc ‚ta' in tamen est in skr. ‚ta'thâpi = tamen, (ta-thâ = sic, = dabei = *το-ί*, cohaer. c. skr. tu = ta-men, *το-ί*). Confer insuper ‚thâ' in ta-‚thâ' cum -‚thâ' in ved. ka-‚thâ', ex katham instr., = = *-τα* in *εἶ-τα*, *κα-τά*, *δή-τα*, goth. -ta in af-ta (ex apa-ta).

tămino 1. Ex tagmino; v. spargo.

tango 3, cum ‚na' infixo, ex ta-‚na'-go, ut pango, nanciscor, quod ‚nano' cohaeret cum aç-, aċ- anċ in: udanċ sursum, apanċ s. apâk retrorsum, prânċ s. prâk pronus, apânċ s. apâk aversus, (v. opacus, cgn. germ. vet. ap-ah s. ab-uh aversus, perversus, cohaer. c. ir. celt. oc-us vicinus, ex aliquo aukas, nah-e = goth. nêh-v, ir. celt. aucas = *ἠγγικής*, ir. celt. com-ocus cognotus, affinis); v. K. XXI 421. 414. — Tango = goth. têkan, to take, ut dengeln = *Ͽήγειν*, ut cy. celt. têt filum = skr. tanti die Schnur; ut ir. celt. ée-en ‚nec'essarius = *ἀ-ναγκ'-αῖος*; v. K. XXI 420. Cf. abyssus. Tang- = to take conferri potest etiam cum suffixo instr. ‚ana' = -‚â' ut skr. mudâ = mit Lust, ćaxusâ mit dem Auge, (ex mudana mudan, ex ćaxus-ana ćaxusan. Mutato a in i exstitit suffixum a-ina = aina, êna unde mukêna = mit dem Munde, ex mokha-ina; v. K. XII 257). Huc nord. vet. taka capere, cgn. *τε-ταγ-ών*, bav. zick-en leviter tangere; the tick die Zecke. Adde têca, taca unde texaca s. taxaca furtum, praeda, cgn. germ. vet. tasca die Tasche, prpr. taking, (cf. capsa), cohaer. c. zascôn trahere, tractare, unde die Zesche mantissa, die Schleppe des Kleides; v. Gr. Gesch. 386. Schm. IV 280. Dz. I 411. Huc pertinet the task pensum, die Taxe; taxo 1 ich taxiere, dum taxat = wenn man (das Wenigste) annimmt, taxirt; v. Dz. I 413.

tantus, a, um. Ex tavantus, skr. tâwant, êtâwant. Ex ‚tanto' nostrum der Tänt-ler, ut die Gant cohaeret cum quanto. Der Tant-*ρεα* der Spielpfenning, ex tantos, hisp. tantear aestimare.

tăpes 3 m. *Τάπης* der Teppich, cgn. *ταπ-εινός*, (ex *ταπεσινός*, *ταπιτ-νός*). Cum ‚tap' cf. skr. wi-tap-âmi ich dränge auseinander; Fk. 77. Ebel trahit hoc ‚tap' ad skr. twaċ- tegere, ut *πέχτω* = paćâmi; K. I 304.

tardus, a, um. Pr. tar-i-dus, cgn. ‚star'- strecken, in die Länge und Breite ziehen.

tarmes 3 m. *Τερ-ηδών*, cgn. ter-ebra.

Tartarus 2 m. *Τάρταρος*, redupl. Skr. taras m trajectio, tar-aṇa m trajectio, coelum, (als schliesslicher Landungsplatz; BR). Similiter in meliorem partem interpretari possimus vocem *Κώκυτος*, nam çôċ-âmi est etiam flammo, flagro, unde *κώκυτος* i. q. *Φλεγέθων*, cgn. çuċi s. çukla strahlend, hell, lauter, rein; v. uro. Bf. 252 trahit ad eandem radicem ‚tar', unde etiam tar-ola tre-mulus, gael. celt. tartar perturbatio, trepidatio; cf. B. § 937.

— tas; v. juventas.

tatula 1 m. Τάτα = skr. tata m, τέττα, germ. vet. toto pater, tôta mater die Tante; bav. der Tatten. Tatius = skr. tâtya patrius.

taurus 2 m; ταῦρος, umbr. turu, cohaer. c. skr. sthûras stark, goth. stiurs der Stier, prpr. der Starke; K. I 515. Idem sensus est in skr. balin m taurus, adj. balin validus. Hoc idem balin significat etiam aprum, quo de duplici sensu cf. der Ster aper, cgn. der Sterch juvencus.

taxus 2 f, der Taxbaum, der Bauholzbaum, arbor apta ad aedificandum; cohaer. c. skr. taś-aka m nomen certae arboris, pertin. ad taś-âmi caedo, ich behaue, cgn. τέκ-τον = skr. taśakas m. Hinc Τάξιλα = skr. taśaçilâ f, urbs illa, (taśa m der Schlangendaemon, P). Cgn. scyth. Τάξακις = efficax, celer i. q. Τόξ-αρις. Adde Ν-τάξ-ις s. Λιπόξαις. (De n = l v. nitrum, libra).

tē. Goth. þi-k = di-ch = σί-γε, skr. twâ-m.

tĕgo 3. Στέγω, skr. sthâg-âmi; στέγον tectum, ir. celt. teg, Genit. tige, tectum, domus. Adv. tectē Locat. ex tecta-i, ut açwâ in equo; = osc. -ei ut múinikei terei in communi terra; B. § 989 p. 479. Adde ἄ-στικ-τος un-dich-t, nord. vet. thêttr = dicht, angl. tight ex thĕhtas; Fk. 764. Τεγέα n. pr., cgn. Tigurinum (v. dubenus), i. q. Ortona, (umbr. urto tectus); K. X 9. Adde teges 3 f, tegula 1 f der Ziegel, la tuile, (ut la ruile regula). Cgn. tugurium 2 n, cf. promuntorium.

tēla 1 f. Ex texla; la toile, unde la toilette, the tool.

tellus 3 f. Cgn. ambiell 3 n die Fussfläche; Fk. 80. Pertin. ad skr. tala m. n die Handfläche, palma, manus, solum, fundus; skr. etiam talla n = tala n die Fläche, τηλ-ία, tell-us; cf. Gloss. — BR. putant posse hoc vocabulum exstitisse ex stell-, sterul- cgn. skr. âstâra n extensio, (v. sterno); P. III 286. Ad ‚τηλ-', (cohaer. cum â-stâr-a), pertinet Τήλ-ε-φος, Τηλ-έ-μαχος. Huc gens Tullia, nam Festus ait: meditullium dicitur quasi meditellium. Cgn. germ. vet. dil die Fläche, die Diel-e, ags. thell.

tĕlōnium 2 n; τελώνιον der Zoll, (v. propago), cgn. τέλ-ος = skr. taras n das an's-Ziel-Kommen, P.; v. terminus. Huc arab. tilsam s. telsamân das Zaubermittel, the talisman.

tēlum 2 n der Zeug, (cgn. tela), Rüstzeug, pr. tex-lum, cohaer. cum τόξ-ον, τύκ-ος, germ. vet. dehsa ascia, der Dechsel. Huc nom. pr. Andechs h. e. appulsio undarum. Adde τεῦχ-ος der Zeug; v. taxus.

tĕmerē. Loc., in's Dunkle, in's Blaue; pertin. ad skr. tamas n tenebrae, caligo, unde temere (ex temese); tamas n est etiam error, dementia, die Blindheit, die Verblendung. De sensu duplici cf. nostrum blindlings = temere c. to blind obscurare, verdunkeln. Hoc ‚tamas' cohaeret cum russ. temno-ta caligo, hib. celt. teim obscurus. Adde skr. tamisra n = tamas, unde germ. vet. demar crepusculum, die Dämmerung. Huc trahendum etiam sax. vet. thiustri = düster, ags. ‚thys'tre ex ‚tamistr'a, nam nasalis mutata est in vocalem, ut germ. vet. drûh compes ex dringen = urgere, drängen; ut ags. hrŷtan strepere ex skr. krandâmi mugio; ut goth. dugan taugen, tüchtig sein, cohaeret cum slv. vet. dańgi robustus, tüchtig; J. S. 171. B. § 938. Adde suffixum goth. -ûh = καί, οὖν, δέ ut þan-ûh = then, dann, ex aliquo an-ka, (an- v. ille, -ka = ća v. que); Bzb. 100. Simili mutatione nasalis in vocalem sive diphthongum oritur goth. sprautô ταχέως ex aliquo ‚sprand', unde frond-eo ich schiesse, ἀναδραμεῖν, springe hervor; Bzb. 38. — Cum ‚temere' cohaeret temero 1, quo de duplici sensu cf. to blend = blenden, beflecken.

tēmētum 2 n. Skr. tâmana n liquor; v. abstemius.

têmo 3 m, ex tec-mo = τάσσων, (τακγων, cf. vannus), cgn. germ. vet. dih-sala die Deichsel, ags. þixl, þisl = the thill. Cum voce temo, le timon cohaerere potest the time; v. Schm. IV 204 et sq.

tempestus, a, um. Cgn. tempestivus = zeitig, crescens, zeitigend, quo de sensu cf. καίριος = tempestivus, (ex kâryas = cre-andus, cgn. cre-scens zeitigend); K. IX 175. Eadem sententia est in goth. þeihs tempus, cgn. þeihan crescere, ge-deih-en, unde the time, the ti-de; Dfb. G. II 662. Gr. M. 750. L. M. 135. Et tempus 3 n apte a Boppio trahitur ad skr. tapas n aestas, tempus, quum ‚tep'-ent omnia et maturescunt, eadem vi vocis quae est in skr. titha m (v. titio) = tempus, ignis, autumnus i. q. tapas = tempus. Item skr. vat annus, (v. vetustus), a Max Müller conjungitur cum vas = urere, tepere; v. K. XIX 44.

templum 2 n. Ex tem-p-lum, (v. sum-p-tus pr. sumtus), cgn. τέμ-ενος nemus, der Hain, cy. celt. teml die Kirche. De s. dupl. cf. germ. vet. wih nemus, sax. vet. wih templum; adde germ. vet. haruc et nemus et fanum; Gr. M. 58. ‚Tem' autem, τέμ-ενος, pertinet ad τέμνω ich scheide, haue ab, ut nostrum der Hain cohaeret cum Hag der Verschlag, quae sententia verbi comparari potest cum skr. antarghana n = προ-τέμ-ενισμα, (ghana = geschlagen); cambr. celt. llawr die Flur, Lauresam, cgn. lit. plo-ti flach schlagen; K. XXI 366.

tempus 3 n. Potest ortum esse ex ‚stemp', pertin. ad skr. sthâp-ayâmi ich stelle, cgn. germ. vet. stullas = stu-nt die Stille, quies, quo de sensu duplici cf. goth. hveila tempus, cohaer. cum hveilan quiescere; v. Schm. III 341. Skr. apashtu m tempus, die Stu-nde; v. tempestivus. Cum hoc ‚temp' cohaerere potest templum

= τόπ-ος, unde temp-la coeli = loca coeli, die Ste-llen des.., unde ex templo = ex temp-ore, auf der Ste-lle, illico.

— ten; v. pecten.

tendo 3. Skr. tan-ômi ich dehn-e, τείνω ex τενyω, goth. þanja; skr. tanwê = ταν-υμαι ex tanumê. Huc tendo 3 f = τεν-ών, skr. tâwara, (v. tabula), tâyê tendor, τῇ = tene, gall. tiens, pl. τῆ-τε. ‚Tan' autem ex ‚stan', DR. III 218; v. K. XXI 234 et cf. destina. Adde ἀγχι-στῖν-ος = con-tin-uus, προυνη-στιν-ος. Hinc skr. tantra n filum, series et ‚στῆ'-θος = στῆν-ιον apud Hesych., skr. stanas m mamma turgida; tendicula 1 f die Dohn-e, τέν-ος laqueus, prpr. ten-ens, cgn. tenaculum 2 n, unde la tenaille die Zange, ἀ-τεν-ής ten-ax. Huc la tesa ex tensa, la toise die Klafter. (De s cf. Klafter cum klaffen); Dz. II 440. Cum tensa 1 f cohaeret θῆσσ-α, cgn. goth. þin-s-an trahere, auf-duns-en; v. tonsa. Huc Τάναϊς der Don i. q. Euphrates; M.

tenebrae 1 f. Pertinet ad skr. tan-ômi, cgn. goth. þin-s-an = din-s-en, du-n-sen = trahere, ziehen, unde adhi-tan-ômi = abhiwi-tan-ômi überziehe, überdecke, awa-tatu überdeckt; cgn. der Dun-st, the dust, dinster = finster. Hoc idem tan-ômi autem imprimis significat ich bescheine, ich scheine = pratyâ-tan-ômi, quo de sensu comparari potest σκι-ά c. schei-nen, Sche-men; v. scirus.

teneo 2. Cgn. ten-d-o. Huc tenor 3 m, cujus verbi vis comparari potest cum ἑξῆς, ἑξείης, (Ablat. fem.) = uno tenore, pertin. ad ἕξ-ω = tenebo. De -ς cf. -s in deincep-s = ἑξῆ-ς.

tĕner, a, um. Tenerrimus ex tenritimus.

tento 1. Ex ten-to ut mac-to, spec-to, nicto. Hoc t in jac-to.. est illud t quo formatur perfectum osc. ut una-t-ed = unavit, vel tt ut profa-tt-ed = probavit, dadika-tt-ed = dedicavit. Deinde t oscicum cohaeret cum t celtico, ut rubar-t = ich habe gebracht, (celt. bior = fero); robar-t-mar wir haben gebracht, robar-t-id ihr habt gebracht; téeomnacht = communicavit. Lottner ait sic: Dieses t ist doch sicher identisch mit dem oscischen; K. VII 44. XIII 165.

tenuis, e. Cgn. ten-er, tenuo = τεν-δω. Skr. tanu, fem. tanwî; hib. celt. tana; goth. þin dünn, fein. De duplici sensu cf. germ. vet. kluoc fein, weich cum nostro klug, fein, subtilis. Tann = dünn, (ex dünw ut das Kinn ex kinw = skr. hanu). De forma tenu-i-s cf. suavis ex svadu-i-s = ἡδύ-ς, brevis ex brevuis = βραχύ-ς, gravis ex garu-i-s = βαρύ-ς. Hoc i igitur est accessorium, ut ita dicam. B. § 923 p. 385 ait sic: Das Suffix -u z. B. prithu- = πλατύ-ς, âçu = ὠκ-ύς, goth. filu = πολύ-ς, þaurs-u siccus ist im Lateinischen allein durch den unorganischen Zusatz eines -i bereichert. K. XXI 121. Adde skr. tanutwa n tenuitus. Tenuis tropice denotat etiam arm, pauper, quo de sensu cf. skr. armaka tenuis c. arm.

I. tenus 3 n = tendicula. — II. tenus, v. protinus. De forma cf. versus, secus. De s. cf. ir. celt. oc ex ouc = nah-e, cgn. nach, cohaer. c. aç- añć, ut ud-,añć' ,nach'-oben, ap,ãñć' ,nach'-rückwärts, pr,ãñć' ,nach' vorne. Hoc idem celt. oc format partic. praes. ut oc comalnad implens, prpr. in implendo, en remplissant, beim Füllen, ,nah'-e am Füllen. ,Oc' autem h. e. anc-, pertin. ad aç, añç, açnômi ich erreiche, ,nanc'iscor, oblineo, fere idem significat ac tenus, (cohaer. c. teneo, obtineo = añç); cf. K. XXI 416. v. sufficio, tango.

tĕpeo 2. Skr. tapâmi, unde τέφ-ρα, τάφ-ος bustum, germ. vet. dëpan calere, aestuare; ags. þefian der Dampf, nord. vet. þefr, germ. vet. danf, cgn. skr. tapana m ardor, calor; adj. tapana ardens, splendens, (bav. dempf-ig, schwül), cognomen dei Solis. Huc pertinet dea illa Tauf-ana s. Tanfana = Vesta, scyth. Ταβιτί. Grimmio huc pertinet temp-lum heilige Brandstätte, Altar; Gesch. 162. Z. 280. Adde russ. tep-ló calidus, unde Teplitz Θερμαί; it. tiepido = gall. tiéde lau.

— ter. v. clyster. paluster. aliter. litera.

tĕrĕbintus 2 f. Der Terpentinbaum, τερέβινθος, τέρμινθος; pertinet ad τερεῖν, cgn. terebra, quia sucus ille incisoris in arbore factis hauritur.

terebra 1 f = τέρετρον, bret. celt. taradr, v. ter-o.

teres 3 = ge,dreh't, rotundus, (zar-t?). Huc ags. teors penis, der Zers, (prpr. teres), ut germ. vet. verpa der Zers cgn. c. sin-werb-el teres, rotundus. Trop. die ,Dro'llerei, (cgn. ,dri'llen), das Verdrehen des Sinnes, the ,dro'll scurra, der Hanswurst, gall. ,drô'le drohlicht = politus, εὐτράπελος.

tergeo 2. Cgn. Ταργ-ήλιος der Dörremonat, per transpos. ,trag' = trocken, germ. vet. trok-anjan trock-nen. Hinc le droguiste, cohaer. c. batav. droog trocken.

tergum 2 n h. e. turg-ida pars corporis. Huc tergiversor 1, quod conferri potest cum 'ἐλιννύω moror pr. μελιδ-νύω tergiversor; Bf. II 320.

terminus 2 m. Τέρ-μων, cgn. skr. tarman n cacumen pali sacrificalis, pertin. ad skr. tar-âmi trajicio, unde taras n = τέλ-ος, v. telonium. Adde nord. vet. thrö-m margo, germ. vet. drn-m finis; germ. md. drümen terminare. De -,minus' in ter-minus cf. goth. mal-man arena, (der Zermalmte); hinh-man der Haufe, (der Gehäufte); B. § 799. Sensu transitivo -man in skr. tarman = almân m terminus, (ligans, v. seculum); hliuman m auris, (audiens); blô-man flos, (findens).

— ternus, a, um; v. senex.

tero 3. Cogn. skr. tar-una = τέρ-ην, (fein gerieben); cf. K. XXI 208. C. 108; = τείρω pr. τέργω, τι-τραί-νω = τορ-νύω, ter-e-bro; ter-ebra der ,Dri'llbohrer; ἀ-τέρ-αμνος = ἀτειρής. Perf.

trivi = τρῑ-ϝω, (qua de forma cf. ἀκοϝή ex perf. ἀκήκοϝα. Similiter hoc -ϝ -v affixum habetur in goth. gamal-v-jan = malan = mahlen; val-v-jan wälzen; v. K. XXI 203. Adde ags. þrâv-en drehen = germ. vet. drâjan; K. VIII 250). Forma autem inchoativa est in goth. þri-skan tri-turare, dre-schen, (ags. þrêswald the threshold prpr. area, der Dreschplatz; Kch. III 1 § 144. Schm. I 416). Inter-tri-go 3 f. a terendo ut bav. der Fratt intertrigo pertin. ad fretten terere, fricare. Hinc gall. trier ex tritulare, to try, goth. þroþjan exercere, ut tritus = gerieben, geübt, gedrillt. Triticum 2 n cohaeret cum skr. tir-ya granis sesami confectus, cgn. til-ya ager sesami, tila m sesamum indicum, quo cum ‚til' conjungi debet umbr. ‚zer'e, unde ‚sil'-ago; K. XXI 208.

Terpsichore 1 f. Skr. trip-ti f = τέρψις die Sättigung, Erquickung, goth. þraf-st-eins refrigerium, solatium, Noth-durf-t, cgn. τραφ-ερός = ags. þeorf fest, derb. Dea illa Ethiopum nomine Tarap-itha cohaeret cum dürf-en, bedürfen; K. XIX 375.

terra 1 f. Ex tersa = χέρση trocken, fest, cogn. τερσ-αίνω; cy. celt. tir = terra. Hinc Gibilterra (Gibraltar); v. curro.

terreo 2. Skr. trâsayâmi facio ut tremat, per metath. tarsy- = terseo, terreo = prâkr. trâs-êmi; B. § 745 c. Idem sensus in skr. prakampayâmi terreo, (tremere facio). Adde skr. trâsa m, zd. tars-ti terror; awa-tras-ta terr-itus, τρέ-ω.

tesqua 1 f = loca deserta, ex tvesqua, pertin. ad skr. tuččha inanis, vacuus, tuččha n die Spreu, palea; Fk. 82.

tessera 1 f. Ex tensera, skr. tañs-âmi quatio, ich schüttle, cgn. τινάσσω pr. τινασϳω. De sententia confer vocem tesserae cum der Spaltzettel = la charte-partie, tessera, cgn. die Spelten, das Scheit.

testa 1 f. Zd. tasta die Tass-e. Cohaeret cum tosta, pr. tersta, cgn. torreo, ut skr. kuṇḍa m testa pertin. ad kuṇḍ- uro.

testiculus 2 m = testis die Hode, cgn. texo, slv. vet. tes-ati caedere = taš-âmi, lit. taszau dolo, ascio, russ. tesatj = dolare; testis der Zeug, der Zeuge, das Zeugungsvermögen. Et ‚ic'-ulus demin. est in ags. -‚uc' ut beall-uc testiculus, v. follis. De -uc demin. adde ags. bull-uca the bullock, the hillock das Hügelchen. Ad hoc ‚k' dimin. affigitur -in, ut the manni-k-in das Männ-ch-en, the bus-k-in the half-boot, ex bootskin; cf. paterculus. Gr. II 614.

testis 3 m. Cgn. testiculus.

testudo 3 f. Pertin. ad testa.

tetanus 2 m. Skr. apa-tân-aka m = τέ-τανο-ς.

têter, a, um. v. tenebrae; zd. tâthra dunkel, düster.

Têthys, Τηθύς. Ex τηθ- in τήθ-η = τιθ-ήνη, = Alumnia; Bf. II 271. K. VIII 175. Pertin. ad θῆ-σαι lactare, nutrire, goth. daddjan. Significat hoc nomen naturam aquae nutrimenta praebentis et alimenta; v. Hesiod. Theog. ed. Schoem. p. 171. The dai-ry die Melkerei.

tetrao 3 m. *Τετράων, τέτραξ..* urogallus, nord. vet. þiðr, svec. tjädr = tetrao, pertin. ad. *τετράζω* ich gackere; Gr. III 924.

texo 3. Skr. tašâmi mache, verfertige, arbeite aus einem Stoffe, P. L. M. 370 huc trahit *τεύχω* ex *τευκjω*, unde der ‚Zeug'; *τέκ-νον* das er-zeug-te. Ex twaš = taš-, tex-o oritur slv. vet. tük-ati texere, cgn. *τυχ-είν*, *τεύκ-ω*, skr. tuć f a. tug soboles, ‚*τέκνον*; Fk. 74. Huc textor 3 m le tisserand; textus = skr. tashta confectus, zd. hutâsta affabre factus = skr. sutashta.

thalamus 2 m. *Θάλαμος*, cgn. *Θόλος* das Kuppeldach, pertin. ad skr. dhwar-, cgn. nord. vet. thver transversus.

theatrum 2 n. *Θεάομαι* ex *Θεγάομαι*, pertin. ad skr. ni-dhyâ-na contemplatio, das Schauen, der Blick. Hoc cum dhî = das Denken, die Andacht conjungit Fk., 368, *θε-ός*. Idem sensus in bohem. div-adlo theatrum, pertin. ad skr. diw- blinken, (cgn. blicken).

thêca 1 f. *Θήκη*, unde germ. vet. ziechâ die Ziech-e, la taie.

thesaurus 2 m. Skr. nidhâna n, cohaer. c. *θη-σαυρός* h. e. *θη-σωρός* sive *θησ-αυρός* depositio auri; Bf. I 27. II 267. Skr. ni-dhi m, cgn. dha-na n opes, der Schatz; apud Plautum thensaurus, bret. celt. teusaour, unde tresaur, le tresor, (v. proprius).

Theseus 2 m. *Θη-σεύς* = skr. dhâ-tar m der Setzer, cgn. *θε-σ-μός* die Ordnung, cgn. ags. dôm judicium, cgn. *Θέμις*; adde *θε-ός* = con-di-tor, *Θέ-τις* die Ordnerin. De *-τις* in *Θέ-τις* cf. skr. abhimâ-tis *'επιβούλευσις*, gâ-tis genus; goth. -ti ut faurbauh-ti redemtio, ganis-ti die Genesung; germ. md. glanz-t der Glanz, die Has-t ex haz-t, bav. vet. die Wolnus-t = Wollust, (pertin. ad geniessen). Adde goth. -di = -ti ut dê-di die That, gadêti das Thun. Infinitivus graecus constat ex hoc -tis, nam *λέγειν* ex *λεγετιν* Accus., ut *λέγει* ex *λέγετι*; K. XI 817. v. nox. Huc pertin. etiam suffixum -dhas ut gôdhas m terrae conditor, (*γῆν τι-θε-ίς*); tětôdhas *σπέρμα τιθείς*.

— **thmus**; v. isthmus.

tholus 2 m. *Θόλος*, cgn. *θάλ-αμος*, der Behälter, cgn. dhar- behalte, halte; Fk. 99. Aut *θολ-*, *θολ-* pr. *θjολ-* rundes Gewölbe, pertin. ad dhwar- curvari; K. I 477. Hinc hisp. tol-do = isl. tial-d das Zel-t.

thorax 3 m die Brust, *θώραξ* m, cgn. skr. dhâraka m der Kasten. Confer the chest = *θώραξ*, cgn. der Kasten.

Thrasybulus 2 m = Conrad, cgn. *Θερσ-ίτης* der Dreis-te, fem. Thrus-ia, (vis. goth.), Thrusia, cohaer. c. goth. ga-dars s. gadaurs audeo, *θαρσ-ῶ* = skr. da-dharsha bin ge-tros-t.

thronus 2 m. *Θρόνος*, aeol. *φρόνος*. skr. dhârana n fulcrum, dhârana n das Unterstützen, cgn. *θρῆνυς*.

thus 3 n. Pertin. ad skr. dhû-n-ômi agito, ich fache an, *θυ-άζω*, unde *θύ-ος* = thus; v. fumus. De s. cf. skr. ćanćalâkhyâ f thus, (mobilis nomen habens). Cgn. thymus 2 m = θύ-μον, der Thymian h. e. θυ-ήεις der duftige, prpr. efflans, cohaer. c. θύ-ελλα der Blaser, the blast. Thema ‚dhu' oritur ex dham = flare, unde germ. vet. tuu-f-t s. tun-st der Dunst; J. S. 158. v. jam.

thyrsus 2 m. Θύρσος, ex dhwars = praecipitare cupio, θύρσος schlaglustig. Sonne ait sic: θύρσος, Symbol des Blitzes; K. X 106. Cgn. dhûryatê laedit, nocet, dhûrw-âmi laedere, praecipitare, desid. du-dhûrsh-âmi. Hinc it. torso, der Dorse, bav. der Dotschen; die Dorsche = la torche. De hoc s v. tonsa. Confer quod ait Preller de voce Παλλάς, quum dixit: παλλάς deutet auf eine schwingende Kraft, wie sich diess bei den Palladien durch das alte Symbol der geschwungenen Lanze, welche den Blitz bedeutet, zeigt.

— ti; v. uti.

tiara 1 f. Τιάρα = ὀξεῖα, πίλημα πυργωτόν; Herod. VII 61 ed. Stein.

Tiberis 3 m. Osc. tebu collis = tiba, tifa, unde Tifernum = Amberg, i. q. celt. Magetobriga = mons amplus, i. q. Agedincum = montanum (celt. ir. aighe collis); Gl. 17. De forma adde Alisincum, Lemincum, Vapincum; Gl. 117. Idem sensus in Tri-boci collicolae, (ir. celt. boc-aim tumeo, the botch die Beule, cgn. der Buck-el). Melo-bocum, hod. Melnn, Chatti Meloboci (Katzenellenbogen?).

tibi. Skr. tubhyam, ex tu-bhi-am = zu dir, (de -‚bhi' v. ad); tibi cum i longo ad compensationem ex tibi-a, ut tibi-cen ex tibiacen; B. § 177 p. 346. 984. Hoc it. costeto = hicce, ex ecco tibi iste.

tibia 1 f. Pr. stibia, cgn. lit. staibas das Schienbein; J. S. 129. Cgn. boruss. stibinis das Schlittenbein; cohaeret c. lit. stêbas pila, der Pfeiler, der Mast, (stebiù ich strecke mich in die Höhe); skr. stambha m postis, deriv. a ta-stambha, (perf. praesentis stabhnômi immobilem reddo, offendo, stambhatê immobilis fit, ἀ-στεμφ-ής unerschütterlich). Eadem sententia in cgn. skr. stibhinî la tige, der Stengel, uva, Traube, die sich streckende, cgn. σταφίς die Rosine, σταφυλή vitis, der Weinstock. Skr. stabhnômi offendo est in στείβω mit Stampfen erschüttern, misshandeln, cgn. στείβω calco, mit Füssen stampfen, στοιβή das Stopfen, στῖφος densa cohors, die gedrängte Schaar, στιφ-ρός gedrungen, kräftig, stämmig. Cum tibia cohaeret la tige caulis = stibhinî. Tibia die Flöte potest comparari c. skr. nâdî f die Röhre, tibia, deinde die Flöte, tibia. Adde skr. nâla m caulis, la tige, nâlika die Pfeife; nord. vet. tûda die Röhre, unde le tuyau die Pfeife, bav. dudeln = pfeifen; v. sipho, vagina. — Tibicen v. tibi.

— ticus; v. aquaticus.

tignarius 2 m. Tign-â-rius ex aliquo tign-â-syas, quod ‚sya' format Genit., ut çiwa-sya = des Çiwa. Hoc idem-‚arius' est in goth. arja ut liut-arja cantor, mot-arja der Mautner; germ. vet. halt-ari der Erhalt-er, half-âre der Helfer, munizeri monetarius; B. § 960. Et ‚ä' productum cf. cum illo ‚ā' in sen-ā-tus, princip-ā-tus; v. tigris. Pertinet autem tignum ad τίκ-τω, (v. taxus), boruss. vet. tik-in-t facere; C. 109. Tig-num est part. perf. pass., ut lig-num, sig-num, τίκ-νον erzeugtes; ut skr. bhug-na gebog-en, bhag-na fractus; goth. bar-ns filius, gebor-nes; B. § 833. J. S. p. 52. Confer phonascus. Cum ‚tig'- cohaeret Tig-illus, cognomen Jovis, ut Pr. ait, als fester Stütz- und Tragebalken des Himmels; p. 232. De s. cf. die Asen, goth. ans der Balken, δοκός, nord. âs; bav. die Asen s. Ans die Stütze, Trage, Unterlage; v. Gr. M. 22. Eandem notionem habet skr. mûlasthâna n die Stütze, fundamentum, deus, Ase. — v. vannus.

tigris 3 m. Cgn. skr. tig-ma ἄκρ, pertin. ad. tig- acuere, = pers. tir sagitta.

De -'ris' in tig-ri-s cf. skr. wid-ri = ἴδ-ρι-ς; aâh-ri-s pes, ieus; lat. ac-ri-s, put-ri; etiam -ri-us, ut lign-ā-ri-us. B. § 941. 960. Curtius Rufus ait: persica lingua tigrim sagittam appellant. ?

tîlia 1 f; v. talea. Hinc la tille der Lindenbast.

— tim; v. singulatim.

timeo 2. Skr. tim-ira finster, cohaer. c. tamas tenebrae, referendum est ad th. ‚tam'- starre, stocke, bin betäubt, quo de sensu cf. goth. gaisan = haes-itare, stocken; L. M. p. 15. Timidus, a, um, ut videtur pr. timi-tus, skr. -ita ut twar-i-ta properans, = ε-τος in μέν-ε-τος manens, ἑρπ-ε-τόν kriechend; B. § 819. v. fertus = ferens.

— tîmus; v. ul-timus.

tingo 3. Τέγγω, germ. vet. thuncon, tunchon; J. S. 168. Pertinet Fk². 84 ad skr. tôç-ê, tuç- stillare, tröpfeln, spritzen. Cgn. tango, ut: tangere vino = tingere vino. Huc der Tench; Schm. I 426.

tinnio 4. Onom., skr. çiñg-, cohaer. goth. siggvan, Dfb. G. II 206. çiñkinî f tintinnabulum.

— tio; v. habitatio.

tipûla 1 f. Τίφ-λη die Wasserspinne, pertin. ad skr. tip-, têpâmi stillo; Fk.

tiro 3. Der Ge-,dri'lle, cgn. τείρω.

— tis; v. vectis. hostis. Thracus. servitium. habitatio.

Tithonus 2 m. Τιθωνός ex Dhi-dhyânas = τιθγωνος, per synix. τιθωνός radians, splendens i. q. λάμπος, (v. Il. XX 237. 238), skr. dhi-dhyâna, (rectius dî-dhyânas, Blt. III 965). Tithonus conjux est Aurorae, pater Memnonis, (die Memnonssäule); K. X 178. Eadem sententia potest esse in Ζώνιξος h. e. Διώνυσος, (Δίων correptum ex diwant, diwan, cgn. dies, Dione, Diespiter, cohaer. c. skr. prati-diwan m sol, dies). De -νξος in Ζώνιξος cf. γλώσ-σα e. γλάμη ex γλαμ-υχ-γος s. γλαμυκγος, ut τριξός ex τρίχιος. Altera forma

Διώνυσος = *Διόνυσος* conferri potest cum *σύν* = *ξύν*, mistuš = mixtus, osc. Santia = Xanthias.

titillo 1. Redupl., *τίλλω* ex *τίλγω* rupfe, kratze. De redupl. cf. slv. vet. ski-kik-ati, sku-skul-ati ti-tillare, finn. kut-itan kitzeln.

— tim: v. statim.

titio 3 m. Skr. titha m ignis, v. tempus. Tithi m dies lunaris. Huc *Τιτάν*; il tizzo, le tison, gall. at-tiser anschüren.

titubo 1. Redupl., ags. tumbjan saltare; K. VII 254.

titulus 2 m. Redupl., pertin. ad tul- in mu-tul-i.

Tityus 2 m. *Τιτυός*, pertin. ad zd. tav- valere, Pit.; tawimi possum, valeo, goth. þivjan superare. Hinc þevi der Knecht, der Die-ner.

— tium; v. exitium. ostium. spatium.

— tivus; v. captivus. divus.

— to. Suffix., v. infe. mit-to, tempto.

tŏga 1 f. Cgn. tĕgo = sthag-âmi, slv. vet. o-steg-ĭ = tog-a.

tolero 1. Ex tolеso, *ταλάω* ex *ταλησγω*, L. M. p. 134; goth. þul-a dul-de.

tollo 3. Ex teljo, skr. tólayâmi, tulayâmi. Huc *ἀντλίον*, cgn. *'επι-τιλ-γω* ich trage auf; *τίλλομαι* sich erheben, *ἀνατολαί* pertin. ad ut-tôl-ayâmi. Huc tolutim, tolutare = tolutim ire, cgn. tol-lo, it. trottare, gall. trotter traben ex tlotare, tlutare; nord. vet. tölta tolutim incedere, ags. tealtian, germ. vet. zelt-ari der Zelter; Gr. Gesch. p. 22. Improprie ‚tollere' usurpatur pr. honorare, quod conferri potest cum ‚*θιρ*' in *ἀ-θιρ-ίζω* vilipendo, cohaer. cum skr. dhar- = ferre, tragen, heben.

tŏmus 2 m. *Τόμος*, cohaer. c. skr. tam-âla m gladius. *Τόμοι* = rupes, i. q. Rhegium, Pit.; K. IX 177.

tondeo 2 schabe, scheere, cgn. *τίνδω* benage, *τενθεύω* nasche, cgn. tom-us; C. 200.

tongeo 2; tongitio = notio; Fest. Huc goth. þagkjan denk-en, dänk-en, goth. þugkjan, cgn. lit. ding-ti manere, prpr. denk-en; J. S. 67 ‚V. V.' germ. vet. dingun putare, credere.

tonitru 4 n. Skr. tanyatu m. stanayitnu m. B. § 817a p. 201. Pertinet ad skr. stanayâmi, tanayâmi. Lat. ton-ui ex aliquo ton-eo. Huc *Σνίν-τωρ* i. q. Thundr, cognom. Othini, Gr. M. 1207. Skr. tanayitnu tonans.

tonsa 1 f remus, skr. tañs-yâmi verso, cgn. lit. tes-ti = goth. þins-an trahere, cgn. tan-ômi tendo. De ‚s' hoc cf. skr. twish- consternatus sum = *τι-τί-γμαι*; kutsayâmi convicior, cohaer. cum kud-, kôdayâmi convicior, *κυδ-άζω*; skr. çru- = *κλύ-ειν*, çru-sh ausculto, germ. vet. hlô-s-an = bav. lo-s-en, lau-sch-en; skr. kraś- strepo, sono, ex krak-s-, cgn. kark- = cachino, *κρίκ-ω* krache. Adde lit. gand-au terreo, unde goth. usgand-s-jan, unde usgaisjan ex usgansjan, usgeisnan ex usginsnan usgind-s-nan; J. S. p. 56. v. glesum. Cum germ. vet. hlô-s-an cf. goth. driu-s-an lâbi, pertin. ad skr. dhwar-âmi praecipito; goth. þlah-s-jan terrere = skr. targ-âmi, ags. thrac-ian timere, goth. þreih-s-la das Bedrängniss, threihs bedränge; v. tormentum.

tônus 2 m. Τόνος; skr. tâna m ein gedehnter musikalischer Ton, P. Pertin. ad τείνω ich spanne, quo de s. cf. μιτόω ich spanne c. μιτώσασθαι φθόγγον cantare.

topazius 2 m. Pertin. ad skr. tapa m sol, tapasa m luna. Tâpasa est nomen gentis, unde lapis topazius: Bf. II 237.

topper. Ex tod-per diese Mal; -per = -περ, quidem; K. XVIII 87. v. semper.

— **tôr**; v. vinco.

torcular 3 n. Unde germ. vet. torcla die Torkel prelum, cgn. torqueo; τροπ-είον die Kelter, τραπ-είν keltern, goth. ana-trimp-an. De q = p cf. goth. auhns = Ofen, ags. dveorh der Zwerg = the dwarf, germ. vet. aha vel afa, ut Bibaraha vel Bibarafa; J. S. 53. Adde bav. kogel vel kofel der Bergkegel.

Huc tormentum 2 n, pr. torc-mentum, goth. þreih-sla die Bedrängniss, þreih-an torquere, τί-τρηχ-α bin be-dräng-t, cgn. lit. trenk-ti drück-en, dräng-en, lit. trank-smas das Gedränge, ταράσσω ex τροχ-γω ταραχ-γω; L. M. 658. Fk. 363. Gr. III 1336. 1442. Torqueo cohaeret cum skr. tarku m fusus, ἄ-τρακ-τος der Spindel, cgn. torques; v. torqueo.

tornus 2 m. Τόρνος; cgn. le tour, le tournoi das Tournir; bav. turmeln s. trumeln.

torpesco 3. Ex storpesco, cgn. lit. tirp-ti erstarren, στέριφος = sterilis. Illud -sco = -σκω = skr. -ĉâmi, ut pŕ-ĉâmi adorior, arĉĉati adoritur pr. ar-skati. Sic βά-σκε = skr. gaĉĉa, (inchoat., pertin. ad gaĉĉâmi pr. gaskâmi = βάσκω); L. M. 11. Huc it. sordito = étourdi (extorpidus, v. turdus).

torqueo 2; v. tormentum et cf. gall. entortiller ringeln, pr. torctiller, ut ultor pr. ulctor, goth. falþan pr. falhtan plicare. Huc la tourte, die Torte, (a forma). Le tort perversitas; la torche fax torcla, torcla inquam, nam torche non ex tortum, sed ex torclum fieri potuit. Idem sensus in germ. vet. cherzâ die Kerze, cgn. charz stuppa, verkarzen verwickeln, verdrehen; Gr. V 614, 1. Confer etiam lat. funale 3 n die Wachsfackel, cgn. c. funis, = δετή.

torreo 2. Cgn. τερσ-αίνω, (v. terra), ich dörr-e; skr. trish-yâmi = goth. þaurs-ja ich dörr-te, anutarsha m der Durs-t. Huc torrens 3 m der Bach, quo loco de s. cf. der Bach, cohaer. c. bach-en = backen, coquere. Adde it. tosto, gall. bientôt, aussitôt, quo de sensu cf. germ. vet. rascor ferventius c. rascher = plus tôt, più tosto. Huc the toast, prpr. crusta tosta; Gr. V 2480 δ.

tŏrus 2 m. Pr. storus, skr. stara m lectus, cgn. storea. Adde skr. talpa m, ut videtur, ex star-pa, P. De aphaeresi cf. τύπτω = στυπ-άζω, skr. pra-stump-âmi; v. tundo, stupro, tego.

torvus, a, um. Tor-vus, v. pro-ter-vus, cgn. τυρ-ννω, tyrannus; cohaer. cum skr. tiwra, pertin. ad tar-, pr. tar-wa stechend, hart; BR. = zd. thaurva vehemens, durus.

tŏt. Skr. tăti h. e. ta-ti, unde tŏtĭ-dem, τόσσος (ex τοτ-ιος, cf. μέσσος = medius). De sententia hujus ,τόσος' = πᾶς pr. πᾶς, (v. quantus), confer Il. XXII 322: ἄλλο τόσον = πᾶν ἄλλο, im ganzen übrigen. De ,τόσος' = quantus, ὅσος cf. τοῖα = οἷα; Il. XXIII 67. Addo τέως = ἕως; Odyss. III 126.

tōtus, a, um. Pertin. ad skr. tu-, tawîmi, cgn. tu-meo, unde tawas validus, robustus, tâwayâmi crescere facio, sicut skr. wiçwa = totus pertin. ad çwa-yâmi = tawîmi. Hinc borus. tâwas genitor, (cf. bav. der Ganze = Hengst); umbr. tuta urbs, cgn. borus. tauta rus, lit. tauta = Deut-sch-land, cohaer. c. goth. þiud-a gens, ἔθνος. Cum þiuda cohaeret celt. tut populus; Eb. 207. Et Teutoni, nomen dei Teuto unde Teutoburger Wald; gall. Teutates. Ponimus h. l. nord. vet. ,iörmun' = borus. tauta, terra, fundus, unde fort. ,Hermun'duri = toti audaces, die ganz Kühnen, Allkühnen, πανθαρσεῖς. Eadem ratione meddix tuticus, cgn. umbr. tutu = osc. touto, quae compositio comparari potest cum irminþiod = gens humana, the mankind; v. Tac. Germ. ed. Holder p. 100. K. VII 160. Adde skr. taw-ara n eine bestimmte grosse Zahl, P. h. e. ein to-tum, eine Summa.

— **trā**; v. contrā. ultra.

trăbea 1 f. Cgn. skr. târpya n ein aus gewissem Pflanzenstoffe gewebtes Kleid; P., Fk. 80. Pertin. ad tripâ f planta certa. De b in trabea et p in târp-ya cf. Suebi pr. Svepi h. e. Svaipos Suvaipos = εὐπλόκαμοι, (goth. vaips στέφανος), = die einen schönen Haarbusch tragenden, (su- = εὐ, v. Suessiones); Tac. Germ. ed. Holder p. 247); v. sq. De sententia fere eadem conferri potest Ἄστιγγοι, goth. Hazdiggôs = capillati comati h. e. liberi, cgn. bohem. hrdina, polon. hardina der Held; Gr. Gesch. 314, cf. Tac. Germ. ed. Holder p. 100, ubi ait sic: germ. vet. berlinga = heroes, fort. cohaer. c. Istu, Istvo unde Istaevones, pr. Astaevones. ?

trabs 3 f = τράπ-ηξ, τρόπ-ηξ der Dreher, der Schieber, bav. die Treppen, cgn. τράπηξ der Kielbalken, τραπ-ίον torcular.

traho 3. Cgn. slv. vet. trug-nǫti ziehen, reissen, unde traha 1 f das Zugnetz, trahea 1 f la treggia, le traineau. Trāgula 1 f genus teli quod scuto infixa trahatur; skr. drâgh-atê lang machen, denomin. verbi dirgh- longus; tractus 4 m der Strich, la traccia = la trace; to drag, to draw, to drawl. Trahere = ducere, in die Länge ziehen, skr. drâghayâmi duco, ziehe in die Länge, bav. träck-eln = to train, draenzen; traeg-e = zögernd. Hoc idem drâgh-atê significat etiam vexare, fatigare, trac-tare, mal-trai-ter, skr. dhrâgha-yâmi s. drâgha-yâmi vexo, torqueo; ags. tin-trega die Qual, goth. trigôn tristitia; v. Fk. 90. De a. dupl. cf. tanômi traho, to vex, cgn. bav. zen-en vexare. Huc Trajanus, (cf. Seja); K. XVII 273.

trajicio 3. Skr. târayâmi = ,tra'jicio.

trāmes 3 m. Trame-t, ubi -,t' fin. format nomen actionis, ut -τη-ς in αἰγλή-τη-ς splendens, 'ἐρυσι-ί-τη-ς fulciens; K. X 100.

tranquillus, a, um. Ex tran-qui-ljus, cgn. goth. hvei-la qui-es, slv. po-,koj'- = qui-es; nord. vet. hvi-la die Ruhestätte, pertin. ad ćê-min = ,hei'mlich. De s. dupl. cf. germ. vet. gi-mah tranquillus, gemächlich c. das Gemach = ćênia.

trans. Ex aliquo tarans, Acc. pl. Hinc it. trasgrande = très-grand, hisp. tras-loar nimis laudare, to trespass übertreten ein Gebot, peccare. Skr. tiras, ex taraus = trans pr. taraut, Bf. Gr. p. 311 Annot. 1. Blt. addunt: -as in tir-as Ablat., Boppio autem hoc -,as' videtur esse accus. neutr. adverb., § 1016. Huc ir. celt. tar, tair = through, dur-ch, ir. celt. tri = throug; goth. thair-kô das Öhr. Denique ,trans' potest habere nasalem ut ensis = skr. asis. Hoc ,tri' habet nom. propr. Tri-boci clivosae regionis incolae. — Hinc transtrum 2 n the trestle, ex trastillum, le tréteau.

tremo 3. Skr. tras-âmi = τρέω, aor. τρέσ-σα. Huc goth. þrami-stein die Heuschrecke. Adde ἀ-τρέμ-ας; skr. tras-ta terr-itus, tre-mulus = skr. tar-ala tremens, (v. trux). De -lus cf. etiam skr. ćabala mobilis, lit. drang-a-las comes; B. § 930. 937.

trepidatio 3 f. Cohaeret cum skr. trip-ra hastig, ängstlich, slv. vet. trep-etiti tremere; lat. vet. trep-it = τρέπ-ει.

trēs = τρεῖς, skr. trayas, tri; goth. þri, (Dat. pl. þri-m = tribus, ex þri-ms pr. þribs). De þrim pr. þrib- J. S. p. 6 (,Verw. Verh.') ait sic: Ein sehr schwer in die Wagschale fallendes Argument ist, dass in allen nordeuropäischen Sprachen, und nur in ihnen das bh der Casussuffixe -bhi, -bhis, -bhya(m)s in m gewandelt wird: goth. vulfa-m, altbulg. vlŭko-mŭ, lit. vilka-mus, vilkâ-ms. Femin. tisras pr. tisaras, redupl., pr. ti-tar ta-tar, (pertin. ad tar-âmi transgredior sc. utramque numerum inferiorem). De forma ti-tar ex ta-tar cf. bi-bharmi = fero ex bhar-; B. § 311. Accent. Syst. p. 261. Adde quod hoc idem ti-sar, ortum ex tasar, est in ća-tasar quatuor, (ća- = -que). Skr. traya n. trêtâ f trias. Ter pr. ters = τρίς, skr. tris Loc. vet., (Bf. II 260); = trishkritwas (acc. pl.), trikâlam, (kâla = goth. hveila); K. XVI 433. Gr. M. 664. Terni ae, a pr. ter-ni, (v. iligneus). Trēdecim, ex tresdecim, (v. rēmus), skr. trayô-daçan (ex trayas..). Trecenti, ae, a skr. triçatá. Tertius, a, um = aeol. τέρτος, skr. tritiya, (ex aliquo trityas), goth. þri-dja; B. § 322.

Adde skr. tridant = tridens; trifŏlium le trèfle (ex aliquo trifolum). Adde trini, ae, a unde la trina die Spitze, die Tresse, la treccia, pertin. ad τρί-χα.

tribulo 1; v. tero = τρίβω, cgn. to thrave urgere. De a. dupl. cf. macero = contero, τρίβω, unde μόχ-θος pr. μόκ-θος tribulatio. De transpositione ‚tri' ex ‚ter' cf. δένδρον, (ex δερι-δον, cgn. skr. dandâ h. e. darna-da stipes, caulis).

tribuo 3. Pertin. ad tri-bus. (de -bus cf. morbus). Cum tribuo cf. statuo et status, μεθύω et μέθυ, ὀχλέω..; v. B. § 777. De s. cf. tribus et tres c. das Quartier et quatuor.

tricae 1 f. Unde le trigaud; cgn. torcular.

trīga 1 f. Ex trijega pr. trijuga, v. pejero.

trigintā. Ex triaginta, (v. tibicen) = τριάκοντα. Confer quadrāgintā ex quadrādecentā; Cors. Beitr. p. 508. Hoc ā longum autem vetus formatio est gen. neutr., K. XVI 297.

triquetrus, a, um = τριγάκριον. Hoc ‚quet' cohaeret c. nord. vet. hvetja wetz-en, cgn. ca-tus. De forma cf. Trivia, unde nomen dei Termagant ex Tervagant = Trivagante; the termagant litigiosa ut Medea Trivia, (cf. Hector c. the hector).

tristis, e. Skr. trishta rauh, kratzend, holperig; trishtika rauh, schäbig, widerlich; P.

triumphus 2 m. Unde der Trumpf; ‚triumpe' clamor est jubilantium in carmine arvali, ‚ter' dictum, = θρί-αμβος; Fk. 453.

— trix; v. genitrix. — tro; v. citro, mintrio.

trŏchus 2 m. Pertin. ad skr. trañčâmi s. trākhâmi eo. moveor, goth. þragja τρέχω.

trojanus, a, um. Hinc la troja, la truie, porcus Trojanus, allusio ad equum illum Trojanum..; v. Dz. I 427.

tropaeum 2 n ἐπὶ τοῦ ‚τρέψασθαι τὸν πολέμιον. Hinc il trofeo pr. tropeo ut il golfo pr. golpo (κόλπος).

trua 1 f. Die Rührkelle, τορύνη, unde truare = versare, τρύ-ω, τρύη = trulla; cgn. tero.

trŭcido 1. Truc-ido, cgn. ob-trunc-o, trunc-us. De -ido v. form-ido.

tructa 1 f. Fk.[2] 366 cohaerere videtur cum schr. trôṭi m piscis certus, pertin. ad truṭ-âmi h. e. truçtâmi, cgn. lit. truk-ti rumpi. Hinc the trout, la truite die Forelle; v. truncus.

trŭdis 3 f. Ex aliquo ‚traud', cohaer. c. tripat-ti = findit, perforat. J. S. 160 ait sic: In Wurzel tarıl, trinätti spalten, durchbohren verwuchs der praesentische Nasal und es entstand trand in lit. traudé die Motte, der Holzwurm, trandys der Staub, poln. trąd der Aussatz. Mit letzerem hat schon Grimm. (Gesch. 336) goth. þrutsfill der Aussatz verbunden. Aus diesem ‚traud' hat sich nun die

Wurzel trud entwickelt, verw. zu goth. us-þriut-an Verdruss bereiten, nord. thraut labor difficilis; v. K. VII 180. Fk.[3] 366 ‚trud' oritur ex ‚tru' = τρύ-ω contero, τρώω (ex τρόϳω v. trux) = τι-τρώ-σκω, cgn. τρύχω ich zerreisse, τρυ-φερός fragilis, cohaer. c. trunc-us fragmentum; v. tructa. Trudo ex trusdo (trusito)).

t r u n c u s 2 m: v. trux, cgn. τὸ τρῦχ-ος der Riss, das Stück, skr. truṭi, (v. tructa); le tronc abgerissenes Stück. De s. cf. skr. kāṇḍa m das Kratzen, Reissen c. kāṇḍa m truncus; bav. der Rumpf truncus pertin. ad rumpfen = kaṇḍ- = truṭayāmi, cohaer. c. germ. vel. hrimf- terere, rimpfen, Risse machen, reissen.

t r ŭ t i n a 1 f. Τρυτάνη, pertin. ad zd. thru tueri; Bf. II 259.

t r u x 3. Trū-c, truc-ido, cohaer. c. τρύ-σκω, lett. truk-t erschrecken, lett. nu-trukà das Abreissen, das Aufhören, (cf. λήγω c. ῥηγ-). Fk. 306 huc putat trahendum esse goth. þliuh-an fliehen, (ausreissen, erschrecken, φέβεσθαι). Postremo audiamus Heynium qui ait: In trux für ter-ux, verw. zu pro-ter-vus, ist vielleicht ter- = tero, τρύω tru-do zu erwägen; Gr. IV 171. v. tremulus.

I. t ū = τύ-νη. (cf. ἐγώνη; de -νη v. uam), skr. twam, (twa-m, cf. aha-m ego); twa- ex ta-wa h. e. ta-wat, (per mutilationem; Bf. Gr. § 773 II 2). Quod autem attinet ad ‚ta', nos quoque illud habemus in goth. gaf-t du gabst, þaurf-t du bedarfst, bar-t du trugst; cf. L. M. 104. Cum s plur. hoc ta- = τε-ς ex ta-s, ut φιλεῖ-τε (ex φιλεῖ-τες); quo de ‚tĕs' ‚τες' cf. ‚μες' ut φιλοῦ-μες, (μες plur. pronominis ma); lat. -tis ut ama-tis; B. § 444. Ejecto s lingua goth. habet ‚-ts' pr. -tas, ut bairats = φέρετον ex baira-ts baira-tas = skr. bhara-thas ihr beiden traget; sitū-ts ihr beiden sasset = skr. séda-thus; goth. bairiþ (apoc.) = φέρε-τε = fer-tis. Kch. § 51. L. M. 468. Adde goth. qas-t du sprachst (pr. qat-t), vaist du weisst ex vait-s; L. 673; vait-t = skr. wêt-tha = οἶσ-θα. Hoc ‚ta' potuit conduplicari, ut vehe ex vehitōd; salamin. ἐλθε-τῶς = ἐλθέ ex ἐλθ-ε-τωτ. Sed v. J. S. ‚Verw. Verh.' p. 20. Plur. tōte, ut habetōte, umbr. habe-tutu = hab-e-te; K. VIII 296. Hoc ‚t' reduplicatum latet in ‚σθ' ex τ+τ ut φερε-σθε ex φερετ-τε, qua de formatione cf. τετυπ-σθ-αι ex τετυπ-ται; B. § 90. De ‚σθε' pr. -στε B. § 474 ait sic: Das θ nach σ ist durch den Einfluss des ersten σ aus τ hervorgegangen, da θ mit vorhergehender Aspirata oder σ eine sehr beliebte Lautverbindung ist. Praeterea cum hoc ‚σθε' h. e. to-te t-t comparari potest goth. anid-st scrcbas et L. M. 193 addit hoc: Die zweite Person des Perf. ist gewisser Massen auf doppelte Art gebildet, durch s und t, wodurch unser Ausgang -st in gāb-st, du gi-bst gleichsam vorbereitet wurde. Adde -sti = -σθα in tuli-sti, ἔφη-σθα, εἶ-σθα = du geh-st; L. M. 105. Cum ‚θα' in οἶσ-θα cohaeret skr. -tha in wêt-tha, deinde atudathās = tundebas, ex atuda-tha-as, quod quidem cohaeret cum illo praetr. tulódi-tha du quältest, cui -,tha' insuper affixum est -,as' illud imperfecti in stud-as = tundebas; B. Gr. min. p. 150. — Adde -θι ex twa ut δίδο-θι; Keb. § 56. v. vos.

II. Tu = τύ, σύ, ex twa, (cf. C. 597 ann.) = -σι ut φέρεις ex φερε-σι = fer-s; goth. baira-za = bhara-sai = φερε-σαι, φέρῃ; L. M. 103. — Per aphaeresin fit ,wam' ex ,twam', unde skr. âwâm = wir beide (Nom.), uns beide (Acc.), ex (m)a(t)wam = moi et tu.

III. — tu; v. vultus.

tŭba 1 f. Cgn. τυφ-οῦν dampfen, blähen, blasen; cf. Gr. I 1740.

tuber 3 n. Pr. tu-.er, cgn. τύ-λη, die Schwiele, der Buckel, cgn. tu-meo; C. 204. De s. cf. ganda m tuber, pustula; adde die Beule cohaer. c. goth. ufbauljan sufflare, bohem. baule tuber; K. XXI 137. Hinc n. pr. Tubero, ut Sulla a sura, Cicero a cicere, (v. Plut. I, ubi ait: Κικερ οἱ Λατῖνοι τὸν ἐρέβινθον καλοῦσι κἀκεῖνος ἐν τῷ πέρατι τῆς ῥινὸς διαστολήν, ὡς ἔοικεν, ἀμβλεῖαν εἶχεν, ὥσπερ ἐρεβίνθου διαφυήν).

tŭbus 2 m. Cgn. tuba.

Tuder 3 n = Corfinium; umbr. tuder finis. Cgn. skr. tuda anstossend, (v. tundo). Confer πίλος a. πόλεμος; v. Paris.

— tudo; v. turpitudo.

tueor 2 = potentem me praebeo; pertin. ad skr. tu, tawîmi = valeo, unde tueor ex tove-jor, (v. tyrannus). De s. cf. skr. pa = tuens, cgn. pa-ti = po-tens, pa-tronus.

tulipa 1 f die Tulpe, cgn. Turban, pers. dulbend; Dz. I 434. De l = r cf. bav. der Schwalm = der Schwarm.

tum. Pertin. ad pron. ,ta', (v. iste), accus. = goth. þan = tum, ex acc. sg. þana = hunc; Gr. II 740. Hoc goth. þa-n = dann, angl. then alii rectius dividunt in þa-n Abl. + -na, v. sine; K. XX 191. Bzb. 108. Adde eiþan οὖν, ὥστε; juþan jam. Skr. tad = tum, (nom. accus. neutr.) = το- pr. τοδ- in τό-τε. Confer hoc τό pr. τοδ- Odyss. X 162: τὸ δὲ = ,da' aber, und ,da'. Goth. þaruh = sai, v. sapse. Adde τῆμος ex τασμοτ-, cgn. skr. tasmât = ,da'-ber, ,de'sshalb. Skr. ta-tra = tum, (yatra quum); skr. ta-rhi tum, (yarhi quum). Igitur ,tu'm pertinet ad demonstrativum ,ta', ut pronomen ,a' in a-tra = ta-tra = tum, quod ,a' hic loci memoratur quod hoc ,a' est illud a augmenti, ut ,a'-tupam = ἔ-τυπτον, prpr. τότε τύπτω, tum pulso; BR. Hinc tunc ex tum-c ut hunc ex hum-c, unde gall. donc. Cum cum quarto pronominis ,ta' cf. interim (ex inter + pronom. -im = eum, cgn. lat. vet. em, emen = eundem).

— tum. Supinum, prpr. accus. sg. ut raptum zu rauben, (Nom. rap-tus); B. § 803. K. VI 289. Skr. -tum, ut sthâ-tum = sta-tum, star-tum = stratum. Hoc ,tum' quum sit masc., tamen cum substantivis abstractis femin. cohaeret in -τυτ, ut ἀγόρη-τυτ, δαι-τύς, (cui respondet skr. -twâ instrum., ut driçhtwâ conspicatus, prpr. mit der Sehung.., cf. K. VI 290. B. § 862 p. 288). Ex hoc -τυ femin. pendet forma vedici Infinitivi primum in tavâi ut patavâi herrschen = pâ-tum, yâtavâi gehen = yâ-tum, kartavâi facere = kar-tum. Generi masculino latini -‚tum' (accus.) respondet genus masculinum vedici Dat. sg. = -tum, -tavâi, ut dhâtavê τιθέναι = dhâ-tum, dâtavê dare = datum, kartavê = kartum. Hoc ‚tavâi' pr. twâi = boruss. vet. -‚twei', ut dâtwei = dâ-tum, dare; B. § 864 p. 293. 294. Idem genus masculinum mouet in Infin. vedico qui terminatur in -tôs, (Gen. Abl. sg., Nom. -tu). Velut sthâ-tôs = sthâ-tum, êtôs ire = êtum, kartôs = kartum, hantôs ferire, hantum; Bf. Gr. § 910. K. VI 289. Cum -‚tum' cohaeret lit. -tu (pr. -tum), ut sê-tu = um zu säen, sa-tum; nusipirk-tu um zu kaufen, em-tum; B. § 864 p. 292. Adde boruss. vet. -‚tun' vel -ton = lat. -tum, ut dâ-tun s. dâ-ton = skr. dâ-tum; boruss. pû-ton = skr. pâtum, potare; gem-ton parĕre = skr. ĝani-tum; B. p. 293. De -ton = -tum cf. wir bogen = goth bugum, gebogen = goth. bugans; B. § 77.

tumba 1 f. Τύμβος, cgn. lit. dumbù ich werde hohl, dùb-ti hohl werden, dubè die Grube, goth. diups tief. U in tumba... ex am ex tamb vel potius ‚dhamb', unde boruss. vet. dambo fundus, der Grund, pan-dambis vallis, cgn. germ. vet. tumphilo gurges, germ. md. tümpfel tiefe Stelle im Wasser, cohaer. cum τάφ-ρος, θάπτω ich ver-tief-e, germ. vet. tobel saltus, getubele convallis.

tumeo 2. Cgn. slv. vet. ty-ti pinguescere, tau-kai adeps; v. totus. Skr. tum-ra tumidus; tumulus 2 m der Haufen, nord. vet. tumba über den Haufen fallen, unde gall. tomber. Skr. tumra = pinguis, robustus conferri potest cum skr. çawas n robur, pertin. ad çû- = çwâ- tumescere, cgn. germ. md. hû-ne ingens, robustus, adj. heu-nisch infestus; v. Gr. M. 489.

tumultus 4 m = skr. tumula m. tumûla m.

tundo 3, perf. tu-tud-i, skr. tud-âmi pr. stud-, goth. staut-an, germ. vet. stozôn stossen. Hinc gall. le pertuis foramen, ex aliquo pertusium, percer ex pertuisier. Huc Τυνδαρεύς, Τυδεύς = Dauti, (v. Gr. I 208).

Tungri, die ‚Zung'enfertigen, cgn. the tongue lingua; v. Aedui et cf. Quadi, fort. pertin. ad qriþan loqui; Tac. Germ. ed. Holder p. 257.

tunica 1 f. Mutil. ex χι-τωνική, χιτών autem pertinere videtur ad skr. ćat-âmi tego, kat-âmi cingo.

— tunus; v. Neptunus.

— tura; v. pictura.

turba 1 f. Τύρβα, τυρβασία, pr. sturba. Huc nord. vet. thurpaz congregari, unde goth. þaurp das Dorf. De s. dupl. cf. la briga θόρυβος, τύρβη, der Lärm, cohaer. c. celt. briga, quod nomen est orbium; Dz. I 85. Deriv. turbo, goth. drôbjan turbare; K. XVIII 261. Gall. troubler ex turbulare.

turbo 3 m; v. turma. Huc le turb-ot die Steinbutte, rhombus, a rotunditate.., Dz. II 447. Adde la tromba turbo, la trombe die Wasserhose, siphon, vet. trompe, deriv. tromper, prpr. im Kreise führen.

turdus 2 m. The throstle ex turdula, the thrush die Drossel; gall. trutiler wie eine Drossel singen. Skr. tarda m, avis certa, cf. turd-us; P. Hinc gall. étourdi betäubt, quo de sensu confert Dz. I 400 κουφότερος κίχλης. Confer die Gans c. Gausgalli = stultus; Schm. II 56.

turgeo 2. Cgn. τρύξ = turg-ida frumenta; v. turris.

turma 1 f. Cgn. turbo der Sturm, bav. der Turmel, germ. vet. stormr impetus hostilis. De Sturmariis i. q. Cimbris v. Gr. Gesch. p. 448.

turpis, e. Cohaeret cum skr. trapa m pudor, ‚trap'âraṇḍa f ‚turp'is mulier, 'ἐν-τρέπ-εσθαι sich schämen, prpr. aversari. Hinc gall. étropier lähmen, ex extarpiare; v. trepido. Turpitudo 3 f; -‚tûdin' ex twâtwan h. e. twâtwana, twâtwa-na; ved. tvana ut vasu-tvana divitiae, sakhi-tvana amicita; L. M. 654. 126. K. VI 360. De ‚iu' in turpitud-‚in'-is pr. turpitud-ôn-is cf. hominis pr. hom-on-is; B. § 830.

turris 3 f, τύρσις, cgn. tur-g-idus, der sich empor‚stre'ckende.

turtur 3 m. Onom., ut τρυγών, (τρύζων).

turunda 1 f, cgn. τέρην, sab. terentum molle; skr. tar-una jung, zart. Huc Talassius, cgn. skr. taluna = taruna juvenis, taluni f virgo.

— turus, a, um; v. B. § 478.

I. — tus; v. unde. funditus.

II. — tus; v. servitus. pectus.

III. — tus; v. vultus. senatus. fluctus.

IV. — tus, a, um; v. iste.

tussio 4. Ex tud-tio, ich stoss-e, Corss. Fk. 82 trahit ad skr. tuç- = tussire, fort. cohaer. cum tus-, tôs-âmi sonare, tos-en.

tuus, a, um. Pr. tvo-s, tevos, τεϝός ex skr. tawa = tui, σου Genit., σός ex σϝός = tvos; boruss. vet. twai-s tuus. Similiter nostrum dein = tuus proficiscitur ex goth. þeina = tui, σου Gen.; item þeins = dein, tuus; L. M. p. 391. Gr. II 010. (Nisi potius meina = meina-ât, vet. Abl.; Bab. 7). Rectius J. S. qui ait sic: Goth meina muss wegen des analogen þeina, seina als Stamm samit Suff. -eina aufgefasst werden; ‚Verw. Verb.' p. 13. Skr. twadîya tuus, ex twat- Abl.; tâwaka tuus ex tawa = dein-ig.

tympanum 2 n h. e. τυπ-τόμενον, ut die Pauke pertinet ad germ. vet. pouchan pochen, banken; Gr. II 201. Idem sensus in skr. mahâtôdya n magnum tympanum, cgn. tod-âmi = τύπτω. — De -‚anum' cf. πλόκ-ανον das Flechtwerk, πόπ-ανον der Opferkuchen; B. § 930.

Typhon 3 m = Vaporinus; K. IX 196. Cohaeret cum τῦφος fumus pr. θῦπος, cgn. der Duf-t, τυφεδών der Qualm, il tufo vapor, gall. étouffer ersticken = bav. dempf-en, dumpf-en betäuben; sax. vet. dūf = taub, cgn. τυφ-λός. Huc the dup-e die ‚Dumm'heit.

typus 2 m der Schlag, τύπ-ος. De s. cf. das Geschlecht = genus, forma, c. schlagen = τύπτειν. De s. cf. etiam die Rubel das Gepräge, cgn. rub-ati hauen; Schm. III 4; v. vescor.

— **tyr**; v. martyr.

tyrannus 2 m τύρ-αννος, cohaer. c. lit. tur-éti habere, dominum esse, pertin. ad skr. turyāt = κρατοίη, potent. verbi tar-âmi = περαίνω, supero, deriv. turw-, tûrwâmi überkomme, überwältige; zd. taurvyant part. praes., v. torvus, taurva stark, hart. — Huc τυραννίς, (ιδ-ς), qua de forma B. Syst. § 196 ait sic: Das δ in πατρίδος.. ist rein phonet. Zugabe, ungefähr wie das goth. n in vidovô-n = widhawâ, bairandei-n = bharanti.

U.

I. u ex wa, v. servitus. Muamnosyne. — II. u ex a cum nasali, v. jam. tumere. thus. usque.

uber 3 n = aeol. οὖφαρ = οὖθαρ das Euter, skr. ûdhat, (unde Genit. οὔθαρ-ος, ut ἥπατος ex ἧπαρ = yakat, ut εἴδατος ex εἴδαρ-). Rothio hoc οὖθαρ ortum est ex wadh-, redupl. wawadh, unde ûwadhya n der Inhalt der Gedärme = ὄνθ-ος, fimus, unde deriv. ὀνθ-υλεύω farcio, οὖθαρ = refertum. Cum οὖφ-αρ.. cohaeret volsc. uf- = ub-er, unde Ufidus, Aufidus = uber, fertilis. Illud ‚ens' in Uf-ens est partic., ut sab. Av-ens satians; K. X 35. De s. cf. Βορυσθένης, (ex zd. vouruustana salutem habens, prpr. εὐρεῖαν στάσιν ἔχων); M. Adde flumen Nyt, (cgn. nütz-lich), quod flumen fluit per campos deorum Eddae.

ubi. Ex cu-bi, (ut ali-cubi); skr. kwa = ubi? (ex ku- quod est in ku-tas unde? angl. where?). Skr. kutra = ubi?, (instr. pr. ku-trā; Bf. Gr. § 608 p. 235). De -bi v. ibi.

— **uca**; v. verruca. II. -ceus, v. caduceus.

udus, a, um. Skr. utta ex ud-ta, unna ex ud-na; cgn. angl. wet = ags. vaet, lat. vet. udor 3 n = ὕδωρ. Adde goth. vatan, = the water ut goth. fon ex favan das Feuer = πῦρ; K. I 379. XIX 101. Bav. die welt die Lache; die Wal = goth. natja.

ulciscor 3 ich wehre mich, cgn. ἀλκ-ή die Wehr, pertin. ad skr. rak-âmi servo, tueor; aut cohaeret cum rak-âmi, ri- laedo, (v. ursus). Cum -scor in ulc-iscor cf. -σκω in πι-,σκω'ro.

ulcus, eris 3 n. Ἕλκ-ος das Geschwür. Confer skr. ulkâ f titio, (Volc-anus, P.), ex ,walk'. De s. cf. nostrum Geschwür, schwären = germ. vet. swëran, cgn. skr. sur-âmi h. e. swar-âmi ich glühe, senge, bin schwül, brenne.

— Uleus; v. aculeus.

ullus, a, um. Ex unlus, cgn. un-us, ein-ige, hisp. deg-uno = ullus, germ. vet. deh-ein, prpr. dech-ein einer h. e. doch einer.

ulmus 2 f = the elm, bav. die Ilm, cgn. cum almus, altus.

ulna 1 f. Ὠλένη, goth. aleina, ags. eln die Elle, (ex El-ne); pertin. ad skr. ara-tni m der Ellbogen, die Elle, (ex ara-tani, cgn. ten-do, Bf. II 305); cohaeret c. ar-âla m der gebogene Arm, ar-âla curvus. De -na in ul-na cf. ags. þec-en f die Decke, ags. fir-ēn delictum, (cgn. goth. fairinâ f); ags. myl-ēn die Mühle, lyg-en die Lüge, fyx-en die Füchsin.

ultimus, a, um. Lat vet. uls = ultra; ultis pr. ultius, (v. magis). De hoc -s in ul-s v. ci-s. Uls = jenseits, cohaer. c. olle = jener; -,timus' = skr. -tamas, ut ut-tamas ultimus, (,ut'- = ὑσ- in ὕσ-τατος pr. ὕτ-τατος); goth. -tuma ut af-tuma ultimus; -duma ut hlei-duma sinister. (De ,duma' hoc cf. lat. dex-timus ex dak-tama; v. B. § 296). Ortum autem est hoc -timus, -tamas ex tara (compar.) + ma. Eodem modo superlativus in -ις (compar.) + -τος = -mus, ut κάκιστος, (κάκις compar., ut magis); novissimus ex novis + ti-mus; ὤκισ-τος = ocissimus; μέγισ-τος = goth. maista ex magis-ta, adde goth. minnis-ta der mindeste; L. M. 97. B. § 290. Vocalis ι in ἥδ-ι-στος, ut constat, ortum est ex ia ja, nam ἡδίων correptum est ex swadyas, qua de correptione v. aemulor. Forma plenior est goth. lasivôsta imbecillimus, ex lasivôzan (compar.) + ta; armôsta der ärmste ex armajasta; L. M. 180. K. VI 387. B. § 298. 300. Adde ἐπήτριμος = πυκνός, compos. et ipsum ex ἐπη-τρι- h. e. ,τερ' compar., + -μος; Bf. I 312. — Restat ut cognoscamus illud -mus in ulti-mus. Cohaeret cum illo -ma in skr. ćara-ma = ultimus, in panća-ma = quintus, sax. vet. wanu-mo s. wana-mo venustissimus; Gr. Gesch. 680. Dis positum est forma superlativa in ags. aeftemest = goth. aftuma.

ultrā. Pr. ultrad, (Abl. ut goth. -þrô ex þarô in hva-þrô unde? D. § 183,2. K. XVI 372.) Cum ul-s, ul-tra h. e. un s. an conjung; potest praefixum goth. un-þa in un-þa-þliuhan entfliehen, (prpr. illinc fugere); Bzb. 74. Ultra h. e. untra = am ,En'de; nam vox das ,En'de = skr. ant-a cohaeret cum pronom. ,ana', unde ἀν-τί = skr. anti Loc., antê Abl.; Bf. II 49. De l = n v. alius. Hue ultro

,ohn'e diem, ohne Veranlassung, cohaeret cum ἄνευ = ohne, goth. inu, dor. ἄνις; ἄνευ ἀνις, fortasse ex ἄνευ; Dzb. 65.

ulva 1 f. Cgn. ὕλη, ὕλμα. Ulubrae Rohrdorf, das Kolber, Schlotten, (die Schlotten, das Schilfrohr, ulva; Schm. III 461).

ulula 1 f. Skr. ûlûka m die Eule, germ. vet. ûla. De ,Ul'yxe germ. vet. v. Förstem. 1211. Cgn. skr. ululi m ululatus, redupl. ut ὀλ-ολ-ύζω; skr. ulûlu m, cgn. ὑλ-άω.

I. — ulum; v. vincio. — II. -ulus; v. secundus. famulus. oculus. — III. — ula, v. vincio.

Ulysses 3 m; 'Οδυσσεύς pertinet ad dushyâmi corrumpor, vitior; cgn. dwiah odisse; v. K. X 214. De s. cf. germ. vet. tilen = dushayâmi, destruo, deleo, unde Till, Tilly; F. 335. De ,Οὖτις' v. Gr. M. 980. De Ul- = 'Οδ- cf. Giles, bav. Gilg = Aegidius.

um; v. collum.

umbilicus 2 m; v. vannus, cgn. umbo 3 m, prpr. der aufschwielende; cgn. skr. ambh-as aqua, prpr. tumescens.

umbra 1 f. Ex nabhra, cgn. ,nub'-es. De forma v. ungula. Hinc gall. sombre düster, ex su-umbra h. e. sub umbra, ut sonder ex subundare. Umbrae = manes, (quo de sensu cf. σκιά umbra, cgn. germ. vet. scî-mo, germ. md. sche-me der Sche-men larva).

uncia 1 f. Pr. unica, ut paphice 'ἴγγια = εἷς ex 'ἴγκια = uncia; v. C. 644.

uncus; a, um; ὀγκ-ύλος, ad-unc-us, cohaer. c. skr. añkas n die Biegung, Bucht, cgn. bav. die Ank-en der Naken, der Enk-elbogen der Ellbogen, der Enk-el der Knorren; goth. hals-agga cervices, die Anke occipul, αὐχήν pr. ἀγχήν; J. S. 182. L. M. p. 02.

uncus 2 m = ὄγκος, skr. añkas m der Haken; skr. añkuça der Angelhaken.

unda i. f. Cohaer. c. skr. und-ana n humectatio; und-âmi, unadmi scaturio, lavo, humecto; unda n aqua = ὕδ-ωρ, the water; to wet netzen; it. guazzare abschwemmen, germ. vet. watan = waten; v. Dz. I 1220. Huc scyth. Temar- ,unda' sinus Maeoticus, h. e. mater maris.

unde? Skr. kutas, ex ku- (v. ubi) + -tas, quod est in ἐν-τός = in-tus, caeli-tus = skr. swarga-tas; B. § 421. Hinc gall. dont ex de-unde. Lat. ,unde' ex cunde, v. ali-cunde; B. § 420. 389 et ,cunde' ex aliquo kudha inserto nasali ut ambo=ubh-au. Hoc -dha (in ku-dha) = -dě (in un-dě), -dhas in a-dhas = subtus, von unten slv. vet.-du, (in kuŋ-du = un-de? sicut tuŋ-du = inde, πό-θεν (ex πόθεν ut τύπτομεν ex τύπτομες); πόθι (ex πόθιν ut τύπτετε pr. τύπτετες). Ritschlio autem hoc — ,dĕ' est = ,dē' = von, correptum ex dē ita ut in-dĕ unde ex im-de um-de evenient, et ,im' sit idem casus atque in ill-im, is-tim; v. B. § 420. —

-undo; v. arundo.

— u n d u s, a, u m; v. secundus.

u n g o 3. Skr. anağmi, th. añğ = ungo s. añğayâmi, cans. Fk. 944 fit per transpositionem uag-na nakt = nnctus, blank; skr. akta = unctus. Huc goth. auaks 'εξαίφνης, (ex anakti = ungit); v. Bzb. 119. Huc unguen 3 n = skr. añğana n; hnc der Ank-e butyrum, unde der Rheinanke, der Renke, piscis adiposus, der Innanke, Illanke; Gr. I 378. Huc unguentum = skr. aktas m, cgn. ἀκτίς, quae vox cohaeret cum goth. uhteigô = εὐκαίρως, (de s. cf. mane); Bzb. 41. Adde añğas n. abhyañğa m unctio.

u n g u i s 3 m; ὄνυξ, pr. unguis, = skr. nakhas m; v. vannus. Huc reduvia der Niethnagel, ex redugvia, redunguia, (cf. brevis ex brehuis); cgn. ungula. Cohaer. cum νύσσω stosse, ritze, sporne, quo de sensu cf. gôkaṇṭaka m unguis boum, kaṇṭaka m et unguis et spina; skr. ɉura m s. khura m der Huf, ungula, pertin. ad ɉur-âmi ich kratze; (the claw ungula, nord. vet. klâ = klauen, kratzen; Gr. V. 1027 I 3. De Klô-sigi v. Gr. M. 600).

u n i c u s, a, u m; Ex unŏcus unĭcus. De -cus cf. skr. bâlaka puer, bâlikâ f puella; R. § 953.

u n i o 3 f. Cgn. unus, quia nulli duo reperiuntur indiscreti; Plin. Hinc l'oignon.

— u n t; v. sunt.

u n u s, a, um; ex oinus vet., (ut lûdo ex loido, communis ex commoinis, punio ex poenio). Oinos autem h. e. oi-nos, (cgn. οἰνή, celt. oin, oen = goth. ai-na, einer), cohaeret cum οἶ-ος h. e. οἶ-ϝος = all-,ein'. Diphthongus oi vel ai est skr. ê h. e. ai, velut: φέροι(τ) = skr. bharêt s. bharait, ϝοῖκος skr. wêças s. waiças, ϝοῖδα = wêdmi s. waidmi. Ad hanc similitudinem linguae sanscrita habet ê commune cum oi in oi-nos, cum οἰ- in οἶ-ϝος, (zd. aêva), cum ai- in ai-na ita quidem, ut alio insigniatur suffixo, ut affigatur ka = -cus in uni-cus, aut -na = -nus in oi-nos, aut -wa = -ϝος in οἶ-ϝος. Igitur oi-nos = skr. ê-ka. Jam quaeritur, quid sit ,e' in hoc ê-na = oi- in oi-nos. Cohaeret hoc ,e' in êka = oi-nos cum skr. êna = is ea id, der die das (articulus finitus), cgn. ,ein'er ,ein'e ,eine's (articulus infinitus); ê-na est i. q. ê-ta der die das, (cum suffixo -ta). Annotari debet de skr. êna ipso, id proprie esse instrum. pronominis ,a' cum suffixo -na, (v. olle ex ,on'-le = lit. anas = er, ille; slv. on = ille, er, is, skr. anas, v. J. S. ,Verw. Verh.'). Cum hoc ,an', slv. on, cohaeret ὄν-ος = unus; cgn. ἐν- pr. 'εν- h. e. ἕν (ex ἕνς), cum spiritu aspero ut ἵππος pr. ἴππος, ὑπό = upa, ὕστατος = ultamas. Slv. ino = ein- ut inorogu Einhorn, ,ἕν κέρας ἔχων'. Hoc ino idem significat ,alius', ein anderer, cohaeret cum skr. an-yê = ,ein'ige, ἔν-ιοι; B. § 308 p. 57; v. J. S. 151. Huc ags. ân, unde ân-lic = einzig, un-i-cus, angl.

on-ly; ags. ânê ciumnl, instrum. aenes, unde angl. once. Postremo B. monet, ne hoc ,un'us trahamus ad illud skr. ûna in ,ûna' winçati = undeviginti, ûnatrinçati = undetriginta, nam hoc ,ûna', cohaeret cum zd. una i the want, defectus, pertin. ad wan-, cgn. wen-ig. (Df. Gr. p. 325), quod ,wan'-, wen'-ig monet quidem lituani wēn-as = unus, armen. min = unus, cgn. lit. men-kay wenig, minder; addo armen. mèk = unus (pr. menko), μόν-ος, allein. cgn. skr. man-âk = minus. Hoc ,ûna' igitur prorsus alienum est ab unus, nam ,ûna' cohaeret cum ags. wana = εὖν-ις mangelnd, velut: âna wana þrittigum undetriginta, quo de sensu cf. ags. laes = minus, ut: twa laes þrittigum duodetriginta.

II. — unus; v. Neptunus.

— uo; v. tribuo.

upilio 3 m = skr. awipâla m ,ov'ium pastor, v. Pales. De a. cf. skr. açwapâla = ἱππο-πόλ-ος; adde αἰ-πόλος αἰγῶν, Odyss. 17, 369.

upupa 1 f. Onomat., ἔπ-οπ-α, a clamore suo ,hup' ,hup'; the whoop, der Wiedehöpf, pr.pr. Holzkopf; Schm. IV 201.

urbs 3 f. Ex wardh-, cgn. zd. vard-ana urbs, (prpr. crescens), arm. ord vicus, die Ort-schaft, Ort-ona; v. totus. De b = dh cf. corbis = καλαθίς; v. uber. D. § 233. (Corss. dividit in ur-b-s, (v. ple-b-s), ex war-b-s die gedeckte, ge-währ-te; K. X 9. Si recte, cohaeret hoc ,war' ,ur' cum goth. varjan vitare, habitare, unde Holdero pendet suffixum — ,var' in nord. vet. eord-varas die Erdbewohner, Bajovarii incolae...; Tac. Germ. 130.) De s. illius ,ord'... cf. skr. pura f = puri f πόλ-ις (die voll-e, die Ge-füll-te), cgn. πύλαι das Stadtthor = skr. gô-pura. Hoc n. pr. Grenoble ex Gratianopolis. — Urbanus, a, um constat ex urb-â-nus, quo cum ,anus' cohaeret gall.-en ut le si-en (ex si-anus); Dz. II 370. De â B. § 830 ait sic: Das â in Rom-â-nus, sceler-â-tus ist Vermittlungsvocal.

urgeo 2; skr. warg- = εἴργ-ω ich zwenge, zwinge, excludo, unde germ. vet. vreh, exul, ags. vrekan agitare, goth. vrikan rächen, persequi; cf. C. 165. Dfb. G. I 232. Confer Herod. VII 96 ἐξ-ειργ-ομαι cogor, ich fühle mich gezwungen.

urina 1 f. Cgn. οὐρέω, skr. wâri n aqua.

— uris; v. seco, securis.

uro 3. Skr. ôsh-âmi uro, cgn. us-tulo, (demin. ut postulo), unde it. brustolare ex perustulare, prov. bruslar, gall. brûler); v. aurora. Huc nord. vet. us-li ignis, germ. vet. ûs-el favilla, εὗρρα. Tropice hoc vocabulum notionem habet vexandi, dolore afficiendi, ut skr. çôc-âmi ardeo, doleo, κωκ-ύω; ut tap-âmi uro, (tep-eo), contristo; ut du-n-ômi uro, vexo; dûna ustus, vexatus, ὀ-δυ-νώμενος; ut surâmi uro, (unde sura m sol), cgn. swar-âmi vexo, be-schwer-e, macho eine Beschwerde, = skr. swṛi-ṇ-âmi laedo; germ. md. cite et incendia et tormenta conscientiae. Adde slv. pal-i-ti urere, ut Gr. docet, cohaer. cum goth. balþs acer, hitzig. Goþi Balthae sunt Gothi audaces, acres, vexantes, ἀργοί. Gr. I 1081 addit etiam hoc: Auch Paltar, altn. Baldr, der Name des Lichtgottes, ist zu vergleichen. Hoc bald = gall. baud, (baudir aufeuern, i. q. ὀτρύνειν, cgn. at-er; K. X 333). — Huc urtica 1 f. die Brennnessel. De s. cf. κίωρος pr. κίσωρος urtica, cgn. skr. kash-ûku ignis, pertin. ad skr. kash-âmi frico, qua quidem cum voce conferri potest nostrum die Nessel, the nettle, c. germ. vet. ka-neizz-an fricare, terere. — Huc ur-c-eus 2 m = testa h. e. tosta. De s. cf. skr. kuṇḍa m urceus, pertin. ad kuṇḍê uro.

ursus 2 m. Pr. urcsus, (ut torsi pr. torcsi, farsi pr. farcsi, goth. vaurstva opus ex vaurhstva), = skr. ṛkṣas m ἄρκ-τος, cg. celt. arth, unde arth-far saevus instar ursi. Huc ṛkṣas m prpr. = interficiendi cupidus, pertin. ad skr. riç-âmi vello, unde rishṭa laceratus; aut trahi debet ad wraçćâmi scindo, abscindo; v. BR. I 1038, ubi aiunt sic: ṛkṣas m der Verletzer, Verderber, der Bär. Das Wort kann auf riç und wraçć, woher ṛkṇa = wṛikṇa saucius, wund, zurückgeführt werden, und ist wohl mit rakṣas n noxa, nächtlicher Unhold verwandt.

urus 2 m; οὖρος, ut Pictetio videtur, cgn. c. ir. celt. uras la puissance, skr. ur-u = εὐρ-ύς. Der Auer-ochs, the ower; n. pr. Urach = Aurach; Εὐρυ-άλη..., (cf. armentum).

urvo 1 = ar-o. Skr. urwarâ f das Fruchtfeld, cgn. urwaṭa m annus, (prpr. περιπλόμενος, Bf. II 303); cgn. urvus, a, um = curvus.

— us; v. opus. robur.

— uscus; v. molluscus.

usquam. Ex „cut'-quam = skr." kwâća; v. ubi.

usque. ‚Us' ex an-is ans = 'εν εἰς, goth. us. = aus; K. V 212. Sed J. S. 150 ait sic: Potts Erklärung von us = skr. awas oder eine Herleitung von us aus dem Pronominalstamme ‚u' - in skr. u-ta) = et, etiam, vel aut, unde compar. o-der, angl. o-r), sind Möglichkeiten, die von Seiten der Lautlehre wenigeren Anfechtungen ausgesetzt sind. Cum ‚us' cohaeret ur- in goth. ur-riunan, germ. vet. ur-, ar-, er-, ir-, ags. or-, nord. vet. or., ūr; Bzb. 724.

— ustus; v. augustus.

ut. Ex ‚cut', v. usquam, uter. — utinam = skr. uta. — utpote, v. ipse. — uti h. e. u-ti, (quo de — ‚ti' cf. skr. i-ti = ita, lat. i-ti-dem, προ-τί, 'αν-τί).

utensilia 3 n. Ex utent-tilia, utens-tilia, ut censor = osc. kens-tur.

uter, a, um = skr. katara; ex kwatara κότερος, goth. hvaþar, angl. wether, cohaer. cum nostro ‚weder', ent‚weder', (neutr., bav. a' weder = das weder utrum, welches von beiden); de weder einer von zweien, das aintweder alterutrum; bav. vet. sweder = uter, so huedar). Uterque = bav. jedweder. Add. angl, nor ex nother, ags. ne-hrädher; Schm. IV 30.

uter 3 m. L'outre. Si ex hut-er cf. skr. kutû f der Oelschlauch.

ŭterus 2 m. Pr. ut-terus, cgn. ut-tama (v. ultimus), ὑσ-τέρα matrix, unde die Hysterie. Hinc uterinus, a, um ut skr. bhaga m uterus, (v. cunnus), unde bhaginî f soror, (uterina); J. S. 91.

ūtilis, e; lat. vet. oit-ile, (v. curo; K. XXI 120). Skr. ûti f. der Genuss, pertin ad aw-â-mi aveo, opto. Idem sensus est in ὄνησις utilitas. cohaer. c. γον-ν-ημι cgn. wan-ûmi = awâmi, der Ge-,winn'; Jl. XVI 31. Adde usus 4 m die Gewohnheit, cgn. utilitas, et cf. hoc idem wan-â-mi c. bin ge-wohn-t; v. uxor. — Terminatio -,lis' ex aliquo -„lûs", quod est in skr. çli-las s. çri-ras formosus. (De çri = çli- cf. çru- c. κλύ-ειν et cum çlô-kas m κλί-ος, strepitus; çrôna = çlôna claudus).

utique; v. ut., = goth. hvê-h allerdings. — Illud ,que' = skr. -ča, aga = gu in hwe-gu = denique, vel -,ge'-n ut hwer-ge-n, germ. vet. hwer-gi-n = irgend wo, goth. -h in hvê-h

ūva i f die saftige, frische, saccûsa; uvida ex ugrida = ὑγ-ρά; lit. ûkana tempestas pluvia, pertin. ad skr. uç-âmi humecto; v. Fk. 344. C. 170. Adde lit. uga f uva die Traube, baca, die Beere. De s. dupl. cf. skr. drakâ f uva c. hib. celt. dearc baca. De sensu verbali confer ἄπιον die Birne, die saftige, cgn. ap = aqua; J. S. 44. Cum uťâmi h. e. waťâmi cohaeret nord. vak-r frisch. De forma ûva (ex ugva) cf. fruor ex frugvor.

— uvium; v. Vesta.

uxor 3 f. Ex uc-sor, uc-sar, (v. soror = swa-sar), = femina mansueta, cujus consuetudine utitur vir. Hoc „uc" pertinet ad skr. uc-yâmi bin gewohnt, finde Gefallen, P. Hinc goth. bi-uh-ti consuetudo, die Gewohnheit, deriv. skr. ôka m domus, die Wohnung; uxor die wonnige, die wohnliche, mater familias. Sunt qui trahant vocem „uxor" ad skr. waç-mi = amo, diligo, cgn. 'εκ-ών, unde skr. waçâ f femina, filia. Hoc de sensu cf. skr. wânitâ f die Geliebte, (die Ge-„wohn"te), germ. vet. winia uxor, amata. Item nord. vet. koera uxor, dilecta, = skr. kântâ f. uxor, (kam- amo, v. carus = cgn. nord. vet. koera). Skr. waçâ, unde potuit evenire uc- f notat et vaccam et uxorem, qua de duplicitate sensus cf. skr. mahishi f die Büffelkuh et agramahishi f die Hauptbüffelkuh, uxor regis.

V.

I. v = b, v. Silvanus, vireo. — II. v = m, v. nos. —. III. v ejicitur, v. vern. — IV. v = f, v. vices.

vacca 1 f. Skr. wâçâ f, (wâç-ra mugiens). wâçitâ f vacca. De s. cf. gâwas boves, pertin. ad gawâmi mugio. Vaccinium 2 n die Kuhblume, (Confer nostrum Gaanseblümlein).

văcillo 1. Ex vancillo = skr. wańćâmi ich wank-e, schwanke, schwenke mich, wack-le; J. S. 105. Skr. wańćata vacillans. Hinc die Wick-e h. e. die wankende, witschende; K. XXI 07. v. vicia.

vadimonium 2 n. Goth. vadi, germ. vet. wetle, die Wette, cgn. ἄ-εθ-λον der Kampfpreis, lt. md. uuadium, guadium = le gage; pertin ad goth. ga-vid-an, bav. wett-en jungere, einwetten = einjochen, cgn. goth. ‚vod' in veit-vodas m testis, das Sehen verbürgend; C. 224. L. M. 370. Fk. 390. Huc the wed = vadja, the wedlock die Ehe; (cf. Tac. Germ. ed. Schw. S. p. 86). De s. cf. the bondsman vas, der Bürge, cgn. ags. bend pedica.

vādo 3. Ex vā-dho, (v. credo), cgn. βῆ-ναι, skr. gâ-dhê = βέ-βη-κα, βη-λόν, βέ-βη-λον = betreten, profan. Gr. M. 1205 huc trahit etiam ags. ge-wil-an vadere; vădosus, a, um = διά-βα-τος, βα-δι-σίμιον. vadum 2 n = βα-θμόν πεδίν, nord. vet. vad die Furt, le gué, il guado, cohaer. c. wal-en; Dz. I 226. Schm. IV 103.

vae = goth. vai in vai-dêdjan; v. Fk. 862.

vafer, a, um. Cgn. umbr. vufro diversipellis. Videtur pertinere ad skr. wadha m der Schlag, die Schmitzen, vafer (pr. vadh-er) verschlagen, verschmitzt. De s. cf. nostrum schlan c. slahan; Fk. 017.

vāgina 1 f. Potest pertinere ad vacuus, pr. vakina ex vakkina h. e. văcv-ina = văkina; cf. bāca. Hinc la guaine, la guaina, hisp. vaina die Schote, folliculus, ut skr. kôça m vagina, folliculus. De g pr. c v. viginti, gloria. Addo hoc loco cambr. celt. ger vicinus, e ‚cer', unde Ger-mani = vicini. v. Ebel p. 773, ubi adnotatur hoc: Hujus nominis novissima interpretatio facta est e brit. garm clamor, unde garman = nomina. Igitur inde derivari non poterat nisi ‚germannani', non ‚Germani'. — V. vagio.

vāgio 4; ex vāghio, cgn. ἠχ-ή s. ἰ-άχ-ω, pertin ad skr. wâç-yê mugio, ved. vaç-ras mugiens, germ. md. wuchs clamor. L. M. 392 huc trahit goth. auh-jôn clamare, strepere. Huc skr. wâçana frigutiens, switschernd, unde germ. vet. wah-tala coturnix, die Wachtel, lt. md. quaquila unde the quail. De varia vi verbi ‚wâç' cf. skr. rabh- s. ramb- mugire, unde pendet ἀ-ρα-β-άσσω ich klirre, cgn. lambh- unde goth. lamba das Lamm. Adde skr. wâçî sonus, wâç pfeifend, klingend, unde si pendet vag-ina, conferri potest vis verbi cum σύριγξ vagina, das Futteral, bav. die Pfeife die Wasserröhre = fistula. Et skr. nâḍi f die Pfeife, cgn. νηδ-ύς venter, vagina vulvae.

vāgor 1; cohaer. c. skr. wañg-âmi eo, claudico, Gloss. Huc il vago amasius, quo de sensu cf. skr. çañ̇ala vagus, amasius.

valeo 2. Cgn. skr. bala n = val-e-tudo, cgn. lit. val-ióti cogere. Cum bala cohaerere potest dac. Dece-balus; M. 185. (De s. cf. celt. Καύαρος, cy. celt. cau-r gigas, pertin. ad skr. çu- tumere, crescere, çawas n die Heldenkraft; Gl. R. 20). Valde ex valido = skr. bala-wat. Cgn. war- = wehre.., (quo de sensu cf. tueor). Cum valde cohaeret goth. valdan, polon. vlad-, unde Vladimir, Wladislav, cgn. — ‚old' ut Rein-old = Reginwald, Oswald = Answald, (quasi dicas Θεοκράτης), der Götter Walter. Adde la valuta die Geltung, (cf. die Geltung = valor c. lit. gel-óti valere, posse).

vallis 3 f. Ex val-vis, cgn. ϝάλ-ις die Niederung; 'Ηλ-ις Niederland; cgn. 'ἴναυλος, v. valva. C. 324. Fickius autem trahit ad goth. val-v-jan = vol-vo ich winde, unde ‚val'is die Windung, qua de vi verbi cf. ἄγκ-ος vallis, (cgn. uncus). Deriv. le avale, (ex ‚ad vallem'). Vallis = αὐλ-ών, ut κύρ-ωσις ex ϝυρ-, prpr. occulens, (cf. color).

vallum 2 n; ex var-ilom, pertin. ad skr. war- tegere, wahr-en; Gloss. 328. Huc bav. die Stat-wer Befestigung der Stadt, the ware der Fischhalter, der Teich, die Wér' Werd, Wi-ər, die Woor; Schm. IV 145. Sed. v. sq. Skr. waraṇa n der Wall. Huc n. pr. Valley ex vallatum.

vallus 2 m h. e. vālus = ἅλ-ος, dor. ἧλ-ος paxillus, unde vallum das Pfahlwerk; intervallum 2 n quod spatii est inter duos vallos; skr. wyantara n, (ex ‚dwi'antara = der ‚Zwi'schenraum).

valvae 1 f quae re‚volv'untur et se velant.

vannus 2 n, die Schwinge. Cohaeret cum goth. vinþjan windigen, vorfeln, cgn. vent-ilo, skr. wâtayâmi ich mache Wind; L. M. 307. K. VII 105. Huc les vanneaux die Schwingen, pennae, a ventilando. De s. cf. skr. paripawana n vannus c. pawana ventus, unde πτίον, (h. e. πτϝ-ον), vannus die Schwinge h. e. die schwingende aut die geschwungene, qua de duplici sententia cf. hoc — ‚nus' c. skr. — ‚nus' in skr. sû-nus, goth. sunus, der Sohn, (non tam genitus quam genitor, geniturus) eadem sententia quae est in θυγάτηρ, (non tam mulctrix, quam quae lac praebitura est); v. K. XXI 373. Restat ut cognoscamus hoc suffixum ‚nu', ‚na', quod idem ‚na' suffixum etiam infixum esse videtur Windischio et affert exempla ut: anakti = ungit h. e. a-‚na'-k-ti, añganti = ungunt h. e. a-‚n'-ǵ-anti, yunanti = jungunt h. e. yu-‚na'-nti, bha-‚na'-kti = frangit, aç-nâ-mi = nanciscor. Adde perf. ânança nactus sum h. e. â-‚na'-ç-a, praes. açâmi ich erreiche; ânardha = crevi h. e. â-‚na'-rdh-a, praes. ar'h. Hoc ,na' infixum est in gr. ,νι' ut ἠ-,νι'-κ-ής, pertin. ad ac- s. ax- ich reiche, erreiche; skr. ânaçus nacti sunt h. e. â-,na'-ç-us, praes. aç-, qua cum forma apte congruit ἰ-,νι'κ, unde ἠνίχ-θην. Cum ânaçus plur. cohaeret ἤνοχα (= 'ινήνοχα), ânaç h. e. â-na-ç-t = ἤνοχε (= 'ινήνοχε). Et 'ενεγκεῖν cohaeret cum skr. ânaçu = nanc-tus sum, cohaer. cum 'ανάγκη, (ex aliquo 'α-,να'-,να'-κ-η); adde lat. nec-essitas = 'ανάγκη, quod ,nec' trahi potest ad formam ἠνεκής, ir. celt. èc- in ar ècin per necessitatem. Operae pretium est h. l. ponere unguis = ὄνυξ, ir. celt. inga der Nagel, h. e. a-,na'-gh, unde angh- = ang-ustiare; germ. vet. nagal der Nagel, prpr. der bindende, beſtende. Adde umbilicus der Nabel, ὀμφ-αλός, skr. nâbhila die Nabe, der Nabel, ex a-na-bh a-,n'bh a. nabh-, unde skr. ambhas n aqua; ambhas autem cohaeret cum abhra n = vapor et cum nabhas n nebula, nubes; K. XXI 422. Hoc ,abh' . . . significat tumescere, (v. ab-ies, video). Illud insuper mihi probatur, quod Windischius ἀνήρ = skr. nara dividit in a-,na'-ra, pertin. ad ar-, ar-sh = humecto, conspergo (sc. semine), cgn. ἄρ-σ-ην, skr. ṛ-sh-a-bhas m taurus; cgn. ir. celt. ner-t fortitudo, unde n. pr. Garnerius s. Vernerius = 'Αρσάκης; v. Gl. 61.

vanus, a, um; cgn. vac-ivus, pr. vac-nus, cf. pinus, temo; v. vacuus. Hinc gall. vanter.

văpor 3 m; pr. evapor, (ut vermis ex evermis), lit. kvep-ti duſten, lett. kwep-et fumare, (v. caper); cgn. goth. af-hvap-nan exstingui = bav. dämpfen h. e. löschen. Vapidus, a, um verrochen, verdorben, cgn. germ. vet. ir-quëp-an emortuus ver- schmaust, cohaer. c. germ. md. erquëben vaporare, dämpfen; Gr. V 1547. Hinc gall. fat abgeschmackt, angl. fady flaccidus; Dz. II 300. Adde vappa 1 f. pr. văpa, cgn. văpor. (De ă in văpor et ā in vāpa cf. cŭpidus c. cūpedo), cgn. germ. md. ver-wepf-en umschlagen, mutari; Fk 730. K. XVIII 0; adj. vaporosus, a, um (ex aliquo vapor-,sant-, ut skr. dhûma-,,want" = fum-,os'us, çraddhâ-want fidelis, ex çrat s. çrat fides, v. credo). Illud want wat = -mant mat, quod -,,mat" affixum videtur scythicum ,,mat" ut Sauro-mata = lanceas habens; 'Ιαξα-μάται i q. 'Ιάζυγες = les majestieux, celsi, magni, zd. iazu magnus. Hoc ,,mant" habet c. gr. skr. ,,çri"mant speciosus, formosus, ,,κρι"ων κάλλει; çri-mat-tâ pulchritudo.

vapulo 1 = ich gebe Laut, cgn. μπ-είν. De s. cf. κλαύσει = vapulabis.

vărius, a, um, untereinander gedreht, gekrümmt, ver-wirr-t. De s. cf. winden = drehen c. bav. windvar = varius. V. varo et varix.

vărix 3 f, bav. die Wer-n, die War-ze.

varo 1 = curvo; cohaer. cum skr. hwar-, unde upa-hwar-a m die Wölbung; v. veru.

vārus, a, um. Ex vac-rus = skr. wakra schräg, schief, cgn.

vac-erra pālus, der Schrankbaum. Varus n. pr. = Scheck (cgn. angl. askew); Schrems s. Schlems = Varus, i. q. Graitel; Schm. II 124 III 320. 448. 510.

vas 3 n; cohaer. c. goth. kass das Kar; L. M. 460. Hue vasculum 2 n, unde hisp. flasco = le flacon; (cf. velum c. Flanell).

vascus, a, um; v. vastus.

vastitas 3 f die Wüste, ags. wêsten n, germ. vet. wuost-inna ex wuost-in-ja, (ut ags. gud-ēn = germ. vet. kut-inna die Göttin).

vasto 1. Hinc. gall. gâter, germ. md. wastcu; adj. vastus, a, um, cgn. cum va-c-nus, va-nus, va-cus, goth. va-ns = skr. ū-na, v. unus, cgn. εὔ-νις = nord. vet. au-dhr ō-de, (v ō-tium); umbr. va-s die Leere, der Mangel, ir celt. fa-s = va-nus, zd. û-yamna mangelnd, fehlend; cf. Fk. 25. Va-stus formari potuit ex vaxtus, ut mistus ex mixtus, der Mist ex maihstus; bav. vet. die Wuschste der Wuest, die Wueste; adde va-stus = wei-t.

vātēs 3 m. Skr. api-wât-ayâmi intelligere facio, cohaer c. zd. vat-aiti nosse, intelligere; v. Fk. 178. Huc Vatinius ex vat-in-jus, v. sq.

Vatinius 2 m. ad Vatinam gentem pertinens. Sic Κορίνθ-ιος. Hoc -ius ex -yas, ut diw-yas himmlisch, çunyas hündisch; goth.-ja ut anahaimya heimisch, vel -ji ut sak-ji-s zänkisch; D. § 195. Adde goth. leikja medicus, (leik corpus); D. § 901. Est autem hoc ‚yas' illud idem pronom. relat. ‚yas' = ‚ὅς'; D. § 905. De sententia cf. Ζαντικόν = Vatinus, nomen regis Jazyg., (zd. zantu = γνῶσις, das Kennen).

— vĕ. Skr. wâ = vel, -,ve. Huc ἤ… ἤ.. = -wâ.. -wâ, h. c. ἤ-ϝι; ut: ὅσσον τ' ἤϝι δύω ἤϝι τρεῖς ἄνδρας ἔρυσθαι; Odyss. V 484.

vĕcors 3. Vē Locat., ex dwē h. c. dvai unde dvi, thema: dwa, cohaer. c. dwi = vi, v. viginti. Cum hoc dwi = di cohaeret διά instrum., ut διαθρύπτω = diffringo; lat. dis- = ‚zer', v. vesanus. Adde nord. vet. ve-sœl unselig, goth. vai- in vaidedi malefactum, vaja-merjan male dicere; cg. celt. di ut di-nert infirmus, gall. celt. dia ut Dia-blintres impigri; Zeuss 832. Fk. 400. V. vesanus. vitricus.

vectis 3 m, ϝοχ-λεύς, das Ge-wich-t. De -tis masc. cf. skr. ya-tis dominator, ǵnâ-tis cognatus; goth. gadrauhts ex gadrauh-tis miles, gasts der Gast ex gas-tis; lit. jau-tis bos, jumentum; D. § 845. Adde goth. banstis m horreum, goth. andis m, (pr. an-tis).

vĕgetus, a, um; pr. vegitus, (v. vigor), cgn. vigil. K. XVII 404.

vehemens 3; cgn. ϝόχ-θος, veh-o = wah-âmi, cgn. goth. vig-an be-weg-en; v. vectis die Hebestange et confer vectis die ‚Hebe'-stange c. ‚hef'tig = vehemens.

vēl. Imperat. ut dic, fac, = wolle, wähle. Huc it. veruno = nullus, ex vel uno. Pertin. ad skr. war-, wṛi-ṇ-ômi eligo, cgn. wara auserwählt, optimus, cgn. celt. quell = βέλ-τιστος. Huc nord. Vala, germ. vet. Vel-eda die Wohl-wollende, benevola, Minna; nisi potius hoc ,vel'- referri debet ad vêl ars, dolus, (v. Daedalus). Porro hoc wara cohaeret c. goth. vair-þa = wer-th; Bzb. 52. Igitur vox Vellâvi idem valere potest ac Batâvi, quo loco monere debemus, propter vicinitatem Gallorum ad germanicum ,vel' accessisse terminationem celticam -,âvi'; v. Tac. Germ. cp. 10 ed. Schw. Sidl.

vēlites 3 m; cgn. velox.

vellico 1, cgn. vello, i. q. carpo, sicut bav. zanen carpere, rodere, lacerere, i. q. vellicare, cohaer. c. zan-igen = zan-en; confer cum hoc zanigen zanken = ziehen, reissen, zerren, zenken s. zänken = vellicare, irritare, i. q. zenen irritare, lacessere, necken, germ. vet. zangar mordax. Eodem modo raspeln, vet. hrespen raffen, colligere, vellere, cgn. berespen vellere, vellicare aliquem, berispen increpare, cohaer. c. abreispen abreissen, abrupfen, carpere; die Sternreispen die Sternschnuppen. Adde fetzen lacerare, zerfetzen, cgn. pfetzen vellicare, fatzen cavillari, illudere, vexare, qua de sententia cf. cavillor ich stichle, pertin ad zd. çku-tara illudens, vexans, skr. kaw-âri knickerig, (v. etiam caveo); C. 140. Fk. 208.

vello 3; cgn. vellico, goth. vilv-an rapere, lacerare. Vello 3 ich steche, beisse, v. vulnero. De s. cf. skr. bhas- ich zerkaue, contero, zerbeisse, unde φάσγανον vulnerans s. vellens gladius, (-γανον = skr. ghana contundens, clava, ferrum). V. far.

vellus 3 n; cgn. villus, ex velna, lit. vilna die Wolle (ex wol-ne, qua de assimilatione cf. ich nenne ex nemu-na; Schm. II 694). ,Velna' ex val-na = skr. ,war'na n h. e. ûr-na vellus, ἔριον; ,ûr' habet cognationem cum ur-be = cumbodunum

vēlox 3, cgn. velites h. e. velorum instar volitantes; K. X 197. De s. cf. skr. çubh f der fliegende Lauf, germ. md. schuffin incitare, goth. skiuban = schieb-en c. κοῦφ-ος velox, citus; BR. VII 250.

vēlum 3 n, ex vehlum, cgn. vexillum, v. ala, talus. Cum ,vehlum' cohaer. bav. vet. der Weichel, der Weil der Schleier, unde revelare entschleiern. De s. dupl. cf. die Focke velum anterius, vexillum, batav. focke tunica superior; deriv. fokken aufziehen, unde tropice fokken = foppen, aufziehen, illudere, (cf. vexillum c. vexare). Huc referendum putat Dz. I 162 the flannel = la frenella, ex vlamen velamen. Velum der Schleier, ut supra dixi, cohaeret c. vexillum die Fahne, cgn. vexamen, qua de sententia cf. germ. md. der sleiger, svec. sloga, bav. der Schlair velum, cohaer. cum nord. slaga hinundherbewegt werden, huc illuc moveri, quemadmodum vexillum, velum cohaeret cum skr. wâh-ana movens, agitans, subst. wâhana n velum, das Segel (= skr. dhwaga, v. vexamen). Velum = the veil, ut: the veil of modesty species modestiae, simulata modestia, qua de sententia comparari potest skr. samwriti f simulatio pietatis, die Heuchelei, (wri tegere, velare) et valet idem quod goth. liutan der Scheinheilige, Duckmäuser, cgn. germ. md. lûze das Verstecken, velatio, occultatio. Unus occultus est daemon et h. l. comparari possit bohem. vet. scret daemon, der Schratz, slv. skryti celare, velare, occulere; Gr. M. 448.

vena 1 f. Ex vehna, cgn. ϝοχετός vena auri. Idem valet skr. nêtri f vena, die Ader, prpr. dux, vectrix. Vis verbi venae, die Mine, conferri potest cum it. minare = vehere et la mina = vena auri, la doccia; deriv. le mineral. Etiam tropice usurpatur in la mine, the mien = la conduite, gestus. F.e autem vēna oritur ex ϝesua, cgn. ἶνες nervi. (De dupl. s. cf. lit. gyslà et vena et nervus; skr. tantra n et vena et nervus, v. taenia).

Vēnafrum 2 n das Jagdrevier, pr. Vēn.; v. K. XXI 130.

vēnator 3 m. Ex ‚ved'nator der ‚Weid'mann, skr. wyadha m venator = wadhaǵîwin m, (a venatione vivens); cohaer. c. widhyâmi vulnero sagittis, unde germ. vet. weidanôn pascere, weid-en, cgn. gall. guèdé = geweidet. Ex weidanjan, it. guadaniare = lucrari evenit gall. gagner, quocum verbo cohaeret bav. vet. jânen = gagner. Huc etiam das Eingeweide; Gr. III 106.

vendo 3 = venum do, (ut pessum do), ich gebe den Gegenstand des Kaufpreises; ven- pertinet ad skr. wasna n pretium, unde ὦν-ος ex ϝασ-νος, 'ε-ωνούμην ex 'ε-ϝσον-ούμην; C. 268. B. § 632. 857.

veneficium 2 n die Zauberei. Cum ‚-ficium' conferri potest nostrum zaubern, cohaer. c. ags. tavian conficere, germ. vet. zouwen machen, facere; adde skr. kar- facere, thun, unde abhikritwan bezaubernd, etwas anthuend; it. fatturare bezaubern, incantare.

vĕnēnum 2. n. Ex ve-nec-num, sicut the bane venenum pertinet ad germ. vet. bana nex, φονή. De -num = skr.-nam cf. skr. çraya-nam n das Mischen, ‚κρᾶ'σις, (çri- = κιρ-άννυμι).

veneo 4 = ich gehe in Kauf; v. vendo, venio. Simili ratione hoc ‚-eo' = skr. yâmi habetur in driç-ya-sê = du wirst gesehen, prpr. du gehst in Sehen; B. § 739. Forma passiva ex eodem ‚e' = yâmi exstitit linguae graecae in -ην ut 'εγράφ-η-ν prpr. ich gieng in's Schreiben, scriptum ‚i'vi; 'ελύθην = damals in's Lösen-thun gieng ich. ‚Damals' inquam, nam 'ε- = skr. a- pronom., quod praefixum a- 'ε- = hib. celt. no- s. nu- = ἐ-, cgn. νῦν, nunc; nam praefixum no- est nota actionis infectae, naturalis igitur comes praesentis et futuri, ut: no-mmoidim laudo me; Eb p. 411. 415. Igitur sicut ven-eo constat ex ven+eo (= ayâmi), sic e. gr. skr. wêǵayâmi, ita quidem, ut ‚ayâmi' non valeat eo, sed ire facio, cohaereat cum οἴ-σω prpr. ich werde gehen, kommen machen, werde in Gang, (οἶ-μος der Gang) bringen. Ergo wêǵayâmi tremere facio, αἰσσειν ποιῶ ('α-μυγειν οἴσω ich werde in's Zittern bringen). Neque satis est. Hoc οἰ- in οἶ-μον οἴ-σω idem est ac illud -οι = skr.-ê in φέρ-οι (r) = bhar-êt; atque bharêt in lingua sanscr. notat: plerumque fert, fere fert, pflegt zu bringen, quia illud -,ê' s.-,ai' (= -οι) cognatum est aut cum οἴ-σω = bhar-, fero, (unde fere = nach Brauch, in der Regel); aut cum οἶ-μον der Gang. Velut: εἰ φέροι s. ὁπότε φέρ-οι = wann er (nach seinem Gang) brachte. Quamquam B. mavult trahere hoc οι -αι = -ê ad th. î = optare, (τύπτ-οι, τύψ-αι optativus!) quae vis verbi respondet gr. φιλεῖν, ut bharêt = pflegt zu bringen, bringt gern, φιλεῖ φέρειν. Haec eadem sententia est in φέροι (r) mag bringen, möchte bringen, (mögen = i optare); B. Gramm. min. § 271.

vĕneror 1 = ich mache mich schön, v. venus die Schönheit. De s. cf. schön venustus c. bav. einem schonen einem schmeicheln, revereri.

vĕnia 1 f. Pertinet ad skr. wan-âmi I love. De s. dupl. cf. to love, to allow, loben, erlauben, belieben; v. Dfb. II 145.

venio 4. Pr. gvenio = βαίνω h. e. βανγω, pertin. ad skr. gam- = ire, cgn. to come, kommen, goth. qviman venire. D. s. dupl. cf. skr. ṛččhâmi eo, venio, unde pendet 'ἔρχ-ομαι. De β in βαίνω et g in gam-, gà- cf. βανά = γυνή; K. I 262. Huc it. divenire = gall. dévenir werden, sicut werden pertin. ad wartâmi = gam-. In 7 communi: kemm-en = dévenir, to become, bav. bekemen, ut: ich kimme alt = ich werde alt; 's Kint ist kent groaz, das Kind ist gross geworden; Schöpf p. 311. Lingua churw. habet hoc verbum pro auxiliari, (v. eo = βαίνω), ut: veng ludaus = laudor, vegniva ludaus laudabar, sunt vegnieus ludaus' laudatus sum. Et nota etiam: veng a venir ludaus = ich werde (veng) gelobt werden (venir); Dz. Gr. II 128.

vēnor 1; v. venator. Benary trahit hoc verbum ad skr. wâṇa arundo, sagitta, i. q. bâṇa m. n der Rohrpfeil.

venter 3 m; pr. gventer, cohaer. c. goth. giþar-n = skr. ǵaṭhara γαστήρ, ags. cvi die Kutt-eln viscera, die Kuttelfleck the chitterling, the gut der Darm; cgn. germ. md. quit-i = the queint s. the cunt vulva, die Kunt-e veretrum. Huc ventriculus 2 m, quo loco cf. de dupl. sententia germ. md. maht venter c. der Magen ventriculus; skr. udara, (ex wadara), borrus. weders venter, lit. vedaras ventriculus. Adde ǵaṭhara adj. durus, hart, commonefacit sententiae illius ags. hriff venter, uterus, prpr. sustentans, der tragende, die Bärmutter, cgn. ref sarcina; v. Schm. III, 61.

ventus 2 m = skr. wâta m, 'α-ήτ-ης; ex wânta, ut στῆθος ex στανθος, (v. abyssus); cgn. bav. vet. gi-wâd-a ventus, unde die Gwaden, der durch den Wind aufgehäufte Schnee. Cum wâta cohaeret 'α-βάζ-ω, germ. md. wâz-en olere, sicut ὀσφραίνομαι = wazôn pertinet ad ut-prâṇjâmi, unde prâṇanta n ventus, cgn. ἄνεμος.

Addi potest ἀμπίφρων ventosus, cgn. μιτ-ώσιος. Eadem sententia est in skr. çwâsâ m ventus prpr. halitus, sibilus, cohaer. c. çwâsa m der Seufzer, (v. siphon); cgn. çûsha pfeifend, sibilus, unde subst. çûshá m (ex çwâs) heller Ton, çûshya klingend, hell, quo referam goth. hausjan = hör-en, ex horjan i. e. hell haben. Cum μα cohaeret μήνωψ luftfarbig, ut νῶροψ wasserfarbig; Bf. I 272.

venus 3 f; skr. wanas n die Lieblichkeit, der Reiz; unde venustus pr. venasius, v. angustus; cgn. goth. wunan gaudere; goth. vêns spes, germ. vet. wân der Wahn, der Glaube. (De s. dupl. cf. Glaube cgn. lieben = venerari). Hinc goth. unvêniggô praeter expectationem; Bzb. 41. Nord. vet. Vingôlf amica aula, (cf. Venusia), ags. Vinsele amicum atrium; Gr. M. 780. Gr. Gesch. 686. Skr. wan-aniya = wâmá lieb, schön; P. Nord. vet. vaenn pulcher. Hoc wâma = wananiya cohaeret cum wamà sinister, germ. vet. winistar = sinister, qua de sententia cf. ἀριστερός c. ἄριστος = εὐώνυμος; Gr. Gesch. p. 686. v. K. IX 262. — Hinc suffixum -wanas ut yagna-wanas sacrificiorum amans, girwanas Anrufung liebend.

vepres 3 f der Dornstrauch; pertin. ad skr wip f virga, ramus, surculus, it. la vetta das Reis, die Gerte, ex vepta (ut rotta ex rupta). BR. VI 1100 aiunt sic: wip f die Ruthe, Gerte, eigentlich schwank. Wip pertinet ad wêp-ayâmi ich mache schwanken, schwenke, v. vibro; wêp-ana n das Schwanken, Zucken, Beben. De forma cf. vep- et wip- cum meta et μίτος, v. mitto. ‚Wip' = schwank exstat in bav. waib-eln hin und herschwanken, sich drehen, vet. sueip-ôn agitari, titubare, zi-weip-an ventilare, cgn. wib-elig = zappelnd, cohaer. c. skr. wêp-as n das Zappeln. Hoc idem valet nostrum das Reis = la vetta, ags. hris; nam hris das Reis pertin. ipsum ad goth. hrisjan = wêp-, concutere, schwenken agitare. Schwenkius ait sic: Das Reis kann so den schwanken, vom Winde leicht geschüttelten Ast bezeichnen. Et Förstemann p. 1058 ad hoc germ. vet. hris trahit illud germ. vet. risi gigas, der Ries-e, qua de sententia conferatur nord. vet. skass eine Riesin, cgn. goth. skôhsl δαιμόνιον, pertin. ad skaka quatio = wêp-, to shake; Gr. M. 954. Eadem sententia est in nostro der Range homo longa statura et tenui, pertin. ad vringan torquere, waib-elig machen, flectere, sicut die Ranke ramus longus et tenuis, adj. rank = gracilis, cohaer. c. ags. gerrinc tortura, quasi dicas die Waib-lang. Cum hris et der Riese, das Reis confer insuper bav. der Stingel caulis, wip, der Stengel, c. der Stingel i. q. Range, gestingelt = langbeinig; adde goth. hrugga virga, die Stange, nord. vet. Hrûngnir = Riesen, der Range gigas; Gr. M. 494. Confer Knebel p. 107. Graeca lingua habet vocem βάτος ἡ = vepres, rubus, der Dornstrauch, der Brombeerstrauch, quod ‚βατ' reducit Bf. I 51. ad th. ‚wat' = torquere, unde wata n restis, der gedrehte.

globulus, die Pille, wa(iu gewunden, having a string, globular. Ἡ βάτος = der Brombeerstrauch, the bramble die Brombeerstaude; quae radix ‚bram', cgn. germ. vet. brimma myrica, Ginster, pertin. ad skr. bhram-aṇa n das Wanken, bhrama m das Drehen, das Waibeln, i. q. wat, (unde etiam bhram-araka m πλόκαμος, gurges, der Strudel, der Kreis, orbis), orbis inquam, quia haec significatio congruit cum vi verbi ‚waib'eln, cgn. waiffen = wat, torquere, winden, goth. veipan winden, bekränzen, wipja der Kranz. Neque negligere debemus vim verbi bhram-araka, nam huc pertinet die Brame vepres, rubus, cgn. die Bräme margo, fimbria, bremen praetexere fimbriis, ver-bräm-en, et si lubet comparare cum ‚wip', habes bav. die Weiffen das Markzeichen, cgn. goth. vipja. Schm. IV 36 addit hoc: Die Weiffen; pl. in dem Begriff eines gewundenen oder geflochtenen Wisches von Stroh etc. stimmt ganz das niedere. Wiep, the wipe der Wisch, das Taschentuch, das Schnupftuch, (to wipe wischen, tergere, ut margo = Bräme pertin. ad marǵ- = abstergere, abwischen). Hoc bhram = wat... exstat adhuc in die Bram-en junge Hopfenranken, quo loco nota die Ranke, bav. der Rank, pl. Renk, = die Wendung, (skr. bhrama m die Krümmung), der Rank = der Rand, die Umkreisung, quasi dicas die Waiblung; nam Rank pertin. ad rinken = waib-, wat-, sich drehen, flecti, it. di-ranc-are ausdrehen, verrenken, agn. gevrinc tortura. — Hactenus haec. Jam quaeramus, quae vis subsit verbo der Strauch = vepres, der Strauss, die Staude. Eandem fere habet significationem ac vep-ris, ac ‚brame' in ‚Brom'beerstaude. Vox illa der Strauss cohaeret cum der Strutz-en tortillus, eine wulstförmige cylinderförmige Masse; cgn. germ. inf. stroto jugulum, die Luftröhre, alem. die Stross gula, der Struzer lanius, jugulator, (v. Sphinx, vergo). Huc etiam pertin. die Strut vepres, der Busch, das Gebüsch, i. q. sax. inf. strûk der Strauch, (ut Schm. videtur ex strudd-ik, cohaer. c. bav. vet. strudan ausreuten, das G'sträusserich wegschaffen). Neque vero opus esse videtur sequi Schmelleri sententiam, nam der Strauch cohaeret cum slv. vet. strinka vagari et significat i. q. bhramâmi (= vagor, unde the bramble.., v. supra). Cum strut- Strauss Strauch commemorari potest batav. stroop der Strauss b. e. der Strauss improprie sic dictum, cgn. der Streit,) v. lis), et cum Gestrüpp. Der Strauss impetus, der Sturm, contentio, nisus, cgn. c. strütten proprie coniti, (= bhram- = wibeln), eilfertige Bewegungen machen; neque coniti solum vel niti, sed etiam obniti valet haec radix, nam der Strauss, strût cohaeret etiam cum to strut sperren, sich spreizen, obniti, bav. sich sträussen niti, sich spreizen, sich krautig machen. Quae quidem vox ‚krautig' transitionem parat, nam ‚krautig' cohaeret c. Kraut = skr. tṛiṇa n das Gewächs, gramen; ‚tri'-ṇa autem est partic. perf. pass. alicujus tṛi h. e. stri- = ster-

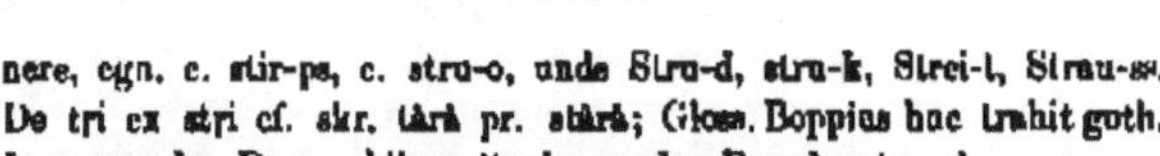

nere, cgn. c. stir-ps, c. stru-o, unde Stru-d, stru-k, Strei-t, Strau-ss. De tri ex stri cf. skr. târâ pr. stârâ; Gloss. Boppius huc trahit goth. þaur-nus der Dor-n, hib. celt. dre-as der Brombeerstrauch.

v ē r 3 n. Skr. wasanta m, prpr. der Lenz, cgn. was- h. e. ush- luceo, unde wâs-ara dies, unde ver pr. verer h. e. veser = ἔαρ ex ϝέσαρ, nord. vet. wâr, dan. vaar = ver ex vasar. Skr. ushma m ver, cgn. was-anta. Huc slv. Wiosna, bohem. Wes-na die Sommergöttin; Gr. M. 733. Nostrum Frühling = vernus q. v. conferri potest cum ‚früh' = ἦρι, ἠέριος pr. ἠέρ-ιος, cgn. αὔ-ριο-ν; v. aurora, vernus.

v e r a x 3. Gall. vrai ex verac-, ut Cambray ex Camaracum, Turnacum, hod. Tournay, (a Turno viro dictum). Eodem modo nos habemus -ing, ut Avent-ic-um possit reddi Recht-ing; v. Eb. 806. De ‚cs' h. e. x in veracs cf. sc in boruss. vel. arw'-i-ska-s = verax, arwi-s verus, deiwiskas göttlich = lit. dêw,isk'as; — ισκ in στεφανίσκος, λημνίσκος; goth. barniskas kindisch; D. § 952. v. robur.

v e r b e n a 1 f., the vervain das Taubenkraut; v. Gr. M. 589. ‚Verb'ena pr. verf-, verdh-, (cf. urbs); v. radix. Cgn. verber 3 n; Corss.

v e r b u m 2 n. Goth. vaurds pr. vaurdha, das Wor-t, cgn. 'ἰ-ϝρη-κα εἴρηκα, ϝο-ϝαρ-ίζω = ὀαρίζω; L. M. p. 111. C. 809. Hoc ‚ver'- ex ‚sver' pertin. ad swar-, v. sermo. Confer memor.

v e r ē; v. veritas. Cum ‚vere' cohaeret celtica intensiva particula ‚ver', ut ver-tragus, quod vide; Gl. 187. Huc the verdict der Wahrspruch; gall. guère multum, lothar. vouère = germ. vet. wâri. (Eadem significatio est in praefixo ro- ut hib. celt. ro-bocht nimis pauper, unde 'Ρο-βόγδιος; Ro-smerta, nomen deae gallicae; Eb. 860). Vercingetorix a ‚ver'y brave king, (hib. vet. cinged Gen. = bellatoris, viri fortis); Eb. 853. 130; cg. celt. gwir, ir. celt. fir = verus, unde Virodunum, Verdunum = arx firma; (dûnum cgn. c. germ. vet. dûna pr. danva die Düne = θῖν pr. θίνϝ θινϝ, skr. dhanu f collis, unde Θῆβαι ex Θάνϝαι; Gl. 189. Fk. 99; v. abyssus).

v e r e o r 2, ich wahr-e, hüte mich, cgn. goth. var-s cautus, pertin. ad skr. war- tegere, war-ûtha m die Wehr; Fk. 181. Adde φρουρά ex προ-ϝορ-α, cgn. οὖρος, v. ur-bs ex war-bs die Be-wahrung, qua significatione non multum differt hib. celt. dún castrum, urbs, fere i. q. dúr le fort, arx, ut Cambodunum, Boiodurum. Hoc dún = urbs cohaeret cum adj. daingean = bewahrt, securus, fortis; verbum demin. daingnigim munio, verwahre. Substantivum in inferiore latinitate: daugion, danjon, donjon = castrum; etiam nunc exstans in gall. le donjeon der Wartthurm, the dongeon der Gewahrsam; Eb. 25. Huc Varini = tuentes, die Wahr-er; Tac. Germ. 40 ed. Schw. Sidl. Cum th. ‚var' apte conjungitur goth. vair-þ = war-th, wür-dig, prpr. custoditus, aufgespart; Bzb. 52.

verĕtrum 2 n. Conferatur skr. wriḑita pudibundus. Legerlotzius tamen et B. ponunt vera-etrum, cgn. verres, pertin. ad skr. warsh-âmi pluo, unde 'ἑ-ϝέρσ-η, lit. wers-me fons; v. verres. Vera-trum est pars corporis, quo semen infunditur; v. Gr. IV 44.

De -‚trum' v. mons-trum; addo germ. vet. Wun-tar das Wunder, pertin. ad goth. vun-an Wonne haben; Gr. V 2743 b. Pari modo das Kun-ter, das Kunder monstrum, portentum, (pertin. ad nord. vet. kynna monstrare, nuntiare, cohaer. c. isl. kynster res insolita, nord. vet. kyn das Wunder).

Vergilius 2 m; vet. cambr. guerg, verg- efficax, en-‚erg'-isch, wirk-sam; verg- est etiam in Verg-o-bretus exercens judicium, judicio efficax, (quo cum ‚bretus' cohaeret ‚brat' in Bratuspantium, hib. celt. brath judicium); Eb. 11. 857. De s. cf. Garwe, pertin. ad bav. vet. garw = perfecte, gänzlich, isl. görw-a = facere, parare, ἐργάζεσθαι, ‚gar' machen, quo ex ‚gar' provenit nostrum das Gar-n-the yar-n, sicut das Werch stupa cohaeret cum Werk, ἔργον. Igitur Vergilius significat efficacem, impigrum, quae vis verbi conferri potest cum 'ἰάξυγει zd. = magni, cohaer. c. skr. yahwa = mahant, prpr. impiger, rastlos; BR. et M. Quodsi Latini habent ‚Virgilius' pr. ‚Verg.', Romani vocem celticam ad vocem suam accommodaverunt, cui accommodationi conferri potest nomen Hiberniae, quasi pertineat ad lat. ‚hibernus' neque cohaereat cum celt. hib. iar = posterior, occidens, (v. opacus). Addo nomen Batavorum, (bat- germ. = bonus, der bes-te, cum terminatione celt. ‚-avi'). Et Maroboduus, nomen sine dubio origine germanicum; transformatum est ad etymologiam gallicam, quasi pertineat ad celt. bodu, v. victor; Eb. 57. Zeuss subjungit etiam hoc: Vergilius nomen vix dubiae originis gallicae. Quodsi ejusdem radicis est vet. cambr. guirgiriam = hinnio, habes accommodatam o radicis ad i sequentis derivationis ut in scriptione ‚Virgilius'. Accedente derivatione prodit i ex e in pluribus vocibus cambricis, ut hen senex, hinhan senator; hib. vet. teg. gen., tige domus. Est alternatio inter e et i tam in vetustis nominibus gallicis quam in vocibus recentioris linguae, ut saepe nequeat discerni, utra vocalis prior sit; conferatur etiam nomen Vergilius, Virgilius, et breg- collis = brig in Artobriga (Steinbühel?); Eb. 86. 766.

vergo 3. Skr. warǵ-âmi flecto, torqueo, wende, drehe, unde wriǵ-ina curvus, cgn. βρόχ-ος der würg-ende, drehende.

veritas 3 f die Wahr-heit h. e. die annehmbare, cgn. skr. wara m die Wahl; Fk. 181. Slv. vet. věra der Glaube, πίστις. De s. cf. ἀποδέχομαι Lit. ver-nas πιστός, fidelis, unde n. pr. Βάραγγοι h. e. vaeringjan = foederati, (ags. vaere foedus); nord. vet. Vör, gen. Varar nomen deae fidei ac foederis; Gr. M. 286. K. VII 190. Quo loco audiendus est etiam Ascolius, qui (K. XVIII 307) hanc vocem ,ver' conjungendam putat cum ,was' et ,ver' ,ves' ei est ,wes'-enhaft, cgn. germ. vet. unes-an existere, ein Wes-en haben, goth. vis-an, unde nostrum ge-wes-en, isl. vera. Hoc cum isl. ,vera' Schm. IV 130 conjungit währ-en, wer-en durare, unde ags. wer-old the world; die Wehr-ung = die Waar-e, bona. Reduci debet hoc ,ves' ad skr. wasu = bonus, ἐΰς ex ϝεσ-ύς; skr. wasu n das Gut, krayânakâni ,was'ûni venalia bona, ,Waar'en, the war-e. Skr. wasu n das Gut, Eigenthum, lat. ver-o in Wahr-heit, eigentlich; Verdunum eine eigentliche Festung, eine echte Festung, (germ. vet. ehl substantia = wasu, ehti opes, das Gut οὐσία; Schm. I 23). Si igitur sequimur Ascolii sententiam, cui verus est ὁ ἐών, eadem sententia subest voci sanscriticae satya = verus, ex as-atya = as-at essentiel, goth. sat-aþis veritas; Fk. 510. (v. as asmis = die Wehrung). Skr. as-at = ἐσ-θλός; C. 337. Abjecto a initiali sat (pr. asat, v. sum) = skr. wara, bonus, ἐΰς, unde ἔτ-υμος = verus, ex ἔτ-υμος σετ-υμος, zd. haithya = ἐτεός (pr. ἐτyος). Hoc ,sat' ex ,sant', v. prae-sent-s, est in germ. vet. sand = verus, nord. vet. sannr, (ex sandr, ut zannen ex zandnen die Zähne zeigen, grinsen); goth. sunja veritas, unde bisunjanê juxta, prpr. im Herumsein; goth. sunjô probatio veritatis, defensio, pr. sund-jô, (ut ἐών ex ἐσοντ). Confer Bzb. 63. 28. Adde nord. vet. Syn dea veritatis et justitiae; Gr. M. 286.

vermis 3 f. der Wurm, goth. vaurms, ex qvermis, skr. krimis m, lit. kirminis, cgn. quir-len versare; adde germ. md. wurn = warm, sicut sturn = Sturm, quae forma wurn sturn est in hurn, pertin. ad hornen stürmen, stark schneien, unde der Hornung. De s. cf. σκώλ-ηξ vermis, cohaer c. zd. çkar-ena = σκολ-ιός, cgn. nord. vet. hvel rota, the wheel; v. Fk. 203. Confer etiam ἄκ-αρι n die Milbe c. germ. vet. angar der Engerling, pertin. ad añk- flectere. Deriv. krimiǵâ (sc. lâtâ color ruber), unde il carmosino, le cramoise, arab. germez der Scharlach; adde le carmin; Dz. I 114.

verna 1 m. Ex vesna, i. q. οἰκέτης, le domestique cgn. skr. wâs-tu οἶκος; ἄστυ. De s. cf. skr. kuṭumbika m verna, (kuṭumba familia); v. Gr. Gesch. p. 48.

vernus, a, um = ϝεσαρινός, εἰαρινός pr. ϝέαρ-, de quo ,ει cf. θείω pr. θίω; K. XXI 201. Skr. wâsanta = ver- nus.

verpa 1 f = ῥαπίς die Ruthe, cgn. ῥόπ-αλον die ,Wurf'stange.

verres 3 m. Cgn. skr. wrishni m aries, skr. wrishas m taurus, vir, caper, equus admissarius, prpr. irrigator, conspersor; v. glis.

verro 3 m. Cgn. a-verr-unco, ags. werr-en = verwirren, unde the warring, la guerre, ex aliquo kvers hin und her ziehen, schleppen, unde goth. vairs, angl. worse (v. magis), cohaeret cum germ. md. werren = nocere, dolore afficere; Bzh. 127. Fk. 1077. Pertinet ad skr. karsh-âmi schleppen, zausen, zerren, P; v. K. XX

27. Cum ‚verro' Hildebr. conjungit κορ-είν, aus-kehren, germ. vet. ubar-chara Auskehricht; v. Gr. K 406. Ibidem ait Hild. sic: nord. kara = scharr-en, scherren.

verruca 1 f. Ex verunca, (v. varix). De -uca cf. fiducus, caducus, κήρ-ῦ-ξ; D. § 949.

versor 1 ich wende mich; conversatio der Wandel. Hoc de s. cf. βίομαι c. skr. wayâmi ich wandle; K. XV 220, Versura 1 f = versura. De -ura v. securis.

verto 3. Cgn. skr. wart-ana das Drehen, wart-is f die Pille, wartini f der Radkreis. Hinc vert-e-bra 1 f der Wirt-el, bav. der Wirt = Wirbel, unde n. pr. Wirt-emberg, mons vertebrae formam habens; Schm. IV. 105. Vertex 3 m der Gipfel, quo de sensu cf. goth. gibla c. kapâla, cogn. κάμπ-τω; L. M. p. 18. Skr. wart-âmi eo, versor, goth. vratôn wandeln, versor, slv. vet. vrut-eti = vrateti vertere, unde Sitivrat Saturnus, (der Siebdreher), kolovrat rotae versator; Gr. M. 288. Goth. vairþan = werd-en, skr. wart-âmi eo. De s. dupl. cf. ich werde tanzen = je vais danser, Imperf. j'allais danser; Schm. IV 145. Confer venio. Huc Vert-umnus, ex aliquo wartamânas, der stets im Werd-en begriffene; v. Voltumna. K. VIII 21; cgn. skr. sam-warta m annus, prpr. περιπλόμενος 'ενιαυτός. — De -mnus v. D. § 801. Confer nord. vet. Verdhandi die Werdende, die Gegen-wärt-ige, urdh-r = germ. Wurt die ge-word-ene, die vergangene, nomina illa dearum fatalium, cohaer. c. ags. wurdi-sceapu fatum; Gr. M. 370. Atque huc trahendum suffixum -wärts ut rück-wärts = angl. after-ward, germ. vet. after-wert, goth. þaind-vairþs ἐκεῖσε (ex vairþis), vers-us, ad-vers-us. Hoc ‚vers'us = gegen est in ant-wort-en = entgegnen, die Ant-wort die Entgegnung. — Quo de sensu dupl. cf. skr. -añć = -versus, pertin. ad ać-âmi ich gehe, wartâmi, unde -ιξ ut παρ-ιξ nebenwärts, δι-ιξ durch hin, hinwärts, ὑπ-ιξ unterwärts. L. M. 51 addit etiam tiryañć = trans durchhin, hindurch, unde goth. þair-h = dur-ch. Eadem sententia est in suffixo germ. vet. -rôni = -versus, ut ôstrôni australis, (rûnja = nord. vet. rûn-ig = iens; ab-t-rünig = se avertens). Versutus, a, um gewandt, abgedreht, πολύτροπος, πολυπαίπαλος, deriv. ab aliquo ‚versu' = versus 4 m στροφή, prpr. die Umkehr, bav. die Umwend, cgn. russ. wersta die Werste, die Wiederkehr des Pfahles, K. VIII 21. Adde everto ich zerstöre, stürze um, vernichte, fere cgn. skr. ud-wart-âmi excidor, ich stürze um, ut videtur, cohaer. c. goth. svillan mori, pr. us-villan, us-virt-an, ags. svellan perire; v. Dfb. G. II 360.

vertragus 2 m das Windspiel, canis, unde it. veltro le vautre, = 'αρίτροχος, v. Eb. 145; ir. celt. trag = pes, cgn. goth. þragjan τρέχειν. Illud ‚ver' = cg. celt. guer = valde, v. ver-e, ut Ver-cingetorix valde fortis rex, Ver-dunum die wahr-e, eigentliche Feste; ,Ver'-sailles?

věru 5 n. Ex gveru, der Drehspiess, cgn. goth. gairu; v. K. XV 80. Cum goth. gairu Hild. V 408 putat conjungendum esse nord. vet. keyri stimulus, κέντρον, (v. centrum), prpr. der Treibstecken, isl. kairi n die Peitsche, cohaer. cum isl. keira κεντεῖν, tundere, pulsare, pellere, impellere, κεντεῖν. Cohaeret cum vervago 3, ex veru-ago, vervactum 2 n die Brache, unde le guéret, pr. geurvet, (ut la peur pr. paveur, la viande pr. vivanda). Huc la vrille, it. varrina ex varvina h. e. varuina.

vervex; v. berbex.

vēsanus, a, um. Ex ,dvê', cgn. dis- ex dvis = bis, v. vecors et Gl. 190. De s. cf. gall. bes-order prpr. dismaculare, dvismaculare; le biseau die schiefe Ebene, (hisp. bisojo pactus, ex dvis- = vē).

vescor 3; gres-cor, skr. ghas-âmi ĕdo, voro, ich esse, fresse; goth. viz-ôn ves-ci, epulari. Boppius huc trahit γασ-τήρ der Bauch, (der Bauch pertin. ad bhug- = ghas-, v. fungus). Huc skr. praghasa der Fresser, nomen certi daemonii, nomen alicujus râxasi, (cf. Gr. M. 521), cgn. ĝi-ghatsú vorax, esuriens. (Apud BR. III 101 additur hoc: von Unholdinen); cohaer. cum ĝighhatsâ fames, desid.; v. harpyiae. Cum sententia hujus praghasi daemonis conferri potest Manducus, (cgn. manduco), deinde westphal. et-eninne mulier quae terriculamentum est puerorum, i. q. Lamia. (Eodem sensu habetur skr. râxasî f. ein weibliches Raxas, raxas m ephialtes, nächtlicher Unhold, râgarâxasas m ein Teufel von König). Hoc ,et-' in et-eninne habet cognationem cum nord. vet. et-a, goth. it-an = essen, vesci unde nord. vet. iöt-nar gigantes, ags. eot-en der Riese, prpr. πολυφάγος, skr. ghasmaras. Adde germ. vet. ez-al edax, ghasmaras, nord. vet. iöt-ull, unde norweg. jöt-ul der Riese, Jot-ar die Jütländer. Idem fere valet germ. inf. turs daemonium, cohaer. c. nord. vet. þaurs, þurs, germ. durs = sitiens, vini cupidus; cgn. durs-tig. Gr. M. 487. 489 addit hoc: Dieses schickt sich trefflich zu dem entwickelten Sinn von Itans. Beide Riesenappellative bezeichnen unmässige Gier nach Speise und Trank. So der altn. Riese Suttûner aus Suptûnger, supt = haustus. Adde germ. inf. drost der Riese, der Teufel, helv. dürst der wilde Jäger, the hob-thurst silvanus, ags. þyrs cyclops, orcus (= l'ogre); ags. þyrre (assim. ex þyrse ut irre ex irse; nord. þyss, assim; norweg. tussel daemon; 'Θουσνίλδα ex Thursinhilda). Huc Türschenreut, v. Schm. 1456; Τυρσ-ηνοί. Gr. M. 489 addit hoc: Das Lautverschiebungsgesetz trifft genau zu. Postremo h. l. commemoro nostrum der Fratz ein böses Kind, kleiner Wicht, pertin. ad germ. frët-an = fressen, ghas-; Gr. IV 66. Hoc frût- autem est cogn. c. die Fratze the grimace, nugae, Possen, cohaer. c. ags. frat-u das

Bild, geschnitztes, gehauenes Bild, ab eodem frēt-an = fressen, beissen, (v. findo = hauen, spalten, cgn. beissen et cf. bav. der Baissal der Fratz, zornmüthiges Kind). Ital. frasche, Possen cohaeret cum die Fratze; Gr. IV 68. Et Fratzengesichter valet i. q. bav. die G'frisser, nam das G'friss = die Fressen, os, facies, vultus, die Fratze et ipsum pertinet ad frat-, frētan = ghas-āmi, pra-ghas-āmi; v. bucca. Hoc ghas- est cognatum c. hos-tis = der böse Feind, infensus, noxius, skr. ghas-ra = hiñs-ra pr. hañs-ra h. e. ghañara = laedens, feriens, v. hasta, (cgn. goth. gazds stimulus, unde die Gerte), quae eadem sententia est in nostro bös-e = infensus, beiska = beissend, schlagend, cgn. fos-tis; Gr. II 240. Die Fratz = das Bild conferri potest c. forma, cgn. ferio = ghas-, fendo; Bild = Fratze, nord. vet. bila tundere, hauen, cgn. pilan findere, schneide et adde nostrum Gesichter schneiden = Fratzen machen, bav. G'frisser schneiden. Adde der Bil-w-es der Hexen =, Teufelsschnitt, (alem. beilen vexare), bav. Bil-w-ez der Fratz, böses Kind = batav. md. elene Wicht der Fratz, bav. d'as kleine G'friss. Confer ags. leås viht der Teufel, i. q. ragvaettir, meinvättir genii noxii, (rag = arg avarus, cf. þurs; meiu- = noxa, mala, zd. mainjus daemon, agromainjus daemon malus; Gr. M. 410). Adde ags. viht phantasma, εἶδος πονηρόν, cgn. the wight creatura, pertin. ad wihan creare, facere, bilden; Gr. M. 409. Cum ‚wih' cohaeret goth. vaihts das Ding, cf. Ding = Fratz, les males choses mali genii, Gr. M. 411). Conferatur etiam Schm. I 160 et v. mastico unde die Maske.

vēsica 1 f; ex vensica, (Lucr. com. p. 358 ed. Lachmann, v. thesaurus). Si dividimus in ves-ica, (v. lorica), vēs-, vens- pertinet ad visio ich blase, unde vesica die Blase. Sin dividimus in ve-sica, (v. vecors), hoc -sic pertinuerit ad skr. siñć-āmi rigo, conspergo, saich-en = urinam fundere, sêka m rigatio, das Saich-en; v. sanguis. Cum siñć- cohaeret zd. hikh-ti irrigatio, die Be-seich-ung, unde ἰκ-μάς, ex ἰκ-, die Nässe, Benetzung, ἰκ-μαῖος = ὑέτιος. Potius huc trahit Ἰξίων qui vir fuit Nephelae; Ἰξίων ex ἱκτιχαν ἱκ-τιχαν, (v. Διώνυσος) = conspersor der Seich-er, sicut Νεφέλη die Wolke, ὀμίχλη, (cgn. c. mingo. Eadem sententia est in die Wolke prpr. ἰκ-μάς, ἰκμάζουσα die erweichende, cgn. ir. celt. folc-aim humecto, ἰκμάζω, ich netze, cohaer. c. germ. md. welch = feucht, welch, ut ἰκμάζω ich erweiche. Hinc n. pr. Cata-volc-us der Frische i. q. Volc-atius, Volcae die Frischen); K. VII 85. XXI 369. Z 85. Gl. 56.

vespa 1 f die Wespe, the wasp, bav. die Wepse, cohaer c. lit. vapsa die Bremse, germ. vet. vafsa vespa. Schm. IV 7 ait sic: Der Form nach eher ein Zusammenhang mit weben, Wabe, bav. der Wăfl, Honigwabe; zd. vap weben, unde n. pr. reginae scyth. Ὀποίη ex aliquo vāpaya die Weberin. Et germ. vet. vafsa conjungi debet cum germ. md. wabern sich hinundherbewegen, bav. wibeln celeriter moveri, wimmeln, der Wibel der Käfer, cgn. Web-se; adde das Gewebe das Hinundherfahren, das Gewimmel, bav. waibeln hinundherschwanken, flattern, sich drehen, cohaer. c. the web das Gewebe, die Wupp tela, bav. der Weffel das Garn; bav. waiff-en winden, cgn. goth. bi-vaibjan cingere; isl. veifa gyrare, Schm. IV 6. Atque isl. veifa vibrare, gyrare, pertin. ad skr. wip-, wêpê ich bin in schwingender Bewegung, wêpayâmi vibro, wêpa adj. vacillans, tremens, nord. vet. vîfa vacillare, unde Wafûdr volitans, Wafrlogi das flackernde Feuer; K. XIII 31. XIX 117. v. vespillo. Addo bav. vet. wab-er vagatio et confero cum vi verbi Wepse skr. bhramara m apis, pertin. ad bhramâmi vagor, irre umher; cgn. bhramaka n der Brummkreisel, (cf. bav. waiben, cgn. webern, gyrari, sich drehen wie im Kreisel, der Waibel circuitor); skr. bhramayâmi ich drehe, schwinge, bringe in Irrthum, quo loco de sententia cf. πραδαίνω = bhrâmayâmi c. πίρδια die Ränke, Schwänke, die rechten Wendungen, cgn. cardo.

De forma vespa = Wepse cf. germ. md. respen a. refsen castigare; wispel s. wipsel cyme, die Espe = lett. apse, ags. coep vel cops pedica, ags. wlisp vel vlips lispelnd; v. verax, viscum.

vesper 2 m = ἑσπέρα, cgn. der Wes-t. (Ἑσπερία = Al-garbe ‚Ves' pertin. ad skr. was-ati f das Uebernachten, habitatio, cohaer. c. goth. visan manere, vis γαλήνη; skr. was-tya habitatio; Ves-ta, Ἑστία, ved. Vastôchpatis deus tutelaris domus; K. XV 172. Vespertinus, a, um ex aliquo vesperta ut matutinus ex matuta, quo ex ‚vesperta' vespert-ilis ut sext-ilis. Hinc vespertilio 3 m νυκτερίς. Boppius, ut videtur, parum recte hanc formam vespertilio interpretatur ex vespertinio, ut Palermo ex Πάνορμος, portug. vet. Lormanos = Normanos, l'orphelin ex orphaninus.

vespillo 3 m; v. vespa, pr. vapsillo, cgn. nord. vet. vafa sich geisterhaft hin und her bewegen; K. XIX 160.

Vesta i f. Curtius 305 trahendam putat hanc vocem ad skr. was- = nah- uro. Cum ‚was' cohaeret Ves-uvius. (De -uvius cf. Lanuvium, Iguvium, Pacuvius: Corss.) De s. cf. Herthus c. der Herd, Hlôdyn c. hlôd focus; Gr. M. 335. Adde skr. Agnis deus custos domus et foci, (agni = ignis). Deriv. ves-ti-bulum; Fk. 185. Cf. Tanfana.

vester, a, um. V. vos = was.

vestibulum 2 n. Ve-stibulum, ubi ‚sta're solebant qui ad salutandos dominos veniebant; Servius. Confer pro-stibulum et v. Vesta.

vestigium 2 n. Ve-stigium, cgn. στείχω = skr. stigh-nômi.

vestio 4. Skr. wâshṭayâmi umwickle.., ex wês wawas-, Bf. Gr. § 141, 2.; wâsayâmi caus., wastê induor, ves-tior, goth. vasja = ἕννυμι, ex ϝέσ-νυμι, fut ϝέσ-σω. Vestis 3 f = 'ἐσ-θ-ής.

Adde skr. wastra n, unde 'ἀμφί-ϝισ-τρον das Mäntelchen, germ. md. die Wester das Taufhemd, ab aliquo ,vestiarium', germ. vet. wastipara catechumenus. Skr. nirvasana n, quocum cohaer. ϝισανός = 'ιανός; εἶμα ex ϝίσ-μα. — Cum ,ti's in vestis cohaeret etiam Infin. celt. desinens in ,t' -,ti ut hib. celt. eper-,t' dicere; Eb. p. 484. Confer russ.-,ti' ut: slav-iti, wladĕtj regieren. Adde brit. celt. bot-t = russ. bu-tj esse, to be.

vĕto 1. Apud Plautum vŏto, cohaer. c. germ. md. ge-wĕt-an conjungere, wĕten binden, abwetten abjochen; Fk. 875. Schm. IV 197 conjungit hoc ,wetten' cum illo wetten = pignus dare, pignori dare, v. vadimonium.

vettonia 1 f. s. betonica, germ. md. betoene, la bétoine, bav. Batengel chamaedris; a Vettonibus in Hispania; Plin. 25. 8.

vetulus, a, um. Unde it. vechio ex veclus = vetlus, gall. vieil ex vetul ut la haillon Lumpen ex germ. md. hadel, germ. vet. hadara. Vetulus = annosus, ex aliquo ϝετ-us = ϝέτ-ος, unde vet-ustus bejahrt; skr. watsa = vit-ulus, ex watasa (ut diw-asa dies, ǵar-asa γῆρας, tam-asa tenebrae). Veterator 3 m ergrauter Betrieger. Huc skr. samwat = 'εν ϝέτ-ει, im Jahr. Cum ,sam'- in samwat cf. σήμερον.

vexamen 3 n = concussio, die Erschütterung. De s. cf. vexamen cgn. vexillum = dhwaǵa m, (unde nord. vet. dúkr das Tuch velum), pertin. ad dhû schütteln, concutere.

vexo 1. Ex vec-to.

via 1 f. Ex viha, veha, vehia, cgn. vehens = wah-, h. e. wagh-, unde goth. viga der Weg, deriv. bewegen; bewegen autem cohaeret etiam cum nord. vet. vega ferire, percutere, ut der Weg possit etiam esse le chemin battu, eadem sententia ac germ. md. ban via, die Bahn, cohaer. c. goth. banja der Shlag. Cf. Gr. I 1070. Adde skr. paddhati f via, ex padhati, (pede calcata, han- = ferire). Quamquam vox ,viae' trahi potest ad skr. wî wayâmi = eo, ago unde aǵani f via trita, (aǵâmi = wî, ago); Fk. 101. Huc nostrum weg. hinweg ut hinweg gehen = it. andare via, bav. a-wechs = devius, bav. vet. a-uuig-on deviare; Schm. IV 47. Dugge conjungit cum it. via gall. fois pr. vois et affert exempla, velut: pera,v'eredus = pale,f'rois, bi-,v'ira = it. bi,ff'iera, re,v'rentia = hisp. re,f'rentia; gall. vet. toutes ,v'oies = toute fois = it. tuttavia allweges, dennoch; K. XX 22. Cum it. una via = une fois de sensu conferri potest goth. sinþs via, fois; et bav. vet. die Waid, der Gang, die Fahrt c. ander-waid pour l'autre fois. Viaticum 2 n, unde le voyage.

vibex 3 f = plaga, ex veifex voidhex, (v. uber), pertin. ad skr. widh-yâmi ferio, (v. venator); K. X 78.

vibro 1. Nord. vet. veif-a = vib-rare, bav. waib-eln hin und wieder schwanken, germ. vet. weibôn, weipôn agitari, skr. wêp-ê tremo. Hnc the wife, das Weib prpr. tremula, pavida; aut sedula cogn. lit. vibyr-ti vibrare, vel blande adulans, (lit. vibyr-ti adulari); Fk. 190. V. vespa.

Vica 1 f; v. vinco, cgn. per-vic-ax = sich weig-ernd.

vices 3 f. Hinc gall. la fois, ut tribus vicibus = trois fois; Dz. I 440. De v = f cf. visium = the foist. Hinc gall. troquer ex travicare, wechs-eln, cgn. goth. vikô, germ. vet. wechâ, wêhsal, pertin. ad skr. wić- = μίκ-ω, ich weiche; μικ-ών das Wechselbild. Huc vicissim, constat ex vic-is compar., (v. magis) + tim, (v. praesertim, cf. cursim, caesim).

vicēsimus, a, um; ex vicent-timus; vicessis ex viginti asses; Gr. Gesch. 168.

vicia 1 f, die Wick-e, the vetch, cgn. βίκ-ος; v. vacillo.

Victor 3 m = Νικίας, i. q. Vonones, rex Parthorum Βονώνης, zd. van vincere, part. med. vanânô siegreich = Sigfried, v. Hector; hib. celt. Boduognatus, (gnathus consuetus, boduo cohaeret c. hib. celt. buad victoria). Adde brit. celt. Catbud, bud victoria; Eb 22. 71. 814. Boadicea = Victoria?

vicus 2 m = ϝοῖκ-ος, skr. wêç-man n, pertin. ad skr. wiçâmi = ἰκ-νοῦμαι. Huc goth. veihs das Weich-bild, unde n. prpr. Weichs, Braunschweig ex Bruns-wick; Schm. IV 16. Cy. celt. guic = vicus, unde gall. celt. Eburo-vices, hodie Evreux. Latovici = in locis lutosis habitantes; Gl. 115. De κ cf. skr. nasâmi ineo, coëo, = samupawiç ich lasse mich nieder, unde ἰ-κνάσ-θην = μίκησα, cgn. das Nes-t. Hinc wêça m s. prativêçin m vicinus, der Nachbar, ut germ. vet. giburo vicinus, the neighbour, vet. germ. nahgiburo, pertin. ad bur = habitatio, vicus. Adde ϝοικεῖος conveniens, schicklich, qua de sententia cf. gütt-lich conveniens, οἰκεῖος, c. die Gaden, das Gadem = wêça, cohaer. c. die Vergadung s. Vergattung conventus, congregatio, the gath-ering; to gath-er colligere, congregare, pertin. ad skr. ghaṭ-ayâmi conserere, zusammenfügen, vereinigen. Adde ni-wiç s. nir-wiç uxorem duco, bin Gatte, συνοικῶ, (v. uxor die Gattin, cgn. skr. ôkas = οἶκος). Gatte, cgn. c. germ. md. getling affinis, socius, der Gesell, skr. ghaṭ-akas der Heiratsstifter, ghaṭadâsî f. lena, die Besorgerin der Begattungen, der Heirathen, (sicut heirathen pertinet ad goth. heiva = wêçman, quo cum weç- cohaeret wêçyâ scortum, sampra-wiç sich begatten).

video 2 = ϝιδ-εῖν, cgn. in-vīd-us; goth. vitan wissen; bohem. vid-ati = vid-ere; skr. wid- unde wêd-mi = ϝοῖδ-α; cgn. ϝεῖδ-ος, ϝειδήσω, quae formae ϝιδ ϝειδ conferri possunt cum skr. bhid- ich scheide, findo et φείδ-ομαι ich bescheide mich; praesertim Ποτιδᾶς = Ποτειδᾶν, Ποσειδάων, i. q. ved. ,iḍ'aspati (prpr. δεσπότης κυμάτων), cgn. c. Ind-ra, skr. iḍ-â = ilâ s. irâ libatio, aqua, ind-u m gutta, scintilla, prpr. tumescens, οἰδ-ῶν, οἶδ-μα (= κῦμα, v. canis); K. XXI 462. Igitur Ποσ-ιδ-ας est δισ-,πότ'ης ,οἰδ'μάτων, i. q. scyth. 'Οκταμασάδας = Ποσειδῶν, (ὀκτα = zd. ukta laudatus, v. voco, μασ- = magnitudine, potentia praeditus; M). Atque ,id' ,ind' = κυμαίνω est synonymum cum skr. udara n venter, prpr. tumescens, cgn. udan = ὕδωρ, eadem sententia qua skr. tôya n aqua, fluctus, i. q. κῦμα = tumidum; Fk. 24. 047. De skr. ambhas n aqua v. vannus. Sed ut redeamus ad th. ,vid', perf. vidi ex vĕvīdi, est cgn. c. divido, v. scio = ich scheide. Eodem modo δέρ-κ-ομαι = skr. darç = video, cgn. δρα in ὑπό-δρα, cohaeret cum dar-ûmi divido; K. XVI 140. Dzb. 47. Neque visus solum nomen habet ab acumine (v. acumen = ah-man), ab acumine nuncupatur etiam auditus, ut ,ἀκ'ροάομαι cohaeret cum ,ac'umen; velut skr. çrawaṇa n das Hören, auditus, auris, adj. çrawaṇa vel çlawaṇa rimosus, hiscens, claudus, (çlaw-aṇa = clau-dus?), pertin ad çri-ṇô-mi diffringo, divido, denique cgn. c. karṇa m auris, (prpr. cern-ens, κρίνων); nam ex çr-, unde çaru aliquod per transpositionem fieri potuit et çru- = κλύ-ω; v. K. XXI 380. Et hinc suffixum -çru = -κρύ in ἀντι-κρύ ut: ἀντι-κρὺ δὲ διῆλθε βέλος, ἀντικρὺ τάμε, = peracriter, peracute h. e, penitus; Il. XXIII 867. 876. V. p. 122. Hoc est illud çri-, çar- unde plerisque videtur ortum esse skr. çar-îra m corpus, persona, die Person, das Individuum, (çar- dividere); sed. v. BR. VII 99. — Hoc ,vid' = ,ϝιδ'ης habemus in boruss. -,widas' ut sta-wid-as = talis, ka- wids qui; quae eadem via verbi inest in goth. -leiks = εἶδος, unde sva-leiks = we-lch-er. Postremo ,vid' occurrit in goth. vait-ei = fortasse, vielleicht, nescio an, prpr. (wer) weiss ob. Hoc vatei conferi potest cum bav. wa⁀ss in: wa⁀ss wie ut: mi froist wa⁀ss wie = mich friert (wer) weiss wie (sehr), θαυμαστῶς ὅσον. Abjecto w initiali ⁀'s habent Bavari illud ⁀'s wie s. swie ex wes wie ut: ⁀'s wie'r oft = sehr oft, (wer weiss wie oft). V. Schm. IV 164. Bzb. 69.

viso 3, forma desid. abjecta reduplicatione, ex vid-so = wiwitsê, cohaer. c. ἴσ-ασιν ex ϝιδσ-ασι, cum wisôn gnarum esse, caus; wisian gnarum facere, weis-en, anweisen. Hinc goth. un-veisa ignarus, gall. celt. Vis-ucius, quasi quidem Guis-card = 'Αντίνοος. Adde die Weis-e = la guise, unde bolenweise = nach der Weise des Bolen. Hib. vet. fis = scientia, das Wissen, unde Bellovesus; Eb. p. 858. Adde to wit-e, germ. vet. ite-wizen = einen Ver-weis geben, bav. vet. itewiss ignominia, die Schmähung; germ. md. wizen animadvertere, reprehendere, ut skr. çâsâmi unterweisen, zurechtweisen, castigare, to cens-ure. Skr. wêdana n dolor, cgn. die Witzigung.

vidua 1 f. Skr. widh-ura separatus ab amica; widhawâ f die Wittwe, goth. viduvô-n, (de -n fin. v. B. § 142). Pertinet ad skr.

windhê = viduor, ich werde leer, je deviens vid-e. Addo skr. waidh-awya n viduvium.

vico 2 = skr. wayâmi, th. wâ; v. vimen, unde wâ-p-ayâmi caus., goth. veip-an bekränzen, vip-ja corona; adde goth. vaib-jan weben; v. Gr. M. 655. Huc pertinet skr. wi-sht circumvolvo; K. XXI 10. Cum ‚vieo' Hild. coujungit vietus, a, um, et confert krank cum scot. crooked verkrümmt, verdreht et addit hoc: Der Begriff des Runden tritt deutlich auf im altengl. the crankle die Harnwinde. Die gleiche Begriffsentwicklung zeigt lat. viere, vietus verschrumpft, welk; Gr. V. 2023. Fk. autem 64 trahit ad ĝyâ- = βι-άζομαι, pr. gvi-esco; ĝi-na = vietus.

vigilo 1. Ex grigvilo, grigiro = γρ-γίρ-γω, ἐγείρω, skr. ĝâ-gar-mi, unde ĝâg-, (ex ĝâgarmi) = goth. vak-an, vah-tvô f die Wach-e, cgn. gall. guetter, les aguets speculatores. K. XX 300. L. M. 306. B. § 102. Hac cum formatione ‚ĝâg'- = vak- cf. skr. ĝaig-yatê devincit, pertin. ad ĝayâmi vinco, quo ex ‚ĝaig' L. M. 17 derivat goth. geig-au = to gain, gagner. Huc it. la sveglia der Wecker, (ex vigilia). Adde Vigilius, quo de sensu conferri potest nord. Gŷmr, cohaer. c. nord. vet. gaumr vigilantia, bav. Gaumel, Gaemel. Huc Weckernagel trahit germ. vet. lêrahha die Lerche, ex lerwahha, laisvahhâ vigil lirarum, die Furchenmacherin; Haupt Zt. Schr. V 14. De w elisa cf. êrahher pr. êrwahher = frühe wach.

viginti. Skr. wiñçati (ex dwiñçati), aeol. γίκατι = εἴκοσι. De g pr. k cf. digitus c. δάκτυλος; v. mugil, nugae, mugio.

vigor 3 m. Skr. wûĝra m die Raschheit, der Muth, cgn. veg-etus = waĝ-ra wack-er, ὑγ-ιής.

vilis, e. Ex vehilis veïlis, vêilis, cgn. ϝάχ-ος, = ganze Wägen voll, ἄφθονος; K. XVII 266. De forma v. exilis

villa 1 f. Der Weil-er, ex vicula = the hamlet. Hinc la ville; deriv. il vilano rusticus, le vilain homo turpis. Confer germ. md. dörper der Tölpel, (r = l ut in κυριακόν die Kirch-e, germ. vet. kiricka, germ. md. kilche).

villus 2 m. Cgn vellus das Vlies, ex vilnus, der Flaus, (trop. Flaus-en, germ. vet. ki-flôs fallacia. De s. dupl. cf die Zotte c. die Zote). Skr. ûrnâstukâ f die Zotte, fasciculus velleris, cohaeret cum οὖλ-ος crispus, ex ϝαλ-, cohaeret cum skr. ur-pâ = war-pâ der Haarwirbel, ûr-pa n die Wolle. Huc les velours der Sammet.

vîmen 3 n. Ex viemen, cgn. ϝι-τία die Weid-e, cgn. vi-tex. Huc la vanne ex viminea, the wi-redraw. Cohaeret cum skr. wî-ti-kâ f die Betelpflanze, cf. vitic-. Adde vitis 3 f, slv. vi-ti die Rebe, germ. vet. wit der Weidenstrick, wid funis; slv. vet. vi-ti = bav. = wi-den drehen, wi-nden, goth. ri-dan. Adde vet. witu the wood. (De s. cf. lignum c. ligere). Huc pertinet etiam vi-num der Wein, ϝοῖ-νος, cgn. ϝοί-νη = vi-tis, the vi-ne die Rebe; vinitor 3 m der ‚Winzer'; vinea 1 f, unde pendet la vignetta die Randverzierung. Dz. II 454 ait sic: Eigentlich Weinstöckchen. Vindemia 1 f, ex vinidemia, vinodemia, ut puerpera ex pueripera; B. § 966. De s. cf. filicatae paterae; v. Liv. II 17 ed. Weissenborn.

vincio 4. Skr. wyać-, wić-âmi capio, fasse, sam-wić-zusammenfassen, packen, = ἀνιλεῖν. Hoc vinc-io potest referri etiam ad skr. ‚wińç' in pad-wińç-a pedica, pedis vinculum; Blt. Adde germ. md. die Wicke die Binde, vitta (ex ‚vic'-ta). Vinc-ulum ut spec-ulum, cf. teg-ula, reg-ula; adde κάμπ-υ-λον, εἴδ-υ-λον = wid-u-ras. Hoc u s. υ pr. a ante liquidam; B. § 939.

vinco 3. Skr. wić-, winak-ti discernit, wi-wić quatiendo, concutiendo discernere, unterscheiden, entscheiden. Cgn. goth. veihan streiten, germ. md. wig-en pugnare. Victor 3 m, cgn. nord. vet. vik-ingr bellator. Sensu trop. sich weig-ern = ἀπομάχεσθαι; -tōr = târ ut da-tōr = skr. dâ-târ; zd. dâ-târ conditor = skr. dhâtâr; vel -tar ut skr. ǵê-tar = victor; = slv. -teli (pr. teri), ut dobro-dê-teli benefactor, quasi dicas dobro-dhâ-tar; B. § 647.

vindex 3 m, qui sibi vind-icat pertinet, ad skr. wid-, windâmi ich werde habhaft, eigne mir an, erwerbe mir. Hoc vind- Fk.[2] 996 cohaeret cum video et L. M. 461 huc trahit goth. fra-veit-a = vind-icta. De -ta in vindic-ta v. juventa. Weissenborn autem ait sic: Der Name vindicta stammt aus dem ältesten Prozessverfahren, in welcher der Assertor erklärte, die heilige Sache mit Gewalt an sich reissen zu wollen, (vim dicere, dieses = δεικνύναι, Gewalt zeigen); Liv. II cp. 5. Huc gall. venger vindicare, ut enger = molestare, ex enecare.

vinum 2 n; ϝοῖνον = ved. vena der Somatrank, adj. optatus, dulcis; K. I 101. Sed v. vimen.

viola 1 f = ϝί-ον, das Veilchen.

violo 1 = βι-άω ich frevle, βι-ι-ῶ, cgn. via. De s. dupl. cf. skr. inômi violo e. ênas n der Fravel τό αἶν-ον, germ. vet. frevel violentus, (ex fr-aval, aval = vis).

vipera 1 f. Ex vivipera. Hinc la givre (ex gvivre), le givre eliris, (a forma sic dictum).

vĭr 2 m, prpr. elector sponsae, pertin. ad wŗi-ṇ-ômi eligo, (v. vel); Gloss. Sed ceteri auctores trahunt ad skr. wira m = ἥρως, goth. vair, germ. vet. ver, unde Amsivarii, Angrivarii; pertin. ad skr. war- wehr-en, tegere, (v. celo), cf. K. XX 354. C. 510. Fk. 191. De s. dupl. cf. der Recke vir, isl. reka heros, cohaer. c. rackr fortis, recki fortitudo. Huc termin. -rich ut Ent-rich, vet. ant-recho anas mas, bav. -r̥ ut der Gan̥-r̥ Gänserich, der Taub̥-r̥ columbus, der Kád̥-r̥ der Kater. Adde bedde-rick consors thalami, Bräutrich der Bräutigam, (gam = vir); Schm. III 42. (Pari modo rursus affigitur -iz = -itis, -idis = femina ut Lamb-iz agna, Kalb-iz vitula; Schm. I 154). Redeamus ad ‚vir'. Gr. M. 310 addit etiam hoc: Selbst das auf Thörr angewandte veorr, in so ferne es für viörr stände, wäre mit vira zu vergleichen. Virtus 3 f, ex virtats ut juventus ex juventata. Hoc -tâs.. = -τηs, ved. -tâti = faciens, factor; K. I 161. B. § 830. Est igitur vir-tut-s effectrix viri, quae virum reddit perfectum.

vireo 2. Skr. hari h. e. ghari = vir-i-dis, harit. De a in hari et de i in viridis cf. σr,a'φυλή c. skr. st,i'bhinî frons, dis; adde skr. g,i'ri mons, ex gari (slv. gori). Huc le verger hortus, ex viridarium. Adde virae 1 f s. vires 3, (v. Preller) 278 die Waldjungfern, quae eadem sententia est in germ. vet. id-is femina, unde Ida, Idisiaviso die Frauenwiese, cgn. Id-una, 'Aϑ-ήνη; pertin ad skr. adh-as n viror, das frische Grün. Cum ‚vir' cohaeret Virbius ex virvius ut manubiae pr. manuviae; virvius autem per transpos. ex viruvus = virere faciens, (v. alvus). Huahke addit hoc: Virvius ist der Erdgeist; Jahrb. 1872 p. 805. De b in Virbius et v in virvius cf. germ. vet. baut = bauz, (ut elibenzo = exul) der Gau, unde Tubantes s. Tuvanti; v. virgo.

virga 1 f, cgn. virgo; v. vepres. Virga der Stab, sicut der Zain virga, germ md. zein baculus, der Stab.

virga 1 f, cgn. virgo; cf. vepris.

virgo 3 f, cgn. virga (die emporschiessende, die sich aufwerfende, v. frondeo) nam ‚virg' pertin. ad skr. wṛih-âmi s. bṛih-âmi, (de b = cf. Virvius, taberna), unde ni-wṛih-âmi ich schleudere, werfe nieder. Eadem sententia, quae est in voce virgae, habetur in arista, (ex as-ista = spica die emporschiessende, aufschiessende, v. spero), pertin. ad skr. as-yâmi = ‚wṛigh' h. e. wṛih-âmi. Igitur virga der Schössling, virgo m der Schiessling. Adde παλλαs virgo, la garce, cgn. πάλλω = wṛihâmi. De sententia vocis virgae confer etiam Il. XXIII 599 φρίσσουσιν ἄρουραι de aristis inhorrescentibus, von den frisch sich erhebenden, sich starr emporrichtenden Aehren; Faesi V., carduus, caudex.

viria 1 f. Cgn. varo 1. Hinc les en-vir-ons.

virus 2 n. Skr. wisha n das Gift, = ἰόs ex ϝισ-όs, prpr. efficax, pertin. ad skr. wisch- wirken, wisha adj. wirksam, bewältigend; BR. Skr. wisha n est etiam aqua, quae vis verbi conferri potest cum nord. vet. eit-r virus, das Eit-er, cohaer. cum skr. indu stilla. Hinc viscera, cgn. skr. wisch f faeces.

vis 3 f. Ex gvi-s, (cf. viridis), pertin. ad skr. gi- = vinco, überwältige, vi-olo; ud. gi-sh = shr. gi-t vincens, skr. wi-gêsha m victoria, quo ex ‚gêsh': vir-es (ex vis-es); Fk. 1070. Huc skr. gyâ f = βί-α. Solent hanc vocem conjungere cum ἶs, ἶνεs nervus, cohaer. c. βινέω, unde ἶ-φι = vi, pertin. ad vi-eo; v. C. 349.

v i s c u m 2 n. Cgn. viscera, virus, = ἰξός, ut ascia = ἀξίνη, slv. vet. viscu = the wax et hoc quidem cum ‚Wachs' cohaerere videtur the ear-wax aurium viscum, faeces aurium, ut annotat Fk., ab aliquo vask = wischen waschen; skr. karṇa-wisch f viscum aurium.

v i s i o 4. Ex gvis-, βδίω ex βδίσ-ω, βδίσ-μα visium, la vesse. De forma cf. βδέλλα hirudo, cgn. βδάλ-σις das Saugen, cohaeret c. gar-um; K. XI 437.

v i s o 3; v. video.

v i t a 1 f. Skr. ǵîwita n, unde vit-a h. e. gvivita gvita. Adde skr. ǵîwa m βίϝ-ος; ǵîwâtu m. n = vic-tus, βίϝ-οτος. Huc Bugge trahit δίαιτα ex ǵyâita, ut δόχμος = ǵihma, (v. dacrima); K. XIX 422. Skr. ǵîw-in = viv-ens, ǵîwa = vivus, goth. qviva, qiujan vivificare; germ. vet. quëck = keck. (De qu = k cf. svec. kvända = kenten, accendere). Argentum ‚vivum' das ‚Queck'silber.

v i t i u m 2 n. Ut videtur Corssenio pertin. ad skr. wî jacere, projicere. Si recte vidit, conferri potest skr. kip-âmi jacio, awakipâmi vitio, vitupero, schimpf-e, (ex kipana). Vitium das Gebrechen, der Fehler, quo de sensu dupl. conferri potest cum der Tadel, cohaer. c. bav. tâdelhaftig = bresthaft, alem. der Zâdel Mange, Gebrechen, penuria, egestas quod ipsum significare potest vox ‚vitii', si deduci debet a skr wî- = appetere, (v. vanus), ergreifen, prehendere, (cf. reprehendo = vitupero), heimsuchen, rächen, bekämpfen, anfallen. Ipse dicam, quod sentio, nam vi-tium compositum esse possit ex aliquo ‚wityam', ex illo wi- in wi-kala mangelhaft, wi-kâra abnormer Zustand. De ‚tium' cf. exitium, spatium.

v i t o 1 = evito, prpr. wegwünschen; (cf. to mend = emendare); v. vitus, invito; adde boruss. quoitâ = velle, po-quoit-i-ton exoptatus, (vit- ex cveit-, v. vapor); K. XXI 462. Dubito an ‚vit'o oriatur ex vic-to (ut vita), pertin. ad skr. wi-wik-ta separatus; aut ex vito ex vis-to, cgn. germ. vet. wis-an vitare; cf. Schm. IV 178. Hoc quidem de sensu cf. skr. sami-ćaśê vito, specto, ćaś = schauen. Confer Dfb. G. II 10.

v i t r i c u s 2 m, prpr. der zweite Vater; prpr. dwi-tri-cus, v. vos, ‚dwiter' = δεύτερος (ex δϝίτερος), cohaer. c. germ. md. zwirunt = skr. dwis, v. bis, zwirbacken = biscuit. De a. cf. vitricus c. noverca eine neue, zweite Mutter. Confer ve-tricus.

v i t r u m 2 n, (unde le verr, vernir glasieren, to varnish firnissen). B. et Corss. Beitr. 369 docent hoc ‚vitrum' ortum esse ex vid-trum das Werkzeug des Sehens. J. S. 57 reddit vitrum: das Durchsichtige et confert sax. vet. gleste vitro, (ex glastja), cgn. slv. vet. glendati videre. Addo russ. glas oculus, bav. die Gläser oculi cervorum; v. glesum. De sententia duplici in glendati videre, cgn. glaenzen, cf. skr. ćaśê video, glendati, redupl. ex ća-kśâ ća-kâç glaenzen, ut videtur, cgn. c. khyâ blicken, blinken, = et glendati et glaeuzen;; v. P. II 044. De elisa vocali in ἐνῆ, (ex ἐα-κᾶς), cf. der Schuster, (ex Schuhsuter); deinde goth. frasti m das Kind (ex fra-sûti, skr. pra-sûti proles, cgn. goth. su-nus the son). Est tanti addere etiam skr. ǵaśûmi consumo, redupl. verbi ghas-, v. vescor; ǵaś- = γελῶ, pertin. ad skr. hasâmi rideo. — Malim tamen ‚vitrum' conjungere cum ά-ϝίτυρ-ὸν = vitrum, prpr. fragile, pertin. ad skr. wyath-ê titubo, wyathâ detrimentum, goth. viþ-ôn concutere, to wither flaccescere. (De s. dupl. cf. vexo = et wiþôn erschüttern, et wyath- = detrimento afficere, beschädigen; adde skr. dunômi vexo, hart mitnehmen, δύ-η vexatio, die Qual, cgn. nord vet. tjôn damnum; v. Fk. 755). De forma cf. vocem vitri (ex ά-ϝίτυρον) c. αὔτη ex ἀϝυτή, πίσυρες ex πέτϝαρες; Bzb. 82 Fk. 006. Et de s. dupl. cf. goth. hreisjan = skr. wyath, afhreisjan excutere, abschütteln, cum reispen abbrechen, frangere, cgn. abreis-ten abfallen machen, reis-ten = Holz vom Berge rutschen lassen; cohaeret cum isl. rasa labi, cadere, ras = lapsus, unde goth. rastâ die Rast, prpr. das Sinken, Niedersinken; at germ. vet. ur-resti resurrectio ut, pâl'âmi = rasa, im,pet'us das Auffahren); v. Schm. III 142.

vitta 1 f; pr. vita ex veita, cgn. vitis. De tt pr. t cf. littera, littus, glittus, gluttio. Quamquam vitta potuit oriri etiam ex victa; v. K. XVIII 22. Nescio an huic geminationi conferri possit etiam cambr. celt. calletlet, cohaer c. calet durus, firmus, unde Caletes, Caledonia; Caletes igitur valet fere idem quod Namnetes, (Nantes), = fortes, vehementes; Eb. 841. 859. Gl. 140.

vĭtulus 2 m. Skr. watsah m, watsa m, (ex watasa, v. vetulus), der Jährling; gôwatsa bovis vitulus; goth. viþ-rus = ἦνις. Adde osc. Vitella = Italia, cgn. ϝιταλός; C. Hinc deducitur lt. md. vitulari, vitulae instar salire, unde la violine. De ϝel- = ϝit- cf. πιλάζω = πίλναμαι, (v. quinque).

vitupero 1. Ex vitioperio bemängeln, (vitium der Mangel); sicut das Laster, vitium pertin. ad germ. vet. lahan vituperare, (ut aemustus), v. vitium.

vĭtus, a, um, unde invitus, pertin. ad skr. wî, pra-wî = ἱφίεμαι (ex ἱκ-ϝί-εμαι); K. XXI 355. v. vito.

viverra 1 f. Pertin. ad war- tegere, forma intensiva, aut vi-ver-ja cgn. c. ‚ουρ' in σκι-ϝουρ'-ος, ‚wâra' K. VI 100. Fk. 398.

vīvo 3. Ex gvigvo, perf. vic-si, skr. ǵîwâmi.

vix. Ex vic-s = weich-end; Corss. De s in vic-s cf. μόγις = vix.

vŏco 1 = skr. wać-âmi dico, cgn. germ. vet. wah-an, er-,wäh'nen, gi-wag narrare, gi-wah-t mentio, germ. md. wag-en erwähnen. Skr. wâka m dictum, wâkya n = ὄσσα (pr. ϝοκ-ya); adde skr. uk-ti f vox, dictum, cohaer. cum zd. ukthu laudatus, unde 'Οκταμασάδας = Ποσειδῶν, h. e. laudatus dominus; M.

vŏla 1 f die gekrümmte Hand, cohaer c. skr. wal-i-ta curvatus. Fk. 450 ponit gvola = γϝαλ-, γϝαλον die Wölbung. Huc gall. voler furari, (ex involare, in volam abscondere).

vŏlo 1. Ex gvol-o, cgn. skr. gal-âmi falle, stürze. De s. dupl. cf. πίπτω ich falle c. pat-âmi ich fliege. — II. Volo 3 = skr war-, wṛi-ṇ-ômi eligo, ich wähl-e = goth. val-ja, βόλ-ομαι ich will; skr. wârya pretiosus, wer-th, wür-dig; Bzb. 51. Infin. velle ex vel-re velse. Huc volupe, cgn. ϝελπ-ίς. De s. dupl. cf. âçaṅsâmi ich habe ein Verlangen c. âçaṅsayâmi ἔλπω. Adde skr. war-ânya exoptandus, unde ἐϝλαπ-ίνη das Freudenmahl, = εἰλαπίνη.

volvo 3. Goth. valvjan, cgn. val-t-jan = wälzen, ϝλ-ίσσω, εἱλύω (ex ἐ-ϝλύω), εἴλω (ex ϝελγω), ἴλλω (ex ϝελγω). Adde goth. valvisôn ex aliquo ‚valvis'. Volumen 3 n = εἴλυμα (ex ϝέλυμα), bav. walgen, unde der Walger die Rolle, vol-umen. Voltumna 1 f, etrusc. = Vertumnus; D. § 704. Volturnus 2 m der sich wälzende; Pr. 521. De s. cf. Forseti c. nord. vet. fors der Wirbel, vortex; Gr. M. 1210. Volubilis, e, cohaeret cum bav. vet. sinc-‚wel' = ‚vol'ubilis, teres, sine-wellin rotunditas; germ. md. sin-wel rund herum, cylindrisch; germ. vet. daz ge-wel ein Con-vol-ut, ein Haufen; der Wellbaum cylindrus.

Volusius, 2 m; cgn. vol-o, voluptas. De forma cf. Valesius (= Valerius); de s. fere eodem cf. Drusus = hilaris, gall. celt. drus libido; Eb. p. 24. Ebelio autem nomen Volusii est celt., cohaer. c. fell = videre, cambr. celt. gwel-et; ib p. 10.

— **volus**; v. frivolus.

vōmer 3 m; ex vogmer = proscissor, cgn. ϝάγ-νυμι. Idem sensus in spart. ϝύλακα vomer, pr. ϝλάκα cgn. αὖλαξ = ἄϝλαξ, cgn. wṛika m lupus, prpr. scissor. De s. cf. sus et goth. hôhan aratum, cgn. ἀ-κωκ-ή, germ. vet. huohili aratiuncula; J. S. 37.

vŏmo 3. Skr. wam-âmi, ϝεμ-έω, lit. vimiù; skr. wamathus m vomitus. Huc goth. vamans macula, labes, (cf. the rascal).

vŏro 1. Ex gvoro, cgn. βορά vor-ago = vorax βάρ-α-θρον, cohaer. cum skr. gargara gurges. De gv = v cf. vescor.

vōs. Ex vons acc. pl. pr. vans (v. trans); skr. wâs = vos, (ex dwas, cf. vitricus, h. e. duas). De mutilatione in vas ex dwas cf. wâm h. e. wâ-m = vō-s, acc. dual. Adde skr. âwâm wir beide, uns beide (nom., acc.), ex (m) â-twa-m h. e. ma-twa = moi et tu; Bf. Gr. Gesch. p. 830 ann 3. Gr. Gesch. p. 679.

vŏveo 2. Ex gvov-, pertin. ad skr. gawê pronuntio, th. gu, unde ἐγ-γύη das Versprechen, das Verloben. Roth autem ponit ‚vogv', cohaer. c. ved. wâgh-at sacrificator, cohaer. c. skr. ôha m die Andacht, la dévotion, pertin. ad ûh- considerare, aestimare, cgn. εὐχ-ος votum; K. X 240.

V u l c a n u s 2 m. Rectius Volcanus; potest cohaerere cum skr. ulkâ titio, ex ϝαλ-, cgn. goth. vul-an heiss sein, germ. md. wal-m Hitze, Gluth; BR., Fk. 128. Gloss. 53. Hoc quidem de sensu cf. nord. vet. Lôdr das lodernde Feuer. Adde Loki der Feuergott; Gr. M. 221. At Grassmann trahit hoc nomen ad skr. warć-as et splendor, pulchritudo, et conjux Veneris, vigor; K. XVI 164. De s. cf. skr. ghṛitadîdhiti m der Feuergott, dîdhiti splendor, ut slv. vet. Svarogu, Vulkanus pertin. ad swarga = dîdhiti; Miklosich.

v u l g u s 2 m; aeol. ϝόλχ-ος = ὄχλος, ex aliquo warh- = wardh-, crescere, unde wṛih-at magnus. Aut volg- = skr. warga m das Ge-‚würg', das Gedraenge.

v u l n u s 2 n = skr. wraṇa m. n., unde var-nas h. e. vol-nus, ex aliquo ‚war'-, unde slv. vet. vrê-dŭ vul-nus, goth. vri-ts punctum, to wri-te; L. M. p. 500. — Cgn. vellico, sicut nostrum Fätz vulnus, cgn. fätzen = et vul-nerare gladio et altercari, contendere; bav. fetzen, hauen, schneiden, cgn. das Gefätz altercatio, (v. vellico, vescor), fatzen cavillari, bav. fatzen nugari, (fatznärrisch); der Fetzel malus genius, der Teufel, cgn. fözeln, fözeln bissige Reden geben, foppen, cohaer. c. fitz-en virgis caedere, der Fetzen licium, segmentum; v. vescor. — Illud ‚us' in vuln‚us' = skr. -‚as', ut nam-‚as' veneratio, yaǵ-as cultus, daw-as n δέϝ-ος; germ. vet. ‚us' affixo -ta, -ti, ut: dion-‚us'-ta n der Dienst, ang-‚us'-ti die Angst; lit. — ‚as'-, ut rim-‚as'-ti m quies; B. § 934, (cgn. ἠ-ρέμ-ας).

v u l p ē s 3 f. Cohaeret cum goth. vulfs der Wolf, nord. vet. úlfr; Heyne, Gr. IV 331. ‚Wolf' autem cohaeret cum slv. vluku der Wolf, v. vesper; pertin. ad skr. warç- lacero, rumpo. Hoc ‚ulf' = gall. -‚ou' ut Arn-ou Arnulf. Gin-olf schläfriger Gesell, kak-olf der Pranger, (kak = pâlus); der Kutr-olf, enghalsiges Gefäss, v. gutturnium; le grig-ou der arme Schlucker, pr. grid-ou, (goth. gradags esuriens); le cag-ou, le fil-ou. De s. cf. ἀλώπηξ = skr. lôpâça m, (cgn. rumpo).

v u l t u r 3 m. Cgn. ϝελ- = ἑλ-εῖν capere, i. q. accipiter, cohaer. c. goth. vil-van rapere. Fk. 1076 addit etiam hoc: nord. vet. völva fatidica, prpr. rapta, die ergriffene, quasi quaedam ἁλ-οῦσα.

v u l t u s 4 m; cgn. goth. vulþus splendor, gloria, cohaer. c. goth. vlits = vultus, das Ant-‚litz', ags. vlitan videre; ex gval-, pertin. ad skr. ǵwala flammend, glänzend, leuchtend. Huc nord. vet. Ullr ex Vuldr, germ. vet. vuldar vultus; Dfb. G. II 742. Fk. 398 trahit ad ‚val'- = die Miene, cgn. vol-untas, der Ausdruck des Willens, cohaer. c. βλοσ-υρός pr. βλοτ-υρός ausdrucksvoll. Illud -‚tus' in vul-tus (prpr. splendens), = skr. -tus ut skr. bhâtus m sol, (φαίνων); ǵan-tus m animal (gignens); yâ-tus m viator. Adde goth. skil-dus (tegens); fraujinassus m dominatus, ex fraujinas-tus; leikinassus medicatio; = τύς ut ἰδη-τύς cibus.

B. § 935. 933. L. M. 84. Huc pertinet illud -tu supin., ut: pleraque dictu (Abl.) quam re sunt faciliora; B. § 867.

vulva 1 f. Ex ,valva' n ,varwa', skr. ulwa m. n. vulva, pertin. ad war- tegere. De l = r cf. δοῦλος c. skr. dâr-aka m. puer, filius, παῖς, quo loco comparari potest skr. ćâr-aka = δοῦλος, ,κοῦρ'ος, der Knabe, Knappe, Knecht, Bursche, le valet. Item dalâmi et dolor cohaer. c. dar-âmi et zürnen (= dolore), quo de s. cf. skr. swar = dolo c. die Sor-ge = dolor; Dfb. G. 198.

Y.

— yeus; v. Tithonus.

Z.

zêlus 2 m; ζῆλος, ex ζάσλος, cohaer. c. skr. yasyant fervens, yasyâmi sprudeln, trop. sich's heiss werden lassen; prayasta in's Wallen gerathen. De y = ζ cf. yuga = ζυγόν; yawa m = ζειά. Huc: ce-ges-en effervescere, aus-gähr-en, ex jës-en = gaehren; Gr. M. 620. Adde the yes-t der Gäsch-t.

zephyrus 2 m; cgn. ζόφος, skr. tap-as caligo, (cgn. tapana = κνέφ-ας). Confer hebr. zaph-ôn βορρᾶς, (Πι-σπαν-ια?).

zingiber 3 m; ζιγγίβερις der Ingwer, skr. çringawêra frischer Ingwer, prpr. hornförmig, wêra corpus; cf. -lich = -wêra c. Leiche = corpus.

zona 1 f; ζώνη, ζω-σ-τήρ, lit. justa der Gürtel, cgn. slv. vel. po-jas'-ati cingere, pertin. ad skr. yu- cum s accessorio, v. tono. Hinc ζώννυμι ex ζώσνυμι, ut goth. usartru-s-jan sternere, threihs-la die Bedrängniss, svam-s-la Schwimmplatz, skôh-s-la, (v. satyri), hun-s-la; bav. grem-s-en capere, (cgn. grempeln nundinari, cohaer. c. hisp. comprare. De sententia duplici cf. cupio, cgn. kaufen). Adde rum-s-en jocari, lascivire, (cgn. rumpfen = ῥυστάζειν); ags. ben supplicatio, ben-s-jan supplicare, unde bav. benzen, (ex beng-s-en), molestare supplicando; bav. duck-s-en duckmäusig sein, etiam opprimere feminam, (ducken premere). Confer etiam bav. dieb-s-en, murk-sen, glum-s-en = glimmen, gäm-s-en = to gam-e, trum-s-eln = trumeln, taumeln; gel-s-en = gellen. Adde der Much-s-el = der Meuchel, latro, grassator, der Meuch-ler. V. robur.

Appendix.

Abdera; colonia a Phoenicibus condita; pertin. ad pun. ‚abd' servus, unde Abd-alla = Θεόδουλος Gottschalk, it. Odescalchi; Abd-el-kader servus omnipotentis; Abderrhaman, servus misericordis sc. Dei. Plt. ‚Pers. N.' p. 704. 696. Confer nostrum -deo ut Cotedeo Gottesdiener, cgn. deolih humilis = diomuoti, demüthig. Huc Ingolstadt, (ex Ingol-deoes-stat), Indersdorf, (ex Undeosdorf); Sinzhausen, (ex Sindeoshusir), Ărding, (ex Ardeoingas); Schm. I 349.

acumen 3 n, goth. ahan der Geist. De a. cf. schlau c. schlagen, verschlagen = verschmitzt; sax. inf. snöde witzig, geistvoll, schlau, cohaer. c. sniodau, scot. to snod = be-schneid-en, putzen, cgn. goth. sneiþan metere, skr. çnath-âmi = germ. vet. snidu.

ad = gall. à. Adde das Abenteuer, (ex ad ventura, was kommen mag), cgn. c. lavenetieln, ludere all' avvenente, h. e. à proportion, pro rata; Schm. I 0. II 527; v. p. 121. L. 4.

Aegyptus. De sensu fere eodem cf. Ζάλμαλξις prpr. involutus chlamyde, sicut Wotano est cognomen Hakul-berand der Mantelträger. Thrac. zalm- = χλαμ-ύς, χλα-ν-ίς, (cgn. Helm), cgn. χλαῖνα, hüll-en; -μολξις pertin. ad ἕλκ-ω, cgn. lit. vilk-ti ziehen, anziehen, kleiden. De z (in zalm-) = h (in hüllen) cf. ζυρο- = horreo, unde ζυρά die Wildschur, hirs-uta; Fk. III 418.

aemulor 1, ex jamulor; qua de forma cf. ἀκίομαι, cgn. ir. celt. ic ex jacca = ἄκ-ησις, cambr. celt. jach sanus, hib. celt.; Isu ex Jesu. Adde the icsicle stiria, pr. icejicle, pertin. ad nord. vet. jaki das Eistück, ir celt. aig ex jaig glacies; Eb 49.

alnus 2 f, ex alsnus, nam alnus esset allus; Fk. III 225.

Aricia 1 f. Si cohaeret c. ar-are, cognatum esse possit cum Gern, (ex Ge-eren, h. e. Ackerfurche); Schm. De a. cf. Zell, (ex zelg, cgn. to tell), vet. zelga aratura, eine Zelge. Schm. IV 255. II 613. I 123.

atramentum 2 n; cgn. ater, αἴθω = καίω, sicut l'encre = incaustrum, the inc cohaeret c. καίω; v. Schm. I 447.

balo 1, unde Bello der Beller; qua de sententia cf. the rach genus canum, Spürhund, isl. racki, c. bav. rixen clamare, rixari; v. Schm. III 47.

barrus 2 m; cgn. slv. vet. breš-au = bregan latrare; Fk. III 343.

bene, = gall. bien. De s. cf. bav. wol = bene, unde wolt-tu = bien, (ex woltûn, wolgetân = valde), prpr. perfecte.

berbex 3. De s. cf. bav. der Maiden equus, prpr. castratus. cgn. der Maidhalin der Kapaun, pertin. ad goth. gamaids ἀνάπηρος, isl. meida laedere; meiden castrare; Schm. II 532.

blasphemia 1 f, das eitel-Nennen, qua de sententia cf. isl máldr tritus, detritus, (má terere), unde gi-meit = eitel; cgn. ags. gemâd insolens, vanus, eitel, obtusus, amens, angl. mad; v. Schm. II 646.

blatta 1 f; ex blacta, lett. blaktis, cimex, tinea.

bulla 1 f, die Blase. De s. cf. bhas-trá follis, saccus, c. vet. bav. phos-e die Blase, marsupium, dan. pose.

cacula 1 m = ὑπηρέτης, pertin. ad skr. çaí-i f auxilium, dexteritas. Fk. III 116 huc trahit etiam cic-ur, conciunus pr. concienus, nord vet. hôg-r commodus, be-hag-lich. Adde skr. Çaćî, n. pr. uxoris Indri, quo de sensu cf. Asdrubal = cujus auxilium est Baal, = Ἔσδρας, (hebr. êsrû auxilium).

caja 1 f., der Prügel, pr. cācja, pertin. ad skr. çâkhâ f ramus; Fk. III 50.

caminus 2 m, prpr. lapis. De s. cf. der Schor-stein, der Kamin, vet. schooren lapidea structura, die Herdplatte, svec. vet. skar-stén die Herdplatte, quasi der Schürstein, nam huc pertinet isl. skara focum administrare, schür-en, cgn. scurgan (pr. scurjan), propellere, unde aus-schier-en ejicere, schürgen. (De scurg = scar- cf. verhergen = verheeren, der Herger die Raubbiene, fucus; v. sono = sin-ge; ags tilian initi, cgn. to till, bav. zelgen das Feld bestellen). Schm. III 401. IV. 255. v. sor-gen.

camurus, a, um; cgn. camera, caminus, zd. kamara zona der Gürtel, das Gewölbe, him-il.

canalis 3 m; cgn. skr. khan-ati fodere, χαίνυμι, unde khára m. (ex khan-ra), ein viereckiger Erdaufwurf um die Opfergefässe darauf zu setzen. Blt. II 600 addunt etiam hoc: Weber macht uns bei khára auf ἰσχάρα aufmerksam.

cancelli 2 m, κιγκ-λίς, cgn. cingo, lit. kink-y-ti anspannen, gürten (Pferde), unde germ. vet. heng-ista equus, der Hengst, das Hank-slein pullus; bav. vet. die Henn-gal armatura, cinc-tio; Schm. II 214. Fk. III 64 confert hoc Heng- cum kanć-atê = ligare, unde káćana filum, cgn. kać-âmi ligo, unde Fk. pendet das Hag, v. crates, quo pertinet der Hag-en taurus, alem. der Heig-el der Zuchtstier. Cum voce ‚hag' cohaeret καί-αλον die Ringmauer, deriv. germ. vet. haga-zussa, correptum hâ-zus, ags. hâg-tesse = germ. md. hec-se, unde die Hexe, h. e. praediis et aedificiis nocens, infesta, nam illud -‚zussa' pertinet ad ags. tesvian nocere; Gr. IV 1200.

Catullus 2 m; cgn. Hadu, nord. vet. Hödh-r, cognomen dei; ir. celt. cath pugna, ut Caturiges, pertin. ad skr. çat-ru ὁ κοτῶν. Κότυς, nom. dei Thrac.; Fk. III 422. Catalauni = pugnaces, unde Chalons, the shalon, Scholans vestis, sicut der Rasch est vestis ex Arras, (v. Atrebates); Schm. III 343. Simili ratione le cordonnier sutor, deriv. a le corduan, cuir tanné de Cordoue. V. topazius.

catulus 2 m; ex can-is = çun- der Hund. De ç = h cf. skr. çardha m die Herd-e, κόρϑ-υς der Haufe, prpr. die Erhebung, (Fk. I 38); goth. hairdja der Hirte, bav. der Herd-er; Gr. IV 1077.

cauda 1 f; cohaer. c. nord. vet. skaut der (vorschiessende, vorspringende) Schoss, der Zipfel. De s. cf. der Zipfel, ein vorspringender Streifen; v. Schm. IV. 270.

cicer 3, κίγχρος, cohaer. c. skr. kangu s. kwangu der Fennich, die Hirse, cgn. c. lett. kekk-ar die Traube, prpr. der Bündel; Fk. III 305.

cicur; v. cancelli in App.

claudus; v. p. 298.

clepo 3. Fk. conferri posse arbitratur skr. kharp-ara fur, unde calp- clep-; goth. hlif-tus = κλέπ-της.

cūles, prpr. extentus. De s. cf. bav. der Zers, coles, vel. der Zersch, isl. terra extendere.

collis 3 m., ex col-nis, lit. kal-nas mons, the hill, (ex hil-na), v. pullus.

coma 1 f, ex κόσ-μη, das ‚Haar', pertin. ad aliquod ‚kas' = striegeln. Quo de sensu cf. πείκω c. fahs coma. Adde skr. kaça s. kashâ, kasâ der Strick, die Peitsche, (zum Strichsen).

comprehendo 3; oppos. ver-gess-en, h. e. nicht (mehr) behalten, to for-get, (to get = behalten).

concinnus, a, um; v. cancelli in App.

contemplor 1, cgn. at-ten-tus sum, in-ten-do, nam ‚temp' ex ten- + p. (v. stir-p-s). Igitur Fk. III con-tem-plor est ich bin auf etwas gespannt, = ἀ-τεν-ίζω, con-templatio = ἀ-τενισμός. Hinc tempus prpr. est spatium, die Spanne, templum = τέμενος umspannter Ort, cohaer. c. lit. temp-ti = τείνειν, tendere, spannen; slv. vet. timpa τενών, die Sehne am Körper; v. tinea in App. De m (in templum) = n (in tendo) cf. γόμος das Gepäck, die Ladung, γεμίζω ich packe, c. γέντο er packte, er fasste; Fk. III 317.

coruscus, a, um; confer nord. vet. horsk celer, rasch; germ. vet. horscan exitare, bav. vel. hurschen.

crena 1 f., cgn. isl. skora to score, bav. der Schor-en die Schaufel, fossorium, schoren fodere, (cf. ξυρόν).

cribro 1, ex cridhro, agn. hridrian cribrare, reit-ern, rad-en cribrare, sieben, red-en cernere, vibrare, unde renneln, (v. fremo), der Rödel, Höll, Retzel, v. Schm. III 58. 103.

Crispus, Crispinus = germ. Raido, (unde Raitenbuch, Raitenhaslach), raid crispus, raiden crispare, cgn. der Ridel das Geflecht, die Flechte; v. Schm. III 50.

crus 3 n, cgn. σκέλος der Schenkel. Eadem sententia est in germ. vet. scinkel, der Schenkel, cohaer. c. skr. ǵaṅghâ f., crus, (Gloss. p. 133), form. intens. thematis ǵañh palpitare.

crystallus 2 m., cgn. germ. vet. rôsâ h. e. hrusan die Kruste, glacies, ags. hruse terra; Fk. III 88. Cf. der Hart; Schm. II 241, n. pr. Bei-hart-ing.

cumulus 2 m; pertin. ad çu-ʒtumescere. Hinc skr. ku-bh, ka-ku-bh = cacumen, unde pendet germ. vet. hûfo der Hauf-e, der Hauf-en; die Hüf-te, prpr. sublata, bav. die Hüff, goth. hup-s, die sich erhebende, cgn. goth. hauh-iþ das Haup-t, die Hauh-e, cgn. κύβη die Erhöhung, der Kopf, prpr. sublata, die emporgerichtete, erecta, unde κυβισ-τάω stelle mich auf den Kopf, mache einen Burzelbaum, quo loco cf. der Burzelbaum sublatis pedibus prolapsio in terram, c. baum, pertin. ad bäumen erigere instar arboris. Idem sensus est in the somersel, cgn. le sommier; Gr. II 554. Hoc idem ‚kubh' habetur in höpf-en, prpr. erigi, cgn. bav. ge-hupf-t erectus, elatus, adj. hopps praegnans, prpr. κυΐσκουσα, tumida, in der Hoff-nung, (cf. hoff- c. die Hüff-e). Adjunge bav. auf-hoff-en auffahren, das Aufhoffen = hisp. sobresalto, le sursaut. Adde κύβος der Knöchel, pars pedis erecta, cgn. bav. der Hüb-el, der Hügel, Erhöhung, die Beule, cgn. der Hüppel collis, die Hoppen die Pocke. De ‚çu- = ‚h'u v. catulus in App. Dfb. G. II 545; Gr. IV II 585. 565.

Cursor 3 m; i. q. Θόος, germ. Bisin, (Bis-mark?), cgn. bohem. bez-eti = bis-en currere, lascivire.

curtus, a, um; skr. kart- ich ver-kürz-e, quod ad kart-L. M. trahit κερτ-ομέω = ich schelt-e, to scold; K. VI 16. Cum ‚short' = ‚kart' cohaeret bav. schürz-en, scherz-en, aus dem Dienste treten. De s. cf. λήγω δουλείων. Adde der Scherz ein Stück, ein Scherz Brod = frustum panis; Schm. III 406.

cyclus 2 m; κύκλος, (ex κυ-κλος) = ċa-kra rota, nord. vet. hjöl, (ex hi-h-ula), hvêl = the wheel; Fk. III 65.

degener; cgn. genus das Geschlecht, = germ. vet. ungishlaht, ungeschlacht; (gislaht congener).

Dorensea. De s. cf. Viducasses, (hib. celt. fid arbor, germ. vet. wito das Holz, bav. das wit in Pfiselwit das Ofenholz; pfisel cgn. c. la poêle die Pfanne, die heizbare Stube). Wittelsbach, der Hügel des Witilin. (cf. Silvii collis); v Eb. 12. Schm. IV 201.

dorsum 2 n, der Rücken, der Bergrücken. De s. cf. le roch-er der Bergrücken, the ridge, cgn. isl. hryggr.

draco 3 m; pertin. ad δέρκεσθαι. Confer σκώψ pertin. ad σκέπτομαι = δέρκομαι.

ebulus 2 f, cgn. abies. Fk. III 250 huc trahit ir. vet. aball der Apfel, corn. celt. avel; v. abies

euge; εὖ = wohl, euge = wohl-an. Adde bav. wohl her! wohl auf! wol dan! (= auf von dannen). De Woldan v. Schm. IV 66.

facetus, a, um; cgn. fax der Band, facetus bündig, fügig, fac-io ich füge, schicke an; ich ‚schicke an', nam de hoc schicken ait Schm. sic: ‚schick'en heisst machen, dass etwas ge‚scheh'e; der Unschick infacetiae; geschickt = bereit, fertig. De hoc sensu cf. ags. tavian fertig machen, goth. taujan facere, to taw, cgn. ags. teohhian, tehhan, unde zech-en committere, facere, bav. vet. gi-zeh = füglich, facetus, schicklich, ze zeche der Reihe nach, nach Schick und Fug; Schm. IV 218. Igitur gizeh, facetus idem valet ac vox ‚sanskrit' nam hoc verbum sam-s-krita pertinet ad sam-s-kri conficere, zusammenfügen, (v. cre-are), nach den heiligen Gebräuchen ordnen, weihen, (cf. wih- = facere), aufputzen, schmücken; BR. II 80.

fallo 3, prpr. vacillare facio. De s. cf. bav. ge-schupft, fatuus, pertin. ad schupfen = praecipitare, rücken, schoppen = vibrare, skr. kubh- vibrare, commoveri, partic. kub-dha perturbatus, ver-schob-en, verrückt, cgn. goth. skiuban, schieben. Eadem sententia est in verbo die Schuchsel, die Schockel, eine geschupfte Person, praeceps, temerario, pertin. ad der Schuck = der Schwung, der Ruck, bav. schocken, in schwingender Bewegung sein, oscillare, vibrare = skr. spharati.

farcio 4, in δρύφακτος (prpr. δρύφρακτος), der Verschlag, die ‚Burg'. De forma φακτ pr. φρακτ- cf. γέφυρα der Zwischenraum die Oeffnung, ex γεφ-, nam hoc γεφ pertin. ad skr. gabh-, (ex grbh- = offen, geräumig sein), unde skr. gabhira profundus, (prpr. cavus, κοῖλος); v. K. I 134. Gr. II 415.

faustus, a, um; skr. bhawat = favens. Hoc bhawat reverentiae causa ponitur pr. pron. 2[ae] pers.; cgn. φαῦ, (ex φαϝος).

febris 3 f. De s. cf. der Rid febris, (isl. rida tremere); der Ritt febris, (isl. reida vibrare).

fera 1 f.; cgn. der Bär, bëro, unde der Bracke, canis, catulus, ex bër-acho, prpr. junger Bär, junger Welf. (Gr. II 289 confert n. pr. Bracchio c. Welf); la braque. Hoc -acho cohaeret c. goth. -aha in broþr-aha das Brüderchen; -icho in germ. vet. an-chio avunculus, das Ähn-chen; angl. -ock in the bull-ock, ags. -uca in bull-uca vitulus; v. testiculus. Adde bav. vet. geswistirgide, die Geschwisterten, ex geswistr-,ig'ide; Schm. III 552.

ferio 4; cgn. bav. ber-en tundere, terere; Schm. I 187. Fk. I 135. Die Ber-mühle, die Kirn.

fertus, a, um = tragend, trächtig. De a. cf. ags. hrif Bärmutter, uterus, cgn. das Heff die Trage, burd-ref pera, prpr. ferens; Schm. III 61.

filix 1 f., cgn. θήλεια, quae vox θηλ- exstat in the deal das Tannenholz, isl. thöll, unde die Man-tel pinus silvestris, prpr. die maennliche thöll, (cf. 'ελάτη θήλεια); v. Schm. II 604.

flāgitium 2 n, cgn. πληγή. De s. cf. germ. vet. snôde, turpis, schnöd-e, batav. snoode vilis, turpis, cgn. scot. to snod beschneiden, pertin. ad skr. çnath- = ferire, πλήσσειν.

fleo 2. Si cohaeret c. blê-ti clamare, cf. bav. rinen flere, isl. hrîna clamare.

fluxus, a, um; schwach, cgn. φλαῦ-ρος, goth. blau-þa schwach, bloe-de, (bli-nd?), cohaer. c. goth. balva malus, balvavêsi malitia; Fk. III 348. v. sucus in App.

frango 3., unde -fragus = sd. -bhrag, ut giribhrag = aus den Bergen hervor,brech'end.

fremo 3. Hoc bav. vet. brinnender Lew, leo rugiens i. q. brimman = fremere. De nn = mm cf. renneln = remmeln enthülsen .., v. Schm. III 101. Confer cribro.

fui; cgn. -φυής = skr. -bhu ut çam-bhu saluber, (çam = bene). — Hoc φυ-τόν der Bau-m = goth. bagms, qua de forma cf. nord. vet. bûa = bauan c. byggja, germ. vet. trûa credere, goth. trauan, unde triggs = treu; Frauja cohaer. c. nord. vet. Frigg; nord. vet. brû pons = nord. vet. bryggja, the bridge, die Brücke, cgn. der Brüg-el. Gr. II 414 addit hoc: Die ersten Brücken waren ohne Zweifel über den Fluss gelegte Bäume, Baumstaemme; die Brüg-e tabulatio, das Brettergerüst, die Britsche. Hoc ‚brû' ... autem redit Grimmio ad die Brau-e, ὀ-φρύς, germ. vet. brûwa et de forma confert germ. vet. pouwan der Baum c. ags. treov = the tree, pertin. ad trûan = trauen, fest halten, et triu, (cgn. triggs) = pouwan (cgn. bagms) est firmus, der feste; v. Schm. I 439. IV 295.

gĕmo 3; ex kemo, ich seufze, v. germanus; pertin. ad skr. ćam- ich schlürfe, gumia der Schlürfer, ligus. De s. dupl. cf. seufze = gemo c. saufe = ćam-; v. siphon; Fk. III 185. De g pr. k cf. bav. der Gabess, der Cappis, the cabbage.

ginnus 2 m. De s. cf. vet. reino, reinno admissarius, bav. reneln hinnire; v. Schm. III 98.

glans 3 f = *βάλανος*. De g = β cf. *γλίφαρον* = *βλίφαρον*, slv. vet. glip-ati = *βλίπειν*.

glis 3 m die Haselmaus. Fk. III 137 confert cum skr. giri-kâ f die Maus, prpr. montana.

graculus 2 m. De s. cf. *κρίκ-ος* genus falconum, i. q. *κίρκ-ος*, cgn. *ἴ-κρηκ-ον*, lit. kirk-ti clamare, stridere, schnarren, *κέ-κρīγ-α*, germ. vet. hreig-ir der Reiher; Fk. III 313.

grando 3, cgn. suo-crunda das Wetterdach, skr. hrâduni f das Unwetter; Fk. III 322. De hrâd- = grand- cf. *κε-χλᾱδ-α* ich glänz-e; ib 321.

sub hasta vendere. Conferri potest quod Schm. III 75 ait: Die Rahen die Stange, pertica, isl. râ die Segelstange, Stange überhaupt. Im Hildebr. Lied: rauba bihrahanen, (bi-rahanen) = Raub erbeuten, wozu isl. râna spoliare gehört. Möglich dass damit gar an eine, der roemischen ähnliche Sitte, die dem Feinde abgenommene Rüstung an einen Pfahl anfzuhängen, denken darf.

hiatus 4 m.; v. de arte poët. 138 et cf. bav. vet. gêuen gêuwen das Maul anfreissen, prahlend loben, i. q. geuden, geudnen; Schm. II 8.

hic.. = germ. hi-n, hi-er, he-r.., unde bav. einhĕr = herein, ci"ha ei"a ei"e; v. Schm. I 70.

hirundo 3 f., die gell-ende, cgn. der Gal-en clangor, gellen gannire.

hora 1 f, cgn. das Jahr, yâra m, prpr. der Gang, (cf. aevum). Cum yâ-ra cohaeret *ἦρι*, goth. air; armen. ŏr der Tag, cgn. *ὥρ-*, in *νύκτ-,ωρ*; *ἠριγένεια* = die im Tagen geborene Eos; K. XXII 96.

inclutus, a, um; cgn. *κλυτός*, ut *κλυτά τεύχεα* klirrende Waffen; cgn. slv. slowo verbum, unde Slov-eni, i. e. die Verstaendlichen, contra: Njemccy die Deutschen, prpr. die Nichtzuverstehenden. Cum ‚slov' cohaeret russ. slawa = çrawas, *κλέϝ-ος*, unde die Slaven, (nos die Sklaven). Aliud insuper vocabulum habemus a Slavis: zag, zaghaft, cohaer. c. slv. zago lepus; igitur verzagt, bav. verzait sein est ein Hasenfuss sein. De zagun-sun v. Schm. IV 229.

industria 1 f.; ex ind-ustria, germ. vet. ustri der Fleiss, pertin. ad skr. ush- urere, ush-na ardens; germ. vet. ustiuôn fungi, betreiben; Fk. III 304. Adde skr. ôsham geschwind, (i. q. aussitôt, bientôt, ex tostus). Hoc ôsham = tôt potest conferri cum germ. vet. scierau = ustinôn, parare, exequi c. sciero = bald, schier, acero, ocior; Schm. III 304. De e. cf. eifrig = ushnas, fervidus, quae vox eifrig, Eifer, Grimmio I 67 cohaerere videtur c. nord. vet. idja labor, industria, idull diligens, eif-rig, pertin. ad sgs. âd ignis, cgn. *αἴθω*.

insece; bav. vet. sisb-sacken; v. Schm. III 602.

i r a 1 f.; cgn. ‚il' in ub-ilo, cohaer. c. bav. vet. g'ella = ,'ερ'-ίζουσα, aemula; (ex ge-ella). De forma cf. der G'ätz certum pulmentum, pertin. ad ätzen, v. ĕdo; die G'er = lira, (eren = arare); g'heiff s. keiff validus, firmus, densus, cgn. heftig; g'alt sterilis, (vet. altinôn differre); das G'after, (ex Ge-after, Geafter), das Aftergetraide, cgn. das Kaff, the chaff; v. ab et adde g'abiech perversus, prpr. ab-versus.

j o c u s 2 m. Non inepte Fk. III 357 trahi posse arbitratur ad jac-io, sicut 'ίαμβος pertineat ad 'ιάπτω. Cf. die Schlauder-Rede.

j u v o 1; v. adjuvo ich wehre. De s. cf. germ. vet. retian = abwehren, helfen, abretten = abwehren. Confer polon. ratowac juvare, rett-en, russ. rat bellum, die Wehr; v. Schm. III 158.

l ā b e s 3 f; cgn. l a b o r. De sensu hoc cf. bav. das Drusach faeces, the dregs, cohaer. cum Dres-ter magma, pertin. ad goth. drus-a der Fall, germ. vet. driusan labi; goth. drausn mica, die Krume, der Abfall; Schm. I 415. Cum ‚drus' porro cohaeret bav. vet. zil-druos impetigo, (pet- cgn. c. pat-, πεσείν = drus-), die Drüs-e, sordidum quid, cgn. c. ags. drysnian sordidum esse; Gr. II 1438. Driusan = ags. hreosan, hryran = labi, bav. rier-en, alem. reir-en = reis-en abfallen; ags. hryre prolapsio, die Ruhr; ags. hryre mons praeruptus, die Rusel nom. pr. = der Fall. De forma drusan et hrus- confert Schm. III 122 ags. intrâtan = to dread, timere c. isl. hrädaz timere.

l i b e r, a, um = 'ελεύθερος, der sich gehen lassen kann und sich gehen lasst. De s. cf. skr. srǵ geben lassen, mittere, remittere, quo ex srǵ subst. wi-sarg-a liberatio, die Befreiung, die Erlösung, der Antlass; unde the sligh-t-ness das Gehenlassen, die Lassigkeit, Nachlaessigkeit. Hoc ‚sligh' cohaeret cum ags. slack remissus, bav. die Schlack, persona remissa, laessig; to slack schlaff sein, eadem sententia quae est in schlaff, cgn. bav. schlaiffen, factitativo verbi sliffan, schlaipfen = gleiten, labi, isl. sleipr lubricus i. q. schlaiff; goth. slêpan = to sleep, prpr. nachlassen. Liberalis, e, freigebig, (qua sententia cf. idem illud wisarga libatio, die Spende), prpr. auslaessig, freilassend. Skr. wisarga die Oeffnung = ǵabh- das Offensein, quo ex ‚ǵabh' pendet goth. gibareiks liberalis, frei-geb-ig, offne Hand habend, gerne öffnend, nord. vet. goef-r mollis, mansuetus; v. Dfb. G. 401. Libertas, 3 f., die Offenheit, Geradheit, libere loqui = offen, gerade, schlicht reden; ‚schlicht' inquam, nam schlicht pertinet ad germ. vet. slihhan = schleichen, serpere, (sarp-âmi autem valet i. q. 'ελεύσεσθαι, unde 'ελεύθερος = liber). Cum slihhan conjunctum est schleck-en, die Zunge gleiten lassen, ut ait Fk. I 917; cgn. bav. slaikan, schleichend bewegen. Porro huc trahendum est goth. slaih-ts laevis, glatt, eben, bav. schlëd = schlecht, glatt, eben, angl. sleekly glatt, cgn. schlicht, schlech-t, eben, glatt, (cf. polio), germ. vet. slihtan polire, schlichten, blandiri; germ. vet. sleht lenis, blandus, schmeichelnd. Idem valet nostrum schmeicheln, germ. vet. schmeichen, schmeiken adulari, cgn. isl. smeika lubricus; Schm. III 431. 461. — Neque satis est; comparatio est alia insuper vocis wistarga, nam wistarga significat etiam creationem, creatos, h. e. liberos, Ge-schleh-t (?)

locus 2 m., ex stlo-cus, cgn. lis contentio, (ex stlits), quo cum stlit tlit Grimmio III 1765 cohaerere potest fleiss-en, germ. vet. fliz-en contendere, studēre; ex aliquo þlit, (cf. fleben c. þlah-).

luscinia 1 f; ex clut-cinia, die laute Schallerin, die Schallerin.

mancus, a, um; pertin. ad skr. man-āk parum.

matta 1 f., cohaer. c. lit. at-mat-as der Auswurf, μότον die Scharpie, cgn. gall. mat-aris telum, missile; v. mitto. Fk. III 352.

mel 3 n., μέλιτ-, unde μέλισσα (ex μέλιτyα die mild-e). Huc fortasse das Miltau aëromeli; Schm. II 567.

mille; cgn. ὁ-μιλ-ία, skr. mēla m societas, die Notenscala; mille eine Zahlenscala; lit. mil-, v. miles.

nux 3 f, die Nuss, cohaer. c. germ. vet. hnikjan knacken; Df. II 183.

obelus 2 m; ὀβελός ex σβελός σβερός, cgn. veru.

occurro 3, cohaer c. κυρ-εῖν = oc-curr-ere.

orchestra 1 f; ὀρχέομαι pertin. ad skr. rghâyâti tremere, furere, unde nostrum arg = ignavus, germ. vet. arga, prpr. trepidans, ags. earg pavidus.

paene. Pertin. ad παί-ω, πταί-ω et cf. de s. πέλας c. πόλεμος, anstossend. Cf. Tudera. De -ne v. sine.

pallium, ex pandlium, der weite Mantel.

palma 1 f die flache Hand, pr. spal-ma, cgn. phal- = aperior, findor, breite mich aus, expandor, unde phala n. fructus, phalaka das Brett, prpr. das breite, das Blatt, die Latte, der Schild, parmula. Confer Fk. III 330. De s. dupl. cf. das Blatt = phalaka c. ags. blaed fructus, unde le blé; Gr. II 73.

pario 3, pertin. ad skr. par- pi-par-ti = füllen, compleo ich ergänze, satio, nutrio, libo, spenden, reichlich spenden, πορ-εῖν; v. Fk. III 337. De r = l in pri = πίμ-πλη-μι cf. skr. ari = cupidus, eifrig, c. goth. al-jana ἔρ-ις der Eifer; L. M. 223.

pascor 3., tropice delectari, sich weiden. De s. cf. vet. die Wunne, die Wund pascua, die Weide, wunnisam amoenus, jucundus, weidlich; germ. vet. wunnigarto paradisus, cohaer. c. goth. vinja νομή. Cum sententia vocis wunnisam cf. niedlich.., cgn. vet. sich genieten eines Dinges, satiari, sich weiden; Schm. II 716. De s. wunnigarto comparari potest c. goth. vaggs paradisus, cohaer. c.

der Wang campus; v. Schm. IV 114). Proprie, non translate, Majus mensis vocatur germ. vet. Wunnimanoth, quia hoc anni tempore campi curantur,

pecten 3., cgn. πέκω, lit. pesz-ti raufen, ,fech'-ten; Fk. III 336.

pellex 3 f, cgn. laquens. De s. cf. ags. vrenc fraus, bav. der Rank, flexura, unde renken ziehen, trahere, pellicere, flectere.

percontor 1; cgn. contus.

persequor 3 = διώκω, h. e. accuso. Confer räch-en, cgn. vrikan persequi, ags. vrecan pellere, germ. vet. recho propulsus e patria, ein Elender, angl. wretch; Schm. III 42.

phalerae 1 f; der Pferdeschmuck, die Rüstung, Rüstung inquam, nam haec vox Rüstung, germ. vet. gahrusti instrumenta, phalerae, hrustan ornare, phalerare, deriv. ab aliquo hrus das Ross; v. Schm. III 146.

Picenum 2 n., i. q. bav. Pfatter, locus juxta fluvium; Pfater autem est Pad- = Padus, de quo Eb. 3 ait sic: Padus. gall. celt. padus = arbor picea.

plaga 1 f., cgn. c. πλήσσω. De s. cf. nieten, schlagen, bav. sich abnieten, sich plagen; pertin. ad skr. nud- percutio.

planus, a, um; cgn. die Fln-r, prpr. flach geschlagen.

plecto 3, ich flech-te, unde der Flach-s, cohaer. c. skr. praçna das Ge-flech-t, corbis. Hinc ut dixi sub v. ,plecto' le plessis, quo de sensu conferri potest nostrum die Hofrait, H. Reit, H. Riet der Hofraum, pertin ad ags. vrâþ inclosure, goth. vriþus grex, cohaer. c. reid-en plectere, torquere, ags. vridhan to writhe; Schm. III 55.

plenus, a, um. Huc trahi potest die Flu-r, prpr. die aufgeschüttete, die aufge-füll-te, skr. abhi-pâr-yati anfüllen, beladen, überschütten. Adde alv. pil-nost der Flei-ss h. e. studium complendi, Eifer zu er-füll-en, zu befriedigen, cgn. skr. prati-pûr-na befriedigt; v. Gr. III 1765.

praevaricatio 3 f. De s. cf. die Schranke, das Querholz, die Schrank, perversio, ein Fechterausdruck, cgn. germ. vet. scranch fraus, isl. skrök figmentum, umschrenken = umringen, beschräncken.

prelum 2 n. Cum ,pragg'an cohaeret bav. pfreng angustus, pfrengen premere, vexare.

procus 2 m; cohaer. c. skr. praç-na eie Frag-e, die Anfrage. Huc θεο-πρόπ-ος, der den Gott befragende. De π = ç cf. Mercurius; v. K. XXII 59.

prooemium 2 n., das Vorwort. Hoc ,οἶμ'-ος comparari potest c. isl. runa series, die fortlaufende Rede, cgn. germ. vet. run meatus, motus, οἶμος, goth. runs cursus, unde ab-t-rünnig; Schm. III 97.

psittacus 3 m. Possit redire ad skr. pitsant = πίτ-ν-σθαι, 'ιφίμενος; cgn. πιτ-.

I pullus, a, um; ex pulnus, v. collis.

II pullus 2 m.; ex pul-lus, v. putus; die Fülchen, die Fel. Confer hoc nomen c. Λαΐς, nom. pr. illius ἑταίρας, = Λέαινα, hebr. laish leo; v. Movers I 54. Confer Lupa

purus, a, um; πυρός = purum frumentum; Fk. III 341.

rāna 1 f; potest esse pr. rac-na = loquax, cohaer. germ. md. ruch-eln mugire, clamare, quae eadem sententia est in skr. gômâyus = rana, prpr. bovis rugitum edens; agamâyus rana, (capri instar mugiens).

recens 3, h. e. re-cen-tus, cgn. καν-γος (καινός), cohaer. c. skr. kan-jâ puella, celt. cin-tus = primus, brit. celt. cin-t prior, unde Cint-o-gnatus = praestans, praecipuus; Eb. 307. 858.

rĕpentĕ. Locat., (ut 'εθελοντί), = ῥοπ-ῇ τινι, momento; Död.

rhombus 2 m. Huc trahunt ῥέμβ-ομαι vagor, h. e. ϝρέμβ-ω, cgn. goth. wairban wandeln, wirb-eln; K. XII 308. C. 315.

rictus 4 m, unde to reach sich gurgeln, bav. rück-ezen screare per vim.

ratio 3 f, goth. raþjo, die Red-e. De duplici sensu, qui est in red-en et raisonner cf. to speack reden c. isl. spekia philosophari, λέγειν et λογίζεσθαι; Schm. III 555.

rupes 3 f. De s. cf. helv. die Schranne, (ex Schrande), pertin. ad schrinden dissilire, rumpi; bav. die Schrunden der Riss, rima; Schm. III 516. Fk. I 905.

saltem = certe; cgn. sal-vus, pertin. ad skr. ‚sar'-watas utique, certe, jedenfalls. De -‚tem' in sal-tem v. au-tem, praesertim.

sapa 1 f., der Mostsaft, σύφ-αξ der Most, Σί-συφ-ος; Fk. III 375.

scabo 3. 1. ich kratze, cohaer. c. nord. vet. skafa der Hobel, runcina, sicut slov. skob-l-iti = scabere, schaben, cohaeret c. russ skob-l-iti = ‚hob'eln; Dfb. G. II 225. Addo σκίφα = ξίφα das Hobeleisen; κνάφαλον, die Kratzwolle pertinere videtur ad skr. kambala lana; v. Fk. III 377.

scapula 1 f., unde le japeron, bav. der Schapran.

schola 1 f. Hinc lt. md. scholaris, der Bursche, fahrende Schüler, bav. der Scholler, Schol-d-erer apparitor, der Bursche, sortilegus, quadruplator; v. Schm. III 355.

sciurus 2 m; σκιά der Schei-n, Sche-men. De s. cf. germ. vet. it-alingun = ags. id-el, h. e. eit-el, prpr. zum Schein, zum blossen Schein, velut: ein eit-les Glück = ein Scheinglück, ein Schattenglück. Hoc ‚id' est etiam in germ. vet. it-is nympha, femina, prpr. die voll Schein, splendida; v. Ithaca. De duplici sententia cf. germ. md. gemeit laetus c. germ. vet. in gimeitun = eitel, in cassum.

scrutor 1. De s. cf. bav. nuesta ruere, wühlen, cgn. nueschen scrutari, explorare, isl. hnysa, to nose, (g'neissen?, v. Schm. II). Hinc die Nusch, die Nuschel scrofa, (v. sus).

sentio 4., cgn. goth. sinþa der Gang, corn. celt. hint via, sax. vet. sidh-ôn ire, proficisci, contendere, unde sent-io = tendo, contendo, ich nehme eine Richtung an, ih be-sinn-e mich. Adde bav. vet. gasint comes, the attendant; be-sonn-en = attentiv, aufmerksam; isl. sinna curare, to attend, unde bav. sennen Käse bereiten, der Sender, der Senner; Schm. III 253. De s. cf. etiam bav. gên = sidhôn c. ausgên = explorare. Huc to send, senden = gehen machen, (quo loco cf. senden et sinthe c. senken = sinken machen, wenden = winden machen. Adde skr. çrang- = ire, unde blint-slinggo caecula, germ. vet. slange die Schlange, i. q. serpens, germ. vet. slenga funda; schleng-en = svec. slengja, quo de verbo Schm. III 431 ait sic: slengja, als Factitativ vom Ablautverbum schlingen).

serra 1 f. Hinc hisp. Sierra nevada, qua de sententia cf. die Riffel, gezackter Berggrat, (riffila serra, riffeln = becheln, serrare, sax. inf. reppen = serrare). Schm. III 62 addit hoc: Hiebei ist man an die scyth. *'Ρίπ-αια ὄρη* zu denken versucht.

Sibylla 1 f; lacon. *σιά* = *θιά*.

signum 2 n., prpr. affixum, haerens, fixum, fest; skr. sañg- adhaerere, affixum esse, befestigt sein. De s. cf. goth. ushramjan aufhaengen, facio ut haereat, affigo, cgn. isl. ram-r fortis, the ram aries der Rammer, prpr. der Starke, (cf. taurus). Adde die Rem laqueus, (ubi haerescant aves), die Rem s. Râm, der Rahmen columna, velut: die Schüsselrahm. Tropice be-râmon, anberâmen anbe-raum-en bestimmen, festsetzen, vet. râmon nach etwas trachten, nachhaengen. Confer *σῆμα* = signum i. q. bandvô. sè-tu pons.

sin; ex si-ne, -ne ex -nê instrum., cf. sine.

sino 3., si-no, de-si-i, ich gebe zu, cgn. skr. sanâmi, unde deriv. -sa = -da ut: priyasa Freundliches gebend, paçu-sha Vieh gebend.

sitis 3 f., skr. satis f. cupiditas, *ἵσ-ις*, *ἵμερος*, *ἱμ-ει-ρομαι* = si-tio. Fk. III 371. *῞Ιμερος*, (ex *ἱμερτον*), exoptata, cf. Ameria.

spartum 2 n. Hinc n. pr. Espartero, quod idem valet ac Schmeller, h. e. Schmelcher, (Schmelche = hisp. esparto); Allg. Zt. 1869, Beilage p. 4182.

spurcus, a, um; cohaerere potest v. porcus, cgn. bav. das Fark-el, das Fack-el der Dintenklecks; v. sus.

stella 1 f. = târâ pr. stârâ. De t = st cf. skr. tarpu n. stannum, prpr. liquidum, liquescens, lit. tirp-ti schmelzen, cgn. *θάλπω* pr. *τάλπω*, ich glühe, schmelze; ex aliquo starp stalp, unde *ἀστράπτω*, *στιλπνός*, *στίλβω*.

stupro 1 = verstümm-eln, qua de formatione cf. campa (la gamba), unde bav. der Hammen perna, le jambon, helv. hammen, einem Thiere den Fuss aufbinden, hemm-en. (De sententia cf. pedica c. empêcher = hemmen; v. Schm. II 191.

sucus 2 m., cgn. germ. md. suoch, ut rûtensuoch der Rautensaft, lett svak-as sucinum, das Harz; cgn. swëhhan ebullire, unde schwach = fluxus. Die Suttenstube, (ex suhten . . .), die Siech-enstube; Schm. III 528. 294. De su- = sva- cf. skr. tuç- stillare, unde goth. þvah-la baptisma, das Zwag-en, cgn. germ. vet. dwahila, die Zweh-el, la touaile, die Quech-el; Fk. III 97. Schm. II 402. Adde κόλπος, (pr. κϝολπος), cgn. das Ge-wölbe, goth hvilf-tra der Sarg.

suo 3, unde σῶμα der Leib, σωμάτιον das Leibchen. De s cf. der Busen c. vet. gi-boson assuere; Schm. I 212.

tam = so; ‚ta‚-m cohaer. c. -te in is-‚te', cum -ta in i-‚ta' = skr. i-‚ti' quod quidem -‚ti' est illud -‚ti' in skr a-ti praefix., cgn. ‚da'-r, ‚de'r, ut: skr, a‚ti'gata = superatus, prpr. overcomed, ‚de'rgangen; skr. a‚ti'grâha das Erlangen, das ‚De'rkriegen, das ‚De'rwischen. Hoc praefixum a-ti redit ad idem pron. a in a-dhi = zu, (v. ad); confer ‚da'rbringen addere, ‚da'rfliessen affluere, ‚da'r-senden = zusenden; das Drangeld, ‚Da'rangeld das Angeld. Nos reddimus hoc ati praefixo ‚zu', all‚zu', angl. too = skr. atîwa, quod ‚du' . . respondet illi -‚dha' in a-dhi, (v. ad) Exempla: skr. ati-lômaça ‚zú' behaart, (quasi extaret a‚dhi'lômaça); atikriça too lean. Adhika = περισσός, super- . . ., auf, drüber, ut bav. das ‚Zue'maass, das Aufmaass, Drübermas; cgn. bav. vet. to = germ. vet. = za, zi = ze ut ‚z'Augsburg = zu A., bav. ‚z'égng geu = entgegen gehen. Schm. IV 212 addit etiam hoc: Vor Adj. und Adverbien ein Uebermaas (= adhika) andeutend, z'gross, too great; cohaeret cum praef. ‚z'er- (ex ‚zi'ar), ut: vet. ze-brechen = ‚ze'rbrechen, ‚ze' potest componi, unde vet. da-ze da-z = angl. a-‚t', ut: a‚t' London, da-‚z' London; Schm. 348. Hoc suffixum ‚te' . . ., quod modo fuit praefixum, conferri potest cum sax. inf. eerst-‚to' = ‚zu'erst. Adde nostrum bis = usque, (pr. bisz), ex bi-ze, sicut germ. vel. un-z = bis, angl. unto; bav. vet. hin-z = bis; Gr. II 42. Schm. II 220.

tanto . . ., quanto . . = ‚de's so, tanto, des-tu, (ex des + diu instrum. = um so, ut swërt-û mit dem Schwerte); v. K. XXII 60.

templum 2 n., v. contemplor in Appendice.

tempus 3 n; De p affixo cf. bav. gampen, gumpen exsultare, subsilire, c. gaemel, exultatio. Si tamen cohaeret c. skr. tapana n. ardor, conferri hoc potest cum dags, (cgu. dah-‚dagh- = ardere, ni-dâgh-a ardor), unde suffixum -tag = καιρός, ut der Wê-tag dolor, der Saum-tag das Versäumniss, der Siech-tag crisis, τό καίριον; bav. wêdëm dolor ex wêtagen; Schm. I 436. L. M. 22.

terebro 1., cgn. τορ-νός foramen, cohaer. c. τρά-μις = τό τρῆμα τῆς ἕδρας, ὁ ὄρρος, cgn. der Dar-m; Fk. III 325.

Thetis; cgn. θε-σ-μοφόρος, conditor, der Schoepfer. De s. cf. der Schöpfer c. die Schoepf-en, lt. md. scab-ini, arbitri, judices, quasi quidam θεσμοφόροι.

Tiberis 3. De sensu fere eodem cf. die Vils, vet. Fils, der Fels-, der Bergfluss; Gr. III 1500. Quodsi Grimmius recte hoc thema ‚fil' ‚fel' conjungit cum pello ich treibe, (cgn. das Fel-d = die Trift), conferri potest ager das Feld, cgn. skr. agra n. der Gipfel, die Spitze, (der Fel-s), projectum, prpr. das Emporgetriebene. (De -ra v. purus). Vox ‚pell'endi ipsa est in pulso ich stosse, je pousse, quo loco de s. comparari potest der Stoss = der Haufe, die Erhöhung, velut: Stoss Acten. Adde der Schock der Haufen, (cf. Haufe c. haubith, cacumen); unde geschockt = gehäuft, schockweise = haufenweise; cgn. der Schuck, der Wurf, projectus; schocken = stossen. Eadem insuper sententia est in die Schuppe, das Schopfdach, projectum, die Schupfe, prpr. ge-schob-en, cgn. der Schob-er, der Haufen, cohaer. c. der Schüb-el, to shov-el schauf-eln, häufen, the shove der Schupp, der Stoss, pertin. ad skr. kubhagi, pelli, (cgn. πίλλα, Fel-s), unde kubh f. der Ruck, der Stoss; kubdha m. der Stössel. Postremo adjungo bav. Schaufeln, contemtim de dentibus, qui quasi quidam rupes extant. Ceterum sunt qui trahere audent vocem ad celt. tubar = aqua.

tinea 1 f., cgn. τινθω ich nasche, nage, (ex τίμδω, v. tondeo cgn. τόμος).

tintinnabulum 2 n., cgn. tonus; slv. vet. tantineti, lit. titin-ôti gloriari.

torpeo 2; lit. tirpt erstarren, τραφ-ερός starr, τρέφ-εται γάλα die Milch gerinnt, wird ‚derb', τρόφ-ις = derb, (deriv. verderben), biderb bíber, (ex bi-dérb, qua de accentuatione cf. der Bífang, Bíberg, ámberg, der Gásteig ascensus, ga- = ge); Schm. II 4. Fk. III 327. Hoc loco commemoro illud û-derve vilis, vel. un-dara-lih egens, vilis. Schm. I 890 conferri vult un-tsur, angl. dear = bi-derb.

torrens 3 m. De s. cf. der Bach et bav. der Sôd, Sôdbrunn, brunn puteus, prpr. der siedende, (de fervore aquae); Schm. III 202.

tracto 1, ich ziehe, strecke. Hinc le traité interpretatio, quae cum sententia cf. recken = trahere, ziehen, unde verrecken, vollrecken = vollziehen, vollstrecken, cgn. ags. reccean interpretari, indicere, prpr. porrigere manum; Schm. III 40.

tribus 4 f; tri-bu-s = τρι-φυ-λία.

trio 3; cgn. tero.

tum. ‚Tu'- cohaer. c. ta-m, ‚da', unde ‚dar' in dar-reichen, bav. ‚der' in dərbetĕn precibus impetrare, dərarbəitĕn, laborando asequi; Schm. I 300. v. tam.

uncia 1 f. Malim nunc verbum conjungere cum ὄγκ-ος pondus. De sensu hoc generali cf. τάλαντον, der Thaler, the pound.

unna. Cgn. ἵνα pr. ἴνα. De hoc spiritu aspero cf. ἵπταμαι fliege, pr. ἵπταμαι; ἴγνητες = indigenae, eingeborne, pr. 'ιγν . . . L. M. interpretatur verbum ἱλάσσομαι, fut., mihi concilabo, ex ἱλαϑ-σομαι ἱ-ραϑ-σομαι, pertin. ad skr. râdh-ati jemanden günstig sein, râdh-ayati befriedigen; P. (De forma ἱ-λάσ-σομα, pr. λι-λασ- cf. i-mitor pr. mi-mitor, ἵκω h. e. ἵϊκω). Sic ἵππος pr. ἴκπος = açwas, equus; eadem ratione qua ἱκ-νέομαι, ἵκ-ω exsistit ex skr. açnômi ich erreiche; cgn. ἱκ-ανός ausreichend. K. XXII 49. De vocali ι in ἵκω pr. ἰκ-ω = aç- L. M. confert κίρνημι = κεράννυμι, πίλνασϑαι, σκίδνασϑαι, δριγνᾶσϑαι = ὀρίγεσϑαι.

urbs 3 f, ex var-bs, cgn. osc. veru Acc. = portam. De s. dupl. cf. πόλις urbs, cgn. πύλη = ver-); slv. vet. vora septum das Geheg, unde Μεσημ-βρία ex Μενι-βρί-α; Fk. III 417.

vafer. De s. cf. vet. geniedt, geniet, exercitatus, prudens, pertin. ad niet-en breit oder krumm schlagen; cgn. bav. g'néd-ig, gedrängt, knapp, (cf. σχεδόν, paene).

vanitas 3 f, unde gall. vanter prahlen. De s. cf. bav. vet. geuden = vanter, rühmen, prahlen; cg. vergeuden prpr. in vanum prodigere, ex g'euden, cgn. öde = vacuum, cohaer. c. nord. vet. eydi die Oede, solitudo, nord. vet. eydsla die Verg,eud'ung, prodigalitas; Schm. II 17.

vates 3 m. De s. cf. ἀ-βακ-ίων non intelligens, lit. vok-ti intelligere; cohaer. c. voc-are; Fk. II 365.

vepres 3. De s. cf. cum vep- = concutere goth. raus, das Rohr, le rosean, pertin. ad ags. hrysan = concutere, bav. roseln cribrare = ris-eln, das Risel das Sieb, vet. ris oscilla, das Schwanke. Confer Schm. III 130.

ver 3 m., ex waaru, ut assir ex asra, ut germ. vet. tēnar = tēnrà die flache Hand, ϑέναρ, cgn. fendo; ib 332.

vergo 3 f. Cum βρόχος cohaeret goth. vruggôn laqueus, isl. virg-ull lorum, cgn. isl. vagr lupus, der Würg-er; Schm. IV 154. Ad skr. wrigina σκολιός pertin. sax. inf. wrikk-en das Ge-rick viscera, exta, (= χολάδες = σκολιαί).

verres 3 m., prpr. conspersor, i. q. skr. ṛsh-a-bhas taurus, aries, equus admissarius, ἄρσ-ην. De multiplici hac sententia cf. germ. vet. gûl der Gaul, equus admissarius, urgûl aper; Schm. III 31.

veru 5 n. Si cohaeret cum ‚ger‘, cf. bav. -ger ut der Nepper, (ex Nabager terebra, naban terebrare); v. Schm. II gl. 669. Quamquam veru evenisse videtur ex sver-u, cgn. skr. swaru palus, festuca, bav. der Schwirren, festuca, pālus, ags. svira columna, bav. vet.

schwirn tonsilla, der Uferpfahl, cohaer. c. schwer-en = firmare, jurare; v. Schm. III 547. K. XIX 219. Hoc ‚swar' habet cognationem cum swar- = sol, cohaer c. skr. çûla m. palus, hasta, ex çwala, cgn. ὀβελός, ὀβέλιον.

vēsica 1 f, die Blase, cohaer. c. skr. was-ti m. die Blase, (ex vensica, ut skr. asi = ensis). Volo igitur deleri quae dicere ausus sum de ‚sica' = séka.

vices 3 f, der Wechsel, cgn. εἰκών das Wech-s-elbild, das Bild; cgn. ἀικ-ία (ex ἀ-ϝικ-), die Unbild, Unbilligkeit, (ex Un-‚bild'igkeit).

victima 1 f. Potest cohaerere cum vig-eo, ὑγ-ιής, das wackerste, beste Opferthier, veg-etissima. Confer ‚ὑγιής = san-us c. ‚vi'ctima = Sühn-opfer, Sühn-e. De -tima cf. ul-timus.

vindemia 1 f., germ. vet. windemen vindemiare, unde wimmer, der Weinleser. Adde der windumemmonth = October; Schm. IV 113.

viscum 2 n., cgn. Wachs. De sc = ca v. ascia, adde la visciola = die Weichsel, cromella.

visio 4, prpr. ich blase. Eadem sententia est in der Fis-t, cgn. skr. bhas-strâ der Blasbalg. bhas-ad = podex, cgn. βδέω ex βδέσ-ω ich fiste; βδελυρός scheusslich.

vitta 1 f, pr. vita, ut sax. vet. hluttar = germ. vet. hlûtar lauter, sax. vet. huitt s. huit albus, weiss; Scottus s. Scôtus; Brittones, (= versicolores), pertin. ad cy. celt. brit variegatus; Eb. 104. Gl. 79.

vivus, a, um = quech, cohaer. c. der Nestquack das Küchlein, deriv. aufquekeln ein krankes Kind fortbringen; Schm. II 402.

vola 1 f., unde gall. voler, sicut bav. gäufen furtim auferre, Gäufersleut' Diebsgesindel, pertin. ad die Gauff vola.

volo 3. Cgn. wol, unde bav. wolbetend pius, cui ‚vol‚up' est orare.

zelus 2 m., ex yas-, germ vet. jes-an gähr-en, bav. vet. gir-en effervescere. Hinc der Ger-m faex, die Gohre; vet. gor fimus.

Index graecus.

ἀβακίων 321.
ἄβαξ p. 2.
— ἀβη 45.
ἄβις 2.
ἀβλαβής 36.
ἀβρός 80.
ἀβρότονον 2.
ἀγάννιφος 165
ἀγή 2.
ἀγχιστῖνος 258.
ἀγιάζω 9.
ἄγκυστρον 114.
ἄγνυμι 3. 304.
ἄγρα 149.
ἄδδιμν 222.
ἀδεῖν 248.
ἀδελφεός 73. 27.
ἀδινός 219.
ἀείδω 134. 159.
ἀερύω 2.
ἀεσίφρων 287.
ἄζω 25.
ἀηδών 105.
ἀήρ 11.
ἀήτης 296.
ἀθάρα 8.
ἀθερίζω 264.
ἆθλον 29. 280.
αι- 10.
— αι 6. 7.
-αι ut χάμ-αι 77.
αἶα 107.
αἴγειρος 173. 194.
αἰέν 12.
αἶθρος 200.
αἴθω 9. 120. 11.
ἀϊκία 322.
αἶκλος 5.
αἷμα 220.
αἱμύλος 229. 10.
αἴνυμαι 12. 105.
αἶξ 114.
αἰοναίω 10.
αἰπόλος 227.
αἴρω 153.
αἰσθάνομαι 126. 29.
αἰνός 300.
ἀΐσσω 285.
αἰσχύνομαι 74.
αἰτέομαι 128. 12.
αἰχμή 5.
αἰών 12.
ἄκαινα 5.
ἄκανθος 50. 4.
ἄκαρος 24.
ἄκασι 201.
ἀκέομαι 177. 212.
— ἄκος 230.
ἄκνηστις 3.
ἄκοιτις 30.
— ἄκοιτα 50.
ἄκορος 136.
ἀκούω 170. 200. 48.
ἄκρατος 60.
ἀκριβής 4. 77. 170. 251.
ἀκροάομαι 170. 95. 208.
ἀκτίς 10. 120.
ἀκχός 13.
ἄλαστος 133.
ἀλγέω 14.
ἀλγηδών 78. 211.
ἀλέγω 211.
ἀλείφω 35.
ἄλευρον 95.
ἀλθαίνω 15. 25.
ἄλις 135.
ἀλκή 274.
ἀλκυών 14.
ἀλλάσσω 14.
ἀλλότριος 181. 223.
ἅλς 15 (bis) 16.
ἀλύω 114.
ἀλώπηξ 305.
ἀλφός 239. 14.
ἅμα 230.
ἀμάρα 10.
ἁμαρτωλός 228. 12.
ἀμέλγω 128. 159.
ἀμείνων 140.
ἀμέργω 147.
ἅμιλλα 236.
ἀμόθι 235.
ἀμοργή 18.
ἄμπωτις 20.
ἀμυγδάλη 18.
ἀμυδρός 90.
ἀμφηρεφής 5.
ἀμφί 1. 10. 27.
ἀμφίβληστρον 75.
ἀμφότερον 206.
ἀμφιλύκη 75.
ἀμφίς 1.
ἀμφισβητέω 95. 78.
ἀνάγκη 98. 160. 282.
ἀνατολαί 264.
— ανδόν 215. 228.
ἀνδρακάς 229.
ἀνδράποδον 251.
ἄνεμος 20. 280.
ἄνευ 275.
ἀνεψιός 103.
ἄνηθον 19.
ἀνηλεγής 162.
ἀνήρ 2. 282.
ἀνθινός 21.
ἄνθος 8.
— ανον 272.
— ανος 170.
ἄντην 35.
ἀντί 274.
ἀντικρύ 298.

ἀντλέω 164.
ἀξίνη 28.
ἄξιος 12. 87.
ἄορ 84.
ἀορτήρ 21.
ἀοσσητήρ 31.
ἅπαξ 229.
ἀπατηλός 228.
ἄπιον 279.
ἀπό 1
ἀπύρωσι 20.
ἄκοιτα 191.
ἅπτω 22. 196. 58.
ἀπών 2.
ἀπωπέρω 1.
-αρ 40. 273.
ἄρα 23.
ἀραβάσσω 280.
ἀραρίσκω 23. 26. 27.
ἀράχνη 24.
ἄργυρος 26.
ἄρδω 23.
ἀρι- 192. 26.
ἀριθμός 108. 200.
τὸ ἄριστον 199.
ἀριστερός 287.
ἄριστος 173.
ἄρκτος 25. 278.
ἄρκυον 24.
ἀρνειός 26.
ἄρουρα 27.
ἁρπάζω 209.
ἅρπη 222.
ἄρμην 27. 282
ἀρτίζω 27. 120.
ἀρχός 198.
ἀσθενής 140.
ἀσκελής 11.
ἀσκέω 27.
ἀσπάλαξ 254.
ἄστικτος 256.
ἀστράπτω 318.
ἄστυ 28.
ἄσυλον 28.
ἀσχαλάω 224.
ἀτάλλω 169.
ἀτάρ 28.
ἄτε 206.
ἀτέμβω 253.
ἀτενίζω 309.
ἀτέραμνος 259.
ἄτρακτος 205.
ἀτμικός 196.
ἀτρέμας 102. 267.
ἀτρύγετος 147.
αὖ 31.
αὐγή 30. 215.
αὐδῶ 200.
αἰθέντης 240.
αὖλαξ 304.
αὐλή 30.
αὐλός 29.
αὔριον 289.
αὐτή 300.
αὐτίκα 207.
αὐτός 240.
αὔτως 238.
αὐχήν 275.
αἴω 175.
ἄφλαστον 22.
ἄφνος 172.
ἄφνως 172.
ἄφρω 23.
ἀχάτης 4.
ἀχήν 81.
ἀχλυόεις 243.
ἀχλύς 24.
ἄχνη 13.
-αχος 246.
ἄχρις 5.
ἄχυρον 5.
ἄψ 1.
βαδιστέος 260.
βαθμός 127.
βάθος 3.
βαίνω 32. 286.
βάκιλος 32.
βάλανος 3. 108.
βανά 286.
βάπτω 108.
βαρύς 258.
βασιλεύς 120. 180.
βάσκω 21.
βαστάζω 107.
βατάνιον 34.
βάτος 288.
βάτραχος 199.
βατταρίζω 32.
βαΰζω 34.
βαφῆναι 108.
βδελυρός 322.
βίβηλος 280.
βελτίων 150.
βένθος 3
βίομαι 292.
-βεντ b. c. μεντ 106.
βηλός 280.
βῆσσα 3.
βία 298. 301.
βινέω 300. 301.
βλαισός 30.
βλάξ 36.
βλέφαρον 313.
βληχή 33.
βλήχων 200
βλιμάζω 36.
βλίτον 35.
βλοσυρός 305.
βολβός 36.
βου- 26. 38.
βραβεύς 37.
βραδύς 34.
βραχεῖν 99.
βραχύς 37 (ter).
βρενθύομαι 251.
βρίχω 214.
βριθύς 112. 251. 93.
βροτός 2.
βρύκω 37.
βρύω 101.
βύζα 38.
βύζω 37.
βυθός 3.
βύκτης 38.
βύρση 38.
-βύς 161.
βυσσός 3.
βωμός 24.
γαμβρός 17.
γάρ 29.
γαστήρ 103. 293.
γαῦρος 112.
γείτων 9.
γεμίζω 300.
γένος 238.
γέντο 300.
γέργερος 111.
γέφυρα 311.
γεύω 112.*
γῆ 107.
γηθέω 3. 105.
γηρύω 105.
γίγγλυμος 110.
γίννος 108.
γλάμυξος 263.

γλάμων 111.
γλαυκός 108.
γλήνη 108.
γλιά 110.
γλισχρός 109. 111.
γλίττον 111.
γλοίης 110.
γλουτός 57.
γλυκύς 79.
γνῶναι 225.
γογγύλος 109.
γόμος 300.
γομύω 112.
γόμφος 107.
γραῦς 111.
γρῖπος 225.
γρῖφος 225.
γρομφάς 225.
γρουνός 42.
γρύζω 112.
γρύτη 226.
γύαλον 304.
γυνή 106. 230.
γύργαθος 4.
γύπες 111.
-γυς 161.
δαήρ 136.
δαιδάλλω 72.
δαίνυμι 72.
δάκνω 131.
δάπτω 71.
δαρθάνω 78.
δάσος 79.
δασύς 74. 8.
δατέω 72.
-δε 119. 123. 204.
δέδαι 237.
δείκνυμι 75.
δεῖνα 108. 160.
δεινός 36. 75.
δειράς 79.
δεῖσαι 36.
δέκομαι 76.
δέμω 211.
δενδίλλω 225.
δένδρον 240. 268.
δέος 305.
δεσπότης 77. 1. 207.
δετή 265.
δεῦρο 119.
δεῦτε 119.
δή 120.
δῆγμα 198.
δηλέομαι 73.
δῆμος 47.
δημός 212.
δήν 55. 70. 100.
δήπου 103.
δῆτα 255.
διά 1.
δίαιτα 302.
διάκονος 74.
διαμπερές 230.
διαπρύσιον 230.
διδάσκω 76.
δίκη 128.
δίκτυον 75.
-διος 240.
δίς 35.
δίσκος 75.
διψάω 62.
διώκω 78.
δοκός 263.
δόξα 72.
δός 49.
-δος 61.
δοῦλος 305.
δρᾶμα 78.
δράσσομαι 78. 250.
δρομέω 78.
δρόσος 215.
δρῦς 77.
δρύφακτος 311.
δυς- 79.
δύσπορος 23.
δύστηνος 74.
δυσχερής 5.
δώδεκα 75.
δωρεάν 236.
'ε- 123. 285.
ἔαρ 28. 280.
ἔασι 251.
ἑαυτόν 227.
ἐγγύη 304.
ἐγγύς 19.
ἐγείρω 81. 299.
ἔγκατα 87.
ἔγκρος 51.
ἑδανός 246.
ἐδητύς 305.
ἕρση 214. 290.
ἔθος 238. 239.
I. -ει- ut ὀρ-ει-γενής 77.
II. -ει ut λέγ-ει 195.
εἰαρινός 291.
εἰδάλιμος 241.
εἶδος 297.
εἴην 235.
εἴκω 297.
εἰκών 297.
εἰλαπίνη 304.
εἰλεός 120.
εἴλω 10.
εἷμα 296.
εἵμαρται 152.
εἶμι 84. 85.
εἰμί 250.
-ειν 195.
εἰνάτερες 128.
-εῖον 216.
εἰπεῖν 282.
εἴργω 277.
εἴρημα 289.
εἶρος 284.
εἷς 54.
εἰς 276.
εἴσα 228.
εἰσίν 251.
εἴσω 121.
ἑκάεργος 22.
ἑκάς 76.
ἕκαστος 229.
ἑκατόν 229.
ἐκεῖ 54. 126.
ἐκπλέω 73.
ἑκών 279.
ἐλάτη 2. 15. 82.
ἔλαφος 70.
ἔλεγχος 123.
ἐλεός 100.
ἐλεύθερος 136. 137.
ἐλεφαίρομαι 77.
ἐλέφας 79.
ἐλθεῖν 17.
ἐλιννύω 250.
ἕλκος 274.
ἕλκω 307.
ἔμβρυον 83.
ἔμμι 90.
ἔμφυτον 104.
ἐν 121.
ἐναλίγκιος 234.
ἔναυλος 281.
ἔνδιος 75.
ἔνδον 123.

ἐνδυκέως 76.
ἐνεγκεῖν 98. 100.
ἔνεροι 3.
ἐνηής 31.
ἔνθα 121. 123.
ἐνθάδιος 251.
ἐνήνοχα 282.
ἔνθεν 121.
ἔνιοι 15. 276.
ἐνίοτε 15.
ἐνίπτω 119.
ἕννυμι 295.
ἐντρέπεσθαι 272.
ἕξ 1. 80. 81.
-εξ ut παρέξ 292.
ἐξαίφνης 23. 276.
ἐξαπίνης 23.
ἐξέργομαι 277.
ἑξῆς 258.
ἑορτή 20.
ἐπεί 126. 194.
ἐπήτριμος 274.
ἐπί 22. 135. 169.
ἐπίβδα 75.
ἐπισκύνιον 70.
ἔπισσαι 251.
ἐπιτέλλω 264.
ἔπογκος 112.
ἕπομαι 8.
ἐρατός 135.
ἔρεβος 173.
ἐρείπια 214.
ἐρείπομαι 209.
ἐρι- 102.
Ἐρῖνυς 127.
ἔρις 125.
ἔριφος 26.
ἐρυάω 112.
ἑρπετόν 203.
ἔρσε 29.
ἔρχομαι 280.
ἐρωδιός 25.
ἐσθίω 22.
ἔσκον 85.
ἔσμεν 250.
-εσσα = εσα 240.
-έστερος 13. 177.
ἐστί 86.
ἐσχάρα 308.
ἔτι 3. 127.
ἔτος 296.
ἔτυμος 291.
ἐτώσιος 122.
εὖ 239.
εὐθήμων 60.
εὐθηνῶ 60.
εὐμαρής 74.
εὖνις 31.
εὐρύς 87.
εὐρώεις 281.
εὖς 291.
εὖτε 31.
εὐτράπελος 259.
εὔχομαι 304.
-εύω 102.
εὐώνυμος 287.
ἔχιδνα 19.
ἕως 77.
ζάγκλη 89.
ζειά 306.
ζειρά 307.
ζέφυρος 306.
ζόφος 306.
ἤ 10.
ἤ 102. 283.
ἦ 13.
ἥβη 80.
-ηγύς 140.
ἥδιστος 9. 274.
ἥδομαι 248.
-ηδών 79.
ἠέριος 9. 289.
-ηϊ 9.
ἠλακάτη 24.
ἥλιος 238. 23.
-ηλος 228.
ἧμαι 24.
ἦμαρ 75. 128.
ἡμᾶς 82.
ἥμερος 81. 106.
ἡμι 13.
ἡμῖν 165.
ἦν 85.
-ην 237.
-ηνεκής 160. 255.
ἠνεμόεις 122.
-ην 285.
-ήνη 113.
ἠνί 83.
ἡνίον 174.
ἦνις 303.
ἦνοψ 287.
ἧπαρ 273.
ἤπιος 11.
ἠρέμα 18. 85. 305.
-ήρης 112.
ἦρι 9. 289.
ἥρως 115. 300.
-ησαν 250.
-ήσιος
ἧσσον 227.
ἥσυχος 24.
ἦτορ 87. 124.
-ήτης 267.
ἤτριον 11.
ἦτρον 124.
ἠΰτε 238.
ἠχώ 280.
-θα 296.
-θαι 7.
θαιρός 97.
θάκημα 24.
θάλαμος 261.
θαλίη 98.
θαλλός 97.
θάλλος 254.
θάλπω 318.
θάμβη 150. 247.
θάπτω 271.
θαυμάζω 8. 150.
θέναρ 321.
θεός 261 (bis).
θέσφατος 11.
-θετος 60.
θήγω 255.
θῆλυς 15.
-θην 33. 73.
θῆσα 91. 260.
θησαυρός 261.
θῆσσα 258.
-θι 6. 270.
θίασος 94.
θιγγάνω 94.
θίν 269.
-θλον 158.
θνήσκω 59.
θοινῶμαι 12. 103.
θόλος 98.
θραύω 101.
θρῆνος 90.
θρῆνυς 100.
θρόνος 261.
θυάζω 201.
θυγάτηρ 281.
θύελλα 262.
θυλλίς 97.

ϑωμός 10.
ϑύος 201.
ϑυόσκοος 48.
ϑύρσος 202.
ϑύσανος 94.
ϑώραξ 55. 261.
ϑωΰσσω 213.
-ί 126.
-ία 39.
ἰαίνω 61.
ἰάλλω 127.
ἴαμβος 127. 314.
ἰάομαι 61.
ἰάπτω 127.
ἰάχω 280.
*ἴγνητες 321.
ἰγνύα 107.
ἰδεῖν 297.
ἴδιος 240.
ἴδρις 203.
ἱδρώς 249.
ἵημι 237.
ἴϑι 21. 66.
ἰκμάς 294.
ἴκμενος 92.
*ἵπω 321.
ἐλάσσομαι 321.
ἰλλός 120.
ἱμάς 218.
-ίν 105.
ἶν 9. 285.
ἵνα 1. 10. 236. 255.
-ινδα 228. 216.
-ινος 7.
ἰξός 302.
ἴον 300.
-ιος 283.
ἰός 301.
ἵππος 26. 221.
-ις 278. 230. 274.
ἴσασι 296.
-ίσκος 298.
*ἵστημι 237.
-ιστος 9. 274.
ἱστός 244.
ἵστωρ 225.
ἰσχνός 294.
ἰσχύς 142.
ἰτία 209.
-ίτης 267.
-ιτος 54.
ἶφι 301.
ἰχϑύς 52. 119.
ἴψος 22.
-ίω 161.
ἰωγμός 62.
-κα 207.
καϑαρός 47.
καί 205.
καινός 317.
καίριος 257.
καῖσαρ 40.
καίω 65. 307.
κάκαλον 308.
κακός 39.
καλαβός 40.
κάλαϑος 63. 277.
κάλτιος 41.
καλύβη 57.
κάμνω 242.
κανϑία 44.
κάπιτος 43.
κάπηλος 48.
καπίϑη 44
κάπρος 21.
κάρα 65.
κάρταλος 65.
κάρφω 45.
κάρχαρος 190. 244.
-κάς 229.
κασαύρα 46.
κασσύω 252.
κατά 255.
κάτοπτρον 241.
καύαξ 100.
καχλάζω 108.
κάχληξ 58.
κε 204.
κεάζω 174. 225.
κέγχρος 309.
κεδάζω 47.
κεῖμαι 206.
κέκαδον 237.
κέκασμαι 81.
κέλαδος 55.
κελαινός 41.
κέλευϑος 49.
κεν 204.
κενεός 44.
κεντέω 50. 203.
κεράννυμι 60. 285.
κέρας 67.
κέρδος 295.
κερτομέω 46. 310.
κέσκετο 274.
κεσκίον 64.
κεύϑω 70.
κέωρος 278.
κήδομαι 172. 105.
κηκάς 39.
κηκίω 224.
κηλίς 41. 241.
κῆπος 3.
κηρύκειον 39.
κῆτος 244.
κηφήν 9.
-κι 230.
κίαϑον 53.
κίγκαλος 158.
κιγκλίς 43. 308.
κίδαφος 244.
κίνδυνος 184.
κινέω 53.
κίνυμαι 174.
-κις 231.
κισσός 54.
κίχλη 39.
κίων 54.
κλαδαρός 108.
κλάδος 210.
κλάζω 55.
κλίος 115.
κλέπτω 55. 309.
κλῆϑρη 56.
κληΐς 50.
κλῆμα 50.
κλιτύς 56.
κλοιός 56.
κλυτός 56. 134.
κλύω 204. 31. 56. 298.
κλώϑω 59.
κνάφαλον 317.
κνάω 41.
κνέφας 107.
κνήϑω 223. 44.
κνῆκος 57. 46.
κνήμη 170.
κνιποί 54.
κνίσσα 164.
κνυζάω 240.
κνύω 223.
κνώσσω 164.
κόϑορνος 64.
κοκίας 241.
κοιλία 39. 48.

κοίλον 58. 40.
κοινός 69.
κοίτη 39.
κονύαι 241.
κόλαξ 59.
κολεός 68.
κολλάω 110.
κόλλοψ 41.
κολοσσός 111.
κολούω 122.
κόλπος 319.
κολυμβός 59.
κόμη 309.
κομιδῇ 92.
-κόμος 242.
κονίσσαλος 220.
-κοντα 108.
κόπρος 44.
κόπτω 132. 45.
κόρδαξ 62.
κορεῖν 202.
κόρη 41. 62.
κόρθυς 309.
κόρις 182.
κόρος 12.
κόρυδος 14.
κορύσσω 64.
κορυφή 64.
-κός 201.
-κόσιος 108.
-κοστός 208.
κοτέω 309.
κοτύλη 64.
κοῦφος 284.
κοχώνη 65.
-κόων 48.
κραδαίνω 108. 251.
κράδη 14. 62. 40.
κραίνω 173.
κραιπάλη 65.
κράμβος 65.
κρέας 46.
κρείων 282.
κρέκω 264.
κρέμβαλον 65.
κρίβανον 50.
κρῖ 51.
κριθή 117.
κρίκος 313.
κρίνον 133.
κρίνω 296.
κροαίνω 67.
κρόταλον 67.
κρόταφος 67.
κρύω 67.
κρωβύλος 111.
κταίνω 162.
κτάομαι 114.
κτίσις 114.
κύβη 310.
κυβιστάω 310.
κύβος 310.
κυδάζω 264.
κυΐσκω 49.
κυκεών 57.
κύλινδρος 41.
κύλιξ 68.
κῦμα 69.
κύπτω 3.
κυρτόω 64. 65.
κυστός 69.
κύφελλον 242.
κῦφος 3.
κυφός 3.
κωβιὰη 242.
κώκυτος 235. 277.
κώλη 58.
κωλύω 42.
κώμη 59.
κῶμος 59.
κῶνος 60. 62.
κωχεύω 69.
λᾶας 134.
λαβίς 97.
λαβρός 130. 208.
λαβύρινθος 253.
λάγανον 132.
λαγόνες 135.
λαγώς 220.
λαθρός 131.
λαῖλαψ 13.
λακερός 131.
λακτίζω 219.
λακῶ 140.
λάλλη 108.
λαλῶ 132.
λαμβάνω 130. 23. 60.
λαπάζω 133.
λάπτω 130.
λαρινεύω 133.
λάρισσα 133.
λάρυγξ 133.
λάταξ 134.
λατρεύς 151.
λάτρις 134.
λαύρα 253.
λαύω 141. 134.
λάφυρον 130.
λαχαίνω 138.
λάχεσις 136.
λέβινθος 135.
λεία 134.
λειμών 130.
λεόπαρδος 117.
λέπας 133.
λέπος 64.
λεπτός 136.
λέπω 132.
λευρός 131.
λέχριος 131.
λήγω 132. 135. 310.
λήθω 3.
λημνίσκος 132.
λιγνύς 137.
λιλαίομαι 133.
λίμνη 136.
λιπαρός 139.
λίς 135.
λίσσομαι 128.
λίτρα 137.
λοβός 132. 136.
λογίζομαι 138.
λόγχη 132.
λοίσθιον 138.
λοξίας 135.
λορδός 132.
-λος 241.
λυγίζω 144.
-λικις 243.
λύω 140.
λωΐων 141.
-μ 83.
μά 149.
μάγγανον 146.
μάγειρος 145.
μαγίς 144.
μάθημα 149.
μάλα 34.
μαλθακή 16.
μᾶλλον 149.
μάν 149.
μανθάνω 198.
μανός 144.
μαραίνω 16.
μάρτυς 151.
μάσταξ 140. 174.

μάτην 236.
μαῦρος 147.
μάχομαι 141.
μίθη 140.
μίθυ 149.
μιθύω 245.
μέλας 140. 240. 86.
μέλι 149.
μέλισσα 22. 315.
μέλλω 50.
-μεν 250. 275.
μέν 152.
-μενος 92.
μέντοι 255.
-μεος 120. 145. 16.
μέρος 151. 152.
μέροψ 151.
-μες 153. 250.
μεσσηγύς 140.
μεστός 148.
μετά 236.
μεταλλάω 152.
μέτρον 151.
-μη 245.
μήδεα 3. 105. 148.
μήδομαι 149.
μῆλον 175.
μήν 140. 151.
μητιέτα 149.
-μι 153. 174.
μία 235.
μιαίνω 149.
μιμίσκω 121. 145.
-μίν 43.
μίτος 287.
μιτόω 265.
μόγις 230.
μογοστόκος 144.
μοῖρα 152.
μόλυβδος 101.
μολύνω 146.
-μένη 179.
μόνος 277.
-μος 216. 274.
μόσχος 159.
μότος 315.
μότυλος 34.
μόχθος 144. 268.
μόχλος 146.
μῦθος 159.
μύρμηξ 98.
μύω 150 (bis).
-μων 232.
μῶρος 157.
ν = λ 142.
-να 160. 169. 255.
ναί 160.
ναίω 164.
νάρθηξ 225.
ναρός 161.
ἐνάσθην 297.
ναῦς 161.
νάω 161.
νεβρός 162.
-νεκής 160.
νέκταρ 173.
νεότης 120.
νέποδες 22.
νέφος 162.
νεφροί 167.
νη 160.
-νη 160.
νήδυμος 176. 189.
νηδύς 48.
νήθω 163.
νηκερδής 162.
νῆσος 161.
νῆσσα 18.
νηστεύω 162.
νήχω 161.
-νι 192.
νικῶ 164.
νίπτω 164.
νοστέω 211.
νόσφι 110.
νότος 161.
νύκτωρ 313.
νυός 169.
νύσσω 276.
νύσταλος 168.
-νω 242.
νῶιν 165.
νῶροψ 287.
ξίνος 118.
ξίστρικ 233.
ξίφος 54. 317.
ξύν 69. 236.
ξυρόν 310.
ὄαρ 61. 240.
ὀαρίζω 280.
ὄβδην 63.
ὀβολός 13. 322.
ὄβριμος 203.
ὄγμος 13.
ὦδε 119.
ὀδύνη 277.
ὄζος 137.
ὄζω 2.
ὀθόνη 70.
οἷ 233.
I.-οι = -ε 17. 77.
II. -οι = -οις 251.
III. -οι n. pl. 104.
οἴγνυμι 22.
οἶδα 225. 297.
οἰκέτης 42. 64. 291.
οἶκος 276. 297.
οἶμαι 66.
οἶμος 107.
οἰνή 276.
οἴνη 297.
οἶνος 299. 300.
οἷος 265. 276.
-οις 6.
οἶστρος 253.
οἴσω 107. 287.
οἰωνός 30.
ὀκέλλω 197.
ὄκνος 171.
ὄκρις 170. 5.
ὄλβος 172.
ὄλλυμι 2.
ὀλολύζω 275.
ὅλος 235. 240.
ὀλοφύρομαι 76. 132.
-όμενος 16.
ὅμιλος 154.
ὄμνυμι 171. 218.
ὀμπνία 239.
ὀμόργνυμι 152.
ὀμφαλός 292.
ὄνθος 273.
ὀνθυλεύω 273.
ὀνίνημι 120. 270.
ὄνομα 109.
ὄνος 28.
ὀνόσσασθαι 166.
ὄνυξ 282.
ὀξάλιος 5.
ὄπεας 5.
ὀπή 2.
ὀπίσω 171. 192. 194.
ὅπιλλος 250.
ὀπυίω 104.
ὀπώρα 51.
ὀρδέω 173.

ὅρικτος 193.
ὀρηγιτής 76.
ὀρίστερος 177.
ὅρμαθος 4.
ὄρνυμι 173.
ὀρμία 232.
ὅρπηξ 126.
-ορτος 173.
ὄρτυξ 65.
ὀρφανός 35.
ὀρφνός 173. 315.
ὀρχίομαι 173.
ὅς 10. 126.
ὀσμή 170.
ὄσσα 303.
ὄσσομαι 2.
ὀστέον 64.
ὀσφραίνομαι 19. 280.
ὅτι 205.
οὐδείς 167.
οὐδέν 115. 166.
οὐρά 8.
οὐρανίσκος 176.
οὐρανός 40.
οὖρος 289.
οὖς 29. 30.
-ους 174.
-ουσι 126.
οὐσία 291.
οὔτις 275.
οὗτος 10. 126. 238.
οὑτοσί 110.
οὕτω 55. 233.
ὄφελος 172.
ὀφθαλμός 170.
ὄφις 70
ὄφρα 119.
ὀφρύς 101. 311.
ὀχετός 285.
ὄχλος 305.
ὀψία 171.
ὄψις 2. 172.
πάγη 177.
πάγος 188. 245.
πάγχυ 188.
πάθος 3.
παιπάλη 192. 134.
194. 193.
παῖς 201.
παιφάσσω 72.
πάλιν 170.
παλλάς 301.
παλμός 202.
παλύνω 203.
παρά 181.
παραί 195.
παρασάγγης 136.
παρθένος 73.
πᾶς 205.
πασπάλη 192.
πάσχω 90.
πάτος 3. 193.
πάχνη 89.
παχύς 188.
πέζα 185.
πείκω 180. 309.
πεινία 183.
πεῖραρ 193. 194.
πεῖσμα 170.
πέλας 150. 315.
πελεμάω 182.
πελιός 176.
πέλλα 12. 182.
πεμφίς 177.
πεμφρηδών 100.
πένθος 170. 3.
πέος 183.
πέλπος 170.
πέπρωται 172.
πέπτω 255.
πέπων 104.
-περ 230. 265.
περαίνω 172. 177.
περισσός 251.
περκνός 202. 244.
πέτομαι 43.
πέτρα 43.
πεύκη 2.
πη 204.
πηγός 177.
πηλίκος 204.
πηλός 176.
πηνίκα 80. 192.
πιδύω 172.
πίθηκος 7.
πίθος 93.
πίλλα 203.
πίλναμαι 303.
πιμέλη 188.
πίνος 243.
πίνω 24.
πίτυρον 103.
πίων 199.
πλανάομαι 176.
πλάξ 133.
πλάσσω 189.
πλατύς 133. 258.
πλεῖστος 191.
πλέκω 18. 60.
πλεύμων 15.
πλέως 18. 60.
πλήμμη 190.
πλημμύρω 248.
πλίνθος 133 (bis).
πνεύμων 15. 202.
πνίγω 93.
ποδηνεκής 160.
πόθιν 275.
ποία 97.
ποικίλος 202.
ποιπνύω 203.
πόλεμος 178.
πολιός 230.
πόλις 277.
πολλάκις 230.
πολύς 110.
πομφόλυξ 97.
πόντος 3. 193.
πόπανον 272.
πορθμός 172.
πόρνη 152. 196.
-πορος 23.
πόρος 73.
πορσύνω 194.
πόρπαξ 73.
πόσθη 183.
πόσσος 208.
ποταμός 24.
πότερος 278.
πότμος 165. 203.
πράν 9.
πράσον 194. 193.
πράσσω 194. 48.
πρέσβυς 161. 197.
πρίν 107.
πρόκα 200.
πρώξ 202.
προτί 278.
πρυμνήσια 127.
πταίω 315.
πτάρνυμαι 245.
πτέον 203. 281.
πτερόεις 4.
πτέρυξ 11.
πτίλον 94.
πτίσσω 103.

πτίλλος 250.
πτίλον 187.
πτῶμα 30.
πτωχός 185.
πυγίζω 182.
πυθμήν 103.
πύθω 203.
πυκνός 242.
πύλαι 277. 321.
πύματος 192. 203.
πῦρ 203. 273.
πυρός 317.
-πωρος 33. 178.
πῶϋ 175.
ῥαβδοῦχος 151.
ῥαδίως 9.
ῥάκος 191.
ῥαπίς 201.
ῥαφάνη 209.
ῥέμβομαι 317.
ῥηγνύιν 43. 99.
ῥίν 101. 213.
ῥίνη 198.
ῥίς 135. 161.
-ρα 203
ῥοή 161.
ῥόπαλον 291.
-ρός 12.
ῥοφέω 240.
ῥυῆναι 216.
ῥυθμός 127. 108.
ῥώννυμι 214.
ῥώξ 209.
-ς 221.
-σα = σσα 250.
σαίνω 6. 240.
σαλεύω 220.
σαννίον 8.
σβέννυμι 107.
σελήνη 113.
σίλφιον 133.
σεύω 249.
σηκόω 218.
σημεῖον 210. 318.
σήμερον 296.
σήραγξ 222.
-σθα 269.
-σθαι 227.
-σθε 269.
-σι = σύ 270.
σίαλος 135.
σικίννη 174.
σίλπον 133.
σίνομαι 221.
σιφλός 237.
σιφνεύς 237.
σίφων 239.
σιωπῶ 240.
-σκ = -sp 243.
σκαίρω 227.
σκάλλω 109.
σκαμβός 102.
σκαρδαμύσσω 243.
σκαφίς 44. 97.
σκευάζω 227. 52.
σκιρτῶ 229.
σκίφα 317.
σκνιπαῖος 167.
σκνίφος 167.
σκολιός 291.
σκόλοψ 122.
-σκον 250.
σκόπελος 225.
σκοτεινός 30.
σκυλ- 243.
σκύλαξ 39.
σκύφος 41.
-σκω 265. 274.
σκώληξ 291.
σκώπτω 92. 123.
σκώψ 311.
σκώρ 51. 238. 245.
σμήχω 19.
σμῶδιξ 96.
σοβέω 248.
σόλος 220.
σοφός 221.
σπάθη 175. 241.
σπάλαξ 242.
σπαργάω 28.
σπαρνός 179.
σπασμός 242.
σπάω 241. 242.
σπείρω 241. 28.
σπέος 241.
σπεύδω 241.
σπήλαιον 242.
σπιδής 242.
σπιθάνη 241.
σπῖλος 243.
σπλάγχνα 242.
σπληδός 243.
σπουδή 243.
σπώραθος 97.
στάδιον 241.
σταληδών 245.
στάμνος 241.
σταυρός 246.
σταφίς 262.
σταφυλή 190. 262.
στέλλω 246.
στέριφος 245.
στῆθος 3. 280.
στίβη 245.
στίλβω, στιλπνός 318.
-στινος 258.
στιφρός 245. 247. 262.
στοιβή 247. 202.
στόμα 246.
στρεύγομαι 245. 247.
στρίγξ 247.
στρόμβυλος 246.
στροφή 202.
στρόφος 247.
στυφ- 248.
στυφελίζω 249.
στυφελός 247.
στυφνός 247.
στύφω 248.
στύω 247.
στωμύλος 246.
σιζάω 248.
συνάπτω 58.
συγγνώμη 120.
-σύνη 155.
σύριγξ 280.
συρίζω 252.
σύφαξ 317.
σύφεος 91.
συχνός 210.
σύω 252.
σφαγή 179.
σφαραγῶ 140.
σφε- 7. 254.
σφενδόνη 109.
σφήξ 93.
σφι- 7.
σφόγγος 103.
σφόδρα 103.
σφριγάω 28.
σχαδών 244.
σχεδίη, cgn. σχεδιάζω, der Nothkahn.
σχέτλιος 227.
-σω 85.
σῶμα 252. 319.

σωρύς 222.
-τα 255.
ταπιρός 253.
ταλαίπωρος 23. 150.
τάλαιτον 321.
ταιηλεγής 258.
ταπεινός 255.
ταράσσω 205.
Ταργήλιος 259.
τάσσω 257.
τάτα 250.
ταῦλα 253.
τάφος 259. 247. 271.
τάχα 1.
-τι 205. 209.
-τεί 244.
τεῖν 105.
τείνω 258. 320.
τέκτων 250. 201.
τέλος 259.
τελῶ 35.
τέμενος 61. 257. 300.
τένδω 264. 309. 320.
τένος 258.
τενών 253.
τέρην 47.
-τερος 15. 177.
τέρψις 200.
τετραγών 212. 253.
τέτρηχα 205.
τέττα 250.
τεῦχος 256.
τεύχω 201.
τέφρα 259.
τήγανον 132.
τήθη 200.
τήκω 253.
τηλε- 256.
τηλία 249.
τηλίκος 204.
τημελής 159.
τῆμος 270.
τῆνος 270. 120.
τηρῶ 222.
-της 120. 301.
τητάω 253.
-τί 244. 278.
τι-τί-ημαι 201.
τιθαιβώσσω 93.
τιθήνη 12. 260. 91. 94.
τίκτω 263.
τίλλω 264.
τινάσσω 260.
-τις 114.
τιτρώσκω 269.
τίφλη 203.
πῶ 207. 227.
τοιοῦτος 251.
τόξον 256.
τόπος 258.
τόρνος, 320.
-τος, ut μενετός 203.
τόσος 200.
τότε 205. 270.
τράμις 320.
τράπεζα 205.
τραφερός, cfr. τρόφις.
τρίσσα 207.
τρέφω, cfr. τρόφις.
τρέχω 42. 292.
τρέψω 166. 260. 203.
τριξός 263.
-τριος 184.
τρίχα 208.
τρόπος 141.
τρόφις 320.
τρύξ 89. 272.
τρύω 220. 209.
τύπος 256.
τύπος 273.
τύπτω 248.
τύραννος 273.
τυρός 38.
-τύς 155. 270. 305.
τυφεδών 273.
τυφλός 247. 273.
τῦφος 273.
τυφόω 270.
τυχεῖν 261.
-τω 120. 254.
τώς 254.
-υ 238.
ὕαινα 118.
ὑάς 249.
ὕβρις 251.
-υγ 11.
ὑγιής 322.
ὑγρός 244.
ὑδῶ 171.
ὕδωρ 273.
-υία 278.
ὑλάω 275.
ὕλη 234. 275.
ὕλλος 118.
-υλος 19. 229.
ὑμεῖς 9.
ὑμήν 171.
ὑμῖν 165.
ὕανος 119.
-υξ 11.
-υξος 263.
ὑπαί 175.
ὕπαρ 119.
ὑπερηφανής 238.
ὑπήνη 174.
ὕπνος 240.
ὕραξ 240.
ὑσμίνη 43. 78.
ὕστατος 172. 274.
ὑστέρα 120. 279.
ὑφαίνω 24.
-ύω 245.
φάγαινα 105.
φαγεῖν 88.
φαινόλη 175.
φαίνω 161.
φάκελος 68.
-φαντος 311.
φάλος 32.
φάραγξ 98.
φάρος 98.
φάσγανον 284.
φάτνη 12.
φείδομαι 94.
φή 254.
φηλῶ 91.
φθέγγομαι 75.
-φι 7 (bis).
φίλος 180.
φιλῶ 18. 91.
φιμός 180. 94.
φιτρός 242.
φλαῦρος 312.
φλέψ 95.
φλόος 96.
φοινός 187.
φοιτάω 242.
φόνος 103.
φορβή 97.
φορμός 95.
φόρμιγξ 100.
-φος 27. 197.
φραγέλλη 95.
φράσσω 89.
φρέαρ 73.

φρήν 20.
φρούρα 289.
-φυής 197. 311.
φυλάσσω 291.
φύλοπις 130.
φυράω 100. 103.
φυτεύω 104.
φυτόν 25.
φύω 99. 101.
φωνή 187. 12.
φώρ 103.
φώς 311.
χαδεῖν 104.
χαίνω 117.
χαίρω 52.
χάλαζα 111.
χαλκός 52.
χαμαί 118.
χαμός 114.
χαρακτήρ 52.
χαροπός 109.
χαρτός 118.
χατέω 81.
χαῦνος 99.
χέζω 198.
χεῖλος 130.
χειμών 118.
χελιδών 117.
χεράς 108.
χήν 151. 20.
χήρ 85.
χῆρος 40.
χῆτος 233.
χθαμαλός 118. 103.
χθεσινός 115.
χίμαιρα 116. 114.
χιτών 271.
χλαῖνα 131. 307.
χλαμύς 131. 307.
χλαρός 116. 131.
χλόη 115.
χλόος 171.
χνοῦς 58.
χόδανος 198.
χολάς 116. 321.
χορδή 114.
χόριον 63.
χόρος 114.
χραίω 199.
χρέμπτομαι 220.
χρίμπω 100.
χρηστός 103.
χρόμη 116.
χρόνος 4.
χρυσός 217. 226.
χρῶμα 170.
χρώς 170.
χύω 115.
χωρίς 1. 114.
χῶρος 114.
ψάλλω 170.
ψάμαθος 4.
ψάμμος 90.
ψάρ 179.
ψηλαφίζω 170.
ψύλλα 202.
ψύττι 243.
ψῶα 203. 175.
ψωλή 58.
ψωμός 101.
ᾧ 10.
ὧδε 207.
-ώδης 120. 298.
ὠθέω 170.
ὠκεανός 4. 23.
ὠκύς 4. 23.
ὠλέκρανον 131.
ὠλένη 274.
-ωλος 226. 12.
-ων ut: γείτ-ων 9.
ὠν 10.
ὦνος 286.
-ωνος 30. 59.
ὤροφον 237.
ὥρος 173.
-ώς ut: τετυφ-ώς 122

Index goticus.

â ex am 142.
aiTuma 274.
agga 275.
-aha 311.
aha 23.
ahmatjan 141.
ainakls 230.
airþa 107.
airus 107.
aistan 241.
-akls 230.
alan 249.
aljana 315.
anabusns 195.
anaks 270.
andis 283.
anþar 174.
ans 263.
asneis 152.
-assus 215. 305.
astaþis 291.
ats 137.
-atja 141.
au(ex am)17.81.88.254
auftô 219.
augja 170.
auhjôn 280.
aubns 265.
auþida 175.
avilinds 175.
-ba 235. 236.
bagms 312.
bairht 102.
baitra 110.
balþs 278.
balva 312.

bandvja 161.
banja 103.
banstis 283.
barn 83
barna 269.
batizan 230.
bauan 77.
baugjan 101.
bautan 103. 64.
beidan 170.
usbeisni 170.
beist 165.
berj-au 254.
bi- 7.
germ. vet. birumês250.
biugan 57.
biuhts 7. 230.
blauþs 312.
bliggvan 95. 32. 139.
— blja 244. 101.
blôman 250.
brakja 141.
brôtheraha 311.
bruks 101.
-da = -bam 33.
-da = -ta 129.
daddjan 260.
dags 84.
dal 242.
I. -dau = -τω 126.
II. dau = tàm 17.
ga-dauka 109.
gadaurs 261.
daulbs 88.
-dê 205.
-di ut dêdi 261.
ga-digis 81.
diups 271.
dragan 60. 140. 250.
drauan 314.
drôbjan 272.
drunjus 22.
druman, cgn. drausn.
du 6. 123.
dugan 257.
-duma 274.
dumbs 3.
-dus 305.
-dûthi 120.
-dvs 129. 233.
dvals 99.
-ei 21.
-eina 107.
faginôn 181.
fagra 98.
fahan 181.
fahêds 181.
faihu 161.
fairhvus 16.
fairina 184. 274.
falþan 265.
fana 177.
faurthizei 21.
fêha 08. 177.
infeinan 192.
figgrs 75.
fijan 182.
filhan 231.
filigrja 135.
filu 238.
finthau 125. 185.
fitusis 228.
flautan 251.
flêkan 189.
fôdra 183.
fon 208. 273.
fra- 184.
fraisan 87.
fraistubnja 148.
framis 144.
frasli 303.
fraþjan 124.
frauyja 200.
fravairþan 124.
fraveita 300.
fribals 58.
frijôn 131.
frisahts 08. 195.
frius 200.
fulhsnja 109.
fuls 97.
-ga 201. 129.
gabeiu 172.
gadilliggs 198.
gadabs 12.
gadrauhts 283.
dulþs 98.
gagisna 205.
gaidvs 125. 283.
gairda 137.
gairrus 53.
gairu 293.
gaisan 263. 264.
gaiteins 114.
gansjan 264.
gaumjan 228.
gavi 107.
gazds 114. 204.
geigan 290.
geiman 114.
-ggs 312.
giban 314.
gibla 107. 292.
gild 126.
glaggvaba 170. 217.
glaggvô 235.
gradags 305.
grids 111.
grudjan 121.
gulþ 30.
guma 117.
-h ut ni-h 205.
-ha ut sina-ha 201.
haban 113. 284.
hafjan 4. 113.
hafts 45.
haifts 126. 201.
haimis 69.
hairdeis 126.
hairus 4. 49.
hais 54.
haista 40.
haita 125.
haitja 113.
hautjan 74.
haiva 55.
haldan 59.
halja 49.
halla 49.
hallus 49. 234.
halsaggan 19. 275.
halta 210.
hamfs 42.
hamôn 43.
hana 105.
hanfs 45.
harjis 126.
hatizôn 106.
haubiþ 45. 310.
hauh 122.
haurds 65.
haurja 45.
haurn 63.

haurjan 287.
hazeins 42.
heivafrauja 55. 297.
hêtjôn 47. 113.
hirjats 12. 116.
hiuhman 259.
hivi 98.
hlahjan 55.
hlaibs 190.
hlaifs 56.
hlain 57.
hlaivasna 57.
hlasôzan 9.
hlaþôn 135.
hlauts 56.
hleiduma 132. 274.
hliftus 56. 309.
hliuman 56. 259.
hnaivan 164.
hneiva 60.
hniupan 54.
gahôbanei 58.
hôhan 170. 304.
holôn 42.
hors 8.
hrains 302.
hramjan 316.
hreisjan 303.
hropjan 62.
hrôþ- 122.
hrugga 287.
hrukja 67. 109.
hruskan 226.
hugjan 153.
huhrus 58.
-hun 162. 207. 168.
hunsl 215. 218. 195.
hups 310.
huzd 70.
huzda 70.
hvairna 65.
hvaiva 52.
hvapnan 282.
hvar 70.
hvaþrô 274.
hveila 257. 267.
hvilftra 319.
hvôtjan 154.
ibai 172.
ibna 219.
iddja 66.
idreigôn 127.
idveit 120.
iftuma 1.
-igg 312.
-igga 129.
igqis 10.
im 250.
ina 9. 126.
inn 275.
-is 126 (bis)
-ak ut þri-akan 260.
-iska 162. 260.
iþ 86. 127.
izai 9.
-izan 230.
-izva 250.
izvis 0.
I. -ja 17. 130.
II. -ja caus. 161. 141. 238. 84.
III. = iusutleikja 283.
IV. -ja = -dus, da, -dum 67.
jains 128.
-jôn 210.
juhiza 58.
jukuzi 228.
junda 129.
juþan 127.
-ka ut þindis-ka 28.
kalbo 73.
kalds 106.
karkara 46.
kaas 283.
keinan 225.
kiggvan 108.
uskijan 225.
kiusan 112.
knoa 107.
kriustan 66.
lais 134.
laiba 130.
laigôn 138.
laikan 142.
laiks 64.
leikja 283.
-lan 155.
lata 133.
laþôn 125.
lasivôstn 274.
galaubs 137.
lauhatjan 141.
leihvan 73.
leiks 209. 211. 234. 298.
lein 130.
ligra 47.
liubais 10.
liudôn 134.
liugan 167. 211.
fraliusan 239.
liutan 285.
lofa 176.
lukarn 141.
lustôn 133.
lutôn 141.
-m ut wulfa -m 267.
magan 144.
mahts 240.
maihstus 283.
gamaids 306.
ga-mains 59.
maitan 154.
maiþmas 126.
maisla 274.
maiza 145.
malvjan 260.
-man 259.
manvus 158.
maþleinei 243.
maudjan 151.
maujô 145.
maurgjan 37.
maurnan 152.
menôþs 17. 151.
merja 150.
mes 151.
minnza 150.
ga-minþi 150.
misso 150.
gaminþja 113.
miþ 159.
môdaga 120.
mûka 159.
muns 150.
-n 273.
-na ut bar-na 263.
nadra 19.
naiteins 36.
ga-naitjan 144.
namô 160.
nasjan 211.
nati 160.

ga-nauhs 160.
nauþs 151. 162.
nehva 53. 160.
nei 102. 200.
nêþla 158.
nibai 164.
nih 162. 106.
niman 83.
niþan 105.
niujis 120.
-nus 281.
-ô 160. 235.
ogan 19.
ôhteigô 120.
-ôs 106.
-ôzan 230.
-ôsta 274.
paida 131.
plinsjan 64.
puggs 38.
qairnus 111.
qiþan 42.
qviva 302.
qrammiþa 111.
-ra 110. 203.
rahtôn 193.
raihtis 211.
raþjôn 17. 113. 210.
raþs 210.
rastâ 303.
rauds 217.
raupjan 217.
raus 321.
rêds 214.
reiran 217.
rikan 135. 215.
rimis 17.
ruma 217.
runa 210.
runs 316.
I. -s 221.
II. -s- ut saih-s-tan 1.64 154.
saei 10.
saggvis 16.
sai 221.
saihvan 227.
saisô 229.
saivala 217.
saliþva 233.
samaþ 236.
samjan 56.
samo- 235.
sarva 220.
saþs 222.
sauila 238.
seiþs 144.
sêls 239.
siggvan 203.
silan 234.
silba 235. 254.
sildaleiks 234.
silubra 250.
simlê 229.
ursindô 230.
sinteins 230.
sinþs 318. 296.
sinþan 230.
sipônja 8. 232.
sis 233.
sitls 228.
siujan 251.
siuks 259.
sium 220.
skaidan 39. 105.
skala 133.
skalks 41.
skauns 77.
skevjan 52.
skildus 227. 305.
skilja 224.
skiuban 284.
skohsl 223. 294. 287.
skreitan 108.
-sl 215.
slahts 189.
slaidja 191.
slaihts 192. 314.
slêpan 314.
sliudan 110.
smairan 240.
smeitan 19.
-sua 184.
sniuma 142.
sniumundo 101.
sôkjan 219.
sprautô 101. 257.
-st ut saisô-st 209.
stairnô 245.
stairôn 245.
staurjan 247.
gastaurknan 246.
stigqvan 254.
stiviti 240.
-stja 126.
straujan 245.
sulja 250.
suljan 239.
suma 235.
sunja 291.
sunjôni 125. 291.
suns 1. 144. 193.
sunus 281.
un-sôtja 248.
svaihra 238.
svaleiks 238. 298.
svalleinei 251.
svaran 232.
svarts 240. 252.
svasvê 238.
sveina 252.
svês 252.
svikns 220.
svikunþs 228.
sviltan 245. 272.
svumfsls 251.
-t ut gaf-t 209.
tainjô 44.
tamjan 77.
tarnjan 169.
unga-tassa 72.
taujan 311.
teihan 123.
têkan 255.
-ti ut ganis-ti 201.
-tiggjus 50.
timbrjan 152. 211.
-tis 283.
trana 79. 312.
traustja 126.
triggvs 312.
triggva 207.
triu 77.
triveinas 7.
tuggô 75.
tunþus 73. 127.
tuz- 79.
tveifls 78.
tveihna 35. 201.
-þ ut bairiþ 209.
-þa 129.
þairh 292.
þeirkô 267.

þau 52. 270.
þana 160.
þan-ûh 257.
þanja 256.
þula 121.
þau 252.
þaurnus 289.
þaursjan 238.
þaursu 258.
þeihan 58. 257.
þeihs 257.
þeihvs 74.
þeins 272.
þevis 232.
þik 250.
þin 256.
þinsan 258.
þiudisks 28. 182. 266.
þivjan 264.
þlahsjan 154.
þlaihan 190.
þleihan 189.
þliuhan 269.
þrafsteins 260.
þragjan 292.
þramstein 202. 267.
þreihsla 300.
þrim 55. 267.
þriskan 200.
þriutan 222. 209.
þrôtjan 260.
þugkjan 264.
þûla 264.
-þva 233.
þvahla 310.
-u ut fil-u 258.
ubil 125.
ubizva 250.
uf 251.
ufarskafts 223.
ufjô 3.
ufta 246.
uhteigô 276.
uhtvô 16. 31. 126.
un- 162.
unþa 274.
ur- 276.
us- 1.
uzeti 222.
-uzi 228.
-ûh ut þan-ûh 257.
-v- ut val-v-jan 260.
vaddjus 65. 159,
vadi 280,
vaggs 315.
vahtvô 299.
vaibjan 299.
vaidêdi 283.
vaihts 294.
vainei 266,
vaips 63. 266.
vairban 317.
vairs 144.
vairþa 284.
-vairþs 144.
gavairþi 175. 289.
vakan 299.
valdan 281.
valja 304.
valus 125.
valvjan 260.
vans 283.
varms 289.
vagr 57. 142.
varjan 277.
vasja 205.
valau 238. 273.
veihan 300.
veihas 220.
veipan 288. 299.
veisa 298.
veitvods 102.
unvêniggô 287.
vidan 289.
viduvôn 298.
vigs 296.
vigan 185. 283.
vikô 207.
vilvan 284. 305.
vinja 315.
vinþjan 281.
vipja 288.
vil 79.
vitan 297.
viþôn 303.
viþra 62.
viþrus 303.
vlits 305.
vohsjan 80.
vokra 80.
vraikqva 321.
vrakja 17.
vraton 292.
vrikan 277.
vrita 305. 126. 209.
vriþus 310.
vruggôn 321.
vulan 305.
vulfs 305. 42. 57.
vulþus 305.
vunian 287.
-za, (ut baira-za) 270.

Index german.

Aal 19.
ab 1.
ab-ch 106.
Abend 171.
Abenteuer 307.
abprotzen 35.
abtrünnig 292.
Achsel 13. 31.
achten 5. 87.
Acker 12.
Ader 124.
affen 1.
Agen 5.
ahmen 5.
Ahn 21. 31.
ahnden 170.
ähnlich 121.
Aehre 25.

Akampen 247.
Alaun 16.
Alaunt 125.
albern 91.
Alfanz 184.
all 249.
allenthalben 149.
Ameise 98.
Amme 4.
Ammerling 152.
Ampfer 16.
Amt 16.
an 122.
anderer 14.
Angel 114. 198.
Angst 19. 305.
Anke 38. 275.
Ansbaum 263.
antig 170.
Antlaß 123.
Antlitz 305. 201.
Antwort 292.
Apfel 311.
Aprikose 195.
Arche 25.
arg 48. 254. 294. 315.
Arm 37.
arm 258. 85.
Armbrust 25.
Arr 26.
Arsch 198.
Arsenal 191.
Art 210.
Arzt 149.
-al in Mon-al 33. 206.
Au 124.
auch 30. 31.
Aue 23.
Auge 24.
aus 1.
awechs 296.
Bach 265.
Bache 168.
Backen 38. 104.
Bad 32.
bändige 34.
Gebärde 107.
Bahn 296.
Bahre 92.
Baissel 294.
Balester 32.
Balg 39.
Bauk 2.
Banse 195.
Bär 92.
Barett 35.
barmherzig 27.
Barschen 37.
Bart 33.
barzen 33.
Base 148.
Bast 34. 70.
Bastard 225.
Batenie 35.
Bau 91.
Bauch 103. 293.
baurn 101. 88.
Bauer 77.
Baum 25. 312.
bausen 40.
bauzen 34.
be- 7.
Becher 104.
beginnen 117.
beichten 13.
beide 17.
Beispiel 7. 75.
beißen 94.
Beist 80.
Belchen 102.
Belin 33.
bellen 97.
benzen 306
bequem 62.
bereit 210.
beren 312.
Berschkohl 37.
bersten 101.
best 34.
beten 170.
Betrug 7.
-beuern 101.
Beule 97.
Biber 93.
bieder 230.
biege 101.
Biene 22.
Bischmaus 34.
Bild 98. 294. 304.
Bims 203.
bln 101. 153.
binden 34. 103.
Binetsch 242.
Birke 102.
bis 319.
bisen 310.
Blache 189.
Bläsch 36.
Blase 96.
Blatscherei 189.
blau 32.
bläuen 32. 95.
Blech 37.
bleiben 139.
Blerle 189.
Blick 71.
blind 257. 312.
Blindschleiche 39.
blinzeln 159.
Blitz 102.
blöde 312.
Bletzbruder 212.
Blume 259.
boben 7.
Boden 41.
Böler 32.
bohren 98.
boll 38.
Bombarde 36.
Bombart 36.
Bombast 30.
Bombe 36.
Bord 199.
Berdel 253.
Borste 33.
böse 123. 294.
Bossen 40.
bossen 40.
Botlich 93.
Bracht 99.
Bracke 99.
brägeln 100.
Bräme 288
verbrämen 288.
brauchen 101.
braun 93. 103.
Braut 101.
Bräutigam 117.
brechen 37.
bregeln 100.
Brei 100.
Breidel 100.
Bremse 100.

Brett 252.
brinnen 312.
Brühe 73.
Brombeere 288.
Britsche 312.
Brosame 101.
Broz 35.
Brüchler 37.
Brücke 312.
Brut 73.
Bucht 112.
Buckel 57.
Büchel 57.
Büchse 38.
Büff 231.
büllen 39.
bunt 202.
Bursche 227.
Busch 149 90.
Busen 41. 112. 319.
Butz 200.
-ch in dich 82.
-chen 230. 260. 25.
-cke in Brücke 312.
dämmern 257.
Dampf 258.
dämpfen 273.
-dar 319.
darf 218. 260.
Darm 116. 320.
Daube 70.
Daume 103. 192.
Dechsel 256.
Deichsel 257.
gedeihen 257.
dein 272.
dempfig 258.
demüthig 307.
denk 237.
denken 264.
-der in Wacholder 312.
derb 260. 320.
verderben, s. derb.
derer 118.
deßhalb 270.
desto 319.
deutsch 266. 201.
dicht 66. 256.
Dichter 65.
dick 256.
Dieb 253.
Dieck 65.
Diechter 65.
Diele 253. 256.
Diener 264.
Dienst 19.
Dienstag 149. 75.
dieser 128. 221.
dieses 121.
Ding 74. 294.
dingen 264.
dinster 258.
Diplom 75.
Diwan 76.
Dohne 258.
Dorf 271.
Dorn 289.
dörre 265.
Dorsche 262.
Dorse 262.
Dotschen 262.
drängen 257. 265.
drehen 260. 259.
dreschen 260.
dreist 261.
Drester 314.
verdrießen 222. 254. 269.
Driller 259. 263.
drollig 258.
Drossel 272.
drücken 265.
Drum 259.
Drüse 314.
duchsen 306.
dudeln 262.
Duft 273.
dumm 247. 259.
dumpf 273.
dunkel 160.
dünken 264.
dünn 258.
dunsen 258.
aufgedunsen 258.
Dunst 258. 262. 265.
durch 267. 292.
bedürftig 218.
Dürst 293.
Durst 238. 293.
düster 257.
eben 23. 219.
Eber 22.
Eberraute 2.
echt 12. 291.
Eck 5.
Egel 6.
Egge 170.
Ehalten 211.
Ehe 12. 45.
ehren 11.
Eibisch 116.
eichen 10.
Eichhorn 258. 225.
Eid 128.
Eidam 128.
Eidechse 12.
Eifer 313.
eigen 190.
er-eignen 170.
Eiland 213.
eilen 114.
eilf 234.
Eimer 18.
ein 122. 276.
einige 15. 276.
einst 171.
einzeln 230.
Eisen 11.
eisen 19.
eitel 317.
Eiter 9. 301.
Ekel 9.
-el in Scheff-el 155.
Elchthier 14.
elf 234.
Else 60.
Elle 274.
Esse 15.
em-por 82.
emsig 229.
-en 40. 240. 263. 278.
End 122.
Ende 274
eng 19.
Engerling 201.
Enkel 19.
Ente 18.
entisch 122.
Entrich 300.
enz 122
Enzian 107.
Epf 22.
Epheu 22.

...er 262.
er 126.
Erchlag 148.
Erde 3. 27.
Ernst 20
erster 9. 190.
...ert 210. 173.
es 119.
Esch 8.
Eschreiten 17.
Espe 295.
Essig 4.
Estrich 174.
etlich 127.
etwa 204.
euch 10.
Eule 275.
Eulenspiegel 200.
Eulner 171.
Euter 273.
ewig 12.
f = ch 214. 42.
Fache 13.
Fächer 179.
fahl 231.
Fahne 177.
fahren 23. 193. 178.
ge-fallen 189.
Falte 191.
fassen 185. 60. 172.
Fatsche 90.
Fätz 305.
faul 97.
Faust 201.
fech 187.
fechten 201. 316.
Feder 183.
Fee 91.
fegen 188.
befehlen 231
Felfalter 109. 177.
feig 187.
Feim 243.
feinen 91.
feist 172. 183. 165.
feisten 242.
-fel 190.
Fel 202.
Feld 12. 320.
Fell 150. 86.
Felleisen 247.
Fels 12. 320.
Fennich 177.
Ferl 92.
Ferman 157.
ferne 187.
Ferse 184.
Fese 188.
Festung 172.
fetzen 284.
Fichte 186. 188.
Fick 93.
ficken 121.
fieß 228.
filtrieren 187.
finden 125. 185.
Firlefanz 184.
firnissen 302.
First 90.
Fisel 183.
Fist 242. 322.
fitzen 305.
Flachs 316
Flade 132. 189.
Flasche 190. 283.
Un-flath 134.
Flandern 191.
Flausen 299.
flechten 18.
Fleck 40. 189.
Fledermaus 189.
flehen 196.
Fleisch 176.
Fleiß 316. 315.
Fletz 189.
Flieden 186.
fliegen 96.
fliehen 219.
Flitsche 189.
Flocke 96.
Floh 200. 202.
Flöte 96.
fluchen 189.
Fluß 219.
Flur 207. 316.
Föhre 137. 316.
folgen 18. 191.
Folie 35.
Folter 202.
foppen 294.
forschen 194.
fort 198. 200.
fezeln 305.
fragen 196.
Fragner 48. 194.
Frause 99.
Frau 260.
Fratz 293. 294.
frech 197.
frei 197.
freisig 10.
freund 184.
fressen 293. 294.
Freitchen 103.
freiten 200.
Freund 131.
Frevel 200. 300.
frisch 106. 13.
Frist 70.
fromm 197.
Frosch 209.
Frost 200.
Fuchs 201.
füglich 177.
fühlen 176.
Funke 188.
Fürst 200.
-g (= Gau), 172.
Gabel 104.
Gabeß 312.
Gaden 297.
gaffen 225.
Gaffter 314.
gähren 306.
Galeere 60.
Galmei 39.
gamen 228.
gampen 319.
Gans 18. 20. 105.
Gant 205.
Garb 105.
Gast 118.
Gasteig 313.
Gatte 297.
Gatter 231.
gättlich 297.
Gätz 314.
Gau 172.
Gauch 68.
Gaukler 49.
Gauß 321.
Gaul 321.
Gaumen 112. 116.

geben 314.
gegenwärtig 192.
Geibitz 106.
geil 109. 115.
Geisel 104.
Geiß 114.
geitig 125.
gelbe 105.
gelingen 60.
gellen 117. 306.
gelt 314.
genau 223.
-gen in ſingen 240. 308.
-gend 162.
genug 123.
Ger 314.
gerben 235.
Geren 322.
Gerſte 118.
Gerte 294.
vergeſſen 309.
gelt 51.
geſtern 115.
geſund 221.
vergeuden 321. 313.
geuen 123.
Gicht 121.
beginnen 117.
Gitter 231.
Glanz 109. 302.
Glas 33. 109. 302. 313.
glauben 130. 141.
gleich 211.
Gleichniß 305.
gleiſſen 83.
glenſtern 109.
glimmen 109.
glimpflich 23.
glitſchen 108. 109.
Gnade 165.
g'nedig 321.
gneißen 172. 318.
Gneiſt 224.
Gölſe 68.
Gold 30.
Gott 115.
er-götzen 16.
grämen 100.
Gras 111.
gräßlich 118.
gräten 249.
grau 217.
graus 118.
Greb 111.
Grempler 60. 306.
Grimm 53. 111.
groß 111.
Grube 225.
grunzen 111.
G'ſcheil 69.
gueting 150.
Gunſt 30.
Gurke 70.
Habicht 4.
Hachs 65.
hacken 68.
Habern 296.
Hafen 48.
Hag 3. 58. 68. 257. 308.
Hagebutte 200.
behaglich 308.
Hagel 308.
Haide 224. 113. 221.
Haimgarten 53.
Hain 58. 257.
Haken 69.
Halde 210.
Halfter 158. 263.
Halle 234.
Halm 41.
Hals 78. 58.
Halſe 58.
hall 66. 145.
Halle 49.
Halunke 42.
hämiſch 162.
Hamme 193.
Hammer 43.
Hamſter 236.
handig 50.
handſam 74.
Hanf 44.
hängen 69.
Hankelein 308.
Harfe 55. 66.
Harke 52.
Häring 14.
Harm 41. 77.
Hartriegel 63.
Hartſchier 25.
Haſe 44.
Haſel 64.
haſeln 219.
haſſen 106.
haſtig 165.
hau 241.
Haube 310.
hauchen 247.
hauch~ 122.
hauen 48. 68. 98.
Haufe 310.
Haupt 39. 310.
Haus 70.
Hechel 5.
Hecht 5.
Hagen 308.
Heer 130.
verheeren 193.
Hefe 136.
heftig 62. 283.
hegeln 189.
hehlen 49. 55. 150.
Heigel 308.
Heil 220.
heilig 220.
heirathen 55.
heiſch 40.
heiſchen 25.
heiſer 40.
heiß 54.
Heiß'n 116.
heiter 43.
Held 49. 58.
hell 41.
Hengſt 308.
hemmen 42. 319.
Heppin 114.
herb 4.
Herbſt 46.
Herde 309.
hergeſſen 54.
Herzog 79.
heſt 54.
Hett 114.
hetzen 39.
Heu 97.
ge-heuer 121.
heunen 159.
heuniſch 271.
Hexe 309. 219.
hier 54. 116.

Himmel 43.
hin 313.
hindern 54.
Hirn 51. 65.
Hirsch 51.
Hirte 70. 126.
hobeln 317.
hockend 61.
hoffen 242. 310.
hohl 41. 53.
Hohn 39.
Hölle 49.
Holz 77.
Hoppen 310.
hören 287.
gehören 169.
Horlitz 63.
Hornisse 51.
Hornung 143. 241. 291.
Hose 47.
Hube 114.
Hübel 310.
hudeln 212.
Hüfte 310.
Hülle 68.
Hummer 43.
hundert 50. 196. 210.
Hundsfott 140.
hüpfen 310.
Hur 45.
Hure 8.
Hysterie 279.
-icht 201.
-ig 200.
ihn 9. 121.
impfen 104.
in 122.
-in- 17. 200. 289.
-inne 283.
Inslicht 123.
irchen 116.
irgend- 279.
-isch 28. 182. 215. 289.
itrochen 127.
-iz 300.
ja 121. 127.
Jahr 20. 313.
Jauchert 129.
jauen 285.
Jausen 129.
jetzt 128.
Kabeljau 32.
Kachel 48.
kachwezen 39.
kafeln 74. 110.
Kaff 110. 314. 223.
Kaffer 225.
Kaiser 40.
Kaldaunen 116.
Kalmar 41.
kalt 106.
kamig 243.
Kamm 232.
Kamp 43.
Kampf 201.
Kanzlei 43.
Kapaun 45.
kapfen 225.
Kär 66.
Karbätschen 46.
Karfiol 48.
karg 48.
Karl 8.
Karmosin 291.
Karniffel 111.
Kartaune 205.
Käs 204.
Kaste 47.
Katz 109.
Katze 48.
kaufen 48.
Kaul 109.
kaum 106.
Kaute 109.
Kauz 109.
-ke 25. 230.
Kebse 45.
keck 302.
Kegel 109. 243.
Kehle 112.
kehren 292.
keien 40.
keiff 314.
Keil 109.
keimen 225.
kein 207. 168.
kennen 225.
Kerke 66.
Kerl 8.
Kern 46.
Kerze 265.
Keffel 47.
keuchen 39.
Keule 109.
Keulein 109.
Kibitz 106.
kefeln 109.
Kiefer 108. 138.
Kiesel 107.
kiesen 30.
Kilt 42.
Kind 165.
Kinn 106. 258.
Kinst 225.
Kipf 225.
Kirche 209.
Kirn 111.
kirre 53.
Kisling 107.
Kitzchen 123.
Kizbart 106.
Klafter 158. 133. 258.
Klaib 110.
klammern 133.
klauben 110.
Klaue 110. 276.
Kläuel 109.
klebeln 110.
Kleid 131.
Kleie 108.
klein 108.
Kleinod 151.
Kleiper 110.
Kleister 110.
kleppig 133.
Klette 133.
Kleulein 110.
klieben 108. 110.
Kling 213.
klingen 55.
Klippe 108. 226.
Kloß 108.
Klucker 109.
Kluft 110.
klug 258. 328.
Klump 108.
Klumpse 108.
Knabe 107.
knacken 315.
Knäuel 109.
knausen 223.
Knebel 107.

Knecht 107.
knelen 145.
Knochen 107.
Knöchel 107.
Kneck 57.
Knolle 165.
Knote 107.
Knoten 165.
Kobalt 67.
Kobold 57.
Köcher 60.
Kobel 113.
Köder 90.
kosern 210.
Kogel 69.
Kohl 43.
Kolbe 42. 56.
Koller 68.
König 160.
Königkraut 69.
Korb 63.
Korn 111.
Kös 107.
kosten 112.
kostipillig 230.
Kotze 70.
Kouscht 70.
Krobs 214.
krächzen 111.
Kraft 214.
Kragen 112.
Kram 60.
Krampf 60. 111. 122.
Kranwit 112.
Kranz 63.
Kraus 67.
Kraut 111.
Krebs 214.
Kreis 209.
Krieg 61.
krimmen 66.
Krippe 22. 195.
Kropf 111.
krügeln 109.
krümpfen 111.
Kuchen 62.
Küchlein 105.
kudern 113.
Kugel 109.
Kummer 74.
Kummet 43. 168.
kund 161.
Kunkel 59.
Kunst 225.
Kupte 286.
Kutter 200.
Kürbiß 68.
Kürben 63.
küren 112.
Kürschner 63.
Kuß 18.
Geläckbaum 131.
-lach 141.
lachen 55.
Lachs 220.
laden 125.
Lage 136.
Laich 220.
-laich 142.
lahm 134. 135.
Lahm 132.
Lain 134.
Lakritze 110.
Lambrete 132.
Lamm 280. 300.
Land 143.
langwierig 140.
-larn 232.
Lärche 133.
Laschen 69.
Last 70.
lässig 133. 314.
lästern 133. 124. 303.
Laterne 132.
Latwerge 139.
Latz 133.
Laub 45.
lauschen 264.
laut 134.
Lavendel 134.
lavenetteln 307.
Lavine 134.
lebern 132.
ledig 39.
leeren 239.
legen 83.
lehren 138.
Leich 142.
leiden 180.
Leilach 130.
Lein 138.
-lein 155.
leinen 135.
Leinl 109.
Ge-leis 139.
leise 230.
Leiste 138.
leiten 76.
Leiter 122.
Lende 142.
Lenz 140.
Lerche 299.
lernen 139. 190.
lerz 132.
-lesen 61.
letz 237.
ver-letze 131.
leuchten 141.
Wetterleuchten 64.
Leumund 67. 122. 166.
-lich 234.
licht n 136.
liefern 137.
liegen 135.
lind 135.
gelingen 60.
Liedlohn 232.
gelinde 135.
link 132. 237.
Lippe 130.
Lir 137.
Litzen 141.
loben 141
locken 15 73.
Loden 140.
Loderbank 140.
Lohn 141.
Los 56.
losen 264.
Loth 191.
Lotterbube 40.
lubeigen 22
Luder 138.
Lust 10. 214
lüßen 134.
lurz 132. 237.
Luß 229.
Lust 133.
alnlütze 229.
-m 41. 116. 239.
gemächlich 267.
Macht 249.
Mädchen 145.

Madrigal 146.
mag 206.
Magen 246.
Gemahl 243.
Mähre 150.
Maiden 308.
Majoran 145.
-mal 231.
Mallstatt 129.
zermalmen 145.
Mandarin 146.
Mangel 146.
Manger 146.
Mangold 150.
Mantel 312.
mar 145. 150.
Mär 150.
Märzel 147.
Mari 147.
aus-märzen 148.
Masholder 78.
Masche 144.
Maske 148.
maßleidig 146. 222.
Matador 144.
Matrose 148.
matschen 148.
Maul 63.
Maulwurf 157. 254.
maußen 159.
Medaille 152.
mehr 145.
meiden 308.
mein 272. 308.
gemein 59.
Meineid 294.
Meinung 150.
meist 148.
melden 243.
Memme 146.
Menel 154.
Menet 147.
mengen 155.
Menger 146.
Messing 155.
Meth 149.
meucheln 158. 300.
er-meyen 144.
Mieder 155.
Milch 130.
Millau 149. 315.
Mine 154. 285.
Minze 151.
miß 159.
mißlich 124.
Mist 154.
mit 236.
Monat 17. 151.
Morgen 37. 240.
Mörser 157.
Mörtel 157.
Motzer 159.
Muchsel 306.
Muhme 146.
-mund 166.
Mund 198.
munter 151. 156. 138.
Mur 147.
mützen 153. 83.
Muse 153.
-n in hölzer-n 7. 168.
Stadel 282.
nach 258.
Nachbar 297.
nackt 276.
Nagel 282.
nahe 160. 259.
nähren 83.
Narbe 53.
Narr 161.
Naschel 318.
Nashorn 213.
Natter 19.
genau 223.
Naundler 233.
naunken 164.
Nebel 182.
neben 83.
nehmen 163. 168.
nelzen 61. 164.
nennen 284.
Nepper 321.
genesen 211.
Nessel 278.
Nest 297.
benetzen 160.
Neugerste 192.
nicken 161.
nie 12.
niedlich 315.
Niere 162. 107.
genießen 129. 261.
nieten 321. 316.
-niß 159. 305.
Nixe 167. 200.
noch 168.
Nocker 57.
Nonne 166.
Norden 3.
Noth 68. 162.
nun 168.
nur 164. 168.
Nuschel 318.
Nüstern 160.
nützen 129. 273.
erobern 251. 317.
öde 175.
oder 31. 278.
Ofen 42. 265.
offen 190.
oft 219. 248.
ohne 236.
ort 125.
Ort 277.
Ostern 31.
Pacht 175.
Panzer 177.
Papst 2.
Pathe 198.
Pauke 272.
pelzen 182.
Pfaid 131.
Pfalz 179.
Pfanne 180.
Pfand 175.
empfehlen 231.
Pfeiler 187.
Pferd 85.
Pfiesel 180. 310.
Pfingstag 207.
Pfirschich 185.
Pflaume 191.
pflücken 187.
pfrait 210.
pfropfen 198.
Pfühl 202.
Pfulgen 202.
Phasole 88.
Pilger 184.
Pilz 36.
Plage 189.
Platz 190.
Plotzen 212. 189.

plötzlich 212.
Portulak 193.
Posse 40.
pötzen 191.
Pranger 196.
preis 196.
pressen 196.
Propst 195.
Protokoll 139.
Prügel 312.
Quader 185.
Qual 185.
qualmen 42.
Quecksilber 302.
bequem 62.
Quendel 163.
quer 51.
Quetze 71.
quirlen 291.
Quitte 71.
Rachen 214.
rächen 316.
ragen 213.
räh 214
Rahm 318.
Raingarten 53.
Rait 316.
Rammler 318.
Ranze 287.
Ranke 287.
Ränke 316.
Rapunzel 209.
Ra[illegible]s 209.
rasch 265.
raspeln 281.
Rast 303.
rathen 163.
Seelgeräth 152.
rauben 243.
raufe 243.
rauh 141.
anberaumen 318.
räumen 86. 217.
rebern 208.
Recke 300.
recken 193. 213.
reden 310.
Rede 312.
reffen 209.
regen 213.
regnen 214.
reihen 214.
reich 213.
reichen 215. **193.**
Regen 211.
reihen 211.
Reiher 313.
Rein 213. **114.**
rein 202.
Reis 287.
reißen 314.
Sternreißpen 284. 303.
reislen 303.
bereit 210. 50.
Reiter 303.
reizen 126.
Renn 318.
renteln 312.
Renken 288. **276.**
renken 316.
reren 38.
retten 314.
Reyel 310.
Reue 215.
ausreuten 86.
Revier 214.
Gerick 321.
-rich 300.
Ribel 310.
Riese 109. **287.**
Riester 215.
Riet 316.
rifeln 318.
Riegelhaube 213.
rimpfen 269.
Rinde 64.
rinen 312.
Rifel 321.
Ritt 311.
riten 200.
riren 307.
Roß 214. 217.
röteln 317.
rochtzen 216.
rogel 214.
Rohr 321.
roseln 321.
rubeln 316.
Röll 310.
Rolle 215.
Rotte 217.
Rubel 273.
Rücken 311.
ruchlos 162.
rufen 62.
Ruhm 216.
Ruhe 314.
Rumpf 269.
rumsen 306.
Rune 216.
Runkunkel 216.
rupherzen 214.
rüsten 326.
Ruthe 215.
Rumpf 269.
rupfen 217.
zer-rütten 86.
I. -s in abwärts 1.
II. s intens 306.
Sack 219.
Saft 221.
Saher 46.
sagen 124. 234.
Säge 232.
Salch 46.
salchen 127. 294.
-sal 215.
Salat 219.
Salbe 19.
Salbei 220.
Salchen 220.
salsern 220.
Sallier 165.
-sam 235.
Samnt 233.
sanft 56. 174.
Sarb 237.
satt 222.
sausen 236.
Saum 251.
-sch 150.
Schaff 44.
schäle 133.
Scham 201.
Schamper 62.
Mummenschanz 39.
Schanze 39.
scharf 222. 292.
Schärpe 131.
scharren 222.
Schatz 181.
Schauer 49.
Schaum 243.

schueln 249.
geschehen 311.
gescheidt 224. 225.
scheinen 258.
Schelfe 110.
Schelle 112.
Schelm 40. 99.
schellen 310.
Schemen 225. 275.
Schemmel 223.
Schenkel 310.
Schenzerlein 39.
Scherfling 222.
Scherz 310.
scherzen 46.
Scherzlein 310.
scheu 2.
Scheuer 169.
Scheune 169.
schicken 311.
schieben 284. 320. 311.
Schiefer 54.
schier 313.
Schierling 51.
schießen 52. 48. 71.
Schiff 44. 224.
Schild 327.
schildern 227.
Schilf 225.
Schilling 227.
schimpfen 128.
schinden 64. 224.
ungeschlacht 310.
Schlack 314.
schlafen 314.
schlaff 130.
schlagen 284.
schlampen 130.
Schlange 232. 318.
schlank 111.
schlau 280.
schlecht 150. 314. 315.
Geschlecht 273. 315.
schleichen 314.
Schleier 284.
schleifen 314.
schleunings 73.
schleizig 248.
schlecken 314.
schlet 314.
Schleim 138. 220.
schleizig 248.
schlenzen 319.
schleunig 142.
schlicht 192. 314. 315.
schlichten 315.
schliefen 88. 130.
schlimm 196.
schlinden 110.
schlingen 318.
umschlingen 56.
Geschlücht 192.
schluchzen 230.
Schlund 110.
schlüpfen 130.
schlüpfrig 141.
schmachten 144. 159.
schmatzen 174.
schmeicheln 315.
schmeißen 155.
Schmerl 152.
Schmier 160. 240.
ver-schmitzt 146.
schmunzeln 174.
Schmutz 146.
Schnackel 138.
Schnallen 232.
schneiden 307.
Schniep 160.
schnöde 307. 312.
Schober 320.
Schock 320.
Schedsel 311.
Schöffen 224.
Scholderer 317.
Scholle 108. 109.
schonen 280.
Schooß 48. 71.
schöpfen 224.
Schopf 320
Schoppen 44.
Schöps 34.
Schorf 225.
Schornstein 308. 309.
beschossen 52.
Schote 110.
Schrage 226.
Schranke 226.
Schranne 226. 317.
Schratz 285.
schreseln 226.
schrenzen 99.
schreiben 317.
Schroffen 226.
Schropp 226.
Schroter 223. 226.
Schrunde 317.
Schuchsel 311.
Schulze 110.
Schumperlied 128.
Schupfe 320.
geschupft 311.
schüren 308.
schürzen 308. 310.
Schüssel 227.
Schuster 252.
schützen 244.
Schützen 227.
schwach 253.
schwalben 251.
Schwaige 220.
Schwall 230.
Schwank 250. 251.
schwären 274.
schwarz 240. 252.
schweben 248.
schwechen 319.
Schwefel 250.
schweiben 248.
schweifen 248.
Schwein 252.
Schweiß 319.
Schwelle 239.
schwer 232.
beschwert 277.
Schwieger 238.
schwinden 221.
schwingen 221. 250.
schwirren 273. 252.
Geschwistert 312.
schwören 234. 322.
schwül 234. 238.
Geschwür 277.
Sechter 233.
See 165. 95.
Seele 95. 217.
Seelengeräth 152.
Segen 218
Segge 46.
ver-schreien 222.
selen 250.
sein 228.
sein — esse 250. 215.

Schreben 220.
Seile 134.
selbst 254. 295.
Seide 239.
selig 239.
-selig 239.
Sellerie 229.
selten 234.
senden 318.
rechtsenig 231.
Sennerin 318.
-ser 221.
Serben 232.
serben 235.
setze 228.
Seuel 249.
seufzen 236. 312.
sich 227. 228.
Sichel 228. 234.
sichten 227.
sie 221.
siech 253. 319.
Silber 198. 250.
Gesinde 318.
singen 240.
sinnen 230. 318.
Sittich 201.
Skall 52.
so 233.
Sod 320.
Sohn 168. 252.
Söller 238.
besonders 238. 228. 229.
Sonne 223.
sonst 238.
Sorge 300.
spähen 200.
Spalte 242. 254.
Spaltzettel 260.
Spange 93.
spannen 241. 243.
Spark 241.
Spaten 175. 241.
Specht 54. 187.
Sperr 241.
speien 243.
Speise 87.
Spelt 242.
Spelz 242.
spenden 87.
spannen 243.
Gespenst 241. 243.
Sperber 179.
Sperling 179.
sperzen 243.
spreizen 243.
spielen 105. 176.
kostspielig 230.
Spieß 242.
Spinat 242.
Spinne 24.
spinnen 242.
spiral 242.
spitzig 242.
spotten 213.
sprechen 66. 140.
Spuchten 241.
Spuk 241.
spundig 88.
Spur 8.
-st 46. 305.
stäb 253.
Staar 248.
stabjacken 313.
Stamm 248.
Ständer 244.
Stange 214.
Stänkerei 209.
Stoppel 245.
starblind 245.
Starnitzel 245.
staunen 245. 246.
Stauf 244.
staunen 247.
stechen 254.
Steig 223.
Stein 174.
Steiß 57.
Stelle 258. 140.
stemmen 248.
Ster 256.
Sterch 256.
Steuer 212.
steuern 246.
Stich 245.
Stiefel 11.
Stiel 246.
Stier 256.
still 259.
Stirne 186.
stocke 253.
stolz 246.
stopfen 247.
Stoppeln 245.
Storch 246.
stoßen 271.
straff 247.
stramm 246.
Strang 247.
Strauch 288.
Strauß 247. 288.
sträußen 288.
streichen 247.
Streif 247.
Streit 139.
streng 246.
Streu 246.
streue 245. 247.
Strick 246. 309.
Stroh 246.
strotzen 222.
strudeln 247.
Gestrüpp 288.
Stuh 245.
ver stümmeln 249.
stumpf 248.
Staude 244. 257.
Sturm 245. 291.
suchen 219
Süd 166. 249.
Sühne 221. 322.
gesund 221.
Sünde 240.
Suppe 236.
surmen 252.
süß 248.
Suttenstube 219.
suzeln 250.
-t- in allenthalben 148.
-t in Papst 118. 157. 167. 261.
Tadel 302
Tag 319.
Tanne 198.
Taule 256.
Tanbas 255.
Tänller 255.
Tartsche 227.
Tasche 255.
Tasse 260.
Tatten 265.
taub 273.

Taube 69.
tauchen 263.
taugen 257.
taumeln 77. 251.
tausend 50.
-te 33.
Terpentin 259.
Teuch 263.
Thal 242.
theuer 320.
thun 2. 39. 60. 81.
tief 271.
tilgen 73.
Toast 265.
Tobel 271.
Tölpel 209.
Träber 89.
träckeln 266.
träge 267.
tragen 250.
träume 79.
Traum 78.
Treppen 266.
Tresse 268.
Trester 314.
Trift 12.
trocken 258.
Trommel 240.
Tropfen 78. 113.
Trost 261.
trotzig 62.
Trivial 215.
Truchseß 195.
Betrug 241.
Trumm 264.
Trumpf 268.
tüchtig 257.
Tunke 263.
Turban 270.
übel 125. 238. 314.
Uebung 172.
Uechsen 31.
üppig 80.
um 16.
umsonst 238.
un- 162.
Unbill 322.
und 123.
Unflath 134.
Ungeziefer 72.
üppig 80. 238.
ur- 278.
Urangutang 235.
Ursprung 1.
Veilchen 300.
Vließ 299.
Vogel 179.
Volk 198.
voll 277.
von 1.
Waare 291.
Wabe 61. 294.
Wache 299.
Wachs 302. 322.
wachsen 30.
Wachtel 280.
wacker 279. 299. 322.
Gewaden 286.
wählen 150. 304.
erwähnen 303.
währen 287.
Wahrspruch 289.
Waibel 295.
waideln 287.
Waid 296.
Walch 33.
walgen 304.
Wallfisch 32.
Walm 305.
wälsch 33.
wälzen 304.
Wang 315.
Wange 161.
wanke 280.
Warze 282.
waschen 302.
Wasser 235.
waten 280.
Watt 175.
weben 51.
Wegerich 120.
Wechsel 297.
Wedel 95.
weder 278. 279.
Wessel 295.
weg 296.
bewegen 283. 296.
Wehe 289.
Wehrung 291.
Weib 296.
Weichbild 297.
weichen 257. 203.
Weichsel 322.
weiden 285. 299.
Eingeweide 285. 2.
anweigen 300.
weigern 212.
weihen 311.
Weil 284.
weilen 206.
Weiler 299.
Weise 298.
weisen 298.
weit 283.
welcher 206. 298.
welk 294.
Wellbaum 304.
Welt 8. 291.
wenden 319.
wenig 277.
werben 292.
werden 292.
werfen 291.
Wermuth 2.
Wern 282.
Werste 292.
werth 284. 304.
Wespe 294.
Wester 296.
Wett 273.
Welle 280. 295.
Wetterleuchten 64.
wetzen 48. 268.
Wibel 35. 295.
wibeln 285.
Wicht 294.
Gewicht 283.
Wicke 280. 297.
widen 299.
wider 61.
Wiedehopf 277.
Wimper 170.
winden 299.
Windmonat 322.
windbar 282.
Winkel 134.
gewinnen 279.
Winzer 300.
Wirbel 292.
langwirig 140.
wirken 290.
verwirret 282. 291.
Wirsching 37.

Winkel 292.
Wirth 56.
wischen 302.
wiß 236.
Wittwe 298.
witzigen 298.
Woche 297.
wohl 34. 150.
gewöhnt 297.
wölbe 319.
Wolf 305.
Wolke 294.
Wolle 284. 299.
wollen 304.
Wollust 261.
wollt/en 308.
Wonne 316.
Wort 289.
Wucher 30.
wackeln 32.
Wunder 290.
würdig 289. 304.
würgen 290. 321.
Wurm 291.
Wucht 227.
Wurzel 209.
wüste 283.
Zabel 253.
zaghaft 313.
Zahn 73.
Zähre 131.
Zain 215.
Zange 157.
zanken 284.
zaunen 291.
Gezäu 88.
zaubern 90. 285.
Zaun 159.
Zeche 311.
Zecke 45. 256.
Zehe 75.
zeigen 75. 123.
zeihen 123.
Zeiselwagen 64.
Zeisig 254.
Zeit 72.
Zeitung 123.
Zelg 307. 308.
Zelt 261.
Zelter 264.
zennen 15. 267.
-zer 75. 283.
Zers 258. 309.
Zesche 255.
Zettel 224.
zetteln 72.
zetten 72.
Zeug 261.
Zeuge 260.
Inzicht 123.
zicken 255.
Zicklein 45.
Ziche 77. 261.
zielen 77. 225.
ziemen 61.
zieren 212.
-zig 50.
Zizen 186.
zimmern 152.
Zinn 244.
Zinne 73.
zinseln 4.
Zoll 108.
Zorn 306.
Zotte 299.
zu 6. 31 9.
Zuber 18.
Zügel 57.
Zunft 47. 62.
zwagen 319.
Zwang 79.
Zwehl 319.
Zwerg 265.
Zwetschge 120.
Zwilback 302.
Zwilch 35.
Zwilling 35. 78. 234.
Zwirlaffer 35.

Index anglicus.

to allow 286.
the amt 98.
and 123.
the answer 232.
the apparel 178.
the arrant 48.
the arrow 40.
as 206.
askew 283.
at 219.
to assuage 248.
to assoil 1.
to astonich 247.
the attendant 318.
to attire 212.
the aunt 18.
to avale 281.
the awl 160.
the back 16. 57.
the baily 32.
the bar 97.
the barge 34.
to bark 99.
because 49.
to become 87. 296.
the bed 74.
before 7.
to begin 122.
behind 7.
the belly 38.
the belt 33.
the bench 2.
the besant 37.
betimes 7.
between 7.
betwixt 1.
the bittern 36.
black 32.
bleating 36.
the blessing 215.
the bolt 169.
the bondsman 280.
the boot 64.
both 17.
the bowels 37.
the branch 37.
to brain 100.
the bramble 288.

the breeches 37.
the brick 99.
the bridal 16.
the bride 101.
the bridegroom 117.
the bridel 100.
the bridge 311. 312.
the brim 100.
britll 99.
the broil 100.
the bruth 73.
to bulk 38.
the bulker 38.
the bull 33.
the bullock 200.
the business 215.
the buskin 260.
the buss 34.
but 7.
buxom 255.
the cake 62.
to callow 42.
the camelot 42.
the canvas 44.
the carol 53.
to carve 63.
to cast 107.
to censure 208.
the chaff 314.
to champ 74. 201.
to chap 45.
the cheek 160.
the chest 56. 201.
chetif 46.
the chick-pea 53.
the chimney 42.
the chitterling 286.
the choler 52.
to choose 112.
to chop 201.
to chyn 117.
the clasper 133.
to cleam 109.
to cleans 215.
to cleaven 110.
cleft 110.
to clip 226.
the clod 108.
the cloth 131.
club 109.
the colon 116.
the combre 74.
to cop 201.
the core 64.
to cough 38. 39.
the court 64.
the cover-let 135.
to covey 67.
the crankle 299.
to cratch 66.
to creak 66.
the crib 195.
to croak 67.
the cropper 46.
to crush 103.
to cry 207.
to cuff 45.
the culb 56.
the culprit 184.
the cunt 226.
to curs 215.
the cushion 68.
daintly 79.
the dairy 260.
to darraign 210.
the deacon 74.
the deal 312. 73.
the dean 230.
dear 320.
-dge at the bri-dge 312.
the dinner 49.
to distain 61.
-dom 60.
down 6.
to dread 314.
the drake 18.
the dregs 245. 314.
the droll 259.
the duck 18.
the duesday 75.
the dust 203.
the dwarf 42.
each 206.
the eager 4.
easly 84.
to eat 81.
the ealbce 22.
the earest 250.
the eft 84.
the elder 106.
to encountre 61.
to endow 78.
the engine 124.
errant 127.
to eshew 2.
-ess 215.
the ever 24.
fady 282.
fat 282.
the fax 182.
to feel 170.
the fellow 182. 100.
the feret 103.
to fidge 179.
the filly 202.
the fir 137.
fit 60.
to fizz 242.
to flack 189.
the fleam 186.
to flourisch 47.
the foist 207.
to fold 65.
the forfeit 98.
to forget 300.
the fuller 102.
the gafflock 104.
to gain 209.
to game 306.
to gather 207.
to geld 105.
the gibbet 104.
to get 194.
the glass 93.
to gleam 109.
the gleed 100.
the god 11.
the grass 111.
to grieve 112.
grisly 118.
the grub 86.
the gut 286.
the hag 149.
the hame 43. 108.
the hamlet 209.
the handkerchief 45.
the harm 77.
the harvest 40.
the hat 49.
to have 113.
the haunch 10. 124.
the head 45.

the heaven 40. 113.
the heifer 68.
the hemp 44.
hence 116.
the hill 309.
to hire 105.
to hisk 38. 39.
the hobthurst 203.
the holm 68.
the hone 64.
the hornet 63.
the horse 85. 116.
the hose 47.
to heng 39.
the hurdle 65.
the icicle 307.
if 172.
-ine 86.
the jaundice 100.
the jaw 108.
-k- in bus-k-in 260.
the kayle 109.
the inc 307.
the kemenate 42.
the kettledrum 47.
the key 48.
the kid 123.
the kile 40.
to kindle 186.
to kink 39.
the knag 107.
the knee-grass 107
the knight 107
to knuckle 107.
the law 136.
the lead 191.
leaven 136.
the lecher 138.
leeward 131.
left 237.
the leman 137.
the leek 69.
the lessive 140.
the ley 131.
to lift 130.
the litter 135.
the lord 56. 78.
the lovelock 142.
low 135.
the lure 138.
the madness 148. 308.
the mankind 107.
the math 152.
match 177.
the mawl 84.
meek 144.
the meeting 130.
the mell 140.
the merlin 152.
the mess 151.
the midriff 225.
the mizzen 149.
the monger 146.
morle 147.
most 148.
the mouth 63.
the mum-chance 39.
the murk 157.
the mustard 150.
the nag 84.
to nap 61.
to narrow 53. 164.
neither 164.
nigh 103.
the nit 135.
the noise 167.
the nooning 239.
the north 3.
to nose 318.
nothing 164.
the nostrils 160.
nough 42.
nowher 169.
-ock 260.
odd 125.
of 1.
on 121.
once 170. 270.
only 276.
the onset 80.
the orchard 118.
the oth 128.
the oven 42.
to overcome 319.
the patin 180.
the peach 185.
the peare 188.
the pearl 34.
the peep 66.
to pelt 187.
the pencil 183.
the perch 185.
to perish 47.
the petten 180.
the pillow 202.
to pipe 188.
the plea 189.
the plummet 190.
the pullicy 192.
the perch 194.
to pown 177.
to purchase 83.
the quaintness 57.
the quiver 60.
the rach 307.
the ram 318.
the rascal 243.
to reach 216. 317.
the revel 210.
the ribon 34.
the ridge 311.
to rise 83.
to roar 33.
the rock 311.
the ruff 217.
the salad 30.
the samite 233.
scarce 46.
the scarf 131.
the scarn 51.
the scoffer 62.
to scold 310.
the score 66.
the scourge 64.
to scream 105.
the scrine 226.
the scrubbado 220.
the scruff 226.
the scull 42.
the scythe 228.
the seem 235.
to sew 251.
to shake 287.
the shalon 300.
short 70.
to shove 320.
the shrift 226.
to shrive 226.
the shroud 226.
the shrub 226.
the side 134.
the sister 240.
to skill 225,

the skim 243.
the skirt 70.
the sky 40. 225.
slack 135. 314.
sleek 192. 314.
the sleep 314.
the slightness 316.
the snake 167.
to snod 307.
the soap 226.
to soil 252.
some 235.
the somerset 210.
soon 1. 193.
the soop 236.
the sot 148.
to speak 317.
the speight 54.
the spider 24.
to spit 168.
the spite 74.
the spleen 137.
to spurn 8. 242.
the squire 27.
the squirrel 225.
the stage 24.
the star 245.
starting 245.
to starve 245.
to stay 196.
-ster 171.
stern 246.
to stick 68.
to stint 245.
stopping 246.
the straw 246.
the string 246.
to strut 288.
to stunt 245.
sultry 238.
the summerset 249.
the summons 156.
the surgeon 52.
the sweetness 248.
to swell 41.
to sweep 251.
to swink 251.
to take 255.
the talisman 256.
the task 255.
to taw 311.
to teach 70.
to tell 307.
the termagant 268.
the thigh 65.
the thill 257.
the threshold 260.
through 267.
the thunder 106.
the tick 255.
the tide 72. 257.
the tiding 123.
tight 250.
the tik 77.
to tike 77.
the time 72. 231. 257.
to 6. 123.
the toast 265.
the tongue 75.
too 319.
the tool 256.
the town 159.
the tree 312.
the trestle 267.
to trust 215.
to tumble 251.
the turnip 160.
twenty 35.
to twin 35.
to twit 6.
untill 319.
upon 121.
to varnish 302.
very 299.
the vine 299.
to vrite 305.
the want 277.
the warring 291.
the wax 302.
the web 295.
the wedlock 280.
the wednesday 151.
well 150.
the wetch 297.
wett 275. 283.
the wheel 310.
which 206.
the wife 297.
the wile 72.
the wiredraw 290.
to wite 298.
with 61.
the wood 299.
the woodbine 62.
the world 8.
worse 291.
to wrest 141.
to wrestle 141.
to wretch 316.
to write 226.
to writhe 316.
yes 127. 100. 216.
yet 128.
your 10.

Index slavicus.

bělŭ 186. 230.
bezati 310.
bjalbog 186.
blŭcha 200.
brešan 308.
bŭdu 101.
byl 101. 228.
chomestar 236.
čij 68.
-da 120.
dangi 257.
děvistvo 13. 120. 233.
divadlo 201.
dlugada 120.
dobrodětel. 300.
dobru 12.
dreviuŭ 7.
drugŭ 15.
-du 101.
glotka 110.
gnetiti 224.

govedo 37.
holeč 42.
-ica 200.
igla 169.
-ik 17.
imã 83. 113.
-inu 7.
jastrev 128.
kamen 42.
kara 130.
klona 210.
koitel 109.
koljada 41.
kopati 43.
kosá 59.
kosmatú 59.
kost 64.
kujù 68.
kukú 122.
kulati 109.
kvasū 47.
-lu 228.
-matu 59.
mezdra 150.
milik 17.
more 24.
morena 157.
mnoz'stvo 174.
mnozica 200.
nanditi 151.
njemec 313.
on 276.
ovisū 29.
paliti 276.
palti 231.
pańćiti 243.
pasha 242.
pepulu 231.
peshti 241.
pilnost 310.
pivo 35.
plokn 193.
po- 248.
pokoj 267.
poklona 210.
pokornji 246.
pole 43.
polaski 133.
postlati 140. 245.
raka 25.
roditi 64.
rubati 273.
sã 227.
scret 223.
senknati 253.
shevi 223.
skuipa 74.
skikikati 264.
skobliti 317.
skokati 223.
skopela 34.
skryti 285.
slaviti 206. 313.
slowo 313.
slygj 56.
smoku 19.
snegu 165
snopū 160.
staviti 246.
stelja 246.
strigati 247.
strūgnti 247.
-stvo 13. 174.
svirati 252.
swo 227.
svoi 252.
swoboda 227.
šantineti 320.
šaukai 271.
-teli 300.
tepló 259.
tesati 200.
timpa 309.
treperiti 267.
truti 226.
tūkati 261.
tyti 271.
-tvo 293.
voscu 302.
vrat 222.
wěnezj 63.
wladětj 296.
zago 313.
zelwa 110.

Index gallicus et italicus.

à 6
abandonner 139.
l'abîme 8.
acariâtre 51.
acharner 46.
acheter 45. 83.
-age 24.
j'ai 113.
aider 7.
l'aigle 24.
l'aigreur 5.
l'aiguile 5.
ailleurs 15.
j'aimais 246.
l'aine 124.
ainé 21.
ainsi 233.
ajouter 130.
allécher 15.
allouer 134.
aloser 133.
l'ambassadeur 16.
ancien 21.
anglais 64.
l'apanage 177.
l'appât 179.
assez 12. 222
assouir 222.
l'attelier 114.
attiser 264.
aujourdhui 117.
l'aumaille 20.
l'année 125.
l'auraune 2.
aussi 293.
l'autour 4.
avant 21.
avec 117.
aveugle 1.

avouer 8.
le bail 32.
bajazzo 176.
la balafre 130.
le balourd 143.
la banne 34.
la banse 195.
barlume 142.
le baron 99.
battre 34.
baudir 278.
le bayard 32.
la becasse 5.
le bégeule 112.
le belier 33.
la bellette 34.
le bercail 34.
le berger 34.
la bétoine 296.
bengler 38.
biais 35.
le biseau 293.
la biche 119.
bien 34. 36.
bientôt 55. 313.
bigler 36.
le biscuit 302.
le blé 315.
la boche 37.
la boîte 38.
le bordel 253.
la botte 64.
la boucle 37.
le bouillon 80.
le boulanger 38.
le bouleau 35.
la bourrique 38.
la bourse 38.
le bouton 200.
les bragues 37.
brandiller 108.
la brassée 33.
le brebis 34.
bresil 101.
la bride 100.
le brigand 197. 271.
briller 34.
le brochet 5.
la bruette 35.
le bruit 100.
brusque 130.
les buffetiers 37.
le buffon 81.
le buret 35.
le butor 38.
le câble 45.
cacher 57.
le cadeau 47.
le cadet 45.
le cage 48.
le cagou 305.
cailler 57.
le caillou 41.
la caisse 47.
le carmin 291.
le cerne 54.
la cervoise 51.
la chaise 47.
la chance 39.
chancir 44.
changer 42.
la chanvre 44.
la chante-pleure 191.
le chapel 44.
le chapeau 44.
charger 46.
la charvigne 46.
la caisse 47.
cajoler 48.
le canard 18.
la carème 204.
la caricature 40.
le carreau 180.
la carrière 180.
la cartouche 184.
la casaque 47.
le casquet 47.
la casse 45.
la casserole 47.
le charpentier 46.
la chaurrure 46. 24.
le château 47.
la chaumière 41.
la chaussée 41. 253.
la chaussure 41.
la chauve-souris 240.
chavirer 45.
le chemin 253.
la chemise 43.
le chêne 200.
la chere 51.
chercher 54.
chevaucher 39.
le cheveron 44.
la chicane 53.
le chicot 59.
le chignon 51.
la choufleur 48.
la chouette 247.
le ciseau 97.
ciseler 40.
le citoyen 55.
le coffre 62.
la colique 116.
commencer 59.
comment 150.
le compas 180.
content 61.
la contrée 62.
convier 125.
le coquin 62.
le cordonnier 309.
la corneille 63.
le corridor 70.
la costume 146.
la côtelette 64.
cotesto 202.
le cotillon 70.
la cotte 70.
couard 48.
coucher 58.
coudre 251.
le coudrier 64.
la couge 58.
la coulisse 59.
le coup 58.
couper 45.
le couplet 62.
la courge 68.
le cousin 69.
le coussin 68.
le couteau 69.
le couvrechef 45.
le coyon 58. 111.
la cramoise 291.
le crampon 66.
la crèche 22. 195.
le cresson 66.
crier 207.
la crosse 67.
crouler 215.
le cuiller 57.
la cuirasse 63.

la cuisse 65.
le culbert 137.
la culbute 69.
la curée 63.
le danger, 71.
le dauphin 73.
le dé 75.
deça 114.
dedans 125.
le degré 111.
le déhait 74.
déjà 128.
le délai 75.
delors 81.
démanger 140.
la denrée 73.
dératé 200.
doréneavant 117.
dérober 200.
la déroute 217.
le desaveu 8.
desormais 81.
devant 21.
dévenir 286.
devis 70.
le diacre 62.
le donjeon 280.
la douane 76.
la douve 76.
le drap 131.
dresser 100.
le droguiste 250.
drôle 250.
le dupe 273.
l'eau 24.
ébancher 40.
l'écart 52.
échapper 45.
échauder 41.
échauffer 41.
échouer 40.
écloppé 56.
les écronelles 226.
l'écu 227.
-ée 33.
l'écueil 225.
l'écuer 227.
empêcher 121.
en 123. 259.
encore 117.
l'encre 307.
enger 300.
engloutir 110.
enjôler 48.
enlever 103.
l'ennui 170.
entamer 122.
l'ente 104.
entortiller 265.
envahir 125.
environ 301.
envouter 74.
épais 242.
l'épée 175. 241.
l'épieu 242.
l'épinard 242.
l'époux 243.
equiper 224.
éreinté 212.
errant 127.
escamoter 244.
l'essay 67.
l'essien 242.
essuyer 249.
l'estaffette 244.
j'étais 240.
l'étandard 88.
l'étoffe 247.
étoffer 247.
étonner 247.
étourdi 265.
l'étrenne 246.
l'étrille 247.
l'évêque 197.
la façon 88.
fade 97.
la farce 222.
fauve 176.
le felon 81.
fen 101.
la feuille 97.
le fief 181.
le filou 305.
le flaneur 180.
le flibustier 168.
fois 296. 297.
le follet 97.
le forban 97.
forfaire 98.
le fou 197.
le fourbe 192.
fourmiller 98.
fournier 200.
fourvoyer 97.
le fracas 99.
fracasser 205.
les frais 175.
la fraise 90.
la frange 99.
le frêne 100.
la friche 99.
le fripon 192.
frire 100.
frôler 100.
froncer 101.
frotter 100.
le furet 103.
le fuseau 104.
le gage 280.
gagner 285. 290.
la gaine 280.
gala 110.
la galerie 07.
le galois 84.
la galoche 232.
la garbe 105.
le garçon 40.
gauche 132. 237.
la gazette 106.
le giron 112.
le givre 300.
le glacis 108.
glousser 109.
le glouteron 110.
la glue 110.
le gobelet 60.
gonfler 60.
le gousset 65.
gras 60.
gravir 111.
le grignon 111.
le grigou 305.
le grill 112.
le grêle 111.
le grondeau 111.
le gué 280.
guédé 285.
guère 289.
le guéret 293.
la guerre 291.
guetter 290.
la guise 298.
la haillon 206.

la hampe 45.
le hareng 114.
hélas 133.
le hérisson 85.
la herque 52.
la herse 126.
hideux 19.
hors 98.
huis 174.
l'ivoire 80.
l'ivraie 80.
le jambon 310.
le japeron 310.
la jatte 104.
jaune 105.
je 82,
la joute 130.
joyau 106.
le lacet 133.
la laiche 40.
laide 131.
la laie 130.
les latrines 134.
la lavande 134.
la lèche-frite 101.
lendemain 146.
lès 134.
leur 121.
leurrer 138.
le leurre 138.
la lie 130.
la lèche 138.
le lieue 130.
le linceul 139.
le livé 137.
la livrée 137.
le loir 109.
le loisir 137.
louer 8.
la loupe 142.
le loup-garou 143.
le louvre 142.
lui 120.
les lunettes 142.
le lutin 142.
maidieu 153.
mais 144.
la maison 146.
la malle 146.
le manège 147.
manger 146.
la marne 147.
le marquis 147.
le massacre 148.
maussade 145.
mauvisque 116.
méchant 154.
même 142.
ménager 146.
le menuisier 154.
le merle 152.
la merluche 141.
mieu 277.
la migraine 209.
la miniature 154.
le minuet 154.
la misaine 141.
le moineau 159.
mon 153.
le mot 150.
la mouchette 158.
mourir 157.
mousse 159.
le musard 157.
n = l 142.
narguer 161.
le navet 160.
le negromancien 164.
nice 164.
nicher 164.
le nigaud 164.
le niveau 137.
le Noël 161.
le nomble 142.
noyer 162.
la nuance 167.
l'ogre 173.
l'olifant 80.
l'orphelin 295.
l'orgueil 251.
l'oseile 5.
l'ôtage 169.
-on 143. 305.
l'ouate 175.
oui 117.
le page 201.
le palletot 176.
se pâmer 241.
le pampre 62.
le pan 177.
le panache 183.
la panse 177.
la paresse 187.
parquer 178.
partir 179.
le parvis 178.
la pelote 187.
le peloton 187.
le pénil 181.
la pente 218.
la pepie 188.
le perroquet 186.
le persil 220.
piailler 188.
la pièce 185.
le pigeon 188.
la pinque 188.
le pionnier 181.
le pis 181.
pisser 151.
la pivoine 180.
plaidoyer 248.
le plais 190.
le plat 133.
la plaite 191.
plonger 191.
plutôt 265.
le poêle 180. 310.
la poêlle 180.
le poids 183.
le polisson 192.
le poltron 202.
le pon 182.
pouvoir 194.
prêter 195.
la prison 190.
le profil 254.
la pucelle 202
puis 192.
puiser 203.
la punaise 203.
le quai 231.
la quenouille 59.
la queue 48.
la quille 109.
quitter 206.
la racaille 243.
la race 200.
la racine 209.
la rage 208.
le raifort 209.
railler 209.
la ramingue 209.

le ramon 209.
la rancume 209.
la ravine 209.
recouvrer 210.
recueillir 56.
le refrain 100.
regaler 106.
la reglisse 110.
regretter 24.
le repos 193.
réussir 87.
la rêve 208.
rez 209.
le rinceau 209.
risquer 229.
la robe 217. 243.
la roche 217.
le rochet 216.
rôder 215.
rogner 216.
le rossignol 143.
la roture 217.
rouler 215.
le ruban 94.
la sace 218.
sage 221.
saisir 169.
la saison 244.
le samedi 78.
le sanglier 236.
sans 236.
le sansonnet 186.
le sapin 186.
le sarcenet 232.
le sauvage 234.
savant 221.
séjourner 76.
le séleri 229.
salon 227.
la sentinelle 231.
le serail 232.
le serment 216.
le siège 169.
sien 277.
la siesta 233.
siffler 233.
il sione 237.
sombre 136. 275.
sonder 136.
le soubresaut 249.
soucier 2.
souffreteux 99.
le sohait 74.
soul 222.
le soulier 230.
la source 252.
sourdre 252.
sournois 253.
sous 249.
la soutane 249.
souvent 248.
le souverain 252.
le souzerain 252.
le stilet 245.
la strega 247.
lo strillo 247.
le surplis 182.
le surmaut 310.
la sveglia 299.
la tache 241.
la taie 261.
le talon 254.
le taon 253.
la tenaille 97. 258.
ternir 169.
la tiéde 259.
tiens 258.
la tige 262.
le timon 257.
le tison 264.
le tisserand 261.
la toise 258.
tomber 77.
la torche 262. 265.
le tort 265.
la touaille 319.
le traineau 266.
le tramail 144.
le tresor 261.
le tréteau 267.
trier 260.
la troja 266.
la trombe 272.
tromper 142. 272.
trotter 264.
la troite 268.
la true 266.
trutiler 272.
la tuile 254.
l'usage 24.
le valet 233.
la valise 247.
la vanne 299.
les vanneaux 281.
les velours 299.
vanger 300.
vernir 302.
la vetta 287.
le viautre 292.
vide 299.
le vignettes 300.
la violine 303.
voler 304.
le voyage 296.
la vrille 203.

Index nominum propriorum.

Aachen 23.
Abdalla 307.
Abdelkader 307.
Abderrhaman 307.
Aboubа 23.
Abubeker 2.
Abulfaradsch 2.
Acheron 4.
Achilles 52.
Admodae 14.
Adminius 6.
Aesernia 11.
Acstü 11.
Agendicum 262.
Ἀφροδίτη 22.
Agnar 5.
Αἴας 13.
Αἴγυπτος 10. 307.

Αἴθρα 12.
Αἰτωλός 12.
Ajus 13.
Alambra 11.
Alchemie 82.
Alebrant 171.
'Αληκτώ 99.
Alfons 199.
Algarbe 295.
Algier 124.
Allobroges 87.
"Αλπεις 15.
Alsvidhr 13.
Amaler 229.
'Αμάλθεια 16.
Amazones 145.
Ambigales 10.
Ambiorix 10.
Ambivarii 10. 300.
Americo 229.
Ammer 10.
"Αμυκος 18.
Andalusien 116.
Andecavil 21.
Andechs 250.
Angli 19.
Ansbarn 83.
'Αντίνοος 298.
'Απολλόδωρος 117.
Apulia 23.
Aranjuez 24.
Arelatum 143.
Argentoratum 26.
"Αργος 26. 217.
'Αργώ 26.
Arduenna 25.
'Αριμασποί 84.
Amorica 24.
Arnulf 305.
Arpinum 143.
Arsaces 27. 282.
Arsenal 131.
Artabanus 170.
Artabazus 15. 214.
'Αρταῖοι 14.
'Αρταξέρξης 15.
Artobodnus 15.
Artobriga 25. 290.
Arverni 24.
Asculum 24.
Asdrubal 308.
Asen 11. 263.
Asher 220.
'Αστυάγης 22.
Athenae 8. 29.
Atrebates 6.
'Ατρεύς 29.
Audhumla 175.
Aufidus 29.
Augustus 30.
Aurach 278.
Aurunci 30.
Ausones 30.
Avara 213.
Aviones 23.
Azoren 4.
Bacenis 57. 80.
Βαδίκης 179.
Baghdād = Theodosia.
Bajovarii 277.
Βάκχος 32.
Balde 70.
Baldr 186.
Balthae 188. 278.
Barcas 33.
Barcelona 15.
Barnulf 83.
Bardarnae 34.
Batavi 34. 290.
Bavarias 104. 221.
Belin 38.
Belgrad 239.
Bella 33.
Belovesus 233. 208.
Bentley 131.
Berthungi 141.
Berserkr 143.
Bertha 82.
Bibracte 265.
Bilwo 294.
Biso 165.
Bituriges 87.
Blictrudis 33.
Bojodurum 79.
Borysthenes 273.
Bourbon 98.
Brasilien 101.
Braunschweig 297.
Bremen 100.
Brennus 37.
Brigantes 25. 150.
Britania 322.
Buchloë 141.
Buchonia 89.
Buo- 297.
Βύρσα 38.
Βυζάντιον 37.
Caeso 40.
Caledonia 303.
Caletes 41.
Cambodunum 42.
Cambray 28. 289.
Carthago 65.
Castilien 47.
Catavolcus 48. 294.
Caturiges 309.
Caucasus 165.
Cebennae 57.
Celtae 4.
Centrones 50.
Cervantes 233.
Ceuta 231.
Chamavi 43.
Champagne 43.
Charon 5.
Chauci 122.
Choaspes 197.
Chrames 53.
Cicero 270.
Cintognatus 317.
Cirta 65.
Claudius 56.
Conrad 261.
Corfinium 94.
Cragus 63.
Cupencus 19.
Daedalus 71.
Daenen 230. 64.
Δαμοκλῆς 115.
Danubius 72. 213.
Decebalus 281.
Deucalion 72.
Deutsch 201.
Diablintres 283.
Dido 71.
Dijon 76.
Διώνυσος 263.
Divitiacus 76.
Dnieper 72.
Dobropan 91.
Dniester 72.
Dölinger 242.

Donquixote 65.
Dorenses 77.
Dürröðr 157.
Dossenus 78.
Drake 18.
Drances 78.
Dravus 18. 19.
Drotenbach 72.
Drömling 198.
Druentia 213.
Drusus 304.
Dülmen 156.
Eburones 143.
Eburovices 297.
Eching 221.
Ἑκάβη 45.
Eichstätt 55.
Ἥφαιστος 80.
Eider 174.
Elbe 14.
Ἠλέκτρα 82.
Ἦλις 281.
Ἐνδυμίων 120.
Epona 84.
Eporedorix 84.
Erchtag 148.
Erding 307.
Εὔδωρος 308.
Eresburg 46.
Ἑρμῆς 190.
Espartero 318.
Ἑστία 295.
Esubii 148.
Ἐτεοκλῆς 115.
Etruria 86.
Eulenspiegel 200.
Ἕκτωρ 318.
Euphrates 87.
Fafnir 203.
Φάρζηος 197.
Feistle 242.
Fenrir 177.
Feodor 89.
Ferdinand 21.
Feronia 92.
Fidennae 94.
Φλέγυας 33.
Folcwin 201.
Φόρκυς 95.
Forseti 195. **304.**
Freya 105.
Frêyr 136.
Frigg 312.
Fritzlar 232.
Frobert 221.
Fulco 201.
Gabii 104.
Gamandhild 102.
Gambrivii 252.
Gamelsdorf 230.
Gard- 118.
Garmisch 172.
Garwe 200.
Gefion 78.
Gelimer 116.
Genf 104. 100.
Gerðr 54.
Germani 280.
Germ 307.
Gibraltar 260.
Gilg 275.
Gladsheim 83.
Glenur 239.
Glitnir 83.
Gneist 224.
Graitel 283.
Grenoble 277.
Guiscard 166.
Gunther 178.
Gunzo 178.
Gustav 225.
Guyenne 24.
Gyes 113.
Gûmr 290.
Haddiggr 53.
Hadubrant 171.
Haduwig 46.
Hag 3.
Halkin 160.
Halm 04.
Halmal 61.
Hart 234.
Harudes 234.
Hasdrubal 308.
Hannac ild 227.
Hebraei 184.
Hecien 15.
Heinberge 64.
Helena 232.
Hellusii 234.
Hercynia 26.
Herda 3.
Herflöter 56.
Hermunduri 26.
Hernici 115.
Herodes 120.
Hersilia 10.
Herthus 295.
Hesus 148.
Hetele 15.
Hibernia 116. 290.
Hillevionee 234.
Hilta 183.
Hiltigar 187.
Hiltigard 118.
Hlin 122. 225.
Höck 56.
Hlödyn 295.
Hlodvig 212.
Hnikuðr 290.
Holstein 234.
Horriðr 134.
Horsa 85.
Hrimthursar 167.
Hrûngnir 287.
Hugin 69.
Huldana 134.
Humbold 44.
Hyndla 44.
Hyrcania 143.
Ἰάζυγες 262. 290.
Ida 301.
Idistaviso 301.
Iduna 301.
Indersdorf 307.
Indus 127.
Indutiomarus 122.
Ingolstadt 307.
Ἰνώ 124.
Insubres 122.
Ἱππίας 85.
Ἶρις 125.
Irminsul 26. **266.**
Ἰσαύρη 16.
Ἰξίων 294. **127.**
Italia 303.
Jerbart 179.
Jötten 81. 293.
Jüten 293.
Κοδμάς 39.
Kaf 33.
Καλλιστώ 41.
Kampen 232.

Kamphausen 43.
Karl 230.
Καίσαρος 281.
Kegel 243.
Kemnat 43.
Kiefersfelden 138.
Kinsting 5.
Kipfenberg 225.
Kirein 70.
Kirnberg 111.
Kissingen 179.
Kling 213.
Κλωθώ 178.
Klösigi 270.
Knorr 223.
Kolber 275.
Kolowrat 292.
Κόνος 309.
Κολόφων 58.
Κρόνος 51.
Λάβδακος 201.
Λαβύνητος 165.
Laffayette 89.
Lahm 132.
Λάϊος 201.
Λαΐς 317.
Languedoc 117.
Λαοκόων 48.
Λαπίθαι 133.
Larentia 4.
Larissa 133.
Latium 133.
Launay 15.
Laverna 141.
Λῆμνος 141.
Leyden 131.
Livius 140.
Lodh-brök 249.
Loki 305.
Λοξίας 143.
Lorch 257.
Lutetia 143.
Λυαῖος 130.
Magetobriga 262.
Mangold 156.
Manja 156.
Mandarin 146.
Marica 147.
Marobodnus 34. 290. 297.
Μασσαγέται 145.
Mediomatrici 149.
Melun 262.
Μέντωρ 151.
Meriones 65.
Mermeut 159.
Μεσημβρία 321.
Μεσσανία 149.
Μεσσήνη 149.
Mimir 150.
Minerva 151.
Minna 151. 221.
Μίνως 146.
Μισσόλουγγι 149.
Mithridates 155.
Mjölnr 43.
Morea 24.
Μορφεύς 157.
Munnin 154.
Μουνυχία 223.
Μουσαῖος 190.
Nanna 96.
Nantuates 161. 303.
Naphta 163.
Nasica 161.
Navarnahali 58.
Navarra 43.
Nehalenia 163.
Nemetes 149.
Νίδων 213.
Νήριτος 190.
Nero 27. 163.
Nerthus 3.
Νίσσος 213.
Nimeta 310.
Niphates 165.
Νιόβαις 256.
Nixon 200.
Nockenschwaig 57.
Nola 67.
Nornen 178.
Nuceria 67. 167.
Nyt 273.
Odeschalchi 307.
Ὀκταμασσάδαι 298. 303.
Oenus 213.
Ögir 19.
Ὄλυμπος 132.
Oma 171.
Ὀπώρα 294.
Orgetorix 48.
Ormuzd 145.
Ὀρόντης 70.
Orléans 256.
Ὄσσα 5.
Ostara 31.
Oswald 281.
Palermo 15. 295.
Pales 179.
Palinurus 170.
Παλλάς 262.
Πάν 179.
Pana 301.
Πάρις 179.
Parisii 170.
Pascha 185.
Πελασγοί 87. 184.
Πηλούσιον 170.
Πηνελόπη 71.
Περαία 184.
Perkin 180.
Περσεφόνη 183.
Petrejus 180.
Pharao 37.
Phlegyes 186.
Pilatus 187.
Plaetorius 131.
Planchais 195.
Plessy-les-Tours 134. 190.
Polaben 14. 248.
Polk 180.
Pollio 192.
Pollux 192.
Polonia 43.
Πολυδεύκης 72.
Pommern 248.
Pompejus 207.
Pompilius 24.
Ποσειδῶν 297.
Ποτίδαια 297.
Privernum 197.
Πυθώ 203.
Quaden 271.
Quesnay 206.
Radetzky 135.
Rain 94.
Raitenbuch 310.
Rån 114.
Raphaël 117.
Reate 214.
Redones 210.

Reudingi 216.
Rhegium 5.
Rhenus 213.
Ῥίπαια ὄρη 318.
Rochesler 47.
Roma 216.
Romulus 89.
Rosinante 85.
Rosmerta 289.
Roxalani 141.
Roxane 141.
Rubico 216.
Rusel 314.
Sabini 186.
Sachrang 40.
Sachsen 223.
Σάκαι 223.
Sākona 54.
Σαλαμίς 124.
Salische Franken 239.
Sanskrit 311.
Sappho 221.
Sardanapal 222.
Sardinia 222.
Sarnus 219.
Savojen 186.
Sauromatae 241. 282.
Sauter 252.
Scaevola 223.
Scandinavia 124.
Scaurus 223.
Scheck 283.
Sheik 230.
Schiller 240.
Schlottau 275.
Schmeller 318.
Schrems 283.
Schreting 223.
Schubert 252.
Schweden 147.
Schweiz 234.
Schwytz 234.
Σείριος 232.
Semnones 218.
Senones 230.
Sējus 145.
Semper 252.
Shakspeare 211.
Sidhōttr 194.
Siera nevada 318.
Sifli 230.
Sigfried 115.
Sigoves 239.
Sinzhausen 307.
Σίσυφος 317.
Sitivrat 222. 292.
Sjōfn 221. 151.
Skalde 42.
Σκύθαι 227.
Σκώπασις 105.
Slaven, Slovenen 313.
Sliðr 248.
Snōtra 221.
Soissons 239.
Σόλων 220.
Σοφοκλῆς 221.
Soracte 239.
Σπακώ 44.
Spanien 306.
Sphinx 93 (bis)
Staufen 244.
Stenthor 204.
Sturmarii 272.
Surtr 240.
Suttūnr 293.
Svatoplok 193.
Sveinki 252.
Swāfnir 240.
Svaroga 305.
Swāsuðr 252.
Swift 240.
Syn 291.
Ταϋγετή 259.
Talayrand 227.
Talben 220.
Tamesis 87.
Taunis 213.
Tanfana 138. 259.
Τάνταλος 33. 251.
Tarapitha 200.
Tarnkappe 169.
Tatius 256.
Taugullis 42.
Tavena 253.
Τάξιλα 256.
Θῆβαι 289.
Τηθύς 260.
Telamon 254.
Τήλεφος 197.
Temarunda 275.
Teplitz 259.
Termagant 91. 268.
Teuto 260.
Thaning 230.
Θεόδουλος 305.
Theresia 261.
Theseus 261.
Thetis 201.
Thihho 192.
Thorkel 47.
Thrasybulus 261.
Thyrsen 293.
Thusnelda 293.
Thuss 293.
Tifernum 262.
Tigurinum 256.
Tilly 275.
Titan 264.
Τιθωνός 203.
Tournay 289.
Trajan 267.
Traun 18. 19.
Triboci 267.
Trinacria 5.
Tuisto 79.
Tungri 271.
Tydeus 271.
Τυνδαριώς 271
Τύρας 72.
Τυρσηνοί 293.
Ubii 80.
Ufeus 273.
Ulysses 28.
Ullr 305.
Valley 281.
Vanadaspes 84.
Vandali 178.
Variugi 289.
Varini 289.
Veleda 234.
Vollavi 284.
Venusia 287.
Vercingetorix 290.
Verdunum 289.
Vergilius 290.
Vergobretus 290.
Vernertus 282.
Vertigerus 77.
Vesuvius 295.
Viducasses 310.
Viechtach 186.
Virdomarus 149.
Visucius 298.

anyadâ 15.
anyê 15.
ap 23.
apa 1. 80. 219.
apatânaka 200.
apatya 251.
apawrit 29.
apaskara 51. 87.
apashṭa 257.
apâk 196. 255.
apâka 171.
apâr- 22.
api 22. 163. 169.
apya 3.
abhi 7. 16. 119. 6(bis).
abhikritwan 285.
abhikrama 6.
abhigama 38.
abhiġna 7. 107.
abhidyu 7.
abhipatâmi 180.
abhipadyâmi 172.
abhimâtis 201.
abhiçańs- 121. 249.
abhibrut 124.
abhyantaram 125.
abhyârabh- 58.
abhyâram 210.
abhra 80.
ama 59.
amati 20. 218.
amara 157.
amas 18.
amâ 171. 50.
amâmi 18. 220. 20.
amisha 18.
amu 50.
amutas 50.
amuči 18.
amrikta 147.
amrita 17.
amêya 153.
ambara 40.
ambâ 4.
ambu 20.
ambhas 121. 298.
ambhriṇa 203.
amla 10.
ayas 11. 13.
ayâmi 84 123. 213.
ayê 13.
ayôrasa 11.
ar- 212. 114. 15. 27. 85.
ara 70. 85. 173. 215.
arati 125.
aratni 25.
arapas 13.
araṇu 26. 173.
arawinda 86.
arât 210. 211.
arâla 25.
zd. arema 27.
ari- 102.
ari 25.
aritra 211. 212. 24.
arka 223.
arčâmi 82. 117. 140. 208.
arġ- 14. 82. 123. 215.
arġuṇa 26.
arthawant 76.
ardana 25.
ardâmi 14. 25.
ardini 25.
ardh- 153. 216. 15. 16. 25 (bis).
ardha 11. 16.
arna 173.
arbha 173.
armaka 85. 238.
arwa 30.
arwan 85.
zd. arshan 27.
-ala 243.
alâmi 25.
awa 1. 24. 80. 115. 123. 30.
awa-gam 24.
awatara 31.
awana 213.
awani 3. 16. 107. 213.
awabâdha 90.
awabhuġy 30.
awayas 86.
awara 29. 144.
awas 20. 31.
awaskara 87.
awani 3.
awas 29.
awâmi 29. 270.
awârġâmi 123.
awi 29. 30. 56. 175.
awila 125.
awê 175.
aç- 27 89. 212.
açana 89.
açnas 42.
açnômi 53. 282. 321.
açman 42. 156. 238. 4. 14.
açmanta 42.
açmara 43.
açmari 43.
açramastha 85.
açri 170. 4. 5.
açru 131.
açwa 23. 84. 221. 6.
ashṭa 170.
ashan 72.
I. as- 86. 113.
II. -as (ut wač-as) 173. 215. 6. 7. 250. 305.
III. -as ut atud-as 270. 269. 267.
asaçčant 234.
asâmi 28.
asi 83. 28. 86.
asita 28.
asu 148.
asriġ 212.
-asê 210.
astitwa 27.
asthan 174.
asthi 174.
asmadiyas 68.
asmas 250.
asmabhyam 165.
asmân 82.
asmâbhis 82.
asmi 129.
asya 174.
asyâmi 14. 24. 26. 28. 83. 220. 301.
asyas 120.
asra 28.
asrêdhant 131.
ah- 13. 31.
aha 116.
ahan 84.
aham 81.
ahas 110.
ahis 10.

ahu 19. 21.
ahraya 22.
I -â 253 = ω II. â-1. 82.
-âk 140.
âkalayâmi 183.
âćip- 128.
âkhyâmi 124.
âćâra 157.
âgara 45.
âgâra 12.
âgharshaui 225.
âgri 10.
âgyâ 38.
âtaněana 74.
âti 18.
âtmadaris 241.
âdâra 15.
âdri 212.
âdyûna 128.
âna 198. 174.
-ânae 237.
-ânâ ex mânâ 113.
ântra 87
âp- 219. 7. 23.
âpla 23.
âpas 23.
âplawa 134.
abhu 238.
-âm = -ων 130.
âmâm 140.
âmur 147.
âmyta 157.
-âyâs 128.
ârabh- 130.
ârât 25.
âri 250.
ârudh- 82.
ârikti 139.
ârôha 57.
ârta 8. 173.
ârdra 23.
âlamba 142.
âli 138.
âlingâmi 136.
awabhyâmi 105.
âwâm 270. 304.
âwis 80 (bis).
âwya 175.
âça 53.
âçiras 1.
âçiyas 170.
âçupatwan 4.
âçus 4 (bis) 85.
âçrama 85.
âçrayâmi 122.
âçri 122. 57.
âs 174.
-âs = -ans 97.
âs- 21. 24.
âsam 85.
âsâ 03.
âstara 150.
âstâra 250.
âstê 24.
âsya 154.
âsyalangala 22.
âsphalaua 89. 242.
âha 13.
âhâra 114.
i 85.
i = is ut rañh-i-s 120.
iarmi 127.
inga 158.
iḷḷas 119.
iḷćara 225.
iḍâ 23.
iḍaspati zd. 297.
-ita 263.
ita 120.
itas 126. 21.
ittham 127.
itva 87.
itwara 127.
id 120.
idam 119. 120. 206.
idânim 120.
idh- 11.
idhmas 103.
-in 181.
inôti 100.
inômi 105.
indu 170.
indumati 120.
indra 106. 297.
indh- 11. 253.
inwâmi 12.
ibha 80.
imam 83.
imas 84.
imâs 126.
imê 120.
irâ 23.
irin 125.
irê 250.
-ila 12.
iwâ 52.
iça 173.
içfa 74.
ish- 11. 01.
ishṭa 9.
ishṇâmi 01.
ishyâi 10.
-is 120.
iha 120. 126.
I. -î ut papî 77.
II. -î ex iyâ 134.
î 85. 280.
îḍapikas 149.
-îći 120
îkh- 119.
îpsâ 22.
îpsu 22.
-îya 18.
-îyañs 230.
îratê 114. 125.
îrayâmi 125.
îrma 27.
îwant 208.
îh 81.
-u 102.
u-, v. loka
ugra 29. 30.
uć- 171. 279.
ućća 192.
uñć- 171.
ut- 173. 197. 251.
uta 278.
utta 273.
uttama 274.
utsawa 201.
udañć 120. 255.
udara 286. 209.
udići 120.
upa 248. 249.
upaněâmi 87.
upatya 113. 251.
upapatis 8.
upapathyâ 60.
upapura 249.
upariṇômi 8.
upara 171.
upari 251.

uparishṭât 72.
upala 171.
upastaraṇa 246.
upâdêya 87.
ubhau 17.
umna 273.
umâ 161.
-ura 10. 300.
uraṇa 20.
uru 278.
urṇâ 290.
urwî 87.
-ula 10. 243.
ulkâ 305.
ulwa 306.
ush- 313.
ushadhi 29.
ushas 30.
-ushi 228.
ushṇa 11. 295.
usra 87.
ûti 175.
ûdhat 273.
ûna 31.
ûrća 23.
ûrǵa 23.
ûrǵaswala 101.
ûrṇawâbhi 24.
ûrmikâ 20.
-ûshi 228.
ṛ 212. 94.
ṛias 278.
ṛćâmi 205.
ṛǵ- 252.
ṛghâyâmi 173.
ṛǵu 211.
ṛǵras 211.
ṛǵika 140.
ṛiñǵ- 14. 211. 215.
ṛṇa 212.
ṛṇwati 117.
ṛiṇômi 8. 173.
ṛta 210. 212. 214.
ṛti 209. 212. 123. 27.
ṛdu 23.
ṛbhu 60.
ṛbhwa 130.
ṛtêna 214.
ṛdhak 197.
ṛyas 14.
ṛshabhas 27.
-ê 77. 6.
êka 276.
êkakartar 10.
êkakâlam 79.
êkaças 125.
êǵâmi 9. 173. 193.
-êt 250.
êdhas 9.
êna 233. 276.
ênam 121. 120.
ênâs 120.
êmas 198.
êmi 84.
-êran 250.
êwa 12. 157. 10.
êwant 13.
êwayâ 12.
êshaṇa 67.
êshaṇi 241.
êshâ 11.
-ês 17.
zd. aivi 1.
-ais 6. 12.
ôkas 239. 207.
ôǵas 29. 30. 31.
ôǵasâ 31.
ôsham 313.
ôha 304.
-au ex am 17. 102.
auǵas 30. 215.
anma 161.
zd. ansti 70.
-ka 25. 149. 207. 201. 241.
kakâmi 39.
kakud 39.
kakunman 39.
kakubh 107. 39. 310.
kaśa 53. 65.
kaśâ 42.
kañkara 204. 39.
kañgu 309.
kaća 53. 181.
kaćê 69. 308.
kaććara 204.
kañćâm 57.
kañćuka 54.
kañćê 239.
kaṭa 65. 67.
kaṭaṭâ 67.
kaṭâmi 47. 52.
kaṭurawa 209.
kaṭwara 204.
kaṭhina 47. 65.
kaṇṭaka 242.
kaṇḍ 165.
kaṇḍa 46.
kaṇḍâla 44.
kati 208.
katitha 208.
katham 52.
kad- 125.
kadâ 168. 204.
kanaka 117.
kanâmi 117.
kañgu 309.
kapi 44. 3.
kam 205.
kamâmi 47.
kampra 3.
kambala 317.
kar-, kṛiṇâmi 60.
-kara 22. 145. 173.
kara 45.
karaṇa 89. 51.
karañka 65.
karaṇḍa 63.
karambha 65.
karaphallawa 192.
karêṇu 252.
karômi 66. 130.
karka 43. 46.
karkaṭinî 70.
karkata 67.
karshâmi 291.
karkara 43. 53. 63.
karkaça 53. 43.
karṇa 51. 85. 298.
kart- 63. 67. 310.
kartar 51. 65.
karda 64.
kardamas 46.
karparas 65.
karpam 45.
karpûra 43.
karman 218.
karmasha 66.
karça 65.
karhi 204.
kalamas 41.
kalayâmi 107. 58. 49.

kalaça 41.
kalà 79.
kalâpa 44.
kalâkipa 22.
kalpê 40. 68. 89.
kalmalikin 41.
kalmasha 60. 244.
kalya 220.
kawayî 58.
kawâra 48.
kawari 284.
kawilar 49.
kawiti 106.
kawiyâmi 13.
kawya 241.
kaça 309.
zd. kaçwa 53.
kashaņa 207.
kashâmi 207. 53. 64. 278. 309.
-kâ 89. 204.
kâ a 54.
kâ'âmi 81. 224. 308.
kâñćnmi 57.
kâdamba 59.
kânta 47.
kâm 204.
kâmya 59.
kâyâmi 40.
-kâra 173.
kâra 51. 192.
kârapalas 85.
kârawa 63. 64.
kâriņḍu 117.
kâla 41. 79. 243.
kâlâpa 44.
kâçê 44. 81.
kâsha 40.
kâsâm 205.
ki- 116.
kiţibhas 53.
kim 206. 207.
kimapi 207.
kiraņa 203.
kikasa 47.
kirņa 41. 60.
kiwant 208.
ku 48. 63.
kukubha 68.
kukkuţa 105.
kuñkuma 67.
ku'âmi 122. 247.
ku'âra 48.
kuñ'âmi 210.
kuņa 124. 203.
kuņapa 124.
kuḍâmi 59.
kuņḍa 69. 260.
kutas 207. 14.
kutsayâmi 264.
kuntala 64.
kunthâmi 205.
kupaya 70.
kumâra 156.
kumuda 198.
kumbha 71.
kuwara 112.
kurâmi 68.
kuru 62.
kuruwinda 62.
kuruwilwa 64.
kurdana 46.
kulâya 49.
kushţa 64.
kubaka 7.
kûpa 69. 49.
kûr'a 68.
kûrd- 142.
kûlayâmi 68.
kŗikawâku 206.
kŗit- 66.
-kŗit 145. 166.
kŗiti 69.
kŗitê 85.
kŗitti 64.
kŗityâ 218.
kŗitwas 231. 207.
kŗiņatmi 65. 63. 70.
kŗiņţara 98.
kŗintâmi 64.
kŗip- 63. 66.
kŗipayâmi 65. 89.
kŗipâna 225.
kŗiyâ 218.
kŗimis 291.
kŗiça 111.
kŗish- 67.
kŗishiwala 101.
kêçil 52.
kêta 125.
kêçara 40.
kaçsha 40.
kêsbâm 208.
kôka 58.
kôkâmi 57. 58. 48.
kôḍayâmi 264.
kômala 156.
kôça 70.
kôçikâ 115.
kau- 115.
kaukŗitya 115.
kaura 161.
kaurma 161.
kauçika 115.
knathâmi 46. 50. 135.
knûyê 124. 204.
kmarâmi 68.
kraf 264.
kratu 218.
krathâmi 46.
krandâmi 3. 55.
krawis 46.
krawya 46.
kriḍâmi 142. 213.
kruñ'âmi 67.
krôfyâmi 109.
krûçâmi 67. 109.
klandâmi 55.
klâmyâmi 56.
klôça 100.
kwa 207.
kwañgu 309.
kwanâmi 44.
kwas 206.
ṅaf- 302.
fala 102.
fatrapa 222.
faņômi 118. 102.
fapan 167.
fapayâmi 114.
fapas 306.
fapâ 54.
fam 118.
fayas 114.
farâmi 59. 40. 226.
falâmi 59.
fâra 51. 59.
fi- 53. 114. 207.
fip- 128. 167.
fipana 54.
fira 59. 147. 130.
fubdha 311.

śubh- 311. 320.
śur- 122. 126.
śêtra 113.
śêpa 223.
śêma 206. 267.
śôdâmi 64.
śoṇ- 223.
śṇaumi 223.
śmâ 118.
kha 122. 242.
khaga 180.
khagâmi 224.
khuga 57.
khaṇḍana 77.
khadara 49.
khani 43.
khanitra 176.
khara 52. 70. 85. 244. 308.
kharpara 308.
khalwâṭa 42.
khâdayâmi 108.
kkâtra 170.
bhâdara 49.
khâdâmi 84. 49.
khidâmi 105.
khurâmi 220. 276.
khêćara 180.
khêda 105.
khôdâmi 56.
zd. khrûta 67.
khyâ 302.
-ga 113. 251.
gagas 34.
gaṅga 106.
gaṅgâmi 34.
gaḍa 150.
gaṇḍa 165.
gata 209. 213.
gadgadyâmi 32.
gantus 148.
gandharwa 40.
gabha 104.
gabhasti 104. 108.
gabhira 33. 74. 311.
gar- 105. 111.
gara 105.
gariman 3.
garu 112.
gargara 112. 304.
gargâmi 110.
gargi 110.
gardh- 118.
garbha 73.
garwa 112.
gala 112.
galayâmi 32.
galâmi 8. 165. 243. 108. 112. 304.
galpûkas 140.
galbh- 105.
gawala 37.
gawê 106. 304.
gawyâ 33.
gâtar 22.
gâdha 3.
gâyâmi 42.
gâwas 280.
girikâ 313.
guṭikâ 109.
guḍa 100.
-guṇa 79.
gudh- 3. 70.
gupta 10.
guru 111.
gurwi 111.
gula 110.
gulikâ 100.
gulî 109.
gulya 70.
guh- 3.
gûrta 111.
griṇâmi 112.
gridhyâmi 111.
gridhnu 111.
griha 112.
gêyagṛma 110.
gêha 103.
gôdaraṇa 98.
gômaya 30.
gômâyu 317.
gôla 100.
gôlaka 233.
gôlâ 100.
gôsha 105.
gôshṭa 37.
gau 37. 107.
gaura 106.
gmas 118.
grathila 65.
grathnâmi 212. 63.
grabh- 214.
grasâmi 81. 111.
grah- 214.
graha 44.
grahaṇa 115.
grâwan 134.
grâhini 115.
glan 108. 100. 152.
ghaṭa 09.
ghaṭaka 69.
ghaṭayâmi 108. 297.
ghana 284.
ghar- 52.
gharala 100.
ghargharika 100. 112. 117.
gharma 11. 239.
gharsh- 100. 225.
ghas- 103. 118. 206. 293.
ghasa 132.
ghasmara 81. 105.
ghashra 114. 118.
ghṛi- 56. 100. 111.
ghṛiṅg 55.
ghṛita 194.
ghṛiṇâmi 105. 108. 109.
ghṛini 239.
ghrasâmi 105.
ghraṅsa 100. 230.
ghrâṇa 200.
-ća 205. 207. 162.
ćakkayâmi 39.
ćakra 54. 310.
ćakrus 65.
ćaś- 241.
ćaṅćala 281.
ćaṅćalâkyâ 262.
ćaṅćalâyê 157.
ćatâmi 47.
ćaturtha 205.
ćatra 47. 52.
ćatwâla 47.
-ćan 72.
-ćana 168. 162. 207.
ćandâmi 43.
ćandra 142.
ćapala 39.
ćapayâmi 44.
ćam- 312.
ćay- 55.

ćaya 44.
ćara 137.
ćarana 227.
ćarama 274.
ćarata 157.
zd. ćarâna 59.
ćarâmi 20. 46. 49. 75. 78. 157. 198.
ćaritra 67.
ćarî 62.
ćarćara 206.
ćarpayâmi 40.
ćarbhaja 08.
ćarman 63.
ćarmanâsika 213.
ćalana 94. 157.
ćalanikâ 94.
ćâtaka 65.
ćâra 70. 40.
ćâraka 41. 50.
ćârakâ 63.
ćârapatha 00.
ćârikâ 41. 182.
ćâru 47.
ći- 207. 224.
ćikêmi 224.
-ćit 53. 108.
ćitta 55.
ćitra 52.
ćinômi 135. 204.
ćint- 224.
ćiwara 217.
ćûti 69.
ćêt 119.
ćêtas 74.
ćêla 49.
ćêsh- 204.
ćôća 57.
ćyut- 71. 113.
ćyuta 52.
ćyuti 69.
ćyôtna 52.
-ča ut gača 265.
čadâmi 47. 48. 49. 224.
čadman 244.
čandâmi 4.
čardayâmi 226. 242.
čala 224.
čalli 243.
čâyâ 224.
čidara 244.
čidura 99. 244.
čind- 64. 105. 224.
činna 47.
-ǵa 107. 161.
ǵañh- 310.
ǵañhâ 310.
ǵaś- 260.
ǵaganti 108.
ǵagadmi 108.
ǵaǵanmi 108.
ǵaǹǵanâbhawant 105.
ǵatu 36.
ǵaṭhara 286.
ǵaḍa 100.
ǵan- 225.
ǵana 117.
ǵanas 107. 7.
ǵanitar 106.
ǵaniman 106.
ǵanya 106. 107. 190.
ǵabh- 108. 311. 314.
ǵambha 74. 104.
ǵayâmi 299.
ǵar- 8. 111. 150.
ǵaraṇâ 112.
ǵala 14. 106. 130.
ǵalaplawa 143.
ǵalamadgus 14.
ǵalâmi 13.
ǵalôdara 118.
ǵasyâmi 107.
zd. ǵah- 107.
ǵa-hâ-na 81.
ǵahâmi 81. 91.
ǵâ- 106. 107.
ǵâgarmi 5. 81.
ǵâgrwis 24.
ǵâta 161. 123.
ǵâtar 22.
ǵâti 107. 201.
ǵâtiyâ 107.
ǵânatâ 107.
ǵânwakna 107.
ǵâmâ 106.
ǵâmâtar 106.
ǵâmi 106.
ǵâra 8.
ǵâla 24. 47. 105. 108.
ǵâlapad 20.
ǵâlâmi 105.
ǵâlikâ 24. 105.
ǵâyatê 108.
ǵigatsu 114.
ǵi-gharmi 100.
ǵighrâmi 99.
ǵiǵnâsâmi 106.
ǵit 301.
ǵihâmi 115.
ǵihma 114.
ǵihwa 75.
ǵina 299.
ǵira 12.
ǵiwas 215. 6.
ǵiwâ 23.
ǵu- 113.
ǵur 111.
ǵushê 18. 112. 30.
ǵû- 113.
ǵûsha 129.
ǵṛbh- 311.
ǵrambh- 220.
ǵênya 106.
ǵna- 110.
-ǵnas 107. 145.
ǵnâ- 13. 225.
ǵnâna 13.
ǵnâwant 110.
ǵnâs 58.
ǵnu 107.
ǵmâ 118.
ǵyâ 3. 290.
ǵwar- 42.
ǵwalita 30.
ǵarâmi 52.
ḍâkini 132.
ta 251. 255.
-ta = -tus, ta, tum 33.
taṅsâmi 100. 200. 264.
takâmi 253.
taṭaka 256.
taṭânas 237.
taṭâmi 260. 261.
taṭama 120.
taṭara 120.
taṭ 120.
taṭa 37. 161.
taṭi 266.
taṭra 270.
tad 126.
tanayitnu 264.

tanu 258.
tanômi 129. 258 (bis).
tanti 255.
tantowâya 24.
tantus 254.
tantra 252. 253. 285.
tandrâ 254.
tanyasu 264.
tanwê 258.
tapas 11. 257.
tapasa 265.
tapâmi 253. 255. 259.
-tama 274.
tamas 62. 256.
tamâla 62. 264.
ni-tamba 101.
tarad 18.
taraṇa 255. 250.
tarayâmi 200.
tarala 267.
taras 255. 256.
tarâ 245.
tarâmi 102. 109. 222. 267. 278.
taruṇa 47. 254. 259.
tarjâmi 265.
tarda 272.
tarpu 318.
tarmau 259.
tala 256.
taluna 254.
talla 256.
zd. -tavâi 271.
tawa 272.
tawara 260.
tawimi 264. 270. 266.
-tawya 45.
-tas = -τός ut intus 21. 109. 275.
tasmiât 270.
tashṭa 261.
-tâ 41. 120.
tâgat 212.
tât 254.
-tât 254.
tâta 29. 253.
-tâtis 120.
zd. tâthra 261.
tâlya 256.
„Lat. etym."
tâdṛç 242.
tân 126.
tâna 241. 240. 205.
tâma 141. 159.
tâmana 257.
tâyatê 253.
tâyê 258.
târakin 245.
târpêya 205.
tâwat 254.
tâwant 255.
tâwara 3. 96. 253. 258.
-ti 86. 167. 120.
-tikas 24.
tikta 45.
tigma 263.
titha 264.
tithi 264.
tip- 263.
timira 263.
timus 2. 267.
tirya 260.
tiryañc 262.
tilya 260.
-tis 261.
tishṭâmi 199.
tisṛ 205. 267.
tîkṣṇa 16.
tîwra 72.
tu- 72. 255.
-tu 126.
tuć 261, v. mcum.
tuććha 260.
tuj 93. 201.
tudâmi 271.
tundan 79.
tupâmi 248.
tubhyam 165. 174. 262.
-tum 109. 134. 270.
tumra 271.
turagapriya 118.
turâmi 223.
turiya 205.
tulayâmi 264.
tulâ 254.
tuçyâmi 254. 319.
-tus 126. 305.
tus- 272.
tûtuji 93.
tûshnim 254.
tṛd 268.
tṛṇa 288.
tṛṇatâ 25.
tṛpti 260.
tṛpra 267.
tṛshyâmi 238.
tṛshṇa 268.
-tya 113. 127. 251.
-tyâ 86.
-tra 141.
trañkâmi 268.
trasâmi 267.
trasta 267.
trasnus 147.
trâsayâmi 260.
truṭâmi 268.
trup- 240.
trôji 268.
-twa 99. 129. 155. 174. 120.
twać 257. 255.
twarañga 65.
twarita 223. 263.
twish- 264.
-twâ 271.
twâi 6.
-tha 215. 216, 220. 232. 269. 270.
-thâs 269.
têgas 188.
têgômaya 145.
têsbâmi 118.
tôya 23.
tôlayâmi 264.
tôçâ 263.
zd. -tâs 103.
-da = dane 71. 78. 123. 205.
daṁç- 131. 198.
daśiṇa 74.
daghnômi 119.
daṇḍa 240.
dadâmi 76. 205. 108.
dant 73. 127.
dantura 73.
dabhnômi 71.
-dam unde -δε' 119.
dama 77.
damanas 77 (bis).
damayâmi 77.

dampati 77. 1.
dambh- 3.
darâmi 15. 78. 242.
dari 242.
darç- 200. 212.
darça 241.
dala 73.
dalana 108.
dalâmi 76. 94. 108. 242. 300.
dalmis 153. 69. 76.
dawâmi 107.
daçan 165. 72.
daças 72.
daçâmi 76.
dah- 94. 91.
-dâ 73. 204. 205. 184.
dâta 72.
dâtawya 76.
dâtar 76.
dâna 77.
dâpayâmi 72.
dâman 74. 212.
dâya 71.
dâraka 306.
dâru 77. 101. 188.
dâlayâmi 73.
dâç 72.
dâsyâmi 85.
dâhasara 231.
-di 119.
dita 72.
ditu- 128. 129. 136. 211. 75.
diwant 203.
diwasa 75.
diwa 124.
diç- 128. 123. 75 (bis).
dishṭa 91.
dishṭar 123.
dih- 94.
dîdi 71.
didiwi 83.
dîna 75.
dîpa 82.
dîpras 110.
dîrgha 105. 132. 140.
zd. du 9.
dur- 54.
durbala 72.
duritas 54.
duwas 30.
dush- 79.
dushkara 79.
dus- 79.
dûta 79.
dûna 277.
driṅhâmi 78. 98.
driḍha 98.
driṇâmi 73.
drishad 78.
drishṭin 200.
drihâmi 98.
dêwa 74.
dêwara 130.
dêwî 72.
dêçaka 76.
dêçin 123.
daiwa 76.
daiwaka 76.
daiwan 71.
dôsha 107.
dyu 129. 74. 76.
dyuti 128.
dyubhis 124. 76.
dyuwan 128.
-dyû 128.
drafâ 279.
drawantî 78.
drawâmi 78. 10.
drawasyâmi 78.
drâtâ 207.
drâghayâmi 200. 207.
drâghiman 140.
drâmi 78.
drâyâmi 78.
driyê 225.
dru- 213.
drugdha 77.
druṇa 22.
druta 215.
drôha 7. 77.
dwa 79.
dwa'dwa 78. 79.
dwâdaçan 79.
dwâpara 78.
dwâr 97.
zd. dvi 36.
dwitwa 79.
dwis 75. 79. 35.
-dha 78. 1. 7.
dhathura 72.
dhana 201.
dhanti 97.
dhanwant 76.
dham- 88. 202.
dhayâmi 12.
dharaṇa 201.
dharâmi 92. 201. 264.
dhariman 98.
dharti 98.
dharmatikas 24.
dharshaka 146.
dhawâmi 91. 97.
-dhas 201.
dhâ- 72. 2. 89. 184. 33. 60.
-dhâ = ṭhun, to do 81.
dhâtar 201. 245.
dhâman 89. 60.
dhâmi 33.
dhâraka 201.
dhâraṇa 201.
-dhi 6.
dhish- 6. 92.
dhîdâ 93.
dhîyâmi 94.
dhîrma 94.
dhîlati 93.
dhu- 94. 201. 262.
dhutê 96.
dhuni 213.
dhura 103.
dhûpa 103.
dhûma 103.
dhûrta 99.
dhûrwâmi 202.
dudhûrshâmi 262.
dhṛiti 98.
dhênus 92 (bis). 15. 147. 93.
dhauti 97.
dhraṇâmi 96.
dhrâñâ- 78.
dhruti 99.
dhruwa 79.
dhwaga 94. 284.
dhwanana 213.

dhwanamódin 22.
dhwar- 98.
dhwars- 202.
-na 168. 263.
na 161. 166. 183.
nakula 164.
nakkayâmi 162.
nakti 167.
nafatra 167.
nafâmi 100.
nafê 160.
nakha 276.
nagna 167.
nag- 167.
nata 161.
nada 213. 225.
nanâ 166.
nandaka 209.
nandâmi 129.176.189.
nandinî 110.
napât 163.
napta zd. 163.
naptar 103.
naptis 103.
nabhas 104. 162.
nabbyas 105.
nabbyâmi 162.
nam- 168.
namasyâmi 106.
nara 163. 2.
nawa 167.
naçâmi 160.
nas 166.
nahyâmi 162.
nâ 162.
-nâ 1.
nâti 48. 262. 281.
nâth- 105.
nâpita 163.
nâbhila 282.
nâman 165.
nâla 202.
nâya 167.
nâwin 161.
nâçayâmi 105. 162.
ni 122 (bis).
nikṛiti 122.
nifâmi 93.
ni-garaṇa 112.
nigraha 122.
ni'a 192.
niñǵ- 164.
nityagati 10.
ninéǵmi 164. 167.
ninna 59.
nirbhara 82.
niwâmi 167.
niwâsin 122.
niç- 164. 167.
nishṭâ 244.
nîḍa 104.
nîla 164.
nu 168.
nudâmi 68. 316.
-nus 110. 116. 147. 281.
nû'a 168.
nûtana 168.
nṛitâ 107.
ṛtyâmi 107.
nṛidatnî 211.
nêt 162.
nêtri 285.
nêd 161.
naiça 167.
nau 161. 162. 165.
naukâ 161.
naumi 160. 168.
nyya 124.
nyawâ 164.
-pa 180. 219. 222. 199 (bis).
pafa 175. 176.
pafin 179.
pać- 62. 193.
pañ'a 72. 67. 206. 242.
paṭâ 173.
paṭâmi 131. 173. 177.
paṇa 249. 190.
paṇastrî 152.
ppuâmi 152.
paṇô 106.
paṇḍayâmi 177.
paṇḍita 124.
pata 183.
patatra 183.
patâkâ 185.
patâmi 43.60.185.199.
pati 194.
patwarî 199.
patya 203.
patyê 194.
pattana 172.
pattran 94.
pattrin 4.
patha 125.
pathana 180.
pathikas 49.
pathin 183. 193.
pada 180.
padaga 181.
padyê 185.
padwa 107.
panasa 177.
panthan 193.
panthâmi 125.
papu 177.
papî 77.
payas 136. 173. 21.
para 73. 116. 170. 184.
paraǵa 184.
parara 193.
paraçaa 182.
paras 184.
parâ- 184. 185.
parâ-dâ 184.
pari 178. 196.
pari'arin 229.
pariǵnana 58.
pariǵnâtar 58.
ved. pariparin 178.
paripâṇḍa 183.
paripâna 194.
paribarhâmi 90.
paru 65.
parulas 85.
paré- 60.
parṇa 94.
pi-parmi 103.
parw- 18.
parç- 202.
parsh- 184.
pala 202. 170. 133. 150.
palâmi 75.
palita 202. 176. 33.
pallawa 192.
palwala 176.
pawatrin 203.
pawana 281.
pawant 193.

pawitra 141.
pawira 180.
paç- 105. 187. 241.
paçu 181.
paçćâ 194. 171.
paçćât 194.
paçyâmi 241.
pasma 183 (= pansna der Zera?)
pasâmi 183.
-pâ 1.
pâ- 176. 189.
pâñsula 213.
pâǵas 182.
pâṭhâmi 124.
pâṇi 179.
pâtar 179.
pâtya 194.
pâtri 183.
pâtha 23.
pâthêya 190.
pâd 185. 182.
pânila 191.
pây 160.
pâra 193 (bis) 194.23.
pâriplawa 20. 139.
pâri 183.
pârshṇi 184.
pâla 277.
pâlaya 202.
pâwaka 91. 90.
pâwan 202. 203. 91.
pâwayâmi 203.
pâça 176. 181.
pi 183. 207.
piću 188.
pićâ 189.
piñǵ- 187.
piṇḍa 176.
piṇḍala 78.
pitar 180.
pitsant 317.
pinâka 187.
piparmi 184. 193. 73.
pippala 176.
pippali 188.
pila 35.
piwâmi 35.
pish- 188.
pika 187.
piḍ- 104.
-pîta 194.
pitu 188.
pîtha 24.
pina 188.
pipari 193.
piyâmi 162. 194.
piw- 167.
piwari 177.
puñwṛishas 109.
puććâmi 194.
puñǵa 201.
puṭâmi 191.
puṭita 203.
putus 204.
putra 201.
punâmi 203.
pumañs 203.
pura 277.
purahsad 105.
purâ 197.
purâṇatas 21.
purâtana 197.
purisha 203.
puruçćandra 43.
purôhita 30. 195.
purwêlyus 196.
pulaka 202.
push- 201.
pushṭa 201.
-pû 203.
pûta 191. 203.
pûtikâ 204.
pûtis 203.
pûtrima 203.
pûya 203.
pûyâmi 97.
pûrṇa 190. 120.
pûrwa 190. 197. 200.
purwê 115.
pṛ- 19. 60. 120. 138. 178. 190.
pṛćâmi 191.
pṛṇâmi 60.
pṛthak 197.
pṛthiwî 190.
pṛthukâ 73.
pṛdâku 178.
pṛçni 202.
pêçala 187. 202.
pra 195. 197.
-pra 197.195. 190.200.
prakâçana 176.
pra-ćar 197.
praǵalâ 106.
praǵanana 106.
praǵâpati 107.
pratanômi 174.
pratâna 241.
prati 183.
pratimâ 121.
pratishṭâ 244.
pratyudgama 10.
pratnama 196.
prathyâmi 124.
pranâça 184.
prapañća 242.
prapitwa 199.
pramâṇâ 151. 157.
prayôga 120.
prarambha 122.
pralabdha 72.
pralaya 136.
pralina 136.
prawaṇa 198.
prawâda 200.
prawân 109.
prawâsa 107.
praçna 194. 310.
prahâsin 117.
prahinômi 107.
prâkṛiti 196.
prâǵipatin 4.
prâṇa 190. 20. 196.
prâñć- 197. 199. 255.
prâti 196.
prânta 106.
prâpta 23.
prâsaka 14.
prâh- 13.
priṇa 197. 196.
priṇâmi 131.
prita 131.
prush- 200. 38. 191.
prushwas 85.
prushwâ 209.
prêman 131.
praićć- 48.
plawa 18.
plawê 191.
plâwayâmi 134.
plihan 137. 242.
plu- 134.

psámi 90.
pha 123.
phara 124.
phala 315.
phaluka 124, v. palma.
phalâmi 142. 242.
phalgu 95.
phâla 176.
phuphusa 202.
phulla 97.
phullana 202. 77.
phallâmi 96.
phêna 243.
badhnâmi 93. 34. 71.
bandhana 202.
babhru 93. 91. 103.
barbara 32. 34.
barh- 99. 141. 37. 90.
barhaṇa 34. 90.
bala 72. 281.
balin 22. 255. 250.
balbalâ 32.
bahulika 190.
bâkura 32.
bâḍé 32.
bâdhâ 180.
bâdhnê 170.
bâla 202. 201.
bi-bhalayê 91.
bimba 131.
bukkana 37.
bundhâmi 103.
bṛihant 55.
bṛihâmi 90.
brahayâmi 37.
brahmanî 134.
bh = m 55.
bha 22.
bhakta 16.
bhaćayâmi 88.
bhaga 69.
bhaṅgurâwant 99.
bhaṅġ- 281. 2. 75.
bhaǵâmi 69. 101.
bhadnâmi 90. 91.
bhadra 34. 91.
bhan- 12. 22. 117. 187.
bhand- 91.
bhaya 186.
bharu 92.
bharaṇa 92.
bharant 92.
bharâmi 92. 100. 82.
bharê 113.
bharga 102.
bharǵana 101.
bharǵas 99.
bharva 83.
bharbhâmi 97. 34.
bharwâmi 34, 97. 115. 153.
bhalla 92.
bhawat 311.
bhawayâmi 99.
bhawila 91. 186.
bhawishyâmi 101.
bhawya 91. 101.
bhas- 89. 90.
bhasad 322.
bhasâmi 118.
bhastrâ 186. 308.
bhasman 25. 26.
bhasmas 90.
bhâ 186.
-bhâ 197.
bhâga 203.
bhâtus 305.
bhâdê 97.
bhâna 102. 239.
bhâra 92.
bhâla 89. 102. 186.
bhâlu 102. 239.
bhâwayitar 91.
bhâshâmi 92.
bhâshê 90.
bhâsa 92.
bhâsanta 142.
-bhi 7 (bis).
bhid- 94. 91.
bhidra 94.
-bhis 6.
bhilu 243.
-bhu 156. 197.
bhugna 190.
bhuǵâmi 101. 104.
bhuṅǵâmi 103.
bhuraṇa 92.
bhuraṇyâmi 203.
bhurâmi 103; v. bhrû.
bhuriǵ 97. 98.
bhuwatwant 91.
bhû 92 (bis). 95. 101. 103. 117.
bhûǵa 131.
bhûdhâ 103.
bhûmis 69.
bhûrǵa 100.
bhûrṇi 92. 103.
-bhraǵ 312.
bhṛigu 186.
bhṛiǵǵâmi 100.
bhṛit 92. 167.
bhṛityatwa 129.
bhṛiça 100.
bhṛishṭi 22. 33. 90. 92.
bhêda 93.
bhêshâmi 93.
-bhyam 119.
-bhyas 53. 119.
-bhyâm 6.
bhramana 288.
bhraṅç- 95.
bhraǵǵ- 37. 132.
bhramâmi 98. 100.
bhrâǵ- 3. 95. 186.
bhrâtar 99.
bhrânti 98.
bhrâça 95.
bhrû 101. (Pertin. ad. bhur-âmi palpito; cf. palpebra = bhrû c. palpito).
bhrûṇa 83.
bhlâǵa 95.
m = w 166.
ma 156.
-ma 250. 274.
ma 158. 200.
maku 158.
makha 144.
maṅku 158.
maćé 143. 144.
maǵǵayâmi 152.
maṅća 156.
maṅćê 143.
maṇi 156.
maṇḍa 158.
-mat = -wat 150.
mat 152.
matta 80. 148.

mada 144. 148.
madiyas 68.-116. 153.
madgura 152.
zd. madha 140.
madhukara 22.
madhuyâshțikâ 110.
madhya 140.
madhyâhna 152.
madhwasyâmi 160.
-man 170. 60. 250.
manas 150.
manaḥçilâ 154.
zd. -manâ 92.
manâk 154.
mânushyas 140.
-mant = -want 120.
manti 151. 153.
mantra 129. 192.
manth- 151. 155.
manthrayâmi 75.
mand- 150.
mandâ 150.
mandurâ 140.
manmana 155.
mapayâmi 128.
mabhyâmi 154.
mama 153.
mamaka 153.
-maya 120. 145.
mayâmi 157.
mar- 157.
mara 147.
-mara 81. 248.
marakata 147.
maraṇa 157.
marâla 152. 150.
maríći 147.
maru 147.
marut 147. 148. 152.
maruma 145.
marula 152.
maruwa 145.
marćayâmi 147.
marǵ- 152. 158.
mardâmi 157.
mardhê 10.
marmara 159.
marya 147.
març- 151. 152. 158.
marçana 151.
marshâmi 146.
mala 240. 243.
malana 154.
malinambu 29.
malimukta 140.
mawâmi 159.
-mas 103. 153. 250.
masyâmi 153.
masra 159.
mah- 144. 145. 146.
mahas 144.
mahâ 149.
mahita 144.
mahilâ 158.
mahi 279.
mahiyatê 144.
mâ 149. 155.
mâ- 145. 157.
mâti 153.
mâtoḥswasar 148.
mâtra 148. 151.
-mâna 10.
mânâyâmi 150.
-mânâ 113.
mâpayâmi 35. 158. 59.
mâm 149.
mâmsa 140. 150.
mâra 157.
mâs 151.
mâsa 151.
mit 152.
mita 155.
mitra 155.
mithas 155.
mithâmi 153.
mithyâ 150.
minômi 151. 152. 153.
minâmi 63.
miwâmi 158.
miç- 155.
miçra 155.
misha 155.
mishâmi 153.
-mis 68.
mih- 154.
miyatê 151. 154.
milâmi 154.
miw- 167.
mukha 63.
muć- 158.
mućć- 18.
munćâmi 158.
munǵâmi 158.
muṇḍa 42.
mud- 159.
murkha 158.
mushka 157.
mushṇâmi 159.
muh- 158.
mûka 159.
mûta 158.
mûtra 158.
ved. mûras 157.
mûrćâmi 158.
mûla 1.
mûlasthâna 263.
mûsha 158.
mṛi- 36.
mṛćaya 147.
mṛga 154.
mṛǵâmi 147.
mṛta 157.
mṛti 157.
mṛd 157.
mṛdu 34. 36. 135.
mṛiṇâmi 156.
mṛinmaru 147.
mṛçâmi 151.
mṛshâ 155.
mṛishyâmi 155.
mê 6. 154.
mêṭayâmi 155.
mêgha 110.
mêtar 152.
mêthi 152.
mêdana 140.
mêdas 149.
mêdhas 149.
mêdhâ 221.
mêdhura 140.
mêla 154. 315.
môgha 158.
môǵâmi 158.
-mna 59.
mnâtana 2.
mlâna 36. 157.
mlêćća 33.
ya- 121.
-ya 10.
-yanis 0.
yakan 128.

yakṛit 128.
yaǵâmi 9.
-yat 2.
yat 82.
yathâswan 238
yadi 110.
yantar 128.
yam 9.
-yam 10.
yam- 83.
yara 9.
yawa 306.
yawayâmi 7.
-yas 0. 240.
yas- 115. 126. 128.
yasmâi 10.
yasya 82.
yasyâmi 306.
yasyâs 82.
yahas 23.
yahwa 200.
yâ 10. 17. 39. 211.
-yâ 33.
yâtar 138.
yâna 128.
yâpayâmi 127.
-yâm 9.
yâma 105.
yâmi 2. 13. 84. 116. 20.
yâra 313.
yâwayâmi 129.
-yâs 10.
-yâsâm 10.
yâhi 21.
yu 120.
yukta 23. 60. 129.
yuktis 91.
yuga 120. 218.
yuñǵ- 129.
yuwan 129.
yuwaça 129.
yuwâm 79.
yushmat 9.
yushmabhyam 105.
yûsha 120.
yûs 129.
yanwana 120.
-ra 12. 29.
rañhis 126. 130.
ved. rakati 208.
raktakanda 63.
raǵa 173. 82.
raǵana 25.
raǵâ 27.
raǵâmi 25. 215. 132.
raǵ- 140. 87.
raǵana 87.
raǵata 26. 90.
raǵas 173. 26. 85. 217. 209.
raghu 130.
raǵǵu 133.
raǵyâmi 64.
raṇâmi 209.
rata 125.
rati 18. 175.
rathas 210. 215.
radâmi 191.
randhra 191. 173. 209.
rapâmi 141.
rapas 13. 209.
rakhê 130.
ramas 102.
ramâmi 135. 175. Hinc skr. ranti f. das gern-Verweilen, unde mihi ἐ-ραντ-ύω, (v. abyssus); deriv. a ram-ati ruhig, vergnügt sein; cgn. goth. rimis quies, hib. celt. reamhain the pleasure. Skr. wirâmayati pacare, zur Ruhe bringen, = ἐ-ρητ-ύω ich besänftige, stille.
ramp- 139. 214.
rambh- 122. 228.
rabhas 4.
rayi 212.
ralâ 133.
rawi 229.
ras 11. 215. 221.
rasaǵa 220.
rasana 209.
rasâmi 33.
rahita 40. 133.
râça 131.
râǵan 117. 212.
raǵanî 211.
râǵâmi 151. 82.
râǵis 211.
raǵya 211.
râta 126.
râtra 11.
râdayami 142.
radh- 214. 215. 169. 131. 133. 321.
zd. râma 85.
râyâmi 134.
râwa 210.
ved. râçta 211.
râshṭra 211.
râs 212.
riñçê 190.
riphâmi 77.
riç- 109. 209. 214. 278.
-ris 49.
rih- 137.
ri- 214.
riǵika 140.
riti 214.
rîna 213. 136.
ru- 86.
-ru 243.
rukma 80.
ruǵa 141.
ruñǵ- 29.
ruǵ- 141.
ruǵâmi 80. 141. 142. 109.
rudh- 82.
rudhira 217. 220.
-rus 46. 47.
rûba 141.
ruddha 64.
rûpa 157.
rûcâmi 139.
rêṇu 136.
rêtas 136. 212.
rêwata 131.
rôka 142.
rôga 216.
rôdayâmi 217.
rôma 118.
rômanthus 216.
rôha 210.
rôhita 216.

rancant 141.
raumi 210.
lagàmi 195.
lagna 135.
lagh- 220.
laghu 136.
langh- 124. 142.
laǵǵ- 135.
lanǵ- 132.
lanǵà 135.
lapàmi 141.
lapita 132.
pra-lab-dha 72.
labhê 130.
lampaṭa 133.
lamb- 130. 138.
lambh- 23.
lambana 142.
lalala 132.
lawa 140.
lawaṇa 135.
lashyàmi 133. 138.
là- 134.
làtà 131.
làghawa 130.
làǵa 132.
làp 22.
làpin 132.
làyàmi 134.
likhàmi 137.
linga 234.
lipe- 128.
limpàmi 139.
lih- 137.
li- 139 (bis) 171. 41.
lina 130. 130.
-lu 243.
lunćàmi 142. 217.
lunàmi 134. 239.
lubdhatà 29.
lubhàmi 137.
lumpàmi 142. 305.
lû- 140.
lêpaka 94.
lêpas 139.
lêlaymi 217.
lêṣṭhu 109.
lôka 141, = ulôka mundus, prpr. die Auslichtung, namque hoc u in ulôka ortum est ex awa, quod ,awa' est lat. ,au', (v. au-fugio); cum affixo -s, evenit awa-s; deinde ex awas fit u-s = germ. aus. Hoc ,us' habet lingua graeca in ὀσ-φραίνομαι, prpr. ich wehe aus, dufte aus; ex us-pra-api, cgn. skr. prapity exhalare, cohaer. c. φρήν; v. alum. Cum hoc eodem ὀσ- in ὀσ-φραίνομαι conferri potest νόσφι ex ἀνο-σ-φι = ἄντυθεν, cohaer. c. skr. anu = pone, post, cgn. ἄνευ. De νόσφι pr. ἄνοσφι cf. skr. pi = api; de -σ in νο-σ cf. μεσηγύ-ς, ἄχρι-ς, ἀμφί-ς. De sensu particulae ἄνευ, (ex ἀναϝη, ἀνιϝ) = anu cf. ἄνευθεν = νόσφι. Quodsi B. et Bf. ponunt ,ut'- ut-φραί- νομαι, cf. περυσί = περυτί; v. K.IX 67.
lôkayàmi 141.
lôga 100.
lôshṭa 109.
lôha 210.
-wa 102. 235.
wakra 62. 101. 154.
waćayàmi 30.
waćas 91. 303.
waćyatà 62.
waǵàmi 30.
wanć- 2. 280. 297.
waṭ- 288.
-wat 227. 102. 149.45-
wat 227.
watsara 20.
wadàmi 105.
wadayàmi 171.
wadhu 29. 280.
-wan 102.
wanas 287.
wanàmi 84. 236.
wanl 10.
-want 101. 106. 235.
wandâmi 134.
zd. vap 110.
wapus 51.
wamàmi 304.
wamra 98.
wayas 12. 30.
wayàmi 12. 299.
war- 135.
wara 20.
-wara 220. 127. 270.
waraṇa 281.
waràmi 289.
-wari 177. 199. 102.
warunas 40.
warutra 125.
warkas 142. 57.
waŕćas 305.
warǵ- 215. 290.
warṇa 59. 284.
wartaka 65. 292.
wartàmi 124.
wardh- 13.
warpas 157.
warsh- 290.
-wala 191. 101. 244. 253.
walayàmi 33.
walita 304.
-wali 102.
walmika 98.
waçà 93.
waçmi 279.
was 304.
-was 140.
wasanta 269.
wasà 140.
wasis 120.
wasti 322.
wastu 28.
wasna 265.

wasu 291.
wasra 296.
wahanas 240.
I. wâ 238.
II. wâ- 95. 10. 11.
wâkya 303 62.
wâġa 209.
wâġin 85.
wâġipaśin 4
wâṇa 286.
wâṇi 10.
wâta 10. 202 281.
-wâbhi 24.
wâm 304.
-wâyu 24.
wâra 8. 225.
wâri 20
wârća 20.
wârdhra 213.
wâla 8.
wâçâ 280.
wâçyê 250.
wâsnuta 91.
wâsara 75.
wâstu 291.
wâhana 284.
wi- 78 17.
wić- 22 207. 300.
wi-ćaraṇâ 78.
wikala 302.
wiġita 3
wiġ- 22
wid- 224
widura 10.
widyâ 17.
widhawâ 208.
widhyâmi 76.
windâmi 300.
windhê 209.
wip- 287
wipaçâ 31.
wibṛihâmi 00.
wimantrin 31.
wimâna 147.
wiwikta 220.
wiç- 297.
wiçrâma 56.
wiçrâmyâmi 85.
wisha 301.
wishṭ- 299.
wis 30.
-wis 24.
wisarga 315.
wistara 140.
wî 30.
wî- 125. 296. 303.
witikâ 299.
wîra 300.
wṛiñh- 99.
wṛikas 142.
wṛiśaka 25.
wṛġina 321.
samwṛiti 285.
wṛitra 214.
wṛidh- 13 200
wṛiddha 174.
wṛishayâmi 84.
wṛishas 109 291.
wṛishṇis 67. 291
wṛihâmi 301.
wêṇi 63.
wêdana 298
wêdayâ 173.
wêp- 287. 295.
wêra 306.
wêça 297. 77
wêçê 77.
wêshṭ- 295.
waidhawya 209.
waishamya 124.
wyać- 300.
wyantara 281.
wyarṇa 29.
wyush 30.
wrata 20.
wraçćâmi 37. 131. 99. 142.
wrâta 135.
wriḍita 290.
wrihi 174.
çaṁs- 121. 249. 42. 40.
çakan 39.
çakuna 53. 174.
çakṛit 87. 245.
çakyatê 103.
çakwan 102.
çakwara 102.
çañk- 69.
çañka 60.
çaći. 308.
çaṇa 44.
çata 50.
çatatama 50.
çatru 309.
çathâmi 44. 71.
çadâmi 30.
çanayas 69.
çanais 74.
çapatha 232.
çapha der ‚Huf VI‘
çabda 232.
çam- 242.
çamayâmi 226.
çamara 43.
çambhu 197. 312.
çaya 58.
çayâ 210.
çayâmi 48.
çar- 45. 56. 77. 42. 136. 298. 220.
çara 46. 51. 217.
çarad 51.
çarabhas 45.
çarira 208.
çarus 46.
çarkara 87.
çarkarâ 41.
çarka 309.
çarman 122. 139. 220.
çarwarî 51.
çala 229.
çalabhas 45.
çalâ 234.
çalpa 46. 222.
çalya 68.
çawas 271. 245.
çawask 245.
çaça 220.
çaçaya 233
çaçâmi 219. 220.
çaçwat 219. 233.
çashpa 40.
-ças 125. 229. 231.
çasâmi 209. ' 208. 52.
çasta 42.
çâkhâ 308.
çâkhâmi 53. 308.
çâtayâmi 47.
çâdayâmi 30.
çâdwala 244. 62.
çâṇa 64.
çântâ 56.
çaishayâmi 40.

suta 222.
supta 240.
summa 119.
surâmi 277.
sûkara 252.
sûtra 249. 252.
sûna 223.
sûrya 238.
sŗigâmi 214.
sŗiņâmi 222.
sŗip- 88.
sêka 165.
sêtu 223.
sêna 218.
skaņḍayâmi 102.
skandâmi 223.
skabhnômi 102.
skar- 51.
skhalâmi 224.
skalita 224.
sku- 40. 49. 160. 243. 227.
stakâmi 253. 244.
stanayâmi 264.
stanas 106. 258. 3.
stabdha 247.
stambha 202. 248.
stari 245
stâriman 246.
stighnômi 295.
stibhini 190.
stirņa 246.
-stubh 248.
stubhnâmi 247.
stumpâmi 248.
I. stŗi- 199. 245. 246.
II. stŗi = stella 231.
stôbhas 248.
stri 152.
sthagâmi 256.
sthala 140.
sthalâmi 100.
sthawira 109.
sthâ- 147.
stâtar 245.
sthâņu 74.
sthâpayâmi 257. 245. 247.
stâyu 253.
sthâwara 244. 246.
sthita 61.
sthûnâ 249.
sthûras 256.
sthûla 246.
snauti 19.
snâpayâmi 10.
snu- 161.
snushâ 168
snêhan 213.
spandê 103. 183.
sparitŗi 28.
sparç- 202.
spaç- 200. 241.
spâ- 90.
sphaļ- 175.
sphaņļ- 175.
sphar- 311.
sphalâmi 176.
sphayâmi 199. 242. 58 241.
sphâra 199.
sphârayâmi 89.
sphita 199. 242.
sphuţâmi 203.
sphuḍâmi 201.
sphurâmi 202. 8. 281.
sphurġâmi 140.
ved. smat 236.
smayas 155.
smayê 125.
smarâmi 150.
-smât 121.
-sya 262.
-syâmi 84. 85.
syûna 223.
swar- 321. 322.
sru- 126. 214.
srêdhâmi 131.
srôtas 181. 214.
swa- 227. 233. 240. 252.
swaka 252.
swanâmi 240. 249.
swap- 231.
swapnas 240.
swara 252.
swaru 321
swarâmi 240.
swarga 305.
swasar 279.
swastha 61.
swasŗi 240.
swâdiyarba 230. 9.
swâdu 248.
swârushya 82.
swidyâmi 249.
swŗiņâmi 222. 277.
swêda 249.
hadâmi 108.
hanus 106. 116. 258.
zd. han-aiti 124.
hanti 178.
hayas 52. 85.
harâmi 4. 52 (bis).
hari 171.
harit 111.
harimân 4.
harômi 114.
harmya 112.
haryâmi 118. 111.
harsh- 10. 117. 118.
harshula 10.
hawâmi 115.
hawîyâmi 13.
hasâmi 117.
hasta 111.
hâ- 40. 52. 115.
hâpayâmi 115.
wi-hayas 117. 52.
hâsâm 118.
hi 116.
-hi 264. 21.
hima- 71. 104. 114.
hiņḍ- 114.
hita 60. 195.
hima 35.
zd. hirâ 117.
hilâmi 116.
hima 40.
huta 11. 115.
hŗd 62.
hŗshita 116.
hêmanta 116.
hêlâ 115.
hêshaņa 108.
hêshâmi 116.
hyas 115. 116.
hyastana 116.
hradini 108.
hraswa 209.
hrâd- 9. 108. 111.
hrâsayâmi 209.
-hrut 124.
hrêshâmi 116.
hwal- 116.

www.ingramcontent.com/pod-product-compliance
Lightning Source LLC
Chambersburg PA
CBHW030904270326
41929CB00008B/568

* 9 7 8 3 7 4 1 1 4 3 4 8 9 *